초판 발행 | 2017년 4월 18일
지은이 | 박노성
펴낸이 | 힐북
펴낸곳 | 힐북
출판등록 번호 | 제 426-2015-000001 호
ISBN | 979-11-955390-6-2 03800

주 소 | 강원도 횡성군 횡성읍 송전로 209
도서문의 | 신한서적 031-919-9851 (팩스 031-919-9852)

기 획 | 힐북
진행책임 | 힐북
편집디자인 | 힐북디자인랩
표지디자인 | 힐북디자인랩

본 도서의 내용 중 디자인 및 저자의 창작성이 인정되는 내용을 무단으로 복제 및 복사하는 것은 저작권법에 의해 처리 될 수 있습니다.
Published by Healbook Co. Ltd Printed in Korea

{ Contents }

갤러리	008
들어가며	010
학습자료의 활용	011

01 후디니 시작하기

01 후디니 설치하기 — 018
홈페이지 접속 및 다운로드 받기 — 018
설치하기 — 020

02 인터페이스와 작업환경 설정 — 021
인터페이스 살펴보기 — 021
노드(Node)에 대하여 — 025
네트워크(Network) 살펴보기 — 029
툴(Tool)과 팬(Pane) 살펴보기 — 030
탭(Tab) 메뉴 살펴보기 — 034
작업환경 구축하기 — 038
MEMO 전역 변수란? — 040

03 단축키 살펴보기 — 042
TIP 카메라 투영 방식 — 043
MEMO 오브젝트(Object) 모드와 컴포넌트(Component) 모드에 대하여 — 044

04 후디니 헬프에 대하여 — 048

02 후디니 개념 익히기

01 네트워크(Network)에 대하여 — 056

Sop(Surface Operator) 네트워크에 대하여	057
Dop(Dynamic Operator) 네트워크에 대하여	059
MEMO 시뮬레이션(Simulation)이란?	060
Pop(Particle Operator) 네트워크에 대하여	061
Shop(Shader Operator) 네트워크에 대하여	063
TIP 또 다른 방법으로 매터리얼 열기	066
Chop(Channels Operator) 네트워크에 대하여	066
Rop(Render Operator) 네트워크에 대하여	069
MEMO 렌더러(Renderer)란?	066
Vop(VEX Operator) 네트워크에 대하여	070

02 프로시쥬얼(Procedural)에 대하여　　　074

03 벡터와 노멀에 대하여　　　076

04 클래스(Class)에 대하여　　　079

05 변수(Variable)에 대하여　　　083
    전역 변수(Global Variable)　　　084
    지역 변수(Local Variable)　　　087
    TIP 후디니 스탠더드 베리어블(Houdini Standard Variable)에 대하여　　　090

06 함수(Expression)에 대하여　　　091
    TIP 애니메이션 에디터(Animation Editor) 사용하기　　　092

07 속성(Attribute)에 대하여　　　097
    MEMO 노멀(Normal)은 왜 $NX, $NY, $NZ를 입력하나요?　　　100

08 볼륨(Volume)에 대하여　　　105

{ Contents }

스탠더드 후디니 볼륨(Standard Houdini Volume)   106
TIP 후디니 볼륨(Houdini Volume) 헬프 활용하기   106
오픈 VDB(OpenVDB)   106
MEMO 오픈 소스(Open Source)란?   106
TIP 오픈 VDB(OpenVDB)에 대하여   107

09 hda에 대하여   110
TIP Orbolt smart 3D asset   115

03 후디니와 친해지기

01 노드 트리(Node Tree) 경험하기   118
노드의 인풋(Input)과 아웃풋(Output) 이해하기   118
MEMO 노드를 해제하는 다양한 방법들   119
MEMO 서브디바이드(Subdivide)란?   124
TIP 노드 비활성화하기   125
노드 플래그(Node Flag) 살펴보기   127
MEMO 그 밖에 Selectable 플래그에 대하여   129
노드 트리(Node Tree) 이해하기   135
MEMO 티포트 생성하기   135
절대 경로와 상대 경로에 대하여   141

02 SOP 네트워크의 활용   148
어트리뷰트(Attribute) 사용하기   148
어트리뷰트 크리에이트(Attribute Create)하기   148
MEMO 패시트(Facet) 노드란?   150
TIP 랜드 펑션(rand function)이란?   154
베리어블 매핑(Variable Mapping)하기   155
어트리뷰트 트랜스퍼(Attribute Transfer)로 어트리뷰트 이동하기   158

MEMO 패턴 매칭(Pattern Matching)이란?	159
MEMO 레더(Ladder) 메뉴 활용하기	163
어트리뷰트 프로모트(Attribute Promote)로 Class 변경하기	169
어트리뷰트 랭글(Attribute Wrangle) 사용하기	172
MEMO 자료형이란?	174
카피 솝(Copy Sop)과 스탬프(Stamp) 함수 사용하기	**178**
그룹(Group)과 패턴 매칭(Pattern Matching) 사용하기	**195**
그루핑(Grouping)하기	195
패턴 매칭(Pattern matching) 사용하기	209
For(반복문) 사용하기	**214**
포 루프(For Loop)와 포-이치 루프(For-Each Loop) 사용하기	215
솔버(Solver) 사용하기	**237**

03 VOP 네트워크의 활용 — 252

기본적인 수식 계산하기	**252**
수학 트릭 만들기	258
자료형 다루기	**261**
디포메이션(Deformation) 활용하기	**274**
노이즈(Noise)를 이용한 디포메이션	274
디폼(Deform)을 이용한 파동 만들기	279
범위에 따른 디포메이션(Deformation) 만들기	285
데이터 컨트롤하기	**296**
램프 파라미터(Ramp Parameter)와 믹스(Mix) 사용하기	296

04 프로시쥬얼 모델링의 활용 — 314

프로시쥬얼 래더(Procedural Ladder) 제작하기	**314**
프로시쥬얼 탁자와 의자 만들기	**324**
hda(Houdini Digital Asset) 제작하기	**344**
파라미터(Parameter) 생성 및 수정하기	344
기본 오브젝트(Object)를 이용하여 hda 제작하기	349

{ Contents }

프로시쥬얼 모델링을 hda로 제작하기	360

05 POP 네트워크의 활용   368

POP 네트워크 기본기 익히기	368
POP Force 사용하기	375
POP Curve Force 사용하기	377
POP Steer Obstacle 사용하기	382
이미터를 이용하여 파티클 생성하기	396
포털(Portal) 만들기	399

06 DOP 네트워크의 활용   413

DOP Network 기본 사용법 익히기	413
쉘프 툴(Shelf Tool)을 이용하여 다이내믹(Dynamic) 표현하기	413
부서지는 물체를 이용한 시뮬레이션 만들기	432
젠가 무너뜨리기	432
볼링 핀 쓰러뜨리기	437
액티브(Active) 사용하기	441
지오메트리 레프리젠테이션(Geometry Representation) 알아보기	446
무너져내리는 기둥 만들기	453
컨스트레인트(Constraint) 사용하기	458
솔버(Solver) 활용하기	463
캐시(Cache)를 이용한 소스 바꾸기	467
플루이드(Fluid)를 이용한 FLIP 시뮬레이션하기	473
물이 담긴 컵 만들기	473
FLIP Tank 위에 오브젝트 띄우기	478
애니메이션 테이터를 사용하여 시뮬레이션하기	481
점성(Viscosity) 값에 의한 시뮬레이션하기	484
떠내려가는 워터 시뮬레이션 만들기	488

07 라이트, 쉐이딩, 렌더링의 활용   504

기본 사용법 익히기	504

렌더를 위한 기본 설정하기	**504**
카메라 생성 및 컨트롤하기	**506**
셰이더(Shader) 적용하기	**511**
셰이더(Shader) 사용하기	**521**
만트라 서페이스와 프린시플 셰이더 사용하기	**521**
매터리얼 셰이더 빌더 사용하기	**525**
MEMO Texture와 UV의 관계	**528**
볼륨(Volume) 사용하기	**530**
파티클(Particle) 사용하기	**531**
라이트와 카메라 사용하기	**540**
라이트 옵션 사용하기	**542**
HDRI 사용하기	**545**
라이트 링커 사용하기	**548**
카메라 옵션 사용하기	**551**
DOF(Depth of Field) 사용하기	**555**
렌더(Render)하기	**558**
만트라(Mantra) 사용하기	**558**
원하는 오브젝트와 라이트만 선택하여 렌더하기	**564**
패스(Pass)로 출력하기	**566**
이미지 뷰어(Image Viewer) 사용하기	**571**

학습에 도움이 되는 참고 사이트 및 자료	**574**
참고 사이트	**574**
참고 자료	**575**

찾아보기	**576**

갤러리

후디니로 무엇을 할 수 있을까요? 갤러리에 전시된 작품을 보면 후디니로 할 수 있는 것이 무엇인지 짐작할 수 있을 것이며, 다음의 홈페이지에 들어가 보면 보다 다양한 작품 감상과 정보를 얻을 수 있습니다.

홈페이지 – https://www.sidefx.com/gallery

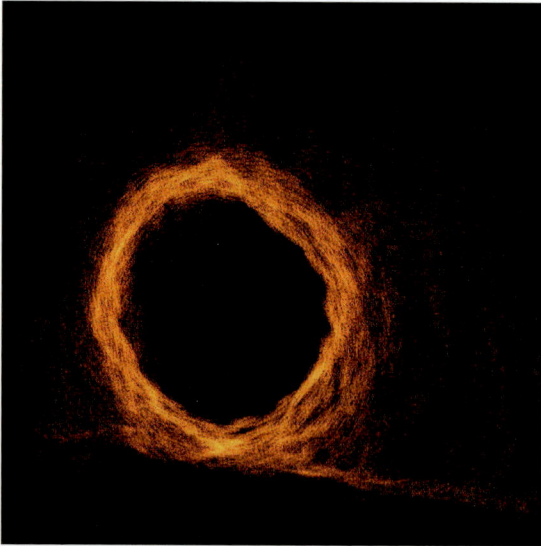

들어가며

후디니는 현재 영화와 게임 그밖에 여러 산업과 FX 분야에서 압도적인 존재감을 드러내며, 날이 갈수록 후디니의 활용도 또한 다양해지고 있습니다. 하지만 국내에서 후디니를 공부하기 위한 자료가 턱없이 부족하기 때문에 이 방대한 프로그램을 어디서부터 시작을 해야 하는지 막막하게 느껴지게 될 것입니다. 본 도서는 이러한 어려움을 느끼는 분들을 위한 후디니 입문서로써 국내에서 접하기 힘들었던 후디니의 기본 개념에 대해 학습할 기회를 제공하고, 어렵게만 느껴졌던 후디니를 시작하기도 전에 포기했던 분들을 위해서 제작되었습니다.

필자는 VFX에 대한 열정이 높아 남들보다 후디니의 매력에 일찍 빠지게 된 한 명의 유저이기도 합니다. 처음 후디니를 접했을 때 3D Max나 Maya 그리고 CINEMA 4D 등의 프로그램과는 다른 인터페이스와 작업 방식에 적응하기 힘들었고, 수많은 크고 작은 시행착오 또한 몸소 경험하였습니다. 이러한 경험들이 본 도서를 집필하는데 어떻게 풀어 나가야 좋을지 끊임없이 고민하고 잘못된 정보는 배제하며, 어려운 정보를 쉽게 전달하기 위해 많은 도움이 되었습니다. 하여 본 도서는 후디니를 전혀 몰랐던 초보자나 CG를 접하기 시작한 입문자 모두에게 쉽게 첫걸음을 내디딜 수 있는 도서이기를 기대합니다.

끝으로 책을 쓰면서 포기하지 않도록 필자에게 아낌없는 격려를 해 준 친구들과 지인들, 더불어 후디니라는 방대한 세상을 알려주신 선생님, 언제나 자식의 꿈을 응원하고 지지해 주신 부모님께 심심한 감사의 인사를 전합니다.

메일 zmfovlr@gmail.com
블로그 http://vfxteam.tistory.com
페이스북 https://www.facebook.com/zmfovlr

학습자료 활용하기

본 도서를 학습하고, 따라하기 위해서는 제공되는 다양한 파일들을 이용해야 합니다. 그러기 위해서는 다음과 같이 학습자료 파일을 다운로드받아야 합니다.

학습자료받기
본 도서의 학습자료는 [힐북.com] - [도서학습자료] - [후디니 학습자료]로 들어가서 대용량 자료의 [다운받기] 버튼을 눌러 다운로드 받으면 됩니다.

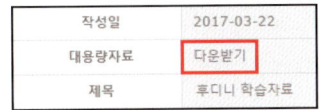

압축 풀기
학습자료를 다운받았다면 이제 압축을 풀어야 합니다. 압축 파일(exam_file)을 더블클릭하여 간편하게 학습자료를 사용할 수 있습니다. 압축 소프트웨어인 알집(ALZip)이나 V3집과 같은 무료 그램그램을 이용하기를 권장하며, 만약 여러분이 윈도우즈 10 사용자라면 기본적 탑제된 압축/해제 기능을 이용해도 됩니다.

학습자료폴더살펴보기
학습자료에는 두 개의 폴더가 있으며, 각각의 폴더는 후디니 학습을 위한 프로젝트 파일과 텍스처 소스들이 포함되어있습니다. 이 파일들은 본 도서에서 다루고 있는 모든 예제를 실습할 수 있도록 구성된 파일이므로 책의 설명에 따라 프로젝트 파일을 실행하여 사용하면 됩니다.

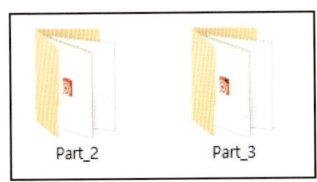

● 후디니에서 파일을 불러올 때는 영문명으로 된 폴더만 인식됩니다.

후디니 시작하기

01 후디니 설치하기

후디니(Houdini)는 사이드 이펙트(Side Effects)사에서 개발된 3D 소프트웨어로 기능 및 환경에 따라 총 5가지 버전으로 구분됩니다. 이번 학습에서는 후디니를 다운로드하여 설치하는 방법에 대해 알아보도록 하겠습니다.

- **Houdini**
- **Houdini FX**
- **Houdini Indie**
- **Houdini Apprentice**
- **Houdini Education**
- **후디니는 Windows, Mac OS, Linux 를 지원하며, 본 도서는 윈도우즈 환경을 활용했습니다.**

후디니 에프엑스(Houdini FX)는 커머셜(Commercial) 라이선스에 해당하는 제품들로 기능적인 제약은 없으나 높은 가격을 가지고 있으며, 스튜디오에서 주로 사용을 하는 제품입니다. 그리고 후디니(Houdini)는 파티클(Particles)과 다이내믹(Dynamic)이 빠져있는 제품입니다. 또한 후디니 인디(Houdini Indie) 버전은 연간 10만 달러 미만의 수익을 얻는 소규모 프로덕션이나 개인을 위한 라이선스로 1920x1080의 렌더링 해상도를 지원하며 RenderMan, Arnold, OctaneRender, Redshift, V-ray 등의 서드파티 렌더러 또한 지원이 가능합니다. 그밖에 후디니 어프런스(Houdini Apprentice) 버전은 무료 라이선스로 기능에 대한 제약은 없지만 무료 라이선스이기 때문에 렌더링 시 워터마크가 붙으며, 1280x720이라는 해상도의 제약을 받게 됩니다. 본 도서에서는 무료 라이선스로 부담 없이 사용할 수 있는 후디니 어프런스 버전을 통해 학습을 할 것입니다.

홈페이지 접속 및 다운로드 받기

01 사이드 에프엑스(Side FX)사 홈페이지(www.sidefx.com/)로 들어가면 다음의 그림처럼 화면이 나타나는데, 상단 메뉴의 [Get]에서 [Download]를 누르거나 메인 페이지의 [DOWNLOAD FOR FREE] 버튼을 누르면 다운로드 페이지로 이동하게 됩니다. 다운로드 페이지로 이동하면 회원가입을 한 후 로그인을 해야 다음 과정으로 진행할 수 있습니다.

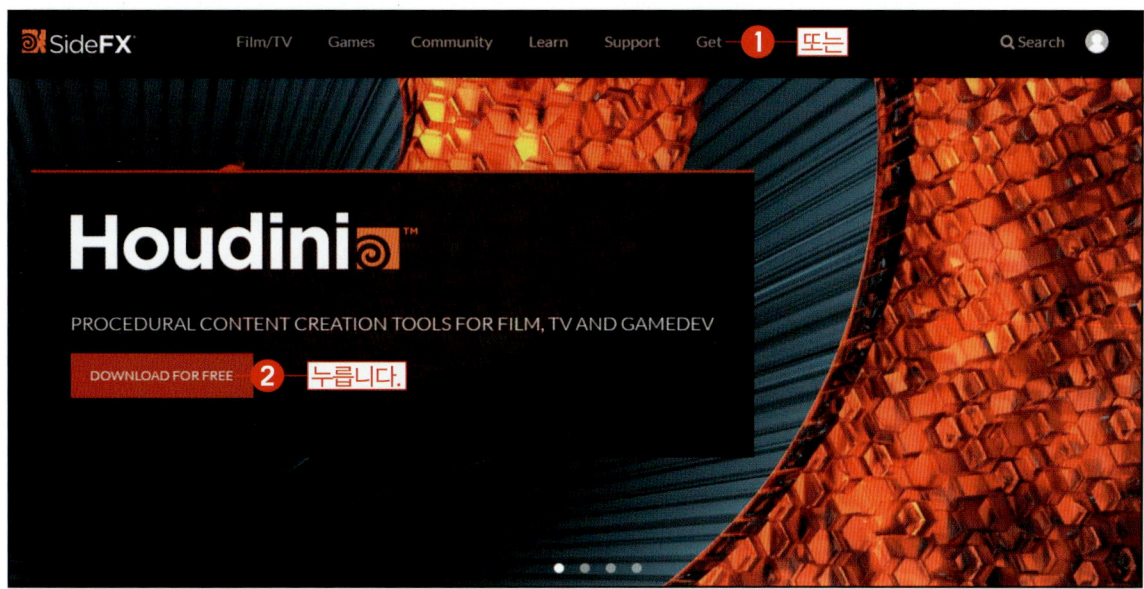

▲ Houdini의 개발사인 SideFX 홈페이지 메인 화면

02 [DOWNLOAD] 버튼을 클릭하면 아래 그림처럼 로그인과 회원가입을 할 수 있는 창이 나타나면 회원가입을 해야 합니다. 우측 레지스터(Register) 영역에서 빨간색 박스로 표시된 부분에 여러분의 이름 및 이메일, 비밀번호 등의 정보를 입력하여 회원가입한 후 로그인을 합니다.

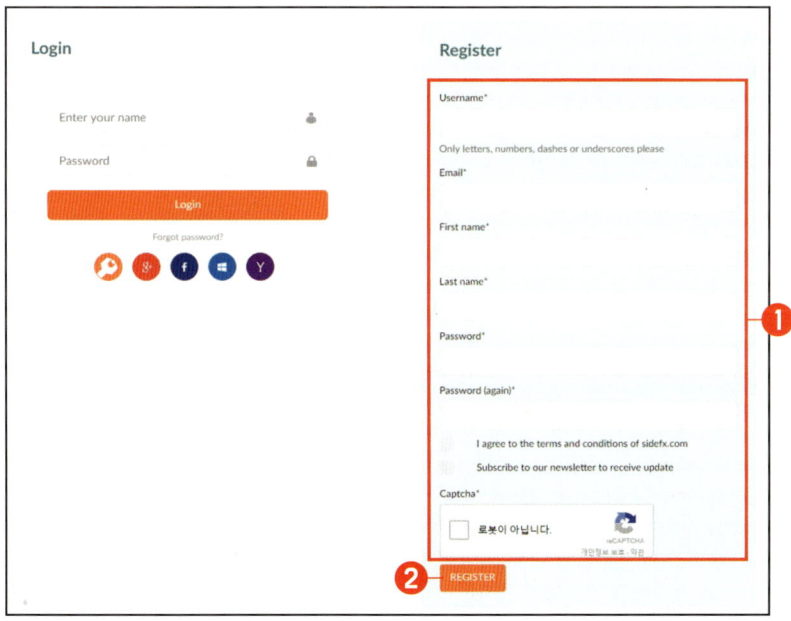

03 다운로드 페이지에서는 최신버전(Houdini 16)의 후디니를 제공하며, 운영체제(OS)에 대한 선택은 메이저 버전으로써 안정화되어있는 프로덕션 빌드(Production build)와 마이너 버전으로써 주기적으로 업데이트가 되는 데일리 빌드(Daily build)가 있습니다. 하지만 본 도서에서는 **가장 많이 사용되고, 안정적인 15.0.459** 버전으로 진행을 할 것이므로 이전 버전을 받을 수 있도록 화면 가장 아래쪽의 [Daily Builds] 버튼을 클릭합니다. 후디니 프로덕션 빌드(Production build)를 다운로드 받을 수 있는 창이 열리면 여러분이 사용하는 운영체제에 맞는 버전을 클릭하면 됩니다.

04 그림과 같은 화면이 뜨면 하단에 있는 체크박스를 체크한 뒤 [DOWNLOAD] 버튼을 클릭하여 다운로드를 받습니다.

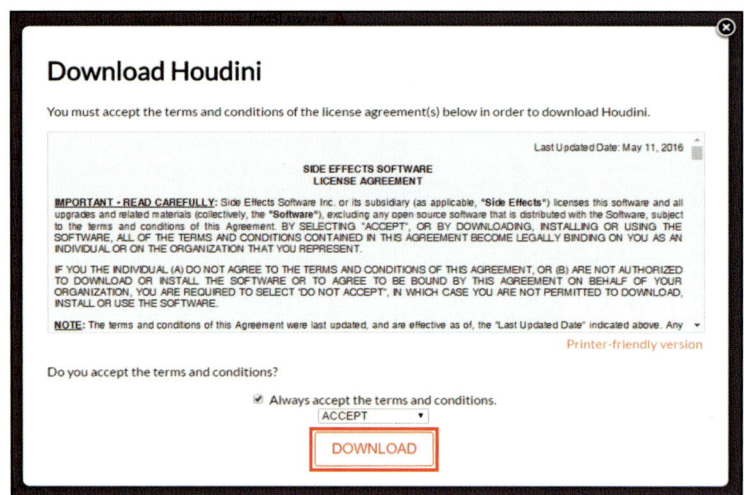

| 설치하기

01 다운로드 받으면 후디니(Houdini) 설치 파일을 실행합니다. 이때 설치되는 버전과 그에 따른 설명이 나오게 되는데, 확인 후 [Next] 버튼을 누르고, 다음 화면에서는 [I Agree] 버튼을 눌러 다음으로 넘어갑니다.

02 다음 화면에서는 후디니 설치에 대한 선택 항목들이 나오는데, 기본 설정인 Commercial Licensing을 해제하고, Apprentice Licensing의 체크박스를 체크한 뒤 [Next]를 눌려줍니다. 참고로 하단에 있는 HQueue Sever와 HQueue Client는 분산 렌더링을 하기 위한 서버용 프로그램과 클라이언트 프로그램입니다. 본 도서에서는 다루지 않기 때문에 설치를 하지 않습니다.

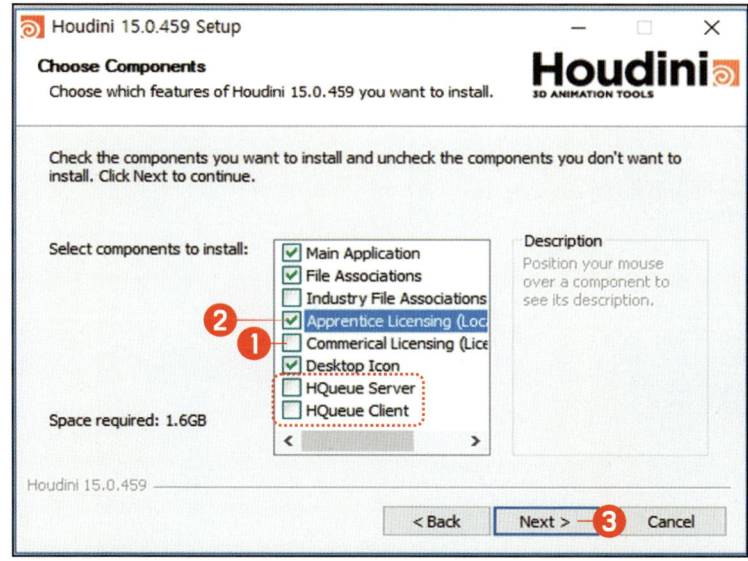

설치하기 017

03 다음은 현재 Side FX에서 지원하는 후디니 엔진(Houdini Engine)이 사용 가능한 프로그램으로 게임 엔진인 Unity Tech의 Unity와 Epic Games에서 개발한 강력한 Unreal을 지원하며, VFX 및 3D 분야에서 많은 사랑을 받는 Autodesk의 Maya 역시 지원을 합니다. MAXON의 CINEMA 4D 또한 지원을 하지만 Houdini Engine for Cinema 4D는 별도로 웹 페이지를 통해 다운로드 후 설치를 진행해야 합니다. 아래쪽의 두 번째 그림을 보면 설치될 드라이브의 여유 공간과 필요 공간이 표시되며, 후디니를 어디에 설치할 것인지에 대한 경로를 선택할 수 있습니다. 일반적으로 지정된 기본 경로에 설치를 진행하면 됩니다.

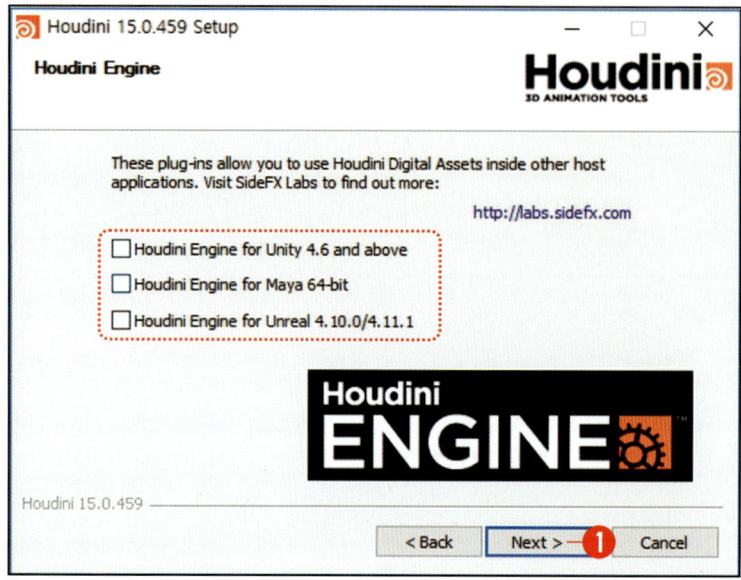

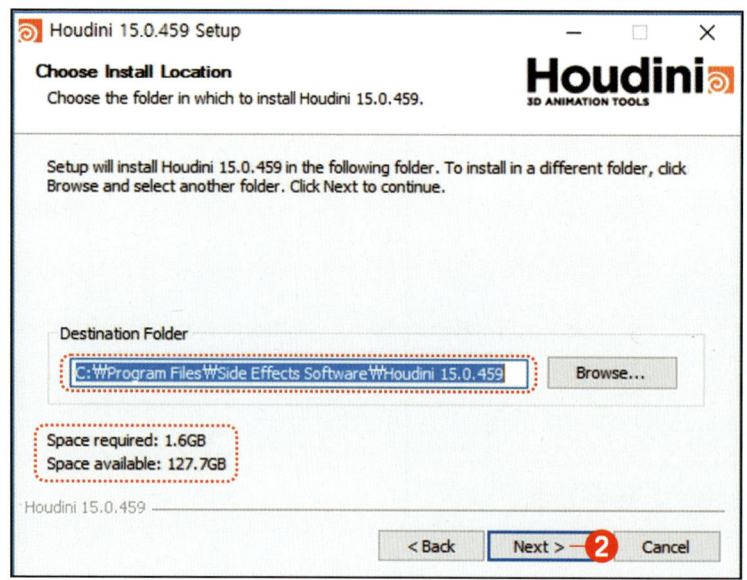

04 실제 설치를 하기 위한 화면이 나타나면 [Install] 버튼을 눌러 설치를 진행합니다.

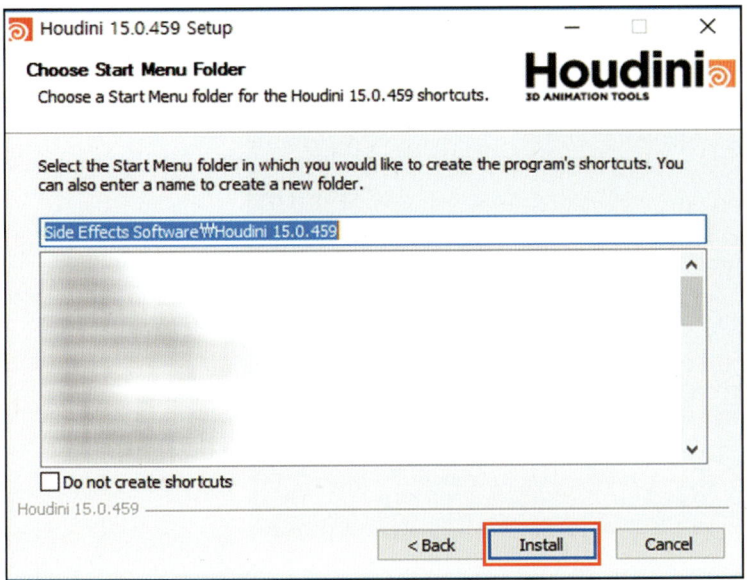

05 설치가 끝날 무렵 Houdini License Administrator 창이 뜨면 라이선스를 선택하게 됩니다. 앞서 언급했듯이 어프런스(Apprentice) 버전으로 사용할 것이기 때문에 Install (or reinstall) my free Houdini Apprentice license를 체크하고 [Next] 버튼을 누릅니다.

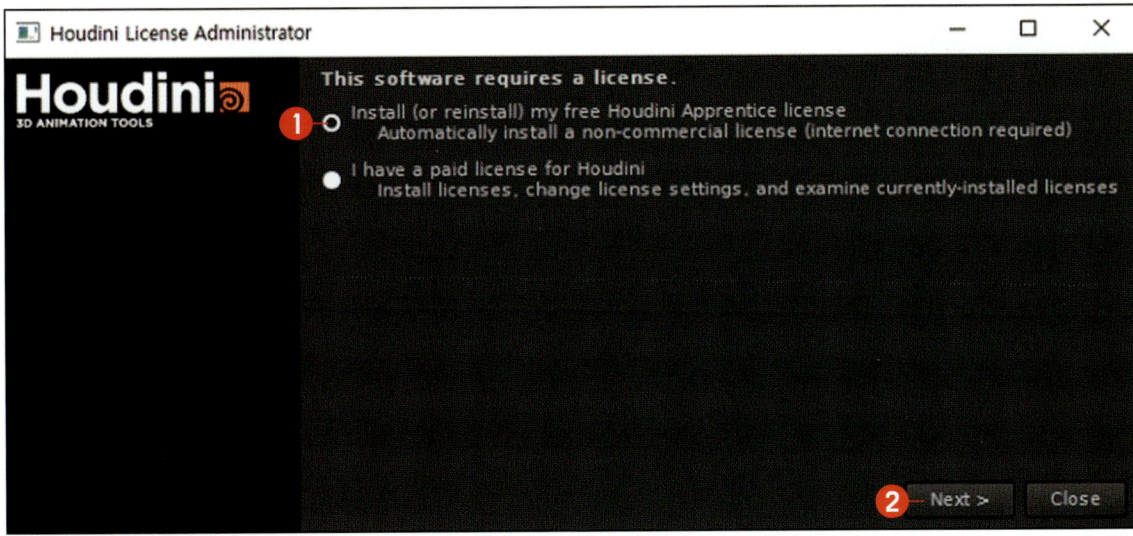

06 계속해서 사용자의 후디니 라이선스(Houdini License)에 대한 사용자 동의를 위한 창이 뜨면 [Accept] 버튼을 눌러 마무리합니다.

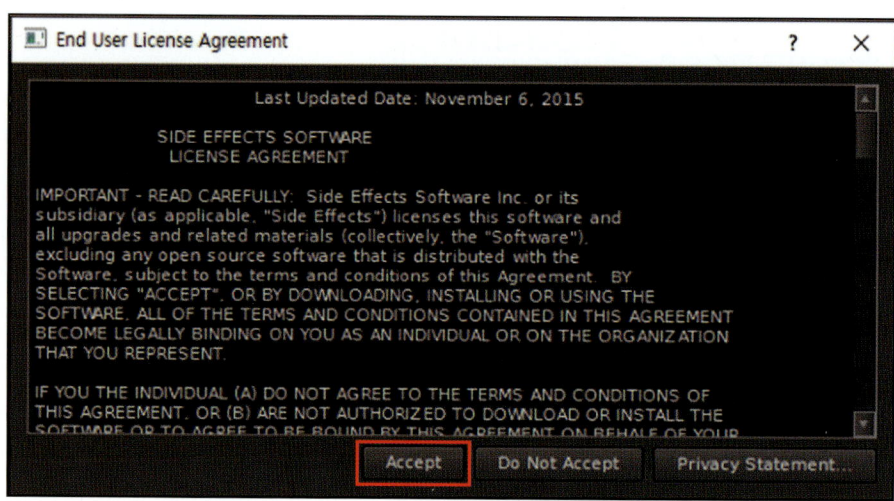

07 이것으로 후디니 어프런스 버전에 대한 설치가 모두 끝났습니다. 다음 학습에서는 후디니의 인터페이스(Interface)와 설정(Setting)에 대해 알아보도록 하겠습니다.

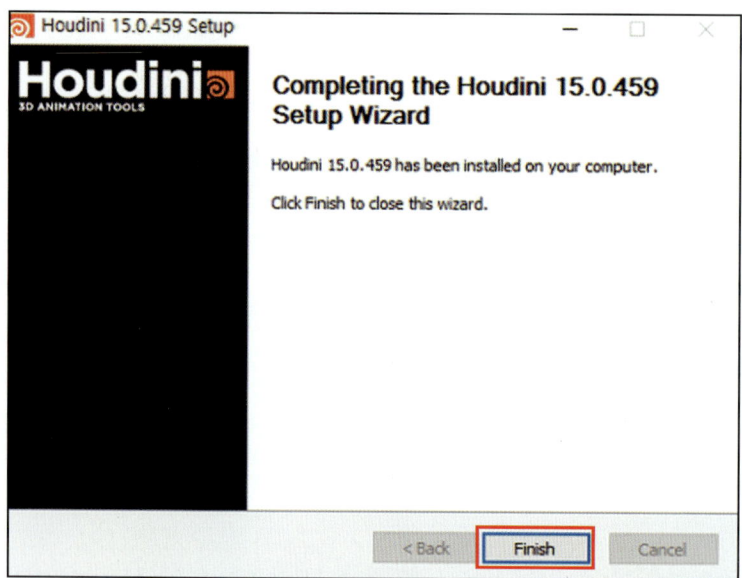

02 인터페이스와 작업환경 설정

이번 학습에서는 후디니의 전반적인 인터페이스(Interface)와 작업환경 설정에 대하여 알아보도록 하겠습니다. 인터페이스에 대한 간략한 사용법과 단축키, 헬프 문서를 사용하는 방법에 대해서 알아보겠습니다.

인터페이스 살펴보기

후디니(Houdini)는 노드 기반(Node Based)의 프로그램으로 합성 프로그램인 누크(Nuke) 혹은 퓨전(Fusion)을 사용해 본 분이라면 쉽게 노드 기반 워크플로우(Node Based Workflow)를 이해하겠지만 그렇지 않은 분들에게는 후디니의 노드 기반 워크플로우를 이해하는데 다소 어려움이 있을 것입니다. 이처럼 대부분의 작업을 노드만으로 해야 하는 후디니는 다른 3D 프로그램들에 비해 뷰포트(Viewport)에서 작업을 컨트롤하는 일이 상당히 적으며, 기본 인터페이스(Interface)에서도 씬 뷰(Scene View)가 차지하는 비중이 그 밖에 작업 창들과 큰 차이가 없다는 것이 특징입니다.

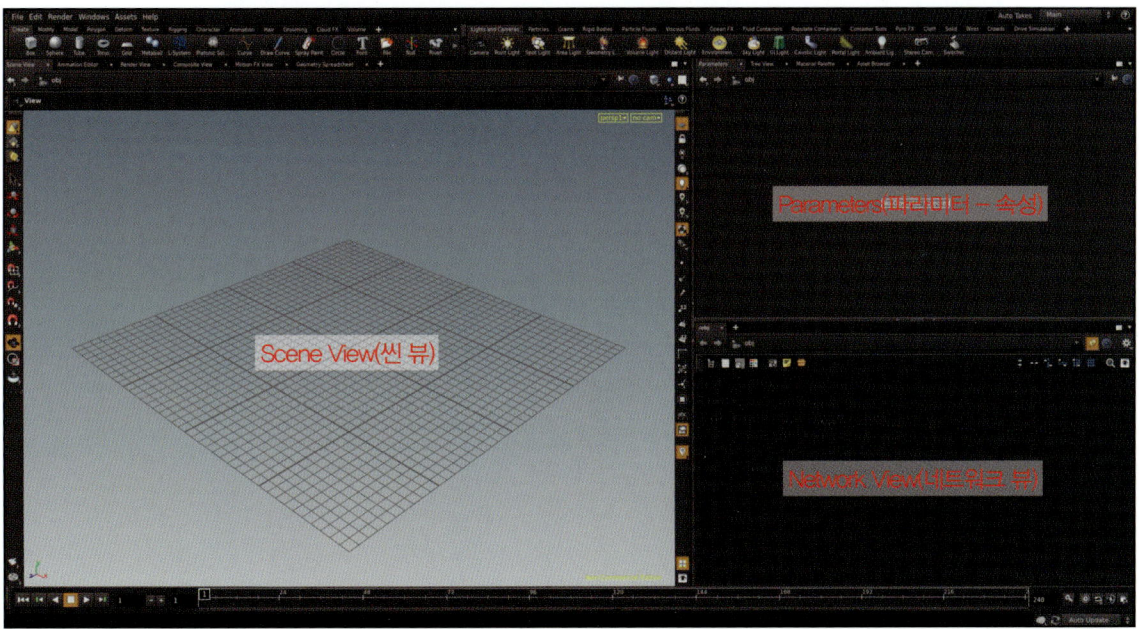

후디니의 인터페이스는 각각의 기능을 가진 작업 팬(Pane)으로 구분하며, 크게 세 가지의 팬으로 나뉘어지는데, 작업된 내용을 볼 수 있는 씬 뷰(Scene View)와 노드를 구성하는 네트워크 뷰(Network View) 그리고 노드의 각종 옵션(속성)을 설정하는 파라미터(Parameters) 팬으로 구성됩니다. 참고로 여기서 말하는 팬(Pane)은 다른 프로그램에서의 창 또는 패널이라 칭하는 작은 인터페이스라고 이해하면 됩니다.

노드의 속성 및 수치를 컨트롤(제어 및 설정)할 수 있는 파라미터(Parameters)는 네트워크 뷰(Network View) 팬 영역에서 단축키 **[P]**를 눌러 띄울 수도 있으며, 또한 다음 학습을 위해서도 반드시 기억해 두기 바랍니다.

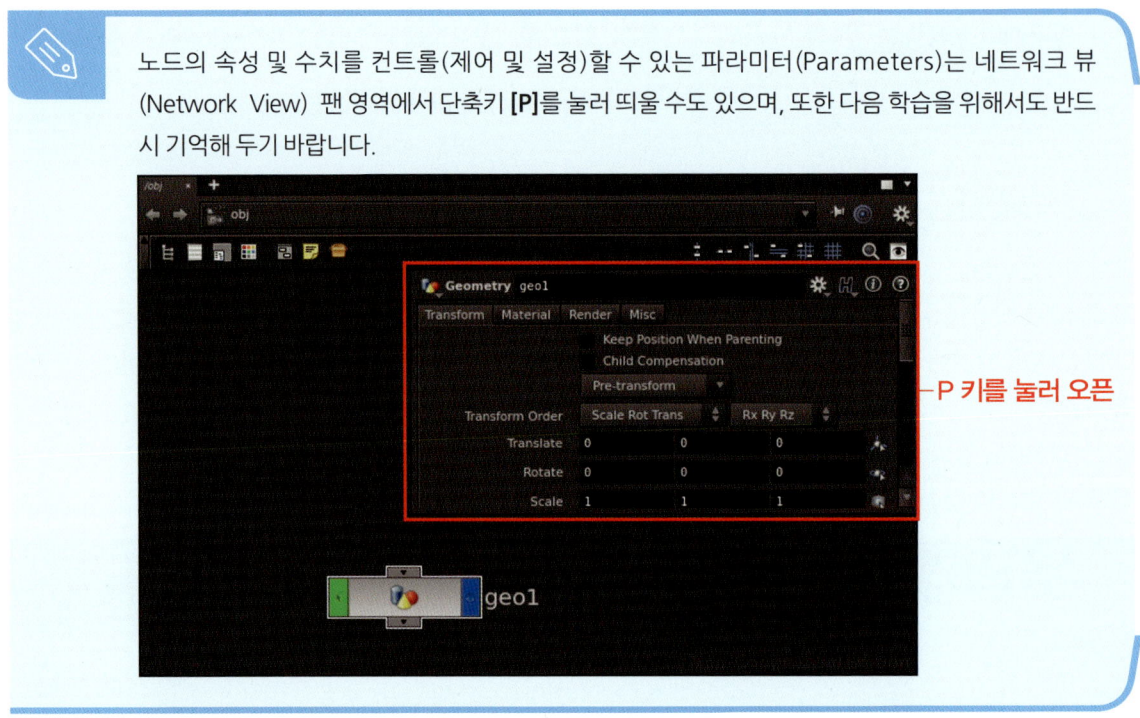

팬(Pane)은 자유자재로 크기 및 위치를 변경할 수 있으며, 팬을 추가하거나 제거하여 사용자가 원하는 레이아웃을 구성할 수도 있습니다. 씬 뷰나 네트워크 뷰, 파라미터 등 어느 팬에서나 아래 그림에서처럼 빨간 박스로 표시된 영역에서 우측 마우스 버튼(LMB)을 클릭하면 나타나는 팬 팝업 메뉴가 나타나는데, 여기서 여러분이 원하는 팬을 선택하여 변경할 수 있습니다.

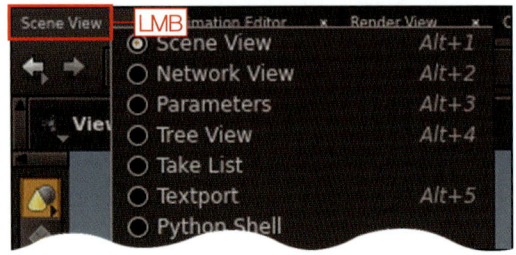

팬의 컨트롤에 관련된 기능은 그림처럼 빨간 박스로 표시한 각 팬의 오른쪽 상단에 있는 작은 화살표를 통한 팝업 메뉴에서 선택할 수 있습니다. 새로운 팬을 생성하고자 할 경우에는 [Ctrl] + [T] 키를 통하여 생성을 하거나 팬의 이름 우측에 있는 [+] 표시를 클릭하여 생성할 수 있습니다.

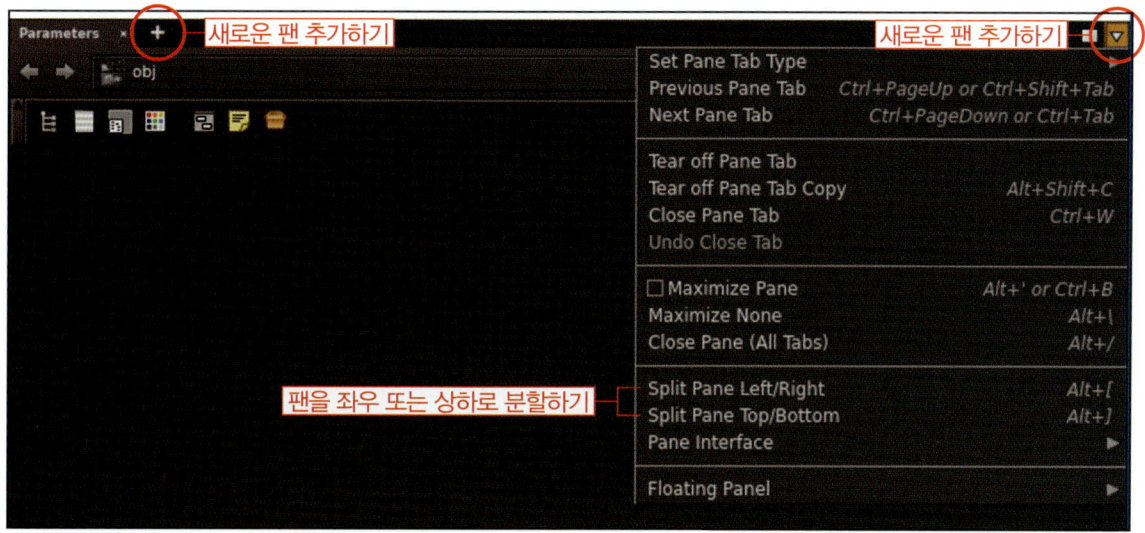

자주 사용되거나 중요한 팬은 [Alt] + [숫자] 키를 이용하여 사전에 등록된 팬 목록을 분할하거나 제거할 수도 있습니다. 참고로 팬을 별도로 클릭할 필요 없이 해당 팬 위에 마우스 커서가 위치하고 있으면, 이 상태에서 해당 단축키를 사용하여 실행할 수도 있습니다.

● 팬(Pane)의 단축키 목록

   [Alt] + [1] Scene View

   [Alt] + [2] Network View

   [Alt] + [3] Parameters

   [Alt] + [4] Tree View

   [Alt] + [5] Textport

   [Alt] + [6] Animation Editor

   [Alt] + [7] Material Palette

   [Alt] + [8] Geometry Spreadsheet

   [Alt] + [9] Context View

● 팬 컨트롤(Pane Control)의 단축키 목록

   [Alt] + [/] Close Pane(팬 제거)하기

   [Alt] + [[ ] 팬을 좌우로 분할하기

   [Alt] + [ ]] 팬을 상하로 분할하기

   [Alt] + ['] 또는 [Ctrl] + [B] 팬을 최대화하기

   [Ctrl] + [T] 새로운 팬 생성하기

필자는 전체적인 노드의 흐름을 한눈에 파악하고 파라미터(Parameters)를 네트워크 뷰(Network View) 인터페이스 안에서 사용하기 위해서 네트워크 뷰에서 [P] 키를 눌러 아래 그림과 같은 레이아웃을 구성하여 사용 중입니다. 그리고 추가적으로 후디니의 기본 인터페이스인 Scene View, Network View, Parameters 못지않게 중요한 팬(Pane)인 지오메트리 스프레드시트(Geometry Spreadsheet) 또한 간단하게 볼 수 있도록 씬 뷰(Scene View)를 상하로 분할한 후 지오메트리 스프레드시트를 아래쪽 인터페이스에 적용해 두었습니다.

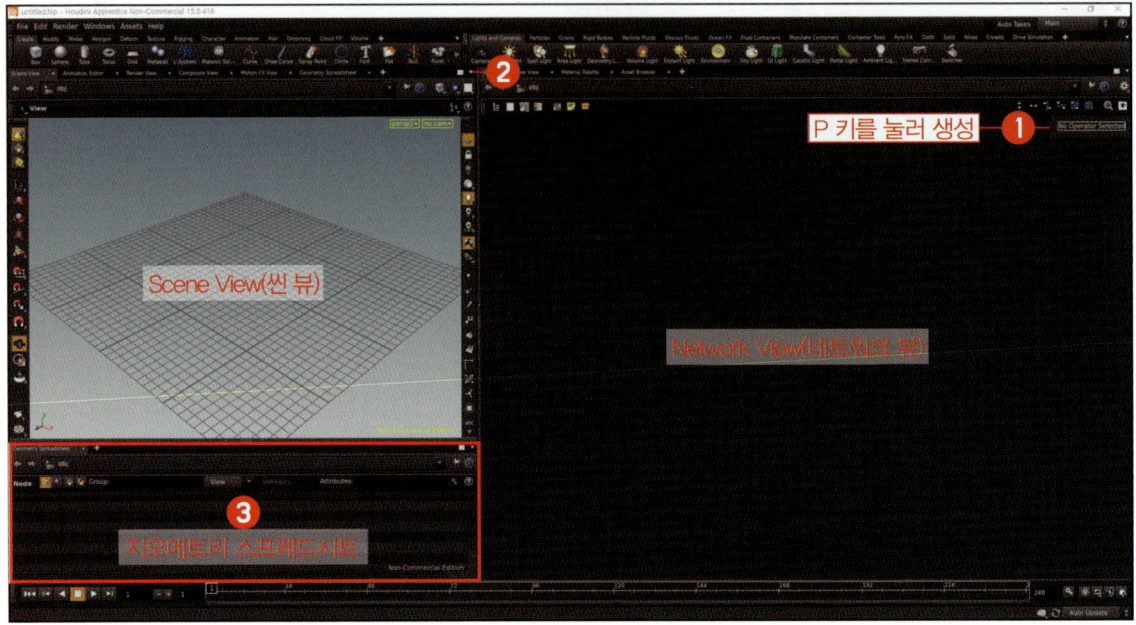

앞서 간략하게 설명했던 팬 인터페이스와 단축키를 통해 팬을 이리저리 자신이 원하는 대로 추가하고 지워보고 또는 상하좌우로 분할도 해가면서 자신에게 가장 적합한 레이아웃으로 구성해 보는 것도 중요합니다. 아직은 아무것도 해보지 않았기 때문에 어떤 레이아웃이 자신에게 맞는지에 잘 모르기 때문에 팬 조작에 익숙해지기 위함이라는 명심하고 레이아웃을 구성해 보길 바랍니다.

노드(Node)에 대하여

후디니가 강력한 프로그램으로 평가받는 수많은 이유 중 하나은 앞서 언급했던 것처럼 노드 기반의 워크플로우(Node Based Workflow)를 가지고 있는 프로그램이기 때문입니다.

노드 기반 워크플로우(Node Based Workflow)란 노드라는 구조와 기능으로 대부분의 작업을 처리하게 되는 것을 뜻합니다.

그렇다면 과연 이 노드라는 것이 무엇일까요? 여기서 잠시 노드(Node)라는 것이 무엇인지를 알아보도록 하겠습니다. 노드란 많은 의미로 해석이 가능하겠지만, 후니디(Houdini), 누크(Nuke), 퓨젼(Fusion) 등과 같은 프로그램에서 말하는 노드는 특정 기능을 가지고 있는 하나의 블록(효과 및 명령 등이 있는 기능)이라고 이해하면 됩니다. 대부분의 노드에는 인풋(Input)과 아웃풋(Output)이라는 부분이 있으며, 자신이 원하는 노드를 다음 노드의 인풋에 연결하고 또 다른 노드에 연결하는 방식으로 작업이 이루어집니다.

인풋(Input)과 아웃풋(Output)은 쉽게 어떠한 효과 및 명령을 수행하고, 전달하기 위한 입력과 출력의 역할을 합니다. 노드에 따라서 1~5개의 인풋을 가질 수도 있으며, 이 부분은 차후 자연스레 접하게 될 것입니다.

노드 작업 과정의 구조를 인터넷 쇼핑에 비유를 해 보겠습니다. 인터넷 쇼핑의 단계를 크게 3단계로 나누어 보면 [결제] - [배송] - [도착]이라고 볼 수 있는데, 이 과정을 노드로 대입하여 설명하면 다음과 같이 될 것입니다. 우리는 쇼핑몰이라는 노드의 [인풋]에 돈을 지불하여 주문을 하게 되면 그 상품이 [아웃풋]으로 나와 배송이라는 노드의 [인풋]으로 들어가게 됩니다. 그후 배송이라는 노드의 [인풋]으로 나오는 상품이 도착지라는 노드의 [인풋]으로 들어가게 되어 우리는 이 쇼핑몰에서 구매한 상품을 받게 됩니다. 아래 그림을 참고해 보십시오.

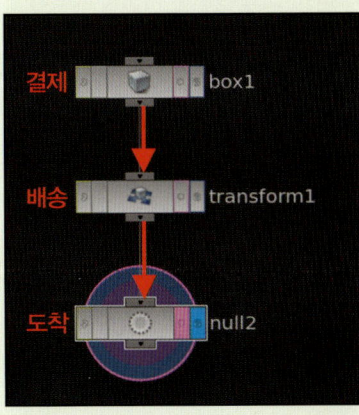

이렇듯 각각의 수많은 노드들이 쌓여 마치 큰 나무(가지)를 연상시키는 것에 빗대어 노드 구조를 형성하는 것을

노드 트리(Node Tree)라고 부릅니다. 보다 쉽게 설명하자면 노드 블록들이 차곡차곡 쌓여, 쌓인 순서대로 자신들의 할 일을 하고 그로 인해 결과물이 나타나는 방식이라고 생각하면 이해가 빨리 될 것입니다.

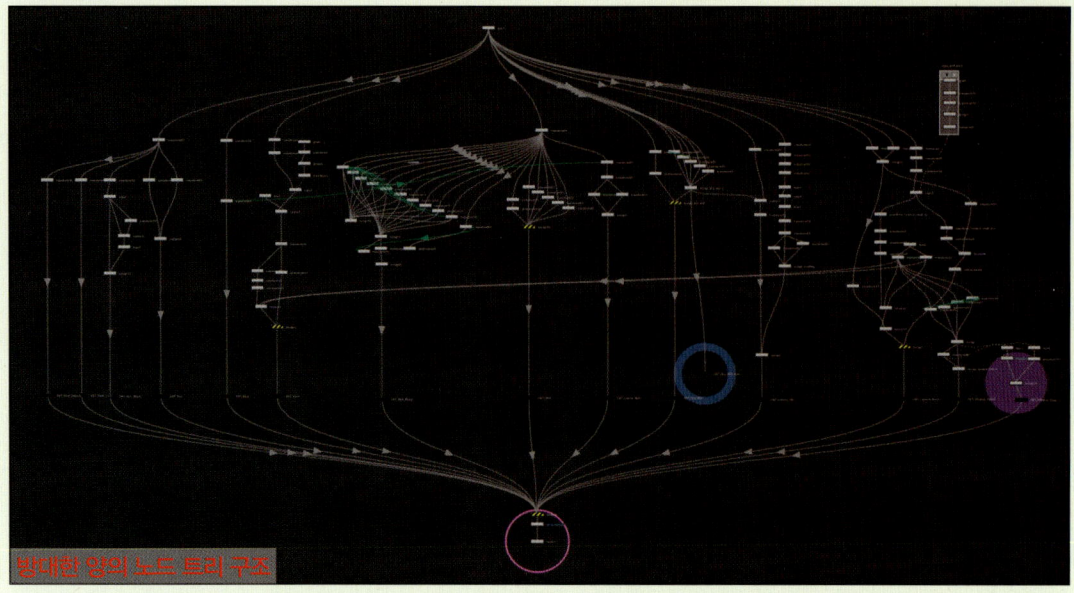

방대한 양의 노드 트리 구조

아래 그림의 노드들은 후디니에서 가장 쉽게 볼 수 있는 노드의 형태입니다. 앞서 설명했듯이 노드는 특정 기능을 가지고 있습니다. 후디니는 마야(Maya)나 3D Max에서 손쉽게 사용할 수 있는 박스(Box), 스피어(Sphere), 튜브(Tube)등의 오브젝트들 역시 노드로써 존재하고, 3D 모델링(Modeling)을 할 때 빼놓을 수 없는 기능인 익스트루드(Extrude) 역시 노드로써 존재하고 있습니다. 이렇듯 후디니는 인터페이스와 관련된 기능을 제외하고는 모든 기능이 노드로 이루어진다고 보면 되는데, 노드 기반 워크플로우의 최대 장점은 작업 과정을 직관적으로 볼 수 있으며, 문제가 발생되었을 때 보다 쉽게 파악할 수 있다는 것과 한번 작업을 했던 프로젝트라면 이후 비슷한 작업을 할 때 다른 프로그램에서는 결코 따라올 수 없는 작업 속도를 가지고 있다는 것입니다. 여기까지 노드(Node)에 대한 간략한 설명이었습니다. 이제 다시 인터페이스에 대해 알아보겠습니다.

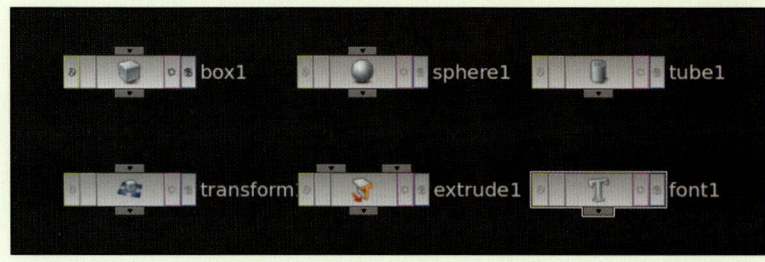

아래 그림은 후디니의 씬 뷰(Scene View)의 모습입니다. 왼쪽에는 선택에 필요한 실렉트 모드(Select Mode)와 오브젝트의 이동과 변형에 사용되는 무브(Move), 로테이션(Rotation), 스케일(Scale) 등이 위치해 있으며, 세 가지 기능을 동시에 사용할 수 있는 핸들(Handle)이 제공됩니다.

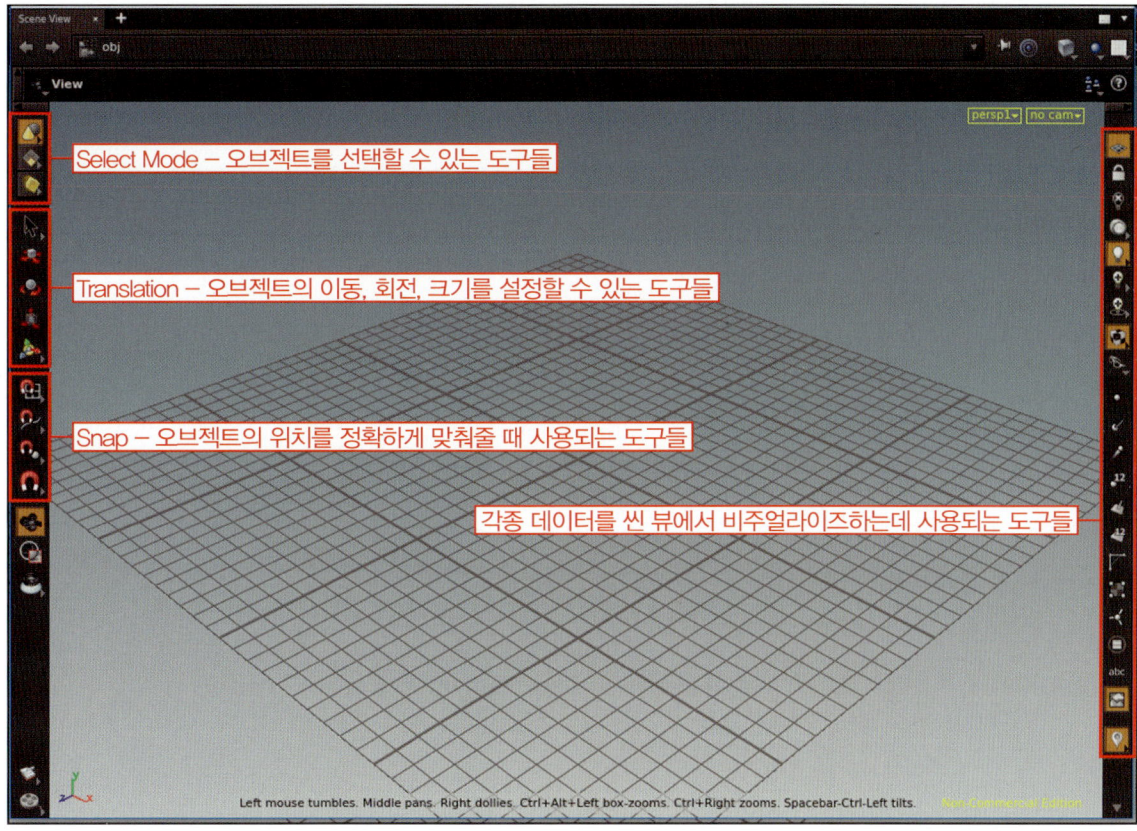

위에서 설명한 도구들 중 가장 많이 사용되는 트랜슬레이션(Translation) 도구는 단축키로 즐겨 사용되는데, 해당 도구들의 단축키는 다음과 같습니다.

[E] Scale(크기 조절하기)
[R] Rotation(회전하기)
[T] Move(이동하기)
[Enter] Handle(크기, 회전, 이동을 동시에 사용하기)

계속해서 오른쪽에는 디스플레이 옵션(Display Option)들이 제공되는데, 여기에 있는 옵션들은 앞으로 후디니를 접하게 되면서 매우 유용하게 사용될 다양한 기능들입니다. 옵션들에 대해서는 추후 다양한 예제를 통해 익혀보도록 하겠습니다. 참고로 씬 뷰를 회전하기 위해서는 [Space Bar] 또는 [Alt] 키를 누른 상태에서 좌측 마우스 버튼 즉, [LMB]를 사용하게 됩니다. 다음의 조작법을 익혀 두십시오.

[Space 또는 Alt] + [LMB] 씬 뷰를 회전합니다.
[Space 또는 Alt] + [RMB] 또는 [Wheel] 씬 뷰를 확대/축소합니다.
[Space 또는 Alt] + [MMB] 씬 뷰를 상하좌우로 이동합니다.
[Space] + [H] 씬 뷰의 홈 그리드(Home Grid)를 초기 상태로 리셋해 줍니다.
[Space] + [G] 씬 뷰를 선택된 오브젝트를 기준으로 보여줍니다.

마야와 3D Max 같은 프로그램의 뷰 포트에는 뷰 큐브(View Cube)라는 편리한 기능이 있지만, 후디니에는 뷰 큐브처럼 직관적으로 뷰 포트를 바라볼 수 있는 기능은 없지만 후디니에서는 [Ctrl] + [번호] 키 조합을 통해 뷰 포트(씬 뷰)의 레이아웃을 제어할 수 있으며 [Space] + [번호] 키 조합을 통해 뷰 포트를 제어할 수 있습니다. 다음의 단축키를 기억해 두기 바랍니다.

[Space] + [1] 원근감이 느껴지는 퍼스펙티브 뷰(Perspective Viewport)로 전환합니다.
[Space] + [2] 위에서 보는 탑 뷰(Top Viewport)로 전환합니다.
[Space] + [3] 정면에서 보는 프론트 뷰(Front Viewport)로 전환합니다.
[Space] + [4] 오른쪽에서 보는 라이트 뷰(Right Viewport)로 전환합니다.
[Space] + [5] 펼침 작업을 할 수 있는 UV Viewport로 전환합니다.

단축키를 통한 뷰 포트의 분할과 시점 제어는 씬 뷰에서 직접 클릭을 해서 할 수 있는데, 씬 뷰 우측 상단에 있는 뷰포트 레이아웃(Viewport Layout)에서 가능하게 해 줍니다. 이 아이콘 메뉴를 누르면 나타나는 메뉴를 보면 씬 뷰를 어떻게 레이아웃, 즉 분할되는지 선택할 수 있습니다. 그리고 씬 뷰 우측 상단에 있는 persp1이란 노란색 박스는 Viewport Options 기능으로써 뷰 포트에 대한 다양한 옵션들을 제공하는데, 이 옵션 중 Set View를 선택하면 직접 뷰의 시점을 바꿀 수 있습니다. 계속해서 옆에 있는 no cam이란 노란색 박스는 카메라를 생성할 수도 있고 간단한 컨트롤이 가능한 Camera/light to look through 기능으로 Camera/light의 시점으로 이동하여 직접적인 위치 조정을 해 주는 중요한 기능입니다.

다음은 네트워크 뷰(Network View)의 인터페이스에 대해 알아보겠습니다. 네트워크 뷰는 후디니를 사용하면서 씬 뷰보다 많이 사용하게 될 팬(Pane)이라고 볼 수 있습니다. 하지만 씬 뷰보다는 조작하기 쉽습니다. 네트워크 뷰에도 여러 기능들이 아이콘으로 되어있지만, 여기에서는 가장 중요한 두 가지에 대해 설명하겠습니다. 노드 구조에서 가장 중요한 네트워크와 후디니 작업에서 가장 많이 사용되는 키는 바로 [Tab] 키입니다. 중요한 만큼 반드시 기억해 두기 바랍니다.

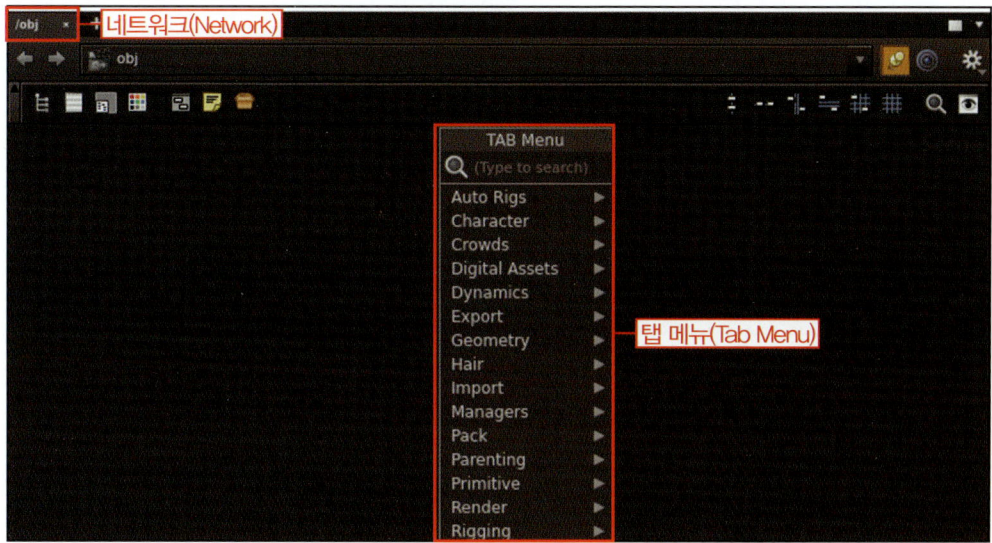

네트워크(Network) 살펴보기

여기서 말하는 네트워크라는 것은 팬(Pane)의 이름에 적혀있는 /obj를 뜻합니다. 그중 /obj는 최상위 네트워크를 뜻합니다. 윈도우즈 운영체제로 비유하자면 C 드라이브의 최상위를 뜻한다고 생각하면 됩니다. 다음의 그림은 /obj(이하 obj 레벨)라는 네트워크 속의 /geo1이라는 노드 안의 /attribvop1 노드에 들어가 마지막으로 /subnet1이라는 노드에 접속한 상태의 모습입니다.

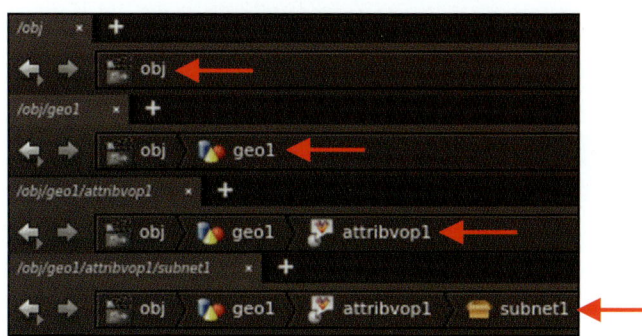

이 네트워크 구조는 마치 컴퓨터의 폴더처럼 하나의 폴더 안에 여러 개의 폴더가 있고, 그 안에도 여러 개의 폴더와 파일이 있는 것이라고 보면 됩니다. 하지만 명칭이 폴더가 아니라 네트워크라고 되어있는 이유는 서로 간의 데이터의 공유가 주 목적이기 때문입니다. 후디니에는 여러 개의 네트워크가 존재하게 되는데 다른 네트워크에 있는 노드의 데이터를 여기저기 가져다 사용하거나 변형을 할 수 있습니다.

툴(Tool)과 팬(Pane) 살펴보기

이번에는 후디니의 인터페이스를 이루는 구성 요소인 작업 툴과 팬들에 대해 살펴보도록 하겠습니다.

크리에이트(Create) 오브젝트를 생성하기 위한 툴 탭으로써 모든 3D 프로그램에서 볼 수 있는 기본적인 오브젝트 데이터를 다룹니다.

모디파이(Modify) 오브젝트를 복사하고 제거, 분리 등의 작업을 위한 툴 탭입니다.

모델(Model) 모델링을 하고 수정하는 등의 모델에 관한 다양한 작업을 위한 툴 탭입니다.

폴리곤(Polygon) 오브젝트의 면(Polygon)과 선(Edge)에 대한 작업을 위한 툴 탭입니다.

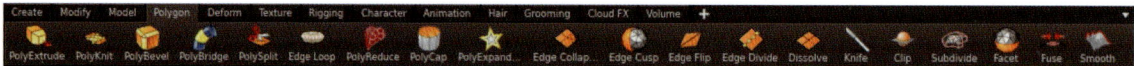

디폼(Deform) 모델의 변형 작업을 위한 툴 탭입니다.

텍스처(Texture) 텍스처 작업을 진행하는데 있어 필요한 UV를 생성하고, 수정 작업을 위한 다양한 기능들이 있는 툴 탭입니다.

리깅(Rigging) 캐릭터 애니메이션을 작업을 위한 리깅에 대한 기능들이 있는 툴 탭입니다.

캐릭터(Character) 후디니에서 제공하는 기본 캐릭터 에셋들이 있는 툴 탭입니다.

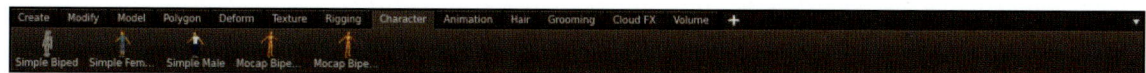

애니메이션(Animation) 애니메이션을 적용하고, 셋업하기 위한 기능들이 있는 툴 탭입니다.

헤어(Hair) 털이나 머리카락 같은 헤어 셋업을 위한 기능들이 있는 툴 탭입니다.

그루밍(Grooming) 헤어를 컨트롤하기 위한 기능이 있는 툴 탭입니다.

클라우드 FX(Cloud FX) 구름을 생성하고, 그와 관련된 기능이 있는 툴 탭입니다.

볼륨(Volume) 볼륨을 생성하고 컨트롤할 수 있는 다양한 기능들이 있는 툴 탭입니다.

라이트 / 카메라(Lights and Cameras) 카메라와 각종 라이트들을 생성할 수 있는 툴 탭입니다.

파티클(Particles) 파티클 생성하고, 컨트롤하기 위한 기능들이 있는 툴 탭입니다.

그레인(Grains) 모래와 같은 입자를 생성하고, 컨트롤하기 위한 기능들이 있는 툴 탭입니다.

리지드 바디(Rigid Bodies) 다이내믹을 위한 다양한 객체를 생성하고 컨트롤 할 수 있는 기능들이 있는 툴 탭입니다.

파티클 플루이드(Particle Fluids) 유체(Fluid)에 대한 각종 컨트롤이 가능한 기능들이 있는 툴 탭입니다.

비스코우스 플루이드(Viscous Fluids) 유체(Fluid) 중에서도 점성(Viscosity)이 있는 요소들을 생성하고, 컨트롤하는 기능들이 있는 툴 탭입니다.

오션 FX(Ocean FX) 바다와 같은 물을 표현하기 위한 기능들이 있는 툴 탭입니다.

플루이드 컨테이너(Fluid Containers) 불, 연기, 액체 등에 대한 컨테이너를 위한 기능들이 있는 툴 탭입니다.

파퓰레이트 컨테이너(Populate Containers) 불, 연기, 액체 등 컨테이너를 채우기 위한 기능들이 있는 툴 탭입니다.

컨테이너 툴(Containers Tools) 불, 연기, 액체 등이 담기는 컨테이너를 컨트롤하기 위한 기능들이 있는 툴 탭입니다.

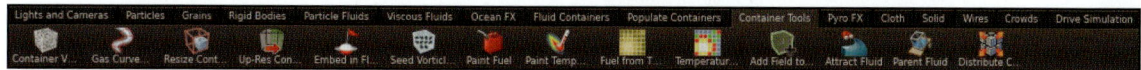

파이로 FX(Pyro FX) 불, 연기와 관련된 이펙트를 담당하는 기능들이 있는 툴 탭입니다.

클로스(Cloth) 옷감 및 천과 관련된 시뮬레이션을 표현하기 위한 기능들이 있는 툴 탭입니다.

솔리드(Solid) 솔리드 오브젝트를 생성하고, 변형하기 위한 기능들이 있는 툴 탭입니다.

와이어(Wires) 유연성이 있는 다이내믹을 위한 기능들이 있는 툴 탭입니다.

크로우드(Crowds) 군중 시뮬레이션과 관련된 기능들이 있는 툴 탭입니다.

드라이브 시뮬레이션(Drive Simulation) 중력, 힘 등을 담당하는 기능들이 있는 툴 탭입니다.

팬 탭(Pane Tab) 작업이 진행되는 상황을 볼 수 있는 씬 뷰, 키프레임을 그래프를 통해 설정하는 애니메이션 에디터, 작업 결과를 확인하기 위한 렌더 뷰, 각 노드의 데이터를 차트로 볼 수 있는 지오메트리 스프레드시트 등을 추가/삭제할 수 있는 공간입니다.

플레이바(Playbar) 씬에서 일어나는 애니메이션 및 시뮬레이션을 재생할 수 있는 바입니다.

탭(Tab) 메뉴 살펴보기

후디니를 하면서 가장 많이 쓰게 될 단축키는 [Tab] 키입니다. 앞서 잠시 살펴본 것처럼 씬 뷰나 네트워크 뷰에서 **탭** 키를 누르면 세로로 길게 나타나는 메뉴가 탭 메뉴입니다. 이 탭 메뉴를 통해서 노드를 생성할 수 있습니다. 또한 탭 메뉴를 통해 해당 네트워크의 모든 노드를 볼 수도 있으며 원하는 노드를 검색할 수도 있습니다.

후디니의 탭 메뉴 검색은 상당히 잘 정리되어있습니다. 아래 그림처럼 attribute라는 단어를 입력하면 해당 단어가 들어가 있는 노드를 모두 보여줍니다. 만약 attribute create라는 노드를 검색하고자 할 때 ac 혹은 att create처럼 약자만 입력해도 관련 메뉴가 검색되며, 검색 후 원하는 노드를 방향(화살표) 키를 통해 원하는 메뉴를 선택한 후 [Enter] 키를 눌러 생성하거나 클릭(LMB)하여 생성하면 됩니다. 필자는 주로 설명처럼 일부 약자를 입력하여 노드를 검색합니다.

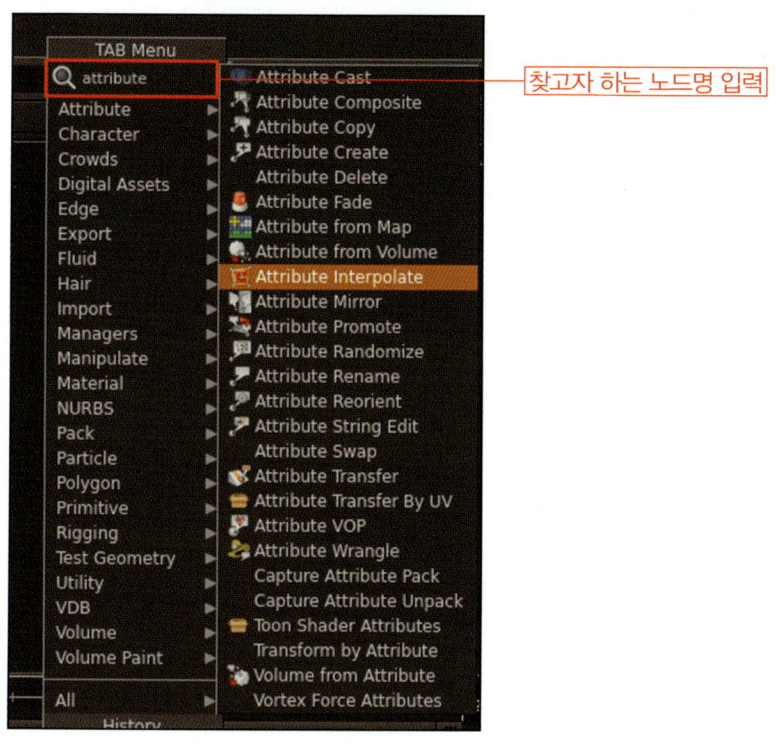

obj 레벨에서 **탭** 키를 통해 탭 메뉴를 열고 geometry(필자는 g 글자로만 입력했음)를 검색하여 생성을 하면 지오메트리 오브젝트 노드(obj 레벨에서의 노드)가 생성됩니다. 이 노드는 추후 설명하게 될 후디니의 네트워크 중 하나인 서페이스 오퍼레이터(Surface Operator)로써 Sop 혹은 Sop Network라고 부르며, 후디니에서의 모든 작업의 시작은 바로 이 지오메트리를 생성하면서부터임을 명심하기 바랍니다.

후디니의 노드에는 플래그(Flag)라는 것이 있습니다. 이 플래그(깃발)라는 것은 노드의 기본적인 기능에 대한 On/Off를 담당한다고 보면 되는데, On일 경우 깃발을 꽂아서 기능이 활성화가 되었는지 표시를 한다. 라는 의미로 보면 됩니다. 다음 그림은 오브젝트 노드의 플래그에 대한 설명으로 비지블(Visible)과 실렉테이블(Selectable)이 플래그에 해당됩니다.

❶ **Visible** 해당 노드를 씬 뷰(Scene View)에 디스플레이 할 것인지에 대한 결정하며, 씬 뷰에 결과물이 나타나지 않는 이유는 대부분 이 디스플레이를 켜지않았기 때문입니다.

❷ **Selectable** 해당 노드를 씬 뷰(Scene View)에서 선택이 되게 할 것인지에 대한 결정합니다.

❸ **Connect Parent's output to this input** 상위 노드의 Output을 데이터를 하위, 즉 현재 노드로 입력하기 위한 Input(인풋)입니다. 먼저 선택한 후 연결선이 나타나면 끌어다 아웃풋에 연결하면 됩니다.

❹ **Connect child inputs to this output** 하위 노드의 Input에게 상위, 즉 현재 노드의 데이터를 보내기 위한 Output(아웃풋)입니다.

또한 노드의 안으로 들어갈 수도 있는데, 해당 노드를 **더블클릭**하거나 단축키 [I]를 누르면 됩니다. 노드 안으로 들어가는 것을 점프 다운(Jump Down)이라하고, 반대로 다시 밖으로 나오는 것을 점프 업(Jump Up)입니다. 점프 업, 즉 다시 밖으로 나오기 위한 단축키는 [U]입니다. 들어가는 단축키가 [I]이기 때문에 나오는 키가 [O]로 혼동하지 않기를 바랍니다. 아래 그림은 각기 다른 네트워크의 노드입니다. obj 레벨에서 와는 다른 플래그를 가지고 있는데, 이것은 각 네트워크에 대한 설명을 할 때 다루도록 하겠습니다.

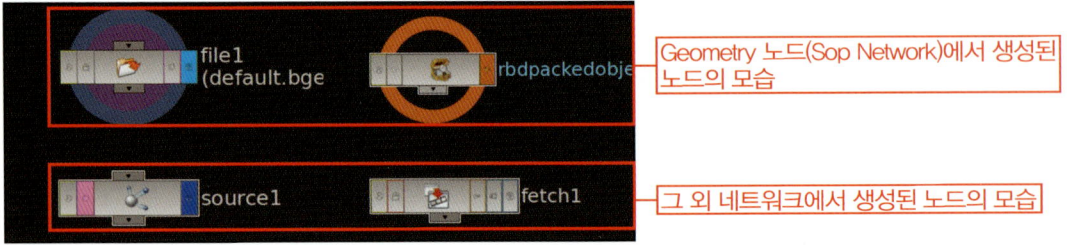

기본적으로 obj(오브젝트) 레벨 및 아무 네트워크에서나 숫자 키 **[1]**은 디스플레이/비지블 플래그 (Display/Visible Flag) 메뉴에 해당합니다.

그리고 후디니에는 플래그 외에도 자신이 원하는 노드의 상세 정보를 간편하게 볼 수 있는 기능이 있습니다. 노드 위에서 **마우스 휠 버튼**(MMB)을 클릭하게 되면 해당 노드의 상세한 정보들이 보이는 검은색 창이 뜨게 됩니다. 이 정보는 어느 네트워크에 있는 노드인지 쉽게 알 수 있는 정보가 뜨게 되는데, 이것은 특정 제품의 패키지나 매뉴얼에 나와있는 상세 스펙과 같다고 보면 됩니다. 후디니를 어느정도 다루게 되면 네트워크 뷰에 엄청난 노드 트리가 구성되게 되는데, 이렇게 노드가 많아지면 직관적으로 보기 힘들어지고, 또 어디에 무슨 노드가 있었는지도 파악하기가 힘들어집니다. 만약 정리정돈에 강박이 있는 유저들에겐 엄청난 스트레스의 요인이 되기도 합니다. 그러나 후디니의 네트워크 뷰에는 깔끔하게 정리를 하기 위한 몇 가지 기능이 있기 때문에 걱정할 필요는 없을 것입니다.

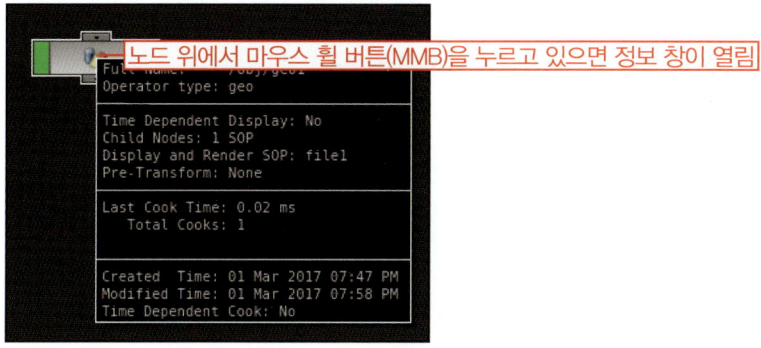

기본적으로 네트워크 뷰에서 노드를 끌어 원하는 곳으로 마음대로 움직일 수 있으며, 네트워크 뷰 상단의 툴 바에는 각 노드에 대해 색상을 바꿔줄 수 있는 기능이 있는데, 툴 바의 네 번째에 있는 컬러 차트 같이 생긴 아이콘입니다. 단축키 **[C]**를 눌러도 됩니다. 이 아이콘을 선택하면 네트워크 뷰 왼쪽 하단 Color Picker(컬러 피커)가 활성화가 되는데, 먼저 색을 바꾸고자 하는 노드를 선택 후 원하는 색상을 선택하면 됩니다. 그리고 오른쪽에 있는 정렬과 관련된 툴들을 통해 노드를 보다 깔끔하게 정리할 수 있습니다.

아래 그림은 컬러 피커와 정렬에 관한 기능 중 오른편의 첫 번째 툴인 Layout/Align to Grid 기능을 함께 사용한 모습입니다. 이 외에도 다섯 가지의 정렬 기능으로 훨씬 다채롭고 깔끔한 노드 트리 구축이 가능합니다.

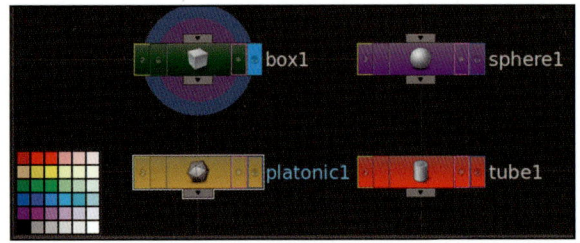

다음 그림은 필자가 자주 쓰는 기능인 sticky note입니다. 네트워크 뷰 툴 바의 스티커 모양의 아이콘을 선택하면 마치 포스트 잇처럼 생긴 노트가 생성되는데, 네트워크 뷰에서 작업들에 대한 내용을 기록할 때 편리하게 활용할 수 있습니다. 후디니 14 버전부터는 한글을 지원합니다. 이것은 팀 프로젝트 작업 시 다른 작업자가 프로젝트 파일을 열었을 때 스티커 노트에 정리된 내용을 보며 노드가 어떤 방식으로 된 것인지에 쉽게 파악할 수 있습니다. 참고로 스티커 노트는 노드처럼 색상도 바꿀 수 있습니다.

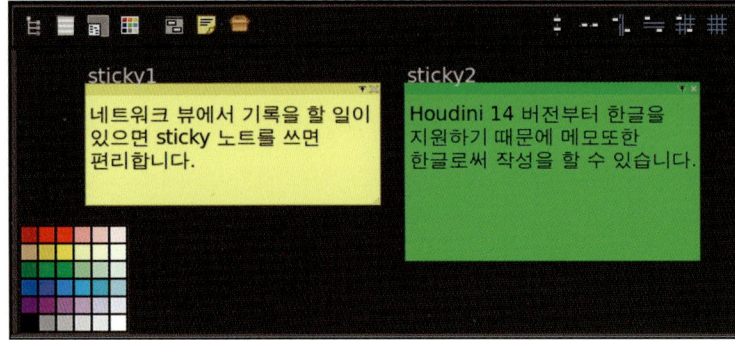

작업환경 구축하기

이번엔 기본적인 작업환경을 구축해 보도록 하겠습니다. 작업환경 구축에 있어 개인 작업자라면 자신에게 편리한 환경을 구축하면 됩니다. 먼저 레이아웃 구성에 대해 알아보겠습니다. 앞서 인터페이스 학습에서 자신에게 맞는 레이아웃 구성을 해 보았습니다. 설정된 레이아웃을 저장하는 방법은 상단 풀다운 메뉴의 [Windows] - [Desktop]에서 들어가서 저장을 할 수 있습니다. 다음 그림에서 빨간색 점선 박스로 표시된 것은 필자가 미리 만들어놓은 레이아웃 프리셋입니다. 만약 여러분이 설정한 현재의 레이아웃을 새로운 프리셋으로 저장하고자 한다면 [Save Current Desktop] 혹은 [Save Current Desktop As…] 메뉴를 클릭하면 되는데, [Save Current Desktop]으로 저장을 하게 되면 현재 레이아웃을 덮어쓰기가 되며, [Save Current Desktop As…]는 새로운 이름으로 저장됩니다.

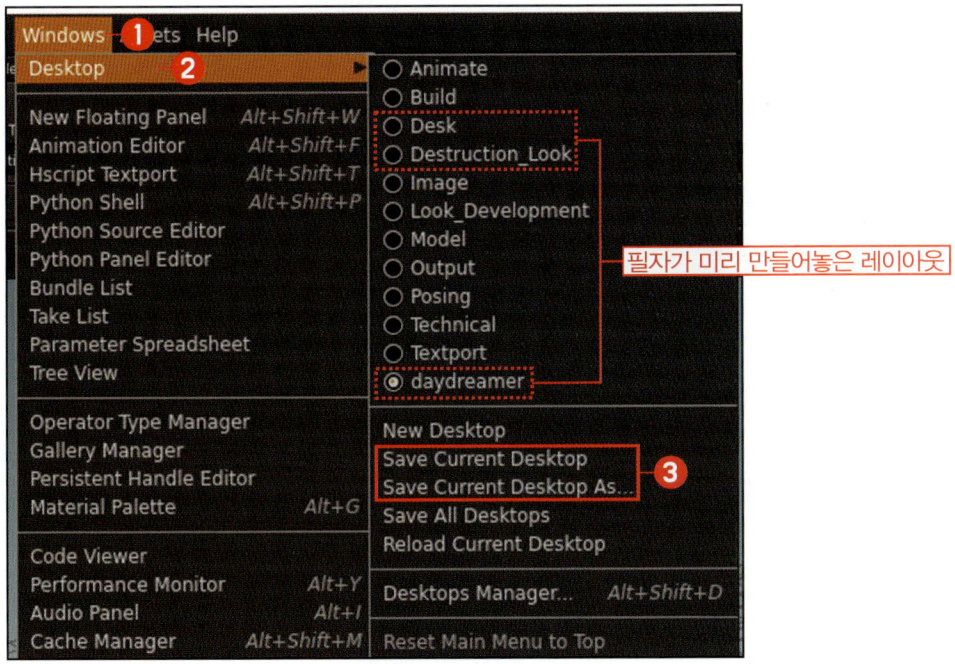

저장된 레이아웃은 [문서] - [houdini(해당 버전)] - [desktop] 폴더 안에 *.desk라는 확장자를 가진 파일로 저장(Windows 기준)이 됩니다. 만약 작업 컴퓨터가 바뀔 경우 이 파일만 복사하여 사용하면 어느 컴퓨터에서든 자신이 작업하던 레이아웃으로 바꿔줄 수 있습니다. 레이아웃을 저장을 해봤으니 다음은 프로젝트 세팅에 대해 배워보겠습니다.

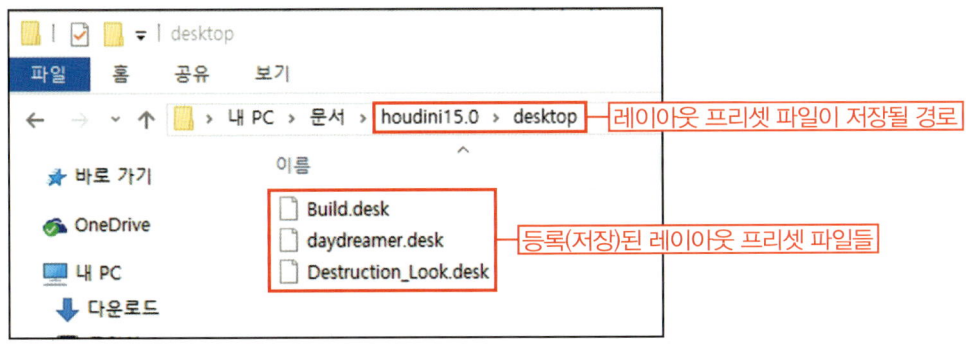

어떤 프로그램이든 자신이 원하는 경로를 바로가기처럼 만들어 줄 수가 있는데, 후디니에서는 글로벌 베리어블(Global Variables)이라는 전역 변수(변수에 대한 설명은 추후 자세히 다룰 것임)를 통해서 경로를 설정할 수 있습니다. 글로벌 베리어블을 확인하기 위해서는 상단 풀다운 메뉴에서 [Edit] - [Aliases and Variables]를 선택하거나 단축키 [Alt] + [Shift] + [A](후디니 15버전 기준)를 누르면 다음과 같은 베리어블 창이 열립니다. 여기서 두 번째 탭인 베리어블(Variables)로 이동하면 각종 값들이 입력되어있는 변수들이 보이는데, 그림에서처럼 TEST라는 새로운 변수를 생성해서 경로를 넣어보았습니다.

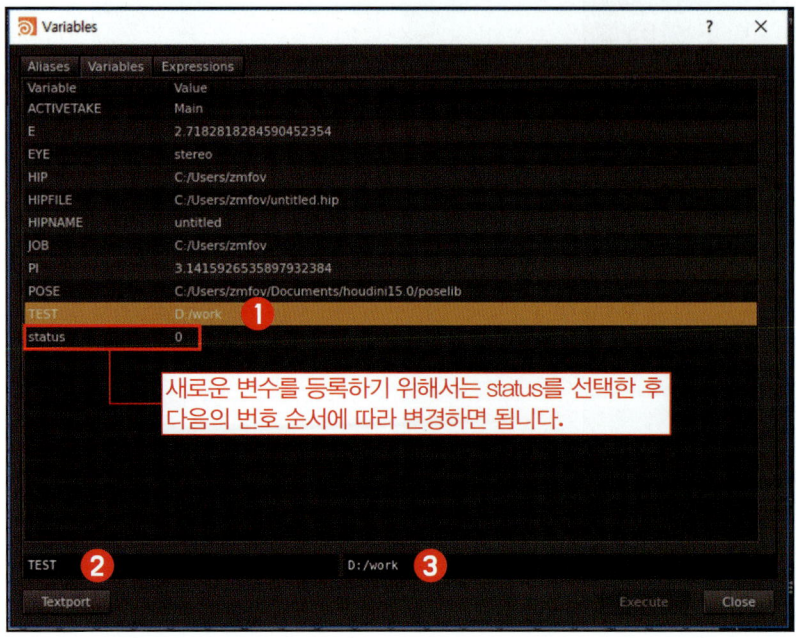

❶ 지정된 변수의 이름과 값을 확인할 수 있습니다. 여기에서는 TEST라는 변수명에 D:/work 라는 경로를 입력했습니다.

❷ 변수명을 수정하거나 입력할 수 있습니다.

❸ 변수에 들어갈 값을 입력할 수 있습니다.

> **전역 변수란?**
> 전역 변수는 어떤 변수 영역 내에서도 접근할 수 있는 변수를 의미하는 전산학 용어로써 지역 변수와 대비되는 개념이며, 어떤 스코프에서도 참조하고, 변경할 수 있기 때문에 지역성이 없습니다.

그러면 변수 중에서 JOB이라는 이름을 가진 변수의 경로를 임의로 변경을 해 봅니다. 필자는 TEST와 같은 경로인 D:/work로 지정을 했습니다. 참고로 변수 중 HIP과 JOB은 저장을 할 때 기본적으로 등록이 되는 변수이기 때문에 경로를 바꾸게 되면 편리하게 폴더를 넘나들 수 있습니다.

JOB의 경로를 자신이 원하는 임의의 경로로 변경했다면 이제 [File] - [Save] 혹은 단축키 [Ctrl] + [S]를 누르게 되면 저장을 위한 세이브(Save) 창이 뜨는데, 여기서 왼쪽 로케이션(Locations)의 목록을 보면 $HIP/, $JOB/, $TEMP/ 세 가지가 보일 것입니다. 이 중 $HIP은 후디니 파일을 저장할 경우 자동으로 저장될 위치가 HIP의 값으로 입력됩니다. 쉽게 말해서 HIP은 후디니 파일이 저장 되는 경로로 보면 됩니다. 그리고 $JOB은 기본적으로 $HIP과 같은 경로를 가지게 되는데, 앞서 JOB의 경로를 수정한 것처럼 JOB은 임의로 경로를 변경해서 자신이 편한 경로를 사용하면 됩니다. 다음의 그림을 보면 필자가 JOB에 D:/work라는 경로를 입력해 두었기 때문에 해당 경로가 나타나는 것을 볼 수 있습니다. 만약 전역 변수로 저장을 했던 $TEST가 아직 남아 있다면 그림의 상단에 보이는 Look in에 $JOB 대신 $TEST를 입력하면 해당 경로로 바로 이동이 되기도 합니다. 살펴본 것처럼 자신에게 맞는 변수를 생성해 놓으면 작업 시 훨씬 편히하게 사용이 될 것입니다.

03 단축키 살펴보기

후디니는 기존의 작업 방식과는 다르게 노드를 사용하는 프로그램이기 때문에 단축키도 특이한 점이 많습니다. 물론 누크나 퓨젼을 사용했던 사용자라면 금새 적응을 하겠지만 그렇지 않다면 단축키를 익히는데에도 어려운 점이 있을 것이라 생각을 합니다. 이번 학습에서는 후디니의 단축키와 단축키에 대한 간략한 설명을 해 보겠습니다. 이번 학습부터는 마우스 조작에 대한 표시를 마우스 왼쪽 클릭일 때는 **[LMB]**, 오른쪽 클릭일 때는 **[RMB]**, 마지막으로 휠(중간) 클릭일 때는 **[MMB]**로 할 것이므로 참고하기 바라며, 몇몇 키조합은 앞서 설명한 것도 포함될 것입니다.

● 제너럴(General) 단축키

   [Tab] 탭 메뉴를 활성화합니다.

● 씬 뷰(Scene View) 단축키 목록

   [Space] + [LMB] Tumble, 카메라, 즉 씬 뷰를 회전합니다.

   [Space] + [RMB] Dolly, 카메라, 즉 씬 뷰를 확대/축소합니다.

   [Space] + [MMB] Track, 카메라, 즉 씬 뷰를 상하좌우로 이동합니다.

   [Space] + [Ctrl] + [LMB] Tilt the Camera, 카메라의 위치가 고정된 채로 회전합니다.

   [Space] + [Ctrl] + [RMB] Zoom the camera lens, 카메라의 렌즈를 줌 인(Zoom In)/줌 아웃(Zoom Out)합니다.

   [Ctrl] + [Alt] + [LMB] Box Zoom, 박스로 구역을 지정하여 그 구역만큼 확대합니다.

   [Space] + [Z] Center view tumbling on the point under the pointer, 포인트를 기준으로 카메라의 센터를 맞춰줍니다.

   [Space] + [H] Show the default view, 디폴트로 정의된 뷰로 카메라 뷰를 옮겨줍니다.

   [Space] + [A] Zoom the view to show all objects, 전체 오브젝트를 기준으로 카메라 뷰를 보여줍니다.

   [Space] + [G] 선택된 오브젝트/지오메트리를 기준으로 카메라 뷰를 보여줍니다.

   [W] Switch shaded/wireframe, 쉐이딩 모드와 와이어프레임 모드를 스위칭합니다

   [D] Show display options window, 디스플레이 옵션 창을 활성화합니다.

디스플레이 옵션 창은 팬(Pane)에 따라 다른 옵션이 나타납니다. 씬 뷰와 네트워크 뷰에서 **[D]** 키를 눌러 디스플레이 옵션을 살펴보면 차이를 알 수 있습니다.

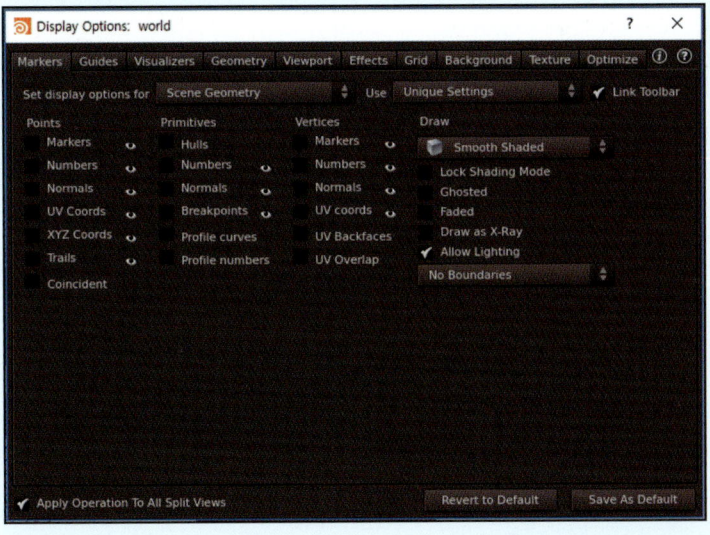

[Space] + [B] Switch single/quad viewport, 한 개의 뷰 포트와 네 개의 뷰 포트를 스위칭합니다. [Ctrl] + [2] 단축키와 동일한 기능으로 사용됩니다.

[Space] + [O] Switch orthographic/perspective, Orthographic(정투영법)과 Perspective(원근법)을 스위칭합니다. 기본은 퍼스펙티브(Perspective)입니다.

 카메라 투영 방식

카메라의 투영 방식에는 퍼스펙티브(Perspective : 원근투영)과 오쏘그래픽(Orthographic : 정투영)이 있는데, 아래 그림의 왼쪽은 Perspective가 적용된 그림이며, 오른쪽은 Orthographic입니다. 참고로 중간의 파란 육면체 박스는 실제로는 멀리있지만 오른쪽 그림처럼 Orthographic으로 볼 경우에는 깊이에 따른 크기의 변화가 없이 보이게 됩니다.

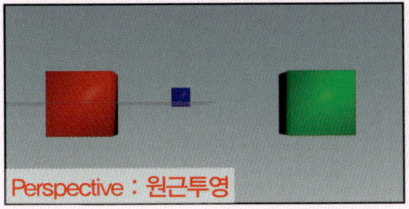 

[Space] + [Y] Switch view one/view all, 하나 또는 전체의 오브젝트를 디스플레이합니다.

[Space] + [1] Switch current viewport to Perspective, 뷰 포트를 퍼스펙티브(Perspective) 뷰로 전환합니다.

[Space] + [2] Top, 현재 뷰 포트를 위에서 보는 뷰로 전환합니다.

[Space] + [3] Front, 현재 뷰 포트를 정면에서 보는 뷰로 전환합니다.

[Space] + [4] Right, 현재 뷰 포트를 오른쪽에서 보는 뷰로 전환합니다.

[Spcae] + [5] UV editor, 현재 뷰 포트를 UV로 편집할 수 있는 UV 에디터로 전환합니다.

● 툴(Tools) 단축키 목록

[S] Select, 오브젝트나 지오메트리를 선택할 수 있습니다.

[T] Move, 오브젝트나 지오메트리를 이동할 수 있습니다.

[R] Rotate, 오브젝트나 지오메트리를 회전할 수 있습니다.

[E] Scale, 오브젝트나 지오메트리의 크기를 조절할 수 있습니다.

[Enter] Node-specific handles, 이동, 회전, 크기에 대한 기능을 모두 사용할 수 있습니다.

● 실렉션(Selection) 단축키 목록

[F8] Toggle object/component selection, 오브젝트 모드와 컴포넌트 모드를 스위칭할 수 있습니다.

오브젝트(Object) 모드와 컴포넌트(Component) 모드에 대하여
오브젝트 모드는 obj 레벨에서 있는 노드들을 씬 뷰에서 선택할 수 있는 모드이고, 컴포넌트 모드는 오브젝트의 점, 선, 면을 직접 선택 및 수정할 수 있는 모드입니다.

[1] Select objects, 오브젝트를 선택하는 모드로 전환합니다.

[2] Select points, 포인트를 선택하는 모드로 전환합니다.

[3] Select edges, 선을 선택하는 모드로 전환합니다.

[4] Select primitives(faces), 프리미티브(면)를 선택하는 모드로 전환합니다.

[5] Select vertices, 버텍스를 선택하는 모드로 전환합니다.

[6] Select particles, 파티클을 선택하는 모드로 전환합니다.

[7] Select dynamics, 다이내믹을 선택하는 모드로 전환합니다.

[LMB] Select, 선택 모드로 전환합니다.

[Shift] + [LMB] Add to selection, 선택을 추가합니다.

[Ctrl] + [LMB] Remove from selection, 선택을 해제합니다.

[A] Selection all, obj 레벨에서 전체 선택을 합니다. obj 레벨이 아닌 다른 네트워크에서는 단축키 [N]을 사용해야 전체 선택이 가능합니다.

[N] Select nothing, obj 레벨에서 선택을 취소합니다. obj 레벨이 아닌 다른 네트워크에서는 전체 선택이 됩니다.

[Shift] + [N] Select No Geometry, 전체 선택을 취소합니다. obj 레벨에서는 해당 없습니다.

[Shift] + [G] Grow Selection, 선택을 한 단계씩 확장합니다. obj 레벨에서는 해당 없습니다.

● 애니메이션(Animation) 단축키 목록

[K] Set keyframe, 키프레임을 생성합니다.

[Alt] + [K] Toggle auto-keying, 오토 키프레임 모드를 활성화합니다.

● 타임라인(Timeline) 단축키 목록

[↑] Play forward, 타임라인 플레이바를 재생합니다. 애니메이션 재생(시뮬레이션) 시 사용됩니다.

[↓] Play backward, 타임라인 플레이바를 역재생합니다.

[←] Previous frame, 플레이바를 기준으로 한 프레임씩 뒤로 이동합니다.

[→] Next frame, 플레이바를 기준으로 한 프레임씩 앞으로 이동합니다.

[Ctrl] + [↑] First frame, 플레이바를 첫 프레임인 시작 프레임으로 이동합니다.

[Ctrl] + [←] Previous scoped keyframe, 플레이바를 이전 키프레임으로 이동합니다.

[Ctrl] + [→] Next scoped keyframe, 플레이바를 다음 키프레임으로 이동합니다.

팬(Panes) 단축키 목록

[Alt] + [1] Scene View, 씬 뷰로 전환합니다.

[Alt] + [2] Network View, 네트워크 뷰로 전환합니다.

[Alt] + [3] Parameters, 파라미터 뷰로 전환합니다.

[Alt] + [4] Tree View, 트리 뷰로 전환합니다.

[Alt] + [5] Text port, 텍스트 포트 뷰로 전환합니다.

[Alt] + [6] Animation editor, 애니메이션 에디터 뷰로 전환합니다.

[Alt] + [7] Material palette, 매터리얼 팔레트 뷰로 전환합니다.

[Alt] + [8] Geometry spreadsheet, 지오메트리 스프레드시트 뷰로 전환합니다.

[Alt] + [9] Context View, 콘텍스트 뷰로 전환합니다.

[Alt] + [/] Close all tabs, 탭 제거를 합니다.

[Alt] + [Shift] + [C] Tear of Pane Tab Copy, 현재의 팬을 복사해 플로팅 탭을 띄웁니다.

[Alt] + [Shift] + [W] New Floating Panel, 새 플로팅 탭을 띄웁니다.

[Ctrl] + [T] New tab, 새 탭을 생성합니다.

[Ctrl] + [W] Close tab, 탭 제거합니다.

[Ctrl] + [Page Up] Previous tab, 이전 탭으로 이동합니다.

[Ctrl] + [Page Down] Next tab, 다음 탭으로 이동합니다.

● 네트워크 뷰(Network View) 단축키 목록

[1] Display Flag, 씬 뷰에 디스플레이 되는 플래그를 켜주거나 꺼줍니다.

[2] Render Flag, 렌더를 하기 위한 플래그를 켜주거나 꺼줍니다. 후디니는 렌더 플래그가 켜져 있는 노드를 렌더하게 됩니다.

[P] Show Parameters, 네트워크 뷰에서 파라미터를 열어줍니다.

[L] Layout All, 레이아웃을 자동으로 정렬합니다.

[C] Color picker, 색을 설정하고 적용할 수 있는 컬러 피커를 열어줍니다.

[O] Overview, 네트워크 뷰를 작은 크기로 보여주는 오버뷰를 열어줍니다.

[/] Find Node, 노드를 검색하여 찾아줍니다.

[Ctrl] + [N] Create network box from selected, 노드를 구역으로 지정할 수 있는 박스를 생성합니다.

[Ctrl] + [P] Sticky note, 메모를 할 수 있는 노트를 생성합니다.

[I] 또는 [Enter] Dive Into Contained Network, 네트워크 혹은 노드의 안으로 들어갑니다.

[U] Jump Up To Container Level, 네트워크 혹은 노드의 상위(밖으)로 나갑니다.

[H] Home All, 노드 전체를 보여줍니다.

[G] Home Selected, 선택한 노드를 보여줍니다.

[Shift] + [B] By Pass, 해당 노드를 바이패스합니다. 바이패스된 노드는 무시됩니다.

[Shift + R] Reorder Input, 인풋이 2개 이상인 노드의 경우 인풋 순서를 바꿔줍니다.

04 후디니 헬프에 대하여

많은 사용자들이 입을 모아 말하는 것처럼 후디니는 정말로 다루기 어렵기 때문에 독학으로 공부하기 어렵다고 합니다. 그러나 필자가 생각하기에는 후디니만큼 독학하기 편한 프로그램이 없다고 말하고 싶습니다. 이렇게 생각하는 이유는 여러 가지가 있는데, 첫 번째 이유로는 노드로 이루어진 구조이기 때문에 다른 프로그램들에 비해 작업 과정을 고스란히 확인할 수 있기 때문입니다. 그리고 또 한 가지는 후디니를 공부하는데 있어 인터넷 커뮤니티 못지않은 도움을 받을 수 있는 후디니(Houdini) 공식 헬프(Help) 문서가 있기 때문입니다. 모든 프로그램을 통틀어 후디니의 헬프 문서는 가장 설명이 잘 되어있고, 방대한 자료가 모여 있는 진정한 지침서이라고 볼 수 있습니다. 그렇다면 이번 학습에서는 후디니 헬프 문서를 어떻게 활용하면 유용하게 사용할 수 있을 것인지에 대해 살펴보겠습니다.

후디니 역시 프로그램을 실행한 후 [F1] 키를 누르면 헬프 페이지가 실행됩니다. 초보자를 위한 기본부터 각 노드에 대한 설명들과 해당 노드들을 어떻게 사용해야 하는지에 대한 예제까지 다양한 자료가 담겨있습니다. 또한 Side FX 공식 홈페이지(http://www.sidefx.com)를 통해 볼 수도 있습니다.

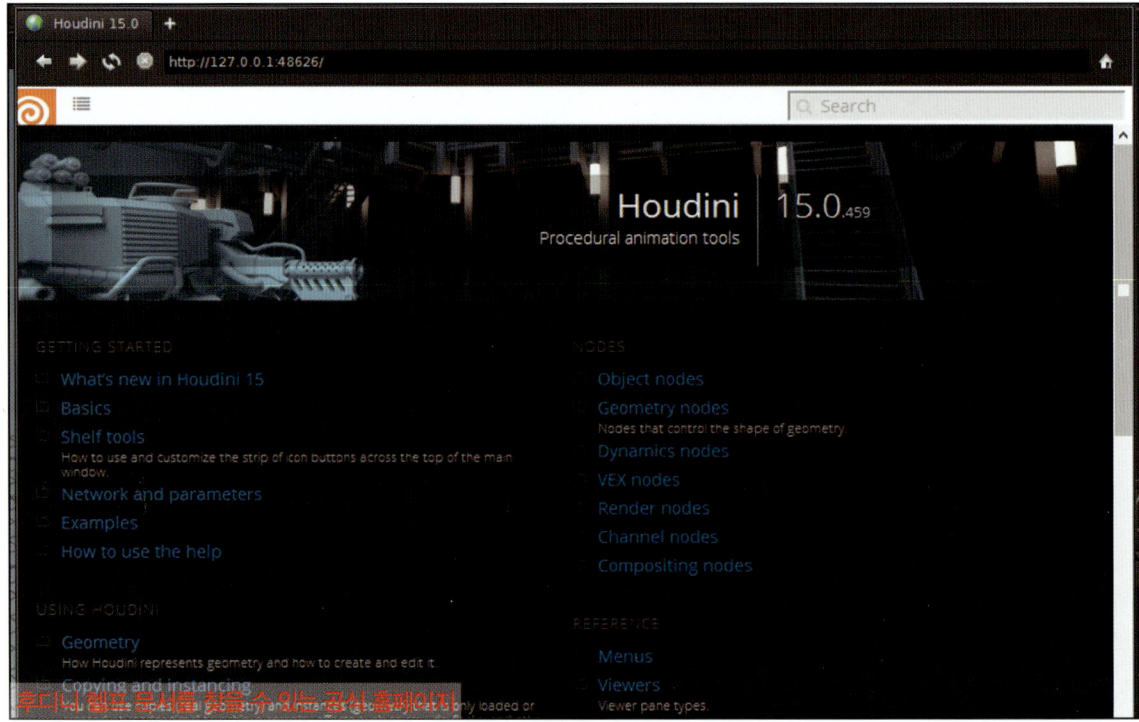

후디니 헬프 문서를 찾을 수 있는 공식 홈페이지

후디니 도큐먼테이션(Houdini Documentation) 페이지인 **http://www.sidefx.com/docs/** 주소를 통해 후디니 헬프 웹사이트로 들어갈 수 있습니다. 웹사이트 가장 위쪽에 있는 HOUDINI DOCUMENTATION에서 각 버전에 맞는 헬프 문서를 열람할 수 있으며, HQueue, HDK, Engine에 대한 헬프 또한 볼 수 있습니다. 필자의 경우는 웹사이트를 통해 보는 것을 권장합니다. 각 버전에 맞는 후디니 헬프 문서가 보기 좋게 리뉴얼 되었는데, 본 도서에서는 프로그램에서 실행하는 헬프를 사용할 것입니다. 너무나 방대한 자료가 담겨있는 헬프(Help) 문서이므로 하나하나 단계별로 살펴보는 것 보다는 자신이 궁금한 부분을 검색하여 확인하는 방법을 활용하는 것을 권장합니다.

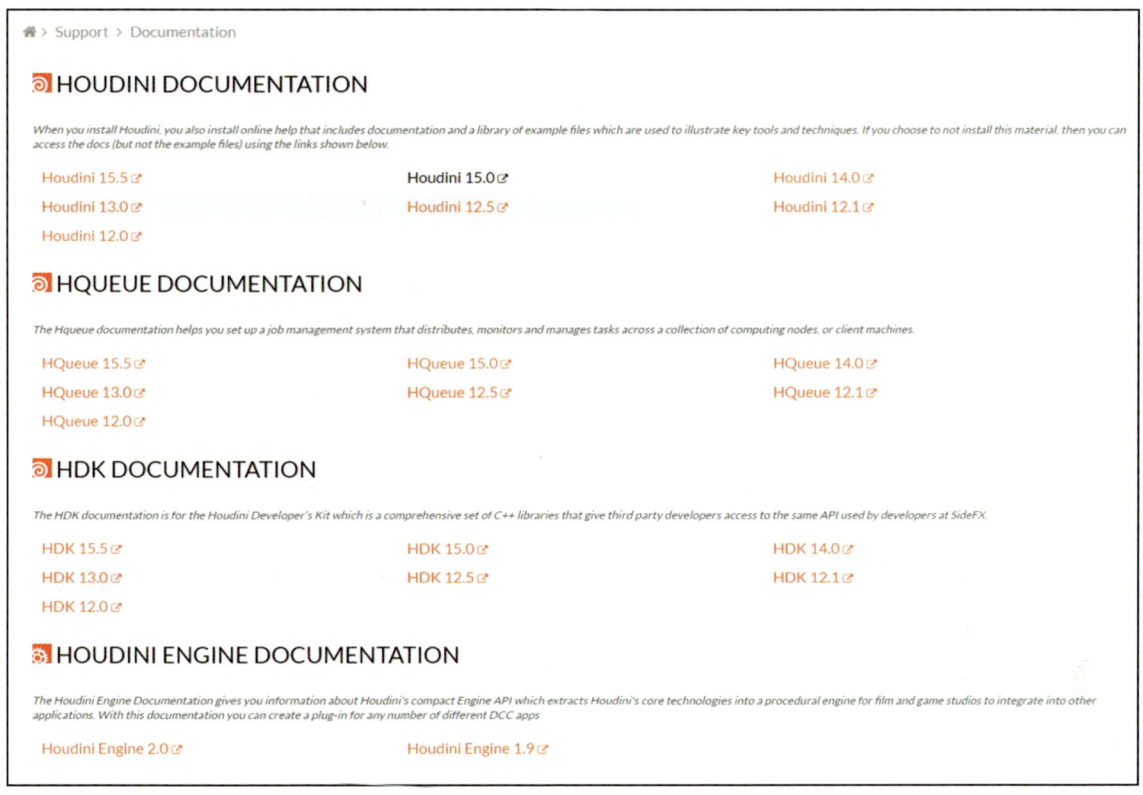

▲ 후디니 공식 홈페이지에서의 헬프 문서

후디니를 처음 시작하게 되면 가장 막막한 게 바로 방대한 양을 자랑?하는 노드입니다. 수백 개에 달하는 노드들이 각기 무슨 기능(역할)을 하는지도 모르고, 어디에 무슨 노드를 사용해야 하는 것인지도 알 길이 없어 당황하게 됩니다. 다음의 그림처럼 검색을 하면 자동 완성 기능을 통해 해당 단어가 들어간 다양한 목록이 뜨게 되는데, 흰색 화면에 해당하는 부분이 검색된 결과입니다. 검색 후 원하는 항목을 클릭(선택)하여 들어가면 해당 네트워크에 대한 상세한 설명과 네트워크에 맞는 모든 노드들에 대한 한 줄 설명이 있습니다.

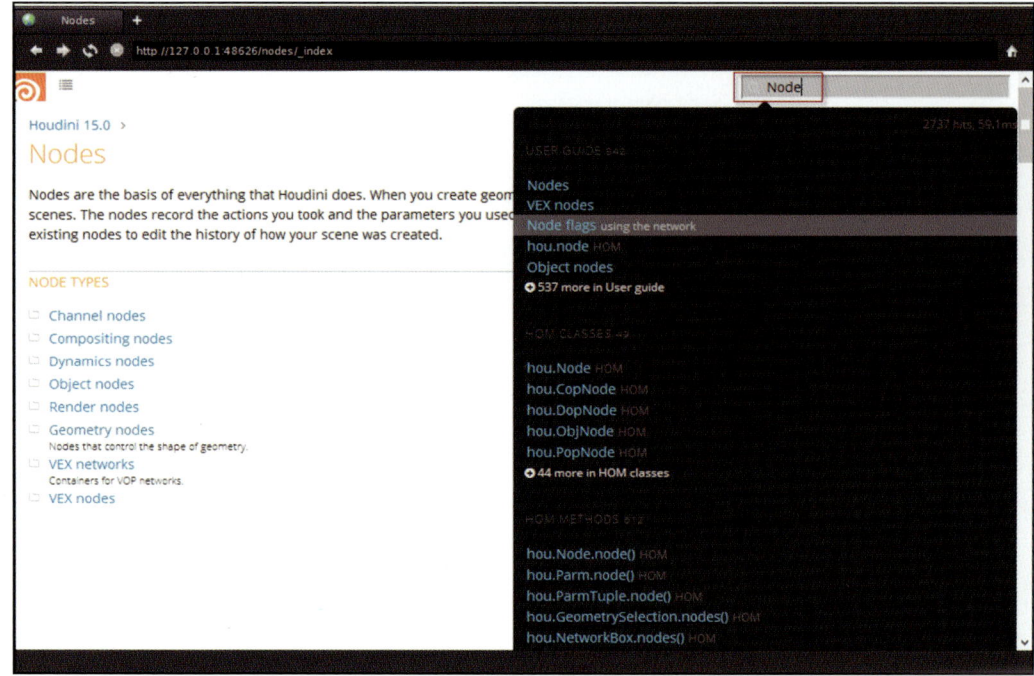

▲ 노드에 대한 설명이 된 헬프 문서

아래 그림은 지오메트리 노드(Geometry Nodes) 항목에 있는 노드입니다. 영어로 설명하고 있지만 간략하게 어떠한 기능을 하는지 나와있어 후디니를 막 시작하는 분들에게 도움이 될 것입니다.

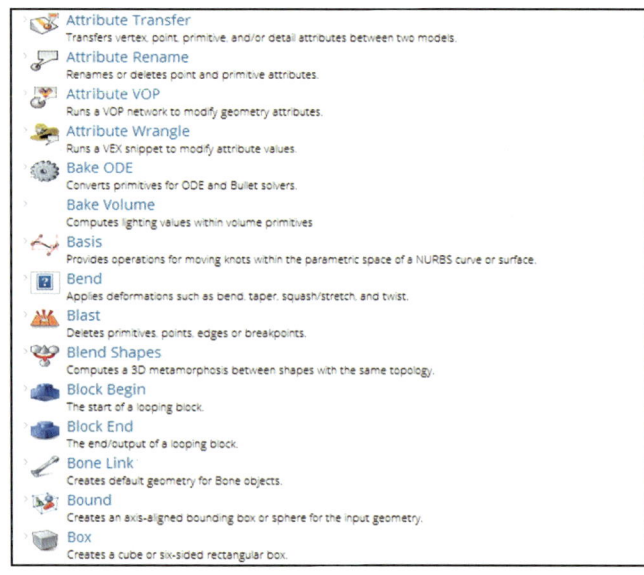

◀ 지오메트리 노드(Geometry Nodes)에 대한 헬프 문서

참고로 헬프 문서를 열어주는 방법 중 단축키 이외에도 또 다른 방법이 있습니다. 너무나도 잘 정리된 헬프 문서이므로 당연히 후디니를 사용하다가 궁금한 노드 및 기능이 생기면 해당 노드를 통해서도 곧바로 헬프 문서를 볼 수 있습니다. 아래 그림에서처럼 생성된 특정 노드의 파라미터 팬 뷰의 오른쪽 상단을 보면 물음 표(?) 모양의 아이콘이 바로 단축키 없이도 헬프 문서를 열어 줄 수 있는 기능입니다.

다음 그림은 카피(Copy) 노드에 대한 헬프입니다. 해당 노드가 정확히 어떤 특징을 가지고 있는지에 대한 것과 어떤 기능(역할)을 하는지, 각 옵션들이 무엇을 제어하는 기능인지, 이 노드가 가지고 있는 지역 변수 (Local Variable : 로컬 베리어블)은 무엇인지 등에 대하여 상세히 설명되었습니다. 이와 같은 정보들도 중요하지만 헬프의 진정한 백미는 문서 아래쪽에 있는 해당 노드와 관련된 예제 파일입니다.

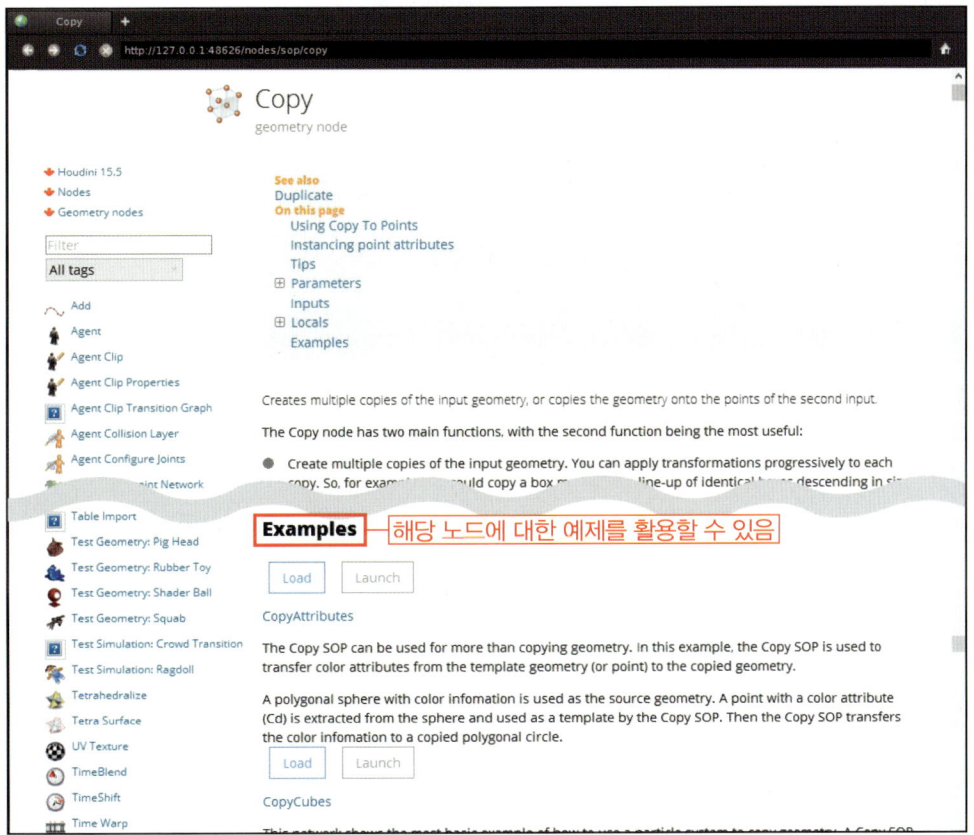

문서 아래쪽 부분에 있는 예제(Examples) 파일들은 모든 노드에 존재하는 것은 아닙니다. 그렇지만 중요한 노드에는 다양한 예제들이 포함이 되어있습니다. 여기에서는 가장 첫 번째 예제 파일을 [Launch] 버튼을 눌러 실행해 보겠습니다.

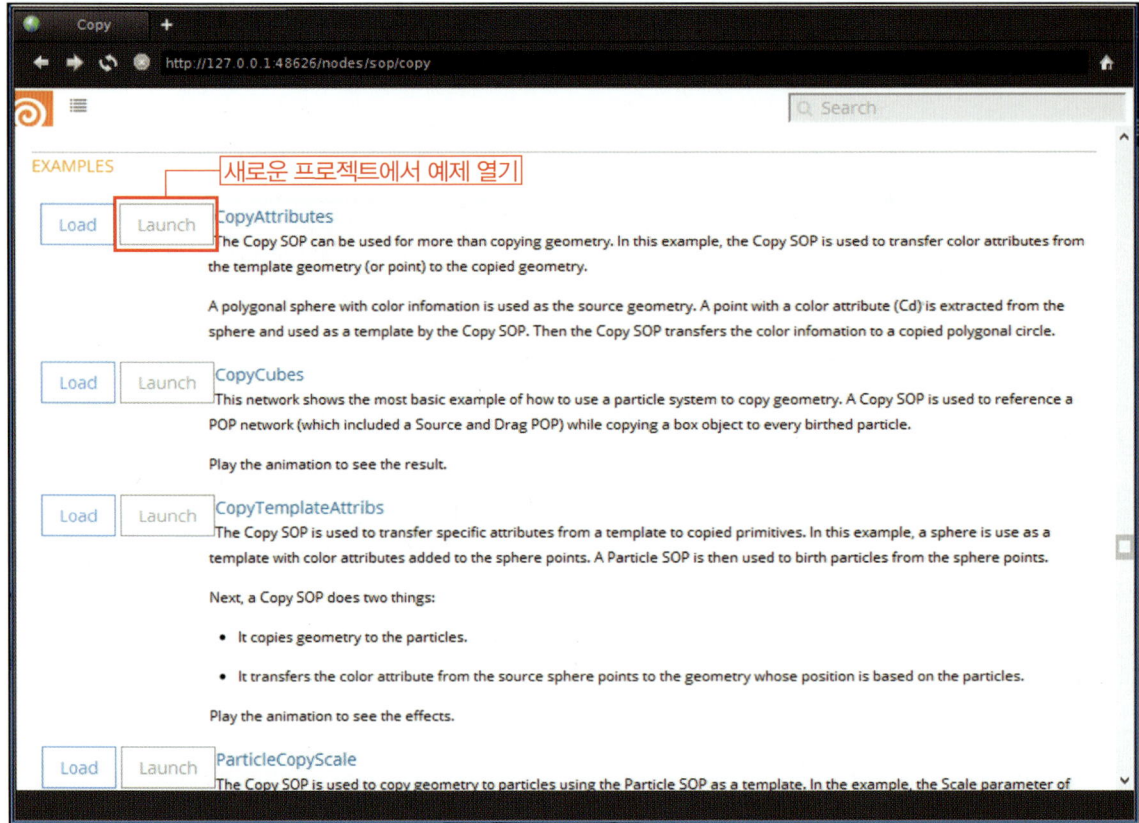

로드(Load) 버튼 현재 실행되어있는 후디니 프로젝트에서 예제 파일을 열어줍니다.

런치(Launch) 버튼 새로운 후디니를 실행시켜 예제 파일을 열어줍니다.

예제 파일을 [Load] 혹은 [Launch]를 통해 실행을 하면 다음의 그림처럼 Obj 네트워크 레벨에 새로운 네트워크가 생성되어있는 것을 확인할 수 있습니다.

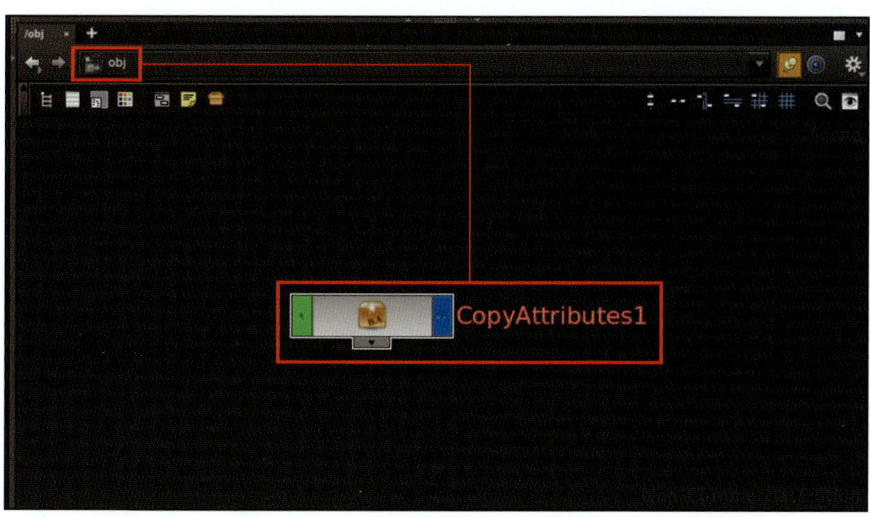

노드를 **더블클릭**하거나 단축키 **[i]** 키를 눌러 네트워크 안으로 들어가 보면 각 노드가 현재 노드 트리에서 어떤 작동을 하는지에 대한 설명이 노트에 적혀있는 것을 확인할 수 있습니다.

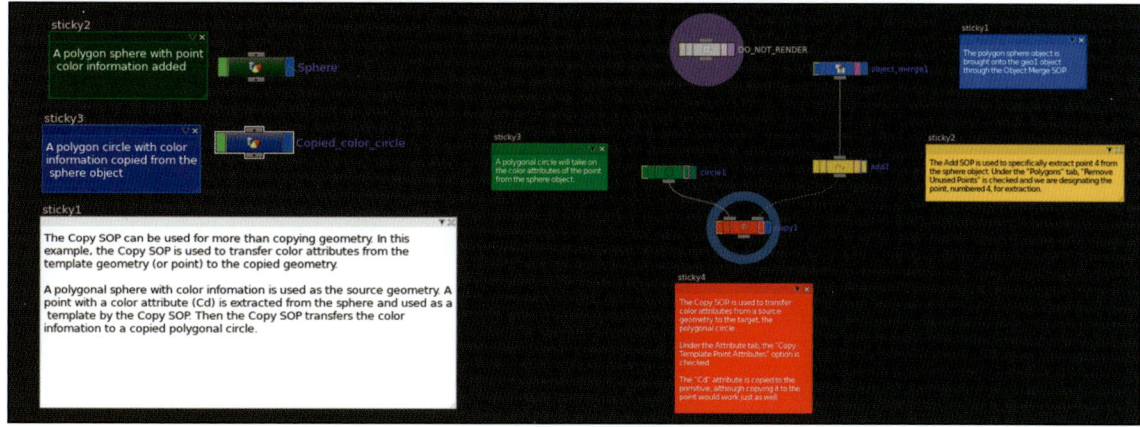

앞서 설명했듯이 후디니에는 이처럼 강력한 헬프 문서가 마련되어있어 독학을 꿈꾸는 분들을 위한 환경이 너무나도 잘 되어있다는 것을 알 수 있을 것입니다. 하지만 전문 용어가 많고 국내에는 자료가 많지 않기 때문에 헬프 문서를 보더라도 정말 영어에 능통한 분이 아니고는 어려움을 겪는게 당연할 것입니다. (참고로 말하자면 필자 또한 영어를 잘하지 못합니다.) 이렇듯 본 도서는 후디니 입문 장벽을 무너뜨리기 위해서 쓰여진 책입니다. 다음 학습부터는 예제 파일과 함께 후디니의 여러 개념들에 대하여 익혀보도록 하겠습니다.

01 네트워크(Network)에 대하여

이번 학습에서는 후디니의 다양한 개념들에 대해 알아보도록 하겠습니다. 간단한 예제 파일들을 통해서 진행을 하기 때문에 학습을 따라하는 독자분들은 예제 파일을 단순히 따라하지만 말고, 학습하는 과정과 결과에 대한 것을 분석하는 습관을 갖기 바랍니다.

후디니에는 마치 인터페이스처럼 작업환경이 확실하게 구분되는 네트워크라는 구조가 존재합니다. 앞선 학습의 인터페이스와 세팅 부분에서 왜 네트워크라고 칭하는지에 대해서 서로 간의 데이터의 공유가 주요 목적이기 때문에 폴더가 아니라 네트워크라고 칭한다고 설명을 했었습니다. 이제부터 후디니를 사용하면서 가장 많이 애용하는 인터페이스인 네트워크 뷰, 그 속에서 노드가 하나 둘 쌓여 이루어지게 되는 노드 트리, 이 노드를 생성하고 사용하는 거대한 공간(컨테이너)이라고 말할 수 있는 네트워크에 대해 알아보도록 하겠습니다. 다음의 그림은 총 9개의 네트워크를 펼쳐놓은 모습입니다. 왼쪽 위에서부터 오른쪽으로 **rop**(Render Operator), **vop**(Vex Operator), **pop**(Particle Operator), **shop**(Shader Operator), **dop**(Dynamic Operator), **pop**(Particle Operator - Old), **chop**(Channels Operator), **cop**(Composite Operator), **sop**(Surface Operator)입니다. 이 9개의 네트워크 중에서 cop와 chop은 본 도서에서 다루지 않는 네트워크라고 보면 됩니다. 이러한 네트워크들은 다양한 곳에서 생성을 할 수 있으며 생성하는 곳에 따라서 생김새가 다르게 표현됩니다. 모든 네트워크는 각 네트워크의 앞 글자와 Operator를 줄여서 sop, dop 등으로 표기됩니다.

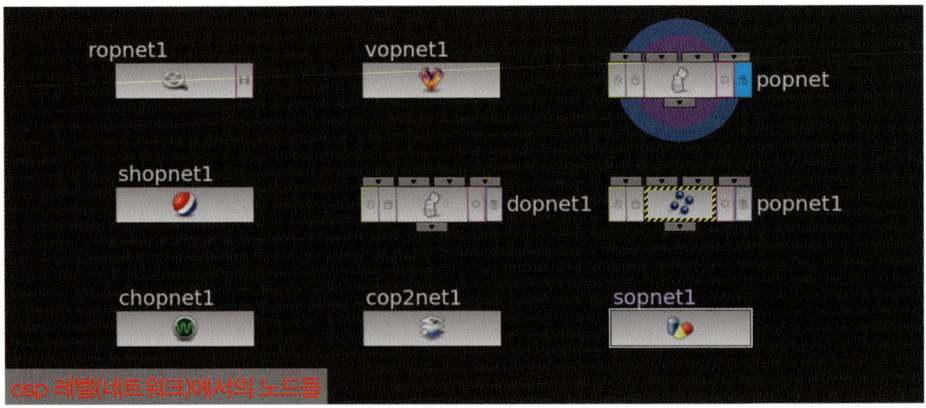

후디니를 이제 막 시작한 분이라면 네트워크를 다양한 곳에서 생성할 수 있다는 부분에서 헷갈릴 수 있습니

다. 필자 또한 그랬으니까 말이죠. 이전 페이지의 그림은 sop 레벨 안에서 생성한 네트워크들이며, 아래의 그림은 obj 레벨에서 생성한 네트워크입니다. 두 그림을 비교해 보면 알 수 있듯이 어느 레벨에서 생성하느냐에 따라 네트워크 컨테이너가 살짝 다른 것을 확인할 수 있습니다. 기본적으로 obj 레벨에서 생성되어있는 네트워크 컨테이너의 생김새가 맞는 것이라 이해하면 됩니다. 후디니의 버전이 높아짐에 따라 obj 레벨뿐 아니라 sop 레벨에서도 다른 네트워크를 생성할 수 있게 됐습니다. 아래 그림에서 **geo1**이 **sop** 레벨, 즉 네트워크(더블클릭하여 열어보면 확인할 수 있음)입니다. 네트워크 중 **pop**(Particle Operator)같은 경우에는 최상위 네트워크인 obj 레벨에서는 생성을 할 수가 없으며 sop 네트워크(레벨)로 들어갔을 때에만 생성이 가능합니다. 이렇듯 네트워크마다 특징이 있는데, 지금부터 각 네트워크가 어떤 기능(역할)을 하는지 간단하게 살펴보도록 하겠습니다.

Sop(Surface Operator) 네트워크에 대하여

Sop은 앞서 설명했듯이 서페이스 오퍼레이터(Surface Operator)라는 명칭을 줄여서 부르는 네트워크(레벨)입니다. Box, Tube, Sphere처럼 가장 기본적인 도형을 생성할 수 있으며, 폴리곤(Polygon)이나 넙스(NURBS) 형태의 오브젝트들을 생성하고 제어할 수 있기도 합니다. 또한 Volume에 대한 컨트롤도 가능한 공간입니다. 보다 쉽게 말하자면 후디니에서 작업을 하기위해 시작점이 되는 공간이라고 할 수 있는데, 타 3D 프로그램으로 비유하면 모델링을 하는 공간이라고 봐도 될 것입니다. 그러므로 오브젝트를 컨트롤하는 모든 행위들은 바로 Sop 네트워크에서 이루어지게 됩니다.

네트워크 뷰의 obj 레벨에서 sop 네트워크를 생성하는 방법은 [Tab] 키를 눌러 탭 메뉴를 나타나게 한 뒤 **Geometry**라는 메뉴를 선택하면 됩니다. 앞선 학습에서 간단한 예시를 통해 살펴보았던 모든 그림들이 바로 이 sop 네트워크에서 이루어진 것이었습니다. 당연히 익스트루드(Extrude) 같은 변형 기능들도 sop에서 이루어지는 것입니다. 요리에 비유하자면 요리를 하기위한 재료들을 손질하는 공간이라고 볼 수 있습니다. 물론 재료 손질만으로 요리가 완성이 되는 것들은 이후에 설명하게 될 프로시쥬얼(Procedural)의 요소가 되기도 합니다.

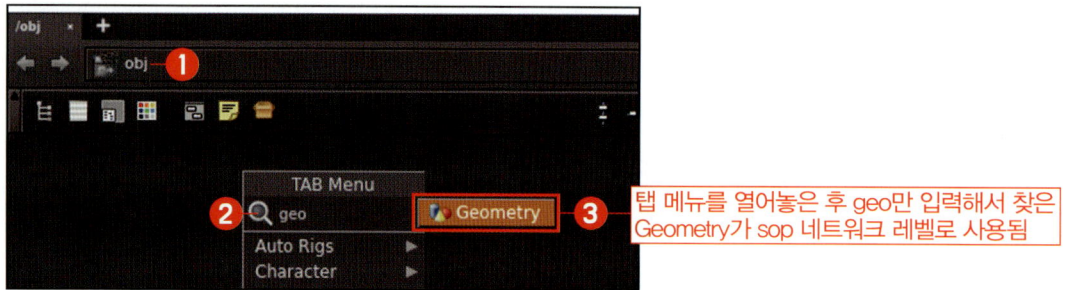

아래의 그림은 sop 네트워크 안에서 탭 메뉴를 통해 network를 검색할 경우 나오는 목록입니다. obj 레벨에서 생성할 수 있었던 네트워크보다 다양한 네트워크가 있다는 것을 알 수 있습니다. 앞서 언급한 것처럼 POP Network 또한 확인할 수 있습니다. 필자의 경우는 obj 레벨에서 네트워크를 생성하는 것보다 sop 안에서 네트워크를 생성합니다. 개인의 차이지만 이렇게 하는 것이 훨씬 직관적이며, 관리하기가 쉽게 느껴지기 때문입니다.

다음의 그림은 예제 파일인 [exam_file] - [Part_2] - [1_SOP_Network.hipnc]의 노드 구조입니다. 열어서 확인해 보면 sop 네트워크의 이해를 돕기 위해 간단하게 sop에서 어떤 것들을 하게 되는지를 구성해 두었습니다. sop에서 UV맵도 입혀줄 수 있고, 폴리곤(Polygon)의 형태를 바꾸거나 색상을 넣을 수도 있으며, 폴리곤에서 넙스(NURBS)로 변환도 가능합니다. 확인해 보았다면 후디니의 기본 작업이 SOP Network에서 이루어진다고 알 수 있을 것입니다.

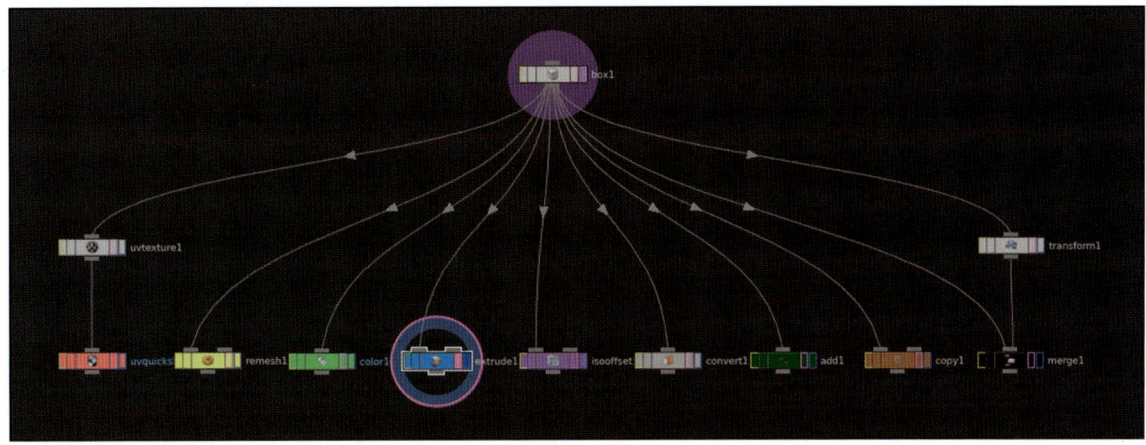

▲ [exam_file] – [Part_2] – [1_SOP_Network.hipnc] 프로젝트의 모습

Dop(Dynamic Operator) 네트워크에 대하여

Dop은 다이내믹 오퍼레이터(Dynamic Operator)를 줄여서 부르는 네트워크로 마야나 3D Max를 사용해 본 분이라면 다이내믹이라는 것의 정체를 어느 정도 인지를 하고 있을 것입니다. 후디니의 다이내믹 또한 동일합니다. 역동적인 움직임을 만들어내는 네트워크라고 말할 수 있으며, 후디니의 주력인 FX를 만들기 위한 시뮬레이션 작업은 주로 dop에서 이루어지게 됩니다. Dop은 현실에서 존재하는 물리적 법칙을 구현해 낼 수 있으며, Sop만큼 방대한 양의 노드가 존재합니다. 인터넷에서 후디니를 검색하면 볼 수 있는 이펙트들 대부분이 바로 Dop에서 만들어지며, Sop 기반에서 만들어지고 Dop에서 가공을 한다고 이해하면 됩니다.

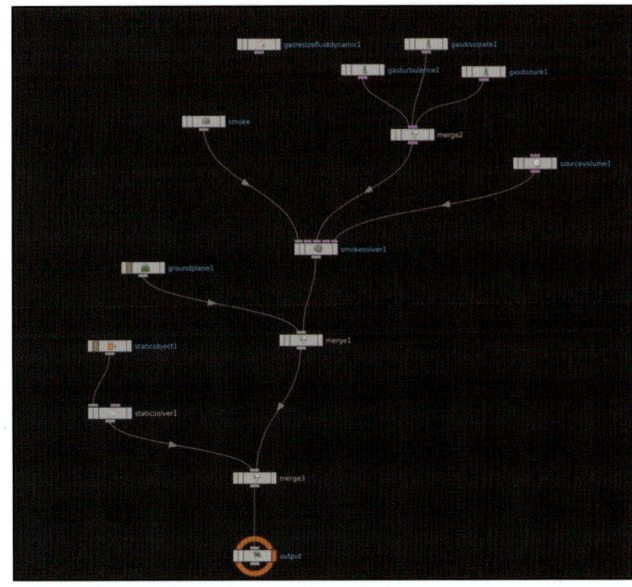

◀ dop(Dynamic Operator) 네트워크의 모습

dop 네트워크는 sop 네트워크에 비하면 규모가 작은 노드 트리가 구성이 됩니다. 앞서 페이지의 그림(dop 네트워크의 모습)은 필자가 개인적으로 작업을 했던 작업물의 dop 노드 트리입니다. dop에서는 상호작용이 중요하게 작용되기 때문에 노드를 쌓아가며 문제점을 해결하기보다는 수치 값을 미세하게 수정해가며 문제점을 해결해 나가야 합니다.

예제 파일에 포함되어 있는 [exam_file] - [Part_2] - [2_DOP_Network.hipnc] 파일을 열어서 [↑] 키를 눌러 플레이해 보면 아래 그림처럼 시뮬레이션(Simulation)이 됩니다. 이와 같은 과정을 통해 작업 결과물(장면)을 얻게 됩니다. 하지만 시뮬레이션은 절대로 똑같은 결과가 나올 수 없다는 것입니다. 혹여 똑같은 결과가 나오게 된다면 그건 프로그램상의 오류일 것입니다. 만약 마음에 드는 시뮬레이션이 나왔는데 실수로 시뮬레이션을 다시 하게 되면 마음에 들었던 시뮬레이션은 그대로 사라지게 되므로 마음에 드는 시뮬레이션 결과가 나왔다면 그 데이터를 저장을 해야합니다. 이 방법에 대해서는 추후 설명하도록 하겠습니다.

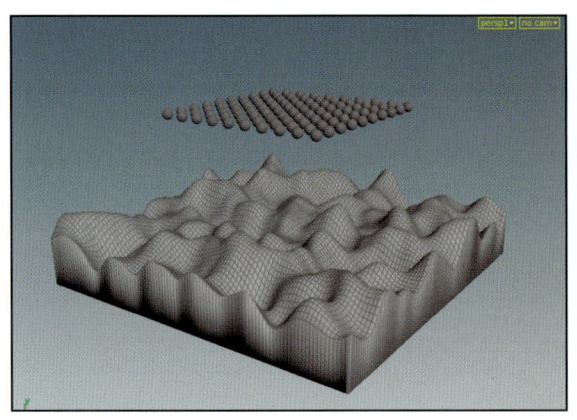 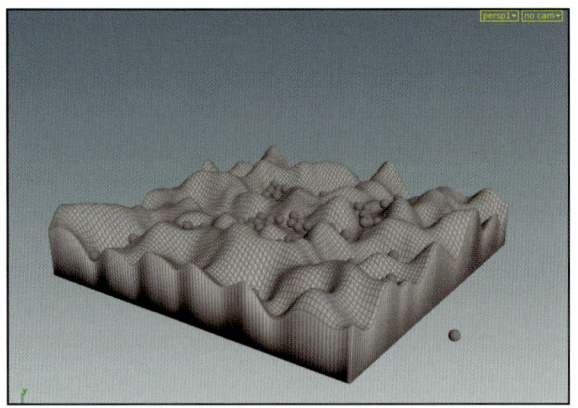

시뮬레이션(Simulation)이란?
일상 속에서 들을 수 있는 시뮬레이션이란 단어는 "전쟁 시뮬레이션", "소행성 충돌 시뮬레이션", "인류 멸망 시뮬레이션" 등이 있습니다. 사전적 의미로는 모의 실험, 현상 실험으로 되어있는 것과 유사하다고 보면 됩니다. 이렇듯 후디니에서의 시뮬레이션은 사용자가 정해놓은 값을 그대로 연속해서 연산하여 모의 결과를 만들어내는 것입니다.

참고를 위해 불러온 예제 파일은 간단하게 공이 지형에 떨어지는 시뮬레이션으로 되어있지만 dop에서 이펙트의 대부분을 다 한다고 설명을 했었습니다. 물, 불, 토네이도, 번개, 폭발 같은 이펙트에서부터 건물이 부서져 내리거나 먼지가 흩날리는 이펙트, 지진이나 쓰나미 같이 거대한 이펙트 또한 dop에서 이루어지게 됩니다. 간단하게 확인하고 싶다면 인터페이스 상단에 있는 쉘프 툴(Shelf Tool)을 이용해서 다양한 이펙트를 경험해 볼 수 있습니다. 쉘프 툴은 아래 그림처럼 후디니 화면 상단에 위치하고 있으므로 사용법을 익혀볼 겸 이것저것 살펴보면 dop이 무엇인지 이해하는데 도움이 될 것입니다.

▲ 쉘프 툴(Shelf Tool)

Pop(Particle Operator) 네트워크에 대하여

Pop은 파티클 오퍼레이터(Particle Operator)를 줄여서 부르며, CG 작업을 하면 접할 수 있는 파티클(Particle)이라는 입자를 생성하고 제어할 수 있는 네트워크입니다. 일반적인 영상을 다루는 분이라면 애프터이펙트(After Effects)에서 파티클이라는 요소(이펙트)를 접해보았을 것이며, 3D 작업을 했던 분이라면 파티클이란 것이 무엇인지 알 것입니다. 파티클은 FX를 표현하는데 있어 가장 활용도가 높으며, 파티클을 통해 모든 것을 표현할 수 있다고 해도 과언이 아닐 것입니다. 필자가 생각하기에 파티클을 자유자재로 사용할 줄 알게 되면 FX 표현에 있어 두려울 게 없다고 봅니다. Pop 네트워크는 다른 네트워크와는 다르게 2개가 존재하는데, 구버전부터 사용해왔던 Pop Network - Old와 버전이 업그레이드됨에 따라 새롭게 추가된 Pop Network입니다. 두 네트워크는 Sop 네트워크 레벨에서 생성할 수 있습니다.

아래 그림을 보면 두 개의 Pop 네트워크와 한 개의 Dop 네트워크가 위치하고 있습니다. Pop 네트워크를 보면 노드의 아이콘이 다르다는 것을 알 수 있는데, 위쪽에 위치한 Pop은 Dop과 아이콘이 똑같습니다. 하지만 아래쪽에 위치한 Pop Network Old는 노드의 아이콘 모양을 보면 파티클 네트워크라는 것을 알 수 있습니다. 결론은 결국 Pop 네트워크도 Dop 네트워크라는 것입니다. 구버전부터 존재하던 Pop 네트워크는 독립적인 네트워크였지만 그것과는 별개로 Dop에서도 파티클을 제어할 수 있게 됨으로써 다양한 오브젝트와 훨씬 다양하게 상호작용을 하는 파티클을 생성하고 제어할 수 있게 되었습니다.

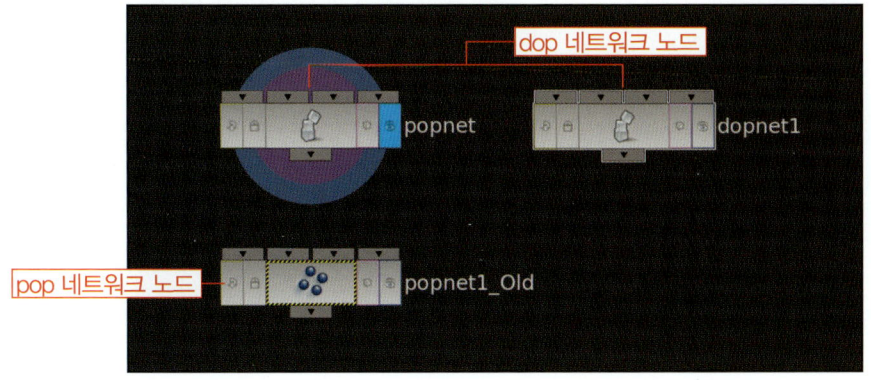

아래 그림은 Sop 네트워크에서 생성된 Pop Network - Old의 탭 메뉴입니다. Dop의 탭 메뉴에 비하면 확연히 적은 노드 메뉴가 제공되는 것을 알 수 있습니다. 만약 파티클만을 이용해 무언가를 만들고자 한다면 Pop Net - Old를 사용해도 무방하겠지만 다른 오브젝트와 상호작용을 하는 작업물을 만들고자 한다면 Pop 또는 Dop Network에서 하는 것을 권장합니다.

◀ Pop Network - Old 네트워크의 탭 메뉴들

아래의 두 그림은 간단하게 Pop Network - Old와 Pop Network를 각각 사용하여 똑 같은 결과물을 만들어낸 노드와 결과물입니다. 예제 파일 중 [exam_file] - [Part_2] - [3_POP_Network.hipnc]을 열어서 확인해 보길 바랍니다. 단순하게 파티클만 다룬다고 생각해 본다면 아무 Pop 네트워크를 사용해도 무방합니다. 하지만 상호작용이 되는 Pop 혹은 Dop 네트워크를 이용하기를 권장합니다.

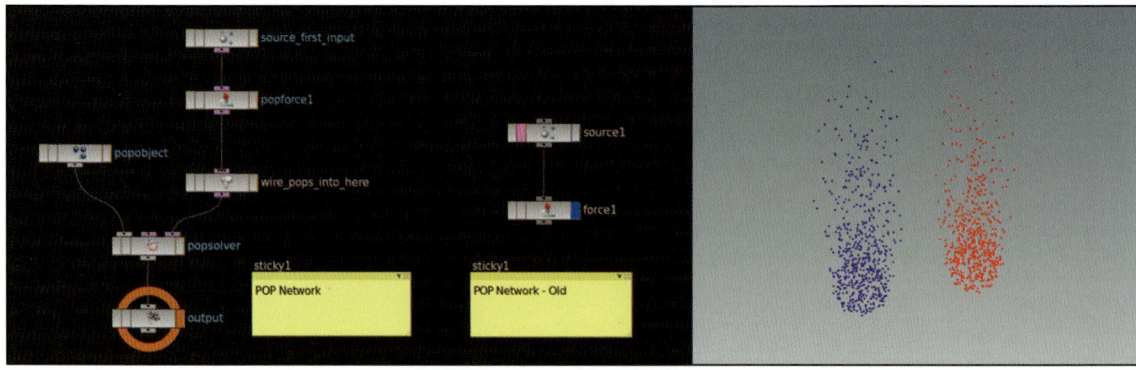

Shop(Shader Operator) 네트워크에 대하여

Shop은 셰이더 오퍼레이터(Shader Operator)을 줄여부르는 단어로 쉐이딩, 즉 재질을 입힐 셰이더를 설정하는 네트워크입니다. 쉐이딩이란 모델링된 데이터나 오브젝트에 사실적인 색과 질감을 입히는 작업입니다. 필자가 보기엔 후디니의 셰이더 인터페이스 만큼은 다른 3D 프로그램보다 다소 불편하다고 느껴집니다. 마야나 시네마 4D처럼 셰이더 인터페이스가 잘 되어있지 않기 때문에 재질을 입히고 셰이더를 수정하기 위해서는 이곳저곳 넘나들어야 하는 불편함이 있습니다. 그러면 이제부터 Shop 네트워크를 간단하게 살펴보도록 하겠습니다.

Shop 네트워크로 들어가는 방법은 총 세 가지가 있는데, 가장 먼저 아래 그림처럼 네트워크 뷰의 경로 부분을 클릭하여 나타나는 Other Networks에서 Shop을 선택하여 가장 기본적인 Shop 네트워크로 들어가는 방법이 있으며, 두 번째로는 Obj 레벨에서 Shop 네트워크를 생성하여 들어가는 방법과 마지막으로 Sop 네트워크에서 Shop 네트워크를 생성하여 들어가는 방법이 있습니다. 이 세 가지 방법 중 자신에게 가장 편리한 방법으로 Shop을 사용하면 됩니다. 여기에서는 3가지의 Shop 네트워크를 모두 생성한 뒤 학습해보기로 합니다.

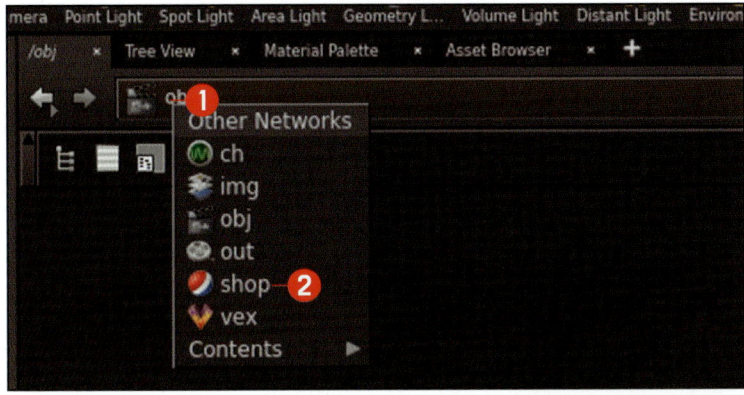

원하는 팬(Pane) 인터페이스에서 새로운 팬을 생성하거나 현재의 팬에서 [Alt] + [7] 키을 누르면 Material Palette(매터리얼 팔레트)로 전환됩니다. 만약 이미 매터리얼 팔레트가 열려있다면 해당 팬을 선택하여 이동하면 됩니다. 매터리얼 팔레트는 어릴적 물감을 풀어놓던 팔레트와 같은 매터리얼, 즉 재질을 모아둔 팔레트라고 이해하면 되는 팬 인터페이스입니다. 다음의 그림처럼 매터리얼이 나열된 창의 휠을 내리면 클레이(Clay) 매터리얼이 있습니다. 클레이 매터리얼을 마우스로 드래그하여 오른쪽의 빈 곳에 갖다 놓으면 오른쪽 공간에 클레이 매터리얼이 생성됩니다.

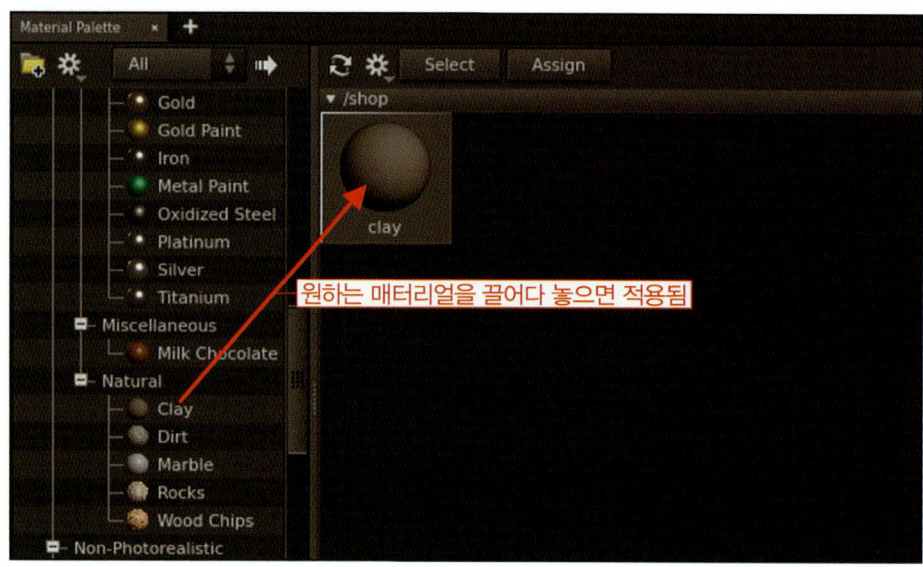

위 방법을 통해 생성된 매터리얼은 다시 네트워크 뷰으로 이동하거나 [Alt] + [2] 키를 누르면 그림처럼 Shop 네트워크 레벨에 노드 형태로 적용된 것을 확인할 수 있습니다. 만약 방금 적용된 클레이 매터리얼을 Obj 레벨이나 Sop 네트워크상에서는 볼 수 없다는 것을 알 수 있을 것입니다. 이렇게 생성된 매터리얼은 Shop 네트워크에서만 존재한다는 것을 참고 하십시오.

그 외의 Shop 네트워크에 매터리얼을 생성하고 싶다면 위의 방법으로 생성한 매터리얼을 복사/붙여넣기를 통해 이동할 수 있으며, 다음의 그림처럼 매터리얼 팔레트와 네트워크 뷰를 분리한 후 해당 매터리얼을 끌어다 놓는 방법으로 생성할 수 있습니다. Shop 네트워크는 이렇게 매터리얼을 끌어와서 사용하는 방법

말고도 직접 셰이더를 만들 수도 있으며 또한 만들어진 셰이더의 내용을 수정할 수도 수도 있습니다.

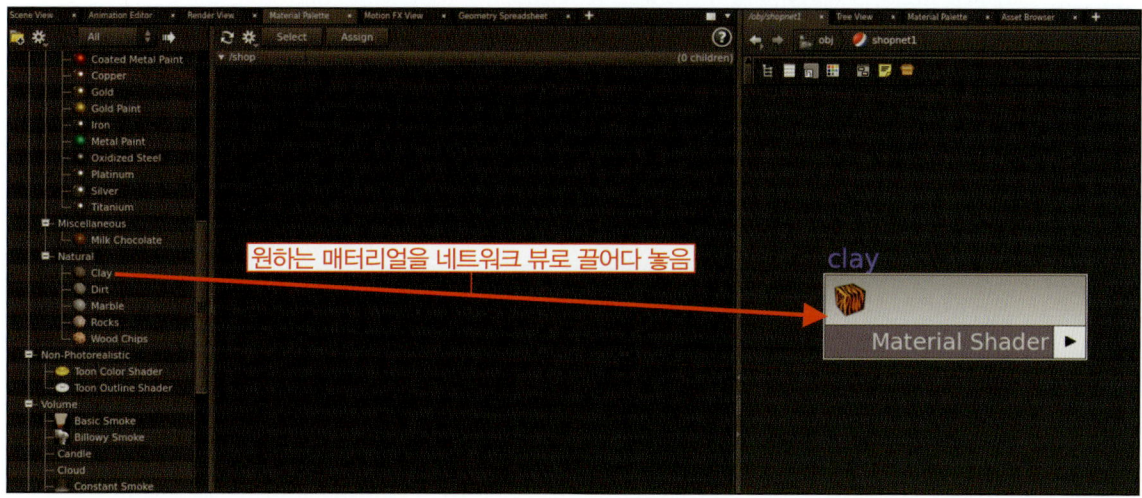

아래 그림은 Shop 네트워크의 탭 메뉴입니다. 역시 Sop과 Dop, Pop과는 다른 노드들이 눈에 띄며, 이곳의 다양한 노드들을 사용하여 셰이더를 만들 수 있습니다. 여기에 있는 노드들 중에서 **Builder**라는 이름을 가진 노드들이 셰이더를 만들기 위한 기본적인 노드라고 보면 될 것이며, 차후 Vop 네트워크를 설명하는 학습에서 좀 더 자세히 설명을 하도록 하겠습니다.

▲ Shop 네트워크의 탭 메뉴들

또 다른 방법으로 매터리얼 열기

앞서 살펴본 방법 이외에도 매터리얼 팔레트를 열어 줄 수 있습니다. Shop 네트워크 왼쪽 상단의 아이콘 중 첫 번째 아이콘인 Ssou/hide tool palette를 선택하면 매터리얼 갤러리와 툴이 열리는데, 이 팔레트를 통해 손쉽게 매터리얼을 불러올 수 있습니다. 하지만 후디니의 매터리얼을 처음 접하는 분들은 앞서 본문에서 설명한 방법을 충분히 익힌 후에 지금와 같은 방법을 사용하기를 권장합니다.

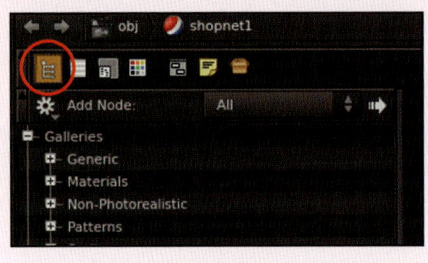

Chop(Channels Operator) 네트워크에 대하여

Chop은 채널 오퍼레이터(Channels Operator)의 줄임말입니다. 후디니에서 말하는 채널(Channel)은 노드의 파라미터에서 수치 값이 입력되는 칸을 말합니다. 채널에는 간단한 수치 값을 입력할 수 있으며, 수식을 입력할 수도 있으며, 후디니에서 존재하는 함수를 이용하게 됩니다. 또한 앞선 학습에서 살펴보았던 변수 역시 채널에서 다룰 수 있습니다. Chop은 일종의 그래프를 다루는 곳이라고 말할 수 있는데, 사용자가 직접 그래프 형태의 패턴을 유연하고 다양하게 접근하고 생성하며 수정할 수 있습니다.

Chop은 모든 네트워크 레벨에서 탭 메뉴를 통해 생성이 가능하며, Chop의 노드, 즉 Chop 네트워크에서 생성된 노드는 다른 네트워크와는 다른 다른 모습을 보입니다. 노드의 플래그에 마우스 커서를 올려가며 각 플래그의 기능을 확인해 보며 그 차이점을 익히도록 합니다. 아래 그림의 노드에서 갈색 플래그는 익스포트(Export)라는 기능을 수행합니다. Chop은 다른 네트워크의 채널 값을 가져와 그래프를 원하는 대로 수정한 뒤 다시 사용하고자 하는 곳으로 가져가는 방식이기 때문에 다른 네트워크와는 다르게 익스포트라는 플래그가 존재하는 것입니다. 그리고 초록색 플래그는 오디오(Audio)라는 기능을 수행합니다. 오디오 플래그가 있다는 것은 Chop에서 소리도 제어할 수 있다는 의미입니다. 여러분이 직접 살펴보기 바랍니다.

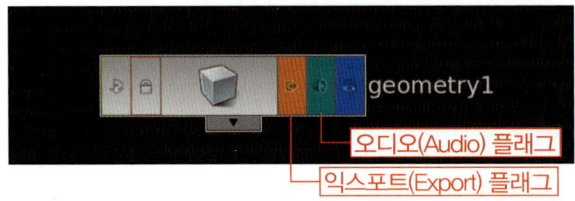

Obj 레벨에서 탭 메뉴를 통해 Sop 네트워크를 생성한 후 아래 그림과 같이 탭 메뉴에서 sphere 노드와 transform 노드를 생성합니다. 그다음 스피어의 인풋과 트랜스폼의 아웃풋을 연결합니다. 물론 생성된 노드의 파라미터(변수)는 초기 상태 그대로 사용합니다.

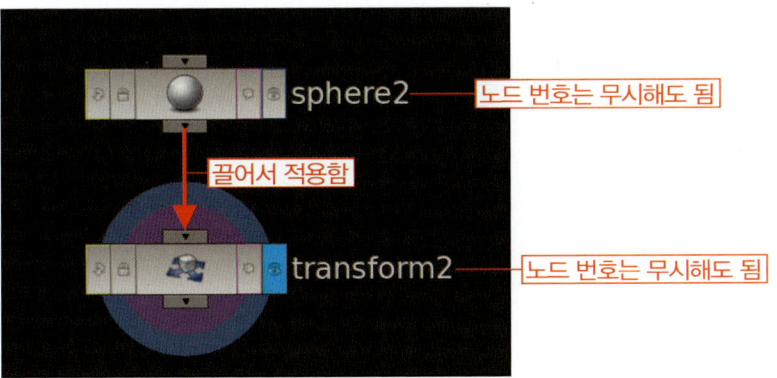

트랜스폼(Transform) 노드를 선택한 후 파라미터 팬 인터페이스로 이동한 후 그림처럼 트랜슬레이트(Translate) 채널에서 [RMB]을 클릭하여 나타나는 메뉴의 [Motion FX] - [Noise]를 선택합니다. 노이즈를 선택한 이유는 변화가 큰 그래프를 확인하기 위해서입니다.

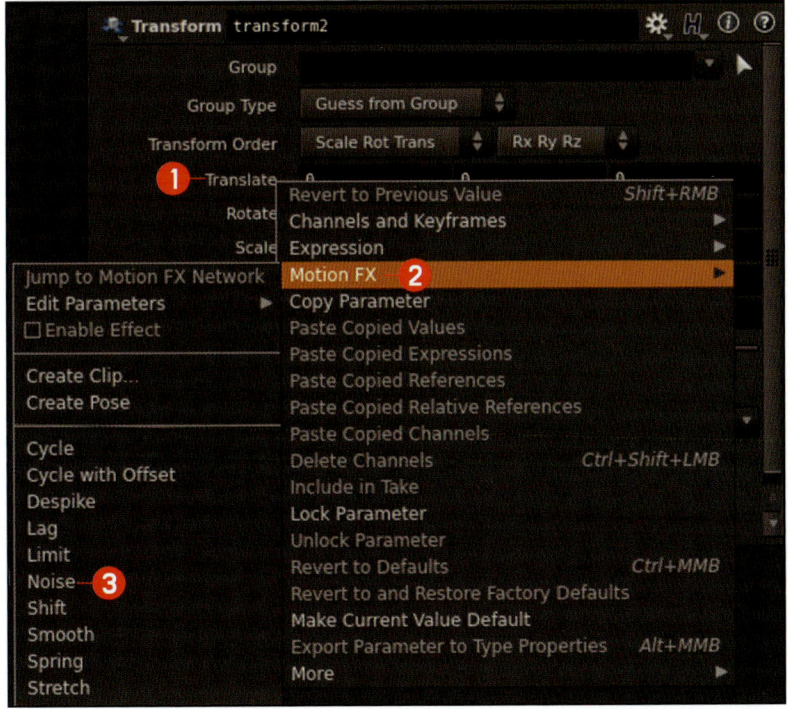

네트워크(Network)에 대하여 **067**

노이즈(Noise)를 적용하면 자동으로 Sop 네트워크 안에 **motionfx**라는 이름을 가진 Chop 네트워크가 생성이 됩니다. motionfx라는 이름을 가진 Chop 네트워크로 이동해 보면 아래의 두 번째 그림처럼 노이즈 노드가 생성된 것을 볼 수 있습니다. 이제 트랜스폼의 디스플레이(눈 모양) 플래그를 켜고 [↑] 키를 눌러 플레이를 해 보면 스피어가 불규칙하게 움직이는 모습을 애니메이션을 확인할 수 있습니다.

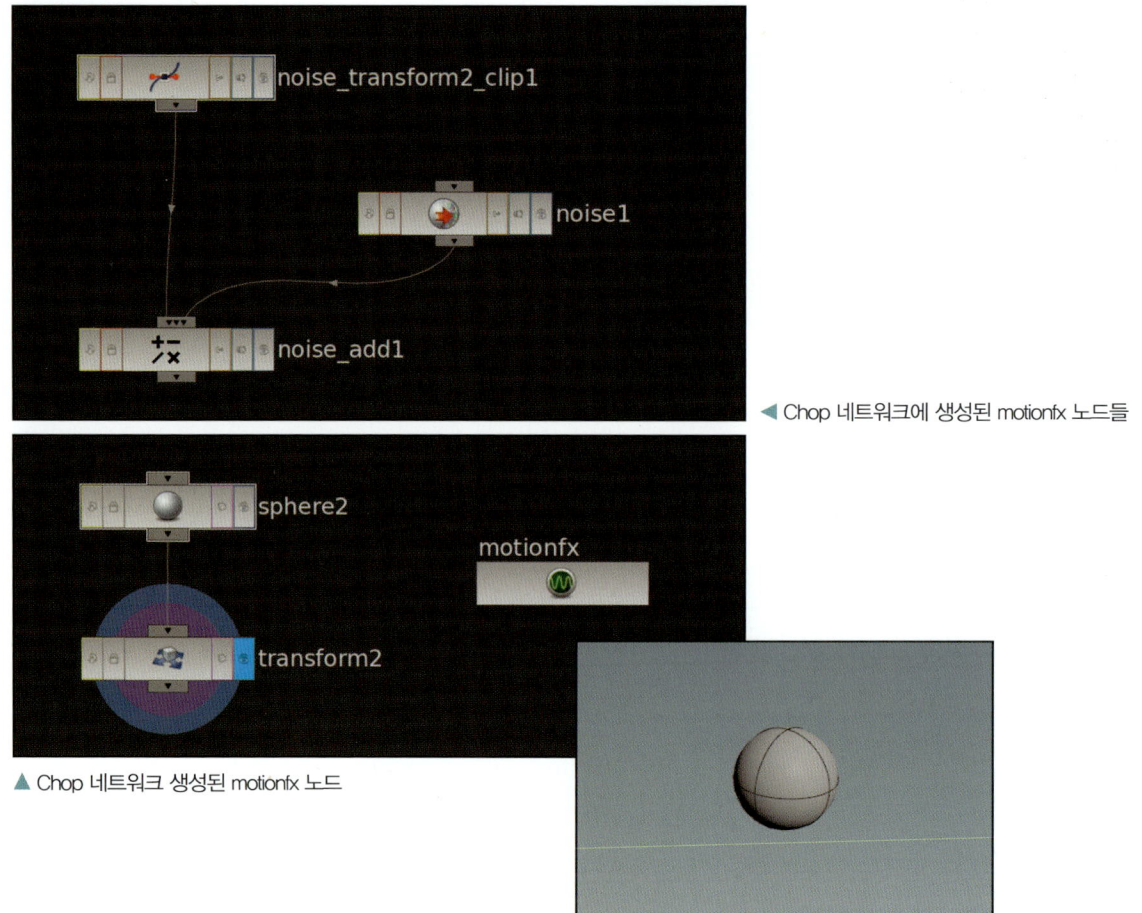

◀ Chop 네트워크에 생성된 motionfx 노드들

▲ Chop 네트워크 생성된 motionfx 노드

스피어의 움직임은 그래프로써 이루어져 있는 것인데, Chop 네트워크에 생성된 그래프를 확인하기 위해서는 다음의 그림처럼 Motion FX View 팬을 보면 되며, 좀 더 명확하게 확인을 할 수 있도록 한쪽에는 Motion FX View를 열어놓고 다른 한쪽에는 씬 뷰(Scene View)를 열어놓은 후 플레이를 해 보기를 권장합니다. 그러면 그래프의 움직임에 따른 스피어의 움직을 직관적으로 확인할 수 있습니다. 추가적으로 예제 파일 [exam_file] – [Part_2] – [4_CHOP_Network.hipnc]를 열어보면 방금 살펴본 내용과 함께 하나의 간단한 노드가 있는데, 이 프로젝트를 직접 확인해 보면서 이해해보기를 바랍니다.

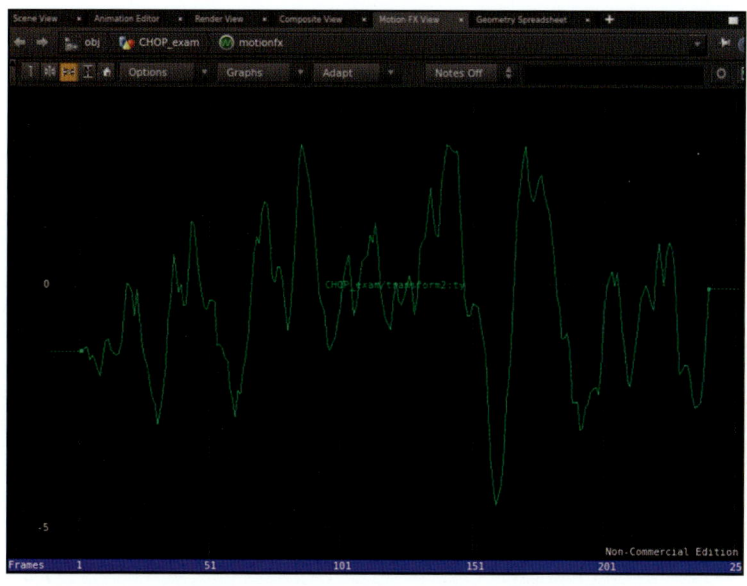

◀ Motion FX View(모션 FX 뷰)

Rop(Render Operator) 네트워크에 대하여

Rop은 렌더 오퍼레이터(Render Operator)의 줄임말로써 렌더를 담당하는 네트워크입니다. 후디니는 모든 기능이 노드로 존재하기 때문에 렌더 또한 노드로써 작동됩니다. Rop 네트워크에서 가장 많이 사용하게 되는 노드는 만트라(Mantra) 노드입니다. 만트라는 후디니의 내장 렌더러로써 실무에서도 많이 사용되는 우수한 내장 렌더러입니다. 후디니는 이전부터 추가적으로 픽사의 렌더러인 렌더맨(RenderMan)을 사용하기도 합니다. Rop 네트워크의 탭 메뉴를 열어보면 렌더맨과 관련된 노드 3개가 있는 것을 직접 확인해 보십시오.

렌더러(Renderer)란?
과거 필름 카메라로 촬영을 하고, 촬영된 필름을 들고 사진관으로 가서 인화를 했었습니다. 이것은 인화라는 과정을 통해야 필름에 기록된 것을 직접 눈으로 볼 수 있는, 즉 가시화된 사진이라는 결과물로 만들 수 있기 때문입니다. 이렇듯 2D 또는 3D로 이뤄진 영상과 게임 작업물들은 마치 사진을 인화하듯 결과물을 최종적으로 출력하는 작업을 거치게 되는데, 이때 사진관의 인화기의 역할을 하는 것이 바로 렌더러(Renderer)라고 하는 일종의 프로그램이며, 이 렌더러를 통해 이뤄지는 일련의 작업 과정을 렌더(Render)라고 합니다.

아래 그림을 보면 만트라(Mantra) 노드와 렌더맨(RenderMan) 노드가 보이며, 그 외에 2개의 노드는 바로 HQueue라는 노드입니다. 이 중에 하나는 시뮬레이션과 관련된 노드이며, 다른 하나는 렌더러와 관련된 노드입니다. 여기서 말하는 HQueue라는 것은 분할 렌더를 위해 사용됩니다. 그림처럼 HQueue_render 노드와 HQueue_sim 노드가 존재하는데, 하나는 렌더를 할 때 분할하여 렌더를 하는 노드이며, 다른 하나는 분할을 하여 시뮬레이션을 하기 위한 노드입니다. 3D 작업을 해 보았던 분이라면 렌더팜이라고 이해를 하면 쉬울 것이며, 그렇지 않은 분들은 개인 작업물을 여러 명이 분할하여 할 수 있게 해 주는 것이라고 이해하면 될 것입니다.

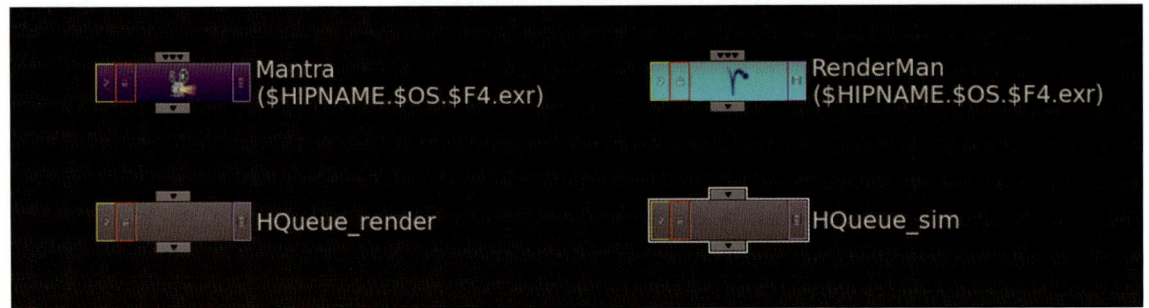

만약 HQueue를 사용하고 싶다면 후디니를 설치할 때 나오는 설치 선택 화면에서 HQueu Server를 선택하여 함께 설치하면 됩니다.

Vop(VEX Operator) 네트워크에 대하여

Vop은 벡스 오퍼레이터(VEX Operator)의 약자이며, 본 도서에서 소개할 마지막 네트워크이기도 합니다. 여기서 말하는 VEX란 후디니의 프로그래밍 언어라고 보면 됩니다. VEX의 시작은 셰이더를 설정하기 위한 언어였으나 업그레이드가 되면서 지오메트리의 변형도 가능하게 되었습니다. 이러한 VEX를 기반으로 생성된 Vop은 다루기 힘든 프로그래밍을 시각적으로 할 수 있게 해주는 비주얼 프로그래밍 오퍼레이터라고 볼 수 있습니다. 3D Max 사용자라면 2016 버전부터 생긴 MCG(Max Creation Graph)라고 이해하면 될 것입니다.

Vop은 다양한 네트워크 레벨에서 생성을 할 수 있습니다. Sop 네트워크 레벨에서 생성할 수 있고, Shop 네트워크 그리고 Obj 네트워크 레벨에서도 생성을 할 수 있습니다. 이 중 지오메트리(Geometry)를 조정하거나 변형을 할 수 있도록 다음의 그림과 같이 Sop 네트워크에서 탭 메뉴를 통해 Attribute VOP(어트리뷰트 봅)을 생성해 보도록 합니다.

Sop 네트워크에 생성된 Attribute VOP 노드

생성된 Attribute VOP 노드를 더블클릭하거나 [I] 키 혹은 [Enter] 키를 눌러 Vop 안으로 들어가면 아래 그림과 같은 화면이 나타나게 됩니다. Vop 네트워크 뷰의 오른쪽 상단을 확인해 보면 VEX Builder라는 단어가 쓰여있는 것을 볼 수 있습니다. 이것은 마야의 하이퍼쉐이드(HyperShade)에 있는 노드 인터페이스와 비슷하게 보이기도 하며, 기본적인 작동원리도 같다고 보면 됩니다. 하지만 후디니의 Vop은 앞서 설명한 것처럼 훨씬 다양한 활용이 가능합니다. 그렇다면 간단하게 Vop을 사용해보도록 하겠습니다.

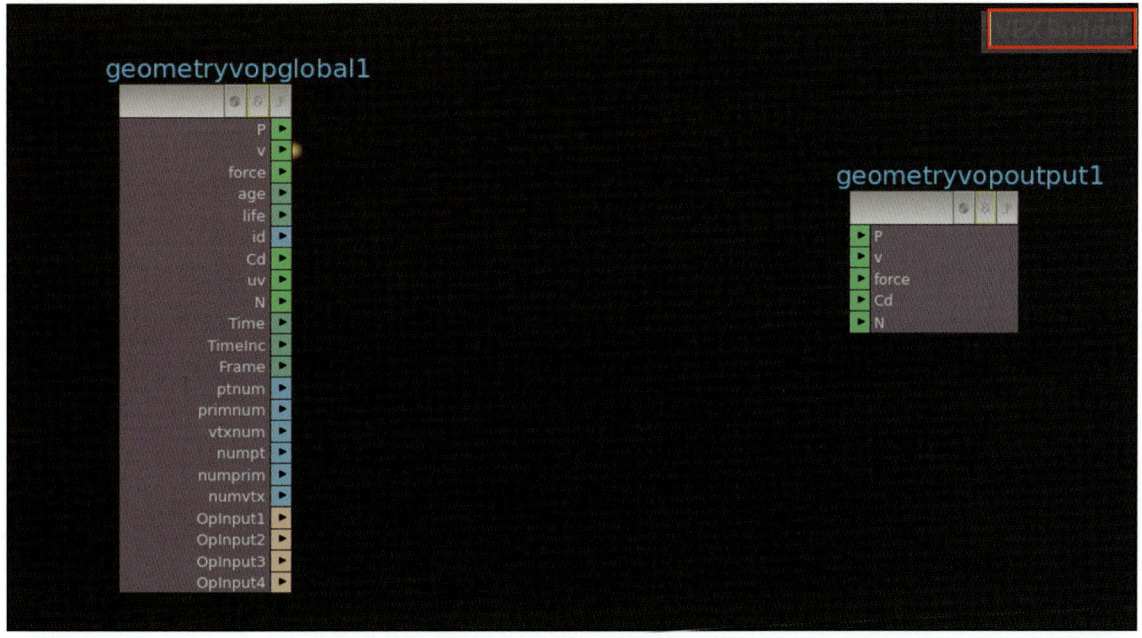

예제 파일 [exam_file] - [Part_2] - [5_VOP_Network.hipnc] 파일을 열어서 Sop 네트워크 안으로 들어가면 다음의 그림과 같이 1개의 Box 노드와 3개의 Attribute Vop가 있는 것을 볼 수 있습니다. 필자가 미리 Vop을 이용하여 박스의 크기, 위치, 색상을 바꿔두었습니다.

네트워크(Network)에 대하여 **071**

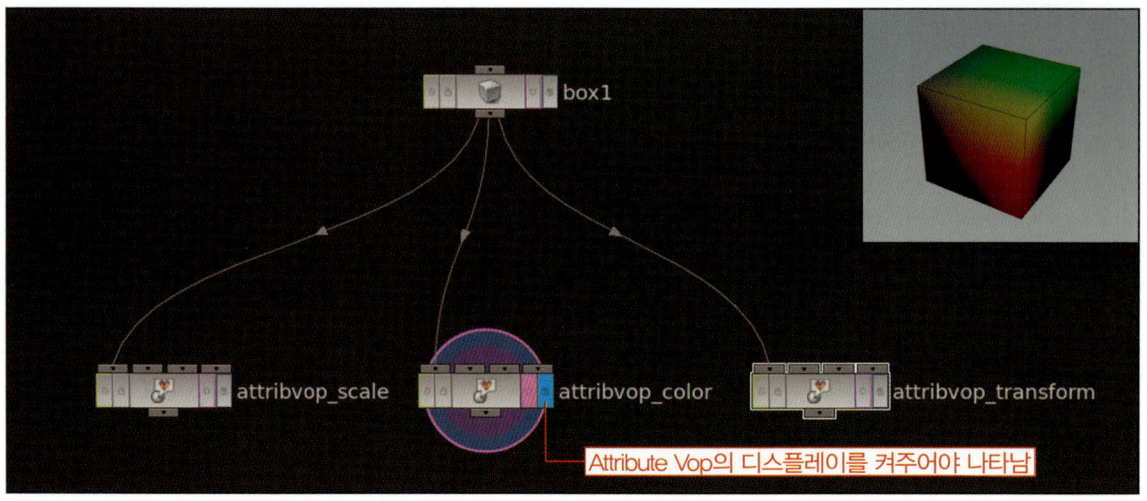

세 개의 Attribute VOP 중 **attribvop_color**로 들어가면 아래 그림과 같은 화면이 나타나게 되며, 화면 왼쪽 노드의 P와 오른쪽 노드의 Cd가 연결이 되어있는 것을 볼 수 있습니다. 이것은 Vop 노드로 들어오는 Box 오브젝트의 포지션 데이터를 컬러(Color)로써 사용하겠다는 의미입니다. 이것을 씬 뷰를 통해 확인해 보면 여러 색이 동시에 보이는 것을 확인할 수 있을 것입니다. 확인을 했다면 이제 Red라는 이름을 가진 노드의 화살표(아웃풋)를 클릭(선택)하여 오른쪽에 있는 geometryvopoutpu1 노드에 있는 Cd의 화살표()에 연결합니다. 그러면 해당 색상 채널에 맞게 색이 바뀌는 것을 볼 수 있습니다. 나머지 , Green, Blue 노드로 확인해 봅니다.

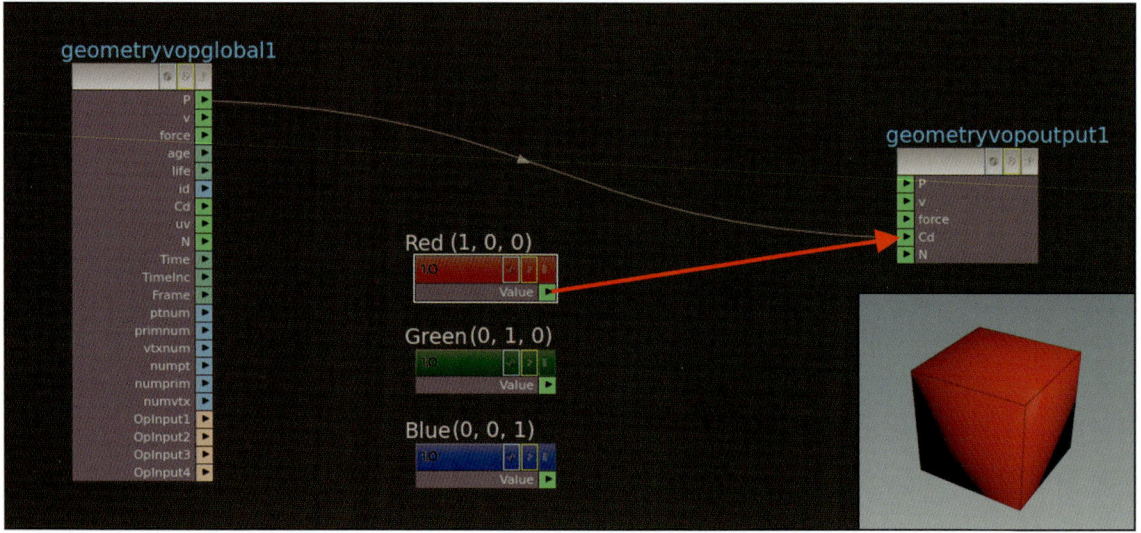

아래 그림은 Sop Nework로 돌아간 후 attribvop_transform 노드 안으로 들어온 모습입니다. 이 노드로 들어가 보면 그림처럼 transform이라는 노드와 왼쪽 geometryvopglobal1 노드의 P 데이터가 add1 노드의 Input 1에 연결이 되고, add1 노드의 아웃풋(sum)이 오른쪽 geometryvopoutput1 노드의 P에 연결된 것을 알 수 있습니다. 이것은 Box 오브젝트의 P(포지션) 데이터와 Constant(transform 노드)의 (2, 0, 0)이라는 값을 더하여 그 값을 P(포지션) 데이터로 쓰겠다는 의미입니다. 씬 뷰를 보면 박스가 X 축으로 2만큼 이동한 것을 볼 수 있습니다. 이렇듯 Vop은 매우 자유롭게 원하는 것을 구현할 수 있습니다. 일반적인 노드보다 속도 또한 빠르며, 후디니의 거의 모든 곳에서 필수적으로 사용된다고 생각하면 됩니다. 참고로 Vop에 대한 내용은 차후 보다 자세히 살펴볼 것입니다.

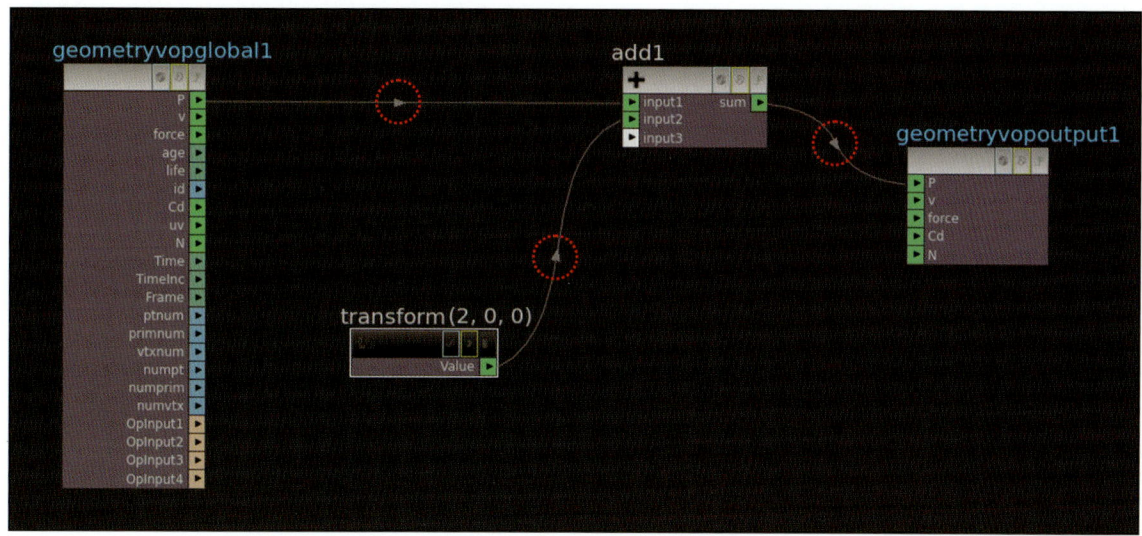

지금까지 후디니의 네트워크에 대한 개념을 익히기 위한 학습이었습니다. 후디니를 처음 접하는 분들은 네트워크가 정확히 어떤 것인지 아직 이해가 되지 않을 것입니다. 그렇다고 걱정을 할 필요는 없습니다. 앞으로 나오게 될 예제들을 통해 자연스럽게 익히면 될테니까 말이죠. 참고로 이후부터는 네트워크라는 명칭은 제외하고 Sop, Dop, Pop, Vop, Shop 으로 표기하겠습니다.

02 프로시쥬얼(Procedural)에 대하여

후디니가 VFX 프로그램으로 인정받는 또 다른 이유는 프로시쥬얼(Procedural)이란 특징들을 가지고 있기 때문입니다. SideFX의 홈페이지에 있는 기초 강좌를 보거나 인터넷에서 후디니에 대한 글을 보면 Procedural Workflow, Procedural Modeling, Procedural Animation, Procedural Texture 등 프로시쥬얼이라는 다양한 용어들을 접하게 될 것입니다. 그렇다면 프로시쥬얼이 무엇이며, 어떤 개념을 가지고 있을까요? 프로시쥬얼의 사전적 의미로써 절차적, 구조적이라는 뜻을 가지고 있는데, 앞선 학습에서 설명했듯이 후디니는 노드 기반 프로그램이기 때문에 노드 구조의 한 부분을 다른 노드로 바꾸거나 일정 값을 바꾸기만 하면 전체를 손쉽게 컨트롤 할 수 있다는 것을 기억하면 될 것입니다. 이제부터 다양한 프로시쥬얼의 프로시쥬얼 모델링에 대한 개념을 통해 프로시쥬얼을 이해하는 시간을 갖도록 하겠습니다.

아래 그림은 프로시쥬얼(Procedural)이라는 것이 무엇인지 간단하게 보여주기 위한 예제입니다. 해당 파일은 **[exam_file]** - **[Part_2]** - **[6_Procedural_exam.hipnc]** 프로젝트 파일을 열어줍니다. **switch**라는 노드에 **sphere1**, **box1**, **platonic1**이라는 세 개의 노드가 연결되어있습니다. 그림에서는 **sphere1**이 연결될 수 있도록 해 두었기 때문에 씬 뷰를 보면 스피어(Sphere)들이 보입니다. 하지만 **switch1** 노드에서 **box1**이나 **platonic1**이 연결되도록 하면 똑같은 색상과 크기가 적용된 채로 오브젝트만 바뀌게 됩니다. 하지만 이 예제는 노드의 절차적 구조를 이해하기 위한 예제로써 참고만 하십시오. 이것은 다음 예제를 통해 좀 더 자세하게 살펴볼 것입니다.

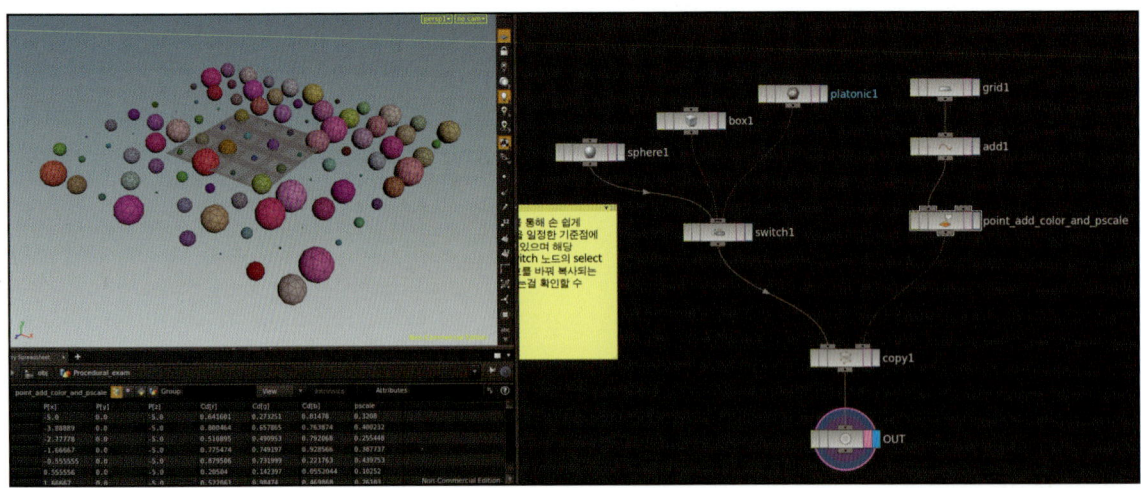

아래 그림을 보면 앞서 보았던 예제 파일과는 다르게 컨트롤할 수 있는 옵션이 몇 가지 있으며, 수치 값을 컨트롤함에 따라 자동적으로 오브젝트가 추가 및 감소될 수 있도록 설정된 것을 볼 수 있습니다. 이제 예제 파일 [exam_file] - [Part_2] - [8_Procedural_ch_exam.hipnc] 파일을 열어서 Procedural_exam 노드로 들어가 보면 그림처럼 Controls라는 이름의 파란색 노드를 볼 수 있습니다. 이 컨트롤 노드의 파라미터를 설정하여 오브젝트의 형태를 바꿀 수 있습니다.

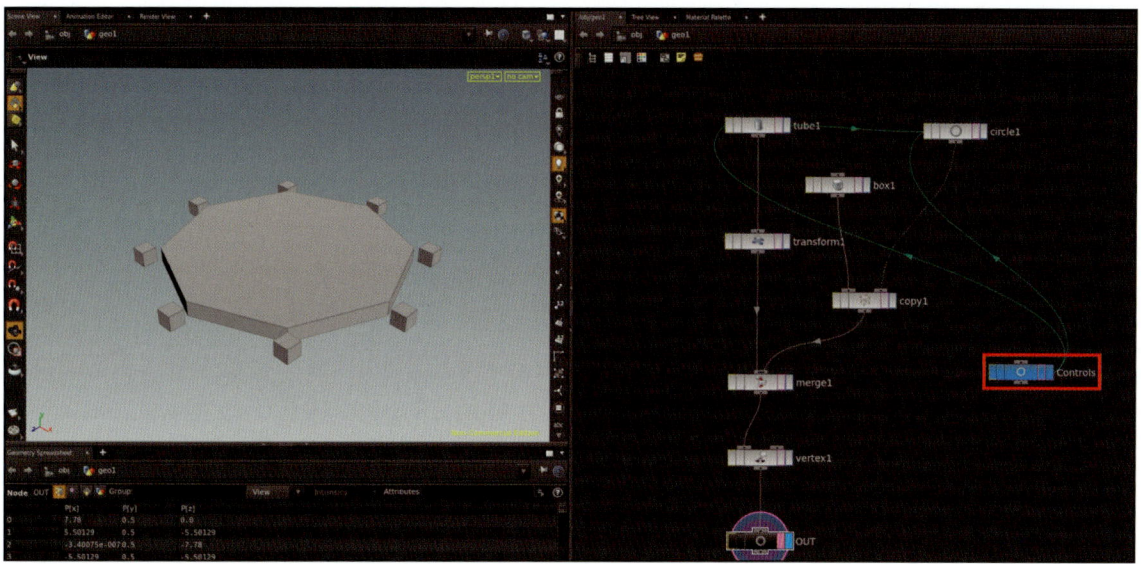

컨트롤 노드를 선택한 후 위쪽에 있는 파라미터 팬의 Controls을 통해 설정이 가능합니다. 이렇듯 프로시쥬얼은 절차적으로 이루어진 워크플로우이기 때문에 노드 구조의 장점을 극대화하는 요인이라고 볼 수 있습니다. 예제 파일처럼 노드 구조의 일부를 바꾸거나 정해진 수치 값을 변경함으로써 전체가 한꺼번에 바뀌는 것을 직접 볼 수 있을 것입니다. 예제 파일로 확인했던 프로시쥬얼 모델링은 주로 거대한 도시를 만들거나 조금씩 다른 모습을 가진 건물을 만드는데 사용되며, 반복적인 패턴을 가지고 있는 형태라면 어디에서나 프로시쥬얼 모델링을 활용할 수 있습니다. 이 부분에 대해서는 차후에 좀 더 디테일한 예제를 통해 Procedural Modeling에 대해 살펴보도록 하겠습니다.

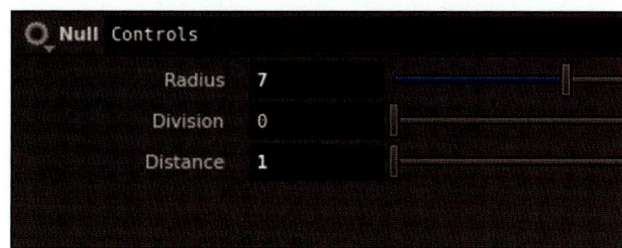

03 벡터와 노멀에 대하여

후디니를 활용하는 컴퓨터 그래픽이라는 분야에서의 수학은 매우 중요한 요소입니다. 그 중에서도 중요한 두 가지는 바로 벡터(Vector)와 노멀(Normal)입니다. 먼저 벡터에 대한 설명을 해보도록 하겠습니다. 벡터는 대부분 고등수학에서 접해 보았던 스칼스(Scalar)와 벡터(Vector)로 나뉘어지는데, 다음 설명을 참고하여 기억을 되살려보십시오.

스칼라(Scalar) 질량, 넓이, 길이, 시간, 속력과 같이 크기만을 가지는 양으로써 하나의 값만 가진다고 정의할 수 있습니다.
벡터(Vector) 힘, 속도, 가속도와 같이 크기와 방향을 함께 같는 양으로 정의할 수 있습니다.

위의 두 내용이 스칼라와 벡터의 정의입니다. 갑자기 왜 수학이 등장하느냐고 의문을 가질 수도 있지만 후디니와 FX를 표현하는데 있어 이것은 간단하게 나마 집고 넘어가야 하기 때문입니다. 그렇다고 너무 부담을 가질 필요는 없습니다. 필자 역시 수포자였으니까요. CG는 크게 2가지 2D와 3D 분류되는데, 2D와 3D의 가장 큰 차이라고 한다면 Z 축의 유무입니다. 2D는 2개의 좌표 x, y를 사용하지만 3D는 x, y, z 세 개의 좌표를 가지고 있습니다. 벡터는 기본적으로 x, y, z 세 축에 대한 값을 가지고 있으며, 세 축에 대한 값을 가지고 있다는 것은 방향성을 가진다는 의미입니다. 우리는 이 벡터라는 것을 이용해 파티클에 방향성을 부여하기도 하고, 데이터를 벡터로써 입력하기도 하며 또 벡터를 컨트롤하여 노말 또한 제어하게 됩니다. 쉽게 설명하자면 스칼라(Scalar)는 한 공간에서 1이라는 값을 가지게 되지만 벡터(Vector)는 1, 0, 0 이렇게 한꺼번에 세 개의 값을 가지고 있기 때문에 3D 상에서의 위치를 설정할 수 있습니다. 벡터에는 내적(dot product)이란 것과 외적(cross product)이라는 것이 존재하는데, 벡터의 내적은 계산을 통해 크기 값만 존재하는 스칼라로 결과 값이 산출되며, 벡터의 외적은 벡터 수학에서 정의하는 두 번째 곱의 형식입니다. 외적은 결괏값이 벡터이며 두 벡터의 외적을 계산하여 법선 벡터를 구할 수 있습니다.

앞서 설명한 계산에 대한 결괏값은 후디니에서 눈으로 확인할 수 있습니다. 이전 페이지의 아래쪽 그림을 보면 **dot_product** 노드와 **cross_product** 노드가 있는데, 이 두 노드의 아웃풋을 보면 색이 서로 다르다는 것을 볼 수 있습니다. 현재는 dot_product 노드의 아웃풋 색이 좀 더 진하게 보입니다. 확인하기 위해 각 노드의 아웃풋에 마우스 커서를 올려서 확인해 보면 dot_product 노드는 끝부분에 **float**이라고 나타나고, cross_product 노드는 **vector**라고 나타나는 것으로 두 노드의 차이를 알 수 있습니다.

앞서 설명한 법선 벡터라는 것은 두 벡터의 90도가 되는 성분, 즉 수직 방향이며, 이것이 바로 노멀(Normal)입니다. 외적을 쉽게 정리해서 설명하자면 x라는 벡터와 y라는 벡터가 있다고 가정했을 때 x와 y의 법선(노말)은 Z 축입니다.

두 벡터의 외적을 계산하면 90도가 되는 수직 방향 = 법선 벡터
법선 = 노멀(Normal)

앞서 노말은 두 벡터의 수직 방향이며 x, y, z 축으로 예를 들었을 때 x와 y의 수직 방향인 z가 법선 벡터, 즉 노말이 된다고 설명을 했지만 기본적인 개념으로는 맞는 말이지만 아직은 뭔가 부족한듯 느껴집니다. 다시 정리하자면 법선(Normal)을 두 선의 수직이라고 이해를 하는 것보다는 법선은 평면의 성질을 알려주는 요소라고 보는게 더 좋을 듯합니다. 공간상에서의 직선은 직선이 나타내는 방향이 중요하지만 평면 같은 경우에는 평면에 포함되는 직선이 무수히 많을 수 있기 때문에 방향보다는 평면과 수직이 되는 법선이 평면의 성질을 규명하는 요소로 보아야 더 적절한 표현일 것입니다.

3D 프로그램에서 노멀을 말할 때 오브젝트의 정방향 혹은 바라보는 방향이라고 칭하곤 합니다. 다음의 두 그림 중 왼쪽 그림을 보면 파란색 선이 보이는데, 이것이 바로 3D 오브젝트의 페이스(표면)의 노멀 방향입니다. 이해를 돕기 위해 화살표를 통해 임의로 x, y 축을 그려 놓았으며, 이를 통해 x, y 축의 수직 방향인 법선 벡터, 즉 파란색 선이 노멀이라는 것을 확인할 수 있습니다. 반대로 오른쪽 그림은 노멀의 방향을 역으로 뒤집어놓은 것입니다. 그 결과 정방향 혹은 바라보는 방향이라고 칭했던 노말이 뒤집혀서 노멀이 아래쪽을 바라보며, 검정색, 즉 색이 없는 것처럼 표현이 됩니다.

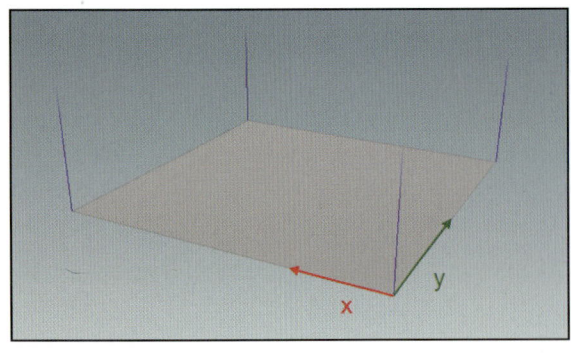
▲ 노멀의 방향(정상적인 방향)

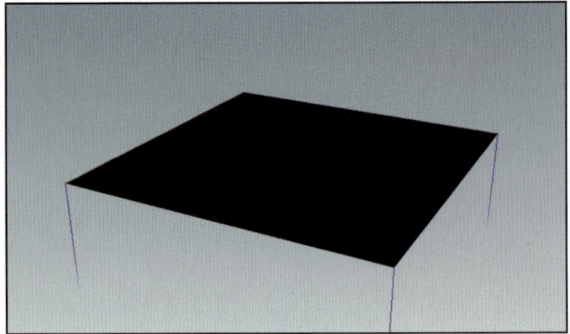
▲ 노멀의 역방향(비정상적인 방향)

이처럼 3D 프로그램을 다룰 때에는 노멀이라는 것이 매우 중요한 부분이기 때문에 원활한 학습을 위해 반드시 이해하기 바랍니다.

04 클래스(Class)에 대하여

컴퓨터 그래픽 분야에서 Class(클래스)라는 용어는 다양하게 쓰이는데, 프로그래밍에서의 Class란 메모리에 생성될 객체를 정의하는 것이라고 말할 수 있으며, 좀 더 쉽게 설명하자면 오브젝트에 대한 일정한 정보를 가진 것들의 모임(?)으로 설명할 수 있을 것입니다. 같은 기능을 하지만 프로그램 및 회사 따라 다른 이름을 가지고 있듯이 후디니에서는 포인트(Point), 프리미티브(Primitive), 버텍스(Vertex), 디테일(Detail)이라는 형태들이 바로 클래스라는 이름으로 구분됩니다.

아래 그림은 Sop 네트워크에서 생성된 Attribute Create 노드에 있는 클래스(Class) 항목입니다. 이처럼 노드를 통해 무언가를 생성할 때 역시 클래스를 지정하게 되며, 동시에 가장 기본적으로 수치로써 나타나는 형태 이기도 합니다.

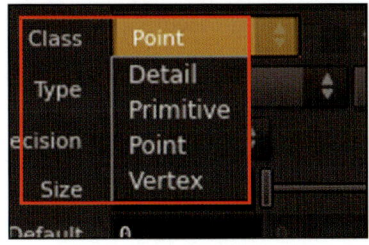

아무 팬(Pane)에서 [Alt] + [8] 키로 열 수 있는 Geometry Spreadsheet 팬을 열어보면 다음과 같은 인터페이스를 볼 수 있습니다. 그림에서의 스프레드시트는 예시를 위해 필자의 작업 데이터를 참고하였습니다. 현재의 그림을 보면 포인트라는 클래스의 어트리뷰트가 선택된 상태이지만 자신이 원하는 대로 클래스를 바꿀 수 있습니다. 그림의 빨간색 박스를 보면 네 개의 아이콘이 보이는데 왼쪽부터 포인트, 버텍스, 프리미티브, 디테일로 구분됩니다.

3D 프로그램을 사용해본 분이라면 버텍스라는 용어에 비교적 익숙할 것입니다. 하지만 후디니에서는 포인트와 프리미티브, 디테일이라는 용어까지 등장합니다. 다음은 후디니에서 존재하는 네 가지 클래스 방식에 대한 설명입니다.

포인트(Point) 기본적으로 위치에 대한 정보를 포함합니다. 그 외 무수히 많은 데이터를 가질 수 있으며, 디스플레이로 확인할 수도 있습니다. 또한 포인트의 번호도 확인이 가능합니다.

버텍스(Vertex) 폴리곤(Polygon : 면)을 이루는 최소 단위이며, 시각적으로 확인이 가능한 포인트와는 다르게 정보로써만 존재합니다.

프리미티브(Primitive) 포인트처럼 무수히 많은 속성을 가질 수 있는 형태의 데이터입니다. 스피어, 박스, 주전자, 평면을 포함한 어떠한 형태도 될 수 있습니다.

디테일(Detail) 특정한 오브젝트/지오메트리 혹은 노드에서 단 한 개의 값만 가지는 클래스 방식입니다.

아래 그림은 예제 **[exam_file] - [Part_2] - [8_Class.exam.hipnc]** 파일의 Sop 네트워크 노드입니다. Class_exam 노드로 들어가 보면 Grid 노드에 각기 다른 클래스를 가진 Color 노드를 연결하여 씬 뷰에서 차이를 확인할 수 있게 설정해 놓았습니다.

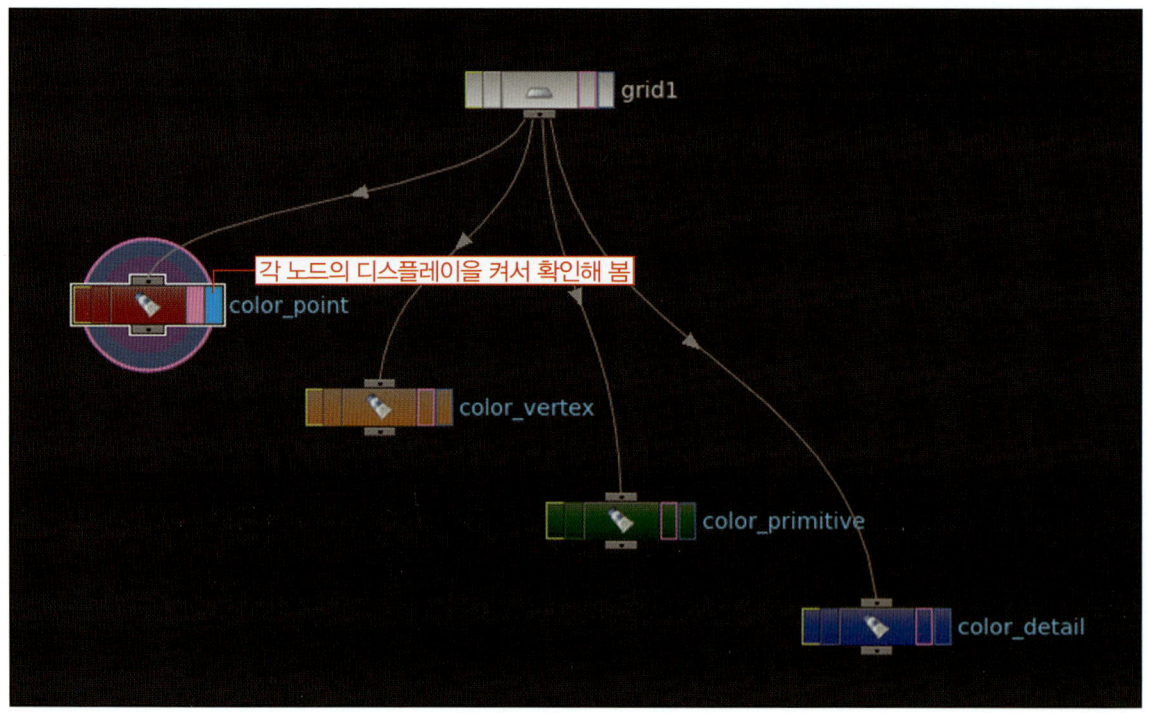

각 노드의 디스플레이 프래그(Display Flag)를 켜보면서 씬 뷰를 확인해 보면 그림처럼 그리드에 색상이 적용되는 것을 확인할 수 있습니다. 그림은 첫 번째 노드인 color_point 노드의 모습입니다.

◀ color_point 노드의 디스플레이를 켠 모습

아래 그림은 **color_point** 노드의 지오메트리 스프레드시트(Geometry Spreadsheet)입니다. 포인트에 Cd라는 값이 설정된 것을 볼 수 있습니다. 여기서 말하는 **Cd**는 색에 대한 속성값을 의미합니다. 같은 방법으로 옆쪽에 있는 그밖의 color 노드들을 선택해가며 Vertex, Primitive, Detail에 입력되어있는 Cd 값을 확인해 보십시오.

본 페이지 위쪽 그림인 포인트는 포인트는 위치에 대한 값을 가지고 있으며, 네 개의 면이 만나는 부분에는 한 개의 포인트가 존재하며, 서로 연결이 되어있는 그리드 상의 포인트들에게 색을 적용했기 때문에 색이 자연스럽게 혼합된 형태로써 표현됩니다. 분명히 같은 노드를 사용하여 색상을 적용했는데도 불구하고 클래스에 따라서 전혀 다른 색상이 표현되는 것을 확인할 수 있습니다. 앞서 각 클래스에 대한 설명을 다시 한

번 확인해 보면 훨씬 이해가 빠를 것입니다. 아래의 그림 세 가지는 각각 **color_vertex**, **color_primitive**, **color_detail** 노드를 씬 뷰로 본 모습들입니다. 가장 왼쪽의 그림인 버텍스는 포인트처럼 색이 혼합되는 것이 아니라 그리드의 각 면마다 다른 색상들이 혼합되어진 상태로 표현이 됩니다. 후디니에서 버텍스는 폴리곤을 이루는 단위인데, 이 것은 그리드의 각 면마다 4개의 버텍스를 가지고 있고, 각 버텍스에 색상을 적용했기 때문에 포인트와는 다르게 표현되는 것입니다. 두 번째는 프리미티브로써 각 면마다 하나의 색이 적용되어 있습니다. 예제 파일의 그리드에는 총 16개의 면이 존재하기 때문에 16개의 프리미티브가 존재하는 형태를 가진 데이터이기 때문에 하나의 면에서 출력하는 색상 값은 하나의 색이 되는 것입니다. 마지막 세 번째는 디테일로써 다른 크래스와는 다르게 그리드와는 상관없이 전체가 하나의 색으로 표현되어있습니다. 이렇듯 디테일은 앞의 세 클래스와는 다르게 하나의 값만 가진다는 것입니다.

살펴 보았듯이 프리미티브까지는 각 면에 대해서 색상을 나타냈지만 아래 그림처럼 디테일은 오로지 하나의 값만 가집니다. 이것은 해당 오브젝트/지오메트리 혹은 노드 전체를 하나로써 표현한다고 할 수도 있습니다. 디테일 클래스를 지오메트리 스프레드시트(Geometry Spreadsheet에서 Detail)를 통해 확인해 보면 Cd의 r, g, b 값이 하나씩만 나타나는 것을 알 수 있습니다.

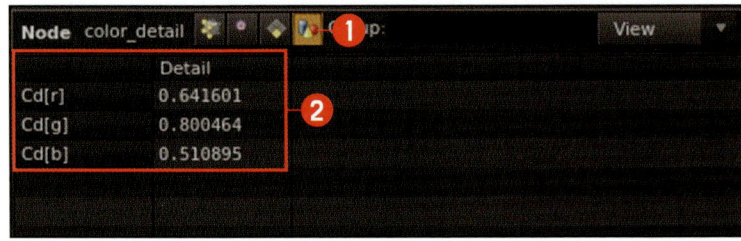

05 변수(Variable)에 대하여

앞서 [인터페이스와 작업환경 설정] 학습에서 **$HIP**과 **$JOB**을 통해 경로를 지정하는 방법에 대해 배워보았습니다. 프로그래밍에서 말하는 변수라는 것은 데이터를 저장하는 매개체라고 할 수 있습니다. 후디니에도 변수라는 시스템이 존재하는데, **$** 표시와 함께 쓰는 문자들이 바로 변수입니다. 변수에는 **$JOB**처럼 자신만의 경로를 입력할 수도 있고, 일정 데이터를 입력할 수도 있습니다. 후디니의 변수는 다음과 같이 크게 두 가지로 나뉘어집니다.

Global Variable(글로벌 베리어블 : 전역 변수)
Local Variable(로컬 베리어블 : 지역 변수)

Global Variable(전역 변수)는 후디니를 다루는데 있어 어느 노드 또는 어느 기능에서든 상관없이 사용이 가능한 변수를 뜻합니다. 다르게 말하자면 후디니의 기본 설정과 연관된 값들로 이루어진 변수라고 할 수 있습니다. 반면 Local Variable(지역 변수)는 지역이라는 뜻대로 일정한 곳에서만 사용이 가능한 변수를 뜻합니다. 일정한 곳을 각각의 노드라고 생각하면 됩니다. 노드에 따라서 지역 변수가 각각 다르며, 어느 노드에서는 있지만 다른 노드에는 없기도 합니다. 아래 그림은 헬프(Help) 문서에 있는 트랜스폼 노드와 카피 노드에 대한 지역 변수 목록입니다. 같은 지역 변수이지만 노드에 따라 사용할 수 있는 변수가 다르다는 것을 확인할 수 있습니다.

```
LOCALS                                          LOCALS

CEX, CEY, CEZ                                   Copy-specific variables.
    The centroid of the input
                                                CY
GCX, GCY, GCZ                                       The number of the copy currently being generated. Sta
    The centroid of the input group
                                                NCY
XMIN, XMAX                                          The total number of copies that will be created (the valu
    The X extents of the bounding box of the input
                                                PT
YMIN, YMAX                                          The point number of the Template being copied onto. I
    The Y extents of the bounding box of the input   actual point number. Use TPT to always get the actual p

ZMIN, ZMAX                                      NPT
    The Z extents of the bounding box of the input   The total number of points in the template geometry.

SIZEX, SIZEY, SIZEZ                             TPT
    The size of the bounding box of the input       The actual point number of the currently processed ter
```

후디니를 막 시작한 분들이 자주하는 실수 중에 하나가 지역 변수를 헷갈리는 것입니다. 필자 또한 초반에 자주 그랬으며, 트랜스폼 노드의 지역 변수 중 센터 값을 입력해 주는 변수인 $CEX, $CEY, $CEZ를 다른 노드에서 왜 안되냐며 혼자 머리를 싸맨 기억이 납니다. 이렇듯 해당 노드에서 사용이 되는 변수와 아닌 변수를 확실하게 인지하도록 해야 할 것입니다. 물론 헬프 문서가 완벽하진 않기 때문에 사용이 가능하지만 누락된 지역 변수도 있습니다. 그렇다면 이제부터 예제 파일을 통해서 전역 변수와 지역 변수에 대해 좀 더 알아보도록 하겠습니다.

전역 변수(Global Variable)

예제 파일 [exam_file] - [Part_2] - [9_Variable_exam.hipnc]을 열면 Global이라는 이름의 Font Sop이 있습니다. 계속해서 글로벌 네트워크로 들어가 보면 아래 그림처럼 Font 노드와 간략하게 전역 변수를 메모로 적어두었습니다. 메모장에 적힌 전역 변수를 하나씩 Font 노드 파라미터의 Text 부분에 입력(복사/붙여넣기)해 보면서 씬 뷰로 나타나는 결괏값을 확인해 봅니다.

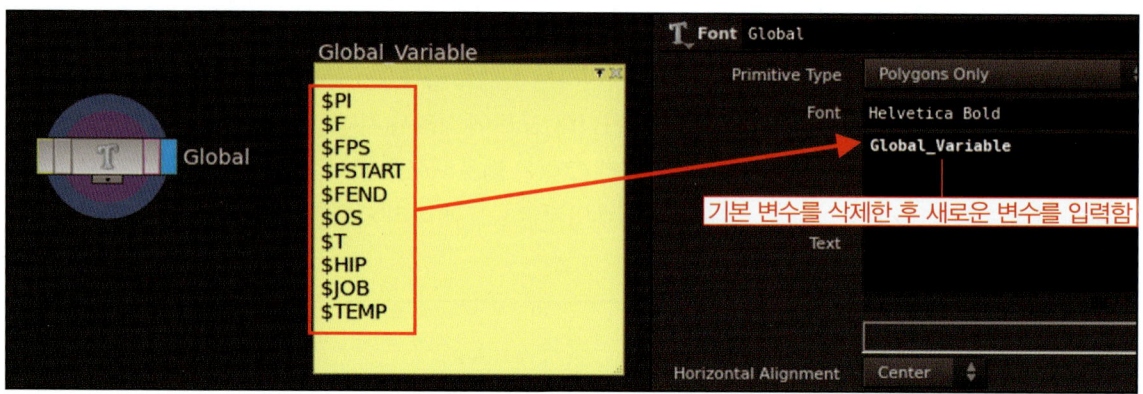

다음의 그림을 보면 무언가 익숙하면서도 낯선 숫자가 있습니다. 3.14……으로 된 숫자는 바로 원주율입니다. 눈치가 빠른 독자라면 필자가 Font 노드의 Text 부분에 $PI를 입력했음을 이미 알아챘을 것입니다. 만약 숫자가 보이지 않는다면 [Space] + [1] 키를 눌러 씬 뷰를 퍼스펙트브로 전환해 줍니다. 메모장에 입력된 전역 변수를 하나씩 입력해 보면서 플레이바(Playbar)를 움직여보면 다른 변수에서는 변화가 없지만 $F, $T를 입력했을 경우엔 플레이바의 위치(프레임)에 따라 숫자가 바뀌는 것을 확인할 수 있습니다. $F는 현재 플레이되는 프레임(Frame)을 뜻하며, $T는 현재 시간을 의미합니다. 즉 표현하는 방식과 숫자만 다르고 모든게 같다고 볼 수 있습니다.

다음 그림은 메모에 있는 전역 변수 중 $HIP을 적은 것입니다. 예제 파일을 원하는 경로에 저장을 한 뒤, $HIP을 입력하면 후디니 파일이 저장된 경로가 뜨게 됩니다. 이 외에도 $JOB 역시 본인이 지정해놓은 경로로 뜨게 됩니다. 다음의 전역 변수를 참고하십시오.

PI 원주율이 저장이 되어있는 변수

F 현재 재생 프레임

FPS 프로젝트 세팅으로 되어있는 초당 프레임

FSTART 플레이바(Playbar)의 시작점

FEND 플레이바(Playbar)의 끝점

OS 현재 노드의 이름

T 현재 재생 시간

HIP HIP 파일의 저장 경로

JOB 사용자가 정의할 수 있는 프로젝트 경로

TEMP Windows의 Temp 폴더의 경로

위 내용은 메모장에 입력되어있는 변수들에 대한 설명입니다. $F와 $T는 직접 플레이바를 움직여 변화를 확인할 수 있지만 $FPS와 $FSTART, $FEND는 그렇지 않습니다. 그렇다면 이제 이 세 가지 변수들에 대한 변화를 확인해 보도록 하겠습니다. 아래 그림의 플레이바 우측의 [Global Animation Options] 버튼을 눌러 설정 창을 열어줍니다.

Global Animation Options 설정 창을 열면 그림과 같이 맨 위쪽에 Animation 항목에 FPS와 Start 그리고 End가 있습니다. 여기에 있는 FPS가 $FPS로 입력했을 때 나타나는 값이며, Start가 $FSTART, End가 $FEND에 해당됩니다. 여기에서는 24프레임으로 되어있는 FPS 값을 30프레임으로 바꿔주고 [Apply] 버튼을 눌러 적용한 후 씬 뷰에 나타나는 변화를 살펴보도록 합니다.

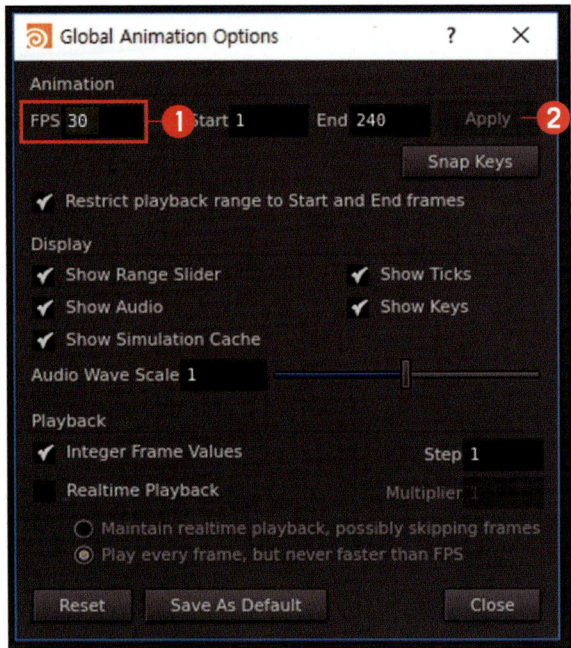

FPS를 30프레임으로 변경하고 확인해 보면 Font 노드에 $FPS라고 입력한 결괏값이 30으로 나타나는 것을 확인할 수 있습니다. 계속해서 여러분은 같은 방법으로 Start와 End의 값도 바꿔가며 $FSTART,

$FEND의 출력 값을 확인해 보도록 합니다.

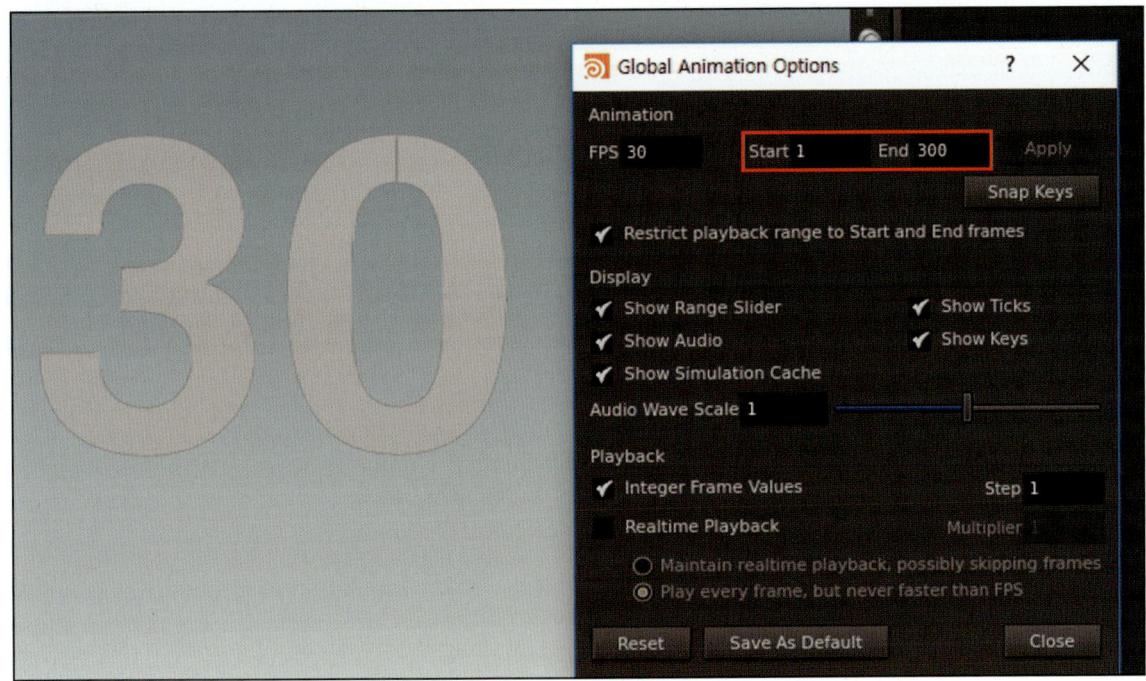

지역 변수(Local Variable)

이번에는 지역 변수에 대해 알아보기 위해 앞서 학습한 예제의 Obj 레벨로 이동한 후 Local 노드의 Sop 네트워크로 들어갑니다. 로컬 노드의 네트워크로 들어가 보면 box 노드 외에 transform, color 노드들이 있습니다. 앞서 설명했듯이 지역 변수(Local Variable)는 각 노드들이 가지고 있는 특징과 같은 것입니다. 그렇다고 해서 해당 노드들에 있는 지역 변수만 사용할 수 있는 것은 아닙니다. 어디서나 사용이 가능하다고 했던 전역 변수(Global Variable)는 어떤 노드에서든 입력할 수 있는 채널만 존재하면 사용이 가능합니다.

다음의 그림을 보면 box1에 연결된 transform_frame 노드 파라미터의 Translate x 축에 $F가 입력되어있는 것을 확인할 수 있습니다. 이제 플레이를 해 보면 x 축으로 이동하는 것을 확인할 수 있습니다. 이때 Translate를 클릭해 보면 $F로 입력되었던 것이 현재 플레이가 진행되는 프레임 값으로 수치가 바뀌는 것을 볼 수 있습니다.

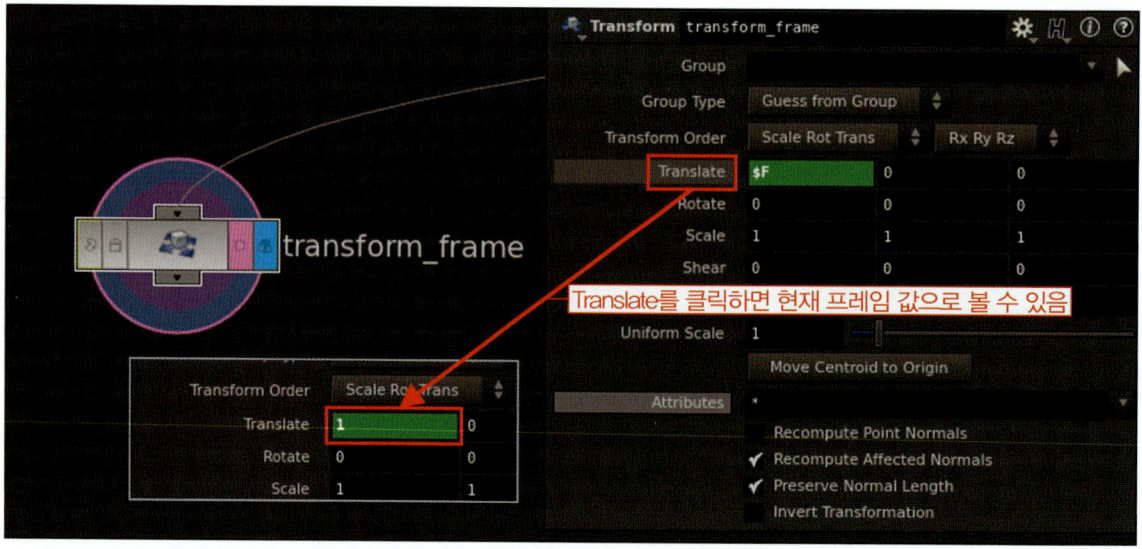

이번엔 transfoam 노드에 지역 변수인 $SIZEX, $SIZEY, $SIZEZ를 입력해 보겠습니다. 이 변수들은 transform 노드의 지역 변수로써 (Input)으로 들어오는 bounding box의 크기가 포함된 변수입니다. 현재 Local이라는 Sop에 들어와 있기 때문에 transform_scale 노드가 보일 것입니다. 이 노드의 파라미터를 보면 Scale의 x 축의 값이 5로 되어있을 것입니다. 확인을 했다면 아래 그림처럼 transform_SIZEX 노드 파라미터의 Rotate x 축이 $SIZEX 변수가 입력되어있을 것입니다. 이 상태에서 씬 뷰를 확인해 보면 박스가 x 축으로 5만큼 기울어져 있는 것을 확인할 수 있습니다.

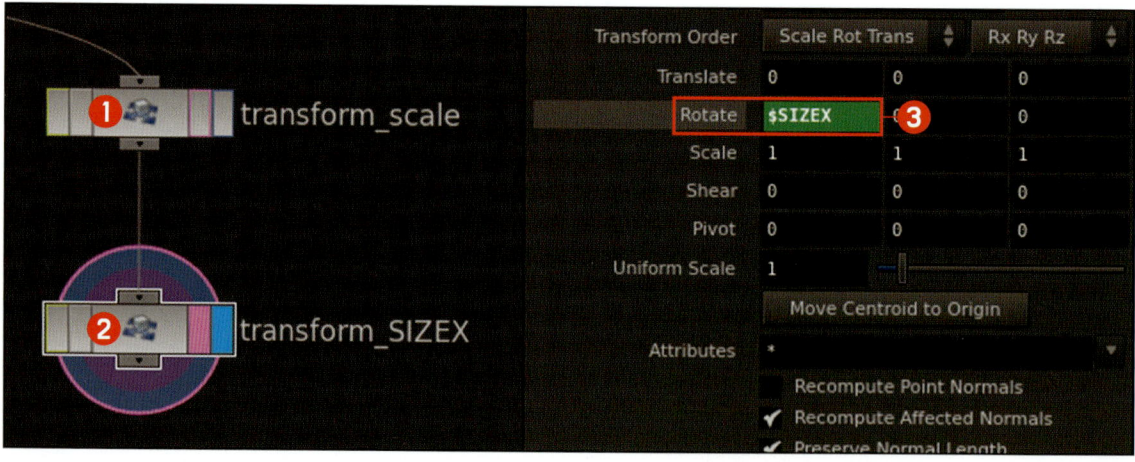

아래 그림에서 보이는 와이어 프레임은 transform_scale 노드의 템플릿 플래그이며, 폴리곤 상태(실제의 모습)로 보이는 것은 transform_SIZEX 노드의 디스플레이 플래그입니다.

앞서 씬 뷰를 통해 5라는 값이 $SIZEX에 입력되어 Rotate의 x축에 적용된 것을 보았듯이 $SIZE 변수는 인풋으로 들어오는 bounding box의 크기가 포함된 변수라고 설명했던 것처럼 transform_scale 노드의 Scale에 입력한 5라는 값을 x 축에 입력했기 때문에 transform_SIZEX라는 노드의 $SIZEX 변수에 5라는 값이 상속된 것입니다. 만약 아래 그림처럼 $SIZEX라는 변수를 Translate의 y 축에 입력하면 어떻게 될까요? 당연히 y 축으로 5만큼 이동하게 될 것입니다.

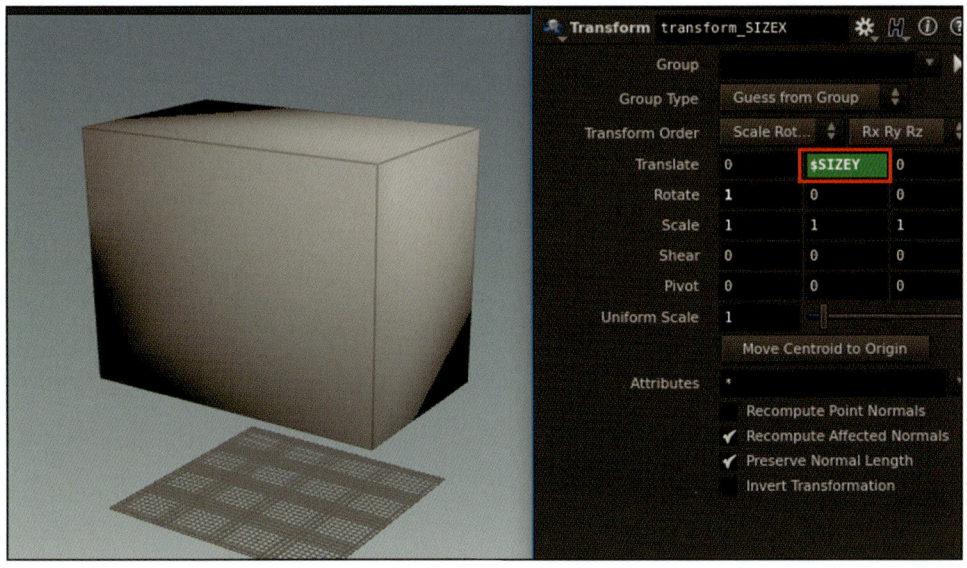

변수(Variable)에 대하여

아래 그림처럼 Local이라는 Sop 안에는 보라색 노드 2개 있습니다. 두 노드의 노드에 대한 차이가 무엇인지 여러분이 직접 두 노드의 디스플레이를 차례대로 켜가면서 씬 뷰로 확인해 보기 바랍니다. 그러면 파라미터에 입력된 값이 어떤 변수인지 그리고 어떤 차이가 있는지 알 수 있을 것입니다.

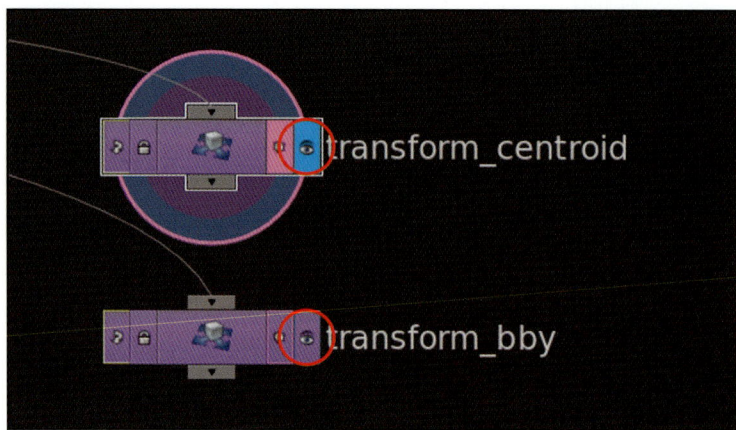

 후디니 스탠더드 베리어블(Houdini Standard Variable)에 대하여

지역 변수는 앞서 살펴본 것 외에도 다양하게 사용되며 또한 전역 변수와 지역 변수 외에도 후디니에서 지정한 표준 변수(Standard Variable)가 있습니다. 표준 변수는 후디니 15 버전이 아닌 13 버전의 헬프 문서를 통해 확인할 수 있습니다. 아래 주소를 참고하십시오.

https://www.sidefx.com/docs/houdini13.0/nodes/sop/standardvariables

06 함수(Expression)에 대하여

2D와 3D 그래픽 프로그램은 매우 다양하게 분포가 되어있습니다. 개발자들은 어떻게 하면 사용자의 접근성이 뛰어나며, 효율적으로 사용할 수 있는 프로그램을 만들지에 대한 고민을 할 것입니다. 이번 학습에서 살펴볼 익스프레션(Expression)은 듣기만 해도 스트레스를 받을 함수라는 것입니다. 2D 영상물에 대한 공부를 하거나 애프터이펙트를 사용해보았던 분이라면 익스프레션에 대해서 접해보았을 것이며, 그 외에 3D 프로그램인 마야, 3D Max, 시네마 4D를 사용했던 분들에게는 너무나도 친숙한 것일 겁니다. 후디니 또한 익스프레션(Expression)이 존재하는데, 사용자 능력에 따라 작업 능률을 높이는 엄청난 무기가 되겠지만 그렇지 않은 분들에게는 오히려 무용지물이 되기도 합니다. 그렇다면 이제부터 후디니의 익스프레션에 대해 알아보도록 하겠습니다.

아래의 그림은 헬프 문서의 익스프레션 펑션 페이지의 일부입니다. 후디니에는 상당히 많은 익스프레션이 존재하며, 그 사용성도 다양합니다. 물론 오히려 한 번도 사용하지 못하는 익스프레션도 꽤 많습니다. 이번에는 어느 프로그램에서나 쉽게 접할 수 있는 sin, cos 익스프레션을 배워보기로 합니다.

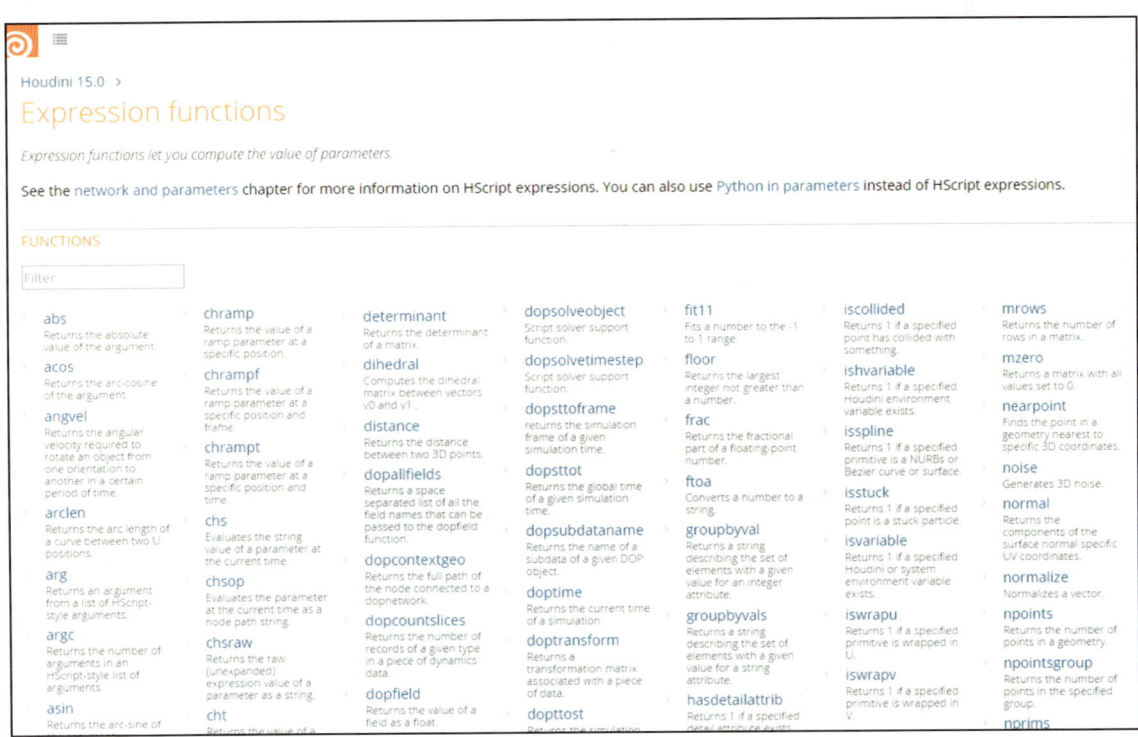

예제 파일 [exam_file] - [Part_2] - [10_Expression_exam.hipnc]을 열어보면 Expression_exam 노드가 보일 것입니다. 이 노드를 더블클릭하여 Sop 네트워크로 들어가 보면 그림과 같이 **transform_sin**이라는 이름의 노드가 있으며, 이 노드 파라미터의 Translate 채널 y 값(축)에는 **sin($F * 10)**이라는 값이 입력되어 있습니다. 플레이를 해 보면 박스가 수직으로 반복적인 움직이는 장면을 볼 수 있는데, 그 이유는 트랜슬레이트, 즉 이동 y 축에 sin 함수를 입력했기 때문입니다.

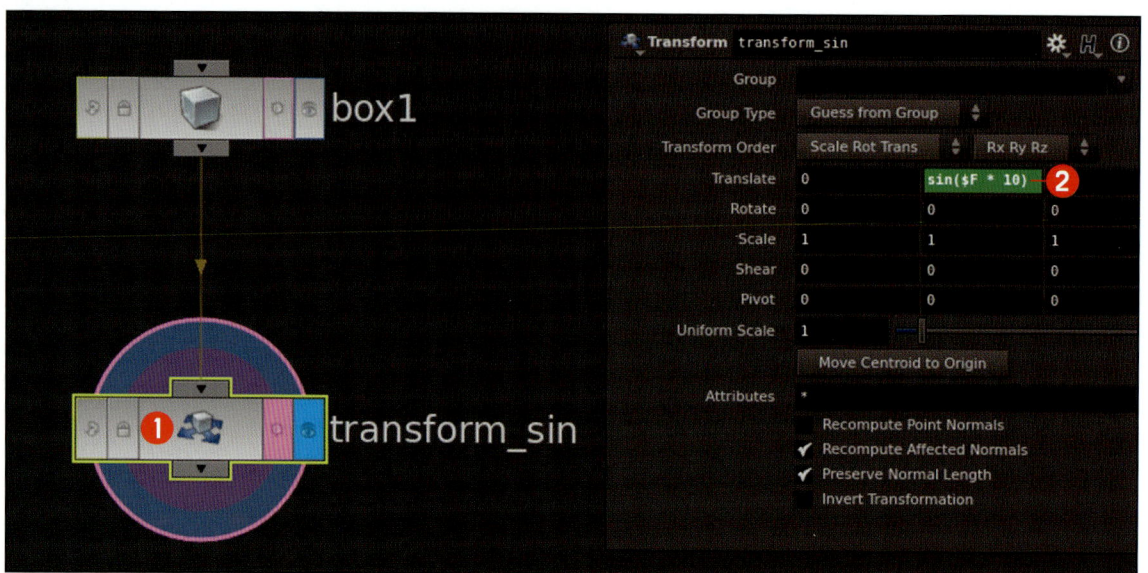

 **애니메이션 에디터(Animation Editor) 사용하기**
키(프레임)가 적용된 파라미터 채널(옵션)에 대해 애니메이션 에디터를 열어주는 방법은 원하는 채널에서 [Shift] + [LMB] 키를 누르면 됩니다. 이때 주의할 점은 해당 채널을 그냥 클릭하는 것인데, 이렇게 하면 앞서 살펴본 것처럼 해당 채널의 프레임 값의 수치로 전환됩니다. 또한 채널의 변수를 클릭하면 해당 변수 입력 필드가 전체 필드로 확장됩니다.

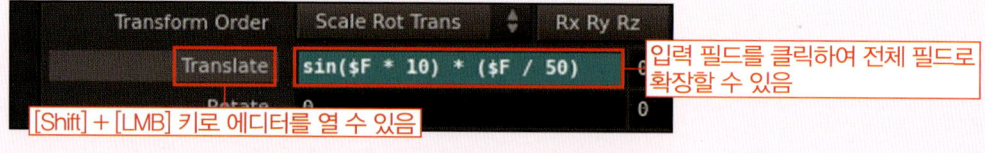

싸인(sin) 함수의 그래프는 0에서부터 상승 곡선으로 시작되며, 다음의 그림처럼 -1에서부터 1 사이의 진폭으로 반복적인 움직임을 갖게 됩니다.

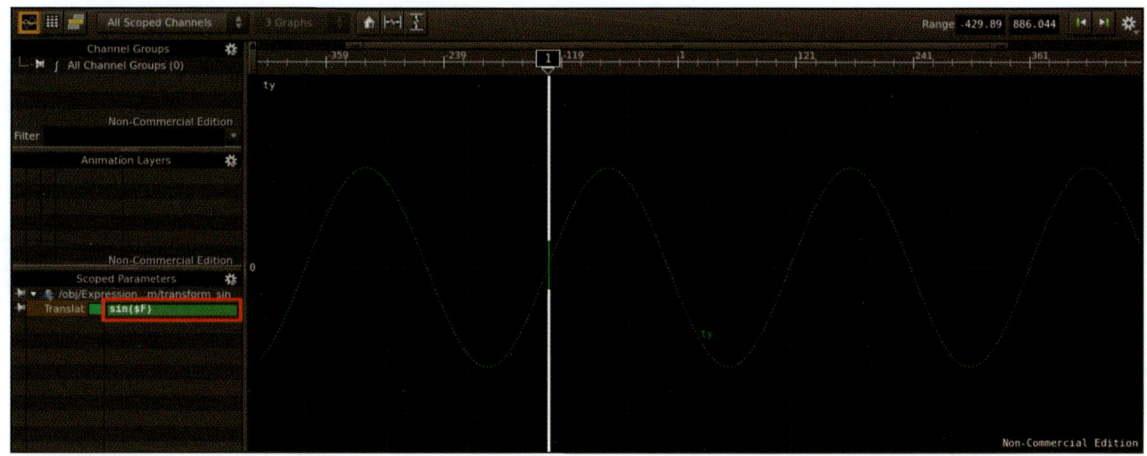

코스(cos) 함수는 sin 함수와는 다르게 1에서부터 하락하는 곡선으로 시작되며, 기본적으로 진폭은 sin과 똑같습니다. 참고로 아래 그림의 빨간색 박스를 보면 전역 변수인 $F도 익스프레션과 함께 사용이 가능하다는 것을 알 수 있습니다. 이제 sin과 cos 함수를 이용하여 오브젝트의 회전 반경이 점차적으로 커지도록 해 보겠습니다.

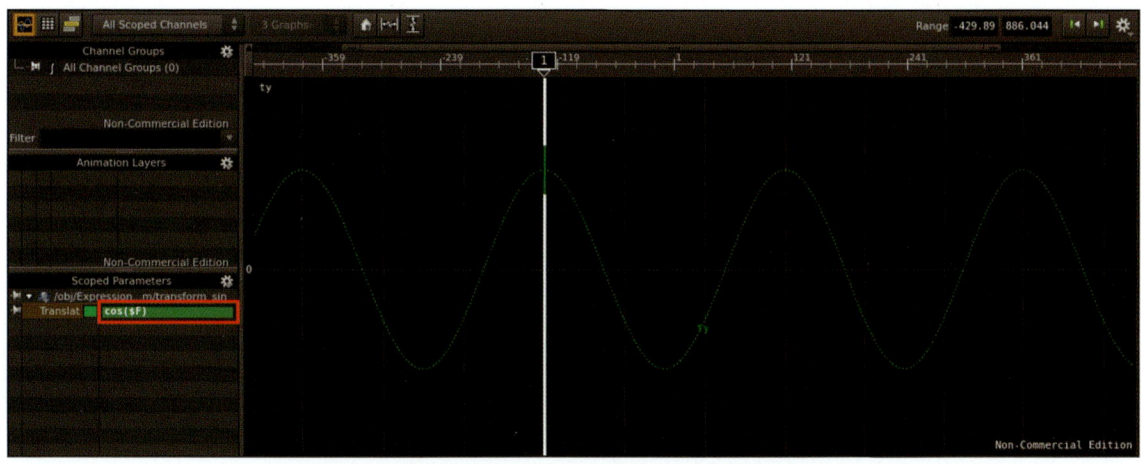

다음의 그림은 오브젝트의 회전 반경이 점차적으로 커지게 설정한 익스프레션의 결과입니다. 빨간색은 진동(Frequency)의 정도이며, 파란색은 진폭(Amplitude)을 나타냅니다.

함수(Expression)에 대하여 093

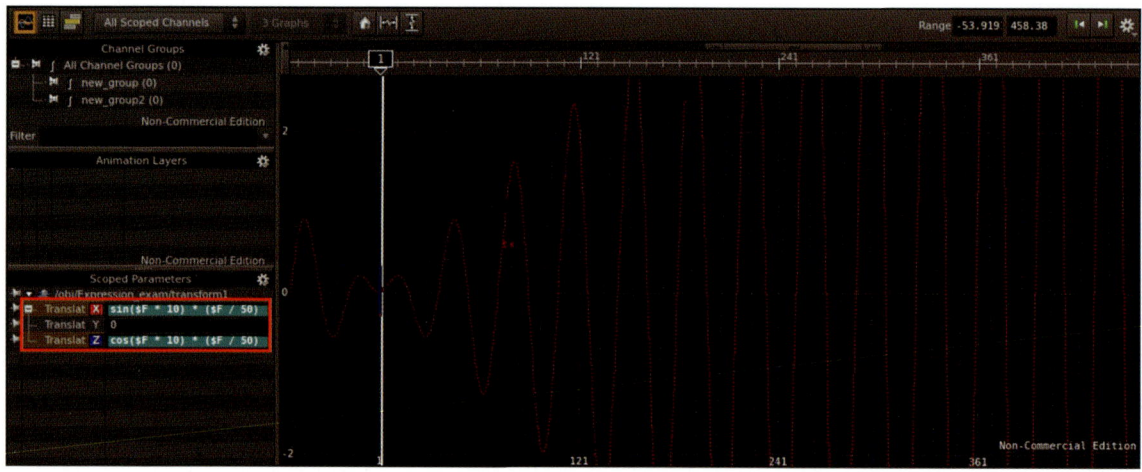

Translate X : sin($F * 10) * ($F / 50)

Translate Z : cos($F * 10) * ($F / 50)

앞서 언급한 것처럼 위 함수의 빨간색은 진동(Frequency)의 정도이며, 파란색은 진폭(Amplitude)입니다. 여기에서는 간단하게 괄호 안의 숫자만 수정하여 그래프의 차이와 씬 뷰에서 나타나는 차이를 비교해 보도록 합니다.

앞서 간단하게 sin과 cos을 통해 익스프레션을 보았기 때문에 이제부터는 가장 많이 사용되는 **ch** 익스프레션을 사용해 보도록 하겠습니다. ch 익스프레션은 프로시쥬얼 모델링에서 가장 많이 볼 수 있는 익스프레션으로써 채널의 값을 그대로 참조하는 함수입니다. 아래 그림을 보면 transform_ch 노드 파라미터의 Translate 채널 y 값에 **ch("../transform_sin/ty")**라는 익스프레션을 입력했습니다. 이 익스프레션의 의미는 transform_sin이라는 노드의 ty(Translate의 y 축) 값을 참조한다는 의미입니다.

다음의 그림에서 회색 박스는 sin 함수가 적용되어있는 박스이며, 초록색 박스는 ch 함수가 입력되었기 때문에 sin 함수의 값을 그대로 반영(참조)된 상태입니다. merge 노드의 디스플레이 플래그를 켜서 씬 뷰로 플레이 해 보면 초록색 박스도 앞서 회색 박스, 즉 transform_sin 노드에 입력했던 sin 함수의 움직임과 동

일하게 움직이는 것을 확인할 수 있습니다. 이처럼 채널 익스프레션은 다른 채널 값을 참조합니다.

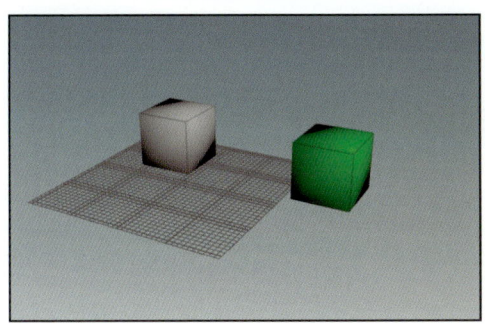

이번엔 Sin의 수치를 씬 뷰를 통해 확인하기 위해 **font_ch** 노드의 텍스트 필드에 그림처럼 앞서 입력했던 transform_ch 노드와 같은 **ch("../transform_sin/ty")** 값을 입력(복사/붙여넣기)합니다. 추가적으로 텍스트만 쓰이는 공간에 익스프레션을 적용시키기 위해선 백틱(`)이라는 것을 앞뒤로 입력해야 합니다. 백틱(`)은 ESC 키 아래에 있는 물결 표시 키입니다.

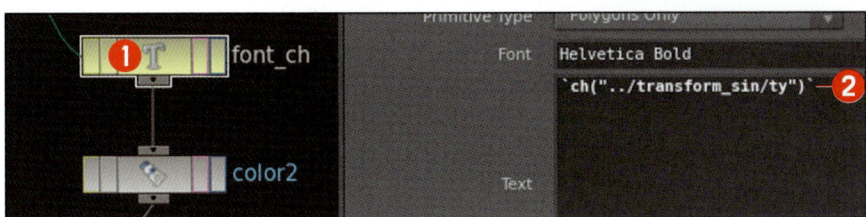

아래 그림은 기존 sin 함수를 사용한 박스(회색)와 sin 함수를 ch 익스프레션을 통해 반영된 박스(초록색) 그리고 ch 익스프레션을 그대로 입력한 Font_ch 노드로써 앞의 sin 값을 씬 뷰에서 본 결과입니다. 빨간 라인이 0인 지점이며 sin 값이 -1부터 1 사이를 반복하는 것을 확인할 수 있습니다. 다음은 지금까지 사용한 sin 함수를 절댓값으로만 출력해 보도록 하겠습니다.

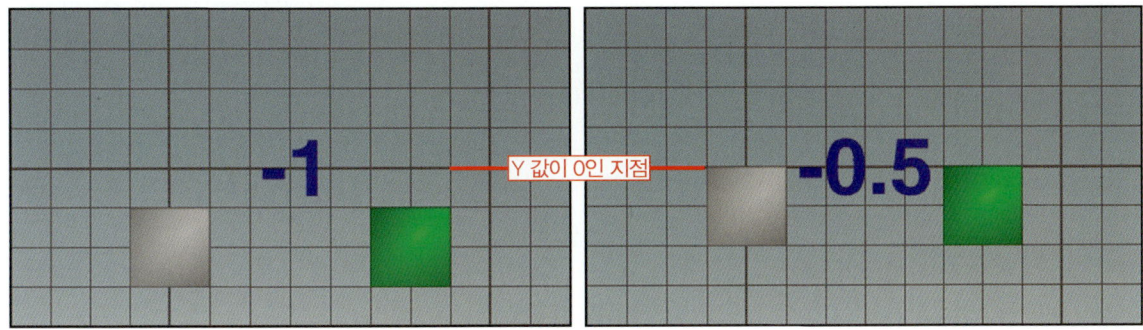

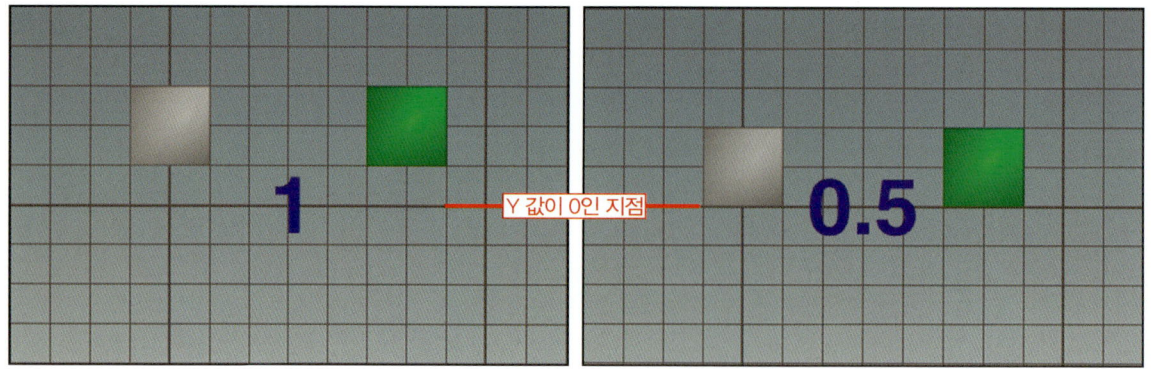

아래 그림은 transform_sin 노드의 y 값에 **abs**라는 익스프레션을 추가한 것입니다. 후디니의 익스프레션 중 하나인 abs 함수는 절댓값을 반환하는 함수로써 -1부터 1 사이를 반복하는 sin 함수의 앞에 넣으면 0 이하의 수치는 표현이 안되고 오로지 양수의 값으로만 표현이 됩니다. 현재는 transform_sin 노드에만 abs 익스프레션을 적용했는데도 불구하고 초록색 박스와 Font_ch 노드의 값도 절댓값으로 표현이 되고 있습니다. 이것이 바로 ch 익스프레션을 이용하여 transform_sin 노드의 값을 참조하였기 때문입니다. 이렇게 함으로써 원본의 값만 바꾸어도 ch 함수로 연결된 노드들에 영향을 받게 되는 것을 알 수 있습니다.

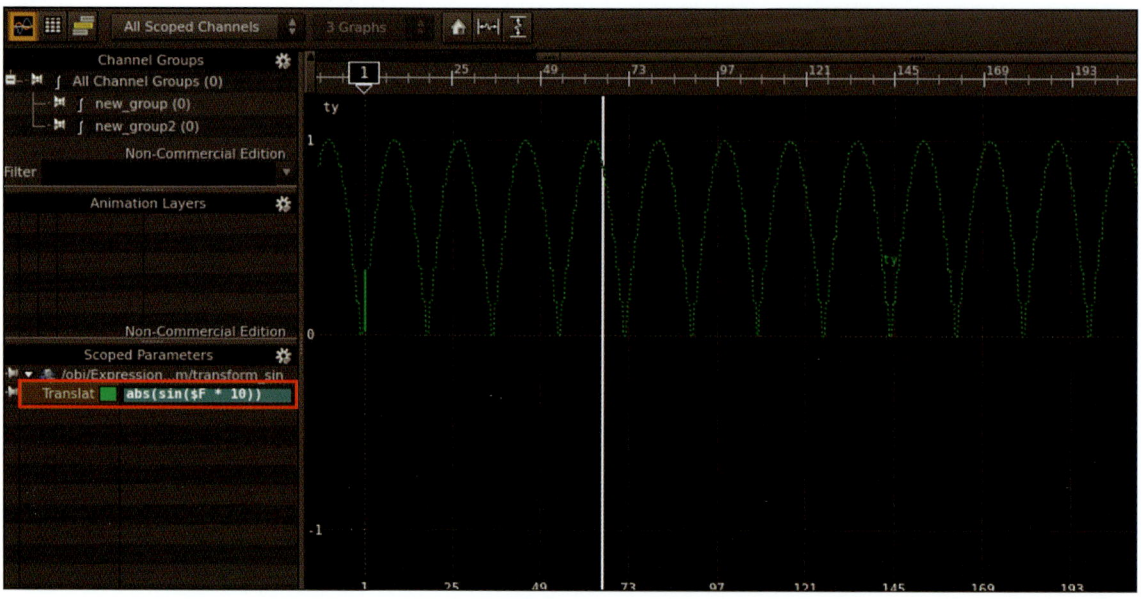

최근엔 익스프레션의 사용이 많이 줄어든기는 하였지만 후디니에는 다양하게 응용할 수 있는 익스프레션이 많기 때문에 적절하게 사용할 수 있도록 학습해야 합니다.

07 속성(Attribute)에 대하여

이번 학습에서는 후디니의 중요한 요소 중에 하나인 어트리뷰트(Attribute), 즉 속성에 대하여 알아보겠습니다. 앞으로도 중요하다는 표현을 여러 번 쓸 것이지만 이번에 학습하게 될 속성 또한 매우 중요하기 때문에 이번 학습을 통해 확실히 이해하기 바랍니다. 이번 학습에 살펴볼 어트리뷰트(Attribute)는 숙련된 그래픽 사용자에게도 설명하기 어려운 요소이지만 필자의 경험을 통해 될 수 있는 한 이해하기 쉽게 설명하도록 하겠습니다.

Sop 네트워크 레벨에서 탭 메뉴를 열어보면 맨 위쪽에 Attribute라는 메인 메뉴가 있으며, 서브 메뉴를 보면 많은 어트리뷰트들이 제공되는 것을 볼 수 있습니다. 어트리뷰트는 앞서 언급했듯이 속성이라는 뜻을 가지고 있는데, 이것은 즉 노드가 가지고 있는 속성이라고 이해하면 됩니다. 후디니의 모든 데이터는 어트리뷰트로 존재하게 할 수 있으며, 어트리뷰트를 이곳저곳으로 옮기고, 제거하고, 값을 변경하고, 컨트롤을 하기 위한 데이터로 사용 및재사용하는 등의 작업에 사용됩니다. 이렇듯 어트리뷰트는 후디니를 사용하는데 있어서 절대적인 요소 중에 하나입니다.

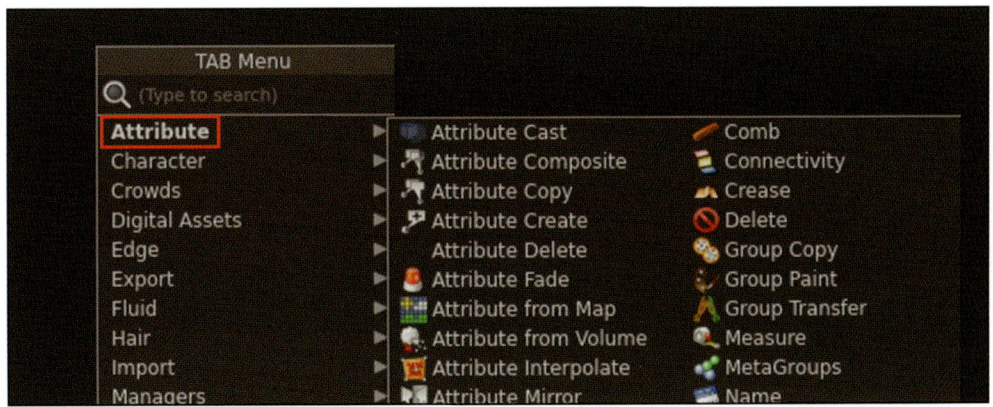

P, Cd, pscale, N, v라는 요소들과 그 요소들을 담고있는 Point, Vertex, Primitive, Detail이라는 네 개의 Class, 그리고 클래스들이 담고있는 데이터를 차트로써 보여주는 Geometry Spreadsheet, 앞선 학습에서 설명한 내용들을 정리하자면 어트리뷰트는 후디니의 다양한 데이터를 속성으로 나타내는 것입니다. 학습을 잘 따라왔다면 어트리뷰트를 보다 쉽게 이해할 수 있을 것입니다.

obj 네트워크 레벨에서 탭 메뉴를 통해 지오메트리를 생성한 후 지오메트리, 즉 Sop 네트워크로 들어갑니다. 그다음 탭 메뉴에서 아래의 그림과 같이 sphere 노드와 Point 노드를 생성하여 그림처럼 배치 및 연결을 해줍니다.

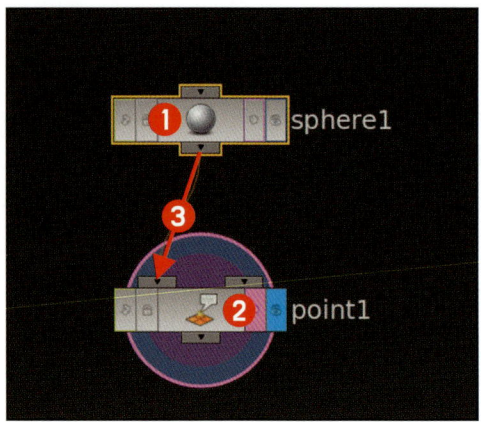

Sphere 노드 파라미터의 Primitive Type을 Primitive에서 Polygon으로 바꿔주고 Point 노드를 초기 상태로 유지할 경우 그림과 같은 파라미터를 볼 수 있습니다. 이제 앞서 [벡터와 노멀에 대하여] 학습 편에서 살펴본 노멀(Normal)을 생성해 보도록 하겠습니다.

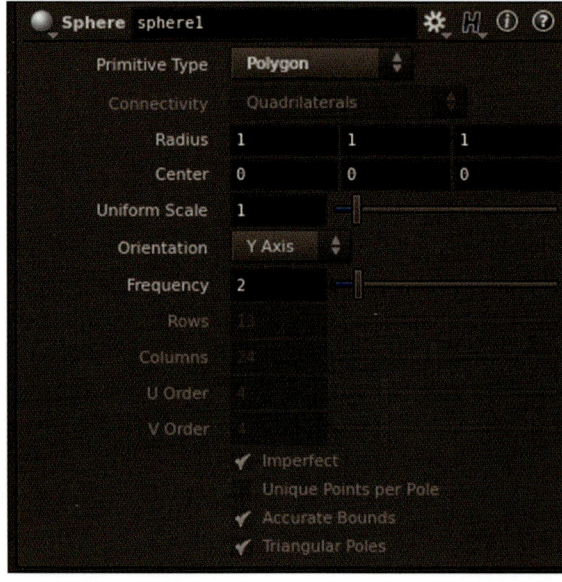

▲ Sphere 노드 파라미터

▲ Point 노드 파라미터

Point 노드 파라미터에 **[Keep Normal]** 버튼을 누르면 Add Normal과 No Normal 메뉴가 나타나는데, 여기서 Add Normal을 선택하면 그림처럼 노멀 익스프레션이 적용된 초록색 채널이 활성화됩니다. 씬 뷰를 보면 스피어의 모습에도 변화가 생겼습니다.

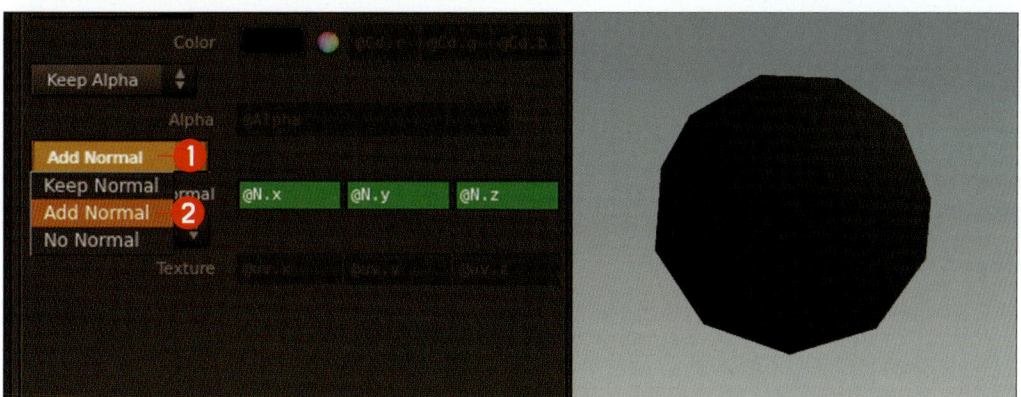

이제 활성화된 채널에 기본적으로 입력되었있던 @N.x, @N.y, @N.z를 지우고 그림과 같이 **$NX, $NY, $NZ**로 수정합니다.

계속해서 Point 노드를 지오메트리 스프레드시트(만약 파라미터에 스프레드시트가 없다면 새로 팬으로 추가해야 됨)로 확인해 보면 N(Normal)에 대한 데이터가 생성된 것을 볼 수 있는데, 여기서 보이는 P와 N과 같은 값이 바로 어트리뷰트(속성 값)입니다.

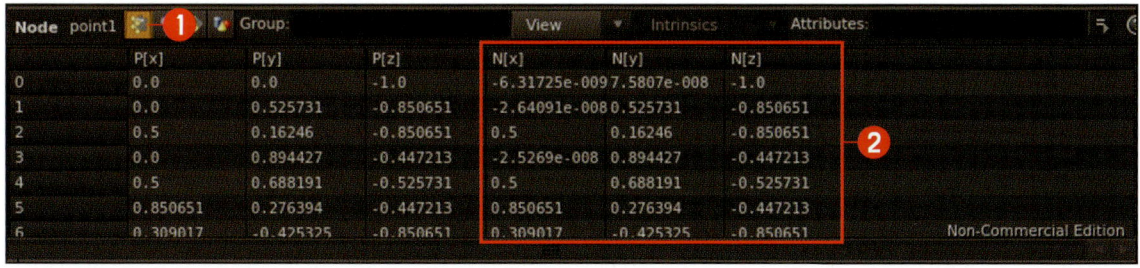

다시 Point 노드 파라미터로 이동한 후 이번엔 Keep Color를 Add Color로 바꿔줍니다. 그러면 노멀을 생

성할 때와 마찬가지로 컬러가 적용된 초록색 채널이 활성화되는데, 후디니에서 컬러를 나타내는 **Cd**라는 기본 어트리뷰트가 지오메트리 스프레드시트에 표시됩니다.

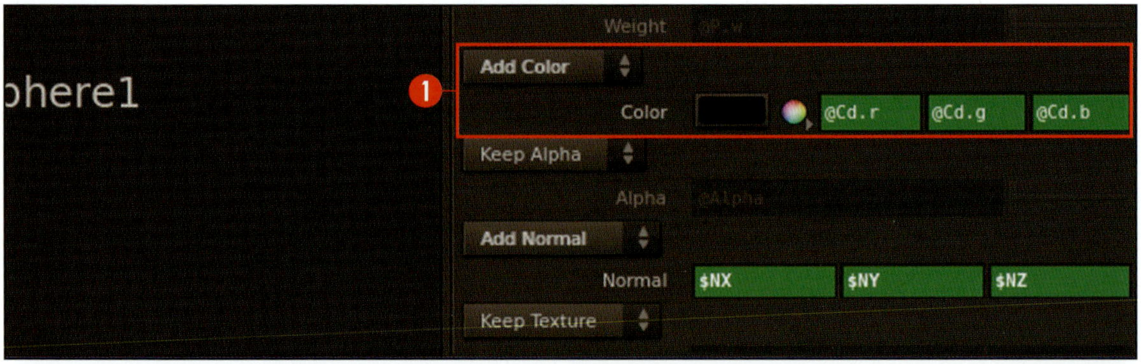

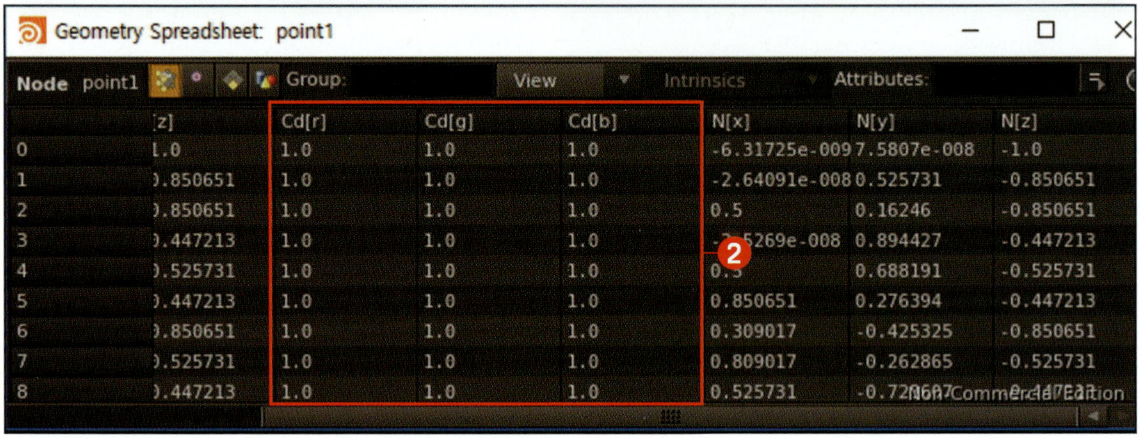

> **노멀(Normal)은 왜 $NX, $NY, $NZ를 입력하나요?**
> 후디니 14 버전까지는 기본 익스프레션이 $를 쓰는 Hscript였습니다. 그러나 후디니가 15 버전으로 업그레이드 되면서 @를 쓰는 후디니 자체 언어인 VEX(벡스)로 바뀌게 되었습니다. 그러나 현재 15.5 버전까지 이어지고 있는 에러 중 @N.x, @N.y, @N.z는 노멀이 0으로 나타나게 되는 문제가 있기 때문에 $NX, $NY, $NZ를 사용하게 됩니다.

이번에는 벨로시티(Velocity)라는 어트리뷰트를 생성해 보도록 하겠습니다. Point 노드 파라미터의 Particle 탭으로 들어가 Keep Velocity를 Add Velocity로 바꿔줍니다. 그러면 기본적으로 @v.x, @v.y, @v.z라는 익스프레션이 입력된 상태로 나타납니다.

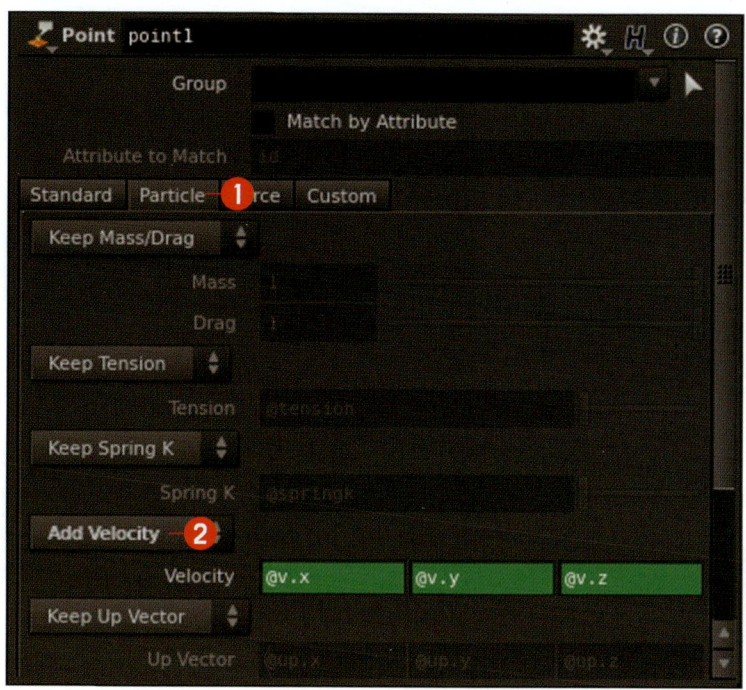

이 상태에서 지오메트리 스프레드시트를 보면 v라는 어트리뷰트가 모두 0의 값으로 나타나는 것을 볼 수 있습니다. 이제 노멀 데이터를 벨로시티 데이터로 사용해보도록 하겠습니다.

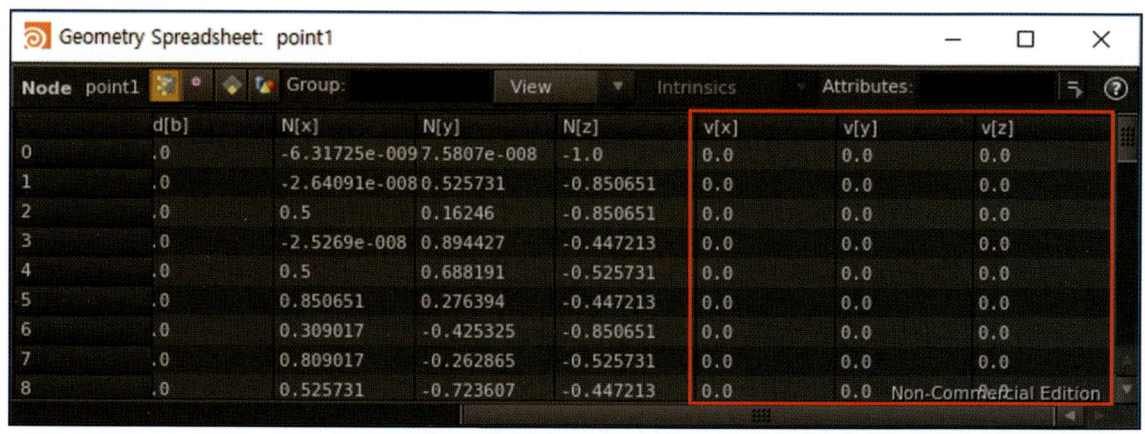

ch 함수를 사용하여 Point 노드의 노멀 값을 반영, 즉 참조하도록 하기 위해 다음의 그림처럼 익스프레션을 입력해도 됩니다. 하지만 여기에서는 노멀 어트리뷰트가 입력되어있는 $NX, $NY, $NZ 변수를 반영하도

속성(Attribute)에 대하여 **101**

록 하겠습니다. 참고로 함수가 아닌 변수를 사용한 것은 지금과 같이 굳이 채널을 사용하지 않아도 되는 상황에서는 변수가 더 간편하게 사용할 수 있기 때문입니다.

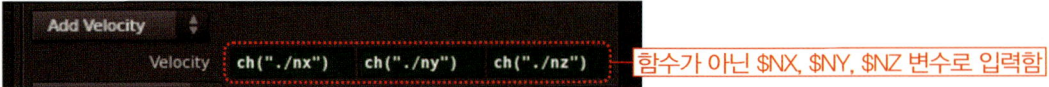

아래 그림을 보면 벨로시티 값에 노멀 변수가 입력되어있고, 지오메트리 스프레드시트에는 N(노멀) 데이터와 v(벨로시티) 데이터가 동일하게 입력되어있는 것을 볼 수 있습니다. 지금까지의 내용으로만 보면 어트리뷰트는 포인트(Point) 노드를 통해 다루어지는 것이라고 생각하겠지만 사실 포인트 노드는 포인트 어트리뷰트(Point Attribute)를 생성하고 다루는 방법 중 하나일 뿐, 그밖에 어트리뷰트를 다루는 방법은 다양합니다. 다음은 Attribute Create 노드를 이용하여 Velocity Attribute를 생성해보겠습니다.

Sop 네트워크의 탭 메뉴에서 Attribute Create를 선택하여 노드를 생성하면 그림과 같은 파라미터가 나타나며, 지오메트리 스프레드시트에는 attribute1이라는 Float(플로트 : 실수형) 형태를 가진 하나의 어트리뷰트가 생성됩니다. 생성된 attribcreate1 노드는 sphere1 노드와 연결해 놓습니다.

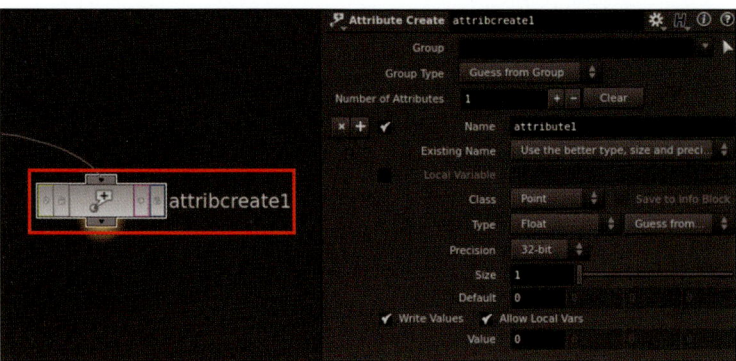

이제 Point 노드에서 생성했던 Velocity를 Keep Velocity로 바꿔주고 attribcreate1 노드로 돌아와 파라미터에서 Type을 Float에서 Vector로 바꿔줍니다. 그다음 Name의 attribute1을 지우고 **v**를 입력합니다. 타입을 벡터로 변경하면 아래쪽 Value에 세 개의 채널이 활성화되는데, 각 순서대로 **$NX, $NY, $NZ**를 입력합니다. 이제 지오메트리 스프레드시트를 통해 v 축의 값을 확인해 보면 point1 노드로 v를 생성했을 때와 똑같은 결과가 나온다는 것을 볼 수 있습니다.

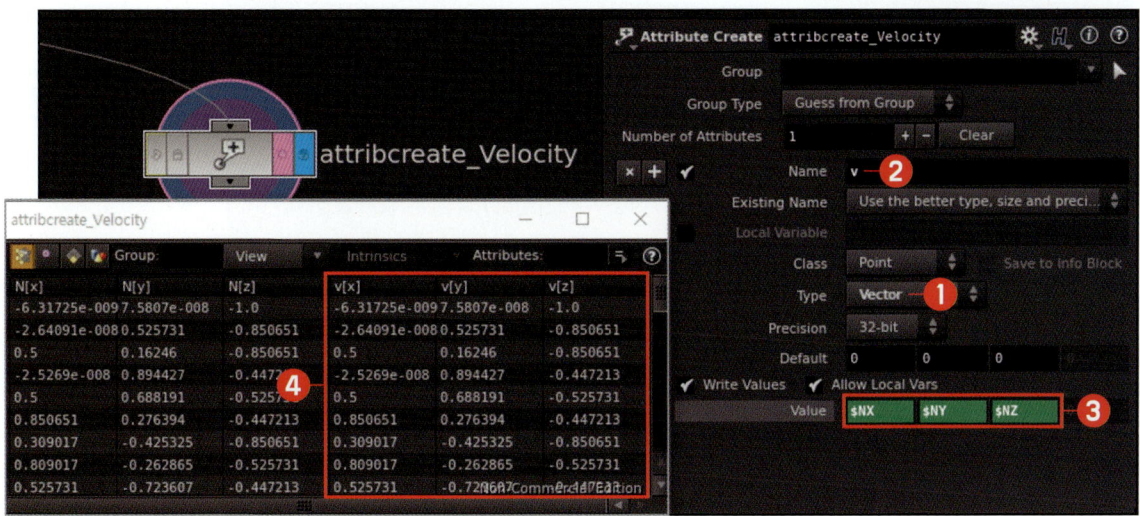

앞선 과정을 통해 Attribute Create 노드로 어트리뷰트를 생성할 수 있다는 사실을 알게 되었습니다. 이렇듯 후디니에는 기본적으로 존재하는 어트리뷰트가 있습니다. 앞서 사용한 N(노멀), v(벨로시티) 이외에 Cd(색상), pscale(파티클 스케일), density(밀도), viscosity(점도) 등 다양한 어트리뷰트가 있으며, 심지어 UV도 uv라는 어트리뷰트로 존재합니다. 여기서 언급한 후디니의 기본 어트리뷰트를 사용할 때 주의해야 할 것은 어트리뷰트의 바로 이름(Name)입니다. Cd 어트리뷰트를 입력할 때는 반드시 대문자 C와 소문자 d를 사용해야 하며, Velocity 어트리뷰트를 사용할 때는 소문자 v를 사용해야 한다는 것입니다.

예제 파일 [exam_file] - [Part_2] - [11_Attribute_exam.hipnc]를 열어준 후 Attribute_exam 지오메트리 노드의 Sop 네트워크로 들어가면 다음의 그림과 같은 노드 트리가 나타나는데, 지오메트리 스프레드시트를 보면서 각 노드에서 어떤 어트리뷰트가 생기고 어떤 역할을 하는지를 파악해 보기 바랍니다. 후디니에서 어트리뷰트라는 개념은 비교적 어려운 편이지만 그냥 쉽게 속성이라고 생각하면 될 것입니다. 필자의 경우에는 후디니를 공부할 때 RPG 게임 속의 어빌리티(?)를 속성 혹은 게임의 아이템으로 이해하기도 하였습니다. 게임을 통해 새로운 아이템을 얻기도 하고, 해당 캐릭터에 필요한 아이템을 다른 캐릭터의 아이템을 그대로 옮겨오기도 하며, 반대로 필요 없는 아이템은 제거하고 아이템을 조합하여 새로운 아이템을 만들기도 하기 때문입니다. 이와 같은 것으로 볼 때 후디니의 어트리뷰트도 게임의 아이템과 같다고 생각합니다. 그 이유는 필요하면 만들고, 얻어내고, 이동하고, 제거하고, 두 어트리뷰트의 값을 더하기도 하기 때문입니다.

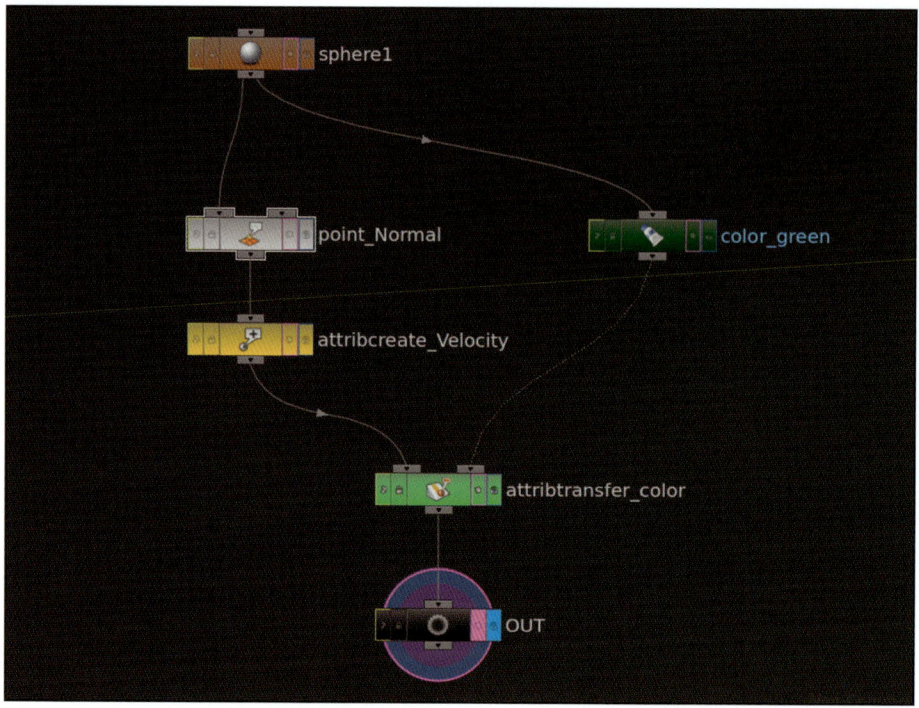

마지막으로 후디니에 존재하는 모든 데이터는 어트리뷰트로 존재할 수 있다는 사실과, 어트리뷰트는 자유자재로 컨트롤을 할 수 있다는 것을 인지해야 합니다.

08 볼륨(Volume)에 대하여

일반적으로 사람들은 소리를 높이거나 내릴 때에 볼륨을 내린다고 합니다. 또한 영화 시리즈나 하드 디스크를 나눌 때에도 볼륨이라는 단어를 씁니다. 이번 학습에서 살펴볼 내용은 바로 후디니의 볼륨(Volume)입니다. 하지만 후디니에서 말하는 볼륨은 3차원 상에서 부피를 가진 객체를 뜻하며, 볼륨을 이용한 시뮬레이션 또한 가능합니다. 볼륨 시뮬레이션을 통해서 토네이도(Tornado), 스모크(Smoke), 파이로(Pyro), 리퀴드(Liquid) 등을 표현할 수 있으며, 후디니의 볼륨 시뮬레이션은 다른 프로그램에서는 구현하지 못하는 세밀한 부분까지 구현하고 컨트롤 할 수 있습니다.

아래 그림은 후디니에서 구(스피어)를 간단하게 볼륨 형태로 표현한 것입니다. 그림처럼 볼륨은 기본적으로 연기와 같은 형태로 표현되며, 볼륨이 가진 데이터를 기반으로 폴리곤, 프리미티브, 포인트 등으로 바꿀 수도 있습니다. 이러한 볼륨 역시 어트리뷰트를 가지고 있습니다.

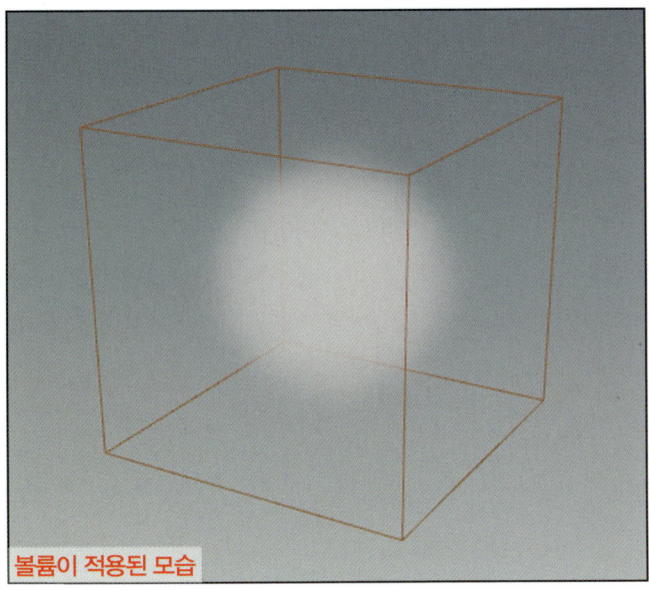
볼륨이 적용된 모습

후디니에는 총 네 종류의 볼륨이 제공되는데, 스탠더드 후디니 볼륨(Standard Houdini Volume)에 속하는 스칼라 필드(Scalar field), 사인 디스턴스 필드(Sign distance field), 벡터 필드(Vector field) 세 가지와 오픈 VDB(OpenVDB)라는 볼륨을 사용할 수 있습니다.

스탠더드 후디니 볼륨(Standard Houdini Volume)

Scalar field(density) 스칼라 필드는 한 공간에 단 하나의 데이터만 가지는 볼륨 필드입니다. 정숫값으로써 주로 Density(밀도)를 통하여 연기(Smoke)를 표현하는데 사용합니다.

Sign distance field(SDF) 사인 디스턴스 필드는 유체(Fluid)를 표현할 때 주로 사용되는 볼륨으로써 볼륨 서페이스(Volume Surface)의 안쪽은 -1이라는 값을 가지고, 바깥쪽은 +1이라는 값을 가집니다. 그리고 안쪽과 바깥쪽을 나누는 경계면은 0이라는 값을 가집니다.

Vector field 벡터 필드는 하나의 데이터만 가지는 스칼라와는 다르게 한 공간에 세 개의 스칼라 필드 값을 가지는 볼륨입니다. 만약 벨로시티(Velocity : 속도)를 저장하고자 했을 때에는 세 개의 값을 가지는 벡터 필드를 사용해야 하며, 주로 벨로시티를 저장하기 위해 사용됩니다.

후디니 볼륨(Houdini Volume) 헬프 활용하기
http://www.sidefx.com/docs/houdini/model/volumes#working-with-volumes-in-geometry-networks 이 주소는 후디니 볼륨 및 OpenVDB에 대한 설명이 나와있는 헬프 문서가 있는 곳입니다. 볼륨은 필자의 경험과 자료를 기반으로 한 데이터를 수록한 것이기 때문에 오류가 있을 수 있으므로 참고하길 바랍니다.

오픈 VDB(OpenVDB)

후디니에서 사용할 수 있는 또 하나의 볼륨의 방식으로써 스탠더드 후디니 볼륨에 비해 훨씬 적은 공간을 차지하면서도 많은 데이터를 담을 수 있는 아주 활용성이 높은 볼륨입니다. 이보다 더 매력적인 것은 드림 웍스(Dreamworks)에서 개발하여 공개한 무료로 제공되는 오픈 소스 라이브러리라는 것이기 때문입니다. 이 볼륨은 주로 렌더링관련 소프트웨어에서 많이 사용되며, 그 외 3D 소프트웨어로는 모도(Modo), 리얼 플로우(RealFlow)가 있습니다.

오픈 소스(Open Source)란?
오픈 소스라는 것은 제작자 혹은 제작사에서 무료로 사용할 수 있도록 공개한 소스 코드 및 소프트웨어로써 3D 분야에서는 OpenVDB를 포함하여 OpenEXR, OpenSubdiv 등이 있습니다.

VDB는 후디니에서 프리미티브(Primitive)로 저장이 되는데, 대부분을 Sop 네트워크에서 컨트롤 할 수 있으며, 후디니의 기본 볼륨보다 훨씬 다양한 기능을 가지고 있기 때문에 볼륨과 관련된 대부분의 노드들이 VDB에서도 작동되도록 설계되어있습니다. 또한 폴리곤에서 넙스로 자유자재로 넘나들 듯 후디니 볼륨과 VDB도 안정적이고 자유롭게 넘나들 수 있습니다.

오픈 VDB(OpenVDB)에 대하여

http://www.openvdb.org는 OpenVDB의 공식 웹페이지로써 훨씬 다양한 정보를 확인할 수 있으므로 참고하기 바랍니다.

이제 간단하게 포그 볼륨(Fog Volume)을 만들어서 앞서 살펴본 것의 일부를 조금 익혀보도록 하겠습니다. 예제 파일 [exam_file] - [Part_2] - [12_Volume_exam.hipnc]를 열어 Volume_exam 노드 안으로 들어갑니다. Sop 네트워크에서 isooffset_Fog_Volume 노드의 디스플레이를 켜보면 그림처럼 볼륨(연기)이 형성됩니다. 이와 같은 과정은 Sop의 탭 메뉴를 통해 오브젝트와 IsoOffset 노드를 생성한 후 두 노드를 연결을 하면 같은 결과를 얻을 수 있습니다. 참고로 예제를 사용할 때 돼지 머리의 모습이 와이어프레임으로 나타나게 된다면 convertvdb1 노드가 활성화된 것이기 때문에 해제하기 바랍니다.

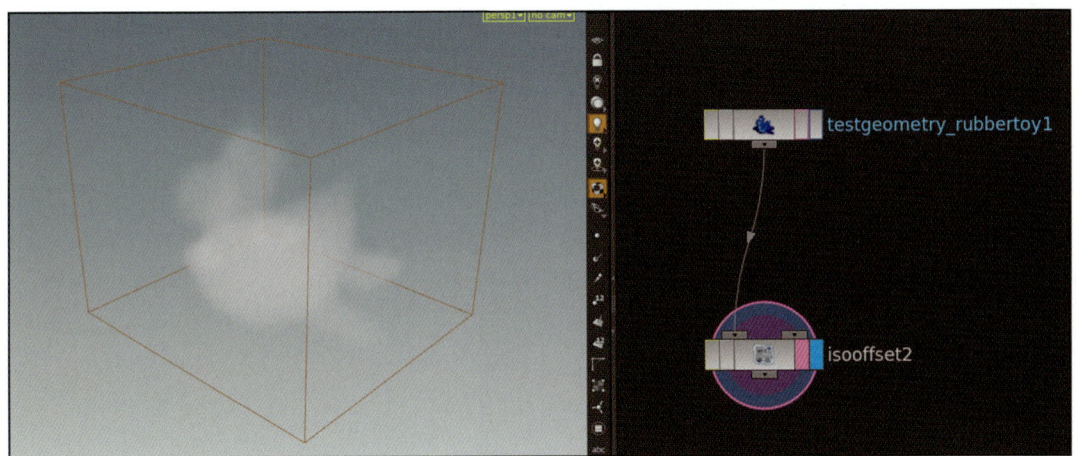

하지만 위의 그림처럼 형태가 선명하게 보이지는 않기 때문에 IsoOffset 노드 파라미터의 Uniform Sampling Divs 값을 다음의 그림처럼 40 정도로 높여줍니다. 그러면 볼륨이 보다 선명해 지게 됩니다. 하지만 컴퓨터 성능이 좋지 않을 경우에는 샘플링 수치를 높이게 되면 그만큼 저장 공간을 차지하게 되며, 시뮬레이션되는 연산 속도가 느려지게 됩니다. 그러므로 적당한 수치를 사용하는 것이 좋습니다. 여기에서

IsoOffset 노드 위에서 [MMB] 클릭하면 해당 노드가 가지고 있는 데이터에 대한 정보가 나타나는데, 데이터 정보 항목 중 두 번째 그룹 열을 보면 Point, Primitive, Vertices, Volume이 한 개씩 나타나 있습니다. 여기에서 IsoOffset 노드의 인풋과 연결되어있는 오브젝트(testgeometry_rubbertoy1) 노드를 [MMB] 클릭을 하여 정보를 확인해 보면 Polygon으로 나타나는 것을 볼 수 있는데, 이것은 IsoOffset 노드를 통해 간단하게 볼륨을 생성하였음을 알 수 있게 합니다.

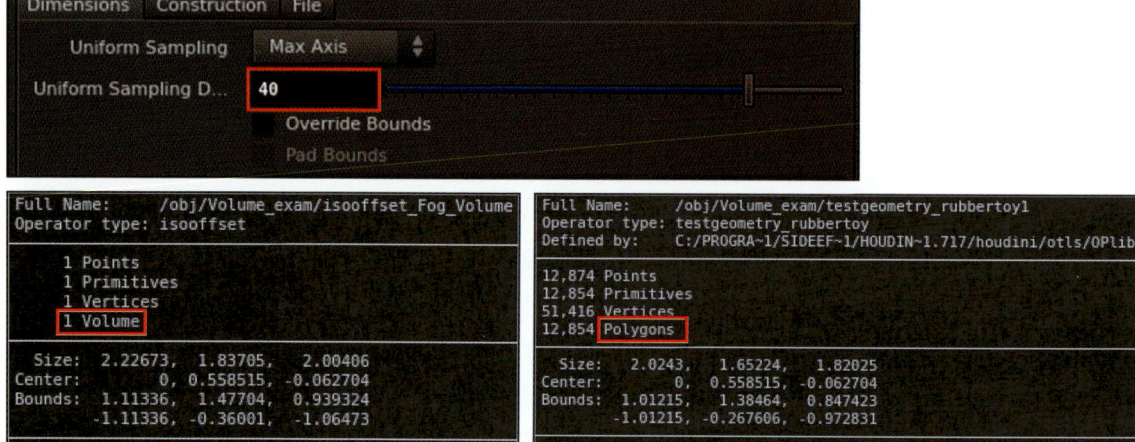

▲ IsoOffset 노드 정보 　　　　　　　　　　▲ 오브젝트(testgeometry_rubbertoy1) 노드 정보

이번에는 후디니의 기본 볼륨과 VDB를 통해서 각각의 SDF를 생성하여 비교를 해보도록 하겠습니다. 아래 그림을 보면 왼쪽은 후디니 기본 볼륨인 SDF를 생성한 후 폴리곤으로 컨버팅을 하였으며, 오른쪽은 VDB로 SDF를 생성한 후 폴리곤으로 컨버팅을 한 노드 구조입니다.

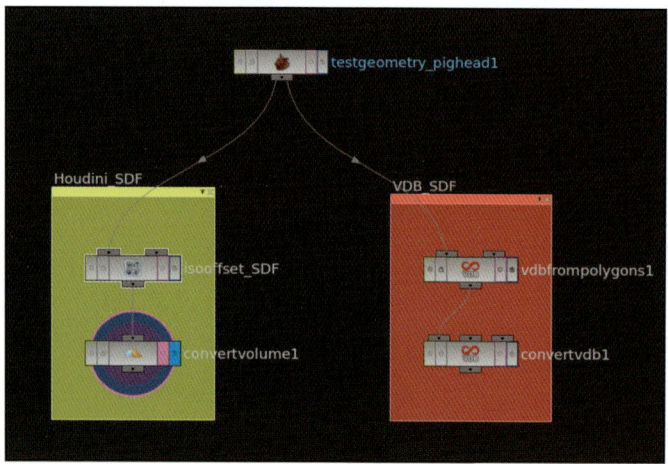

다음 그림의 왼쪽은 후디니 기본 볼륨인 SDF이며, 오른쪽은 VDB SDF입니다. 각 볼륨 노드를 [MMB]하여 나오는 데이터 정보에서 Volume 항목의 Count를 확인할 수 있는데, 두 값을 최대한 맞춰서 생성을 해두었습니다. 이러한 정보를 보면 얼마만큼의 데이터를 차지하게 되는지 또한 나오게 되는데, 기본 볼륨 SDF는 5.67 MB를 차지하고 있으며, VDB SDF는 2.16 MB를 차지합니다. 무려 2배 이상의 차이가 나지만 결과물의 모습은 큰 차이가 없습니다.

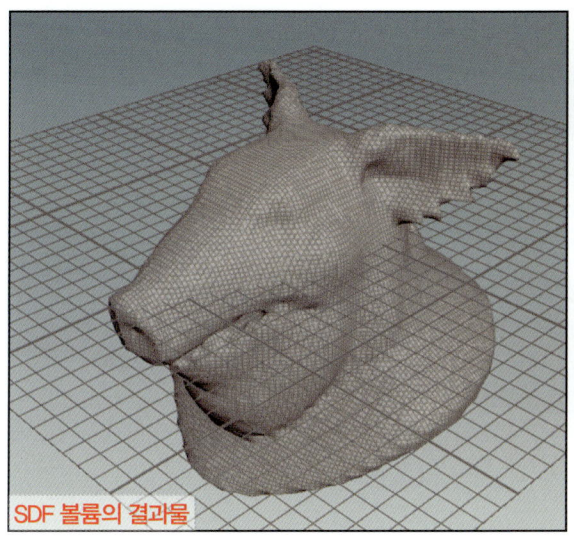
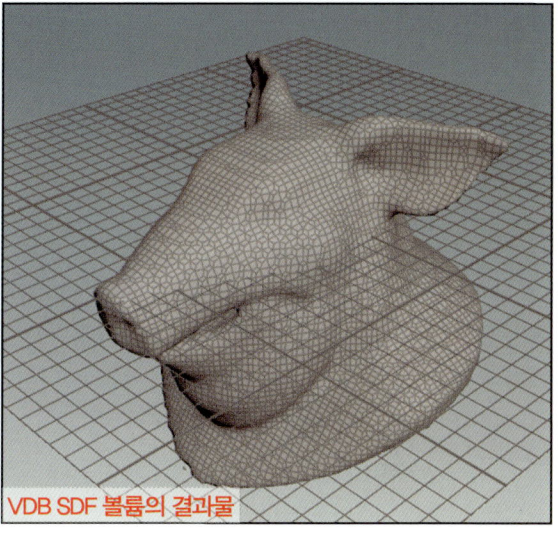

여기에서 중요한 점은 볼륨에 존재하는 복셀 카운트(Voxel Count)는 비슷한 수치이지만 데이터는 확연히 차이가 난다는 것입니다. 일반적으로 말하는 볼륨이라는 데이터는 오브젝트뿐만 아니라 오브젝트를 담고 있는 네모난 공간을 바운딩 박스(Bounding Box)라고 부르며, 이 바운딩 박스에도 데이터를 담게 됩니다. 한마디로 쓸모 없는 데이터를 차지하고 있다는 것입니다. 그러므로 VDB는 쓸떼없는 공간은 버리고 필요한 공간에만 볼륨을 생성하여 데이터를 효율적으로 사용하며, 그 결과로 적은 양의 데이터를 사용하면서 빠른 속도를 낼 수 있게 됩니다.

09 hda에 대하여

후디니 개념익히기에 대한 학습의 마지막은 이번에 살펴볼 후디니 디지털 에셋(Houdini Digital Asset)으로써 이를 줄여서 hda라고 칭합니다. 일반적인 프로그램에서는 플러그인(Plug-in)이라고 불리는 서드파티 프로그램이 존재합니다. 2D 그래픽 분야에서 가장 대표적으로는 어도비 사의 After Effects라는 프로그램이 가장 플러그인 시스템이 활성화되어 있으며, 3D 그래픽 분야에서는 오토데스크 사의 3D Max가 플러그인 시스템이 가장 잘 활성화되어 있습니다. 이처럼 후디니의 hda는 타 프로그램의 플러그인과 유사한 개념으로 생각을 하면 될 것입니다. hda는 줄임말과 동시에 확장자로 사용되며, 유사한 확장자로는 otl이 존재합니다. otl은 Object Type Library의 줄임말이며, hda라는 명칭이 붙기 이전까지 쓰이던 명칭이었습니다. 그러므로 차후에 인터넷을 통해서 *.hda 파일이나 *.otl 파일을 찾을 때에는 *.otl 파일로 검색하는 것이 훨씬 많은 자료를 찾을 수 있을 것입니다.

이제부터 간단하게 *.hda 파일을 통해서 개념을 익혀보고, 간단한 작업물을 만들어보도록 하겠습니다. 예제 파일 중 [exam_file] - [Part_2] - [Geo_Select.hda]라는 파일이 있습니다. 이와 같은 hda와 otl 파일은 후디니 프로젝트 파일처럼 그냥 열어서 사용하게 아니라 플러그인을 사용하듯 특정 폴더에 넣은 뒤 후디니 상의 탭 메뉴를 통해 불러와 사용할 수 있는 방식의 파일입니다. 사용하기 위해 [내 PC] - [문서] - [Houdini15.0(해당 버전)] 폴더로 들어가서 그림처럼 **otls**라는 이름의 폴더를 하나 생성한 뒤 예제 폴더 안에 있는 **Geo_Select.hda** 파일을 복사/붙여넣기 합니다.

이제 후디니를 실행하여 Sop 네트워크 안으로 들어간 다음 탭 메뉴에 **geo**라고 검색을 해 보면 방금 otls 폴더에 붙여넣기 한 Geo_Select 파일이 나타날 것입니다. otls 폴더에 아무것도 없을 때와 hda 파일이 있을

때의 차이를 비교해 보길 바랍니다.

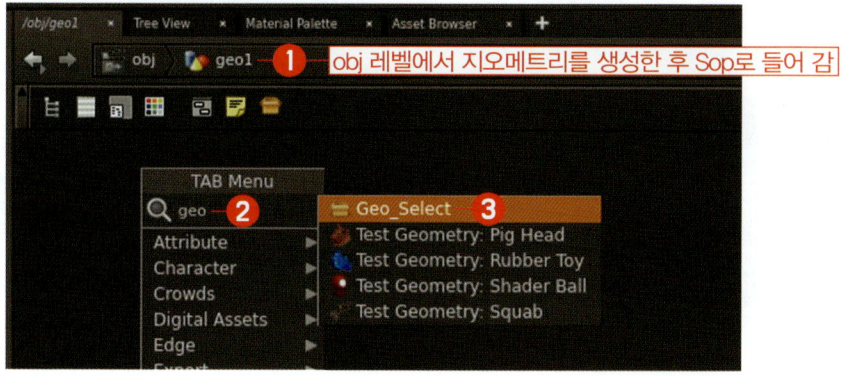

탭 메뉴를 통해 hda를 생성하면 일반적인 노드의 형태로 적용됩니다. hda는 후디니에서 생성이 가능한 일반적인 오브젝트를 하나의 노드로써 컨트롤할 수 있게 생성해 놓은 일종의 에셋(Asset : 사용자가 원하는 기능을 담아서 유용하게 사용할 수 있도록 새롭게 생성한 것)입니다. 방금 생성된 nsGeo_Select1 노드 파라미터의 상단에서 Object Type을 선택할 수 있으며, 파라미터의 탭을 통해서 타입에 따른 설정을 할 수도 있습니다. 또한 후디니의 기본 오브젝트에 있는 파라미터를 그대로 가져와 선택을 할수 있도록 수정을 한 hda이지만 그 외 별다른 특징을 가지고 있지는 않습니다. 여러분이 직접 파라미터의 옵션들을 확인해 봅니다.

hda와 otl에는 큰 특징은 프로그래밍으로 컴파일이 되어있는 에셋이 아니라면 사용자가 직접 노드의 내부로 들어가 수정을 할 수 있다는 점입니다. 물론 복잡한 노드 트리를 이해하고 해당 hda를 이루고 있는 노드의 구조를 식별할 줄 안다는 전제가 있어야겠지만 말이죠. 그렇다면 이제 Geo_Select 노드의 내부를 한번 살펴보도록 하겠습니다.

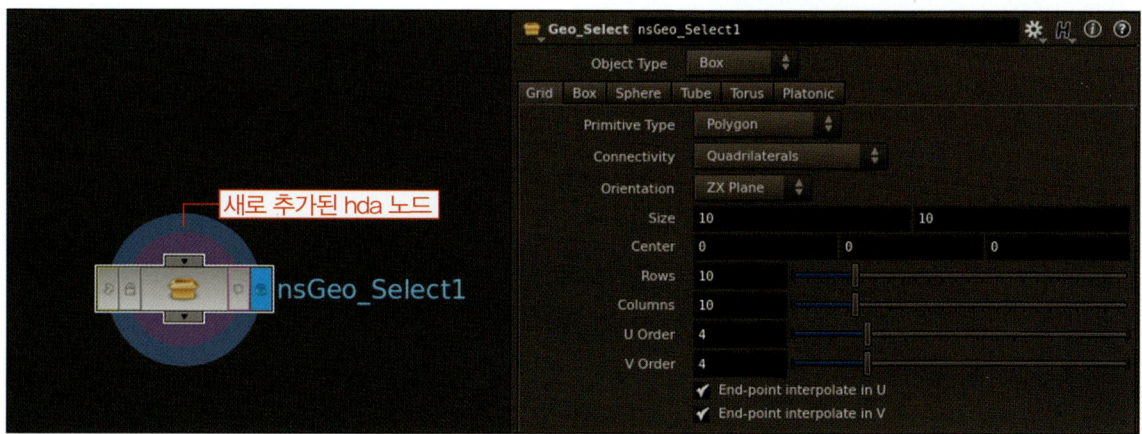

불러온 hda(nsGeo_Select1) 노드에서 **[RMB]**하면 아래 그림처럼 노드에 관련된 메뉴가 나타나는데, 여기에서 얼로우 에디팅 오브 콘텐트(Allow Editing of Contents)라는 메뉴는 hda나 otl로 제작된 노드를 수정할 수 있게 해주는 중요한 메뉴입니다.

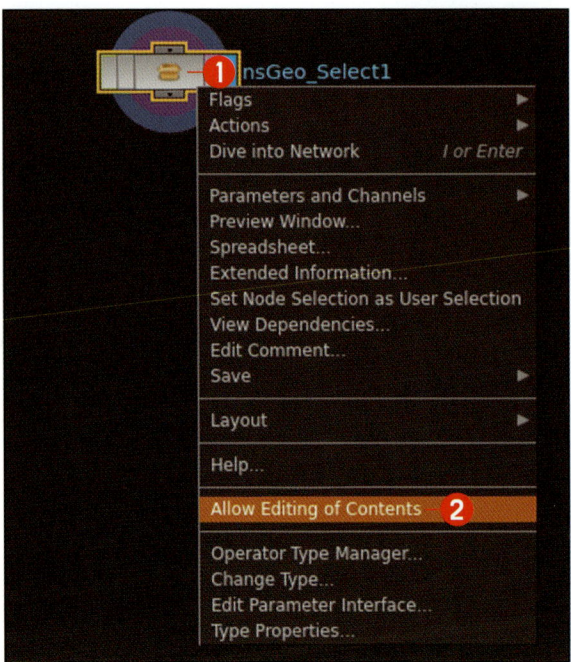

위의 메뉴를 선택하면 nsGeo_Select1 노드의 이름이 그림처럼 파란색에서 빨간색으로 바뀌게 되며, 노드의 하위 레벨로 들어가 새롭게 편집, 즉 수정을 할 수 있게 됩니다.

해당 노드의 내부(하위 레벨)로 들어가게 되면 다음의 그림과 같은 노드 트리를 볼 수 있는데, 앞서 사용해 보았던 hda에서 선택이 가능한 오브젝트 타입들이 switch1라는 노드에 연결이 되어있는 것을 확인할 수

있습니다. 필자가 예제로 준비해 놓은 hda는 간단하게 오브젝트를 선택할 수 있는 기능만을 가지고 있지만, 이것은 사용자가 어떤 기능을 가진 hda를 만들었는지에 따라 달라집니다. 다른 노드들을 살펴보면 후디니에서 기본적으로 제공되는 노드들이라는 것을 알 수 있으며, 이중 많은 것들이 이러한 에셋으로 되어 있습니다. 후디니가 버전을 거듭할수록 다양한 노드가 새롭게 제공되며, 특정 기능을 가지고 있는 노드는 지금처럼 [RMB]를 했을 때 나타나는 Allow Editing of Contents를 통해 내부를 확인하면 됩니다.

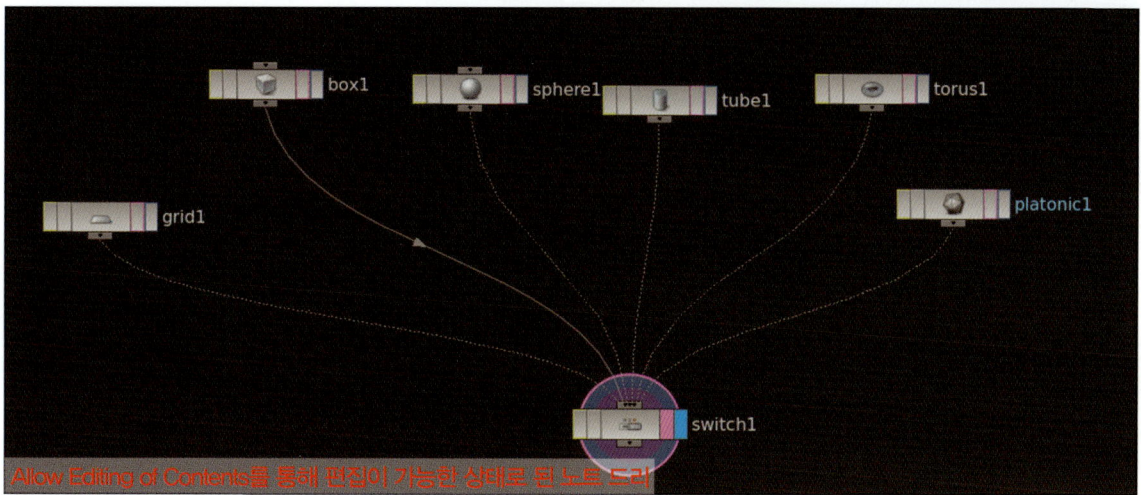

참고로 아래 그림은 Voronoi Fracture라는 노드입니다. 이 노드 역시 Sop에서 생성되며, 오브젝트를 다양하게 조각낼 때 사용되는 노드로써 이 노드 역시 hda입니다.

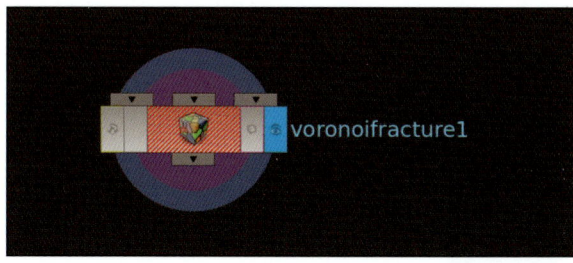

이처럼 Allow Editing of Contents를 적용하지 않은 상태에서 nsGeo_Select1 노드의 하위 레벨로 들어가게 되면 내부를 수정할 수 없도록 회색으로 잠겨있게 됩니다. 그러므로 해당 노드를 수정하고자 한다면 이 메뉴를 적용해야 한다는 것을 기억하기 바랍니다. 살펴본 것처럼 hda(또는 otl)는 후디니에서의 작업을 원활하게 하기 위해 일반적으로 사용되는데, 일반적인 플러그인의 개념보다는 좀 더 세밀하다고 이해하면 될 것입니다. 또한 hda는 기본적인 노드 형태로도 다양한 기능을 가지고 있으며, 다양한 노드를 통해 새로운 기능을 가진 노드를 생성할 수도 있습니다. 이번 학습에서 살펴본 다양한 개념들을 hda로써 구현은 후디니 내부에서 뿐만 아니라 작업 중인 컴퓨터의 데이터를 가져와서 다양하게 응용을 하는 방식의 hda를 만들 수도 있습니다.

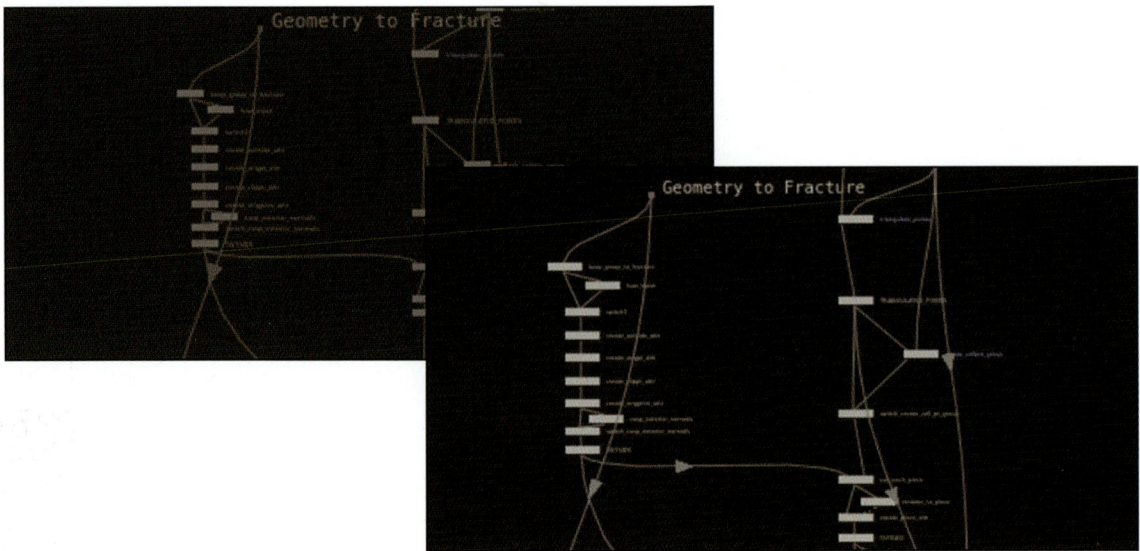

지금까지 살펴본 것처럼 후디니는 에셋(Asset)이 많은 영향력을 가지고 있으며, 그에 따른 에셋 브라우저(Asset Brower) 또한 존재합니다. Orbolt라는 사이트에서 후디니 에셋을 사용(무료/유료)할 수 있으므로 부담가지 않는 무료 에셋을 몇 개를 다운로드 받아서 한번 살펴본다면 좀 더 확실한 개념을 잡을 수 있을 것입니다.

Orbolt smart 3D asset
http://www.orbolt.com 오볼트(orbolt)는 후디니에서 공식적으로 지원이 되는 3D 에셋 스토어입니다.

후디니와 친해지기

01 노드 트리(Node Tree) 경험하기

앞선 학습을 했듯이 후디니는 노드(Node) 구조로 사용됩니다. 개념에 대해서 학습을 했지만 아직 정확히 이해가 안되는 부분이 많을 것입니다. 그렇듯 이번 학습은 예제 파일을 통해 후디니의 노드가 어떻게 작동이 되며, 어떤 방식으로 사용을 해야하는지에 대한 것을 익힐 수 있는 시간입니다. 앞으로 접할 다양한 노드에 대한 이해를 돕기 위해 이번에는 오브젝트의 변형을 통하여 노드 트리를 좀 더 익혀보도록 하겠습니다.

후디니는 노드를 통해 거의 모든 작업이 이루어지는 만큼 노드에 대한 이해력이 상당히 중요합니다. 노드는 데이터의 이동과 변형이 용이하여 인풋(Input)과 아웃풋(Output)이 엉키지 않게 신경을 써야하며, 깔끔한 노드 트리를 구성할 수 있도록 항상 네이밍과 위치 등에 관한 정리를 해 두는게 좋습니다. 그 중 가장 첫 번째로 노드를 사용하기 위해 기본적으로 인지해야 하는 인풋(Input)과 아웃풋(Output)에 대하여 간단한 예제를 통하여 익혀보도록 하겠습니다. 학습을 진행하기 전에 앞서 살펴본 인터페이스 부분에 대한 설명을 한 번 더 살펴본다면 앞으로 학습한 예제를 보다 쉽게 이해할 수 있을 것입니다.

노드의 인풋(Input)과 아웃풋(Output) 이해하기

후디니의 노드는 크게 제너레이터(Generator)와 오퍼레이터(Operator) 두 가지로 나눌 수 있는데, 제너레이터는 최초로 생성(박스나 스피어 같은 오브젝트)되는 노드로써 이미 데이터를 가지고 있기 때문에 인풋이 없습니다. 하지만 오퍼레이터는 명령을 수행하는 노드로써 데이터를 받아야 하기 때문에 인풋과 아웃풋이 모두 존재합니다. 물론 모든 네트워크 상에서는 제너레이터보다 오퍼레이터 노드의 수가 월등히 많습니다.

아래 그림은 Sop 네트워크, 즉 Obj 레벨에서 생성된 노드 안으로 들어간 상태의 네트워크에서 볼 수 있는 제너레이터의 성격을 띄는 노드의 일부입니다. 설명처럼 인풋이 없는 특징을 가지고 있으며, 해당 노드만 생성을 해도 씬 뷰에 오브젝트가 생성된다는 것을 알 수 있을 것입니다.

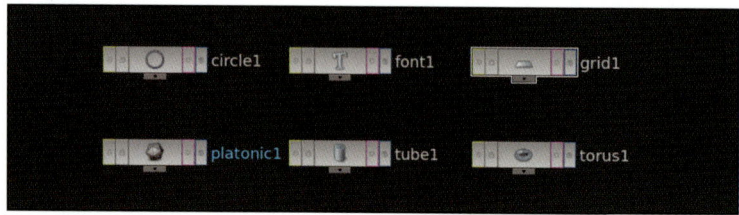

◀ Sop에 생성된 제너레이터 노드들

다음 그림은 Sop 네트워크에서 볼 수 있는 오퍼레이터의 성격을 띄는 수 많은 노드 중 일부입니다. 살펴보면 제너레이터와는 다르게 오퍼레이터에는 인풋으로 들어오는 데이터가 없으면 에러(빨간색 빗살무늬)가 뜨며 작동을 하지 않습니다.

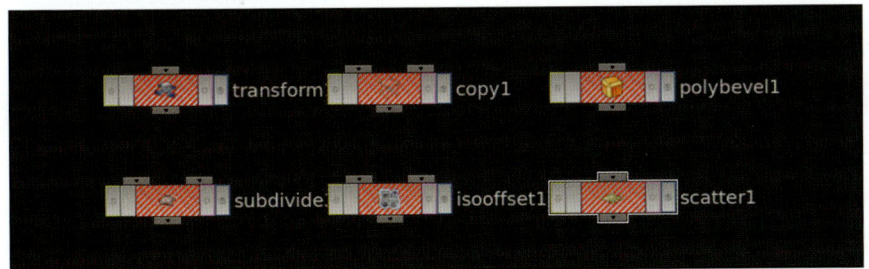

▲ Sop에 생성된 오퍼레이터 노드들

여기서 데이터가 존재하는 노드의 아웃풋을 클릭하여 선택한 후 선이 생성되면 오퍼레이터가 되는 노드의 인풋을 클릭하여 연결하게 되면 이후부터 오퍼레이터가 정상적으로 작동되게 됩니다. 만약 거대한 노드 트리를 구성하게 될 때 일부 노드가 작동을 하지 않는다면, 어이없게도 연결이 끊겨있는 경우일 수도 있으니 잘 확인해 주어야 합니다.

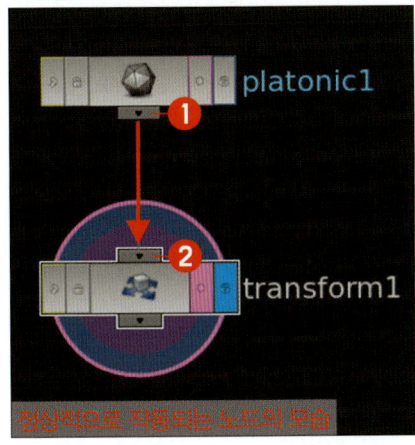
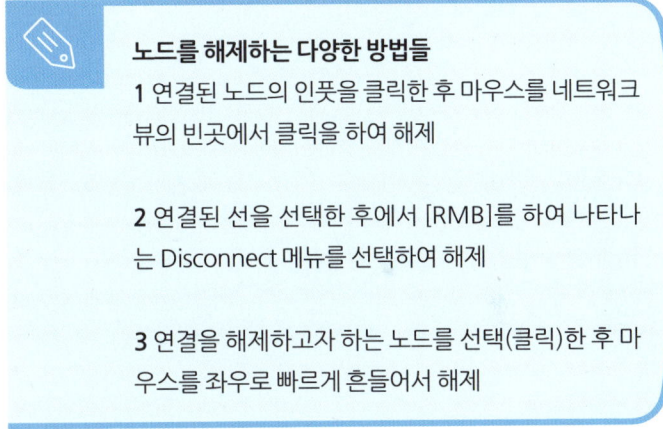

노드를 해제하는 다양한 방법들

1 연결된 노드의 인풋을 클릭한 후 마우스를 네트워크 뷰의 빈곳에서 클릭을 하여 해제

2 연결된 선을 선택한 후에서 [RMB]를 하여 나타나는 Disconnect 메뉴를 선택하여 해제

3 연결을 해제하고자 하는 노드를 선택(클릭)한 후 마우스를 좌우로 빠르게 흔들어서 해제

01 예제 파일을 참고하면서 따라하기 학습을 위해 [exam_file] - [Part_3] - [1_Node_Tree_Start.hipnc]를 열어 Node_In_Out 노드 안으로 들어갑니다. 그리고 다음의 그림을 보면 별사탕 모양과 닮은 오브젝트가 보일 것입니다. 이제 간단한 별사탕 오브젝트 제작을 통하여 인풋과 아웃풋에 대해 직접 경험을 해 보도록 하겠습니다.

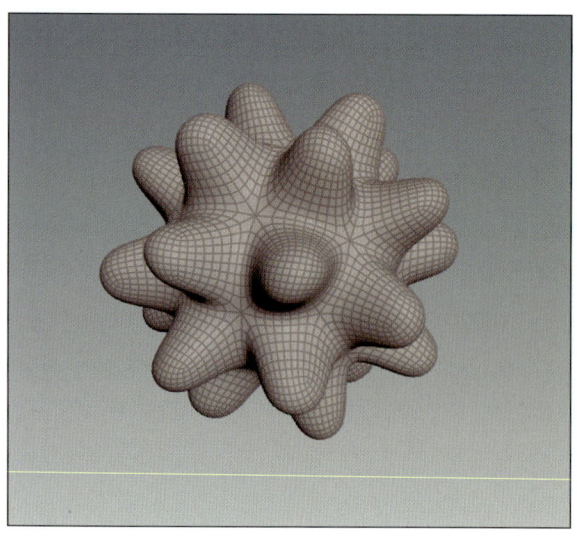

◀ Node_In_Out 노드의 Sop 네트워크

02 예제 파일의 노드처럼 먼저 탭 메뉴에서 Sop 네트워크에서 box를 하나 생성한 뒤 파라미터의 옵션 기본 값 그대로 사용합니다. 참고로 노드의 색상이 그림과 다르게 나온다고 해도 신경 쓸 필요는 없습니다.

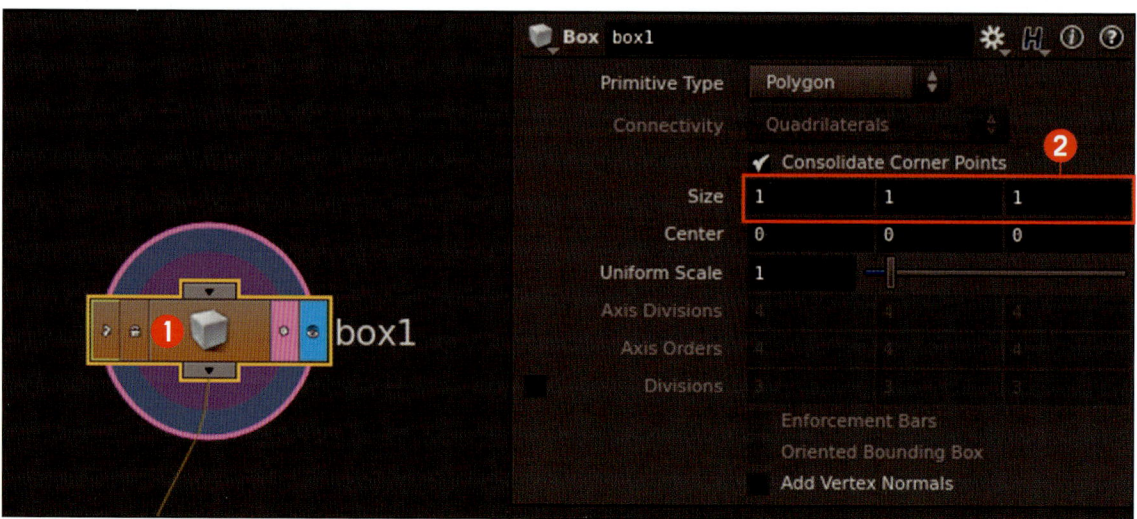

03 계속해서 이번엔 PolyExtrude 노드를 생성한 후 PolyExtrude의 인풋과 box 노드의 아웃풋을 연결합니다. 그다음 PolyExtrude 노드의 파라미터의 Divide Into와 Distance를 그림처럼 설정합니다.

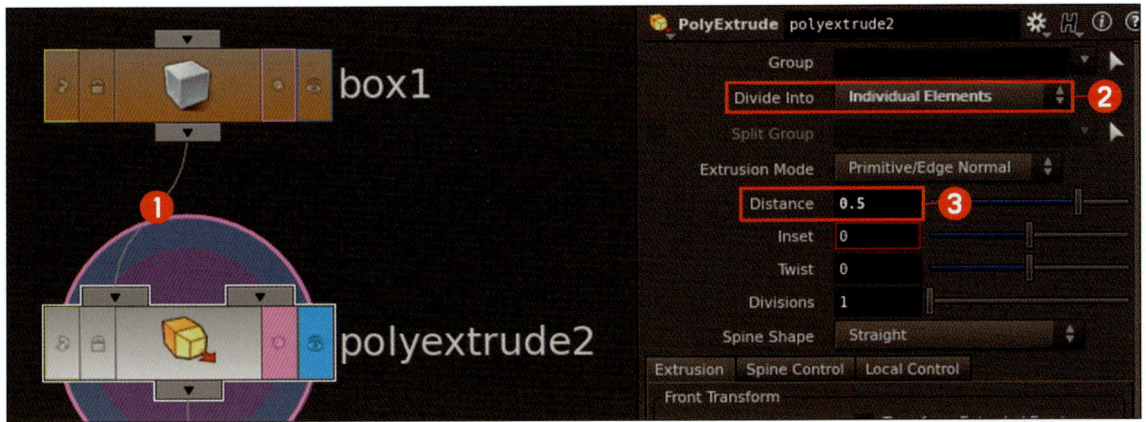

04 위와 같이 설정하면 아래의 왼쪽 그림과 같은 형태로 나타납니다. 그렇지만 만약 오른쪽 그림처럼 나올 경우에는 PolyExtrude노드의 Divide Into 설정이 Individual Elements로 되었는지 확인하도록 합니다. 이 옵션은 각 면이 떨어진 채로 Extrude가 되도록 해 주며, Connected Components는 전체의 면이 붙은 채로 Extrude를 됩니다.

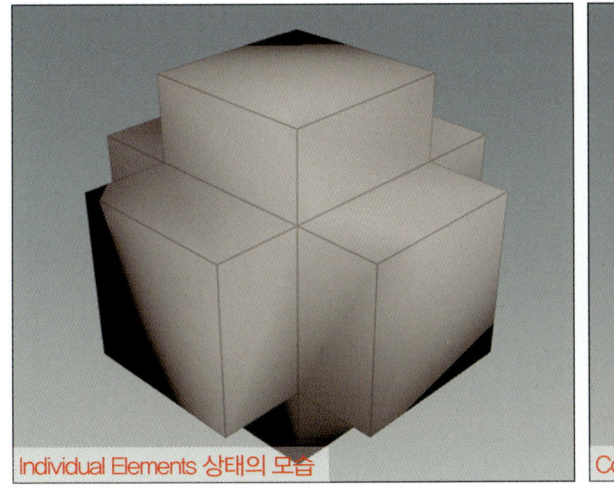

05 그다음에 형태의 자연스러움을 위해 transform 노드를 생성한 후 PolyExtrude 노드의 아웃풋과 연결하여 원하는 만큼 Rotate 값을 줍니다. 필자는 x 축은 45, y 축은 26의 값을 설정하였습니다. 참고로 현재는 예제처럼 노드의 이름을 정리(수정)할 필요가 없지만 실제 작업이라면 효율적인 작업을 위해 적당한 이름으로 바꿔주는 습관을 갖는 것이 좋습니다.

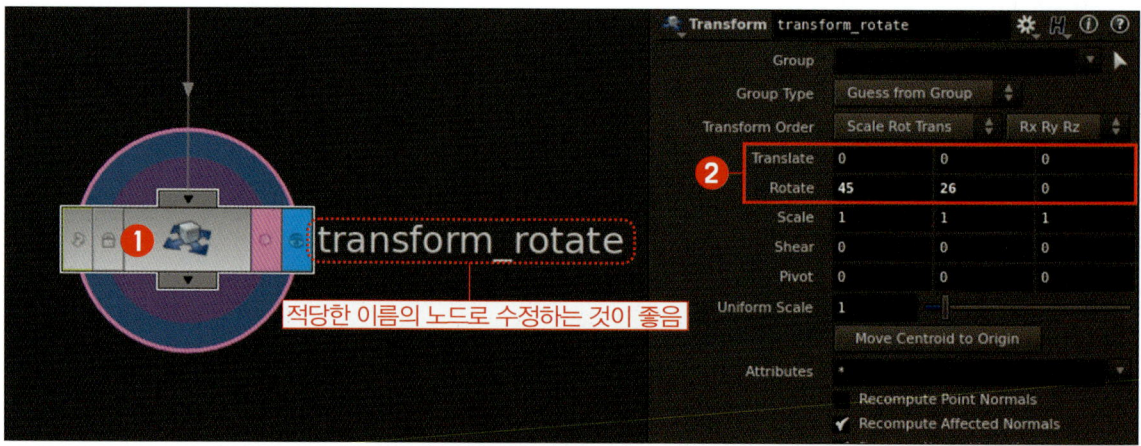

06 계속해서 subdivide 노드를 생성한 후 transform 노드와 연결하고 서브디바이드 파라미터의 Depth를 3으로 설정합니다.

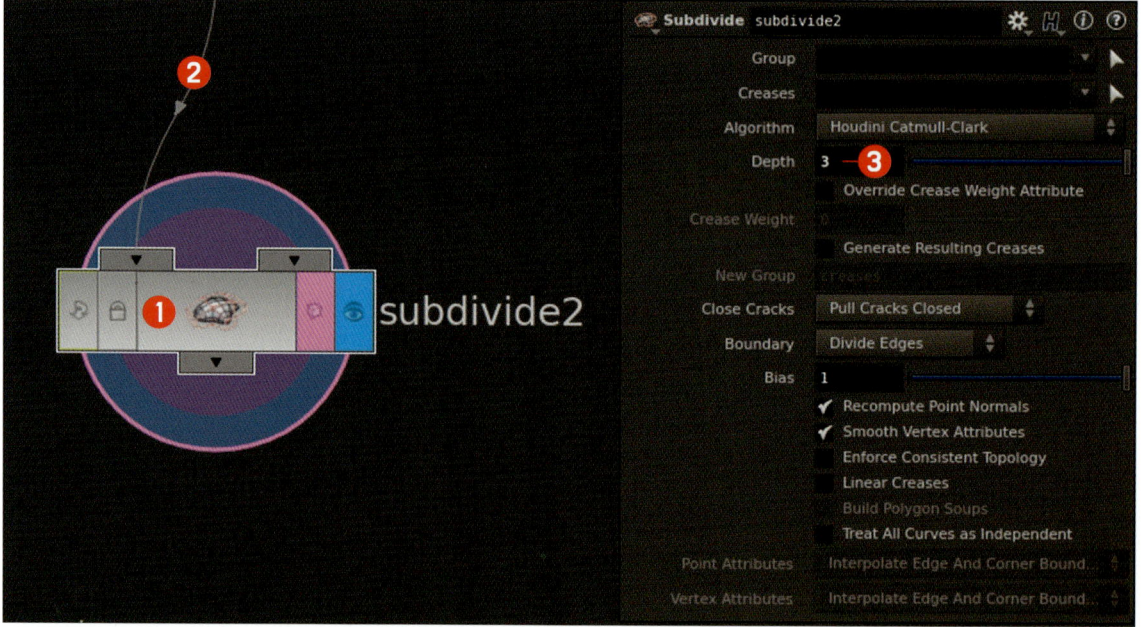

07 여기까지 잘 따라왔다면 다음 그림과 같은 형태가 만들어졌을 것입니다. 하지만 앞서 예제 파일처럼 튀어나온 부분의 개수가 훨씬 더 많아야 합니다. 현재는 예제 파일보다 훨씬 모자라는 것을 알 수 있습니다. 이

제 이러한 문제를 충족시켜주기 위해 새로운 서브디바이드 노드가 필용합니다.

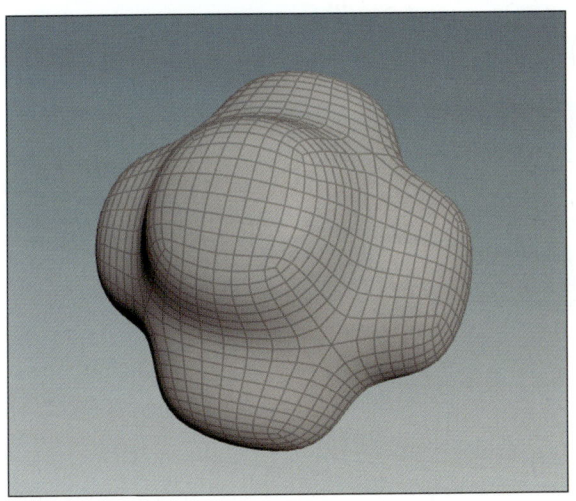

08 계속해서 subdivide 노드를 하나 더 생성하여 이번엔 box와 polyExtrude 노드의 사이에 연결합니다. 연결하는 방법은 그냥 서브디바이드를 끌어서 두 노드가 연결된 선 중간으로 갖다 놓는 것입니다. 이때 링크 선이 노란색으로 바뀔 때 놓으면 됩니다. 그러면 아래의 오른쪽 그림처럼 사이에 삽입됩니다.

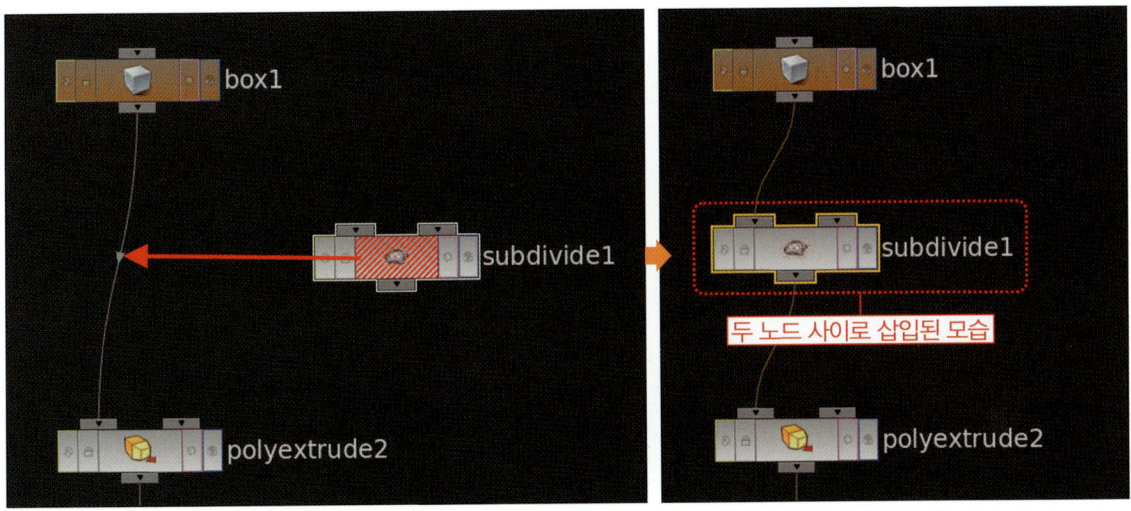

09 이처럼 박스와 폴리익스트루드에 서브디바이드를 연결하면 박스 아래쪽에 삽입한 서브디바이드 노드의 디스플레이 플래그를 켜서 씬 뷰를 확인해 봅니다. 그러면 정육면체였던 박스가 다음의 그림처럼 면이 많

이 나뉘게 됩니다. 이제 노드 트리의 가장 아래의 처음 생성한 subdivide 노드의 디스플레이 플래그를 켜서 확인을 해 보면 예제 파일처럼 별사탕의 형태를 띄는 오브젝트로 나타날 것입니다. 이번엔 다시 처음으로 돌아가서 완성된 노드 트리가 어떤 방식으로 이루어지는지 하나씩 살펴보겠습니다.

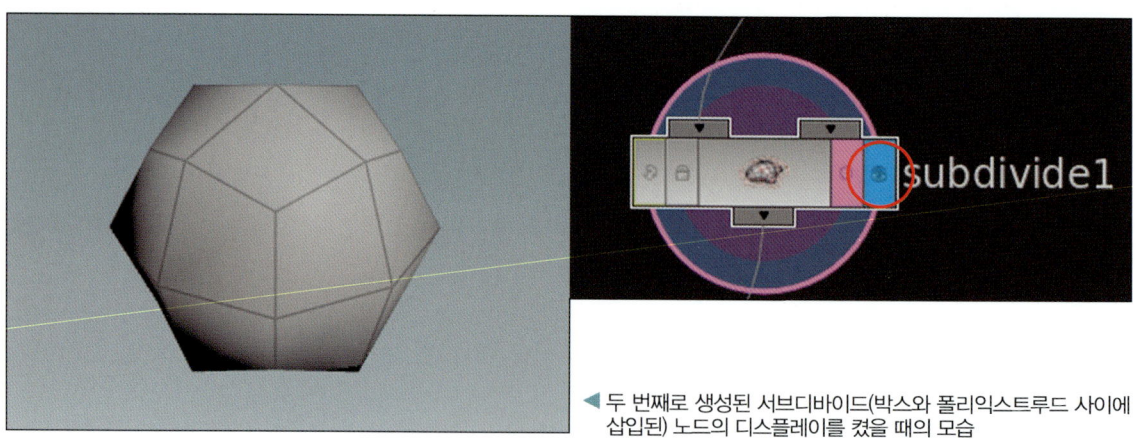

◀ 두 번째로 생성된 서브디바이드(박스와 폴리익스트루드 사이에 삽입된) 노드의 디스플레이를 켰을 때의 모습

서브디바이드(Subdivide)란?

서브디비전 서페이스(Subdivision Surface), 서브디비전, 섭디(Subdiv) 등으로 불리며, 3D 작업에서 적은 수의 Polygon(폴리곤 : 면)으로 만들어진 오브젝트를 매끄럽게 만들기 위해서 효율적으로 면을 분할하는 기술입니다. GPU나 여러 소프트웨어에서 일반적으로 많이 알려져있는 테셀레이션(Tessellation)과 비슷한 기술이라고 할 수 있으며, 픽사에서 지난 15년간 사용해왔던 서브디비전 기술을 오픈 소스화한 OpenSubdiv(오픈섭디)가 업계에서 중요한 기술로 사용되고 있습니다.

10 가장 먼저 Box를 생성한 뒤 PolyExtrude를 연결하여 모든 면을 돌출시켰습니다. 그 후 Transform 노드를 생성하여 원하는 만큼의 회전 값을 주었고, Subdivide 노드를 생성하여 서브디비전(분할)을 해 주었습니다. 하지만 원하는 형태가 나오지 않았기에 Box 아래에 또 하나의 Subdivision 노드를 생성하여 만들고자 하는 형태가 되었습니다. 지금 이 노드 트리에서 가장 큰 변화를 준 부분은 box 아래에 Subdivision 노드가 연결되면서 형태가 바뀌고, 그 형태를 기반으로 PolyExtrude 노드가 인풋을 받아서 전혀 다른 오브젝트가 만들어졌다는 것입니다. 다음의 그림이나 예제 파일에서의 노드 트리를 참고하십시오.

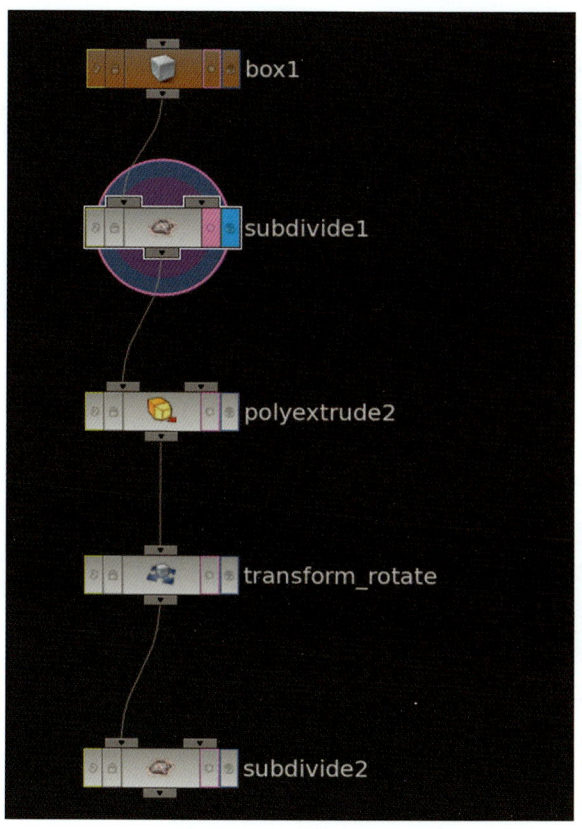

노드 비활성화하기

두 개의 노드 사이에 연결되어 있는 노드를 비활성화하기 위한 가장 쉬운 방법은 By Pass(바이패스) 플래그를 켜주는 것입니다. 바이패스는 Sop 네트워크 노드를 기준으로 가장 왼쪽에 있는 플래그이며, 단축키는 [Shift] + [B] 입니다. 이 외의 방법으로는 노드를 완전히 제거하는 것과 노드를 좌우로 빠르게 흔들어서 분리하는 것이 있습니다.

◀ 지금 학습한 노드 트리의 모습

11 아래 그림은 box 아래에 Subdivision 노드가 없을 경우(왼쪽)와 있을 경우(오른쪽)의 모습입니다. 서브디비전 노드의 바이패스 플래그를 통해 두 경우를 확인해 보도록 합니다.

이전 그림에서 Subdivision이 없으면 box의 아웃풋 데이터를 그대로 PolyExtrude 노드가 전달받기 때문에 왼쪽 그림과 같은 형태가 나오지만 Subdivision 노드가 있을 경우엔 box가 서브디비전이 되기 때문에 면(폴리곤)의 수가 많아지고 많아진 면의 수만큼 익스트루드(돌출)가 되기 때문에 오른쪽 그림과 같은 형태가 나타나게 됩니다. 그렇다면 아웃풋이 잘못 연결되는 경우는 무엇이 있을까요?

12 아래 그림의 노드 트리는 우리가 앞서 봤던 것과 동일합니다. 하지만 씬 뷰에 보이는 결과물은 다르게 나타납니다. 그 이유는 바로 아웃풋이 잘못 연결되어있기 때문입니다. 정상적인 결과물을 위해서는 Transform 노드의 아웃풋이 가장 아래에 위치한 Subdivide 노드의 인풋에 들어가야 하지만 자세히 보면 subdivide1 노드의 아웃풋이 연결되어있습니다. 지금처럼 단순한 노드 트리에서는 쉽게 발견할 수 있는 문제이지만 노드 트리가 커지고, 네트워크가 많아지면 어디서 에러가 났는지 헷갈리는 상황이 오기 마련입니다.

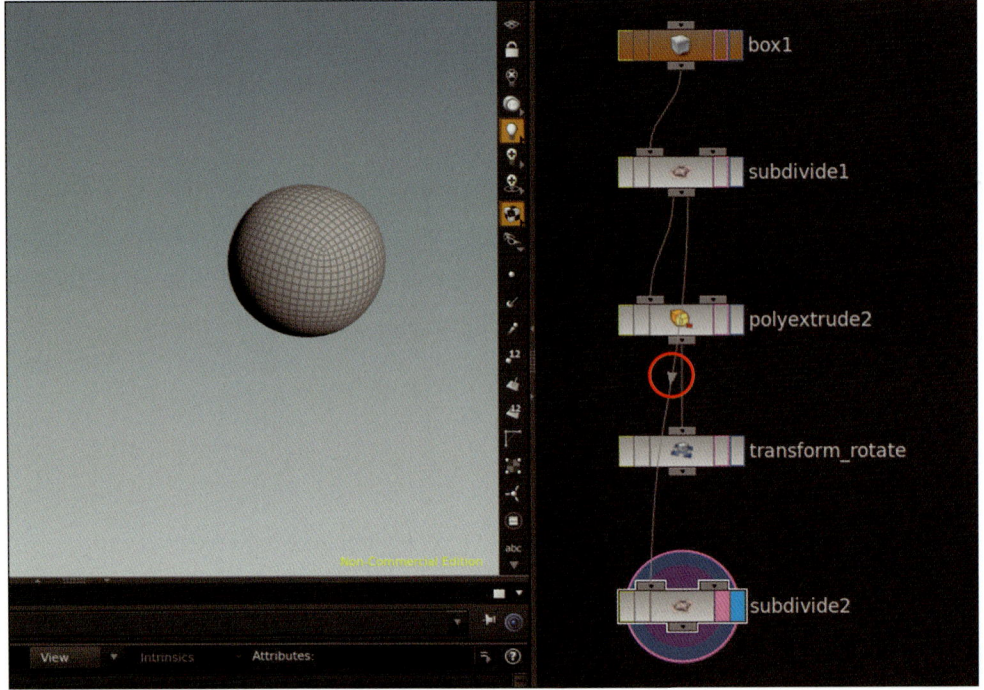

13 마지막으로 노드 트리의 끝에 null 노드를 생성하여 연결한 뒤 노드의 이름을 OUT_Render로 변경합니다. null노드는 기능을 가지지는 않지만 최종 아웃풋 데이터를 담고 있는 역할을 하게 됩니다. 노드 기반 워크플로우를 가지고 있는 후디니는 인풋과 아웃풋 데이터의 수정이 용이하다는 장점을 가지고 있으며, 어떤 인풋을 받아들이는지에 따라 결과물이 달라집니다. 반대로 인풋을 잘못 연결하게 되면 예상치 못한 결과물과 함께 때로는 컴퓨터에 과부하가 걸리기도 하므로 항상 신경을 써야 할 것입니다.

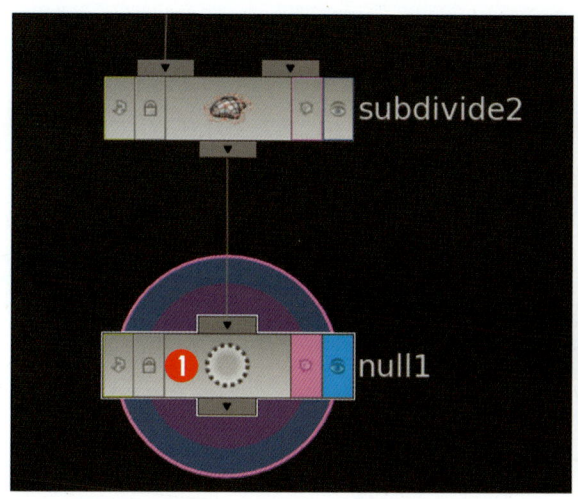 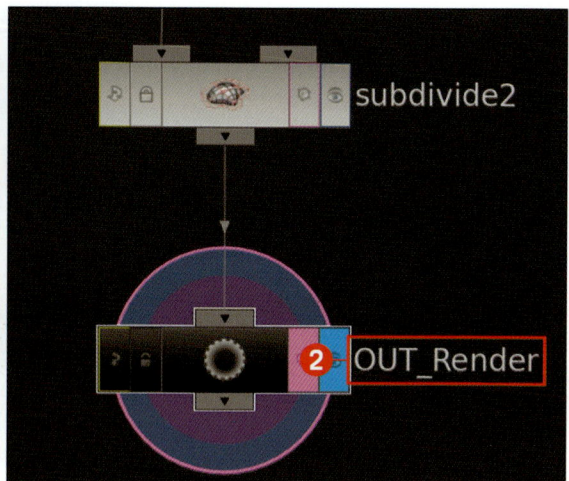

노드 플래그(Node Flag) 살펴보기

앞선 학습에서 노드의 인풋과 아웃풋에 대한 개념을 알아보았습니다. 이번에는 노드의 플래그를 직접 만져보며 익혀보도록 하겠습니다. 노드의 플래그는 앞서 obj 레벨에서 생성된 지오메트리 노드를 통해 살펴본 적이 있었습니다. 노드는 각 네트워크마다 플래그가 약간씩 다른데, 여기에서는 Sop을 통해 성성된 노드의 플래그에 대해 알아보도록 하겠습니다.

01 SOP 네트워크의 노드에는 기본적으로 4개의 플래그가 있습니다. 아래 그림을 보면 1~4번까지의 플래그가 있는데, 왼쪽부터 By Pass(바이패스), Lock(락), Template(템플릿), Display(디스플레이)입니다. 기본적으로 플래그는 클릭을 통하여 on/off가 이루어집니다.

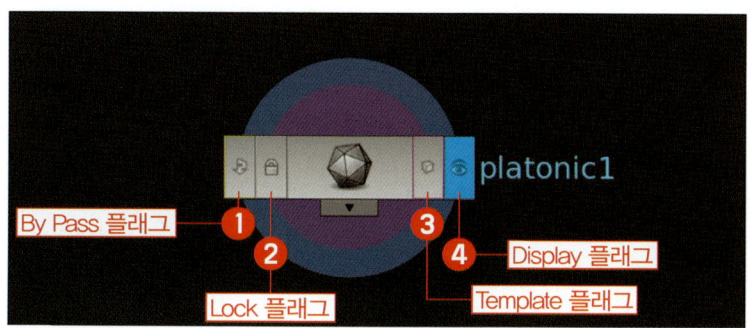

하지만 Lock 플래그는 클릭을 해서 활성화되는 것이 아니라 노드에서 [RMB]를 하여 나타나는 메뉴에서 [Flags] - [Lock/Unlock]을 선택하거나 단축키 [Ctrl] + [LMB]을 해야 on/off가 가능합니다. 플래그 메뉴를 보면 Display, Render, By pass와 같은 경우엔 우측에 단축키가 표시되어있습니다. 노드를 선택하고 숫자 키 [1]을 누르면 Display 플래그가 활성화되고, [2] 키를 누르면 Render 플래그가 활성화되며, [Shift] + [B] 키를 누르면 By pass가 활성화됩니다. 이제부터 기본 네 가지의 플래그와 앞서 설명하지 않았던 Render라는 플래그에 대해 알아보겠습니다.

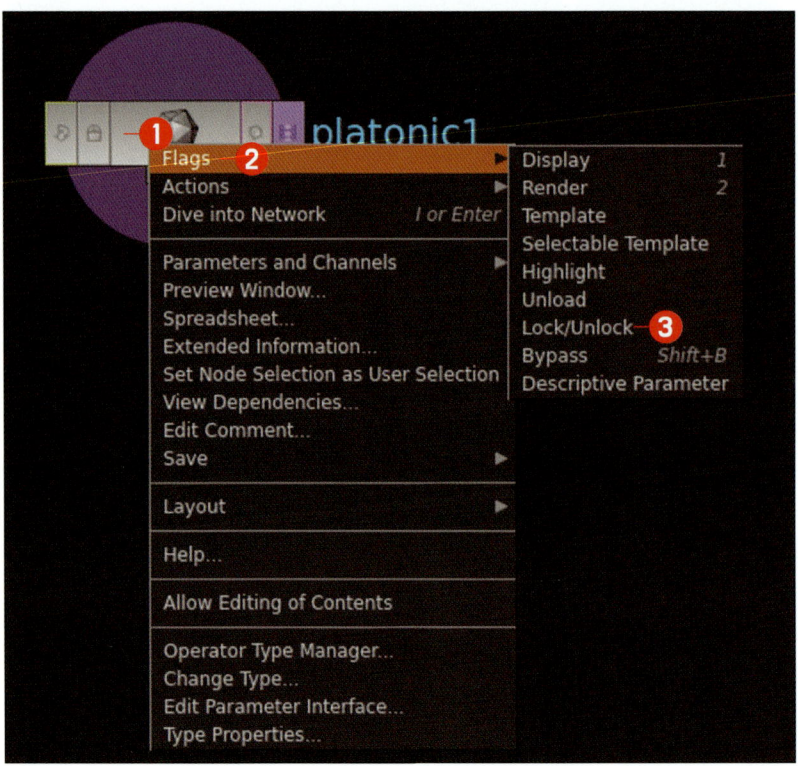

02 예제의 obj 레벨에 있는 Node_Flag 노드로 들어와 보면 아래 그림처럼 세 가지 플래그가 있습니다. 왼쪽부터 살펴보겠습니다.

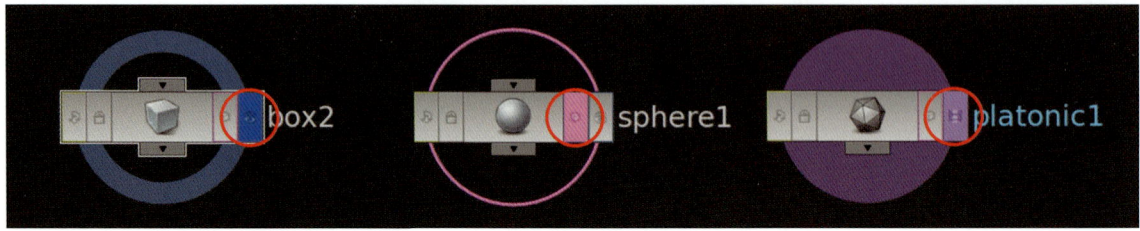

파란색 원 씬 뷰에 오브젝트를 쉐이드(Shaded) 모드로 나타나게 해 주는 Display 플래그로 파란색 원으로 표시됩니다.

분홍색 얇은 원 씬 뷰에 오브젝트를 와이어프레임(Wireframe) 모드로 나타나게 해 주는 Template 플래그로 분홍색의 얇은 원으로 표시됩니다.

보라색 채워진 원 렌더링을 할 오브젝트를 결정짓게 되는 Render 플래그로 보라색 원으로 표시됩니다.

03 Node_Flag 노드의 SOP 네트워크로 들어온 후의 씬 뷰는 아래 그림처럼 표현될 것입니다. Box는 디스플레이 플래그가 켜져 있기 때문에 쉐이드 모드로 나타나고, 스피어는 템플릿 플래그가 켜져 있기 때문에 와이어프레임 모드로 나타납니다. 그렇지만 플라토닉은 씬 뷰에 나타나지가 않습니다. 그렇다면 왜 뷰와 관련된 플래그가 켜져 있는데도 나타나지 않는 것일까요? 그것은 플라토닉 솔리드에 켜져 있는 플래그는 Render 플래그로써 평소에는 씬 뷰에서는 나타나지 않고, 렌더링을 할 경우에만 해당 오브젝트가 렌더링, 즉 표현이 되기 때문입니다. 이것은 디스플레이 플래그와 똑 같은 위치에 존재하지만 그냥 클릭만으로는 on/off를 할 수 없고, [Ctrl] + [LMB] 키를 이용하거나 숫자 키 [2]를 눌러서 활성화해야 합니다.

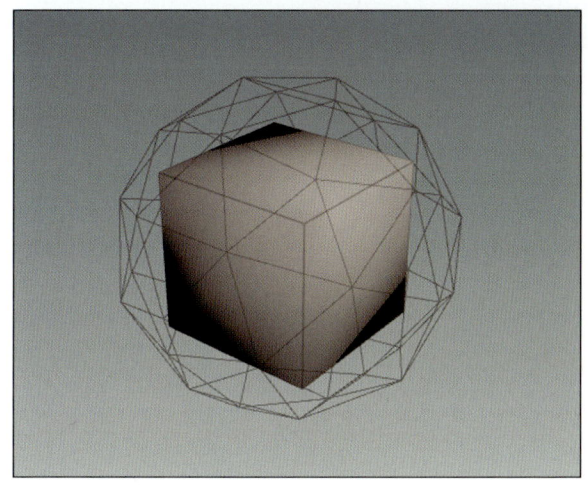

그 밖에 Selectable 플래그에 대하여
템플릿 플래그에서 [Ctrl] + [LMB]를 하면 활성화할 수 있는 실렉테이블 플래그는 해당 노드의 오브젝트만 씬 뷰에서 선택을 할 수 있게 해 주는 기능입니다. 하지만 잘 사용되지는 않습니다.

04 이제 각 플래그를 어떤 방식으로 사용할 수 있는지 직접 살펴보도록 하겠습니다. Node_Flag라는 SOP 네트워크의 아래쪽에는 다음의 그림과 같은 노드 트리가 있습니다. 여기에서 box1 노드의 디스플레이 플래그를 켜고, subdivide2 노드의 템플릿 플래그를 켜준 후 씬 뷰를 확인해 봅니다. 그러면 씬 뷰에 그림과 같이 나오게 됩니다.

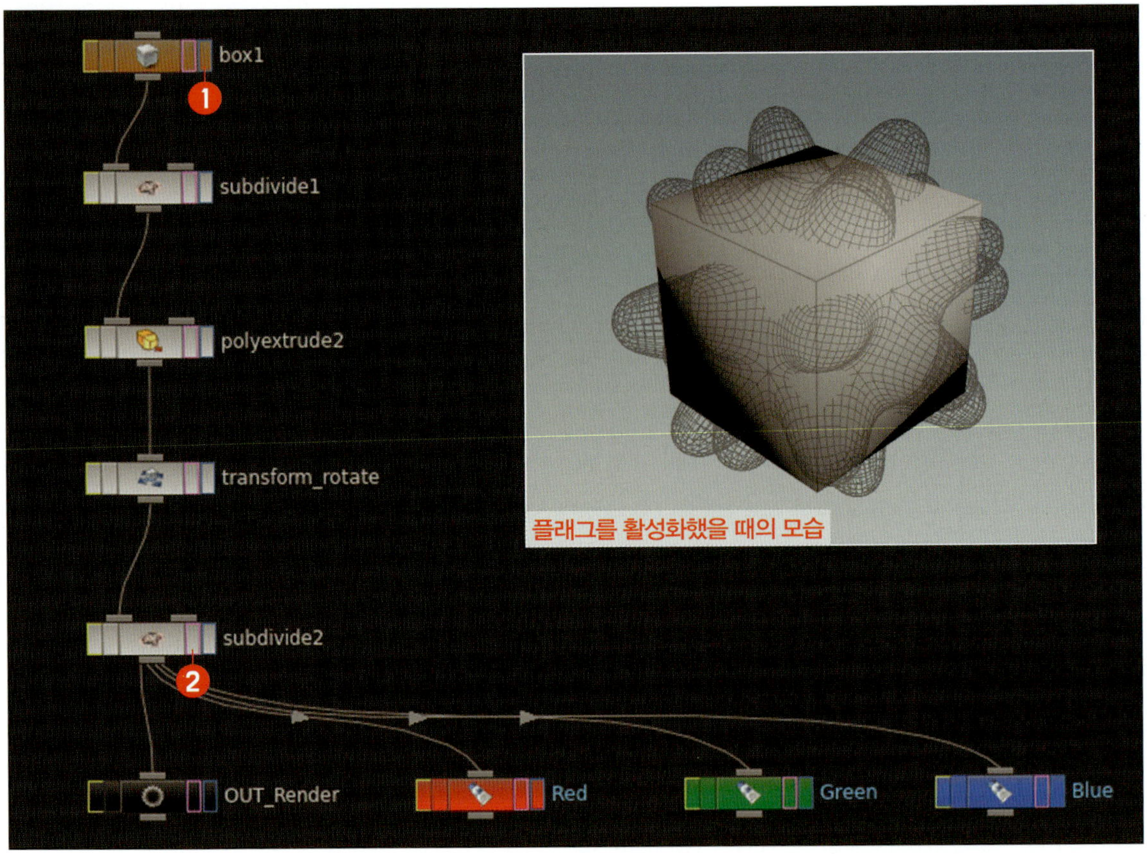

05 그다음 transform_rotate 노드를 선택한 후 파라미터에서 Translate의 z 값을 -2 정도 설정한 후 씬 뷰를 확인해 보면 와이어프레임으로 보이는 오브젝트가 -z 축으로 움직였음을 알 수 있습니다.

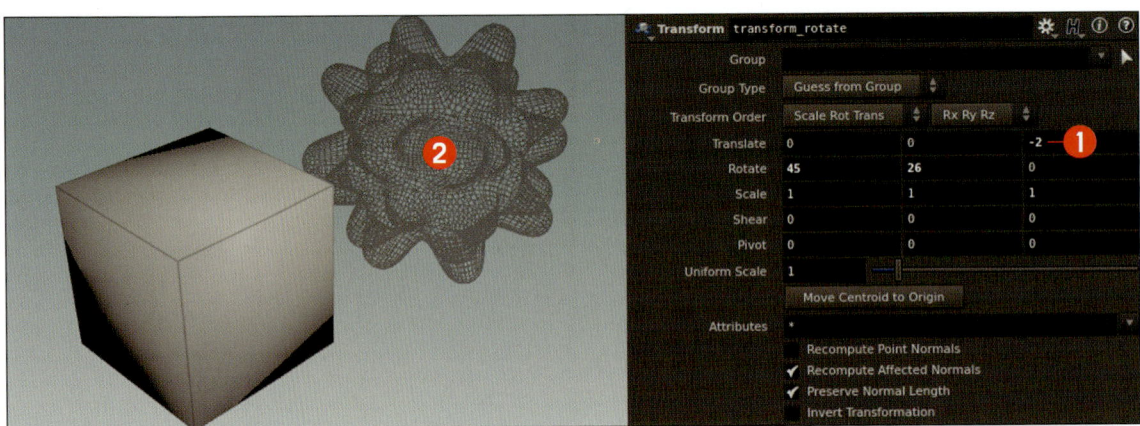

06 그렇다면 박스가 아래 그림처럼 씬 뷰에 나타나게 하기 위해선 어떻게 해야할까요? 여러분들이 만약 노드 구조에 대해 이해를 했다면 너무나도 쉬운 문제이므로 한번 해결해 보기 바랍니다. 계속해서 이번에는 렌더 플래그를 예제와 함께 익혀보도록 하겠습니다.

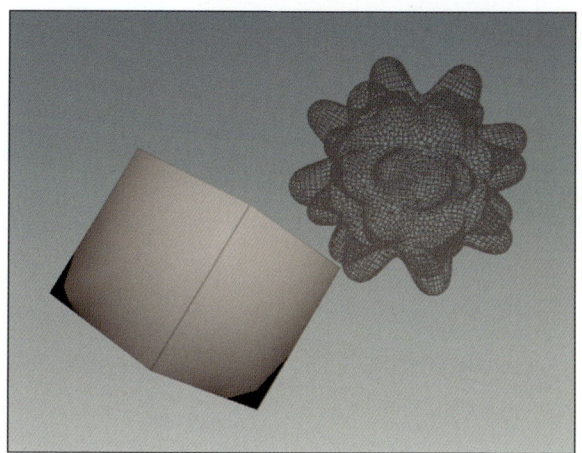

07 계속해서 Node_Flag라는 SOP 네트워크에서 OUT_Render 노드의 디스플레이 플래그를 켜줍니다. 이것은 단순히 아웃 렌더의 디스플레이만 켜준 것입니다. 그다음 box1 노드의 렌더 플래그(Ctrl 키를 누른 상태로 클릭함)를 켜줍니다. 그러면 씬 뷰에서는 그림처럼 나타날 것입니다.

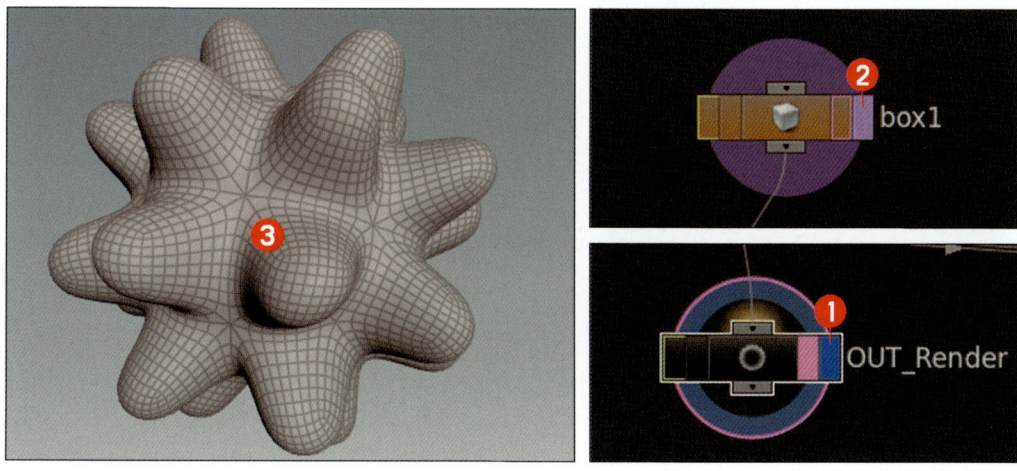

08 그다음 씬 뷰 상단의 탭 우측에 있는 [+] 아이콘을 클릭하여 나타나는 메뉴에서 그림처럼 Render View를 선택하여 새로운 렌더 뷰 팬을 생성합니다.

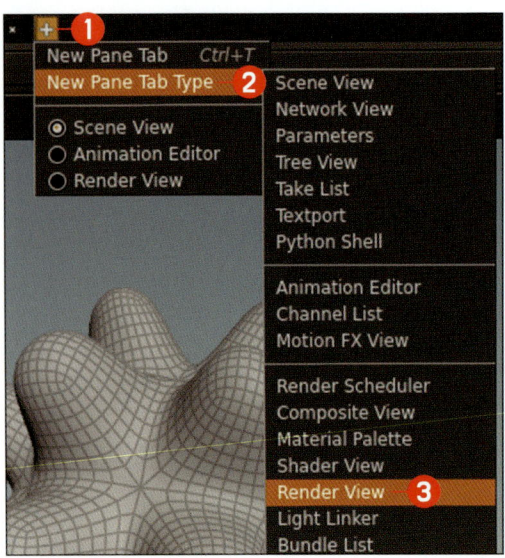

09 이제 랜더 뷰의 [Render] 버튼을 클릭해 보면 생각했던 별사탕 오브젝트가 아니라 박스가 렌더링되어 나타나는 것을 알 수 있습니다. 이것은 렌더 플래그가 박스에 켜져 있기 때문입니다.

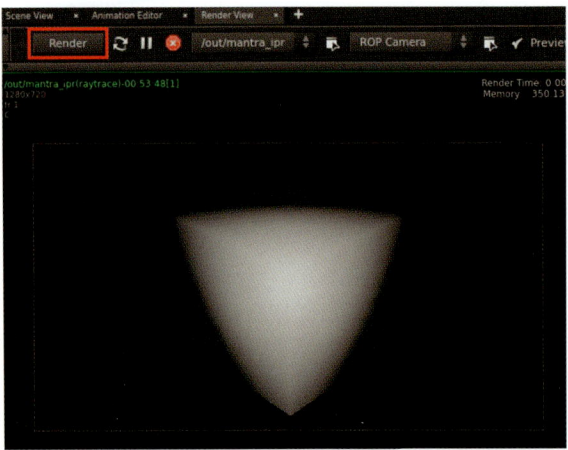

10 이번엔 OUT_Render 노드의 렌더 플래그(Ctrl 키를 누른 상태로 클릭함)를 켜줍니다. 그리고 다시 렌더를 해주면 렌더 뷰에는 다음의 그림처럼 별사탕 오브젝트가 나오게 됩니다. 만약 별사탕 모양이 아니라 종전처럼 박스 모양이 렌더링된다면 obj 레벨에서 Node_Flag의 디스플레이가 활성화되었는지 확인해 보기 바랍니다.

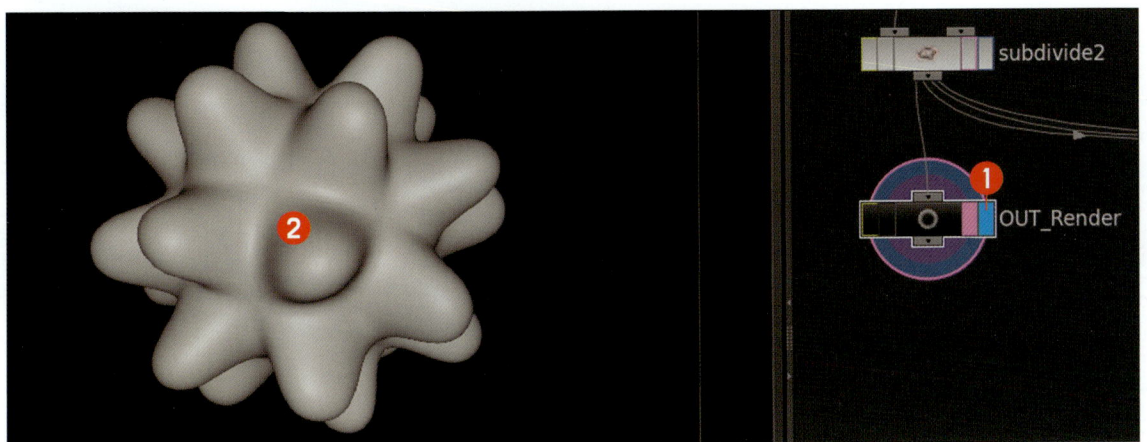

11 이제 골드(Gold) 셰이더를 박스에 적용하기 위해 왼쪽에 있는 material_Gold 노드를 끌어서 아래 그림처럼 서브디바이드2와 아웃 렌더 사이에 연결합니다.

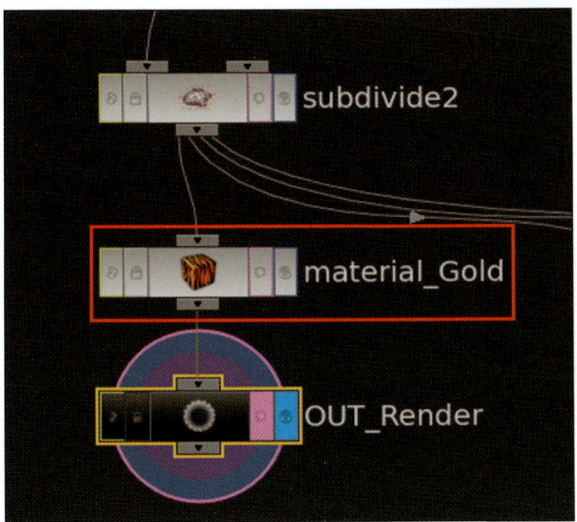

12 그리고 다시 렌더를 해 보면 매터리얼 골드의 영향을 받아 금속 재질의 빛나는 별사탕 오브젝트를 볼 수 있습니다. 이것은 OUT_Render 노드에 렌더 플래그가 켜져 있고, 인풋으로 들어오는 데이터에 금속 재질의 셰이더가 입력되었기 때문입니다. 참고로 material_Gold 노드가 연결되어있는 상태라 하더라도 렌더 플래그가 앞쪽의 subdivide2에 켜져 있다면 셰이더가 적용되지 않은 상태로 렌더가 됩니다. 나머지 Red, Green, Blue라는 이름의 노드는 여러분이 직접 렌더 플래그를 켜서 렌더를 해 보십시오.

material_Gold 셰이더를 통해 렌더링된 모습

13 그렇다면 인풋으로 들어오는 데이터 없이 렌더링을 할 수 방법은 무엇일까요? 바로 Lock 플래그를 사용하는 것입니다. OUT_Render 노드의 Lock 플래그를 [Ctrl] + [LMB]를 하여 락 플래그를 활성화한 후 인풋으로 들어오는 링크를 해제(해제할 선을 선택한 후 RMB한 후 Disconnect를 선택 또는 아웃풋을 클릭한 후 빈 곳을 클릭하면 해제됨)한 후 다시 씬 뷰를 통해서 오브젝트가 그대로 나오는지 확인해 봅니다. 노드의 인풋과 아웃풋 그리고 플래그에 대한 이해를 했을 것입니다. 그런데 왜 인풋으로 들어오는 데이터가 없는데도 데이터가 없는 아웃 렌더로 사용되는 null 노드에 오브젝트의 데이터가 인식될까? 라는 의문점이 들게 됩니다.

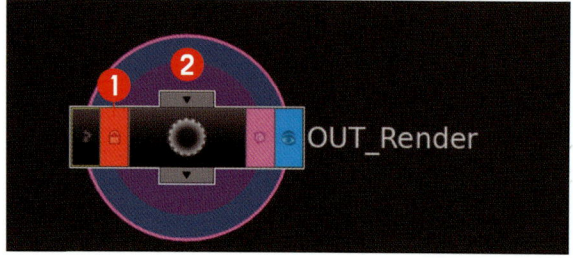

14 Lock 플래그는 노드의 상태를 유지한 상태로 잠금을 걸어주는 기능입니다. OUT_Render 노드에 상위 노드들의 데이터가 들어온 상태에서 락을 걸면 들어온 데이터가 그대로 null, 즉 OUT_Render 노드에 남게 됩니다. 그렇기 때문에 락을 걸어놓은 상태에서 연결된 노드를 끊어도 앞서 연결됐었을 때의 데이터가 그대로 전송되는 것입니다. 그러나 이 기능이 지금은 보기 좋을지 몰라도 인풋을 끊은 상태에서 Lock을 풀면 그대로 데이터가 사라지기 때문에 Lock 플래그는 데이터를 묶어 두기 위한 용도로 사용하는 것은 다소 비효율적입니다. 필자의 경험에는 락을 파라미터의 값을 잠그기 위해 사용하는게 더 좋다고 생각합니다. 이렇듯 어떤 플래그가 켜져 있는지 여부에 따라 렌더링되는 오브젝트, 디스플레이되는 오브젝트가 달라지기

때문에 작업을 하고 결과물을 위한 렌더를 하기에 앞서 렌더 플래그와 디스플레이 플래그가 엉뚱한 노드에 켜있지 않은지 확인을 한 후 렌더를 진행해야 합니다.

노드 트리(Node Tree) 이해하기

앞서 노드의 구조와 플래그에 대해 살펴보았기 때문에 이번 학습에서는 간단하게 노드를 설정해 보며, 어떤 워크 플로우로 진행이 되는지 살펴보기로 하겠습니다. 이번 학습은 후디니 상단에 위치한 쉘프 도구(Shelf Tool)를 이용하여 쉽게 따라할 수 있는 학습이므로 쉘프 툴을 이용한 노드 구축을 통해 작업 흐름을 살펴본 후 직접 설정해 보는 시간을 갖도록 하겠습니다.

01 먼저 obj 레벨에서 지오메트리를 생성한 후 Sop로 들어갑니다. 그다음 쉘프 툴에서 두 물체가 충돌하는 시뮬레이션을 위해 티포트(teapot)와 스피어(sphere)를 생성합니다. 중력에 의해 떨어지다 충돌할 수 있도록 그림처럼 위치를 설정합니다. 그리고 스피어를 선택한 후 씬 뷰 상단의 Primitive Type을 보다 안정적인 Polygon으로 설정합니다. 지금 설명한 것은 새로운 네트워크 생성을 위한 것임을 참고하기만 하십시오.

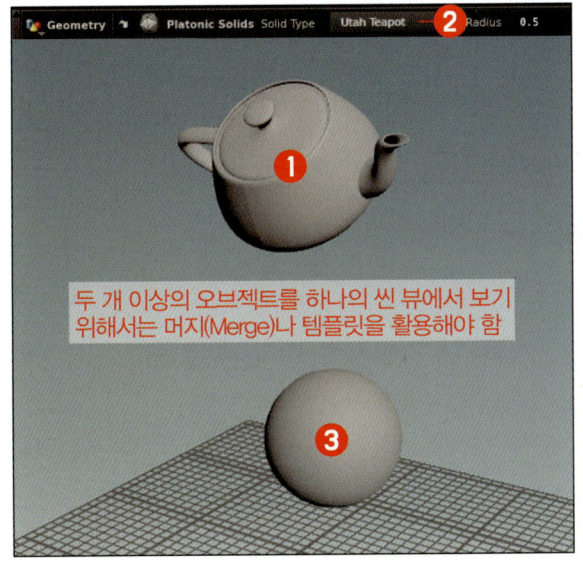

티포트 생성하기
플라토닉 솔리드(Platonic Sold)를 먼저 생성한 후 씬 뷰 상단의 플라토닉 솔리드의 Solid Type 또는 Sop 네트워크로 들어간 후 파라미터의 Solid Type에서 Utah Teapot로 선택해 주는 것입니다.

02 그다음 앞서 살펴본 대로 티포트와 스피어를 탭 메뉴를 통해 하나씩 생성한 후 다음의 그림처럼 티포트와 스피어에 transform 노드를 하나씩 생성한 후 연결해 줍니다. 그리고 티포트에 연결된 transform 노드의

디스플레이 플래그(이후부터는 플래그라는 말은 생략함)를 켜줍니다.

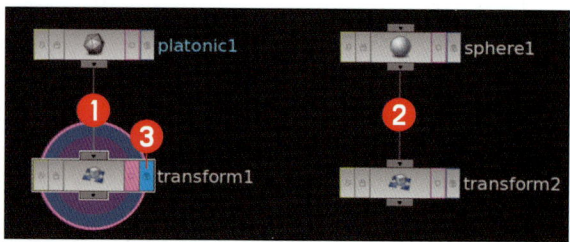

03 계속해서 쉘프 툴 우측의 Rigid Bodies 탭을 선택합니다. 리지드 바디는 충돌체에 대한 시뮬레이션을 위해 사용되는 툴들이 있는 쉘프 탭입니다. 여기에서 가장 좌측에 있는 RBD Object를 선택합니다.

04 RBD Object를 선택하면 네트워크 뷰가 Obj 레벨로 바뀌며, 씬 뷰의 하단에 파란색 Select objects for RBD Object. Press Enter to accept selection. 이라는 문구가 뜹니다.

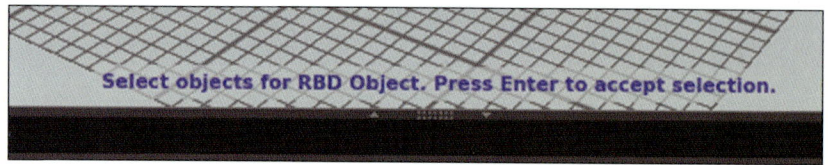

05 이제 RBD Object, 즉 다이내믹에 영향을 받을 충돌체 오브젝트인 티포트를 선택한 후 [엔터] 키를 누릅니다. 이것으로 티포트는 다이내믹 시뮬레이션이 되는 오브젝트가 되었습니다.

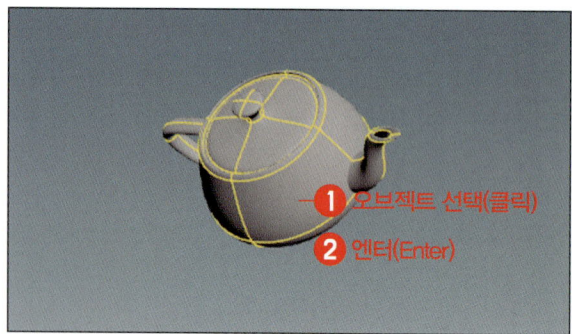

06 RBD Object 설정이 완료되면 obj 레벨에 AutoDopNetwork라는 이름의 DOP 네트워크 노드가 생성됩니다. 이렇듯 셸프(Shelf Tool)을 이용할 경우 자동적으로 Dop 네트워크가 생성되는데, 상황에 따라 직접 DOP을 생성한 후 원하는 DOP에 생성할 수도 있습니다.

07 이제 Dop 네트워크로 들어가면 간단한 노드 트리가 자동적으로 생성된 것을 볼 수 있습니다. 여기에서 [↑] 키를 눌러 플레이해 보면 티포트가 있던 자리에서 아래로 끝없이 떨어지게 됩니다.

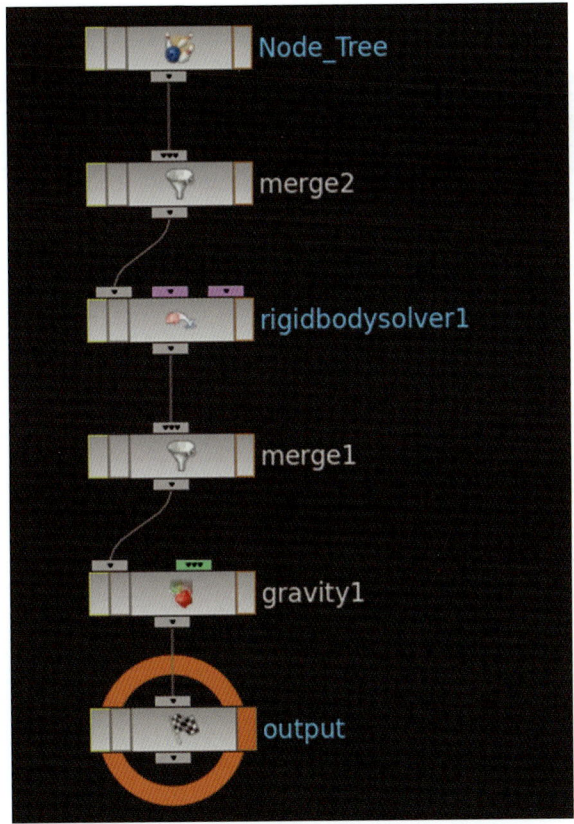

08 다시 티포트와 스피어가 있는 Sop 레벨로 돌아갑니다. 이번엔 스피어와 연결된 transform 노드의 디스플레이를 켜줍니다. 그다음 같은 방법으로 리지드 바디 탭의 RBD Object를 스피어에 적용합니다.

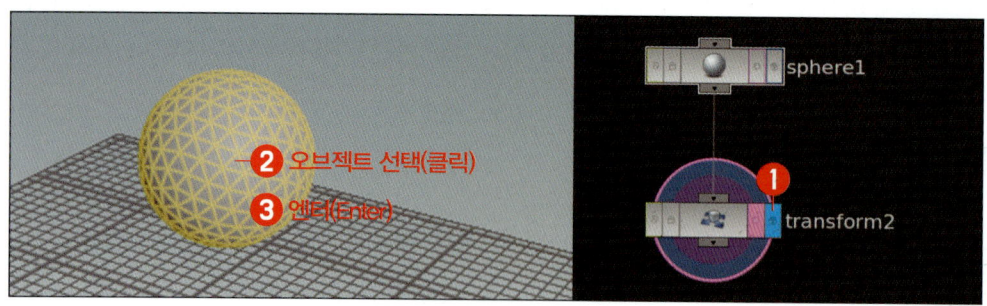

09 계속해서 중력에 영향을 받지 않고 고정되어 있는 충돌되는 바닥 오브젝트를 만들기 위해 다시 리지드 바디(Rigid Bodies) 탭에 있는 그라운드 플레인(Ground Plane)을 클릭하여 groundplane_object1이라는 이름을 가진 Sop 네트워크 노드를 생성합니다. 그리고 생성된 바닥을 스피어보다 아래쪽으로 내려줍니다.

10 이제 Dop즉, AutoDopNetwork 노드 네트워크 레벨로 들어가보면 아래 그림의 왼쪽처럼 노드 트리가 생성됩니다. 노드를 정리하기 위해 [L] 키를 눌러줍니다. 그다음 플레이를 해 보면 티포트와 스피어가 떨어져 바닥과 부딪히는 시뮬레이션이 표현될 것입니다.

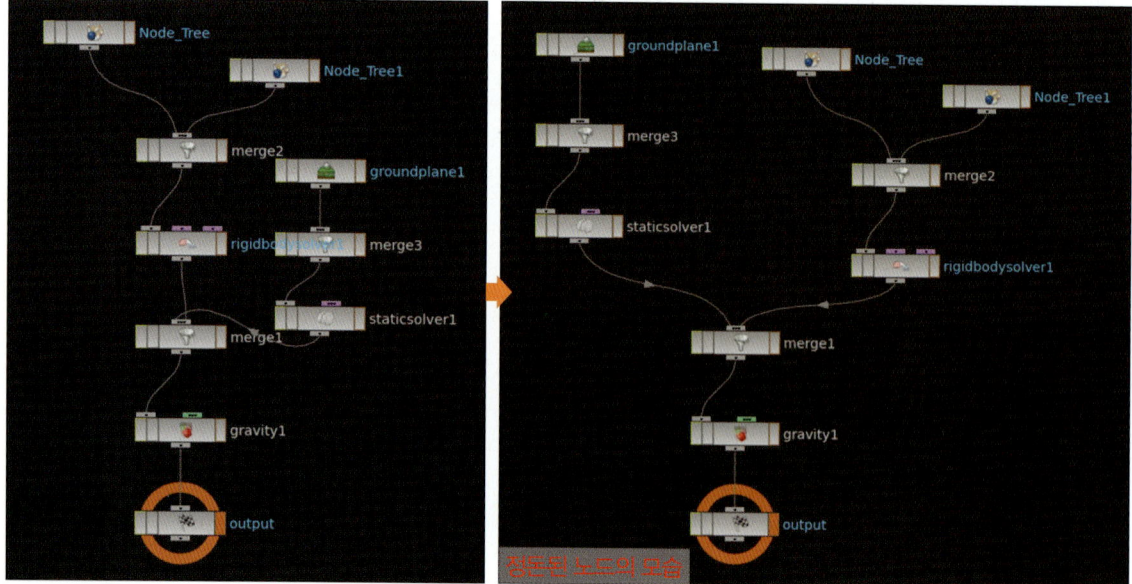

여러분들은 방금 클릭 몇 번만으로 완성된 후디니의 리지드 바디 시뮬레이션(Rigid body simulation)을 경험했습니다. 이렇듯 후디니의 쉘프 툴만 잘 활용해도 많은 것을 표현할 수 있습니다. 물론 어떻게 활용하는 지에 따라 천차만별이 되기도 합니다. 필자는 쉘프 툴을 이용하여 작업물을 만들기보다는 쉘프 툴을 분석하는 식으로 공부에 활용을 하였습니다. 이것은 아무것도 모르는 상태에서 공부를 할 때 아주 좋은 방법이라고 생각합니다. 본 도서를 통해 공부하는 분들도 이와 같은 공부법을 시도했으면 하는 바람입니다. 이제부터는 방금 만든 시뮬레이션을 쉘프 툴이 아니라 직접 만들어보겠습니다.

11 쉘프 툴을 사용하면서 생성된 네트워크를 지우거나 새로운 프로젝트를 열어 준 후 Sop으로 들어가서 그림과 같이 노드를 생성하고 연결합니다. 여기서는 앞선 학습에서는 없었던 null 노드를 생성하고, 이름은 그림처럼 바꿔줍니다. 여기서 참고해야 할 점은 노드를 짜는, 즉 설정하는 방식과 이름에는 정답이 없습니다. 지금부터 나오는 방식은 필자의 작업 방식이지만 학습 이후에는 여러분 자신이 편한 작업 방식을 찾아가면 됩니다.

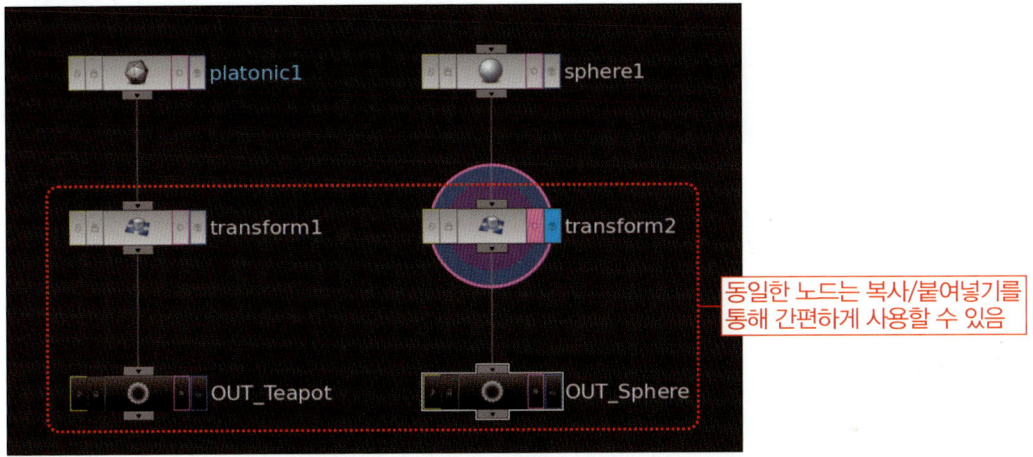

12 시뮬레이션이 이루어지기 위한 Dop 네트워크를 생성합니다. 필자는 Obj 레벨이 아닌 Sop 레벨 내부에서 Dop 네트워크를 생성하여 작업하지만 이 방법 또한 정답이 아니라는 것을 명심하길 바랍니다.

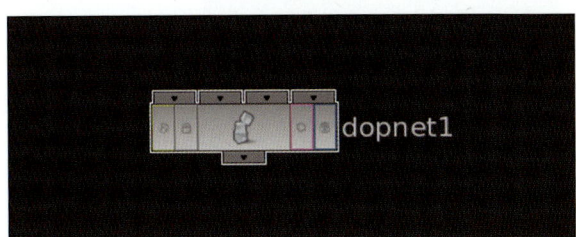

13 생성한 Dop으로 들어가서 rbd를 검색하여 두 개의 RBD Object와 하나의 merge 노드를 생성하여 아래 그림처럼 연결합니다. Dop 네트워크의 merge 노드는 기본적으로 여러 개의 노드를 합쳐주는 역할을 하지만 Sop의 merge와는 차이가 있는데, Sop의 merge는 하나로 합쳐주는 역할만 하는 반면 Dop의 merge는 인풋으로 들어오는 오브젝트들의 관계에 대해서도 관여를 합니다.

 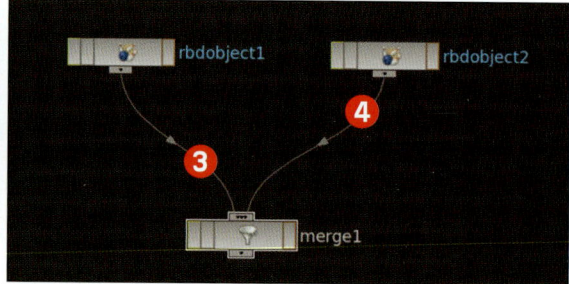

14 방금 생성한 RBD Object 노드의 이름을 순서대로 teapot과 sphere로 변경하고 teapot라고 변경한 RBD Object의 파라미터에서 아래 그림처럼 SOP Path 경로를 바꿔주기 위해 [Open floating operator chooser] 버튼을 눌줍니다. 그다음 Choose Opertor 창이 열리면 OUT_Teapot를 선택한 후 [Accept] 버튼을 눌러 경로를 바꿔줍니다.

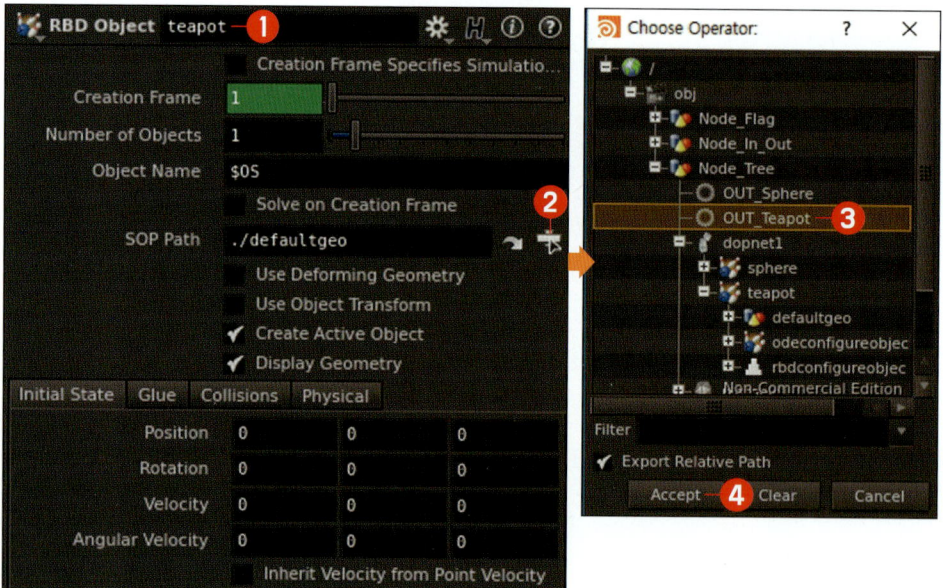

15. 경로 변경 후의 SOP Path를 보면 ../../OUT_Teapot 이라는 경로가 입력이 된 것을 볼 수 있습니다. 이처럼 다른 네트워크 레벨의 데이터를 가져오고자 할 때에는 방금 작업한 것처럼 경로를 통해 가져올 수 있습니다. 참고로 후디니에서 사용할 수 있는 경로는 절대 경로와 상대 경로가 있습니다.

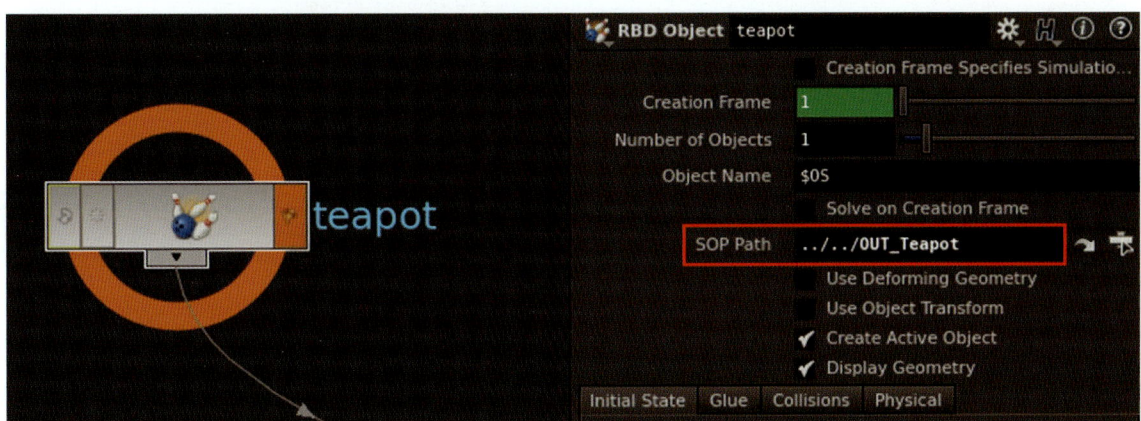

절대 경로와 상대 경로에 대하여

절대 경로는 폴더의 절대적인 위치를 뜻하며 아래 그림에 해당되는 경로에 해당되는데, 절대적인 위치로 설정되었기 때문에 노드의 경로가 바뀌거나 경로에 포함된 이름이 바뀔 경우 에러가 발생됩니다.

`SOP Path    /obj/Node_Tree/OUT_Teapot`

위의 그림 속의 절대 경로를 풀이하면 다음과 같습니다.

/obj/Node_Tree/OUT_Teapot obj 레벨에서 Node_Tree라는 네트워크 안의 OUT_Teapot라는 노드를 뜻합니다.

상대 경로는 폴더의 절대적인 위치에 크게 관여하지 않는 상대적인 경로를 뜻합니다. 윈도우 환경에 익숙한 대부분은 낯설게 느껴질 것입니다. 상대 경로는 아래 그림의 경로처럼 점과 슬래시로 이루어진 부분이 많으며, 이 점과 슬래시가 경로를 정의하는 요소가 됩니다.

`SOP Path    ../../OUT_Teapot`

./ 현재 노드를 의미하는 상대 경로를 뜻합니다.
../ 현재 레벨을 의미하는 상대 경로로써 뒤에 ../ 이 한 번 더 붙으면 상위 레벨을 뜻합니다.

이전 그림 속의 상대경로를 풀이하면 다음과 같습니다.

../../OUT_Teapot ../ 현재 레벨(Dopnet), ../ 상위 레벨(Sopnet)의 OUT_Teapot라는 노드를 뜻합니다.

만약 Dop 네트워크를 Sop 안에서 만들지 않고, Obj 레벨에서 생성을 했다면 위의 경로는 작동을 하지 않습니다. 아래 그림을 보면 네트워크의 경로가 /obj/dopnet1로 변경이 되었습니다. RBD Object 노드의 SOP Path의 경로는 이전과 동일하지만 노드에는 경고를 나타내는 빗금이 생기며, 씬 뷰에서 보였던 티포트가 현재 씬 뷰에서는 나타나지 않습니다.

다음은 현재 네트워크 상에서 정상적으로 작동하도록 상대 경로를 수정한 것입니다.

../../OUT_Teapot
../../Node_Tree/OUT_Teapot

위의 두 경로를 보면 중간에 Node_Tree라는 경로가 추가됐으며, 정상적으로 작동이 되는 이유는 간단합니다. 이전의 Dop 네트워크의 위치는 Node_Tree라는 Sop 내부에 있었습니다. 그렇기 때문에 Dop 네트워크에서 한 레벨 올라가면 OUT_Teapot 이라는 노드가 위치한 네트워크가 되지만, Obj 레벨에서 생성한 Dop 네트워크 내부에서 ../../을 통해 상위 레벨로 가게 되면 Obj 레벨이 되기 때문에 Node_Tree라는 Sop 네트워크를 찾아가기 위한 경로를 추가적으로 입력해야 합니다.

하지만 절대 경로를 사용한다면 수정을 할 필요도 없고, 경고도 뜨지 않으며 씬 뷰에서 티포트가 나타납니다. 지금 당장의 문제만 본다면 절대 경로가 더 좋은 게 아닐까? 라는 생각을 할 수가 있을 것입니다. 필자는 상대 경로를 선호하기 때문에 대부분의 경로는 상대 경로로 사용합니다. 하지만 상황에 따라 적절히 섞어 쓰는게 가장 좋습니다.

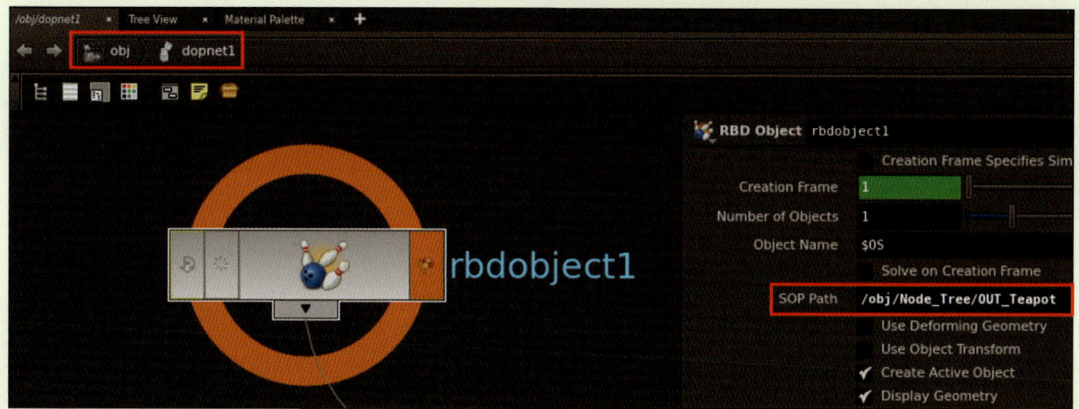

확인이 끝나면 기존의 Dop 네트워크로 돌아가서 RBD Object 노드 파라미터에서 SOP Path 우측의 아이콘을 클릭한 후, 선택 화면의 하단에 있는 Export Relative Path를 해제해 줍니다. 이 옵션은 입력되는 경로를 절대 경로로 할 것인지 아니면 상대 경로로 할것인지에 대한 결정을 하는 체크 박스입니다. 이 옵션을 해제하면 절대 경로로 입력이 됩니다. 그다음 SOP Path가 절대 경로로 잘 입력이 되었는지 살펴보고 노드를 선택 후 단축키 [1]을 눌려 디스플레이를 켜서 씬 뷰에 스피어가 제대로 나타나는지 확인합니다. 이제 각각의 절대 경로와 상대 경로를 사용한 RBD Object 노드가 두 개 생겼습니다.

16 계속해서 탭 메뉴를 통해 Rigid Body Solver를 생성하여 그림처럼 merge 노드의 아웃풋과 연결합니다. 여기서 Solver는 시뮬레이션이 이루어지도록 도와주는 노드라고 생각하면 됩니다. 차후에 보다 자세히 살펴볼 것입니다.

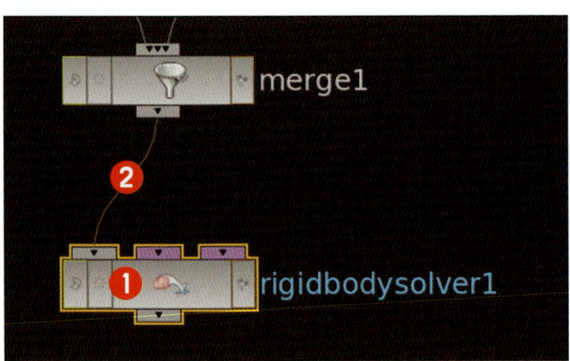

17 이번에는 merge노드와 gravity 노드를 생성하여 그림과 같은 순서대로 연결합니다. gravity 노드는 중력을 만들어주는 역할을 하는 노드로써 이 노드가 없으면 시뮬레이션되는 오브젝트들이 중력에 영향을 받지 않습니다.

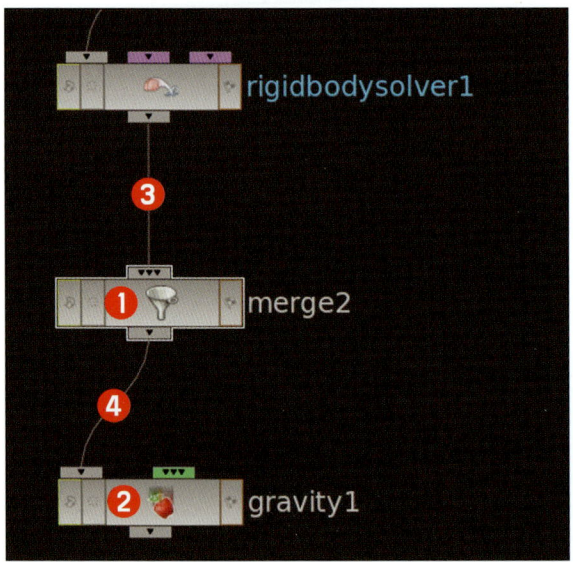

18 계속해서 다음의 그림처럼 Dop 네트워크를 생성했을 때부터 존재했던 output 노드에 gravity의 아웃풋을 연결하고 디스플레이를 켜면 씬 뷰에 티포트와 스피어가 나타나게 됩니다. 하지만 [↑] 키를 눌러 플레이

를 해 보면 그냥 맥없이 아래로 계속 떨어지게 됩니다.

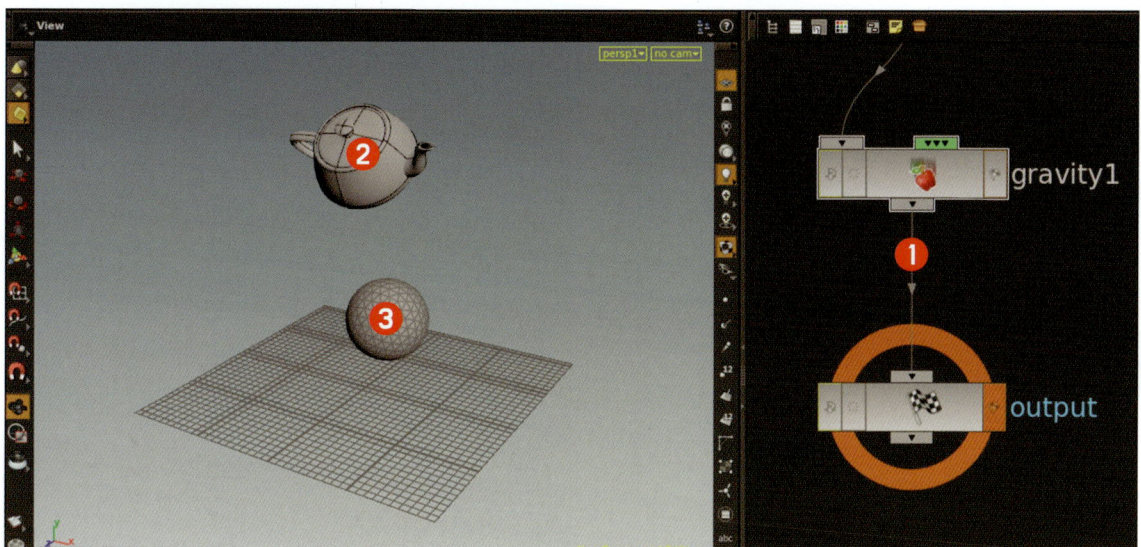

19 이제 맥없이 그냥 떨어지지 않도록 바닥을 생성하기 위해 탭 메뉴에서 ground를 검색하여 Ground Plane을 선택하여 적용합니다. 이 노드가 Dop 네트워크에서 충돌되는 바닥의 역할을 하게 됩니다.

20 groundplane 노드가 생성되면 그림과 같이 merge 노드와 연결을 해 줍니다. 노드의 연결 순서에 따라 결과가 나오기 때문에 연결 순서에 신경써야 합니다.

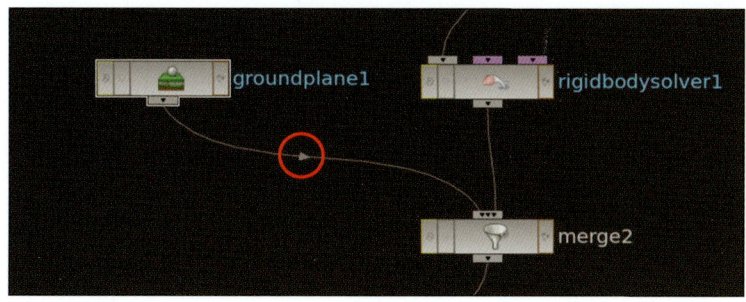

21. 방금 Dop 네트워크에서 생성한 groundplane은 씬 뷰 상에서는 크기가 한정되어 보이지만 실제로는 크기에 대한 한정이 없는 그라운드로 사용됩니다. 즉 아래 그림처럼 바닥의 빨간색 선으로 표시된 공간을 벗어난다 할지라도 아래로 떨어지지 않습니다.

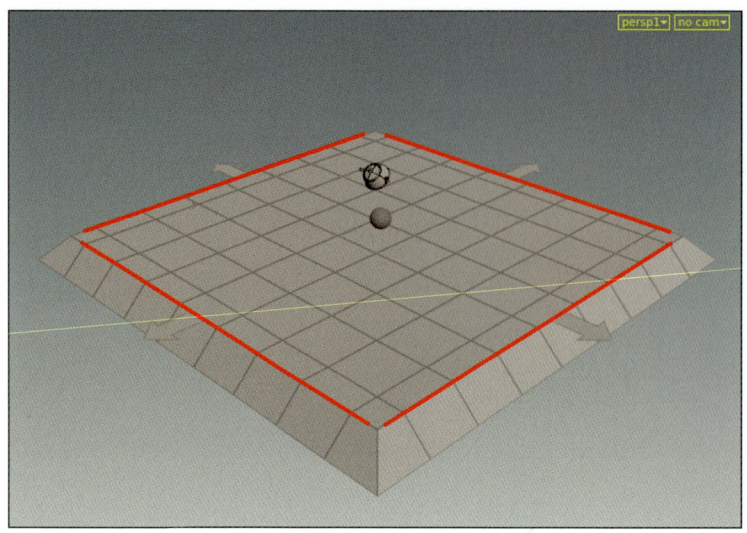

22. 이것으로 노드 트리가 완성됐습니다. 이제 플레이를 통해 앞서 쉘프 툴로 만들었던 노드 트리와 결과물이 유사한지 확인해 보도록 합니다. 결과물을 보면 티포트와 스피어가 서로 충돌하고, 바닥과도 충돌하는 것을 볼 수 있습니다. 만약 그림처럼 시뮬레이션이 되지 않을 경우에는 당황하지 말고, 지금까지 했던 과정에 문제가 없는지 다시 확인하여 문제를 해결해 줍니다. 참고로 이와 같은 다이내믹 시뮬레이션은 Sop에서 지정한 위치나 회전 값에 따라 달라지게 됩니다.

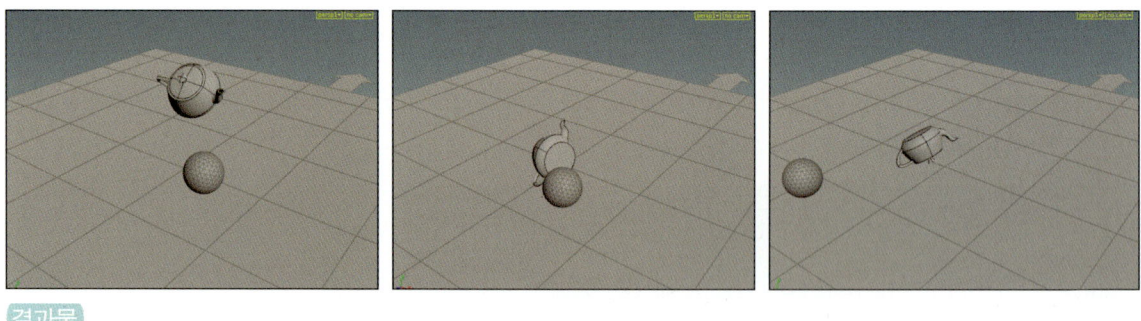

결과물

23. 다음의 그림에서 왼쪽은 방금 직접 설정한 Dop의 노드 트리이며, 오른쪽은 쉘프 툴(Shelf Tool)을 이용하여

만들었던 Dop의 노드 트리입니다. 살펴보면 쉘프 툴로 만들었던 노드 중 불필요한 노드들이 정리되었기 때문에 훨씬 깔끔한 형태의 노드 트리가 되었습니다. 이와 같은 노드 트리로도 같은 결과물을 만들 수 있다는 것을 알 수 있었습니다. 쉘프 툴은 후디니의 큰 장점이자 활용도가 높지만 노드에 대한 이해가 없다면 활용도가 떨어질 수 밖에 없습니다. 그렇기 때문에 가능하면 직접 노드 트리를 짜보는 것이 필요합니다. 노드 트리를 짜다보면 노드 트리의 문제점을 비교하고 고칠 수 있는 능력이 향상되기 때문에 직접 노드를 짜는 것에 대해 익숙해지기를 권장합니다.

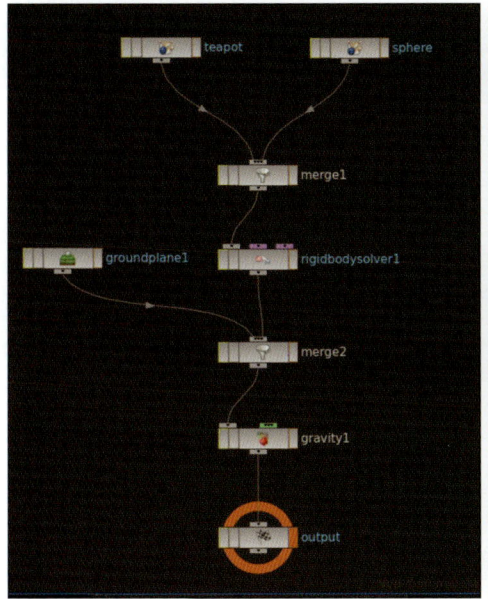

▲ 직접 설정한 Dop의 노드 트리　　　　▲ 쉘프 툴로 설정한 Dop의 노드 트리

이번 학습에서는 노드를 구축하고 흐름을 알아보는 과정을 통해 노드라는 것에 대한 개념을 이해하는 시간을 가져보았습니다. 학습한 것처럼 노드를 구축하는 것은 후디니에서 너무나 기본적이고 필수적인 요소이기 때문에 노드에 대한 사용법에 대해 확실하게 이해를 하고 넘어가기 바랍니다.

02 SOP 네트워크의 활용

이번 학습에서는 모든 작업이 시작되는 SOP 네트워크(Network)의 사용법에 대한 시간입니다. SOP 네트워크는 프로시쥬얼 모델링(Procedural Modeling), 프로시쥬얼 애니메이션(Procedural Animation), 이미터(Emitter), 디포메이션(Deformation), UV 에디팅(UV Editing) 등 기본 작업부터 핵심적인 작업까지 가능한 네트워크입니다. 다른 네트워크도 마찬가지지만 본 도서에서 다룰 수 있는 내용이 한정적이기 때문에 SOP 네트워크에서 활용성이 높은 노드를 기준으로 중점을 두었습니다. 이번 학습을 통해서 SOP 네트워크가 무엇을 하는 공간인지에 대해 확실하게 이해하기 바랍니다.

어트리뷰트(Attribute) 사용하기

지난 학습에서 어트리뷰트(Attribute)가 무엇인지에 대해서 살펴본 적이 있습니다. 그 과정에서 P, Cd, pscale, N, v라는 어트리뷰트가 있다는 것을 알게 되었을 것입니다. 후디니는 이렇게 기본적으로 존재하는 어트리뷰트가 많기 때문에 어떻게 이 다양한 어트리뷰트를 컨트롤할 것인가가 큰 관건이 됩니다. SOP 네트워크의 첫 번째 학습에서는 어트리뷰트를 다루는 여러 가지 방법에 대해 익혀보기로 합니다.

어트리뷰트 크리에이트(Attribute Create)하기

이번 학습에서는 어트리뷰트 중 가장 쉽게 접할 수 있는 어트리뷰트 크리에이트(Attribute Create) 노드를 사용해 보도록 하겠습니다.

01 가장 먼저 스피어를 생성하고 파라미터를 그림처럼 설정합니다. 지금의 작업은 당연히 Sop 네트워크에서 이루어주어야 한다는 것 기억하기 바랍니다.

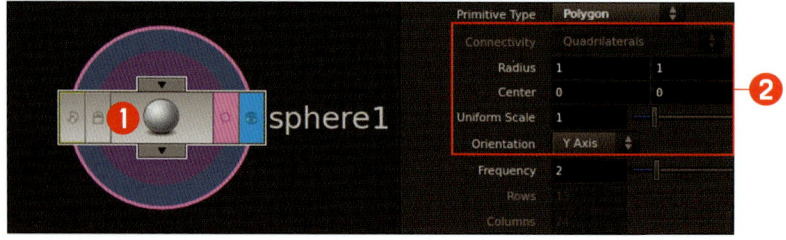

02 탭 메뉴에서 Facet 노드를 생성하여 앞서 생성한 스피어에 연결해 주고 파라미터에서 Post-Compute Normals를 체크합니다.

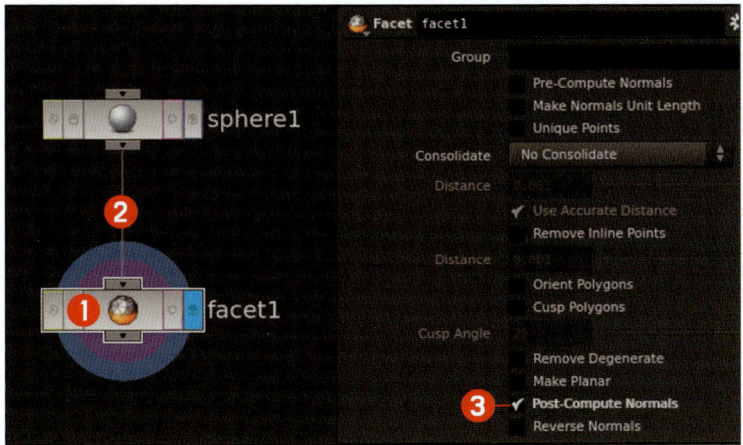

03 Post-Compute Normals 옵션은 오브젝트의 노멀을 계산하고 생성해 주는 옵션으로써 씬 뷰 오른쪽의 디스플레이 옵션(Display options) 툴 바에서 빨간색 원으로 표시된 디스플레이 노멀(Display normals) 툴을 선택하면 오브젝트의 노멀이 나타나게 됩니다.

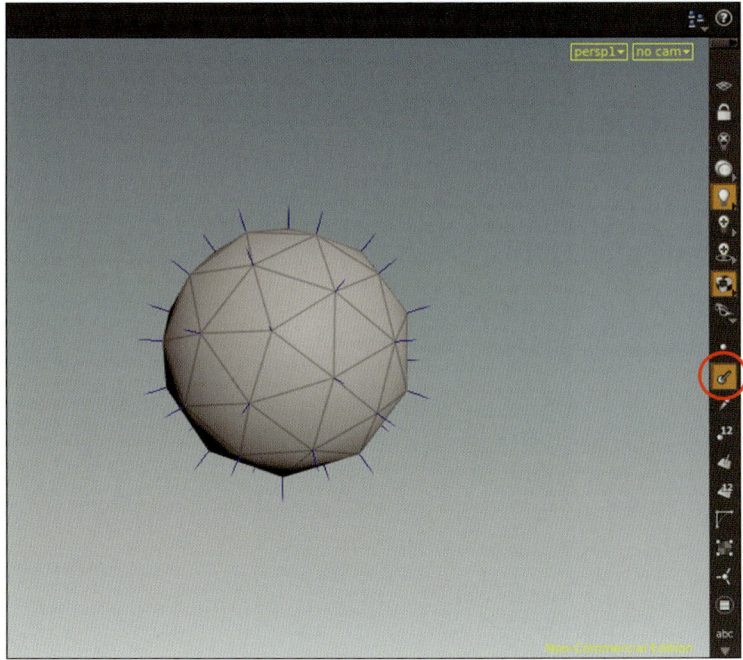

> **패시트(Facet) 노드란?**
> 패시트 노드는 오브젝트의 면에 대한 각종 컨트롤을 할 수 있는 노드입니다.

04 계속해서 생성된 노멀을 가지고 각종 어트리뷰트를 만들고 수정해 보도록 하겠습니다. Attribute Create 노드를 생성하여 연결합니다. 그다음 파라미터에서 기본으로 되어있는 attribute1이라는 이름은 지오메트리 스프레드시트에서도 같은 이름으로 어트리뷰트가 생성되어 있습니다. 이제 이름을 N이라고 수정합니다. 그리고 노멀은 벡터 데이터이기 때문에 Type을 Vector로 변경합니다.

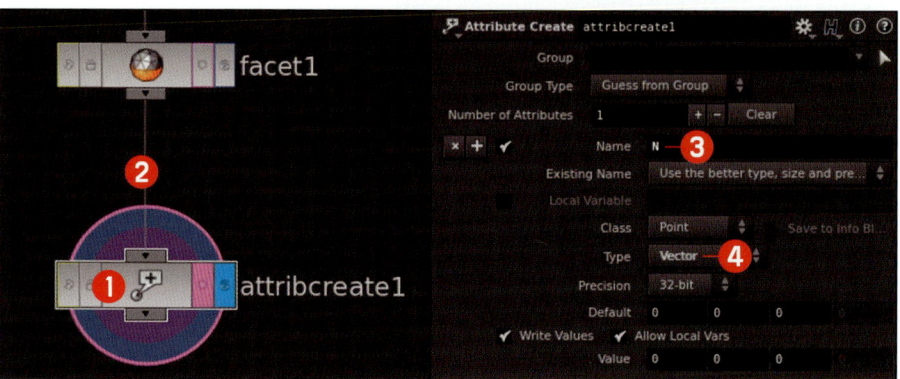

05 그런데 씬 뷰를 보면 무언가 잘못됐습니다. 씬 뷰에서 정상적으로 나타났던 오브젝트가 검정색으로 표현되었는데, 그 이유는 무엇일까요? 이것은 Facet 노드에서 노멀을 생성해놓고, Attribute Create 노드에서의 이름을 N으로 수정했기 때문에 발생된 문제로써 Attribute Create 노드에서 노멀이 새롭게 정의됨에 따라 Override(치환 : 무시하다의 의미)가 되었기 때문입니다.

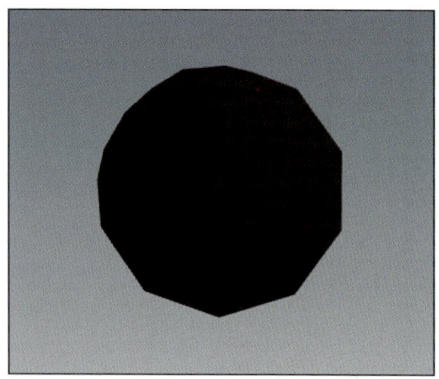

06 이제 어트리뷰트가 Override되었기 때문에 발생된 문제를 해결해 보겠습니다. 앞서 상위에서 노멀이 존재했지만 Attribute Create 노드에서 노멀을 새롭게 정의하면서 값이 입력이 되었었는데, 아래의 왼쪽 그림을 보면 Value 값이 전부 0으로 되어있습니다. 0이라는 값으로 노멀이 Override되었기 때문에 오브젝트가 검정색으로 나타나게 되었던 것입니다. 이제 Value 값을 $NX, $NY, $NZ으로 수정하여 노멀이 정상적으로 나타나도록 해 줍니다.

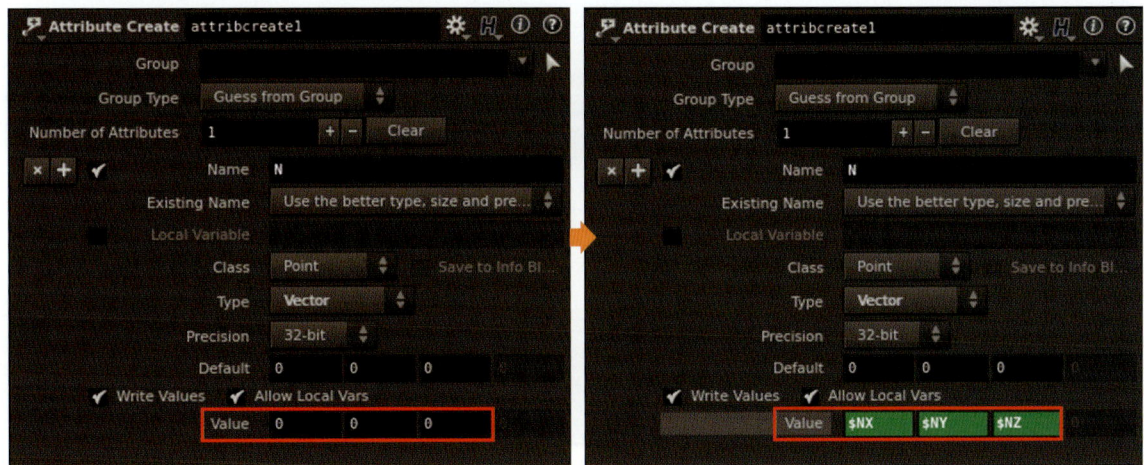

07 오브젝트의 노멀이 정상적으로 나오는 것을 확인했다면 이제 그림처럼 Value 값에 각각 5씩 곱하기를 해준 뒤 씬 뷰를 확인해 봅니다. 씬 뷰를 보면 전보다 파란색 줄이 훨씬 길어진 것을 알 수 있습니다. 이것은 각각의 노멀 값에 5라는 값을 곱했기 때문입니다. 이때 x, y, z 축에 대한 노멀의 값을 각각 다르게 설정하면 어떻게 표현이 될까요?

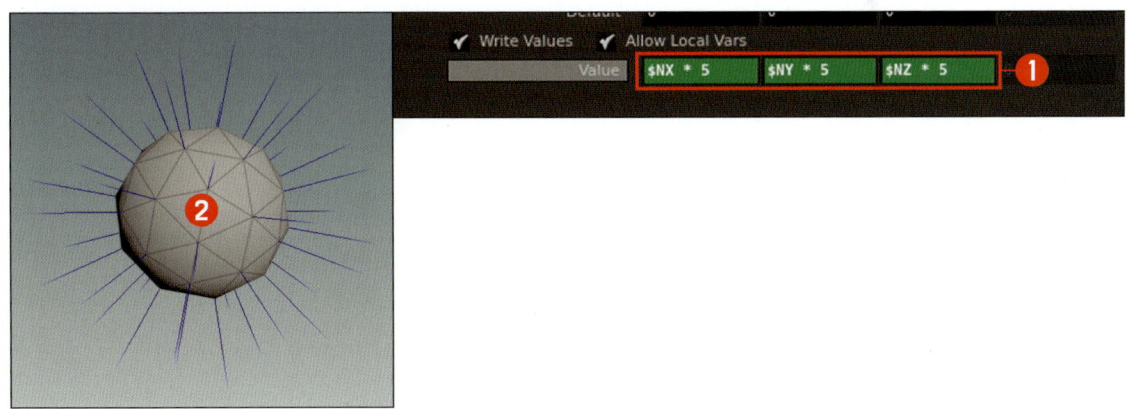

08 아래 그림은 x, y, z 축을 차례대로 * 5로 적용된 노멀 값의 결과입니다. 특정 축이 * 5일 때는 나머지 두 축은 0의 값을 입력하여 살펴보면 각 축에 대해서만 노멀이 존재하기 때문에 한 축에 대한 방향으로만 노멀이 뻗어있습니다.

x 축에 대한 노멀   y 축에 대한 노멀   z 축에 대한 노멀

09 이제 노멀 값을 이용해서 오브젝트에 색을 입혀보겠습니다. 노멀의 값을 다시 $NX, $NY, $NZ로 되돌려 놓습니다. 그다음 Attribute Create 노드를 하나 더 생성하여 연결하고 Name에 Cd를 입력합니다. 그리고 Type은 Vector로 설정하고 Value는 $NX, $NY, $NZ로 입력합니다.

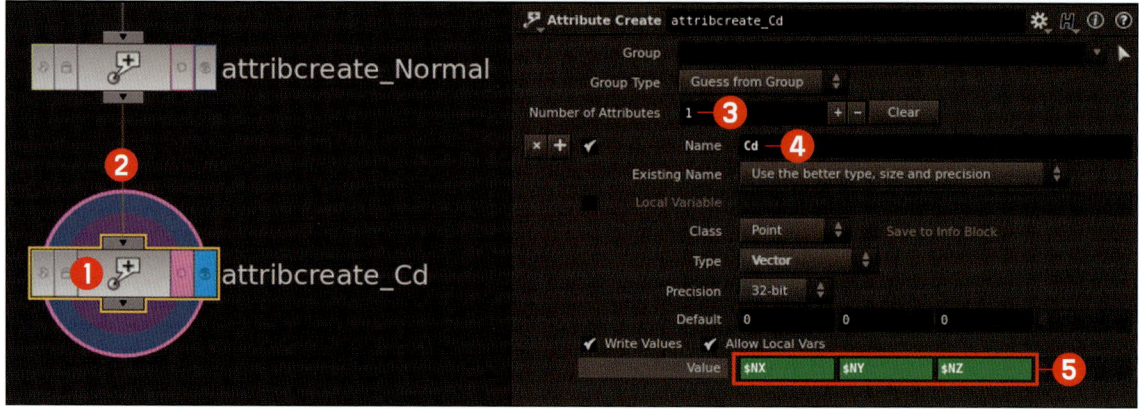

10 지오메트리 스프레드시트에 Cd라는 값이 생기며, 노멀의 데이터와 똑같은 값이 입력되었고, 씬 뷰를 보면 오브젝트에 각종 색상이 적용된 것을 볼 수 있습니다. 만약 Cd의 Value 값에 노멀을 곱했던 것처럼 곱하기를 하면 곱한 값만큼 색상이 강렬해 집니다. 그렇다면 컬러에 다른 어트리뷰트를 넣을 수는 없을까요? 이번에는 노멀 값이 아니라 임의의 어트리뷰트를 생성해서 그 값을 컬러에 적용하도록 해 보겠습니다.

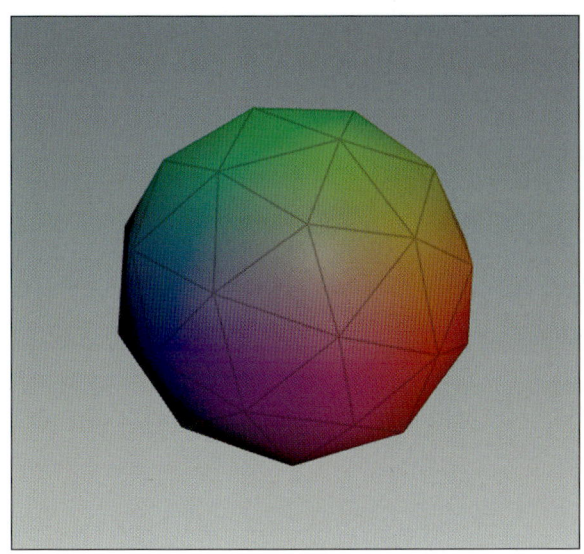

11 탭 메뉴에서 Attribute Create 노드를 생성하여 스피어에 새롭게 연결을 한 뒤 Name에 자신이 원하는 어트리뷰트의 이름을 입력합니다. 필자는 이름의 이니셜을 따서 nscolor라고 입력하였습니다. 그리고 Type은 Vector로 변경하고, Value는 다음과 같이 입력합니다.

rand($PT * 569), rand($PT * 247), rand($PT * 25)

12 지오메트리 스프레드시트에서 직접 이름을 입력한 후 어트리뷰트의 값을 보면 다음의 그림처럼 0~1 사이의 값이 랜덤하게 출력된 것을 볼 수 있습니다.

 랜드 펑션(rand function)이란?
위 지오메트리 스프레드시트의 세 공간에 입력된 값을 보면 rand($PT)라는 익스프레션이 보입니다. 여기서 사용한 rand라는 함수는 0부터 1 사이에서의 값을 랜덤하게 출력해 주는 함수이며, $PT는 전체 포인트를 의미합니다. 즉 전체 포인트를 기준으로 0부터 1 사이의 랜덤한 값을 출력합니다.

13 계속해서 이전에 Cd로 사용했던 Attribute Create 노드를 복사하여 연결한 뒤 Value에 직접 만든 어트리뷰트를 입력합니다. 그런데 Value를 보면 $NX, $NY, $NZ가 아닌 알 수 없는 글자가 적용된 것을 알 수 있습니다.

154 VFX의 꽃, FX를 위한 후디니

베리어블 매핑(Variable Mapping)하기

자신이 만든 어트리뷰트를 대문자로 입력하면 될 것이라는 생각을 할 수 있지만 이것으로 해결이 되지 않습니다. 그렇다면 어떻게 하면 될까요? 이와 같은 경우에는 베리어블 매핑(Variable Mapping)이라는 것을 해 주어야 하는데, 베리어블 매팅은 어트리뷰트를 변수(Variable)로 사용할 수 있게 해 주는 과정입니다. 노멀이나 컬러는 로컬 변수가 존재합니다. 하지만 직접 만든 어트리뷰트는 변수 없이 오로지 어트리뷰트로만 존재하는 값들이 있습니다. 어트리뷰트의 값들을 좀 더 접근성 있게 만들어서 사용할 수 있게 하기 위해 이런 과정을 거치게 됩니다. 물론 사용자마다 차이가 있고, 자신만의 방식이 있기 때문에 어트리뷰트를 베리어블 매핑하지 않고 VEX를 이용해서 하거나 VOP을 이용해서 모든 값을 컨트롤해도 됩니다.

01 컬러 데이터로 사용하기 위한 어트리뷰트를 Variable Mapping하기 위해 바로 위쪽 노드의 파라미터를 보면 Local Variable이라는 옵션이 있습니다. 기본적으로는 해제되어있는 이 체크 박스를 체크합니다. 체크만 하고 우측의 입력 필드에 아무 것도 입력하지 않으면 Name의 적어둔 어트리뷰트가 그대로 대문자로 바뀐 로컬 변수가 생성됩니다.

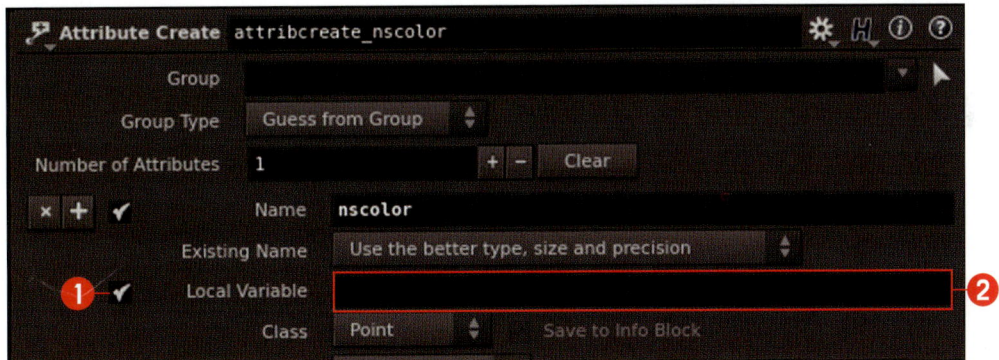

02 아무런 문자도 입력하지 않은 상태에서 노드 위에서 [MMB]를 하면 다음의 그림과 같이 정보 창이 뜨게 되며, Custom Variable Mappings라는 옵션 아래에 어떤 어트리뷰트가 어떤 문자로 로컬 변수가 되었는지 나타납니다.

nscolor -> NSCOLOR

이제 nscolor라는 어트리뷰트는 NOCOLOR라는 로컬 변수가 되었습니다. 그렇다면 이제 자신이 원하는 문자를 로컬 변수로 만들어 보도록 하겠습니다.

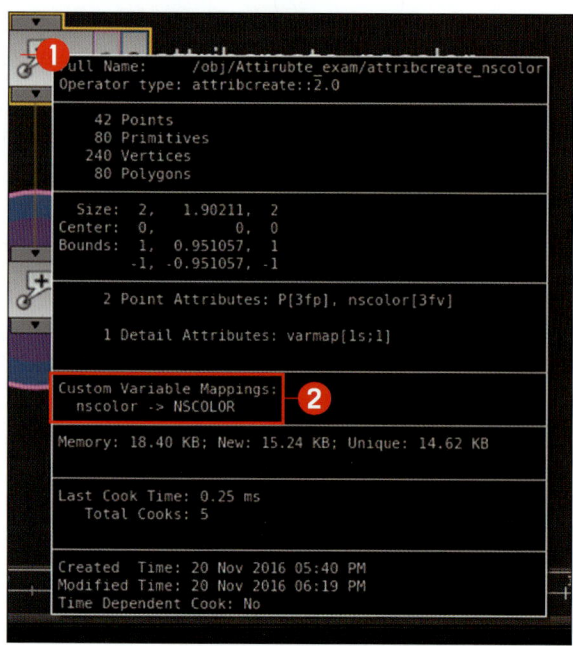

03 아래 그림처럼 Local Variable에 NSC라는 단어를 입력합니다. 그러면 NSC가 Custom Variable Mappings 으로 나타납니다. 이렇게 자신이 원하는 단어를 입력해서 로컬 변수를 생성해도 되겠지만 어트리뷰트의 이름이 지나치게 길지 않다면 별도로 단어를 입력하지 않기를 권장합니다.

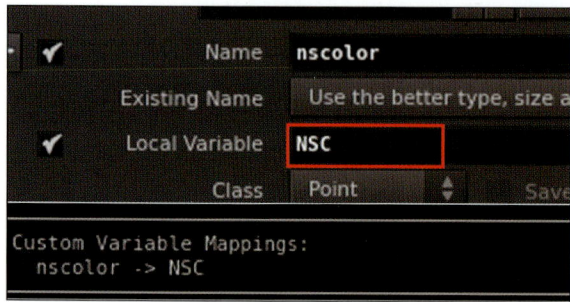

04 어트리뷰트를 로컬 변수로 사용할 수 있도록 해 주는 Variable Mappings에 대해 알아보았기 때문에 이제 적용을 해 보도록 하겠습니다. Attribute Create 노드를 생성해서 연결을 한 뒤 Name과 Type을 다음의 그림과 같이 설정한 후 Value에 $와 자신의 로컬 변수의 철자를 적으면 해당 철자가 들어간 로컬 변수가 나타납니다. 그림에서는 로컬 변수가 NSCOLOR로 되어있기 때문에 $NS만 입력해도 로컬 변수가 나타나게

됩니다. 만약 자신의 로컬 변수가 TESTCOLOR라면 $TES만 입력해도 아래쪽에 관련 로컬 변수가 자동으로 나타날 것입니다.

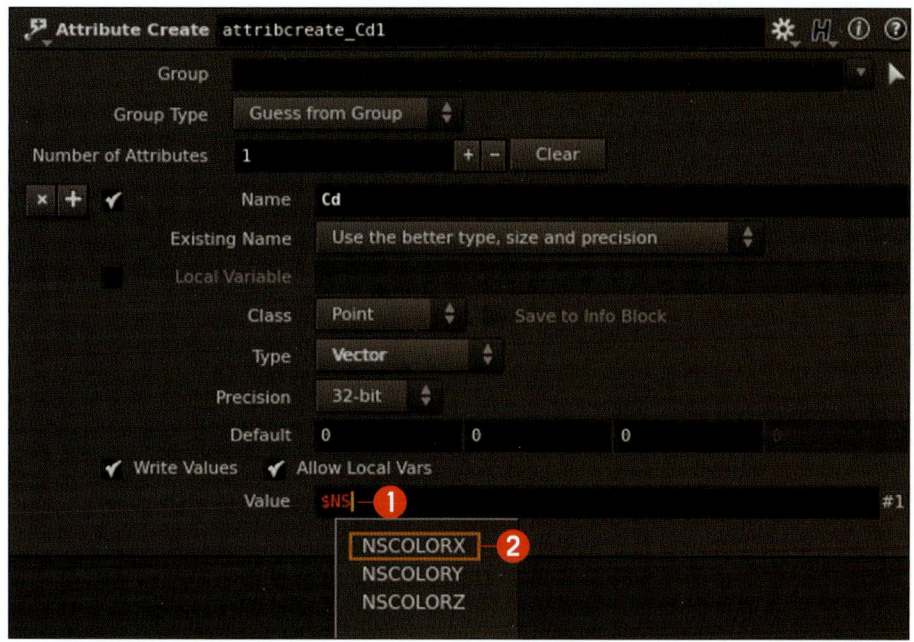

05 그런데 나타난 관련 로컬 변수의 끝에 순서대로 X, Y, Z가 붙어있습니다. 앞서 Local Variable 체크 박스를 체크하고 아무 것도 입력하지 않았는데 X, Y, Z가 붙는 이유는 로컬 변수로 생성한 어트리뷰트의 자료형이 Vector이기 때문에 그런 것입니다. 만약 Vector가 아닌 Float이나 Integer로 바꿔준다면 X, Y, Z는 나타나지 않고, NSCOLOR로 나타나게 됩니다. 각 입력 필드의 x, y, z에 맞게 로컬 변수를 입력한 뒤 에러 없이 정상적으로 작동이 되는지 확인합니다.

06 씬 뷰를 통해 결과물을 확인 해 보면 전과는 다른 색상의 스피어로 나타날 것입니다. 여러분의 결과물이 예제와 색상이 다르게 나타난다고 해서 잘못됐다고 생각할 필요는 없습니다. rand($PT * 569)에서 $PT에 곱해진 숫자는 일종의 offset 값으로써 이 숫자에 따라서 색상이 다르게 표현되기 때문입니다. 이렇게 어트리뷰트는 자신의 원하는 대로 생성할 수 있고, 생성된 어트리뷰트를 다른 곳의 데이터로 사용할 수도 있으며, 여러 데이터를 사용하는 등의 다양한 활용이 가능합니다.

어트리뷰트 트랜스퍼(Attribute Transfer)로 어트리뷰트 이동하기

이번 학습에서는 어트리뷰트를 다른 오브젝트에 반영하는 방법에 대해 알아보도록 하겠습니다.

01 Sop 네트워크의 탭 메뉴에서 geo를 검색하여 Test Geometry: Rubber Toy를 선택합니다. 그다음 방금 생성한 뒤 오브젝트의 노멀을 확인합니다.

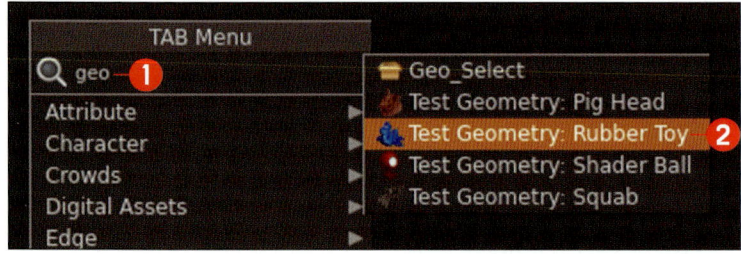

02 씬 뷰에서 노멀을 디스플레이하면 다음의 그림처럼 오브젝트의 면에 대한 노멀이 나타나게 되는데, 지오메트리 스프레드시트에서도 노멀 값이 존재하는지 확실히 확인을 합니다. 이제 Rubber Toy의 노멀을 제거하고 다른 오브젝트로부터 노멀을 반영하는 방법에 대해 배워보겠습니다.

03 이번엔 탭 메뉴에서 Clean 노드를 생성하여 Rubber Toy의 아웃풋에 연결하고, 파라미터의 Remove Attribs를 체크합니다.

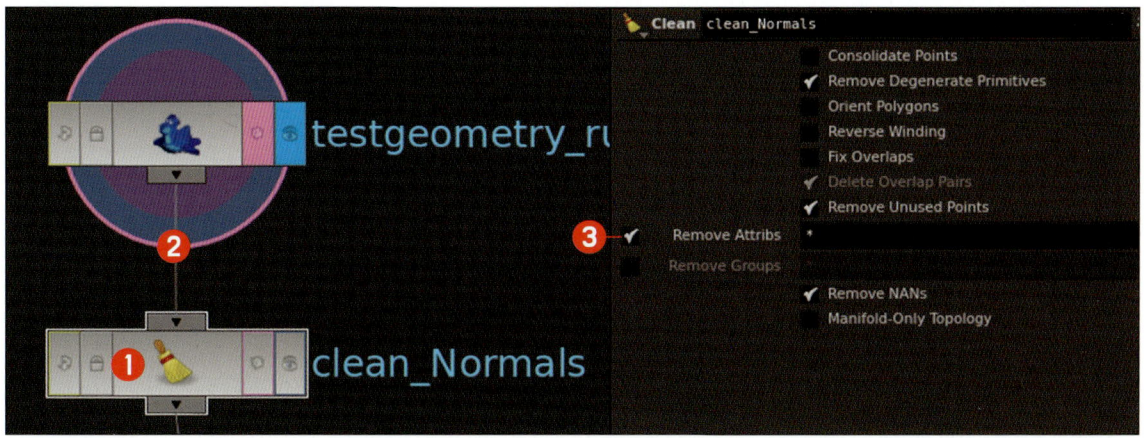

패턴 매칭(Pattern Matching)이란?

Clean 노드의 Remove Attribs 입력 필드에 있는 *은 전체를 선택한다는 의미로써 패턴 매칭 (Pattern Matching)이라고 부르는 요소 중 하나입니다. *를 제거하고 여기에 N이란 글자를 입력할 경우 어트리뷰트 중 노멀만 제거한다는 의미가 됩니다.

04 Clean 노드를 이용해 포지션을 제외한 모든 어트리뷰트를 제거했습니다. 이제 노멀을 디스플레이하면 연보라색으로 노멀이 표현이 되지만 이것은 오브젝트의 노멀 방향을 나타낼 뿐 노멀 어트리뷰트는 존재하지 않는 상황입니다.

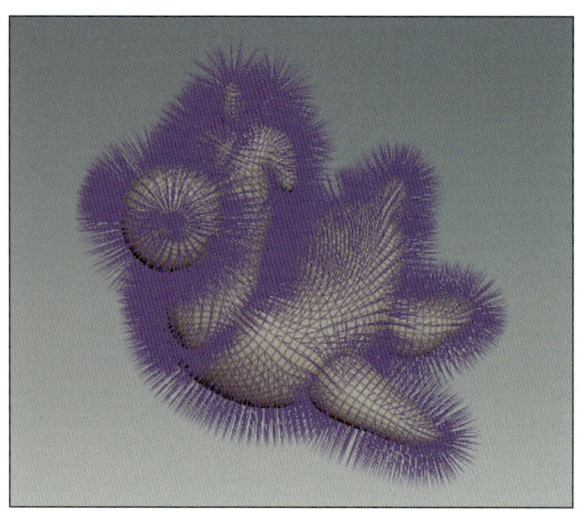

05 이제 노멀을 가진 오브젝트를 생성하기 위해 스피어를 생성한 후 아래쪽에 Facet 노드를 생성하여 연결합니다. 그리고 노멀을 나타나게 한 후 Transform 노드 생성하여 패시트 아래쪽에 연결합니다. 그다음 트랜스폼 파라미터의 Scale을 0.4로 맞춥니다. 노멀이 없는 오브젝트와 노멀을 가진 오브젝트가 생겼으니 이제 스피어의 노멀을 Rubber Toy로 전달해보도록 하겠습니다.

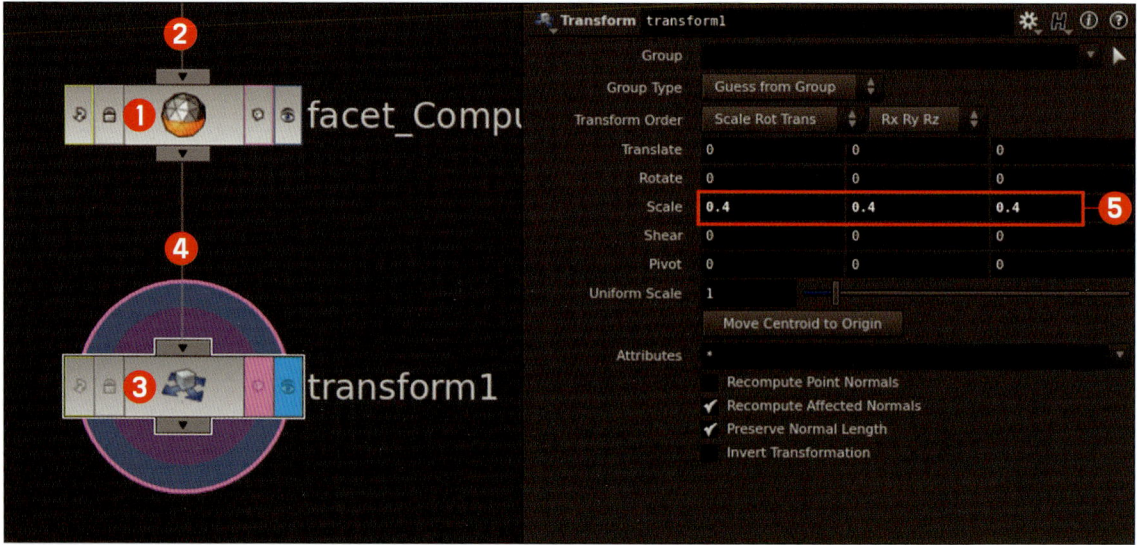

06 탭 메뉴에서 Attribute Transfer 노드를 생성합니다. 이 노드는 Input 2로 들어오는 데이터의 어트리뷰트를 Input 1로 들어오는 데이터에게 전달해주는 노드로써 필요한 어트리뷰트가 다른 오브젝트에 있을 경우 손쉽게 어트리뷰트를 이동할 수 있는 장점을 가지고 있습니다.

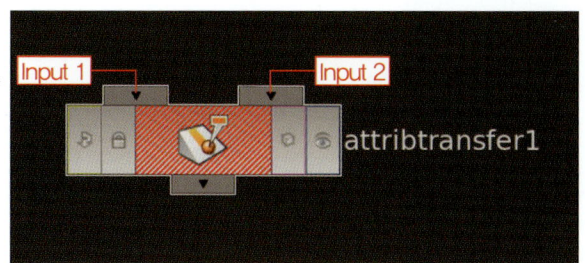

07 아래 그림과 같이 노드의 인풋과 아웃풋을 연결합니다. 그러면 Attribute Transfer 노드의 파라미터를 변경하지 않았다면 스피어의 모든 어트리뷰트가 Rubber Toy로 이동됩니다. 하지만 지금 이동하고자 하는 어트리뷰트는 노멀이기 때문에 파라미터의 옵션을 바꿔주어야 합니다.

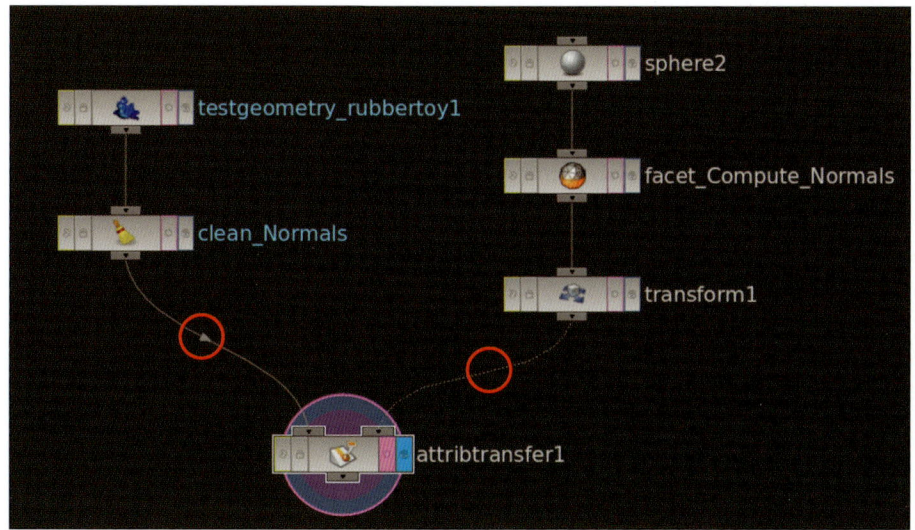

08 현재는 어트리뷰트가 디폴트 상태의 파라미터이기 때문에 다음의 그림과 같이 파라미터를 수정해줍니다. 하지만 지금과 같은 경우에는 노멀 외에 다른 어트리뷰트가 없기 때문에 디폴트 상태로 두어도 결과는 똑같습니다.

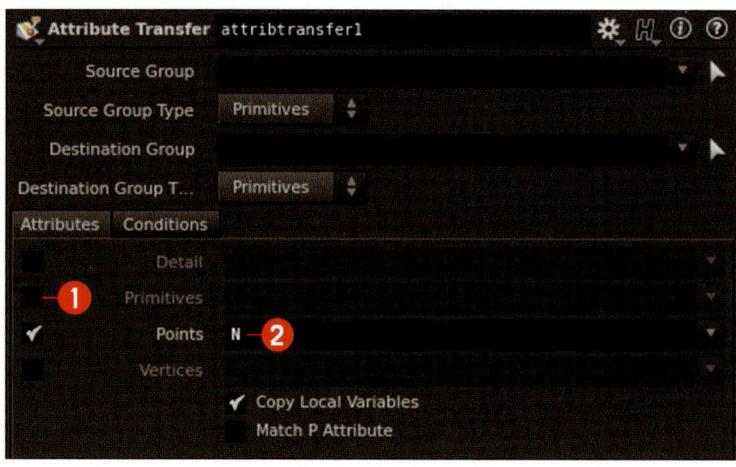

09 이제 씬 뷰에서 노멀을 디스플레이하면 아래 그림처럼 노멀이 방사형으로 나타나는 것을 볼 수 있습니다. 이렇게 나타나는 이유는 스피어의 노멀이 Attribute Transfer를 통해서 Rubber Toy로 이동됐기 때문입니다. 그렇다면 여기에서 스피어에 연결된 Transform 노드의 템플릿을 켜놓은 상태에서 이동하게 되면 노멀이 어떻게 바뀌는지 직접 확인해 봅니다.

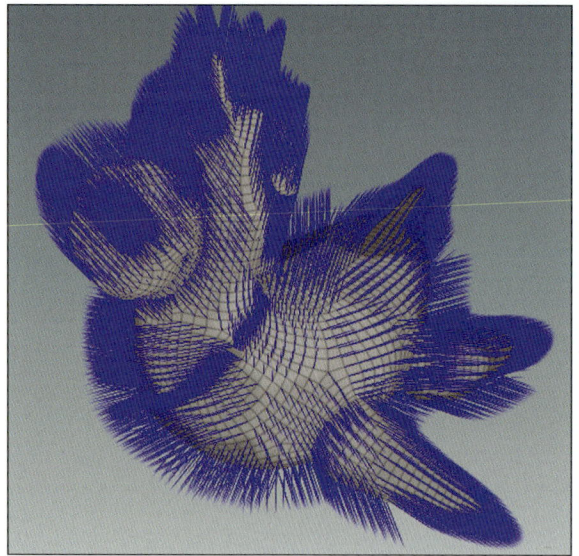

10 다음 그림에서 왼쪽의 그림은 y 축으로 1 만큼 이동했을 때의 노멀이며, 오른쪽은 –1 만큼 이동했을 때의 노멀입니다.

y 축으로 1 만큼 이동했을 때의 노멀

y 축으로 -1 만큼 이동했을 때의 노멀

11 스피어의 노멀은 아래 그림처럼 방사형으로 퍼지고 있으며, 스피어의 위치가 Rubber Toy의 중앙에 있으면 Rubber Toy 역시 방사형으로 퍼지는 노멀을 갖게 됩니다. 하지만 스피어가 아래로 내려가면 Rubber Toy는 스피어의 노멀 중 위로 향하는 노멀을 부여받게 되됩니다. 레더 메뉴를 통해 이동을 시켜가며 확인을 하도록 합니다. 만약 어트리뷰트가 오브젝트의 전체가 아니라 일부에만 이동되게 해야한다는 상황이 온다면 어떻게 해야할까요? Rubber Toy의 얼굴 부분에만 노멀이 존재하게 만들어보겠습니다.

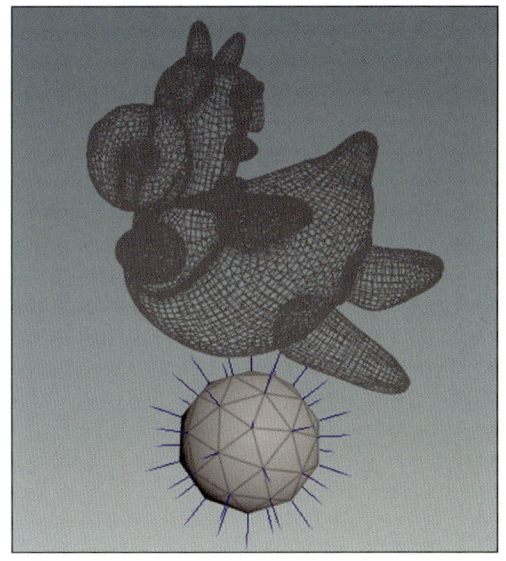

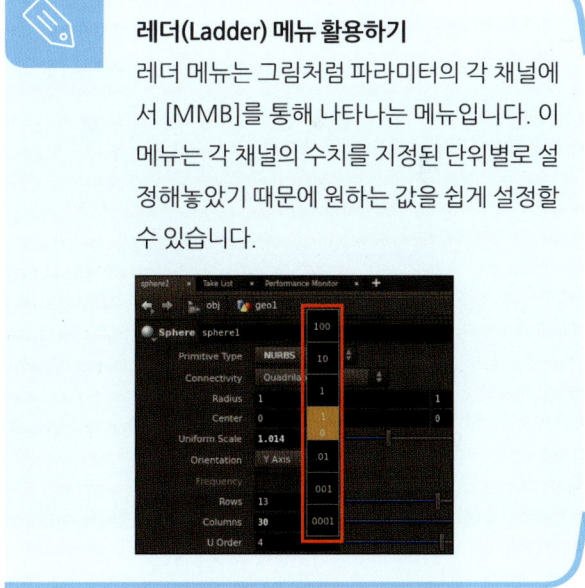

레더(Ladder) 메뉴 활용하기

레더 메뉴는 그림처럼 파라미터의 각 채널에서 [MMB]를 통해 나타나는 메뉴입니다. 이 메뉴는 각 채널의 수치를 지정된 단위별로 설정해놓았기 때문에 원하는 값을 쉽게 설정할 수 있습니다.

Sop 네트워크의 활용 **163**

12 먼저 스피어의 위치를 그림처럼 Rubber Toy의 머리 부분으로 이동합니다. 그다음 Attribute Transfer 노드의 디스플레이를 켜서 노멀을 확인하면 머리를 기준으로 방사형으로 퍼지는 노멀을 볼 수 있습니다. 하지만 아직도 이전과 마찬가지로 전체에 노멀이 존재합니다. 이렇듯 이동시킬 어트리뷰트를 가진 오브젝트의 위치를 맞춘다고 해서 그 부분에만 어트리뷰트가 전달되게 되는 것은 아닙니다.

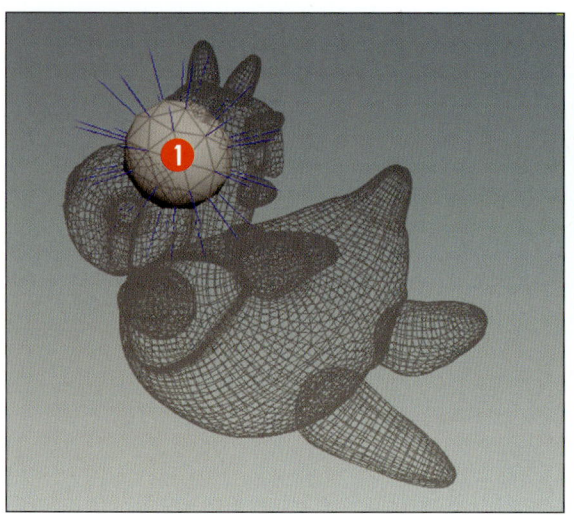 

13 Attribute Transfer 노드의 파라미터의 Conditions탭을 선택하면 수치를 설정할 수 있는 네 개의 옵션이 있습니다. 이 중 Distance Threshold의 값이 어트리뷰트가 전달 될 범위에 해당 됩니다. 이 값을 줄이면서 어떠한 변화가 생기는지 확인하고, 노멀이 머리에만 남을 때까지 값을 줄여봅니다.

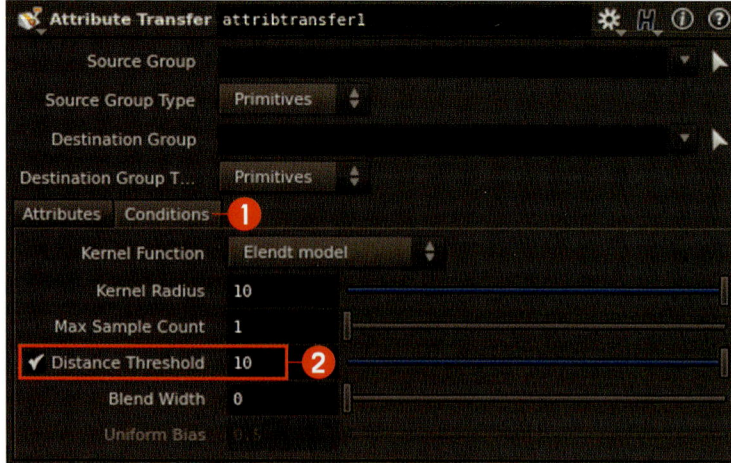

14 필자는 Distance Threshold 값을 0.35로 설정하였습니다. 하지만 이와 같은 값을 입력한다고 해서 그림처럼 표현되는 것이 아닙니다. 만약 그림과 같은 형태를 원한다면 스피어의 위치도 동일하게 설정해야 합니다. 그렇다면 노멀이 점차 퍼지게 하려면 어떻게 해야할까요?

15 Blend Width 값을 통해서 Input 1의 어트리뷰트와 Input 2의 어트리뷰트의 경계 부분을 블렌딩할 수 있습니다. 하지만 지금은 Input 1에 노멀이 없기 때문에 이 값을 증가하면 Distance Threshold 값을 증가한 것과 똑같이 나타나게 됩니다.

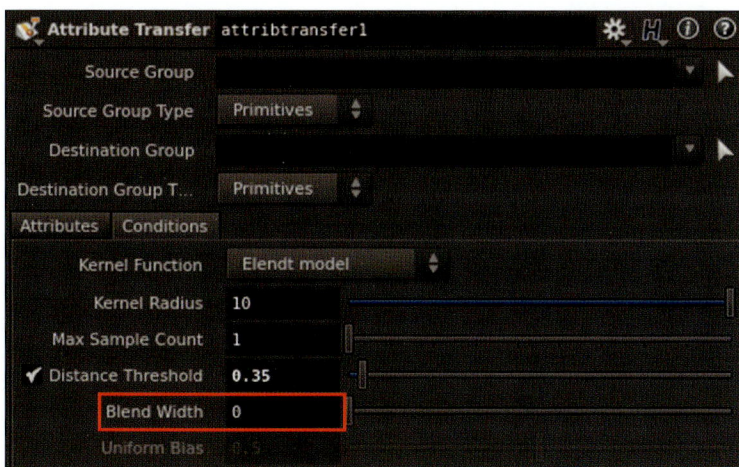

16 속성을 확실하게 확인하기 위해 노멀이 아닌 컬러를 사용해 보도록 하겠습니다. 탭 메뉴를 통해 Scatter 노드를 생성한 후 그림처럼 연결을 해 주고 Rubber Toy에 연결된 Scatter 노드의 파라미터에서 Force Total Count의 값을 3000으로 설정합니다. 오브젝트를 프리미티브가 아닌 포인트로 한 것은 좀 더 확실하게 보기 위해서 입니다.

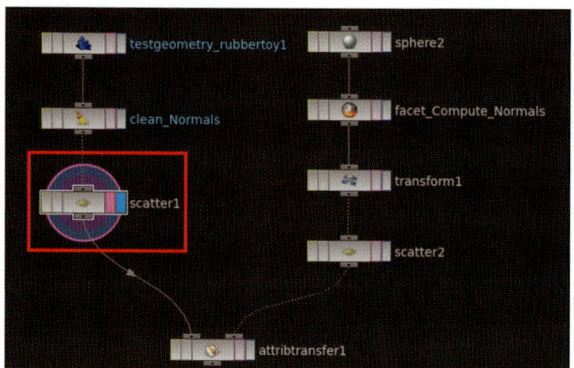

17 이제 각 포인트에 색상을 적용하기 위해 Color 노드를 생성해서 그림처럼 연결해 주고, Rubber Toy에 연결된 Color 노드의 파라미터에서 컬러 값을 0, 1, 0으로 설정하여 초록색으로 만들어주고, 스피어에 연결된 Color 노드는 1, 0, 0으로 설정하여 빨간색으로 만들어줍니다.

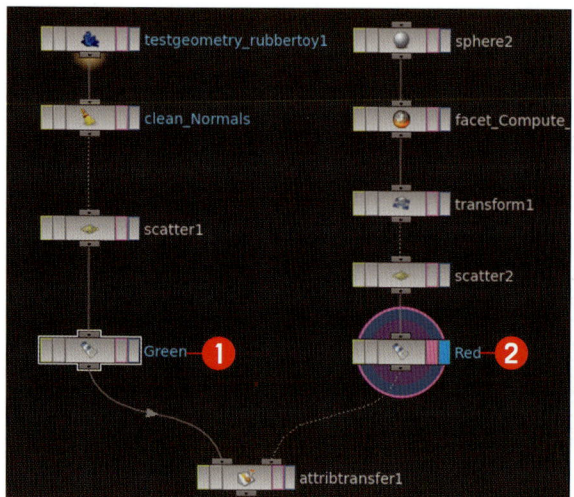

18 이제 씬 뷰를 통해 스피어와 Rubber Toy에 색상이 잘 적용됐는지 확인을 하고, Attribute Transfer 노드의 디스플레이를 켜줍니다. 그런데 분명히 앞선 작업을 통해 색상이 전달되어 빨간색이 나타나야 하는데 초록

색의 Rubber Toy 밖에는 보이지 않습니다.

19 이와 같은 원인은 Attribute Transfer 노드의 설정에 있습니다. 이것은 앞에서 전달될 어트리뷰트의 설정을 *을 N으로 수정하여 노멀만 전달되도록 해 놓았기 때문입니다. 이제 우측의 화살표를 눌러 Color (Cd)라고 되어있는 옵션을 선택하거나 입력 필드에 입력된 N 뒤쪽에 한 칸을 띄우고 직접 Cd를 입력하여 컬러 값도 전달(반영)되도록 합니다.

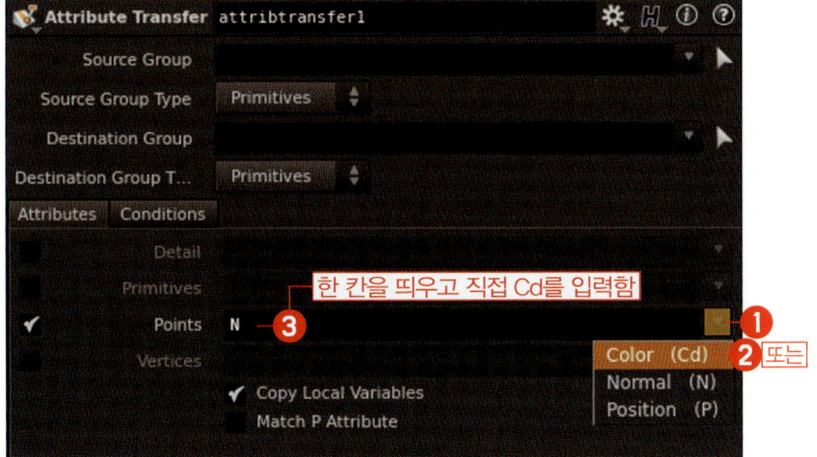

20 다시 확인해 보면 스피어의 레드 값이 Rubber Toy에게 전달되어 얼굴 부분의 포인트들이 빨간색으로 변한

것을 볼 수 있습니다. 하지만 아직 빨간색과 초록색의 경계가 부드럽지 않고 선처럼 뚜렷하기 때문에 Blend With 값을 조절하여 색상을 블렌딩(혼합 : 그레이디언트)해야 합니다.

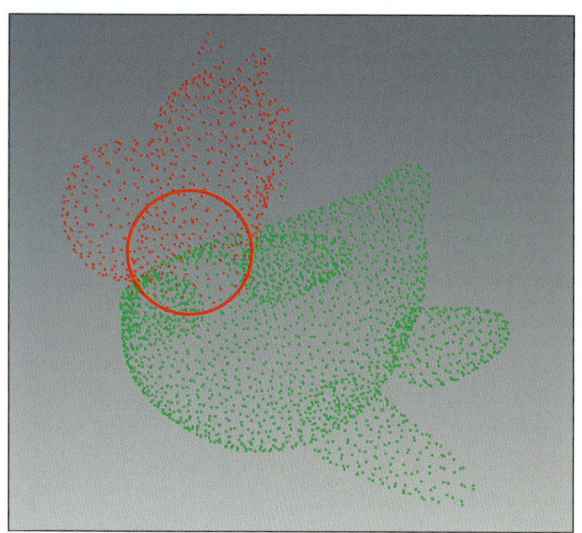

21 이제 Blend With 값을 1 정도로 설정해 보면 그림처럼 Rubber Toy의 머리 부분은 빨간색으로 표현되고, 몸통의 아랫 부분은 초록색, 중간 부분은 주황색으로 표현됩니다. 참고로 이와 같은 작업을 색상이 아니라 노멀로 하였다면 점차 흐려지는 노멀이 나타나게 되는 것입니다. 여기에서는 시각적으로 확인하기 쉽게 하기 위해 컬러로 진행한 것입니다. 같은 방법으로 노멀과 벨로시티(속도) 역시 블렌딩할 수 있다는 것을 기억하기 바랍니다.

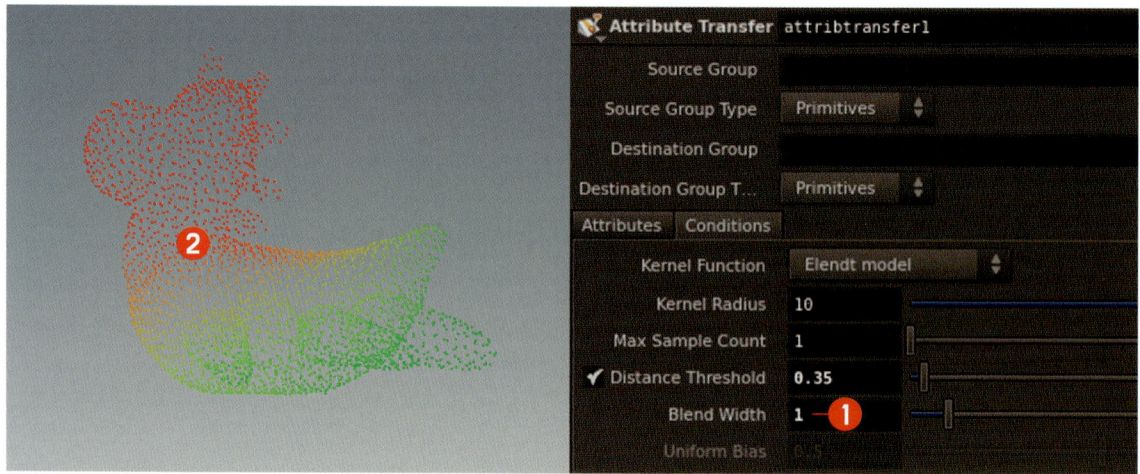

이번 학습에서는 어트리뷰트는 한 노드에 묶여있는 데이터가 아니라는 것을 배웠는데, 그 중 Attribute Transfer 노드는 인풋으로 들어오는 데이터의 어트리뷰트를 또 다른 인풋으로 들어오는 데이터에 전달하게 해 주는 노드라는 것을 알게 되었습니다. Attribute Transfer 노드를 사용할 때 Distance Threshold는 어트리뷰트가 전달될 범위를 지정하는 값이며, Blend With는 Input 1과 Input 2의 어트리뷰트의 경계면을 얼마큼 블렌딩시킬 것인지에 대한 값이라는 것을 기억하기 바랍니다.

어트리뷰트 프로모트(Attribute Promote)로 Class 변경하기

앞서 어트리뷰트를 다른 노드 데이터로 전달하는 방법에 대해 알아보았는데, 이번 학습에서는 어트리뷰트의 Class를 변경하는 방법에 대해 알아보도록 하겠습니다.

01 Sop 네트워크의 탭 메뉴에서 Attribute를 검색하여 Attribute Promote라는 노드를 생성합니다. 이 노드는 어트리뷰트의 Class를 변경하는 기능을 가지고 있는 노드로써 Point의 어트리뷰트를 Primitive로 바꾸거나 Vertex, Detail로 바꿀 수 있으며, 그 반대의 경우에도 변경이 가능합니다.

02 이번에는 스피어와 Facet 노드를 생성하여 그림처럼 연결하고 패시트 파라미터의 Post-Compute Normals를 체크합니다. 이 옵션을 체크하면 스피어에 노멀이 나타납니다.

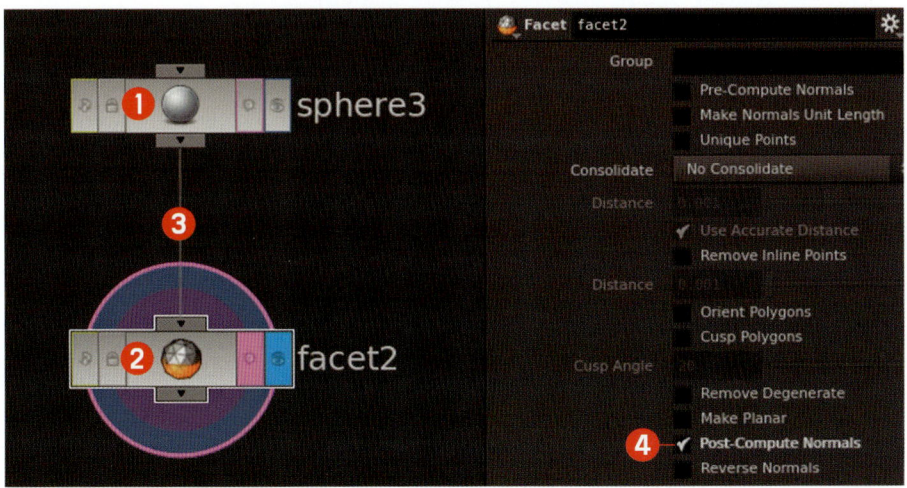

03 계속해서 Attribute Promote 노드를 생성한 후 패시트 노드와 연결합니다. 그다음 그림처럼 파라미터의 Original Name은 변경하고자 하는 어트리뷰트의 이름이며, Original Class와 New Class는 변경하고자 하는 어트리뷰트의 클래스를 어떤 클래스로 변경할 것인지에 대한 설정입니다. 여기에서는 포인트의 노멀을 버텍스의 노멀로 바꾸기 위해 각각 Point와 Vertex 로 설정합니다.

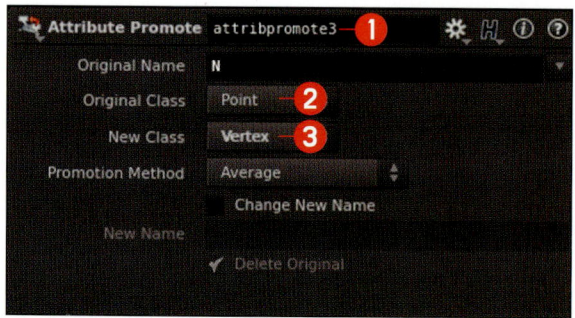

04 이제 씬 뷰에서 확인을 해 보면 포인트의 노멀이 버텍스의 노멀로 바뀌어서 나타나는 것을 볼 수 있습니다. 계속해서 이번엔 버텍스의 컬러에서 다른 Class로 변경을 하여 확인을 해보겠습니다.

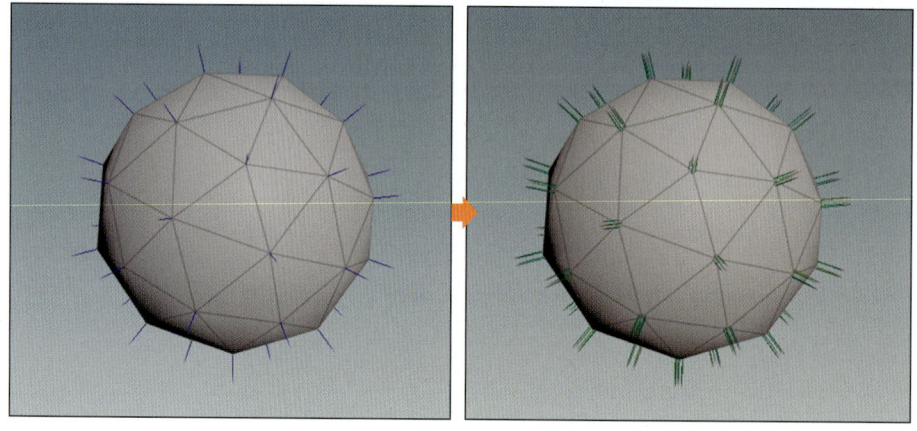

05 컬러 노드를 생성한 후 스피어에 연결하고 컬러 노드의 파라미터에서 그룹을 0-7까지 설정합니다. 그다음 색상은 빨간색으로 바꿔줍니다. 설정 후 씬 뷰를 보면 마치 고양이의 눈동자처럼 선택되었으며, 선택된 부분에만 빨간색이 적용된 것을 알 있습니다. 이제 Attribute Promote를 이용해서 Class를 변경하면 앞서 [Part 2]의 [후디니 개념 익히기]에 대한 학습 편에서 살펴보았던 것과 같은 결과물을 확인할 수 있습니다. 참고로 클래스를 버텍스로 변경하면 차이가 없이 똑같이 나타납니다.

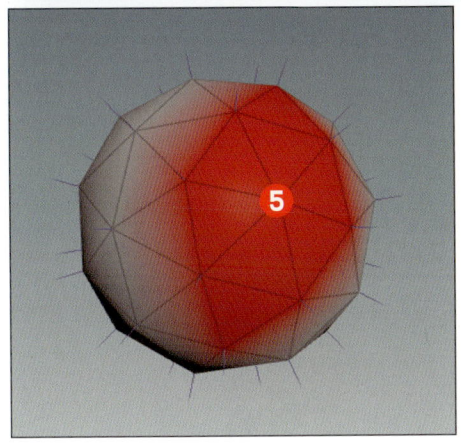

06 아래 그림의 왼쪽은 Attribute Promote를 이용하여 Primitive로 변경한 모습이고, 오른쪽은 Detail로 변경한 결과물입니다. 지금의 결과물은 앞서 학습했던 것과 같은 개념대로 결과물이 나오고 있는데, Attribute Promote에는 또 다른 옵션이 있습니다.

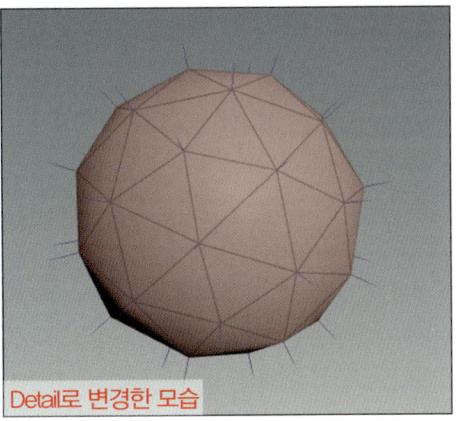

07 또 다른 옵션 중 Promotion Method는 어트리뷰트를 다른 클래스로 프로모트(Promote)할 때 어떤 방식으로 할지에 대한 설정을 할 수 있습니다. 현재는 평균값으로 되어있는데, 이 설정을 바꾸면서 결과가 어떻게 나오는지 살펴봅니다.

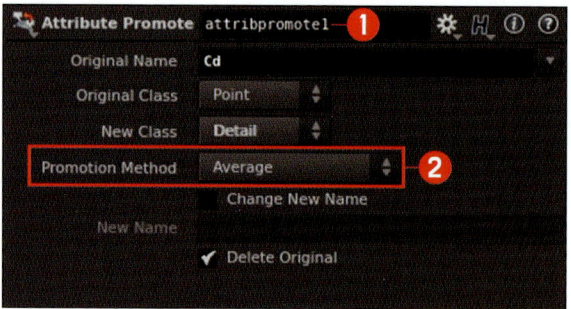

08 아래의 그림은 Primitive로 변경하고 Promote Method의 설정을 각각 Maximum과 Minimum으로 설정했을 때의 결과물입니다. 계속해서 Primitive가 아닌 Detail로도 바꿔서 확인을 해 봅니다.

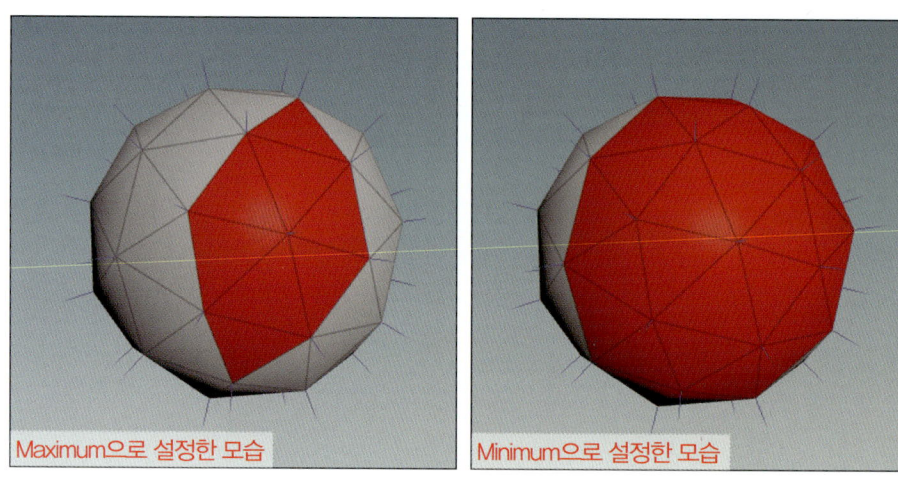

어트리뷰트 랭글(Attribute Wrangle) 사용하기

앞서 여러분들은 노드가 가진 기능을 이용하여 Attribute를 생성하여 전달하고, Class를 변경하는 것에 대해 배워보았습니다. 이번 학습에서는 어트리뷰트를 생성하는 다양한 방법 중에서 VEX라는 코드를 이용하여서 어트리뷰트를 설정하는 방법에 대해 살펴보겠습니다.

09 탭 메뉴에서 어트리뷰트 랭글(Attribute Wrangle) 노드를 생성합니다. 이 노드는 VEX라는 후디니의 언어

를 이용하여 다양한 작업을 수행할 수 있게 해주는 노드입니다.

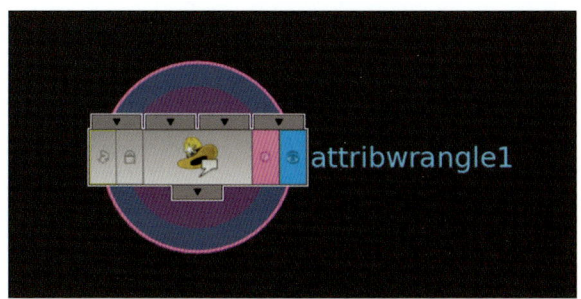

10 어트리뷰트 랭글은 Attribute, Point, Vertex, Primitive, Volume 등이 있으며, 각 기능들은 노드의 파라미터의 Run Over 옵션을 변경하면 됩니다. 기본적으로 Point가 되어있는데, 지금은 변경을 할 필요가 없으므로 Point로 그냥 사용합니다. 그런데 초보자의 입장에의 랭글(Wrangle) 노드는 상당히 난해하게 보이는데, 그것은 다른 노드의 파라미터와는 다르게 VEXpression 입력 공간밖에 없는 생소함 때문입니다. 랭글 노드는 바로 이 공간에 직접 VEX 코드를 입력하여 작동을 하기 때문에 다른 파라미터가 필요 없으며 또한 어떤 방식보다 연산이 빠르기 때문에 많은 분들이 VEX를 사용합니다. 이 입력 필드에 입력되는 코드들이 어려워 보일 수도 있겠지만 일단 여기에서는 그냥 이런 게 있다는 정도로 생각하고 따라 해보기 바랍니다.

11 다음의 그림은 지금까지 보아왔던 스피어의 노멀입니다. 새로 생성하여 확인해 보면 결과는 똑같지만 이 스피어의 노멀은 Attribute Create 노드가 아닌 VEX 코드로 생성이 된 것입니다

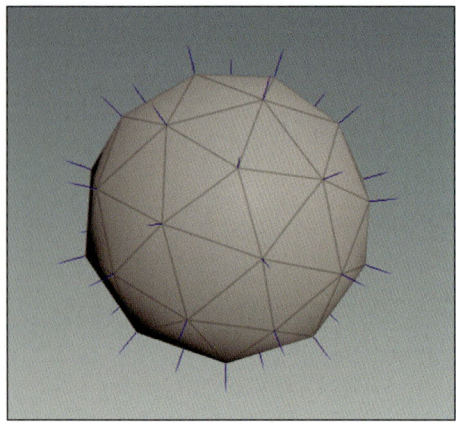
◀ VEX 코드로 생성된 노멀의 모습

12 이제 Attribute Wrangle 노드를 생성하여 스피어에 연결한 후 어트리뷰트 랭글 파라미터의 VEXpression 입력 필드에 다음과 같은 코드를 입력합니다.

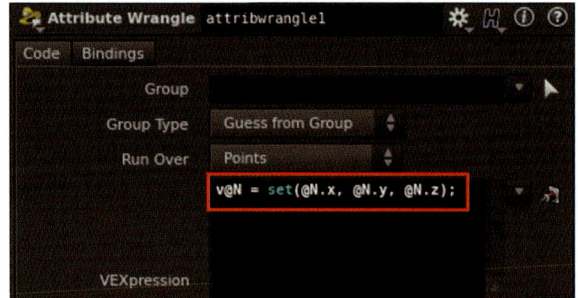

v@N = set(@N.x, @N.y, @N.z);

위의 코드는 자료형은 Vector로 하여 N이라는 어트리뷰트를 생성하고, 그 값은 @N.x, @N.y, @N.z로 세팅하라는 의미로써 노멀은 방향성을 가지고 있는 Vector이기 때문에 v@N이라고 입력을 하고, N이라는 어트리뷰트에 들어가게 될 값은 각 포인트가 바라보는 노멀의 정방향으로 설정해 주기 위해 각 축에 맞는 @N을 설정해 주는 것입니다.

>
> **자료형이란?**
> 자료형(Data Type)은 프로그래밍에서 가장 많이 쓰이며, Class나 Attribute가 어떤 형태로 생성될 것인지를 의미합니다. Integer, Float, Vector, String 등이 있으며, 순서대로 정수, 실수, 벡터, 문자열로 보면 됩니다. VEX의 자료형은 후디니 헬프 문서에서 자세히 확인할 수 있습니다.
> http://www.sidefx.com/docs/houdini15.0/vex/_index

13 노멀이 생성된 Attribute Wrangle과 Facet 노드를 지오메트리 스프레드시트로 확인을 해 보면 동일한 노멀 어트리뷰트가 생성되었다는 것을 확인할 수 있습니다.

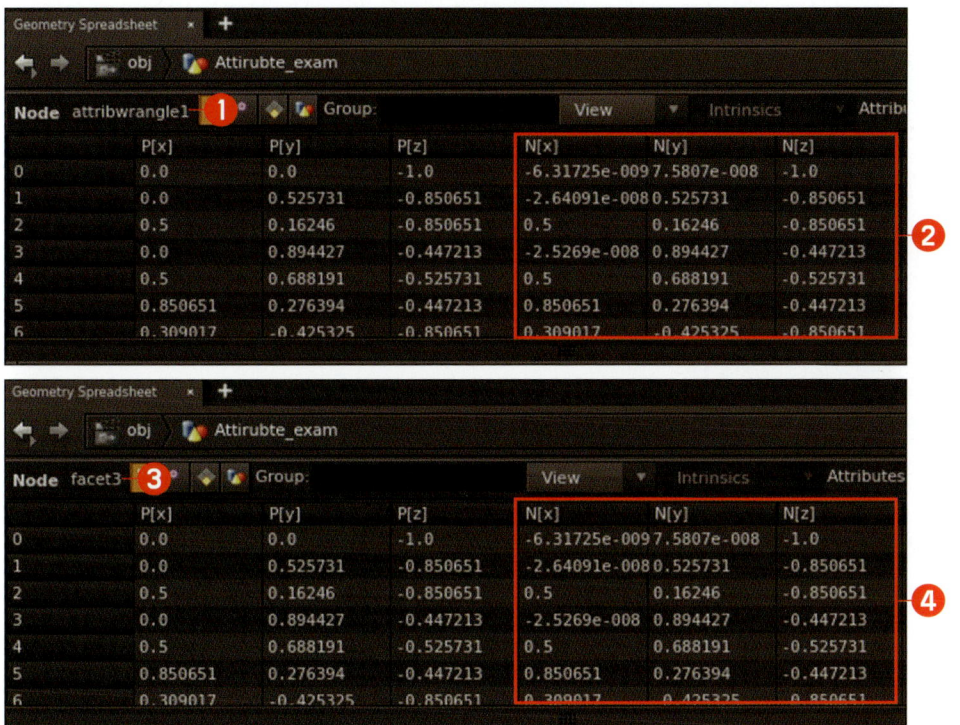

14 이번에는 스피어에 랜덤한 색상을 적용하기 위해 VEXpression 입력 필드에 코드는 다음과 같이 입력합니다. 참고로 앞서 노멀을 생성했던 첫 번째 줄의 코드는 삭제해도 무방합니다.

v@Cd = set(rand(@ptnum+55), rand(@ptnum+579), rand(@ptnum));

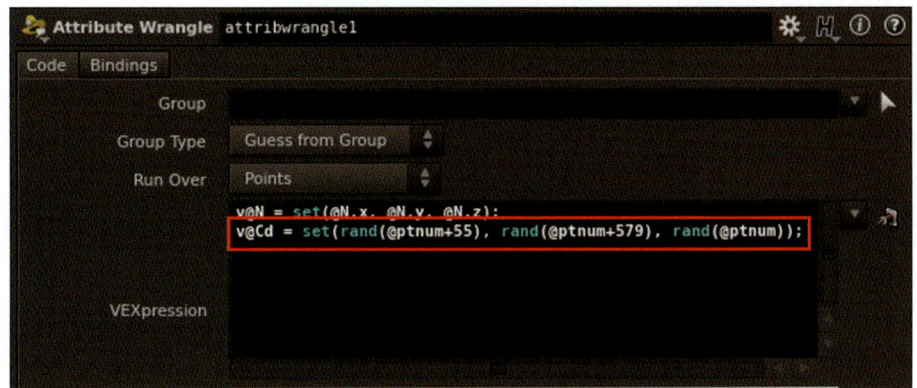

15 동일한 코드를 입력했을 경우 아래 그림처럼 스피어에 색상이 적용되며 set(rand(@ptnum)이라는 코드는 Hscrpit의 rand($PT)와 동일합니다. 또한 코드 상에서 플러스(+) 역시 offset 값으로 보면 됩니다. 그러면 이제 Attribute Create에서 했던 것처럼 베리어블 매핑(Variable Mapping)을 하는 방법을 배워보겠습니다.

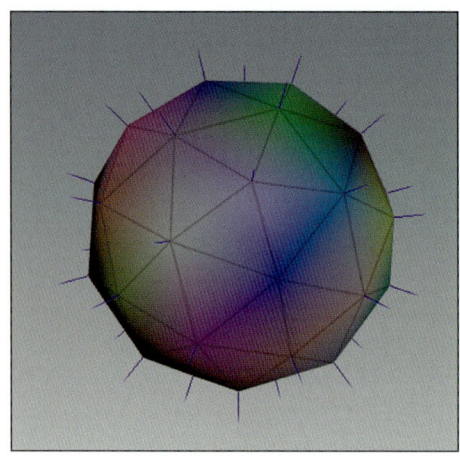

16 먼저 자신이 원하는 이름의 어트리뷰트를 생성하기 위해서 다음과 같은 코드를 입력합니다. 코드 중 nscolor에 해당하는 부분은 자신이 원하는 문자를 입력하면 되는데, 코드의 의미는 v@nscolor라는 어트리뷰트의 값은 v@Cd이 된다는 것입니다. 앞서 두 번째 줄에서 v@Cd에 대한 값을 정의하였기에 v@Cd에는 set(rand(@ptnum+55), rand(@ptnum+579), rand(@ptnum)); 값이 입력되었고, nscolor는 그 값을 그대로 가지게 되며, 지오메트리 스프레드시트를 통해 자신이 지정한 이름을 가진 어트리뷰트가 Cd와 같은 값을 가진 상태로 생성되있음을 알 수 있습니다.

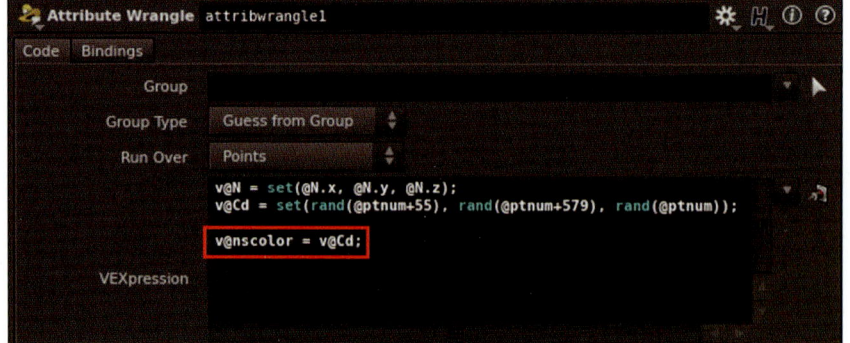

v@nscolor = v@Cd;

17 그다음 Variable Mapping을 위해 다음과 같은 코드를 입력합니다. addvariablename이라는 function은

Variable Mappings을 하는 function으로 중간에 들어가는 **nscolor**는 맵핑을 할 어트리뷰트의 이름이고 NSCOLOR는 Local Variable로 생성할 이름입니다.

addvariablename(0, "nscolor", "NSCOLOR");

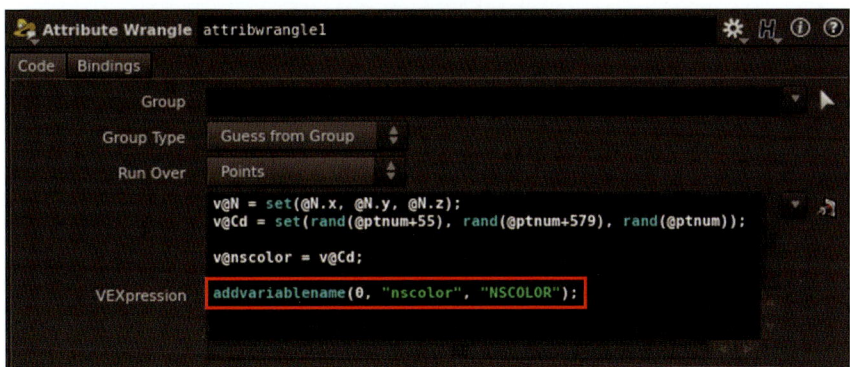

18 노드 위에서 [MMB]를 하여 정보 창에서 Variable Mapping이 똑바로 되었는지 확인을 합니다. 예제에서는 nscolor라는 어트리뷰트 이름을 생성하였기 때문에 여기에서도 nscolor를 사용했으며, 자신이 지정한 어트리뷰트 이름을 넣어주면 됩니다.

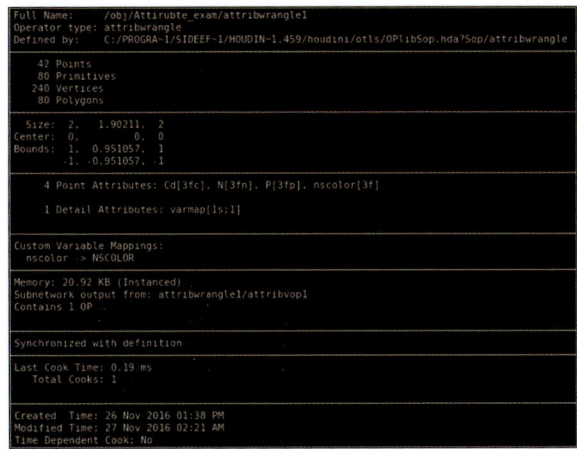

방금 학습한 예제를 통해 여러 개의 노드로 설정했던 구조를 단 한 개의 랭글(Wrangle) 노드로 해결하였습니다. 이렇듯 랭글은 VEX를 사용한다는 어려움이 있지만 익숙해지기만 하면 어떤 것이든 손쉽게 구현해낼 수 있는 장점이 있습니다. 앞서 언급듯이 지금은 어렵게 느껴지는 개념이지만 부담갖지 말고 여기에서는 그냥 이런 게 있다고만 생각하고 넘어가기 바랍니다.

카피 솝(Copy Sop)과 스탬프(Stamp) 함수 사용하기

이번 학습에서는 후디니의 강력한 노드 중 하나인 Copy Sop에 대해 학습해 보도록 하겠습니다. 카피 솝은 말 그대로 인풋의 데이터를 복사하기 위한 노드이지만 일반적으로 알고있는 복사의 개념과는 다르게 기준점으로 둔 데이터를 기반으로 하여 데이터가 복사된다는 개념으로 볼 수 있으며 또한 하나의 오브젝트의 연속되는 위치, 크기 등으로 변형도 가능합니다.

01 먼저 Copy sop을 생성합니다. 이 노드는 2개의 인풋(Input)을 가지고 있습니다. 왼쪽의 인풋은 Primitives To Copy로 복사할 오브젝트를 연결하는 인풋이며, 오른쪽의 인풋은 Template To Copy To로 오브젝트를 복사할 지점을 연결하는 인풋입니다. 물론 왼쪽의 인풋에만 연결해도 Copy 노드는 작동이 되기 때문에 이번에는 먼저 왼쪽에만 연결하여 사용을 해 보도록 하겠습니다.

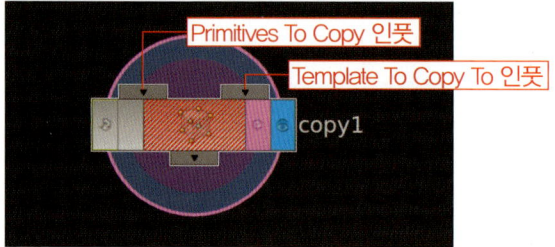

02 이번엔 Box를 생성하여 Copy 노드의 인풋1에 연결을 한 뒤 씬 뷰를 확인해 봅니다. 아직까지는 아무런 변화가 없다는 것을 확인했다면 이제 Copy 노드의 파라미터를 열어줍니다.

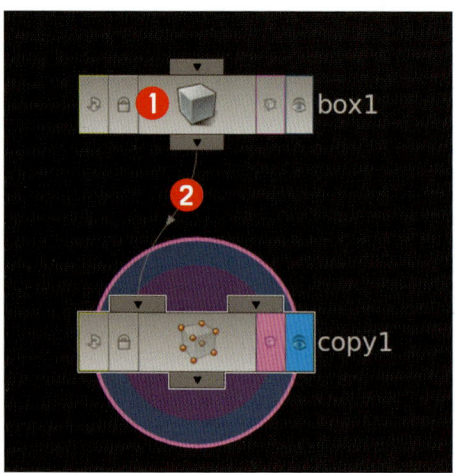

03 파라미터의 Number of Copies 값을 5로 설정한 뒤 다시 씬 뷰를 확인해 보면 역시 아무 변화가 없습니다. 분명히 복사될 개수를 5개로 설정했는데 왜 복사가 안되는 것일까요? 계속해서 Translate의 x 축에 2를 입력한 뒤 다시 씬 뷰를 확인합니다. 그러면 그림처럼 5개의 박스가 나타날 것입니다. 이처럼 Copy 노드는 기본적인 복사 기능을 통해 오른쪽 인풋2로 입력되는 데이터가 없을 경우에는 파라미터의 옵션에 의해 복사되는 물체의 숫자와 설정들이 결과물로 나타납니다.

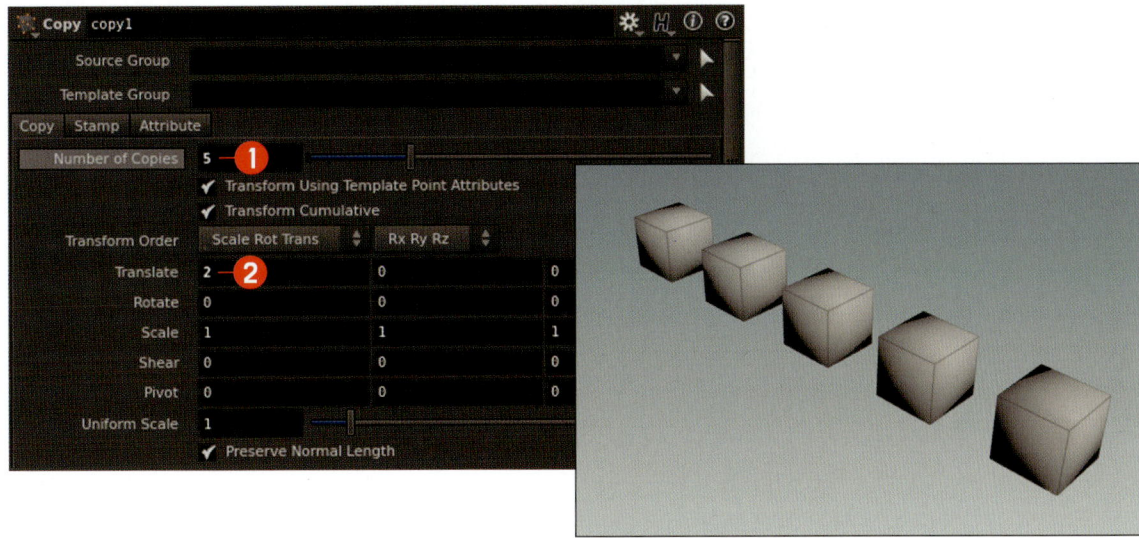

04 이 방법을 통해 회전도 가능합니다. Rotate 값을 설정하면 그림처럼 점차 회전하게 되는 물체도 만들 수 있으며, 크기 역시 조절이 가능합니다. 여기에서는 복사될 개수를 20개, Rotate의 x 축에는 10, Scale의 y 축에는 1.15를 입력하면 그림과 같은 형태의 오브젝트를 생성할 수 있습니다.

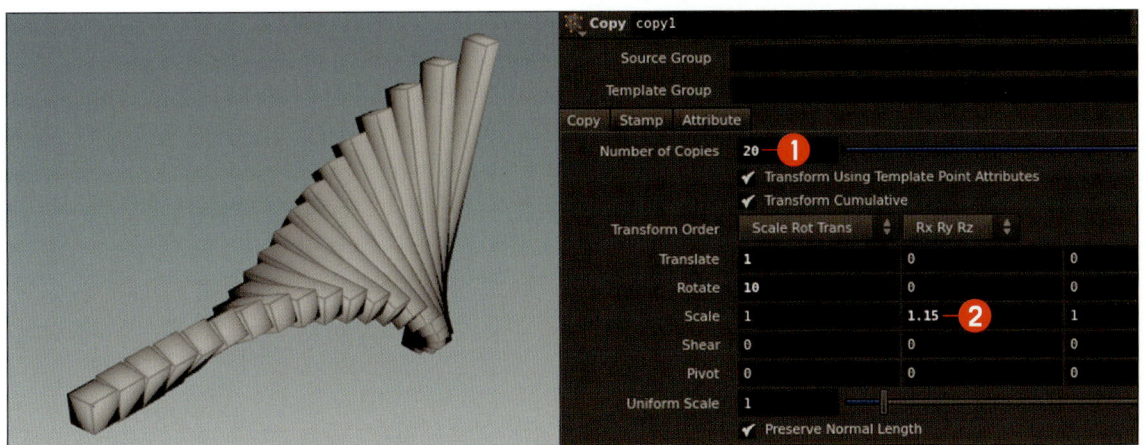

Sop 네트워크의 활용 **179**

05 이번엔 양쪽의 인풋을 모두 사용하여 Copy 노드를 사용해 보겠습니다. 먼저 새로운 box와 Copy sop을 생성한 후 Box 파라미터의 Uniform Scale 값을 0.5로 설정합니다. 그다음 Copy sop의 왼쪽 인풋에 box를 연결하고 Grid를 하나 생성하여 그림처럼 Copy sop의 두 번째 인풋에 연결합니다.

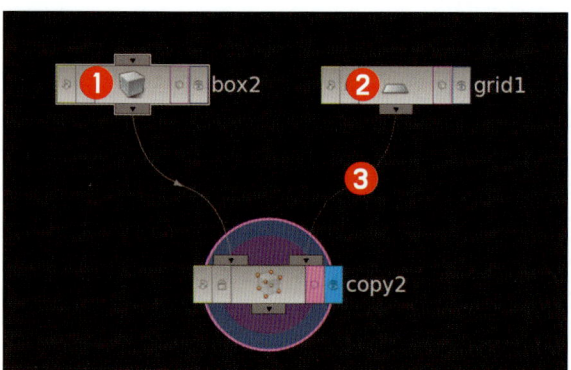

06 Box와 Grid를 Copy 노드에 제대로 연결했다면 아래 그림과 같이 Grid의 Point에 Box가 복사됩니다. Copy 노드의 두 번째 인풋은 이렇게 복사가 될 지점에 대한 데이터입니다. 좀 더 확실한 이해를 위해서 Grid에 Mountain 노드를 연결해 보도록 하겠습니다.

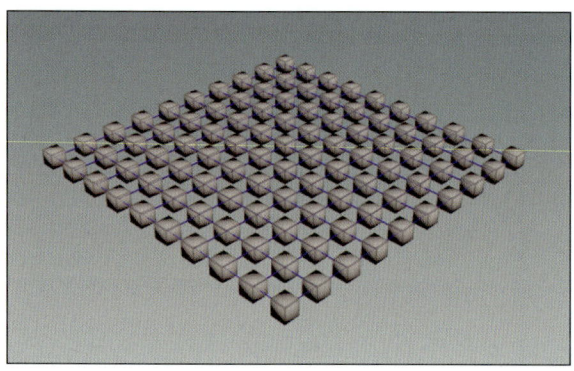

07 Mountain를 생성한 후 Grid의 아웃풋에 연결합니다. 그러면 그리드의 형태가 변하게 되지만 Copy sop에 의해 복사된 박스들은 변형된 그리드 포인트의 위치와 동일하게 복사가 되었습니다. 이와 같은 과정을 통해 아주 간단하게 100개의 박스를 생성했는데, 심지어 Grid의 형태를 마음대로 바꾸어도 박스를 수정할 필요가 없다는 것을 알 수 있었습니다.

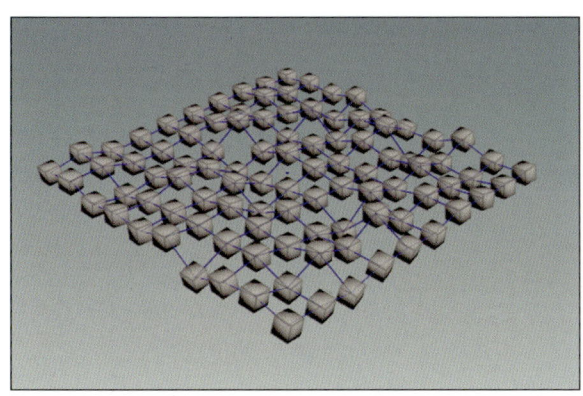

08 이제 간단하게 젠가(Jenga) 블록을 만들어보면서 Copy sop를 활용해 보도록 하겠습니다. 먼저 Box와 Transform 노드를 생성한 후 그림처럼 연결합니다. 그리고 트랜스폼 노드의 파라미터에서 Translate의 y축에 $BBY를 입력하여 바운딩 박스의 y 값만큼 이동하여 바닥의 위치로 해 줍니다. 그다음 새로운 Transform 노드를 생성한 후 연결한 뒤 Scale을 0.3, 0.2, 0.9로 설정하여 젠가 블록의 형태로 변형을 합니다.

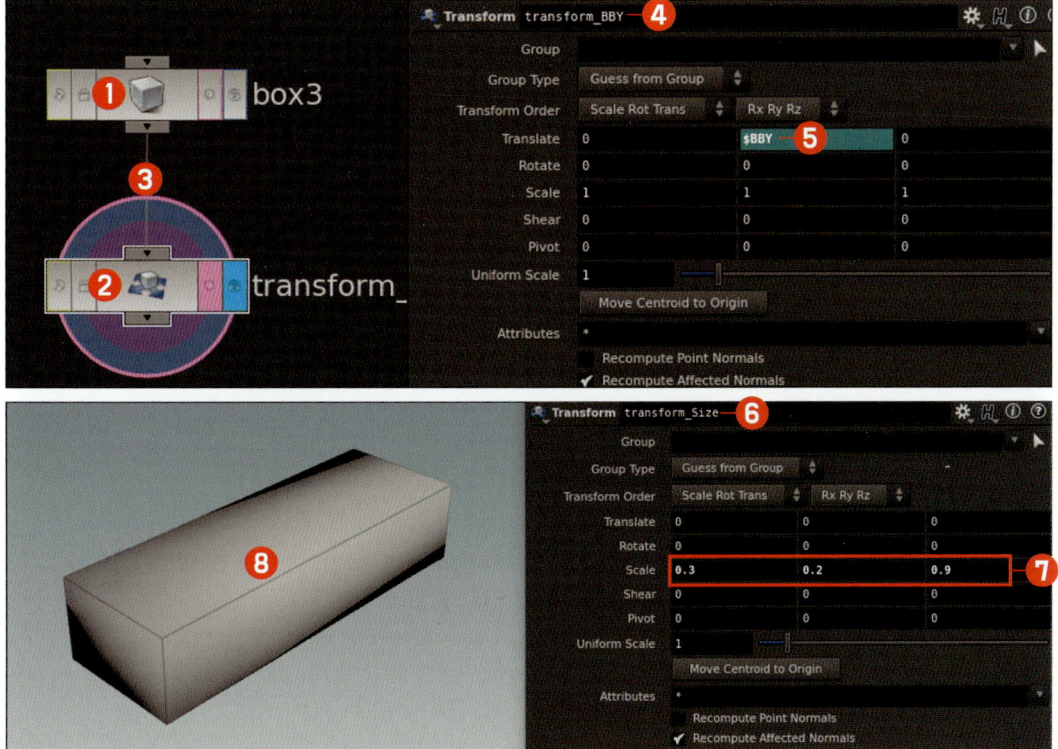

09 이제 Copy sop을 생성하고, 앞서 생성한 transform_size 노드의 인풋에 연결을 한 뒤 파라미터의 Number of Copies를 3으로 설정하고, Translate의 x 값에 0.3을 설정합니다. 이것으로 3개의 젠가 블록이 x 축의 0.3만큼 반복되어 복사됩니다.

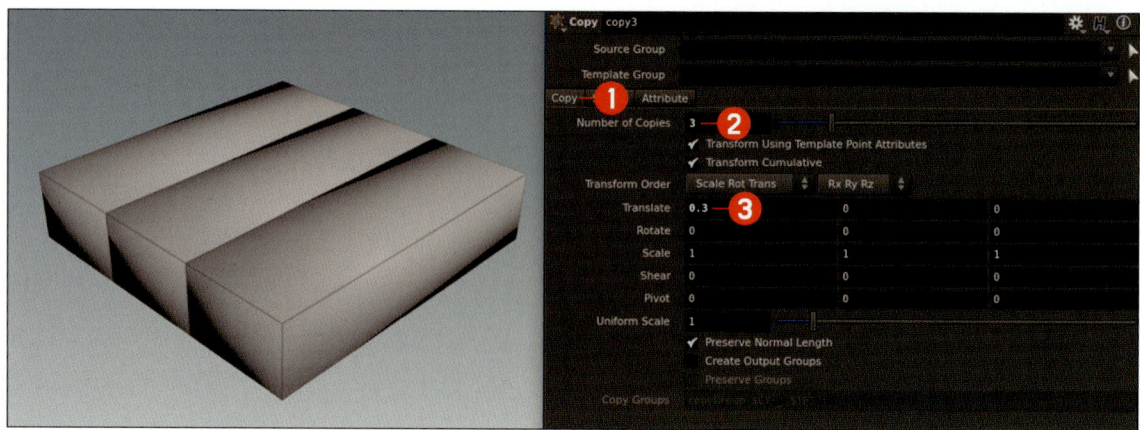

10 씬 뷰에 그리드가 보이도록 해 주고 확인해 보면 앞서 만든 젠가 블록이 그리드의 중앙에서 x 축으로 밀려 있기 때문에 정중앙으로 이동하기 위해 Copy Sop에 새로운 transform 노드를 생성하여 연결하고, 그림처럼 파라미터를 입력을 합니다. 여기서 $CEX, $CEY, $CEZ는 지역 변수(Local Variable)로써 오브젝트의 센터 값을 불러오는 역할을 하며, 마이너스(-)를 입력하게 되면 센터 값만큼 되돌아가기 때문에 정중앙으로 가게 됩니다.

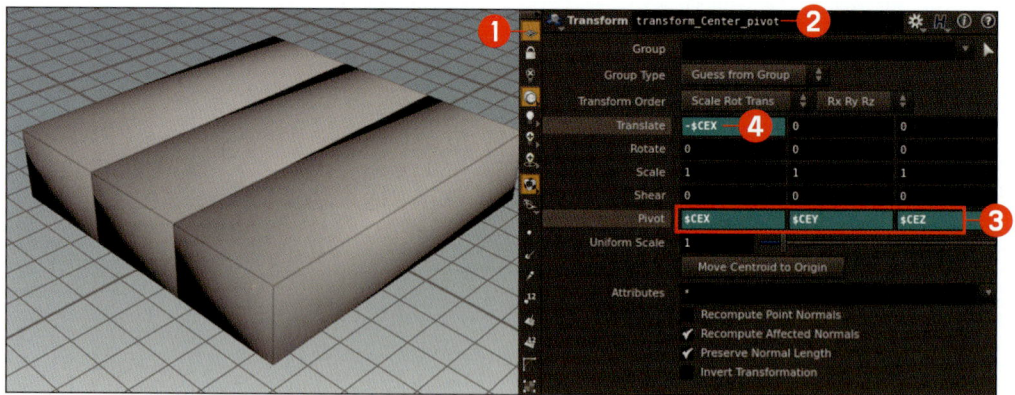

11 계속해서 Copy sop을 하나 더 생성하여 transform_Center_pivot에 연결하고, 다음 그림처럼 파라미터에 동일한 값을 입력하면 젠가 블록이 완성됩니다. 역시 간단한 노드 트리로 젠가를 완성했지만 자신의 입맛

에 맞게 젠가의 층수를 제어할 수 있습니다. 물론 이 젠가를 쉘프 툴(Shelf Tool)을 사용해서 무너지게 할 수도 있습니다. 하지만 젠가를 무너지게 하는 작업은 차후에 다루어보도록 하겠습니다.

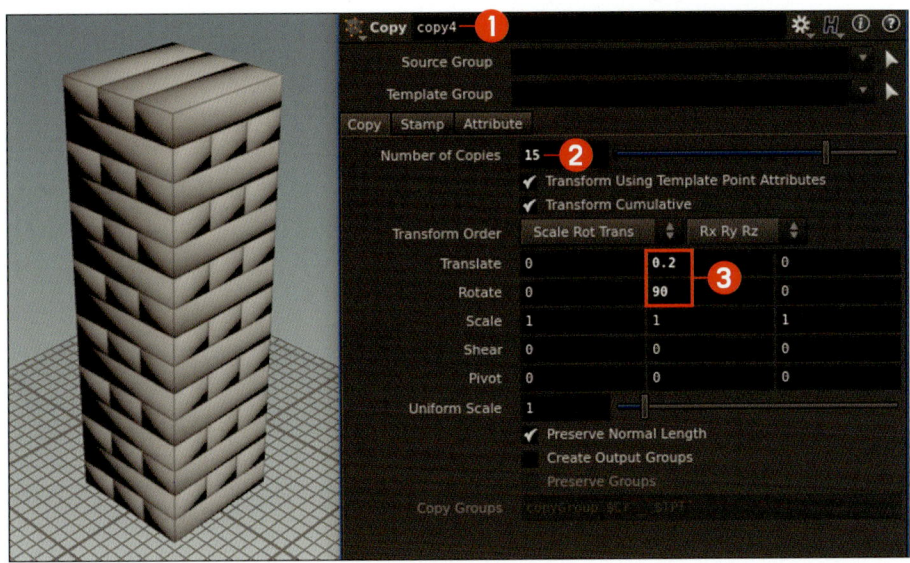

12. 이제 어트리뷰트와 함께 Copy sop을 이용해 보도록 하겠습니다. 이 과정에서 스탬프(Stamp)라는 함수에 대한 다소 어려운 개념에 대해 배워볼 것입니다. 앞서 배웠던 랭글(Wrangle)과 마찬가지로 스탬프 또한 중요소이기 때문에 다소 어렵더라도 어떤 방식으로 작동되는지 확실히 이해를 하도록 합니다. 먼저 앞선 예제와 같은 노드 트리를 구성하여 100개의 스피어를 생성합니다. 그림에서 Transform 노드를 연결한 이유는 스피어의 크기를 줄이기 위한 것이며, Add 노드는 Grid에서 포인트만을 남겨두기 위한 것입니다.

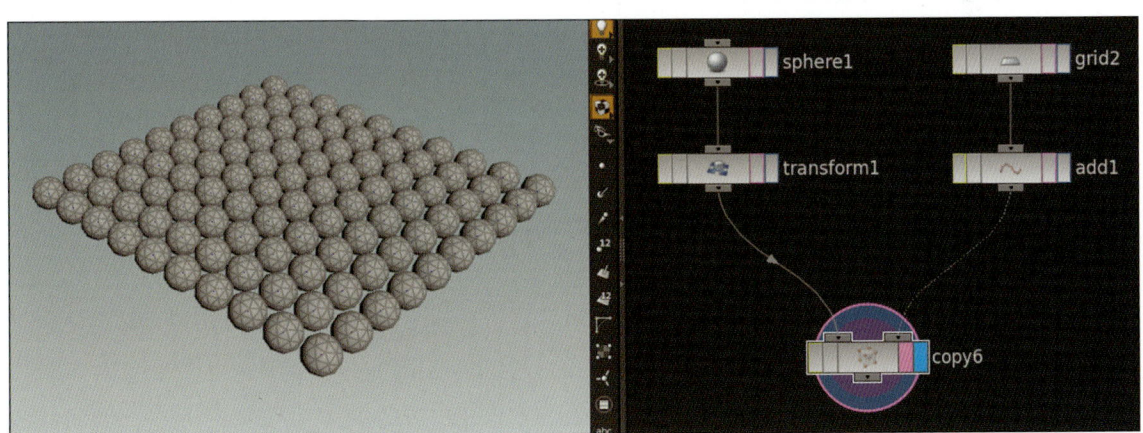

13 아래 그림처럼 Add 노드의 파라미터에서 Delete Geometry But Keep the Points를 체크하여 Grid가 포인트만 남도록 합니다.

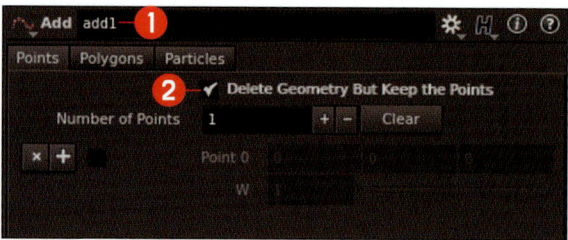

14 탭 메뉴에서 Attribute Randomize 노드를 생성해서 Add 노드의 아래쪽에 연결한 후 파라미터를 보면 Attribute Name이 기본적으로 Cd로 되어있습니다. 이 상태에서 Copy sop의 디스플레이를 켜보면 아직까지는 별다른 점이 없습니다.

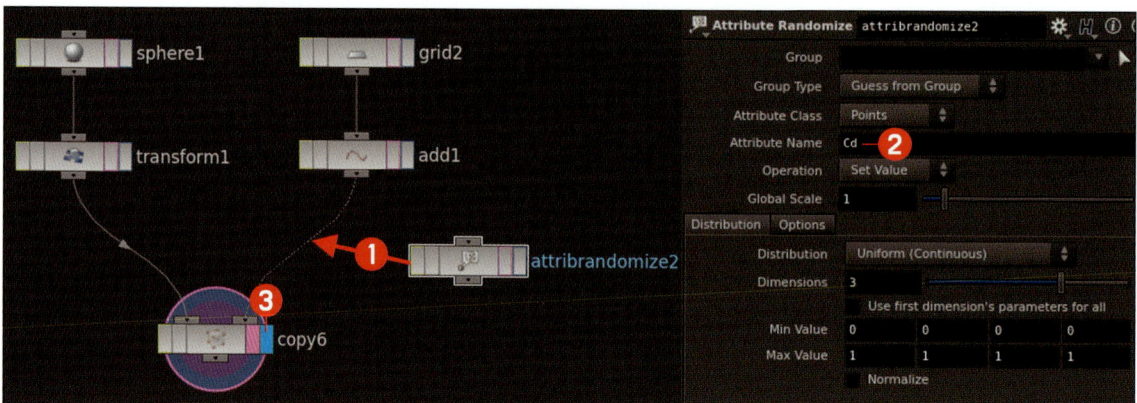

15 Attribute Randomize 노드를 지오메트리 스프레드시트로 확인해 보면 Cd 어트리뷰트가 생성되었으며, 값 또한 설정되어 있습니다.

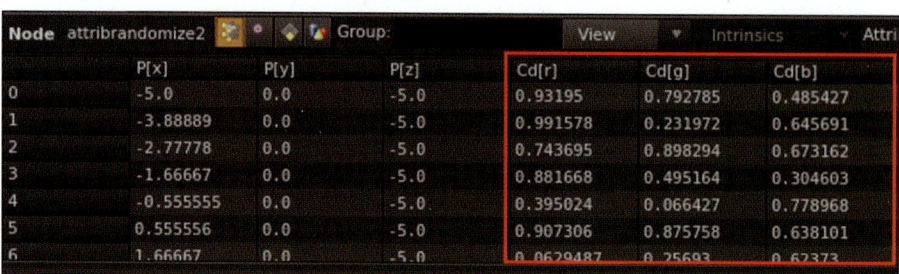

16 Copy sop은 기본적으로 두 번째 인풋으로 들어오는 데이터의 어트리뷰트는 반영되지 않기 때문에 다시 파라미터에서 Attribute 탭으로 이동한 후 Use Template Point Attributes를 체크합니다. 그러면 두 번째 인풋에도 데이터의 어트리뷰트가 반영됩니다.

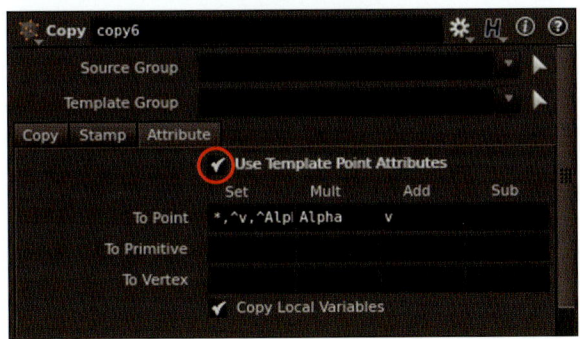

17 이제 씬 뷰를 확인을 해 보면 한 가지 색이었던 100개의 스피어들이 각기 다른 색상을 가진 스피어가 되었습니다. 두 번째 인풋으로 입력되는 데이터에 랜덤한 Cd(Color) 값이 적용되었기 때문입니다. 단순히 Color 노드를 사용하여 색상을 지정해 줄 경우엔 이와 같은 결과물이 나오지 않습니다.

18 이번엔 Attribute Randomize 노드를 빼고 Color 노드를 연결해 봅니다. 그러면 앞의 결과와는 다르게 모두 빨간색 스피어로 표현됩니다. 물론 Color 노드의 파라미터에서 Color Type을 Random으로 바꿔주어도 랜덤한 색상을 표현할 수 있습니다. 확인이 끝나면 다시 Attribute Randomize 노드를 연결한 뒤 파라미터의 Min Value와 Max Value의 수치를 바꿔보며 어떤 변화가 생기는지 확인해 보도록 합니다.

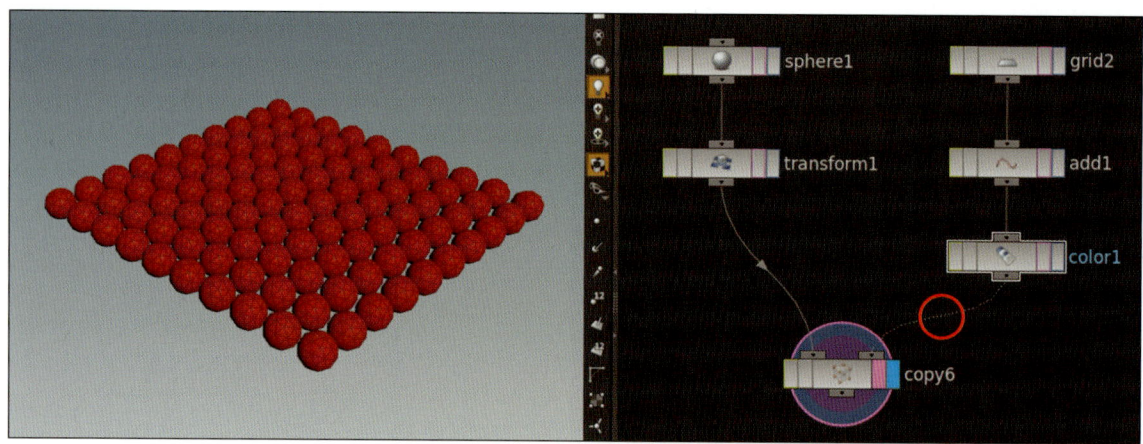

19 계속해서 이번엔 색상과 크기도 랜덤한 스피어를 만들어보겠습니다. 방법은 아주 간단합니다. Attribute Randomize 노드를 하나 더 생성하여 연결하고 Attribute Name에 **pscale**을 입력해 주면 됩니다.

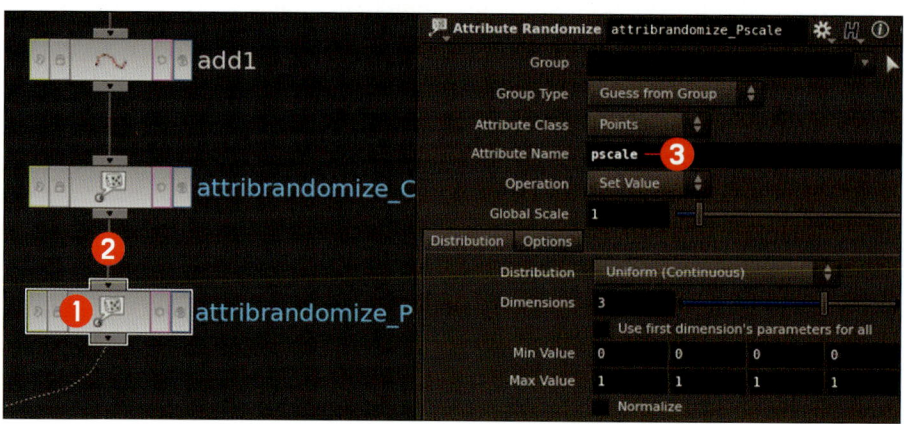

20 살펴본 것처럼 아주 간단한 방법으로 색상과 크기도 각기 다른 100개의 스피어를 생성했습니다. 심지어 크기도 조절할 수 있으며, 색상 조절도 가능합니다. 스피어 자체에는 색상도 없고, 크기에 대한 어트리뷰트도 없는데도 불구하고 이런 결과물이 표현되는 것은 Copy sop으로 들어오는 두 번째 인풋의 포인트에 해당 어트리뷰트들이 있기 때문입니다. pscale을 입력한 Attribute Randomize의 지오메트리 스프레드시트를 보면 각 포인트마다 랜덤한 Color와 pscale이 입력되어있고, 이 어트리뷰트를 Copy sop에 의해 해당 포인트에 복사되는 오브젝트에게 전달되게 되는 것입니다. 이번 학습에서는 Attribute Randomize라는 노드를 사용해서 간편하게 구현하였지만 후디니 14버전까지는 일일이 어트리뷰트를 생성하고 랜덤한 값을 넣어주

어야 했습니다. 그와 같은 과정에서 stamp라는 함수를 사용하게 되는데, 이것은 Copy 노드 상에서 변수를 정의한 후에 이를 다시 복사되는 노드에서 사용하기 위한 함수입니다. 문장을 보면 도대체 무슨 뜻인지 알 수 없지만 이제부터 예제를 통해 익혀보도록 하겠습니다.

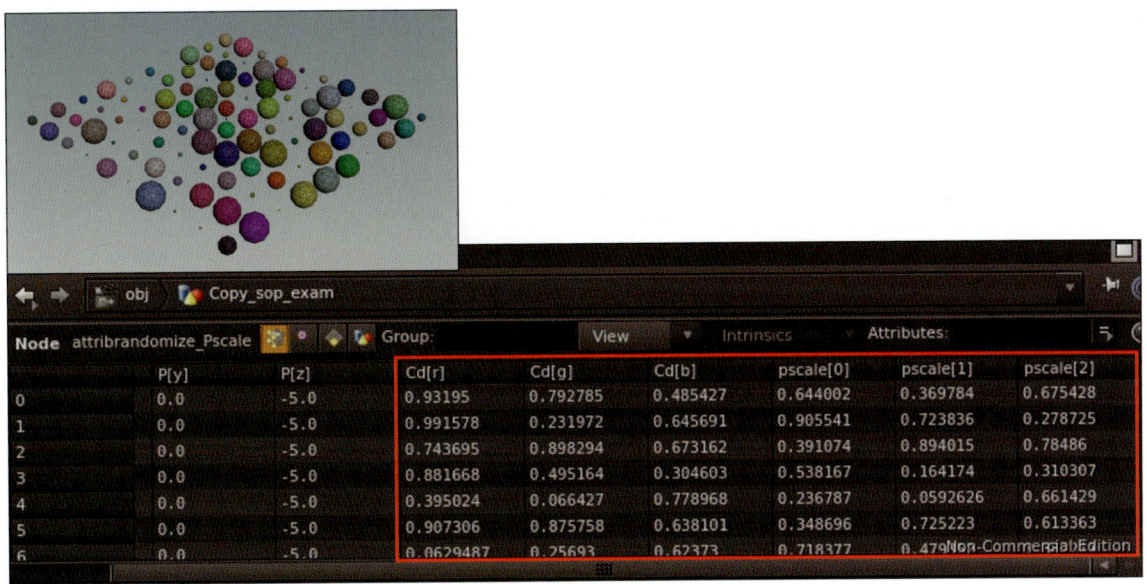

21. 스탬프(Stamp) 함수를 사용해서 아래 그림처럼 떨어지는 총알을 만들기 위해 예제 파일 [exam_file] - [Part_3] - [2_SOP_Network.hipnc]를 열어서 Copy_sop_exam 노드의 Sop으로 들어가 보면 Bullet과 Bullet_Particles이라는 이름을 가진 노드 두 개가 있습니다. 여기서 Bullet 노드의 디스플레이를 켜보면 총알이 나타납니다. 이제 두 노드를 복사하여 사용하도록 합니다.

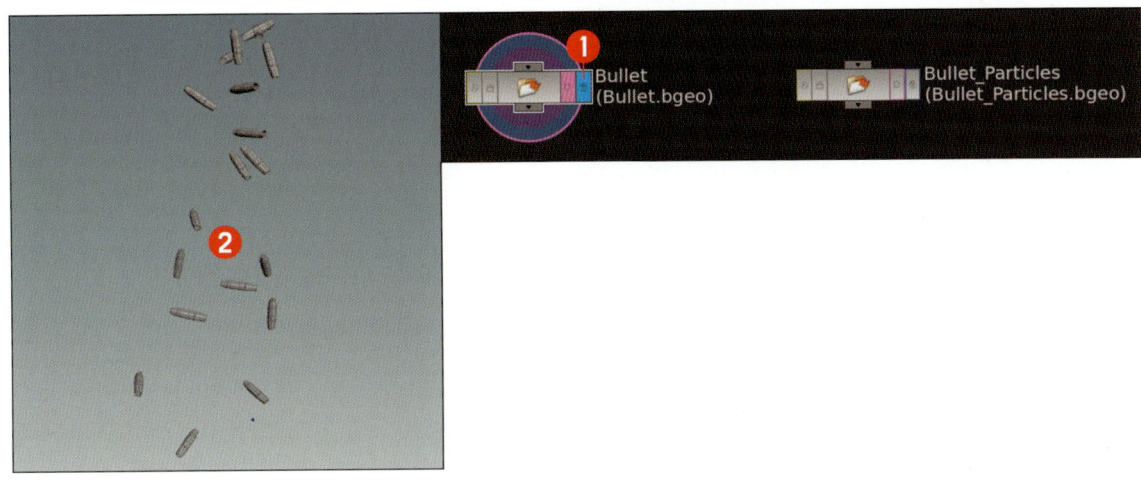

22. 우리가 만들고자 하는 것은 떨어지는 총알이기 때문에 불필요한 탄두는 제거하도록 하겠습니다. 총알의 탄두 부분을 제거하기 위해 씬 뷰에 마우스를 올린 다음 [S]와 [4] 키를 눌러 프리미티브가 선택되도록 한 후 그림처럼 탄두 부분만 선택합니다. 선택이 되었다면 이제 [Delete] 키를 눌러 탄두 부분이 제거합니다. 그러면 제거와 동시에 자동으로 Blast 노드가 생성이 되는 것을 볼 수 있는데, 후디니에서 [Delete] 키를 누르면 디폴트로 생성이 되는 것이 바로 블라스트 노드입니다.

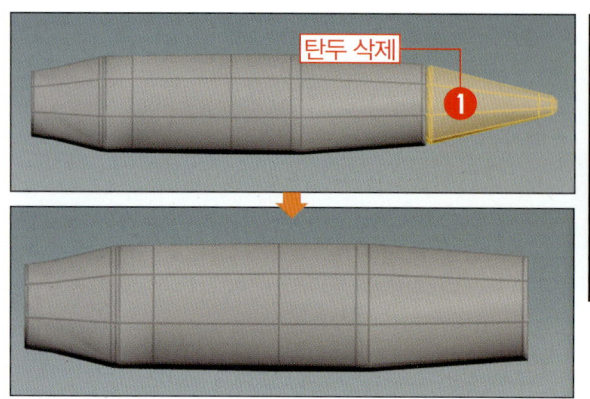
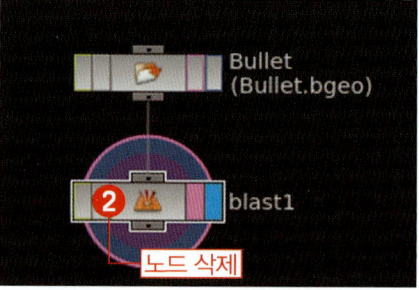

23. 계속해서 Copy sop을 생성합니다. 그다음 그림과 같이 연결을 하면 총알들이 파티클에 복사되어 나타나는 것을 볼 수 있습니다.

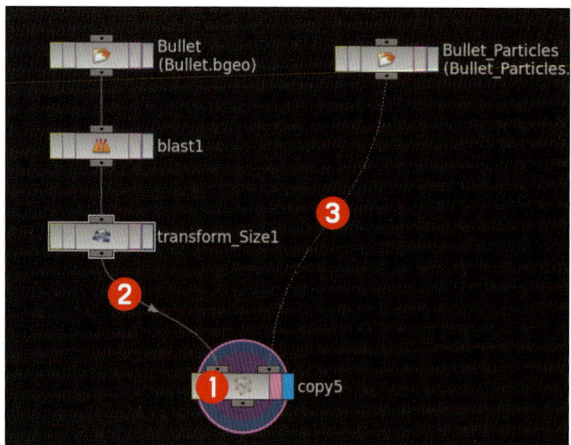

24. 하지만 총알들이 순간적인 힘에 의해 튀어나오기 때문에 다음의 그림처럼 모두가 아래쪽을 바라보며 떨어지는 부자연스러운 모습입니다. 이제 자연스럽게 회전을 하며 떨어지도록 해 보겠습니다. 랜덤한 회전 값

을 설정하기 위해 앞서 살펴보았던 Attribute Randomize를 이용해 보겠습니다.

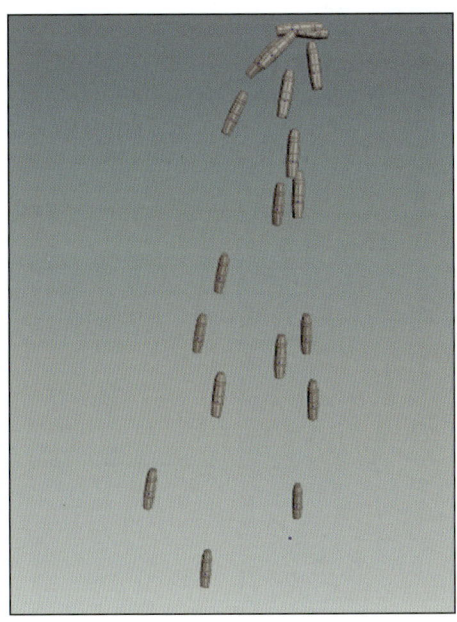

25 탭 메뉴에서 Attribute Randomize를 생성하여 Bullet_Particles의 아래쪽으로 연결한 후 그림의 파라미터처럼 Attribute Name에 rotate를 입력하고, Max Value 값을 750으로 설정합니다. 그리고 다시 Copy sop의 디스플레이를 켜서 씬 뷰를 확인해 봅니다.

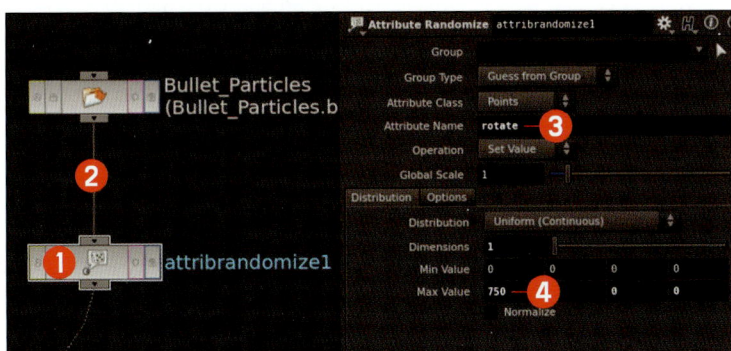

26 Copy sop의 디스플레이를 켜보면 아직까지 정직하게(?) 떨어지는 총알이 나타날 것입니다. 앞서 rotate라는 어트리뷰트를 생성했고, Max Value 값을 750으로 설정했는데 제대로 작동하지 않는 이유는 무엇일까요? Cd와 pscale도 작동을 했으나 rotate가 작동하지 않는 이유는 후디니에서 기본으로 정의되는 어트리뷰

Sop 네트워크의 활용 **189**

트가 아니기 때문입니다. 이제 자신이 정의한 어트리뷰트를 Copy sop과 함께 사용하기 위해 stamp 함수를 사용해 보겠습니다.

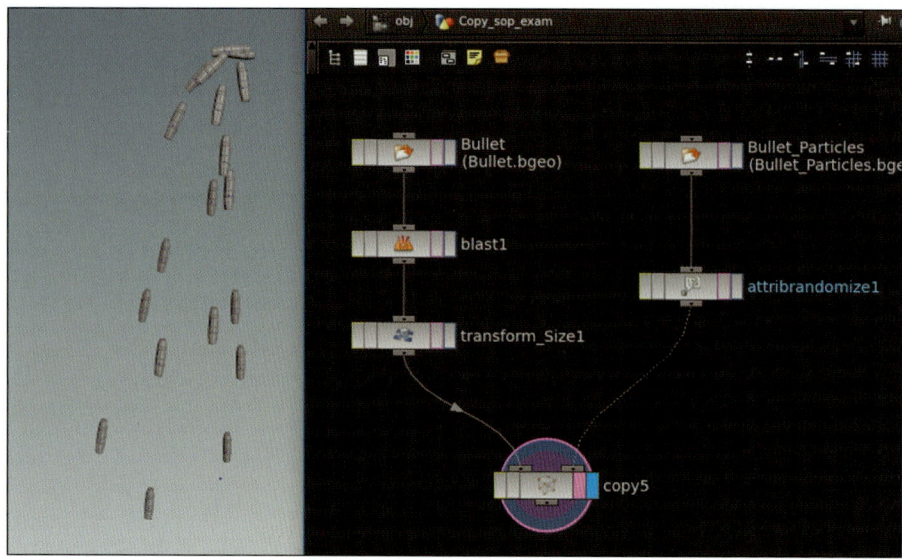

27 스탬프 함수를 사용하기에 앞서 Copy sop에서 변수를 생성하기 위해 Stamp 탭으로 이동한 후 그림과 같이 Variable 1에 **rotate**를 입력하고, Value 1에 $ROTATE를 입력합니다. 여기서 Variable은 Stamp 함수를 사용할 때 사용될 변수의 이름이고, Value는 해당 변수 값인데, Attribute Randomize에서 생성한 rotate 값을 사용하기 위해서 Variable Mapping된 $ROTATE를 입력한 것입니다. 한마디로 Copy sop에서 정의한 Stamp 탭의 rotate라는 변수에는 Attribute Randomize의 랜덤한 rotate 값이 들어가게 된다는 것이라고 이해하면 됩니다.

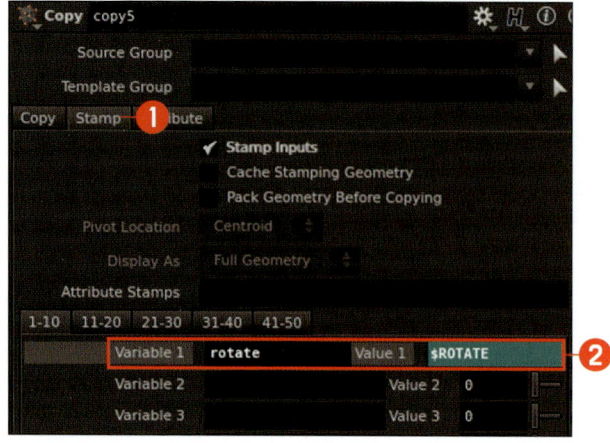

28. 이번엔 새로운 Transform을 생성하고, 이름을 transform_Rotate로 변경한 뒤 Copy sop의 첫 번째 인풋에 연결합니다. 참고로 노드의 이름에 Rotate를 붙이는 이유는 알아보기 쉽게 하기 위함이지만 불필요하다면 입력하지 않아도 무방합니다.

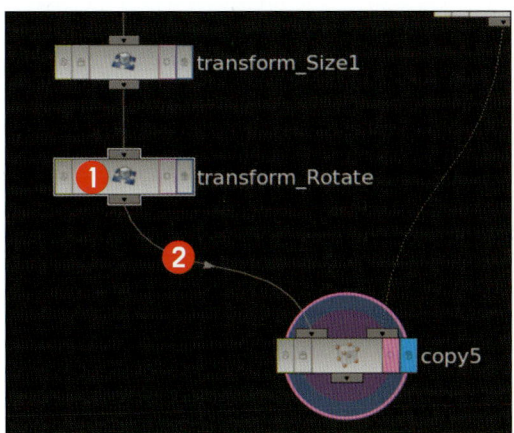

29. Rotate에 x,y,z 중 아무 곳이나 클릭하여 stamp(괄호까지 입력합니다. 이번 학습에서는 x 축에 입력을 하였습니다. 그러면 아래 그림처럼 해당 함수에 대한 설명과 사용법이 화면에 나타납니다. 모든 함수는 이런 방식으로 쉽게 사용법을 볼 수 있습니다. 물론 이것은 헬프 문서에서도 볼 수 있습니다.

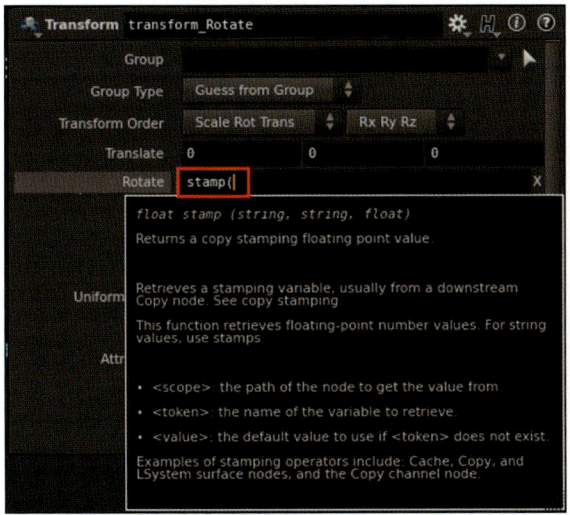

30. 이번엔 완성된 함수을 적어보도록 하겠습니다. 방금 사용한 stamp 함수의 괄호 안의 내용은 순서대로 노드

의 경로, 변수명, 초깃값입니다. 이번 예제에서 사용된 Copy sop의 이름은 copy5 이기 때문에 ../copy5가 사용됐으며, copy5 노드에서 정의한 Stamp 변수의 이름인 rotate가 변수명으로 들어가게 됩니다. 그리고 초깃값은 변수에 지정된 값이 없을 경우에 입력하기 위한 값으로써 변수에 지정된 값이 있다면 무시되기 때문에 0을 입력하였습니다.

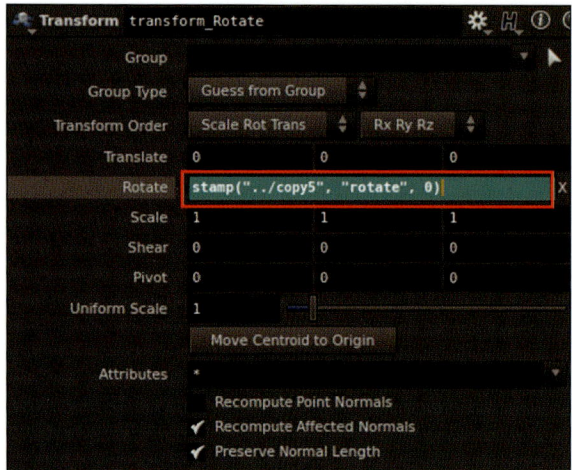

stamp("../copy5", "rotate", 0)

31 이어서 동일한 stamp 함수를 x, y, z 축에 입력한 후 씬 뷰를 통해 랜덤한 회전 값을 가진 총알들이 만들어졌는지 확인합니다.

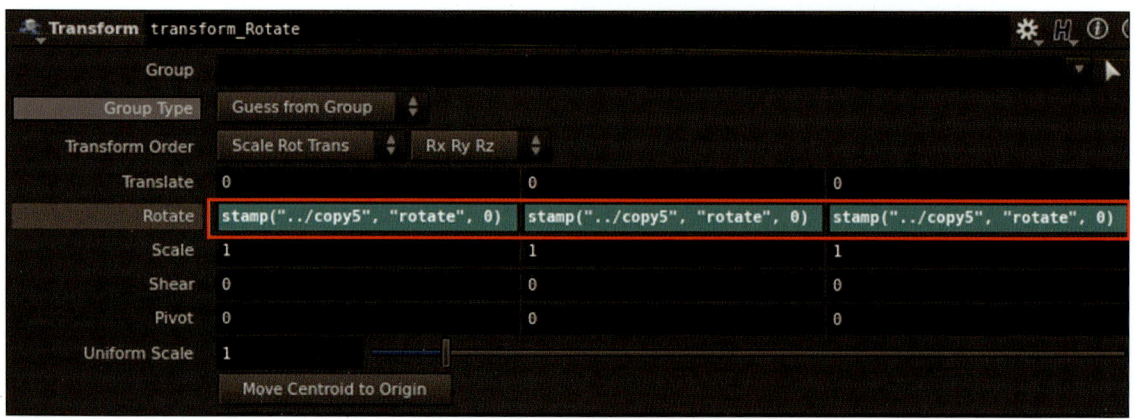

32 최종적으로 만들어지게 되는 노드 트리는 다음의 그림과 같으며, 만약 똑바로 작동이 되지 않는다면 해당 예제 파일을 참고하여 다시 한 번 차근차근 따라해 보기 바랍니다. 그렇다면 stamp 함수는 도대체 어떻게

작동이 되고 있는 걸까요? Network Editor Display Options 창에서 알아보기로 하겠습니다.

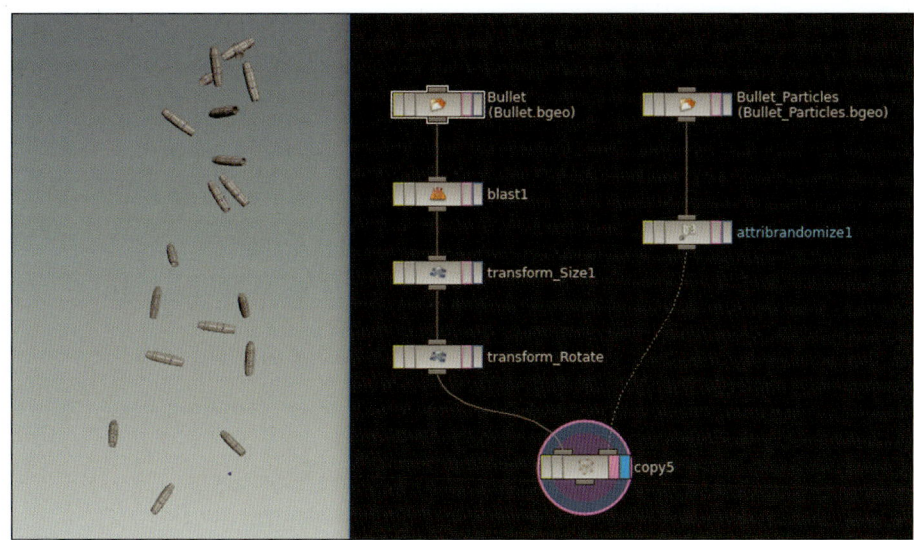

33 네트워크 뷰의 빈 곳에서 단축키 **[D]**를 누르면 Network Editor Display Options이라는 창이 열립니다. 이제 Dependency 탭으로 이동하여 Show Local Dependency Links를 체크하여 활성화합니다. 그러면 copy5 노드와 transform_Rotate 노드를 연결하고 있는 초록색 라인이 나타나게 됩니다. 방금 체크한 옵션은 서로의 값을 공유하고 있는 노드의 연결을 보여주는 링크로써 transform_Rotate 노드가 copy5 노드로부터 rotate라는 함수를 참조(반영)하기 때문에 연결이 가능한 것입니다.

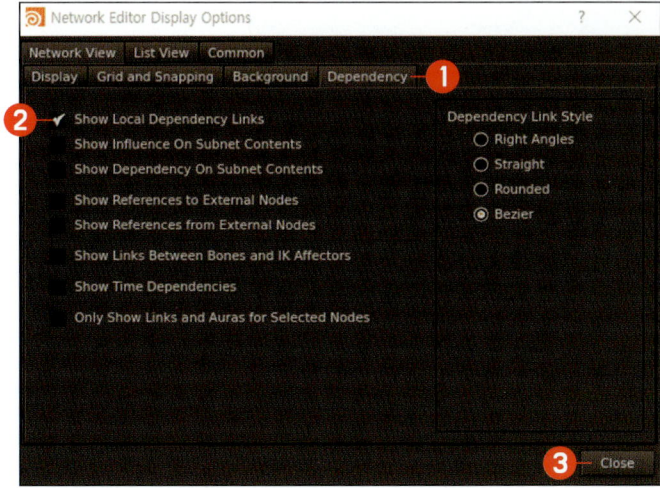
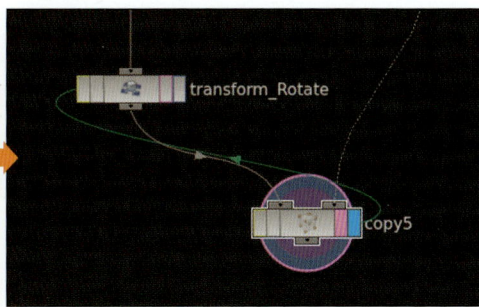

Sop 네트워크의 활용 **193**

34 사용된 노드 트리는 다음과 같습니다.

1 Attribute Randomize 노드에서 rotate라는 어트리뷰트가 생성이 되며 0~750 사이의 랜덤한 값을 갖게 되고, 그 값이 copy5 노드로 들어갑니다.

2 copy5 노드에서 stamp 함수에 사용하기 위해 rotate라는 변수를 새로 정의해 주며, 변수의 값(Value)은 Attribute Randomize에서 생성한 랜덤 값이 입력된 rotate입니다. 마지막으로 transform_Rotate노드에 입력된 stamp 함수에 의해 transform_Rotate로 값이 반영됩니다.

3 transform_Rotate의 각 회전 값에는 stamp 함수에 의해 copy5에서 정의한 rotate 변수의 값(랜덤 값)이 입력됩니다. 랜덤 값이 입력된 총알은 다시 copy5 노드의 인풋으로 들어가게 되며, 각 포인트별로 랜덤한 회전 값을 가진 총알이 완성되게 됩니다.

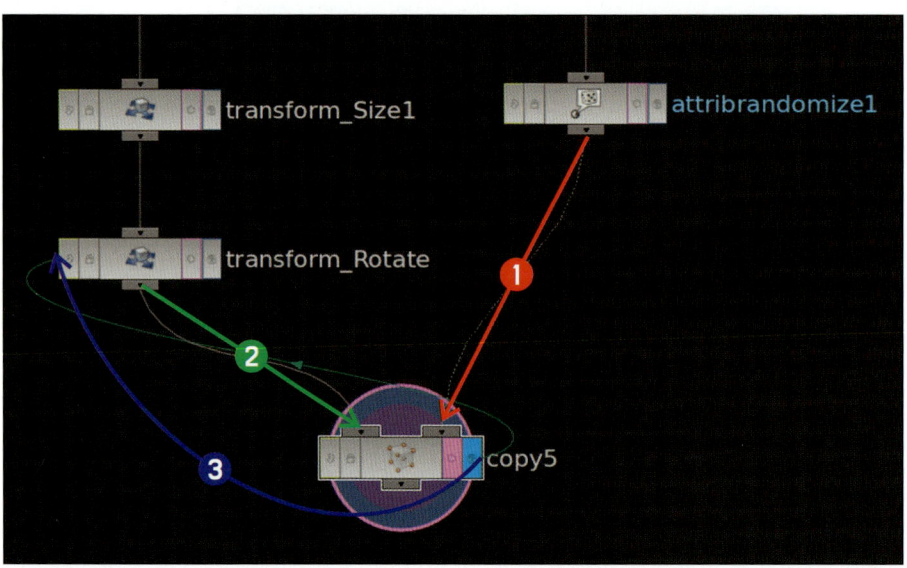

35 이번 학습에서 정의한 rotate 변수가 회전 값으로 작동되는 이유는 Transform 노드의 Rotate에 입력했기 때문입니다. 함수를 그대로 Scale에 입력하게 되면 이제 pscale과 같은 역할을 하게 되는 것입니다. 여기서 회전 값을 위해 750으로 입력해 두었던 Attribute Randomize 노드의 Max Value 값을 1.5로 바꾸면 다음의 그림과 같이 나타나게 됩니다. 사용된 변수는 분명히 rotate 변수이지만 후디니에 기본적으로 존재하는 어트리뷰트가 아니기 때문에 반드시 회전뿐만 아니라 크기나 위치에도 적용할 수 있다는 사실을 잊지 말아야 할 것입니다.

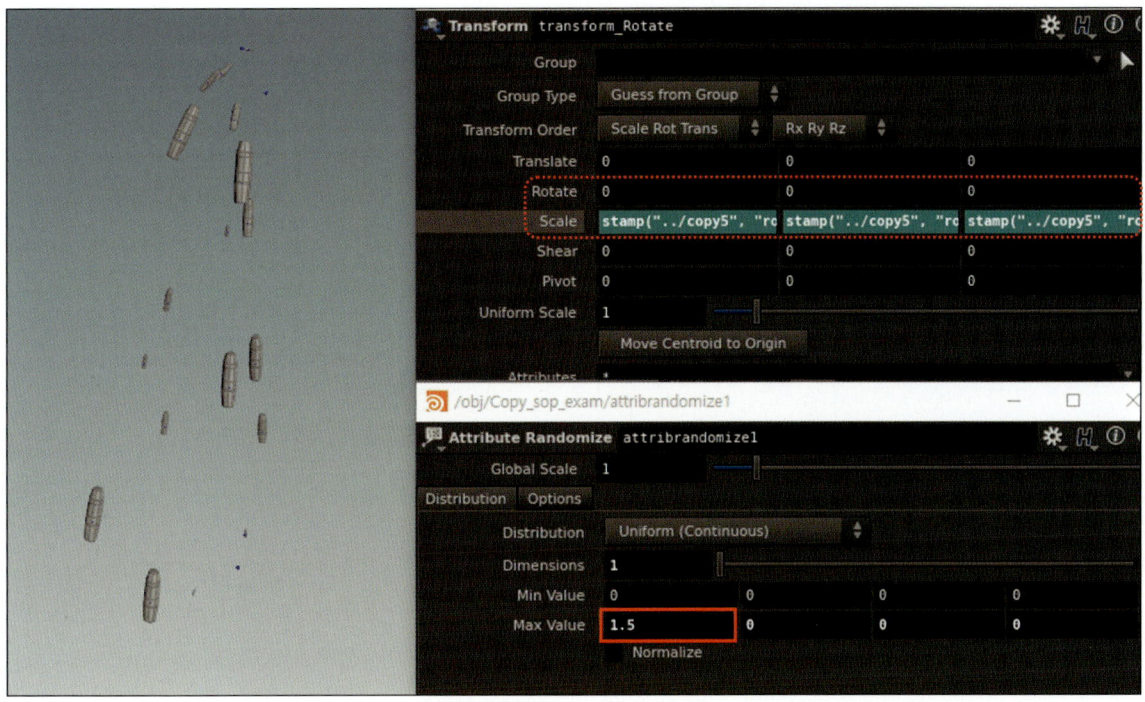

그룹(Group)과 패턴 매칭(Pattern Matching) 사용하기

후디니에서 무언가를 만들고자 할 때 일정 부분을 선택하기 위해서는 그루핑(Grouping)이라는 과정을 거치게 됩니다. 이것은 사용자가 원하는 부분을 그룹으로 만들기 위해서인데, 가령 해당 부분이 필요하지 않게 되어 지우거나, 일부분에서만 필요한 어트리뷰트가 있거나, 일정 부분만 사용하기 위해서와 같은 많은 이유로 인해 그루핑을 하게 되됩니다. 간단하게 생각했을 때 그룹이라는 것은 Point나 Primitive의 일부를 선택하는 과정이지만 이번 학습에서는 그룹을 만드는 방법과 함께 패턴 매칭(Pattern Matching)이라는 것을 다루게 될 것입니다. 이것은 오브젝트 상의 그룹을 만드는 것 만이 아닌 훨씬 넓은 범위로써의 그룹을 설명하게 되는 것입니다.

그루핑(Grouping)하기

01 가장 먼저 Sop 네트워크의 Group 노드 생성한 후 알아보도록 하겠습니다. Group 노드는 기본적으로 오브젝트의 일부분을 선택하여 그룹을 만들거나 바운딩 박스로 일정 부분을 지정하여 그룹을 만들 수도 있으며

또한 어트리뷰트에 따라서 그룹을 만들 수도 있습니다.

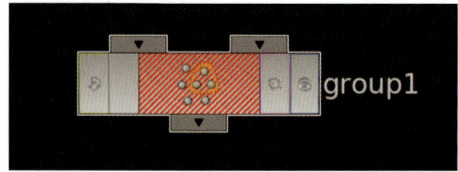

02 먼저 탭 메뉴를 통해서 셰이더 볼(Shader Ball)을 생성해 줍니다. 셰이더 볼은 말 그대로 셰이더를 할 때 사용하지만 이번 예제에서는 셰이더을 위한 용도로 사용하지는 않고 그냥 오브젝트만 사용할 것입니다.

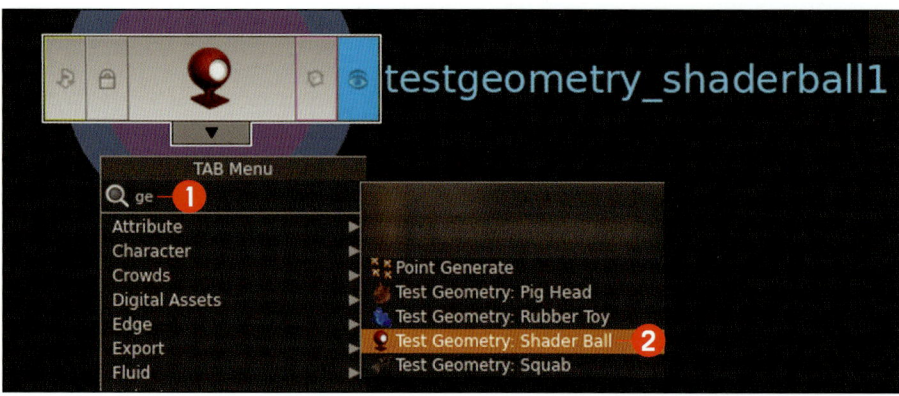

03 씬 뷰를 right 뷰(Space + 4)로 전환한 후 선택(Select) 툴을 사용하여 아래 그림처럼 셰이더 볼의 윗부분(노랑색 부분)만 선택한 후 씬 뷰에서 탭 메뉴를 통해 Group 노드를 생성합니다.

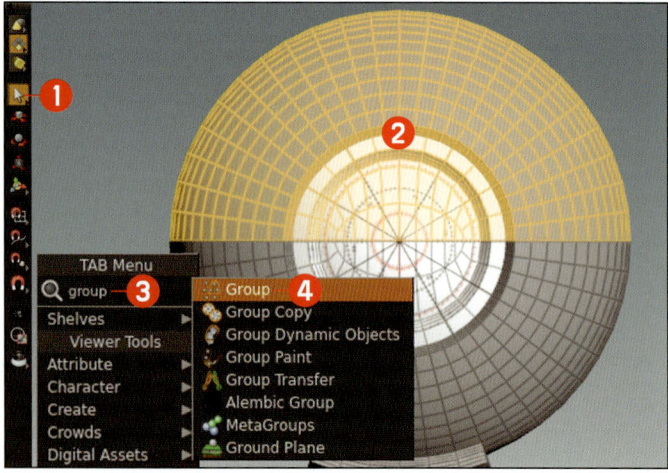

04 생성된 Group 노드의 파라미터를 보면 Pattern에 숫자들이 입력된 것을 볼 수 있습니다. 이 숫자들은 방금 선택한 프리미티브(셰이더 볼의 선택된 윗부분)의 숫자들입니다. 그리고 Group Name은 Group 노드로 인해 선택된 데이터들의 이름을 의미합니다. 여기에 ball_top이라고 넣으면 선택한 셰이더 볼의 윗부분이 ball_top이라는 하나의 새로운 그룹으로 만들어집니다. 물론 선택을 하지않고 직접 원하는 Point, Edge, Primitive의 넘버를 입력해서 그룹을 지을 수도 있습니다.

05 네트워크 뷰에서 새로운 Group 노드를 생성하고, Pattern에 0-1280을 입력합니다. 그다음 Group Name을 bottom으로 입력합니다.

06 계속해서 Group 노드의 아래쪽에 Delete 노드를 생성한 후 연결하고, Group을 bottom으로 입력합니다. 그다음 디스플레이를 켜서 씬 뷰를 확인해 봅니다.

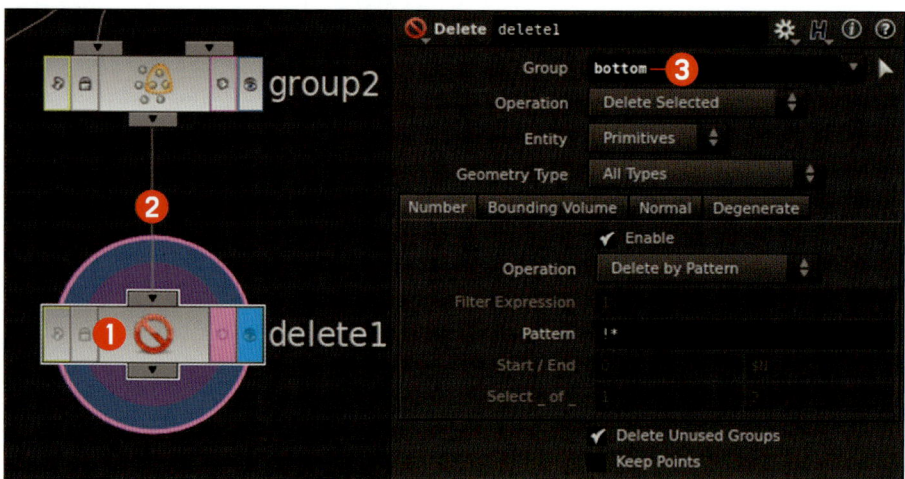

07 앞서 선택한 0-1280까지의 프리미티브는 셰이더 볼 오브젝트의 바닥에 해당하는 부분입니다. Group 노드를 통해 바닥을 선택 후 선택한 그룹에 bottom이라는 이름을 입력했고, Delete 노드를 통해 bottom 그룹만 제거했기 때문에 그림처럼 바닥 면이 제거된 셰이더 볼이 된 것입니다.

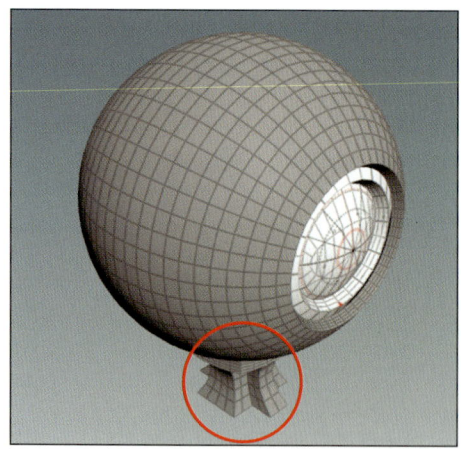

08 이번엔 Pattern에 2352-5444를 입력해 보면 셰이더 볼의 겉 부분만 제거됩니다. 이제 자신이 원하는 수치를 입력하면서 다양하게 그룹을 만들어보고, Delete 노드를 통해 결과를 확인해 보도록 합니다.

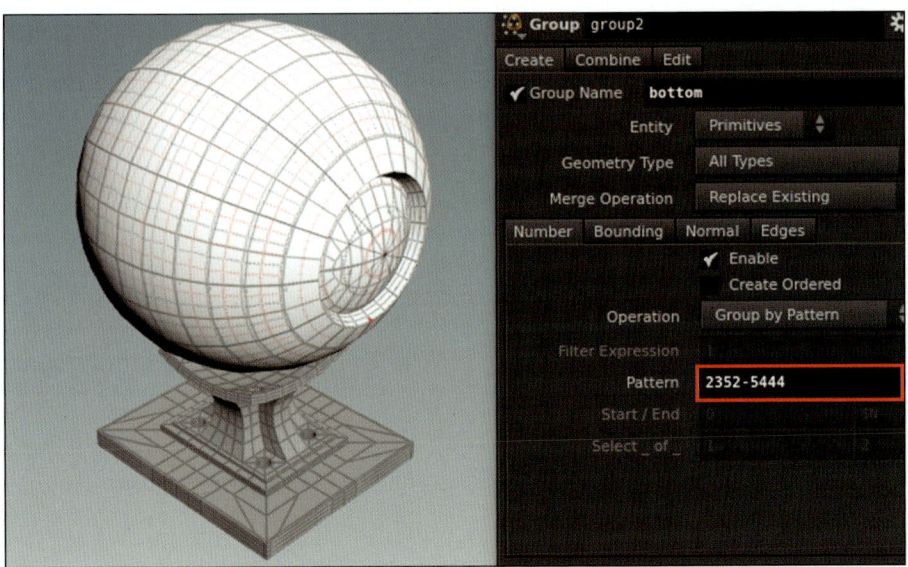

09 계속해서 Tube를 생성하여 그룹과 연결합니다. 그리고 튜브 파라미터에서의 옵션 값을 그림처럼 설정합니다. 이번엔 직접 번호를 입력하는 것이 아니라 일정한 간격에 따라 그루핑이 되게 해 보겠습니다.

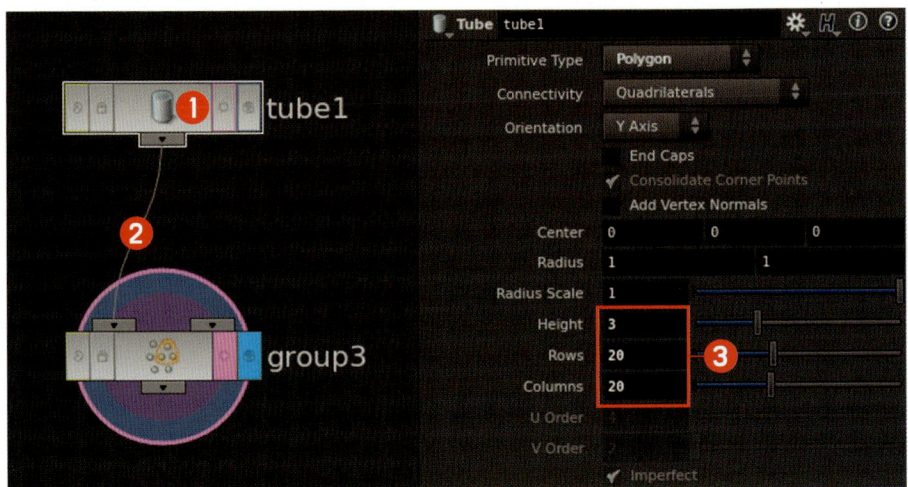

10 Tube에 연결한 Group 노드의 Operation을 Group by Range로 변경한 뒤 씬 뷰를 확인해 보면 각 한 열을 건너뛰는 형식으로 선택되는 반복된 그룹이 됩니다. Group by Range로 하였을 때 활성화되는 두 옵션은 그룹이 지어질 범위의 Start/End와 어떤 간격으로 그루핑을 할 것인지에 대한 Select_ of_가 있습니다. 현재

한 열 씩 건너뛴 상태로 선택되는 것은 바로 Select_ of_ 때문입니다. 여기에 2로 입력된 수치를 다른 수치로 입력하게 되면 그루핑이 되는 요소가 바뀌게 됩니다.

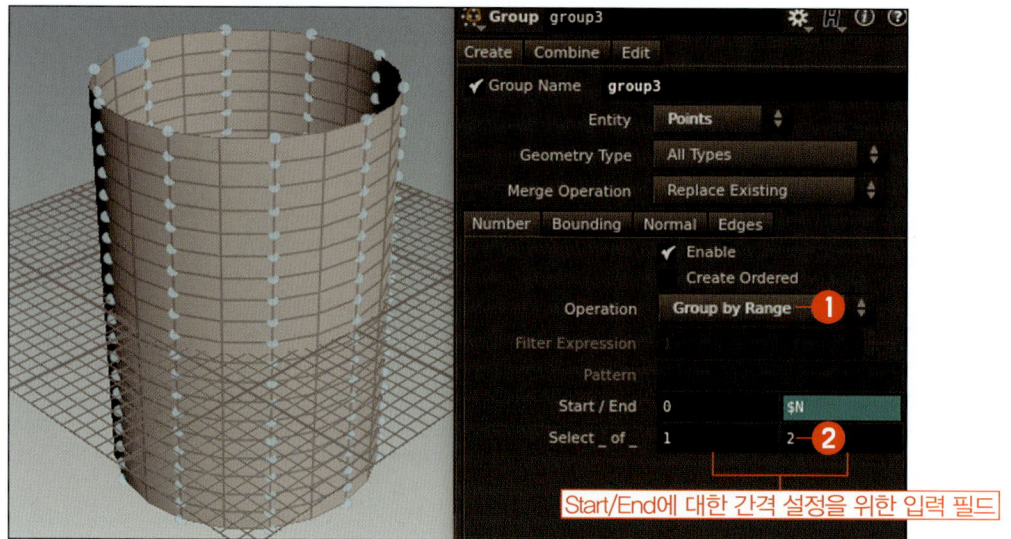

Start/End에 대한 간격 설정을 위한 입력 필드

11 만약 여기에 5를 입력하게 되면 5의 배수인 포인트들만 선택됩니다. 이렇게 그루핑을 하면 손쉽게 자신이 원하는 부분만 컨트롤을 할 수 있습니다. 이와 같은 작업을 통해 해당 그룹에만 어트리뷰트를 주거나 디포메이션(변형), 제거 등의 다양하게 작업이 가능하게 합니다.

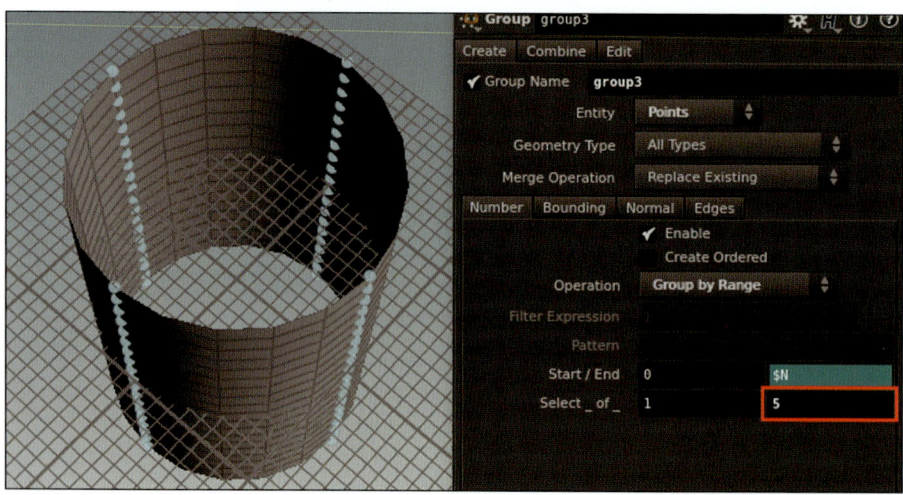

12 아래 그림은 5의 배수인 포인트만 그룹을 지어놓고, **ptgroup**이라는 이름으로 지정한 뒤 Transform 노드 생성하여 연결한 후 x, z 축으로만 사이즈를 줄였을 때의 결과입니다. 그루핑에 능숙하다면 굳이 씬 뷰에서 일일히 선택을 할 필요가 없게 됩니다. 다시 셰이더 볼로 돌아가서 이번엔 익스프레션을 활용한 그루핑을 해보도록 하겠습니다. 참고로 이후부터는 새로운 노드를 생성하고 연결하는 과정을 노드를 **달아준다는** 것으로도 표현할 수 있으니 기억하기 바랍니다.

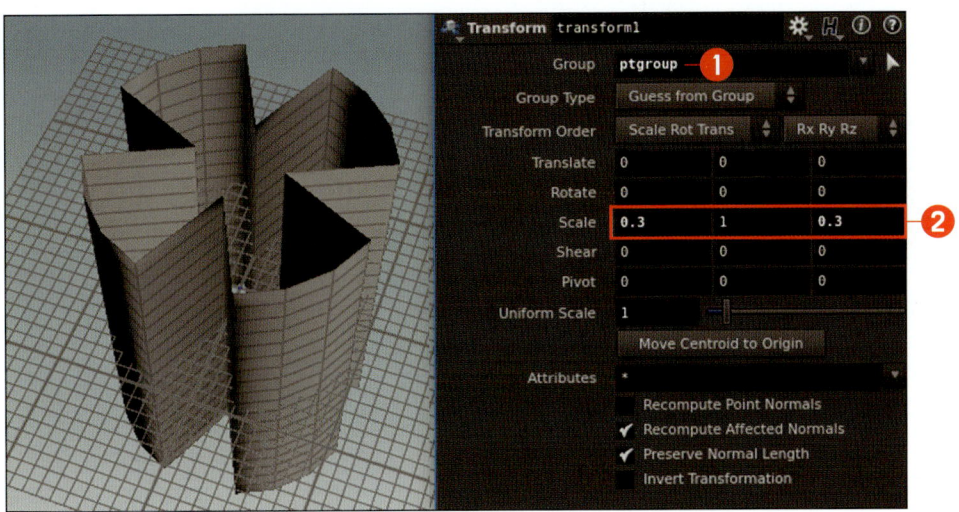

13 이번엔 셰이더 볼에 새로운 Group 노드를 달아주고, Operation을 Group by Expression으로 변경합니다. 이렇게 함으로써 앞서 사용했던 두 옵션과는 다르게 익스프레션을 입력하여 해당 익스프레션의 값에 의한 부분들만 그루핑을 할 수 있습니다. 여기에서는 앞선 학습에서 사용했던 $BBX, $BBZ를 사용할 것입니다.

14 이제 Filter Expression에 $BBZ를 입력할 경우 다음과 같이 z 축을 기준으로 절반이 선택됩니다. 이렇게 하면 굳이 씬 뷰에서 선택하지 않아도 익스프레션을 통해 쉽게 선택이 가능합니다.

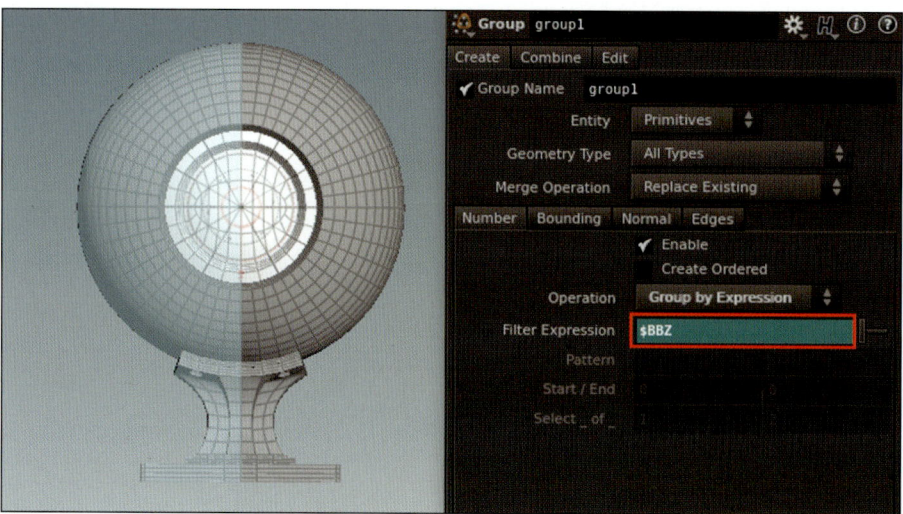

15 선택된 상태에서 새로운 Mountain 노드를 생성한 후 $BBZ를 입력하여 그룹을 만들어준 group 노드에 연결합니다. 그러면 아래 그림처럼 절반만 Mountain 노드가 적용됩니다.

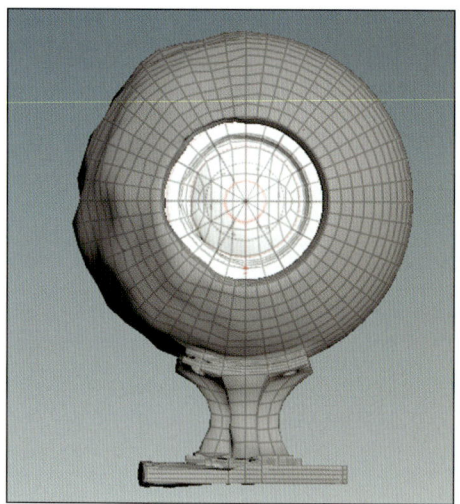

16 이번엔 색상을 기준으로 그루핑을 해 보도록 하겠습니다. 셰이더 볼 아래쪽에 새로운 Point 노드를 생성한 후 연결한 후 다음의 그림과 같이 파라미터를 설정해 줍니다.

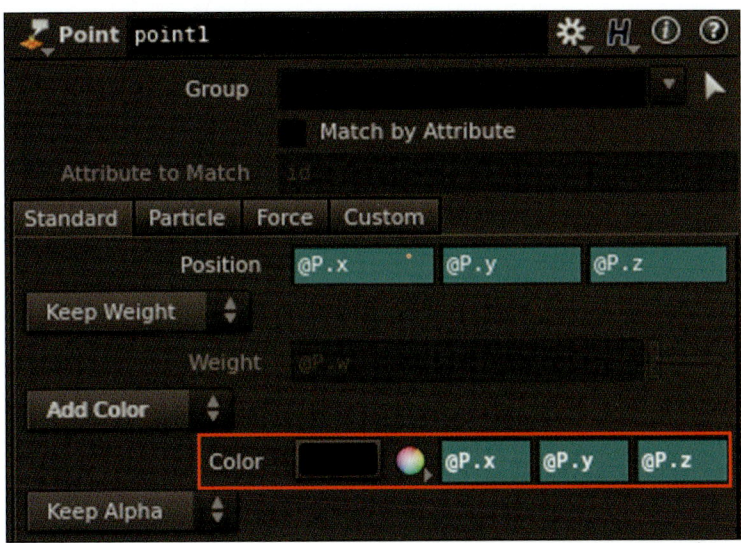

17 계속해서 새로운 Group 노드를 생성하여 연결하고, Filter Exprssion에 $CG > 0.05$를 입력하면 아래 그림과 같이 초록색(Green)에 대한 값이 0.05보다 높은 수치들만 그루핑됩니다. 여기서 만약 초록색이 0.05보다 적은 데이터를 제거하고 싶다면 Group 노드를 거칠 필요없이 곧바로 Delete 노드를 사용할 수 있습니다.

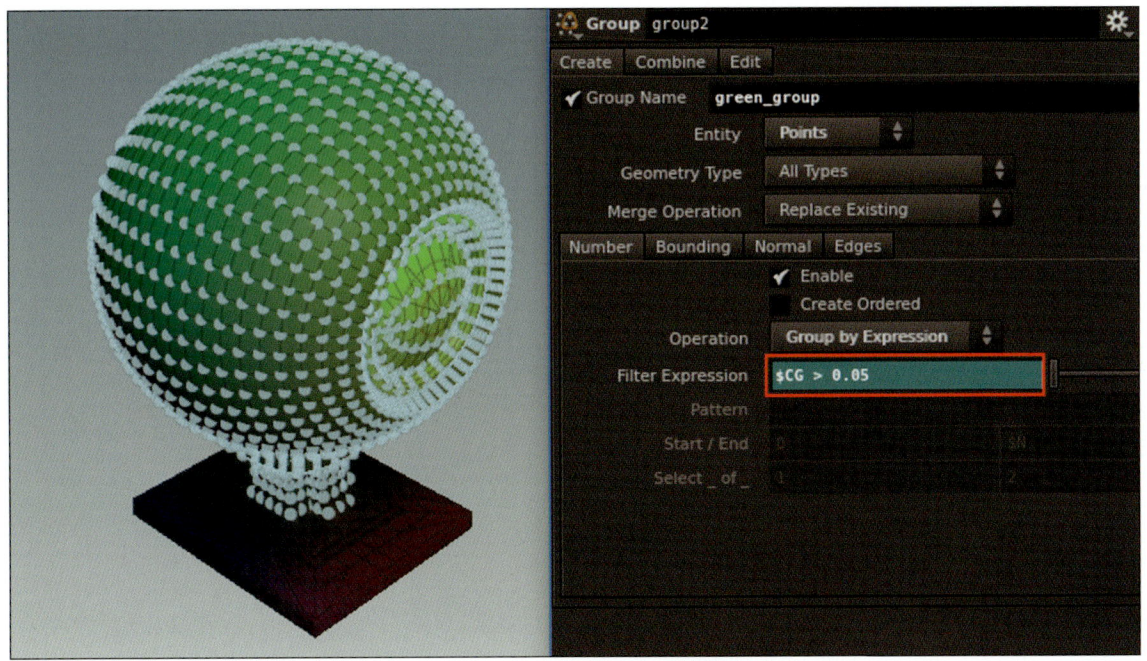

18 참고로 Delete 노드는 Group 노드와 유사한 파라미터를 가지고 있는데, Group 노드처럼 Operation을 Delete by Expression으로 변경한 후 $CG 〈 0.05를 입력하면 초록색이 0.05보다 적은 데이터가 제거됩니다. 이렇게 그루핑은 모든 데이터를 통해 가능하며, 컬러나 노멀을 통해 그루핑을 하는 경우가 많습니다. 자신이 생성한 어트리뷰트를 통해서도 그루핑을 할 수 있으며, 그루핑이 힘든 경우 직접 선택을 할 수도 있습니다. 만약 모델링 데이터를 불러왔을 때 그룹이 정해지지 않았다면 작업에 따라 직접 그루핑을 해야 하며, 그룹이 이루어졌을 때에는 해당 그룹에 맞게 분류를 하면 됩니다.

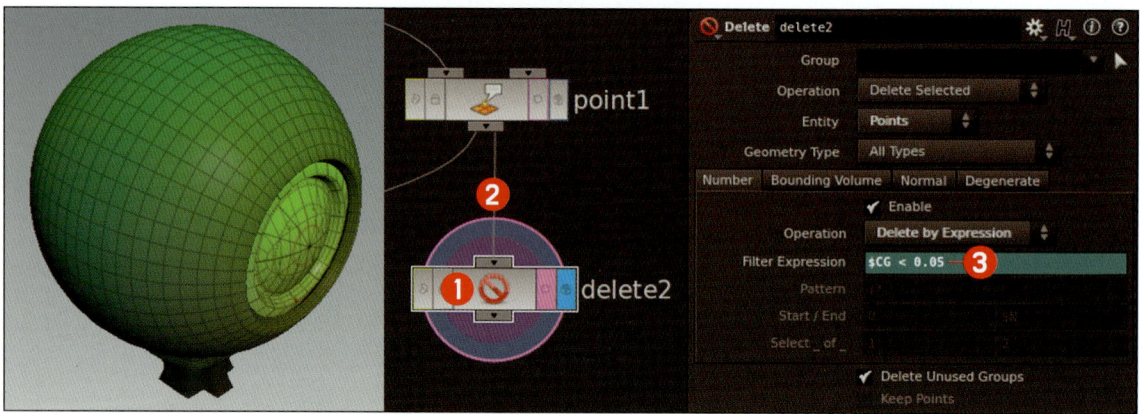

19 하지만 후디니의 셰이더 볼은 기본적으로 각 부분에 대해 그룹이 정해져 있습니다. 셰이더 노드에서 [MMB]를 하여 정보 창을 확인해 보면 5개의 프리미티브 그룹이 잡혀 있는 것을 볼 수 있습니다.

20 이번엔 셰이더 볼에 새로운 Blast 노드를 생성한 후 연결하고, 파라미터에서 Group 옵션 우측에 있는 드롭 다운 메뉴를 클릭하면 그룹의 목록이 나타납니다. 여기에서 자신이 원하는 그룹을 선택하면 해당 그룹이 Blast 노드에 의해 제거가 되는 것을 볼 수 있습니다. 하지만 앞서 언급했듯이 그룹이 지정되지 않았다면 직접 그룹을 잡아주어야 하는데, 만약 그루핑을 하기 위한 어트리뷰트도 없고, 포인트의 수 조차 불규칙적이어서 난감한 상황이 발생할 때에는 어쩔 수 없이 직접 선택을 해가면서 잡아주어야 합니다. 물론 이와 같은 방법이 정답은 아니기 때문에 더 편리한 방법이 있다면 그 방법을 사용하면 됩니다. 여기에서는 비교적 편하게 선택하는 방법을 통해 그루핑을 해 보도록 하겠습니다.

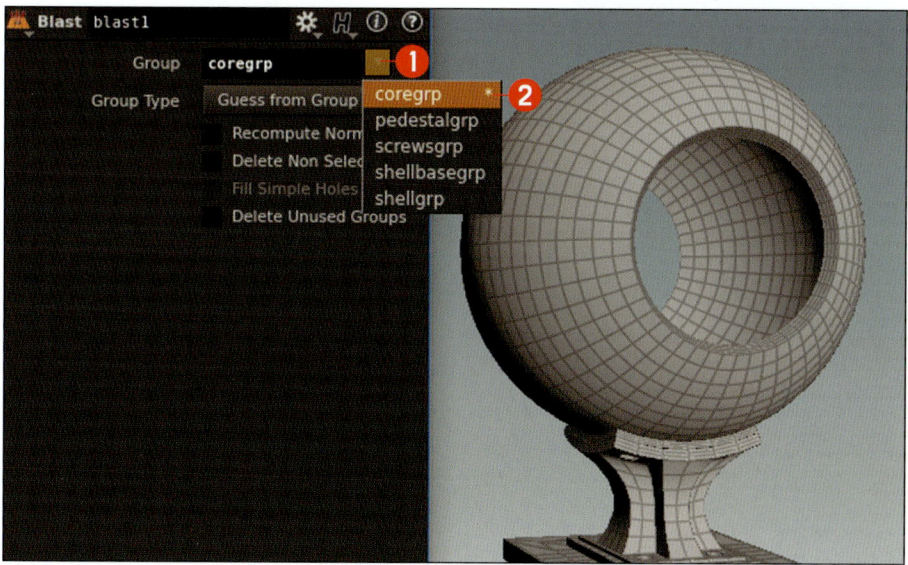

21 먼저 기존의 그룹들을 제거하기 위해 셰이더 볼에 새로운 Clean 노드를 달아줍니다. 그다음 파라미터에서 Remove Groups을 체크합니다.

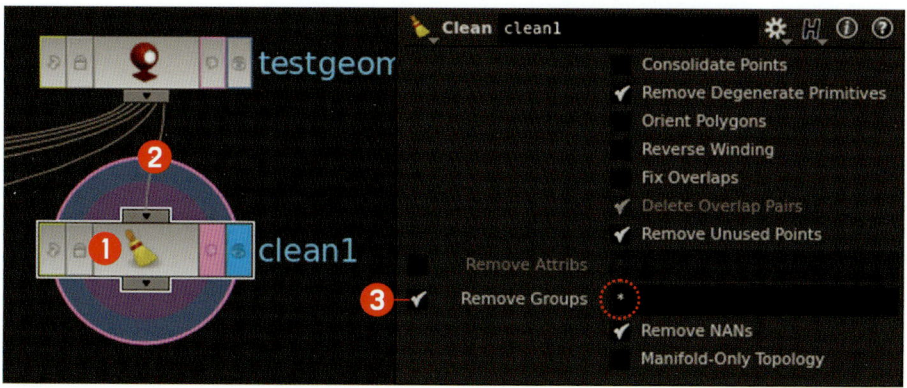

22 Clean 노드에서 [MMB]를 하여 정보를 확인해 보면 셰이더 볼에서 존재하던 프리미티브 그룹이 모두 제거된 것을 볼 수 있습니다. 그룹이 제거됐으니 이제 Blast 노드를 연결해도 아무런 그룹이 나타나지 않습니다. 그럼 이제 새롭게 그룹을 지정해 보도록 합니다.

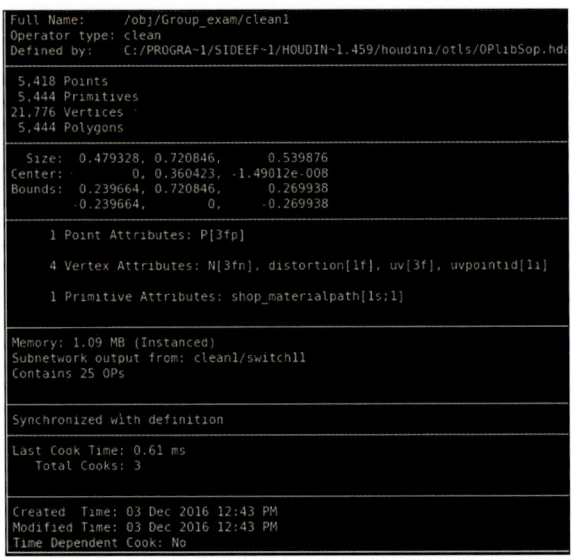

23 이번엔 여러분이 선택하고 싶은 오브젝트의 프리미티브를 하나 선택한 뒤 단축키 [Shift] + [G]를 누르면 선택한 영역을 기준으로 아래 그림처럼 점차 확장되며 선택됩니다. 여기에서는 볼 부분이 모두 선택될 때까지 단축키를 눌러줍니다. 현재 그림에서는 셰이더 볼의 바깥쪽 부분을 선택했지만 여러분은 자신이 원하는 부분을 선택하고 진행하면 됩니다.

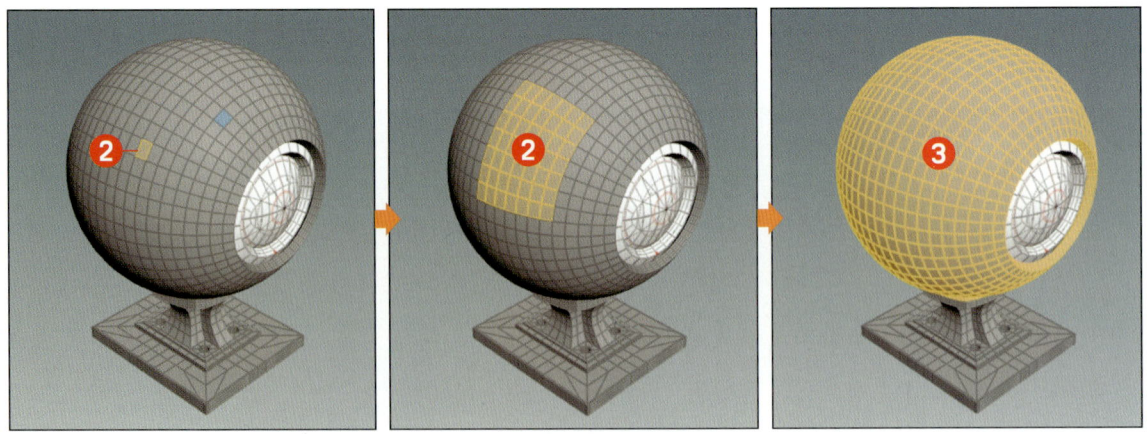

24 선택이 완료했다면 씬 뷰에서 탭 메뉴를 실행한 후 clean 노드에 Group 노드를 달아주고, 그룹의 이름은 여러분이 원하는 이름으로 해 줍니다. 물론 노드의 기본 이름으로 사용해도 상관이 없습니다.

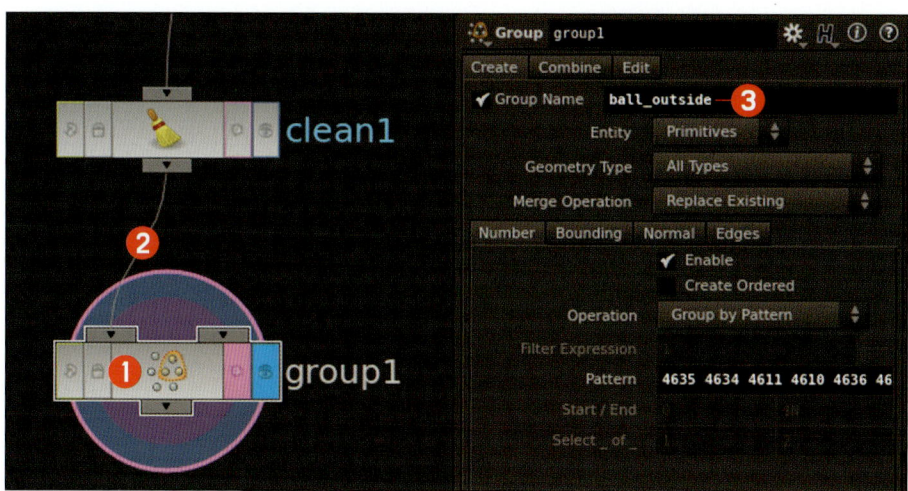

25 그룹이 생성됐으면 이제 Group 노드에 Blast 노드를 달아주고, 앞서 생성한 그룹과 같은 이름을 입력합니다. 그다음 Delete Non Selected 체크하여 선택된 그룹 이외의 오브젝트를 제거합니다. 그리고 선택된 오브젝트가 제대로 그룹이 되었는지 확인합니다.

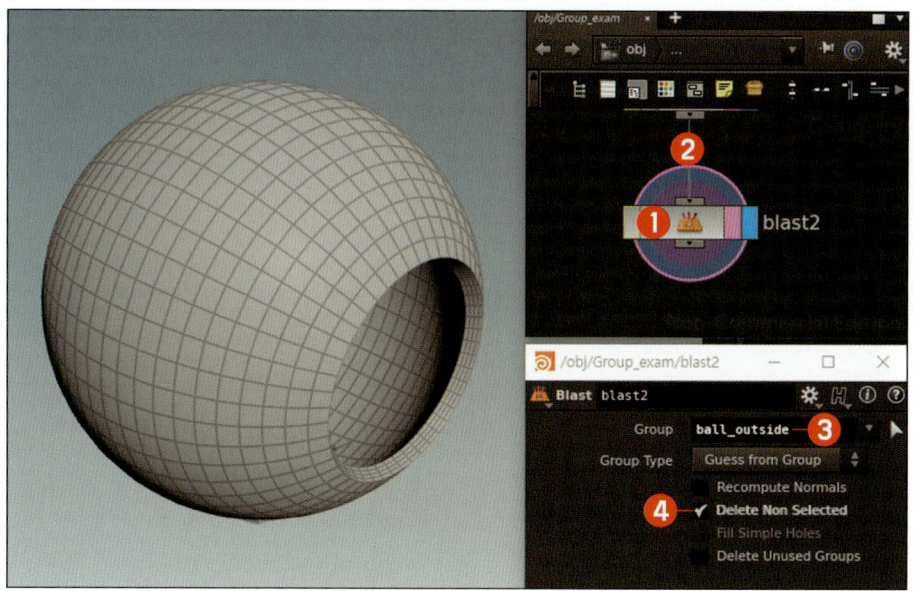

26 필요하다면 추가적으로 나머지 부분들도 각각 그룹을 지어줍니다. 이번 학습에서는 [Shift] + [G] 키를 통해 선택 확장이 되는 오브젝트들을 기준으로 그룹을 나누어보았습니다.

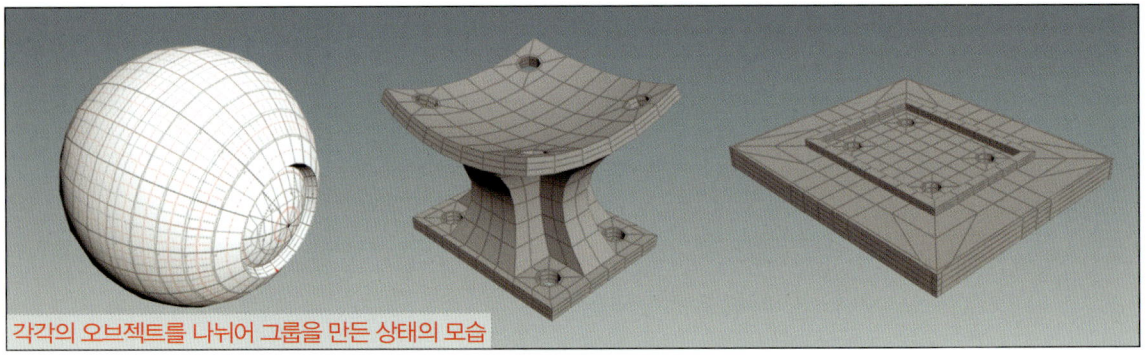

각각의 오브젝트를 나뉘어 그룹을 만든 상태의 모습

27 각 오브젝트에 대해 그룹을 생성했다면 가장 아래쪽에 위치한 노드의 정보 창을 열어 확인해 봅니다. 기존의 셰이더 볼 그룹이 아닌 앞서 직접 생성해 준 이름의 그룹들이 생성된 것을 알 수 있습니다. 아래 그림에서 ball_bottom 그룹을 제외하고 프리미티브가 0으로 표시되는 이유는 Blast 노드로 ball_bottom만 남겨놓았기 때문이므로 그림처럼 나오지 않는다고 해서 문제가 있는 것은 아닙니다.

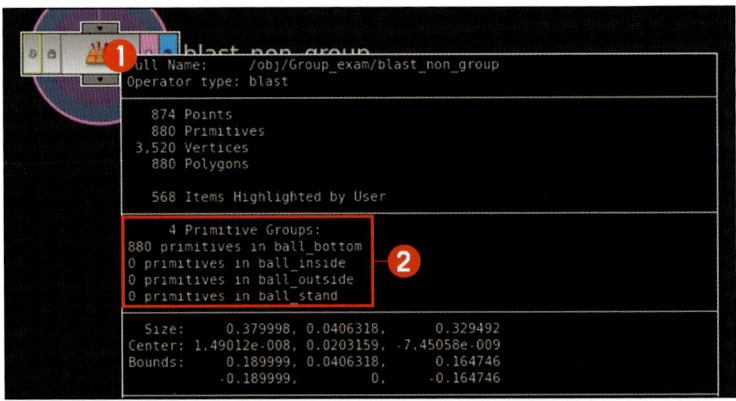

지금까지 살펴본 것처럼 그루핑을 하는 방법은 다양합니다. 물론 자신만의 방법을 이용하는 분들도 많습니다. 필자는 컬러 값을 통한 그루핑을 가장 선호한데, 이유는 선택 확장을 통한 그루핑은 그룹을 짓기 애매한 경우에 활용할 수 있기 때문입니다. 하지만 여러분은 작업 상황에 따라 가장 효과적인 방법을 터득하여 사용하길 권장합니다.

패턴 매칭(Pattern matching) 사용하기

이번 학습에서는 패턴 매칭(Pattern matching)이라는 것에 대해 배워보도록 하겠습니다. 패턴 매칭은 각종 문자열을 통해 자신이 원하는 데이터만 골라내는 방법이라고 볼 수 있는데, 앞으로 후디니 내부에서 데이터를 불러오고자 할 때 종종 보게 될 것입니다. 물론 지금까지 계속 사용하던 노드에서도 패턴 매칭은 알게 모르게 사용을 했었습니다.

01 앞선 작업에서 직접 생성했던 그룹들에 새로운 Clean 노드를 달아준 후 파라미터의 Remove Groups 옵션을 체크하면 입력 필드에 기본적으로 *가 입력되어있습니다. *(별표)는 전체라는 의미로써 현재 옵션에서의 전체라는 의미는 전체 그룹을 제거하겠다는 의미입니다. 이렇게 기본적으로 패턴 매칭의 기호가 입력되어 있는 노드들도 있지만 그렇지 않은 노드에서도 사용이 가능합니다. 참고로 Blast 노드에서는 기본적으로 패턴 매칭 기호가 입력되어있지 않습니다. 하지만 문제없이 사용이 가능합니다.

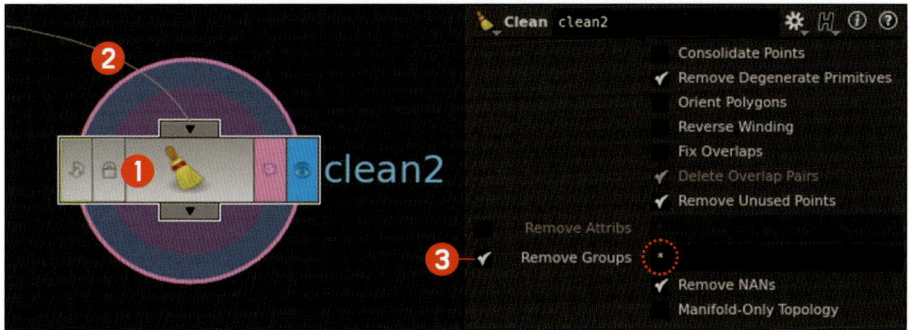

02 Clean 노드는 제거합니다. 이어서 Blast 노드를 생성하여 연결(그루핑이 된 이후에는 어느 노드에 연결해도 됨)한 뒤 아래 그림처럼 Group에 *을 입력해 줍니다. 그러면 이제 전체가 제거됩니다.

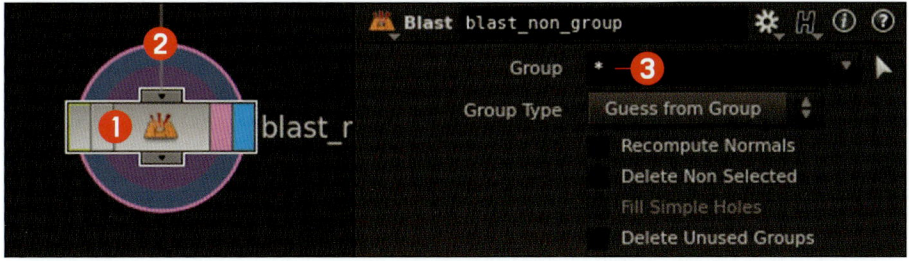

03 이번엔 * 뒤에 ^ball_outside를 입력해 줍니다. 그러면 ball_outside 그룹을 제외하고 모든 그룹이 제거됩니다. 여기서 ^는 제외를 시키는 기호로써 ^ 뒤에 입력하는 문자열이 바로 제외되는 대상이 되는 것입니다. 만

약 전체 중 하나가 아니라 여러 개를 제외하고 싶다면 그림 중 가장 아래쪽 그림처럼 ^ball_outside를 반복하여 입력해 주면 됩니다.

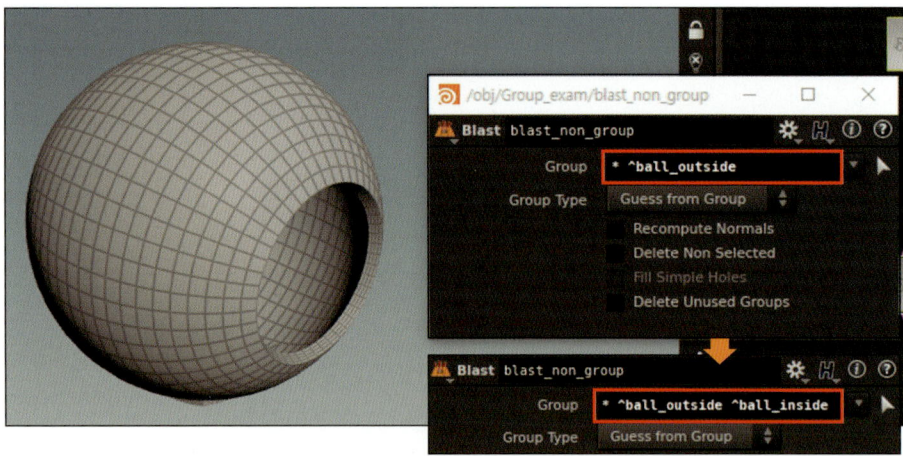

04 이번엔 다른 경우를 살펴 보겠습니다. 먼저 그림과 같은 노드 트리를 만들어놓습니다. 그다음 Copy 노드의 파라미터에서 Create Output Groups을 체크하고, Copy Groups에 box_$PT를 입력합니다. 이렇게 하면 Copy 노드에 의해 복사된 오브젝트들이 각각의 그룹을 가지게 됩니다.

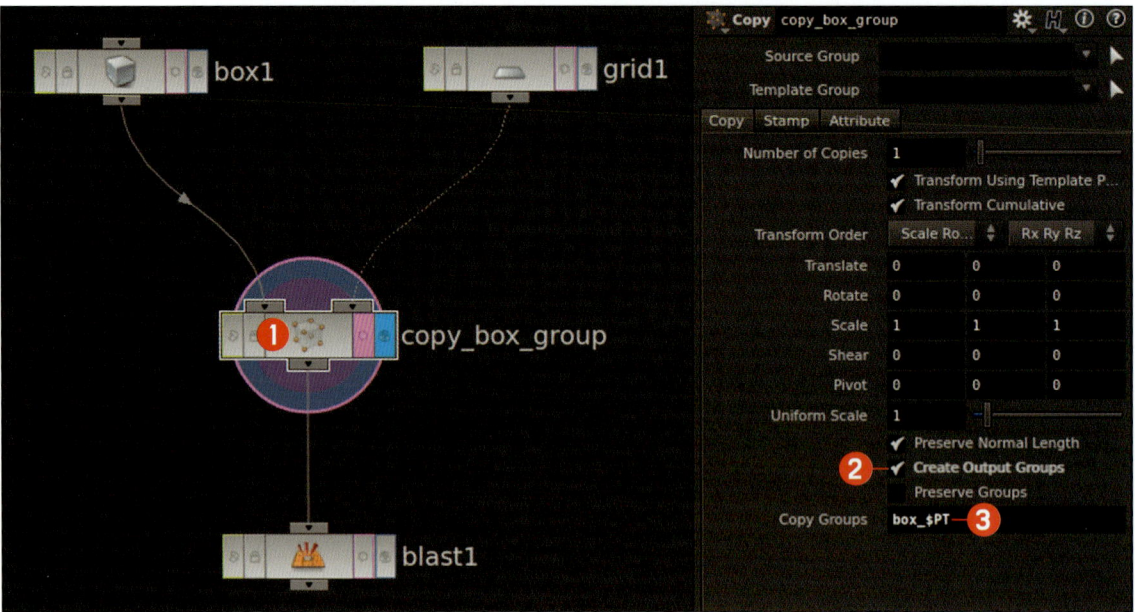

05 이번엔 Blast 노드에 box_1을 입력하여 1번 포인트의 위치에 복사된 박스가 문제없이 제거되는지 확인을 한 후 진행을 하도록 합니다. box_1 에 *를 붙여봅니다. 그리고 씬 뷰를 확인해 보면 일부분이 제거되는 것을 볼 수 있습니다. 그런데 *는 전체를 의미하는 것인데 왜 일부분만 지워지게 되는 것일까요? 그 이유는 앞서 box_1을 지정한 상태에서 *를 띄어쓰지 않고 입력했기 때문입니다. 이렇듯 *를 붙여쓰기 하게 되면 box_1이 포함되는 문자열로 인식되는데, 이 말은 즉 box_1, box_10, box_11, box_12~box_19까지 제거가 된다는 것입니다. 만약 box_2*라고 입력하면 box_2가 포함된 문자열이 전부 제거되며, box_*라고 입력하면 box_가 포함된 문자열 전체를 제거하는 결과가 나오게 되므로 그냥 *를 입력하는 것과 동일한 결과가 나타나게 됩니다. 그렇다면 5와 6이 포함된 문자열을 제외하고 전부 제거하려면 어떻게 하면 될까요?

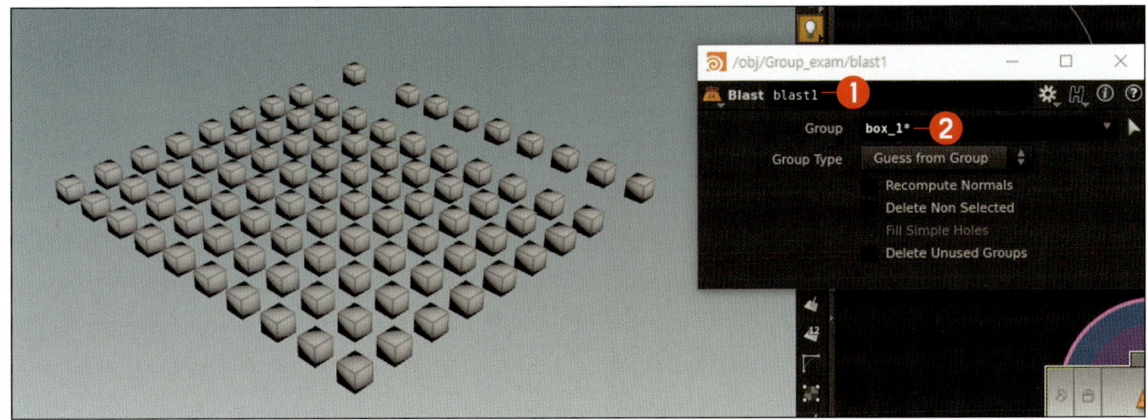

06 아래 그림처럼 전체를 제거하고, 5와 6이 포함되는 부분을 제외시켜주면 됩니다. 입력 후 씬 뷰를 확인해 보면 50~69에 해당하는 박스와 5, 6번 박스만 남고 모든 박스가 제거된 것을 볼 수 있습니다. 이와 같은 방법으로 원하는 구간의 박스만 남겨보는 연습을 해 보기 바랍니다. 이것으로 문자나 숫자 뒤에 *를 이어 붙이면 앞의 문자를 포함한 전체가 선택된다는 것을 알았습니다. 다음은 그룹이 훨씬 많고 그룹의 넘버링이 더 세분화되어 있을 경우 어떤 방식을 사용할 수 있는지 살펴 보도록 하겠습니다.

07 Grid 노드의 파라미터에서 Rows와 Columns를 5 x 5로 설정하고, Copy 노드의 파라미터를 그림과 같이 설정합니다. 그러면 각 층 별로 box_0_00, box_1_00, box_2_00, box_3_00, box_4_00이라는 넘버링을 가진 오브젝트가 생성됩니다. 여기서 $CY 변수는 Copy 노드의 파라미터에서 Number of Copies의 수치를 반영하는 변수입니다.

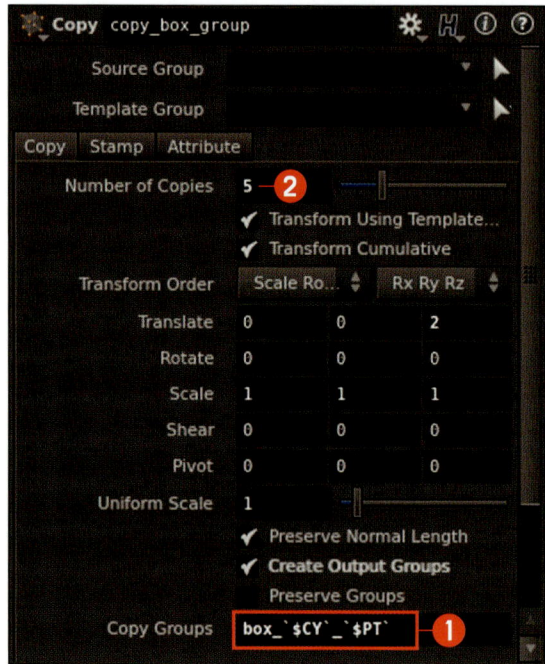

08 이번엔 Blast 노드의 파라미터에서 Group에 box_1_*를 입력하면 그림처럼 box_1_라는 그룹명을 포함한 오브젝트들이 모두 제거됩니다. 앞에서 살펴보았던 방식과 다른 점이 없으니 쉽게 이해가 될 것입니다. 그렇다면 이제 층 수에 상관없이 포인트 넘버에 5가 포함되는 오브젝트들만 지워보겠습니다.

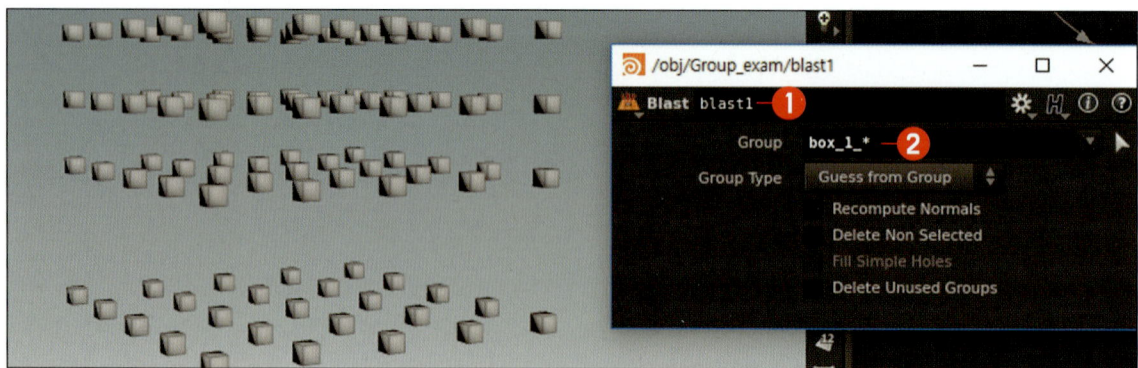

09 이번엔 box_?_5*라고 입력해 봅니다. 그러면 그림처럼 각 층마다 포인트 넘버에 5가 포함된 그룹이 전부 지워지게 됩니다. 그러면 방금 사용된 물음표는 무엇을 의미할까요? 패턴 매칭에서의 물음표는 모든 문자열을 대신하는 기능을 가지고 있습니다. box_?_5*에서 물음표는 해당 공간에 있는 모든 문자열을 대신합니다. 한마디로 0~4를 모두 포함한다는 것입니다.

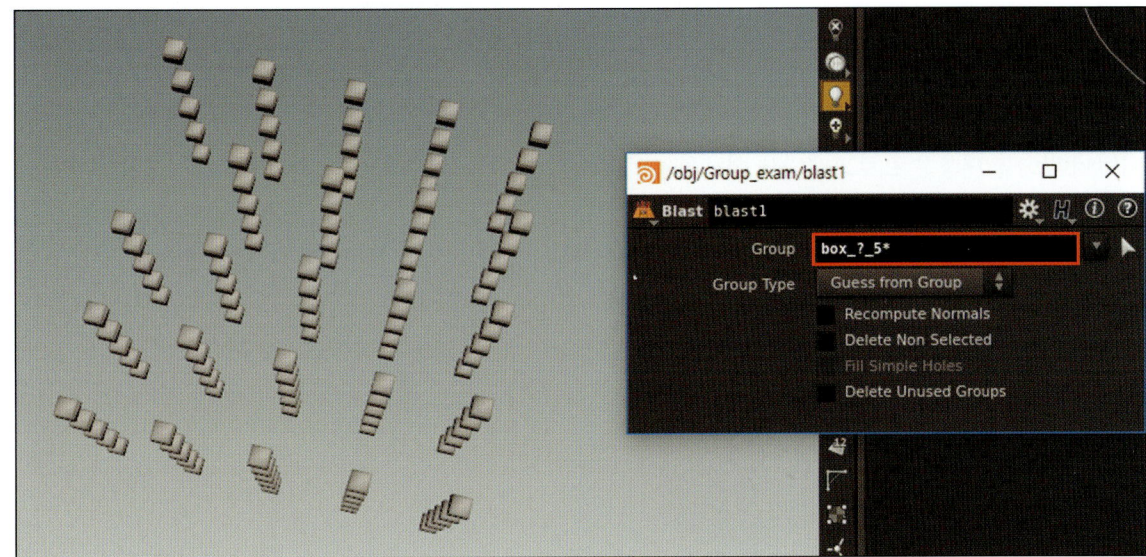

10 그렇다면 이번엔 box_?_?1를 입력한 후 결과를 확인해 보도록 합니다. 결과는 그림과 같이 나타나게 되는데, 층 수에 상관없이 복사되는 개수(Number of Copies)와 포인트 넘버의 십의 자리는 전체로 인식하며, 포인트 넘버의 일의 자리가 1인 그룹만 남기고 제거됩니다.

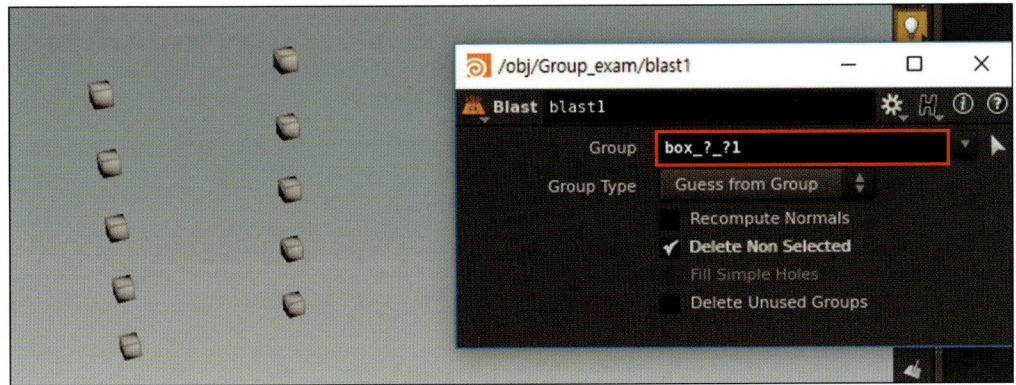

살펴본 것처럼 패턴 매칭은 문자열과 기호를 함께 사용하여 더욱 다양한 그루핑을 할 수 있게 해 주지만 그

룹의 이름을 얼마나 잘 정리하느냐에 따라 차이가 생기기 때문에 만약에 정리를 하지 못했을 경우엔 직접 선택을 해 주는 것이 효율적입니다. 패턴 매칭에는 두 가지 요소가 더 있지만 여기에서는 다루지는 않을 것이며, @를 사용하는 패턴 매칭은 차후에 있을 예제를 통해 자연스럽게 익혀보도록 하겠습니다.

For(반복문) 사용하기

이번에 학습할 내용은 프로그래밍을 접해보았던 분이라면 알 수 있는 포(For)라는 반복문 노드입니다. 많은 오브젝트를 사용할 때 요긴하게 사용할 수 있는 것이 바로 For가 적용된 노드들입니다. For 반복 또한 쉽지 않지만 예제를 통해 따라하다 보면 어떤 방식으로 사용이 되는지 이해하고, 어떻게 활용할 수 있는지 알 수 있을 것입니다. 먼저 Sop 네트워크의 탭 메뉴에서 for를 검색해 보면 For Loop, For-Each Loop, For-Each Subnetwork라는 세 가지의 노드가 보일 것입니다. 이 중 For-Each Subnetwork는 후디니 14버전까지 사용되었던 For 노드입니다.

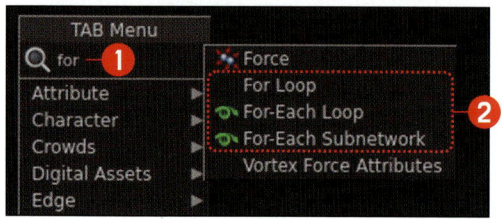

그리고 For Loop와 For-Each Loop는 후디니 버전이 15로 업그레이드되면서 새롭게 추가된 노드로써 기능에 따라 세분되어있습니다. 아래 그림을 보면 순서대로 For Loop, For-Each Loop, For-Each Subnetwork입니다. 오른쪽에 begin과 end라는 이름의 두 노드가 있지만 For-Each subnetwork는 단 하나의 노드만 있습니다. 이제부터 For Loop와 For-Each Loop에 대해 먼저 알아보도록 하겠습니다.

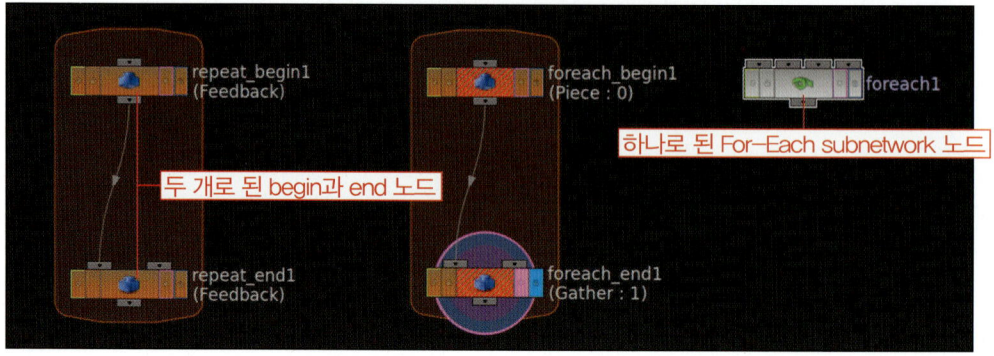

포 루프(For Loop)와 포-이치 루프(For-Each Loop) 사용하기

앞서 언급했듯 이 두 노드는 후디니 15버전부터 추가된 노드로써 각기 다른 역할을 수행합니다. 본격적인 설명을 하기에 앞서 일반적으로 말하는 For와 For-each는 둘 다 반복문이지만 분명한 차이가 있습니다. 프로그래밍에서 말하는 For는 초기식, 조건식, 증감식을 가지게 되지는데, "지금부터 이걸 x 번 만큼 반복해"라고 명령을 처리하는 반복문이라고 이해하면 됩니다. 그리고 For-each는 배열 안의 항목들을 대상으로 똑같은 조건을 적용하는 반복문으로써 "어떠한 조건을 줄 테니 전부 이 조건대로 움직여" 라는 명령을 처리하는 반복문이라고 이해하면 됩니다. 그렇다면 이제부터 예제 학습을 통해 직접 익혀보도록 하겠습니다.

01 먼저 Sop 네트워크의 탭 메뉴에서 Rubber Toy를 생성합니다. 그다음 For Loop를 생성하여 아래 그림과 같이 노드를 연결합니다. For Loop 노드는 앞서 언급한 것처럼 두 개의 블록 노드로 이루어진 노드 형태를 가지고 있습니다.

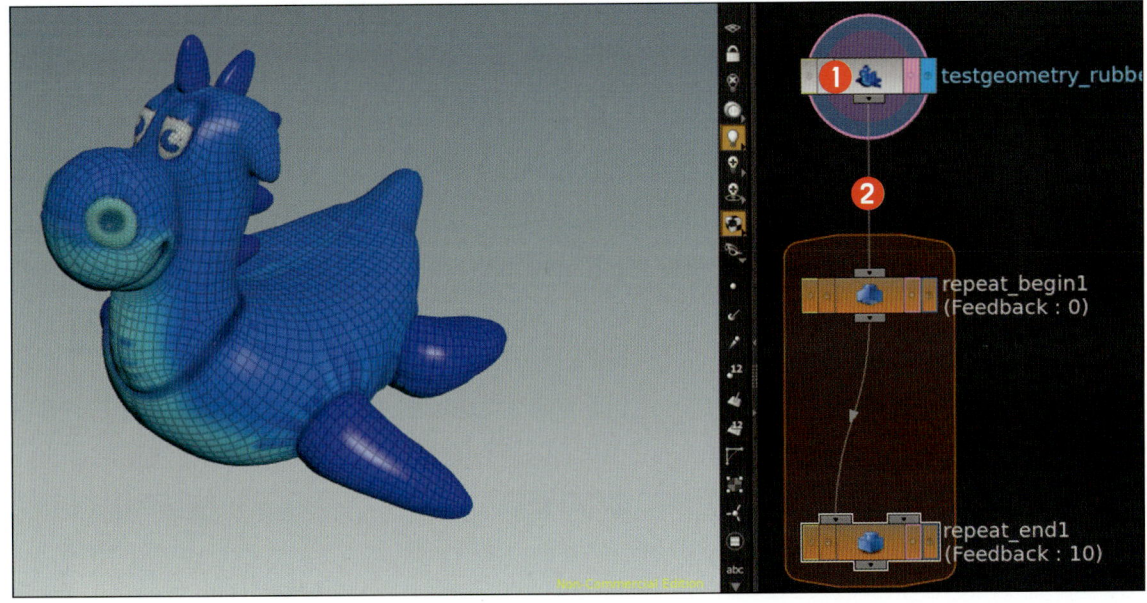

02 계속해서 이번엔 Transform 노드를 생성하여 두 For Loop 노드이 블록 안쪽에 연결합니다. 그다음 파라미터에서 Translate의 z 축을 0.5으로 설정합니다. 이어서 Rubber Toy 노드의 템플릿을 켜주고, For Loop가 끝나는, 즉 repeat_end1 노드의 디스플레이를 켜줍니다. 그리고 씬 뷰를 확인해 보면 다음의 그림처럼 z 축으로 이동된 것을 볼 수 있습니다. 그런데 필자의 생각보다 먼 거리 만큼 이동되었습니다. 그렇다면 방금 Transform 노드의 z 축에 설정한 0.5라는 값이 이렇게 큰 수치일까요?

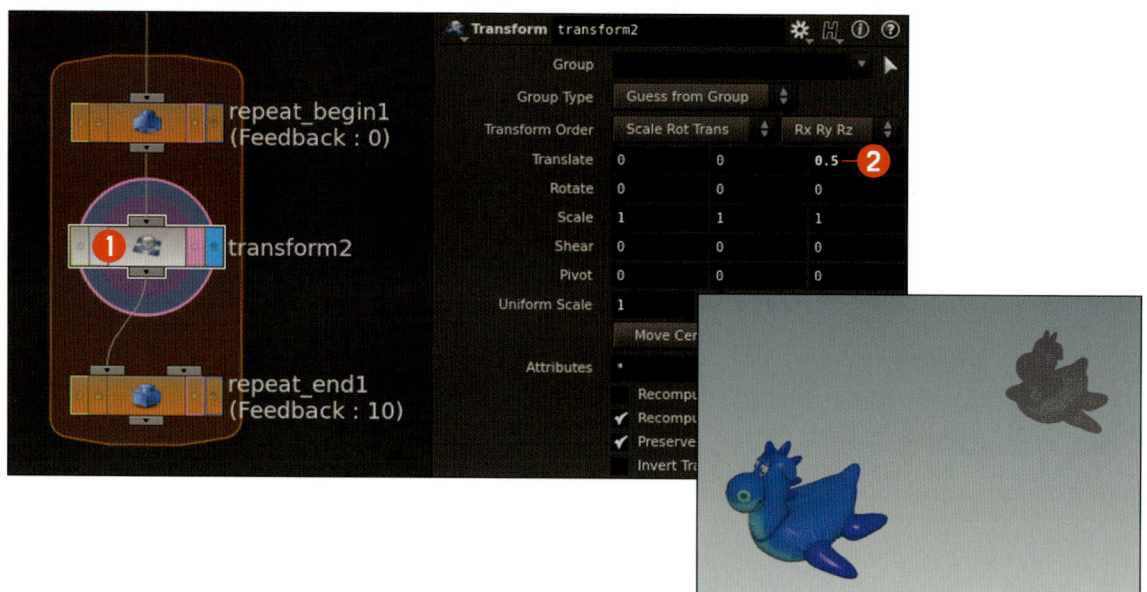

03 For Loop를 보면 주황색 블록 안에 For Loop에 대한 시작과 끝이 있습니다. 그리고 두 블록 사이에는 z 축으로 0.5 만큼 이동되는 값이 설정된 Transform 노드가 연결되어있습니다. 여기서 두 블록 노드 중 아래쪽에 있는 repeat_end1 노드의 파라미터를 보면 Iterations에 10이라는 수치가 입력되어있는 것을 볼 수 있습니다. 앞서 설명한 것처럼 For는 반복문입니다. 앞서 z 축으로 0.5 만큼 이동하라는 수치는 For 명령문인 Iterations에 입력된 수치 만큼 반복을 하게 됩니다. 현재는 이터레이션에 10이란 수치가 설정되었기 때문에 10번을 반복 실행하게 되어 생각보다 멀리 이동된 것입니다. 그런데 For Loop가 Copy sop와 무엇이 다르지? 라는 생각이 들 수 있으므로 이번에는 다른 노드를 사용해 보겠습니다.

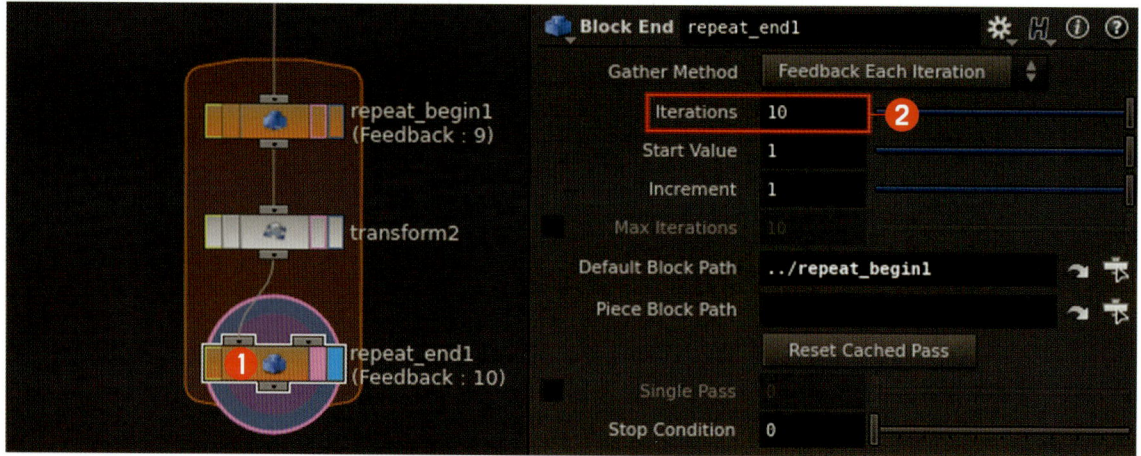

216 VFX의 꽃, FX를 위한 후디니

04 이번엔 Grid에 For Loop를 사용해 보겠습니다. Grid를 생성한 후 그림처럼 Grid를 For Loop에 연결합니다. 이때 앞서 사용했던 Transform 노드는 제거합니다.

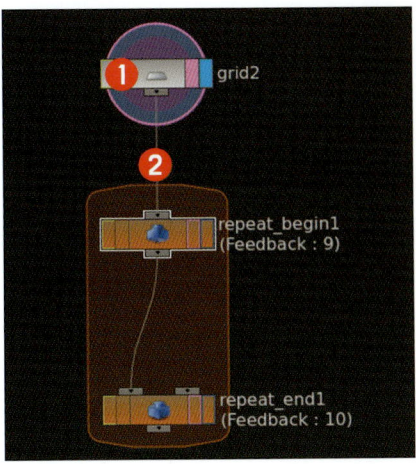

05 Grid를 연결한 For Loop의 블록 안에는 새로운 PolyExtrude 노드 집어넣고, 파라미터의 Group에 0, Insert에는 0.1을 입력한 뒤 repeat_end1의 디스플레이를 켜서 확인을 해 봅니다.

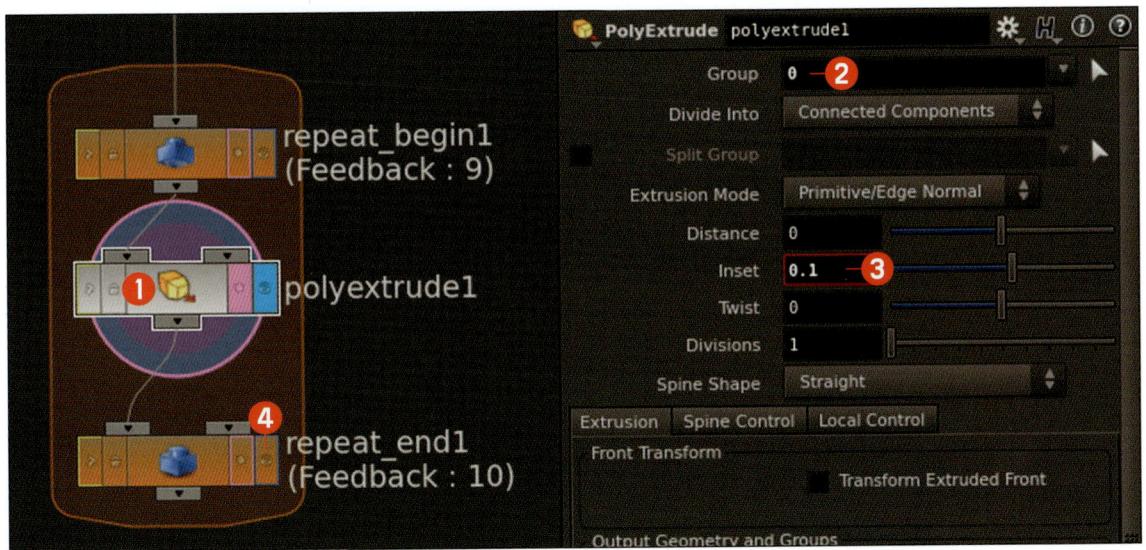

06 그런데 앞서 0번 프리미티브에 대한 그룹에 대해서만 선택(설정)하여 PolyExtrude를 적용했지만 열 번째 칸까지 PolyExtrude의 설정이 적용되었습니다. 그 이유는 For Loop의 블록 안에 PolyExtrude가 적용되었

고, 총 10번의 반복하라는 설정으로 인해 이와 같은 결과가 나타나게 되는 것입니다.

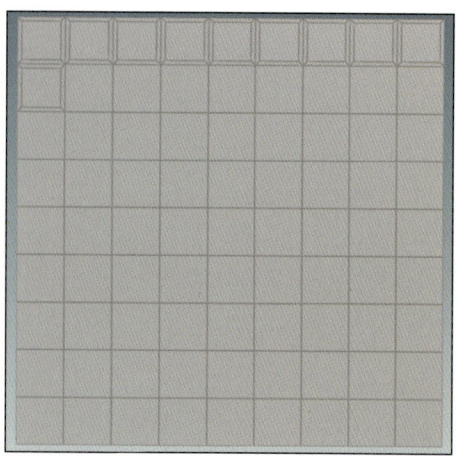

07 여기에서 Iteration의 값을 높여가면서 어떤 변화가 생기는지 확인을 해 보면 Copy sop 노드와는 전혀 다르게 나타나는 것을 알 수 있습니다. 앞서 For 반복문에 대해 설명을 했듯 "지금부터 이걸 x 번 만큼 반복해"라고 명령하는 반복문이기 때문이라고 이해하면 됩니다.

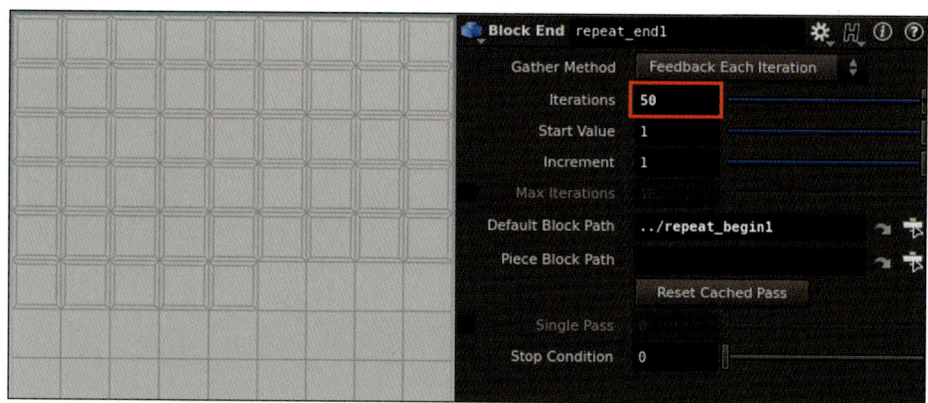

08 이번엔 앞서와 동일하게 Grid와 For-Each Loop를 생성하여 연결한 후 그림처럼 foreach_end1 노드의 파라미터에서 Piece Attribute를 해제해 줍니다. 여기서 Piece Attribute는 Piece를 정의하는 Partition Attribute의 이름입니다. 만약 여기에 아무것도 입력이 되지 않거나 그림처럼 옵션이 꺼지게 되면 모든 Primitive 혹은 Point에서 반복문이 연산이 됩니다.

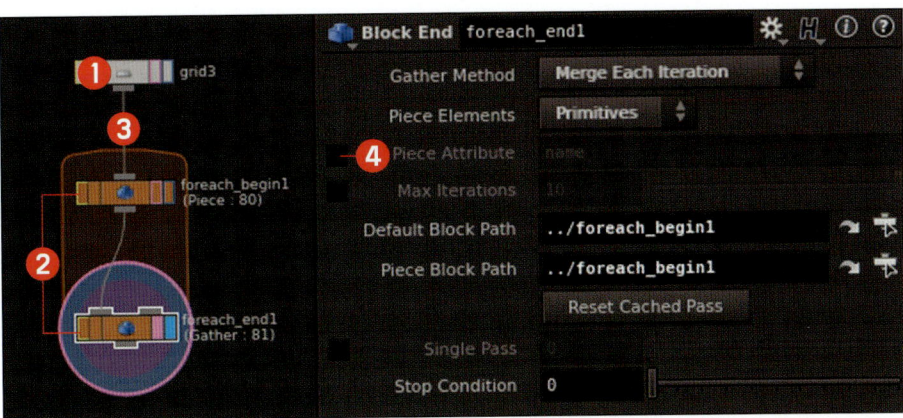

09 계속해서 새로운 PolyExtrude 노드를 생성하여 For-Each Loop 블록에 집어넣은 뒤 PolyExtrude 노드의 디스플레이를 켜줍니다. 그다음 foreach_end1의 템플릿을 켜고 씬 뷰를 보면 그림처럼 하나의 Primitive만 디스플레이가 됩니다.

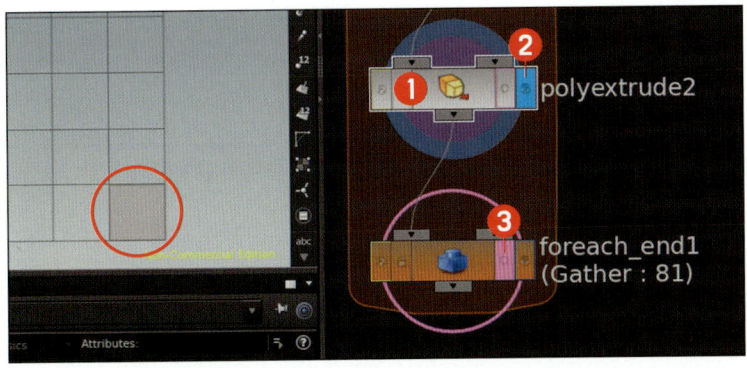

10 PolyExtrude 노드의 파라미터에서 Insert를 0.1로 설정하고, foreach_end1의 디스플레이를 켜서 확인을 해 보면 For Loop와는 다르게 별다른 iteration을 설정해 주지 않았음에도 불구하고 Grid의 모든 프리미티브에 동일한 조건이 적용이 되었습니다. 앞서 Piece Attribute 옵션을 꺼서 모든 Primitive에 대해 For-each가 작동되게 만들었기 때문에 그로 인해 For-each 블록 내부 노드의 디스플레이를 켜주면 한 프리미티브만 나타나게 됩니다. 그 후 PolyExtrude 노드를 달아서 파라미터 값을 설정해 주면 설정한 값이 적용이 되고, foreach_end1 노드의 디스플레이를 켜주면 전체 프리미티브에 동일한 값이 적용됩니다. For-each는 "어떠한 조건을 줄 테니 전부 이 조건대로 움직여" 라는 명령을 수행하는 반복문이라고 언급한 것처럼 하나의 프리미티브에 적용을 한 것처럼 보이지만 실제로는 그 값이 전체 프리미티브에 똑같이 적용되는 것입니다.

그렇다면 이제 Transform 노드를 달아서 좀 더 눈에 띄는 차이를 살펴보도록 하겠습니다.

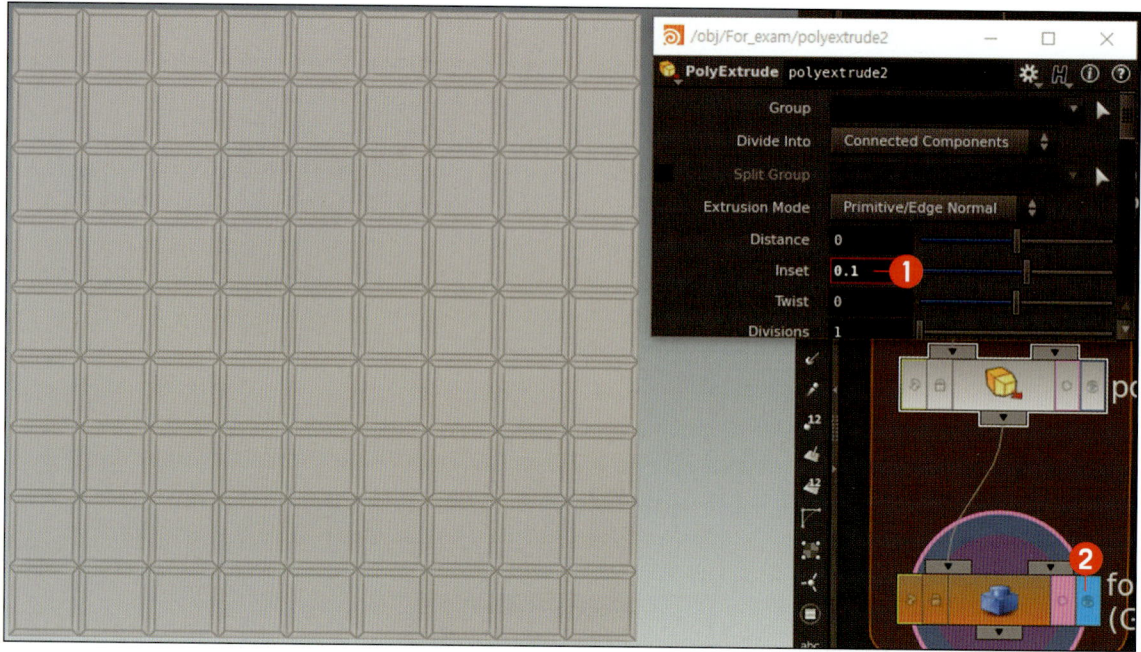

11 For와 For-each에 각각 똑같은 파라미터 값을 가진 Transform 노드를 연결해 줍니다. 여기서 Transform 노드는 피봇을 오브젝트의 센터로 맞추고 회전을 x 축으로 10도 만큼 움직입니다.

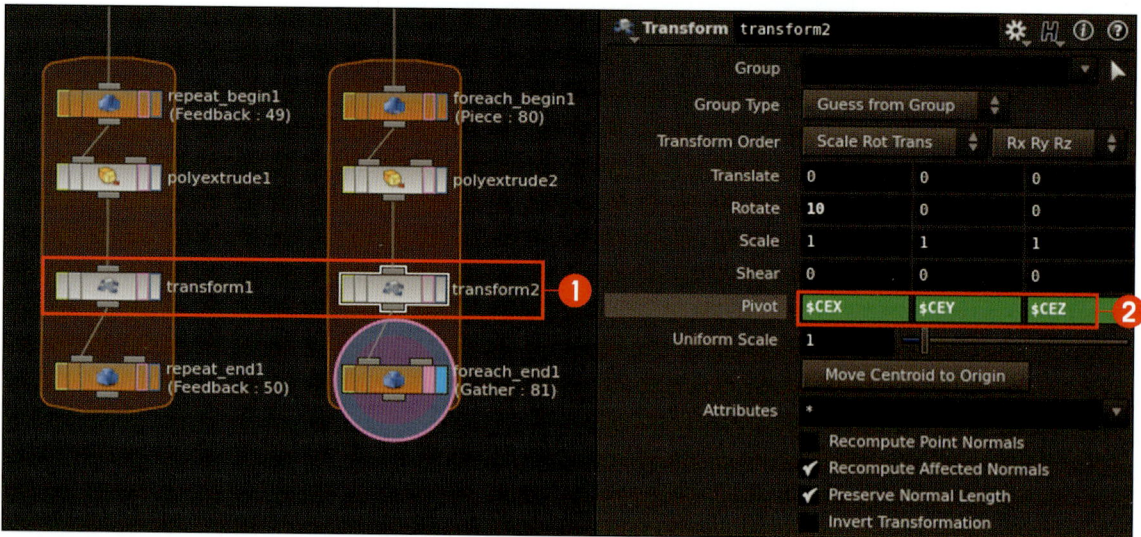

12 아래 그림에서 왼쪽은 For 반복문의 결과물이며, 오른쪽은 For-each의 결과물입니다. 앞서 같은 파라미터 값의 Transform 노드가 사용되었지만 전혀 다른 결과물이 나타나는 것을 알 수 있습니다. 이제 For와 For-each가 어떤 특징을 가지고 있는지에 대한 감이 잡혔을 것입니다.

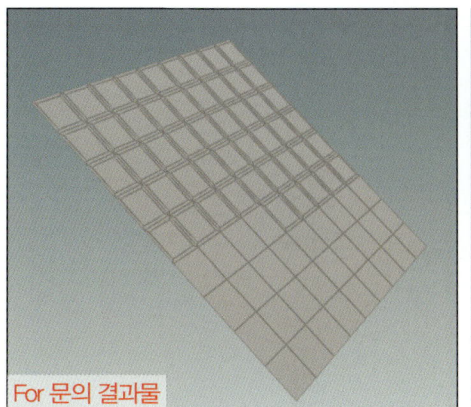
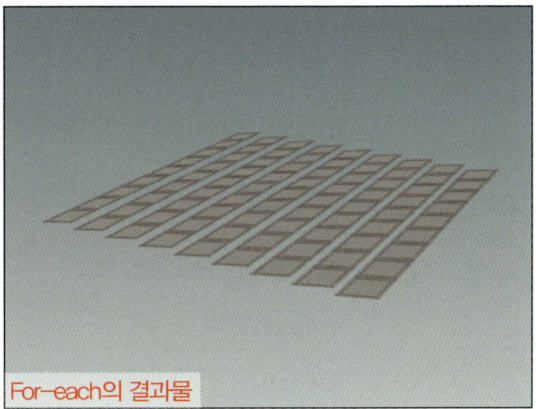

13 이번엔 For-each로 만들었던 결과물을 For-Each Subnetwork로 동일하게 만들어보겠습니다. For-Each Subnetwork를 생성하여 Grid를 첫 번째 인풋에 연결하고, 파라미터에서 For를 Each Primitive/Point로 변경합니다. 그다음 foreach1 노드를 더블클릭하여 Subnetwork로 들어갑니다. 씬 뷰를 확인해 보면 For-each로 작업했던 것처럼 하나의 프리미티브만 나타납니다.

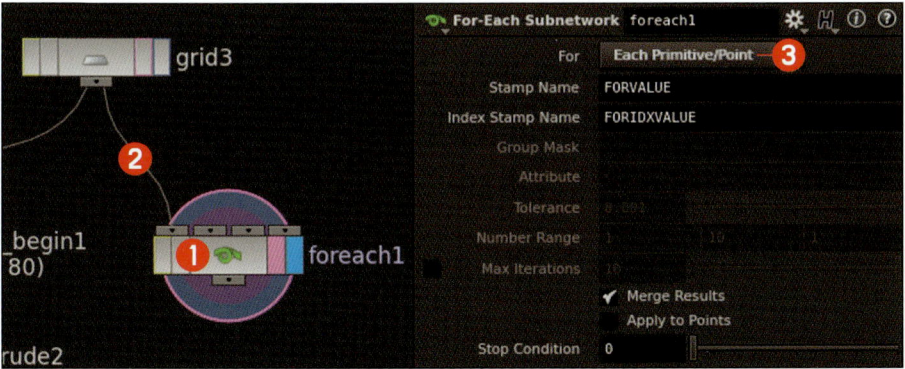

14 여기서 앞서 For-each 블록 노드에서 사용했던 PolyExtrude와 Transform 노드를 복사하여 For-Each Subnetwork 안에 붙여넣기를 합니다. 그다음 다음의 그림과 같이 노드를 연결한 뒤 단축키 [U]를 눌러 Subnetwork에서 나갑니다.

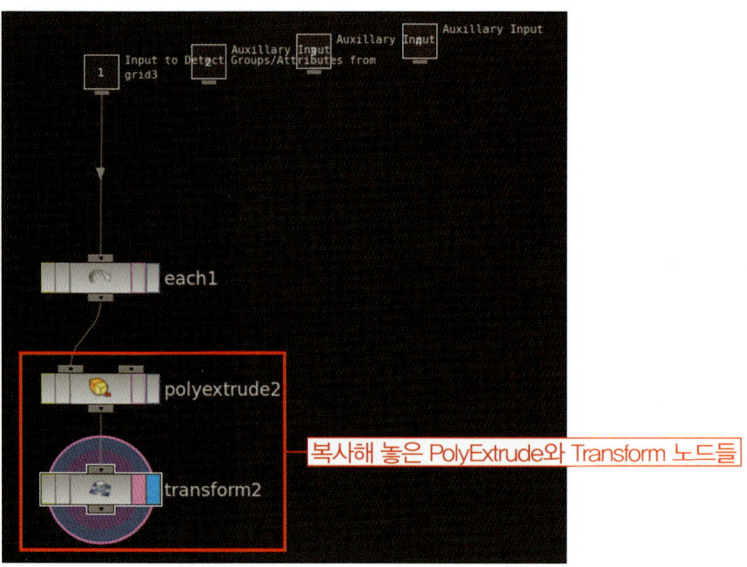

복사해 놓은 PolyExtrude와 Transform 노드들

15 Subnetwork에서 나와 다시 Sop 네트워크에서 foreach1 노드의 디스플레이를 켜주고 씬 뷰를 확인해 보면 For-Each Loop와 동일한 결과물이 만들어진 것을 볼 수 있습니다. 지금의 작업 과정이 어렵게 느껴질 수도 있을 것입니다. 하지만 쉽게 생각해서 For-Each Loop가 생기면서 좀 더 편하게 제어를 할 수 있게 되었으며, Subnetwork에 들어가서 해야 했던 작업을 Sop 네트워크 자체에서 좀 더 직관적으로 할 수 있게 된 것의 차이라고 보면 됩니다. 물론 14버전까지의 Sop에서 유일했던 For 반복문 노드인 For-Each Subnetwork 노드가 사라지지 않고 남아있는 이유는 새로 추가된 노드보다 이 노드를 통해 구현하기 편리한 작업도 있기 때문에 작업 상황에 맞게 적절한 노드를 사용해야 할 것입니다. 계속해서 벽에 사각형 모양의 구멍(창문)을 뚫는 방법을 통해 For-Each를 익혀보도록 하겠습니다.

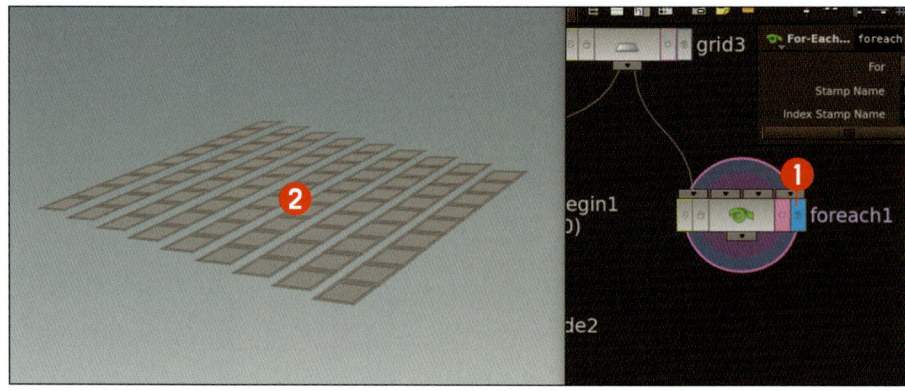

16 이번엔 File 노드를 생성한 후 파라미터의 Geometry File 우측의 불러오기 버튼을 클릭하여 예제 폴더 안에 있는 [exam_file] - [Part_3] - [Brick_Wall.bgeo] 파일을 불러옵니다. 씬 뷰를 보면 아래 그림의 오른쪽 위에 있는 그림처럼 벽돌로 쌓인 벽이 표현됩니다. 이제 가장 아래쪽 그림처럼 벽을 구멍을 뚫어보겠습니다.

17 이제 사각형 창을 뚫어주기 위해 box와 Transform을 생성하여 연결한 후 파라미터의 Translate와 Scale 값을 그림과 같이 설정합니다.

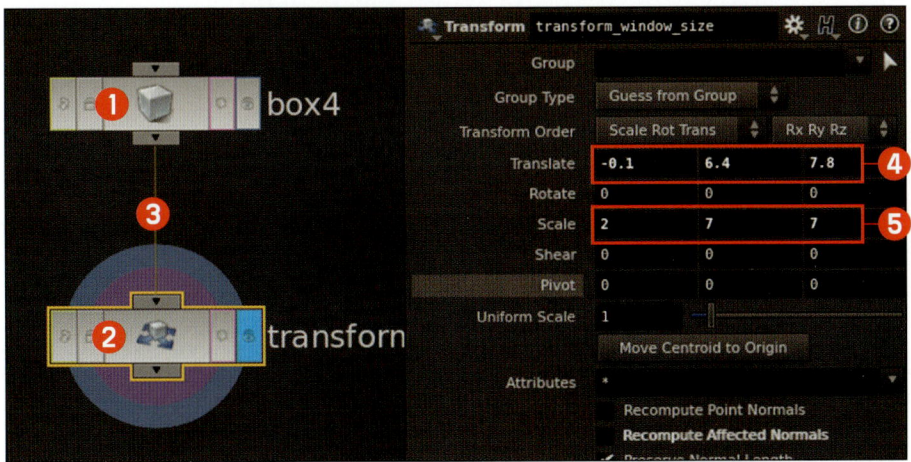

18 이번엔 Transform 노드를 복사하여 box에 연결하고, Translate의 z 축을 15.6으로 설정한 후 Merge 노드를 생성하여 그림처럼 두 Transform 노드와 연결합니다. 참고로 Merge 노드는 단순히 위치 확인을 위해 잠시 사용하는 것입니다. 그렇기 때문에 File 노드의 템플릿을 켜주고, Merge 노드의 디스플레이를 켜서 구멍을 뚫을 위치가 제대로 잡혔는지 확인을 했다면 Merge 노드를 삭제합니다.

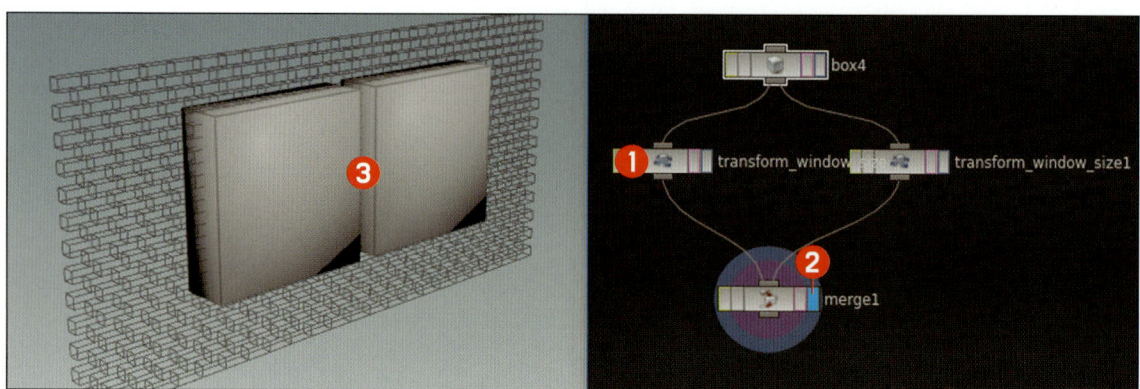

19 이제 For-Each Subnetwork를 생성하여 Brick_Wall 노드를 첫 번째 인풋에 연결하고, 두 개의 Transform 노드를 각각 두 번째와 세 번째 인풋에 연결합니다.

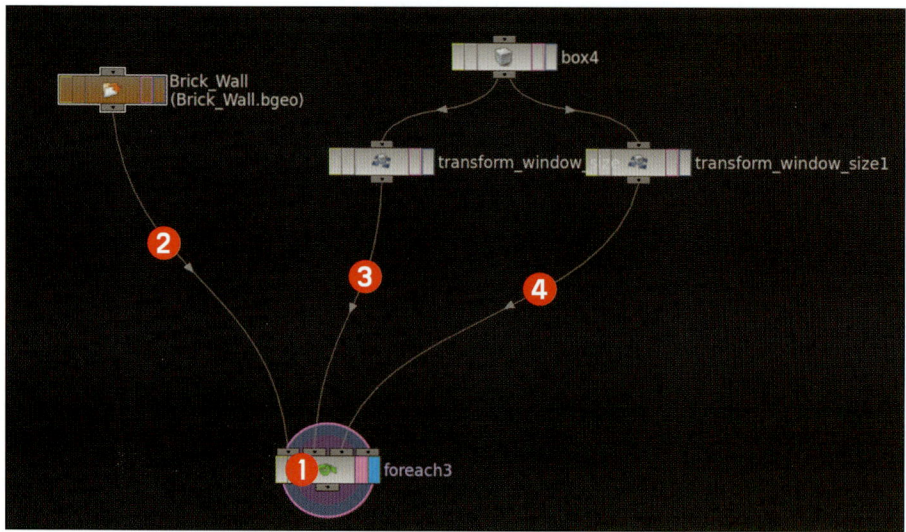

20 이번엔 Brick_Wall 노드 아래쪽에 새로운 Connectivity 노드 달아줍니다. 그다음 파라미터의 Connectivity Type을 Primitive로 변경하고, Attribute에 cement를 입력합니다.

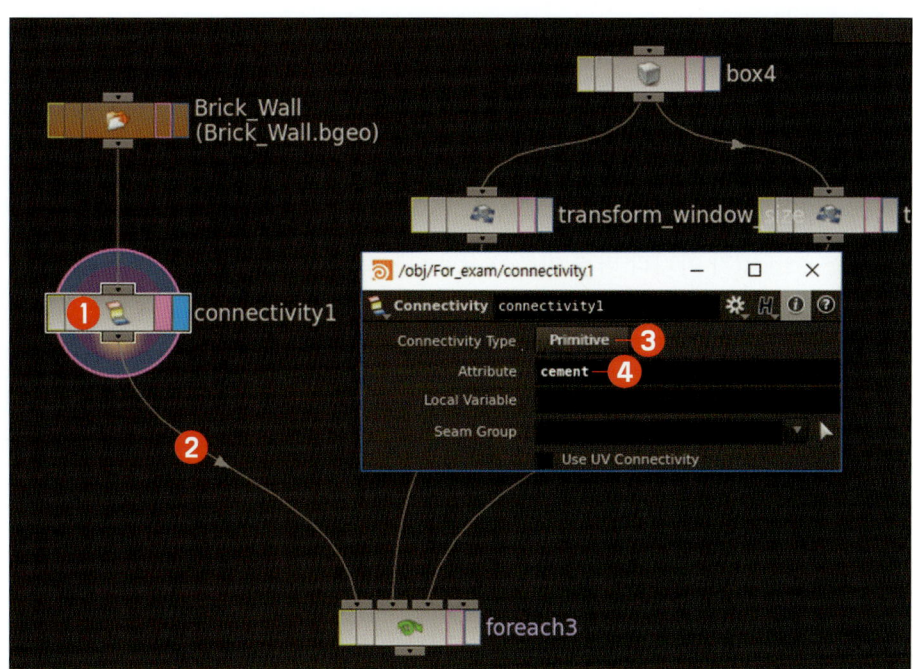

21 계속해서 For-Each Subnetwork 노드의 파라미터를 그림과 같이 설정을 하고, For-Each 노드를 더블클릭하여 들어가 보면 수많은 벽돌 중 하나의 벽돌만 나타나게 됩니다.

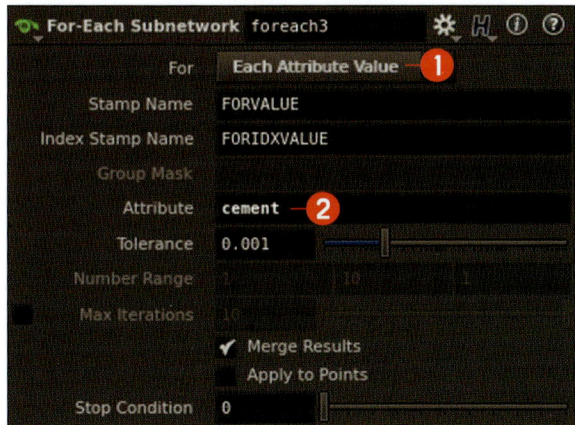

22 이렇게 For-Each 네트워크안에서 한 개의 오브젝트만 나타나는 이유는 바로 Attribute에 있습니다. 앞서 Brick_Wall 노드 아래쪽에 연결된 Connectivity 노드를 통해 동일한 프리미티브 넘버를 가진 오브젝트에

cement라는 Attribute로 분류를 지었으며, For-Each Subnetwork의 파라미터에서 객체를 나누는 타입을 Attribute Value에 따라 나누게 하였습니다. 그로 인해 cement라는 어트리뷰트에 의해 구분을 짓게 되며, For-Each는 배열에 속한 객체들에 조건을 반복하는 반복문이기 때문에 그로 인해 For-Each의 내부에 들어가면 전체가 아니라 조건이 적용될 하나의 오브젝트만 나타나는 것입니다. 여기서 Attribute의 이름은 cement가 아니라 다른 이름을 사용해도 문제가 되지는 않습니다.

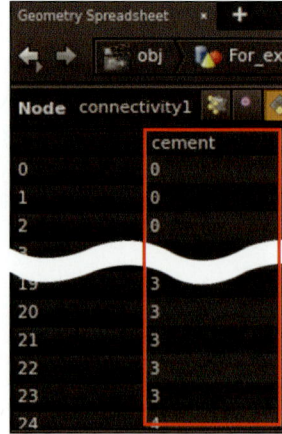

23. 여기에서 Connectivity와 For-Each 노드의 Attribute를 각각 houdini란 전혀 다른 글자를 입력해도 아무 문제 없이 하나의 오브젝트만 나타나는 것을 볼 수 있습니다.

24. 다시 Attribute를 cement로 바꾸고, For-Each 노드 안으로 들어와서 Cookie 노드를 생성합니다. 그다음 다음의 그림과 같이 연결하고 파라미터를 설정합니다. For-Each 노드 상단을 보면 번호가 붙은 사각형 박스들이 있는데, 이 박스들은 For-Each 노드의 각 인풋입니다. 1번은 Input 1로 들어오는 Connectivity 데이터

이며, 2번과 3번은 각 Transform 노드가 됩니다.

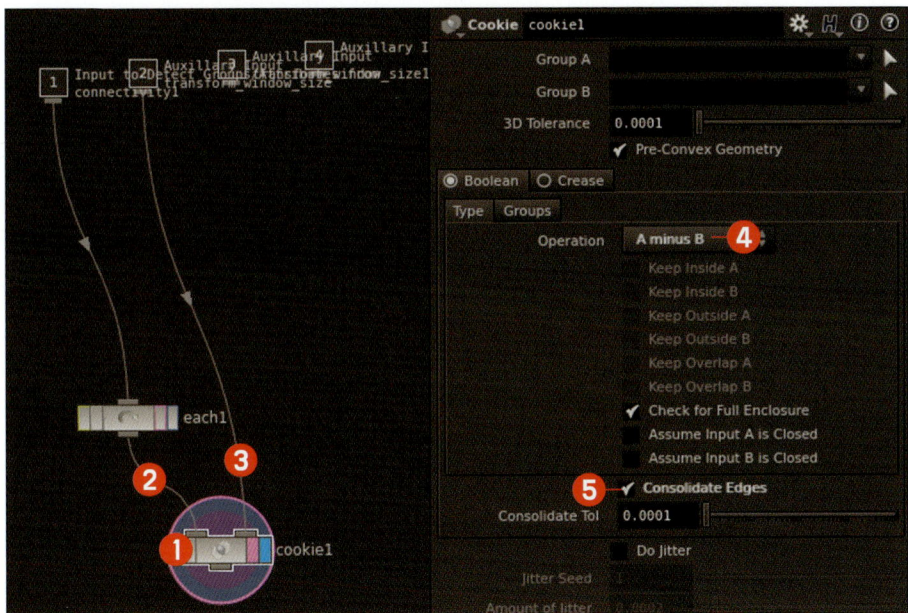

25 계속해서 Cookie 노드를 하나 더 생성한 뒤 cookie2 노드와 Input 3을 각각 연결하고, 파라미터를 그림처럼 설정합니다.

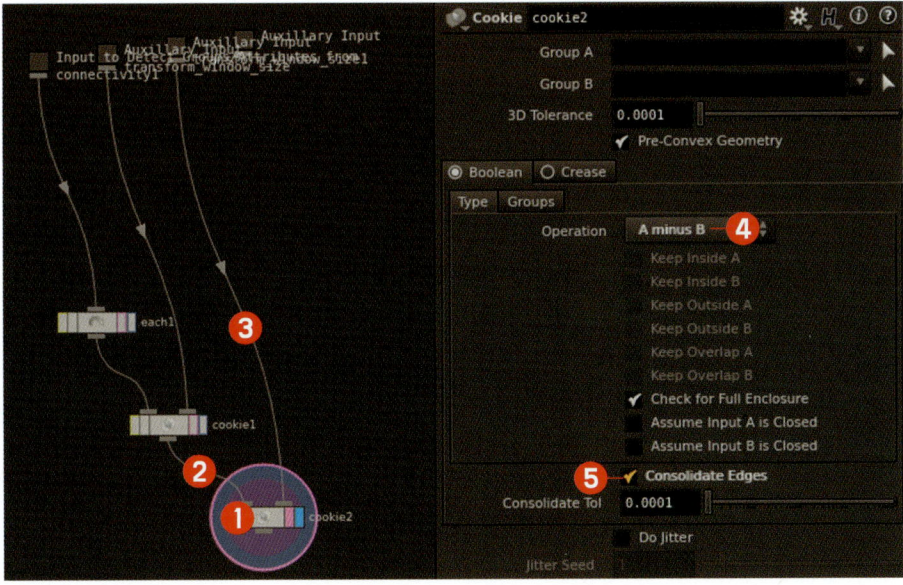

26 이번엔 Attribute Copy 노드를 생성하여 Input 1에는 cookie2를 연결하고, Input 2에는 each1을 연결합니다. 그다음 파라미터의 Attribute Name에 cement를 입력하고, Match P Attribute를 해제합니다. 여기에서 Attribute Copy 노드는 Cookie 노드로 인해 바뀐 프리미티브에 각 오브젝트에 맞는 Atttribute를 넣어주는 역할을 합니다.

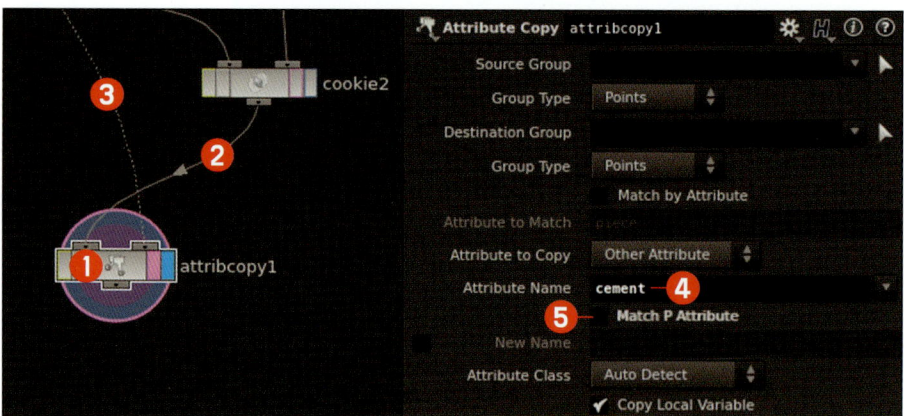

27 다시 상위 네트워크 레벨로 이동하여 씬 뷰를 확인해 보면 두 박스에 맞게 깔끔하게 뚫린 벽을 볼 수 있습니다. 이제 For-Each 노드를 한 번 더 사용해서 벽돌마다 구멍을 뚫어주겠습니다.

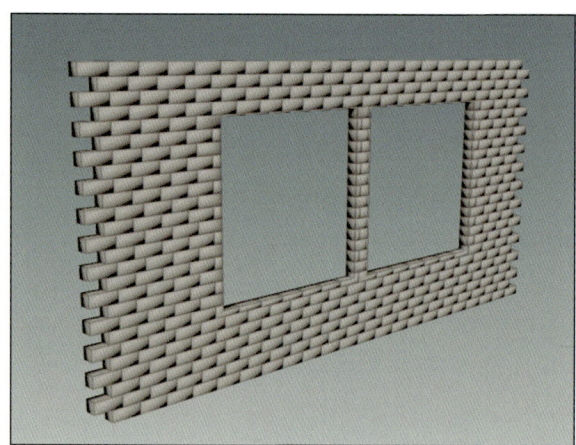

28 새로운 Transform 노드를 생성하여 box에 연결한 후 다음 그림의 위쪽 그림처럼 파라미터를 설정하고, Transform 노드를 복사하여 Translate의 z 축을 0.237로 설정합니다. 그리고 씬 뷰를 통해 확인해 보면 아래쪽 그림처럼 box가 변형이 된 것을 확인합니다. 이번엔 Merge 노드를 지우지 않고 그대로 사용합니다.

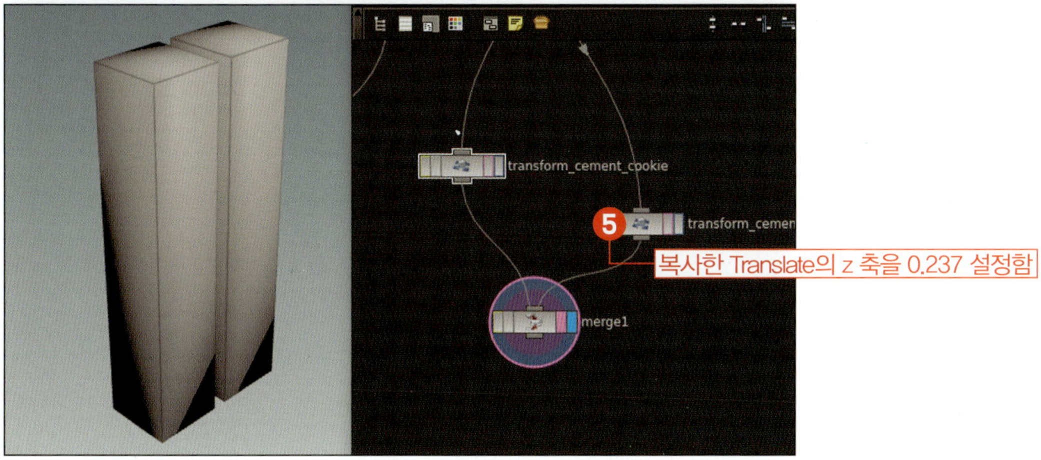

29 계속해서 새로운 For-Each 노드를 생성하여 그림과 같이 파라미터를 설정해준 뒤 첫 번째 인풋은 foreach3과 연결하고, 두 번째 인풋은 방금 생성한 두 박스가 연결된 Merge 노드와 연결합니다.

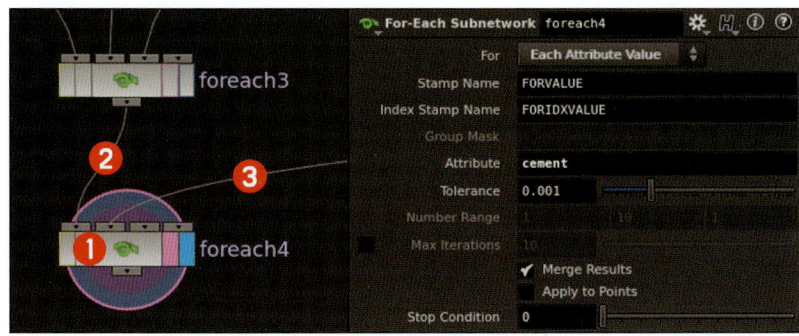

Sop 네트워크의 활용 229

30 For-Each 노드로 들어가서 Transform 노드를 생성해 주고, each1 노드와 연결합니다. 그다음 파라미터의 Translate에 -$CEX, -$CEY, -$CEZ를 입력하여 For-Each에 의해 각 오브젝트들이 중앙에 오도록 합니다.

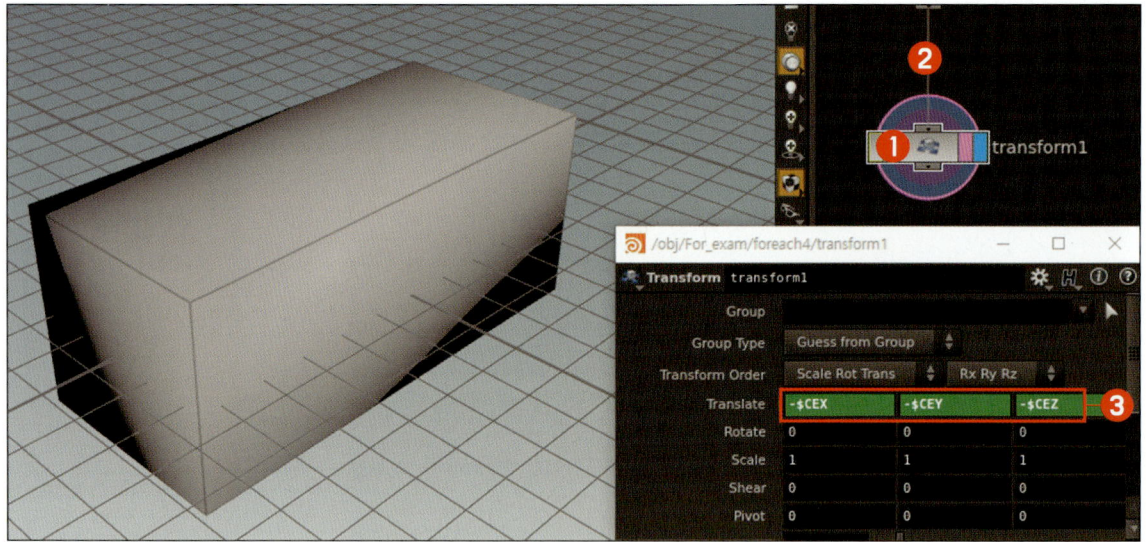

31 계속해서 Transform 노드에 Cookie 노드를 달아서 앞서 창문을 처음 뚫었던 과정의 For-Each와 똑같이 파라미터를 설정합니다. 그러면 그림처럼 사이에 구멍이 뚫린 벽 형태가 나타나게 됩니다.

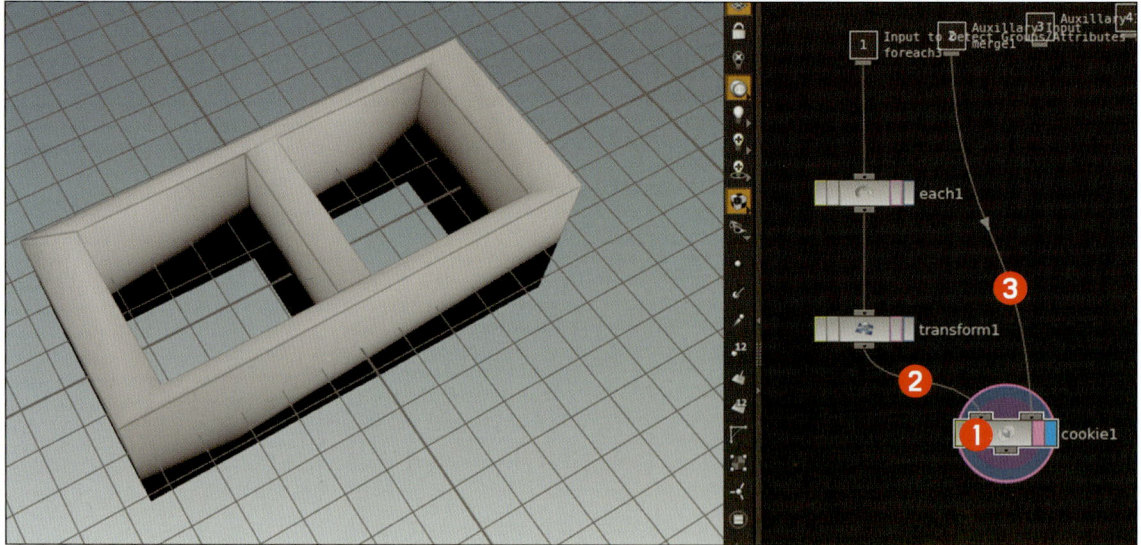

32 이번엔 Cookie 노드의 아래에 Transform 노드를 달아주고, Translate의 각 축에 다음과 같은 익스프레션을 입력합니다.

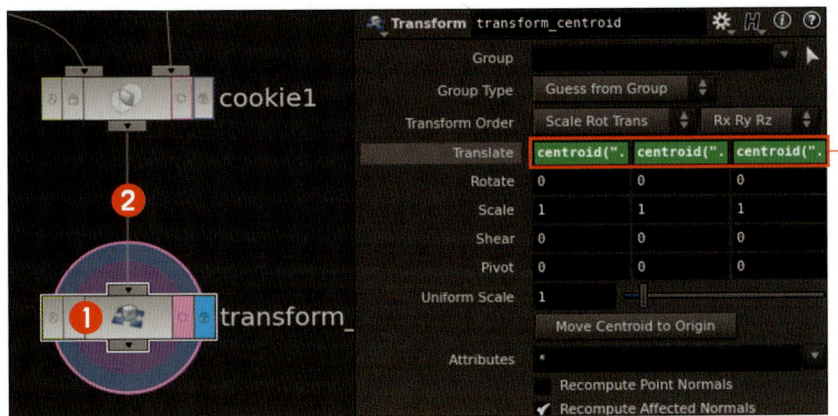

centroid("../each1", D_X)
centroid("../each1", D_Y)
centroid("../each1", D_Z)

33 익스프레션을 입력되었다면 상위 레벨로 이동하여 씬 뷰를 확인해 보면 모든 벽돌이 동일하게 구멍이 뚫려 마치 시멘트 벽 같은 형태로 완성된 것을 볼 수 있습니다. 여기에서는 For-Each로 들어가서 가장 먼저 벽돌처럼 표현하기 위한 두 개의 구멍을 뚫어주었고, 각 오브젝트들을 월드축(절대축) 중심으로 이동시켰습니다. 그리고 중심에 위치해 있는 box에 Boolean(불린 : 구멍을 뚫는 역할)을 적용하였고, 그다음 Transform 노드를 이용하여 다시 각자의 자리로 돌아가게 만들었습니다. 여기에서 각자의 자리로 돌아가도록 한 centroid는 오브젝트의 센터 값을 리턴하는 함수입니다. 그리고 익스프레션에 포함된 each1에는 프리미티브 별로 불러온 오브젝트의 원래 위치가 담겨있으며, centroid를 통해 다시 제자리로 돌아가게 됩니다.

참고로 결과물이 지금의 그림처럼 나타나지 않는다고 문제가 있는 것은 아니니 걱정할 필요는 없습니다. 만약 지금의 작업처럼 나타나도록 하고 싶다면 씬 뷰의 오른쪽 디스플레이 옵션 툴 바에서 위에서 세 번째

에 있는 전구 모양의 Disable Lighting을 클릭하면 됩니다. 지금까지 For-Each Subnetwork를 이용하여 구멍(창)이 뚫린 벽을 만들어보았습니다. 하지만 앞에서 설명했듯 For-Each Subnetwork는 14버전까지 사용되던 For-Each이며, 15버전에서부터 새로운 For-Each Loop가 추가되었기 때문에 이제부터는 For Each Loop를 이용해 똑같은 결과물을 만들어보겠습니다.

34 이번에는 For-Each Loop를 사용하지만, 사용되는 [Brick_Wall.bgeo] 소스 파일은 동일하기 때문에 For-Each Subnetwork를 제외한 나머지는 복사하여 새로운 노드로 생성합니다. For-Each Loop를 사용하기 전에 For-Each Subnetwork로 제작한 구조를 다시 한 번 파악해 보도록 하겠습니다. 이번 예제에서는 각 벽돌에 cement라는 Primitive Attribute를 지정해서 같은 프리미티브 번호를 가진 오브젝트들만 구성되도록 하고, For-Each Subnetwork의 2, 3번 인풋에 구멍이 뚫리게 될 박스를 연결한 후 For-Each로 들어가서 Cookie를 통한 Boolean 연산을 하여 창을 냅니다. 그리고 Attribute Copy를 이용하여 Primitive Attribute를 다시 정리했습니다. 그리고 새로운 For-Each Subnetwork를 생성하여 For-Each 네트워크 안에서 각 오브젝트를 월드축(절대축)의 센터로 이동시킨 뒤, Cookie를 통해 Boolean 연산을 한 후 centroid 함수를 이용하여 각 오브젝트의 자리로 돌아가도록 하였습니다. 위 과정을 머릿속으로 정리하면서 진행해 보도록 합니다.

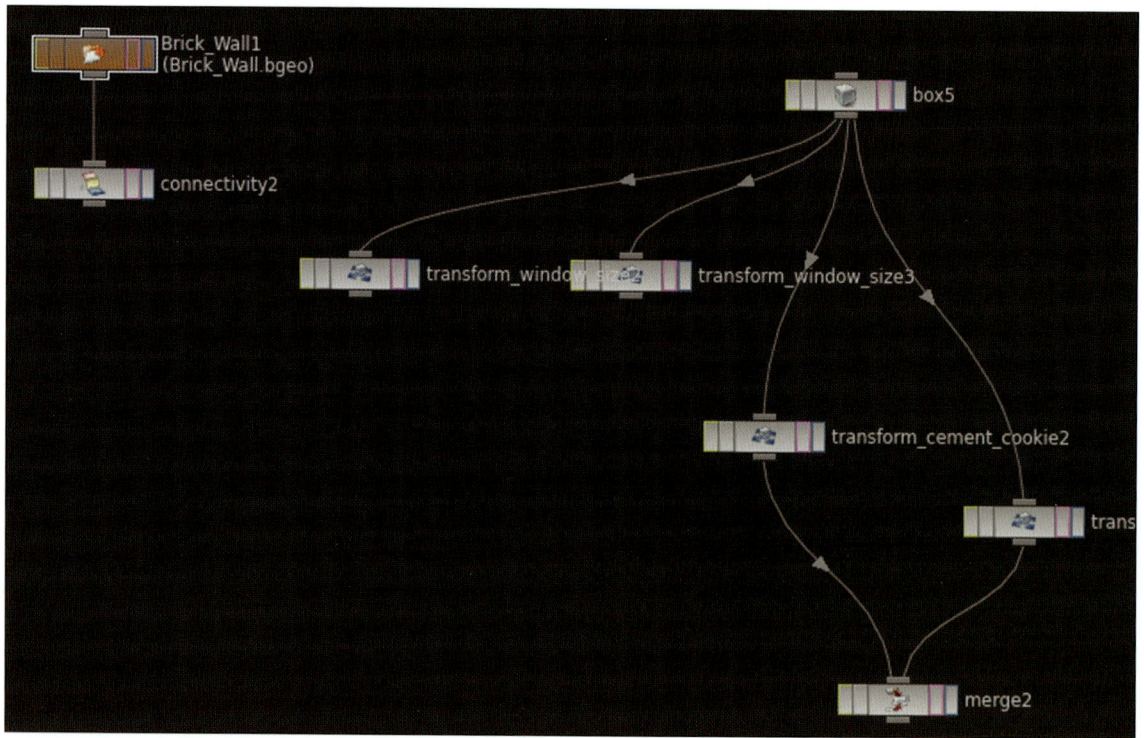

35 앞서 설명한 내용을 참고하면서 먼저 For-Each Loop를 생성하여 Connectivity와 연결합니다.

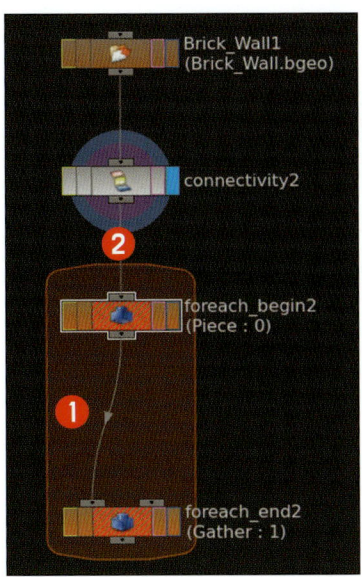

36 end 블록 노드의 파라미터에서 Piece Attribute 옵션에 입력된 내용을 cement로 변경합니다. 이 옵션의 역할은 For-Each Subnetwork에서 Each Attribute Value로 설정했을 때 활성화되는 Attribute와 동일합니다. 계속해서 For-Each가 시작되는 Begin 블록 노드의 디스플레이를 켜서 한 개의 벽돌만 나타나는지 확인을 한 후 진행을 합니다.

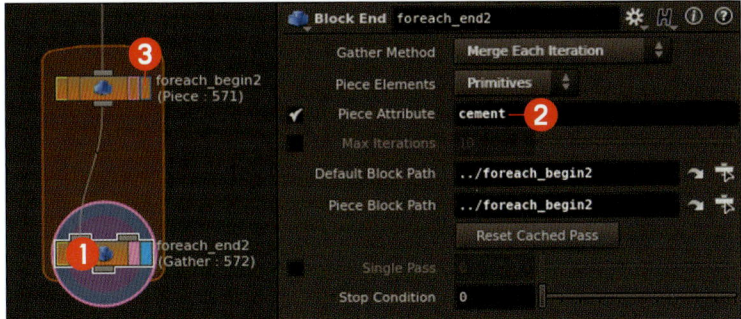

37 이번엔 두 개의 Cookie 노드를 생성하여 For-Each Subnetwork에서 사용했던 Cookie와 동일하게 파라미터의 Boolean Operation을 A minus B로 변경하고, Consolidate Edges를 체크합니다. For-Each Subnetwork에서는 2, 3번의 인풋에 Transform노드를 연결하여 Subnet 내부에서 Cookie를 생성하였지만

Sop 네트워크의 활용 **233**

For-Each Loop에서는 아래 그림과 같이 노드를 구성하게 됩니다. 둘의 차이는 Subnet 안에서 이루어지느냐와 블록 안에서 이루어지느냐에 대한 차이만 있을 뿐입니다.

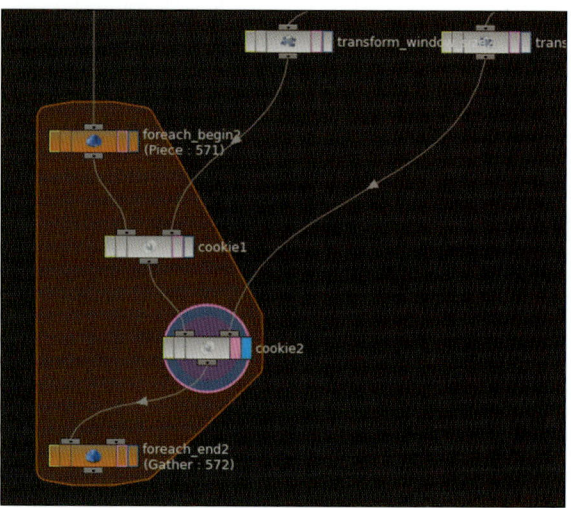

38 Attribute Copy를 생성한 후 그림과 같이 연결합니다. 그리고 파라미터에서 cement를 입력하여 Boolean 연산이 된 벽돌의 어튜리브트를 원래 벽돌의 cement 어트리뷰트로 전환합니다.

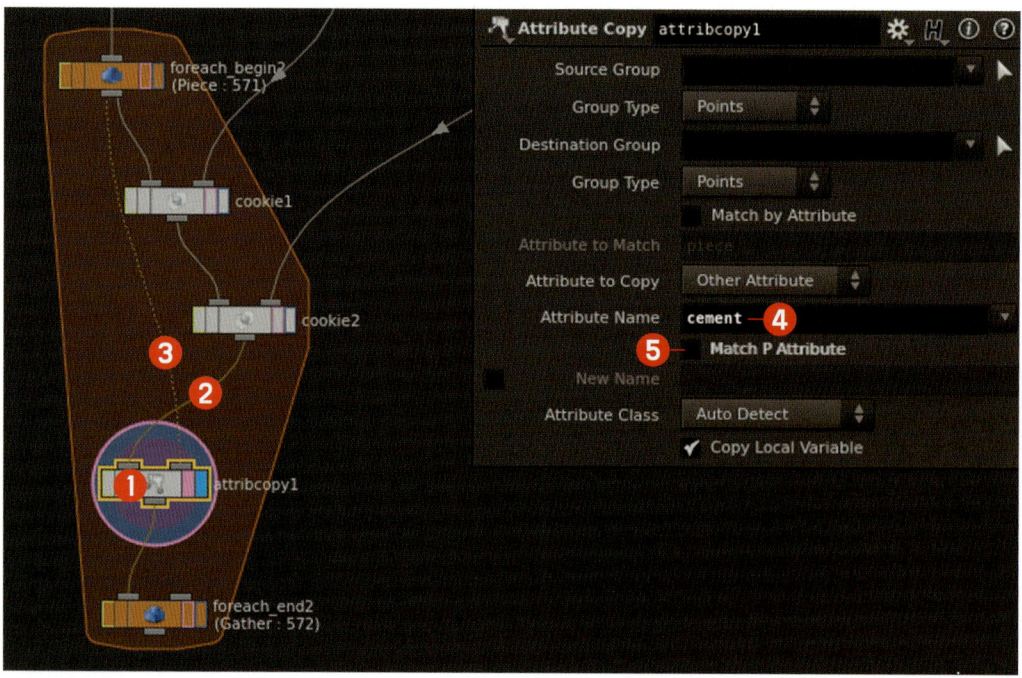

39 이제 실제 벽처럼 구멍을 뚫기 위해 새로운 For-Each Loop를 생성하여 그림과 같이 연결을 하고, 새로 생성한 For-Each Loop의 End 블록 노드 파라미터에서 Piece Attribute를 cement로 변경합니다. 이번에도 역시 Begin 블록 노드의 디스플레이를 켜서 한 개의 벽돌만 나타나는지 확인하고 작업을 진행합니다.

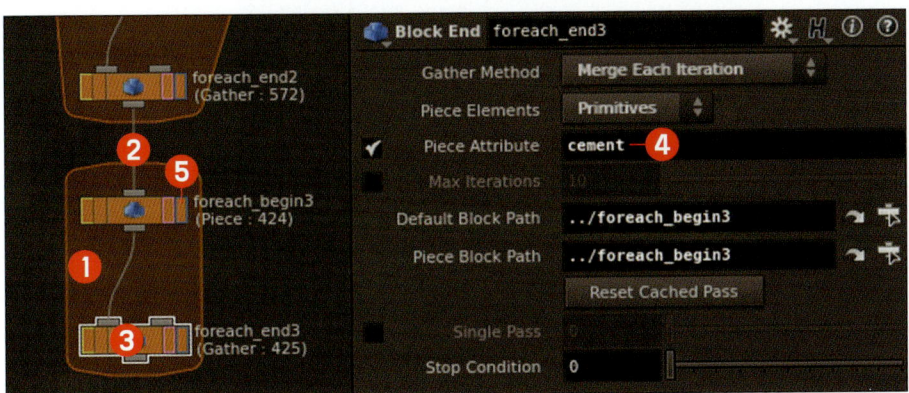

40 계속해서 Transform 노드를 생성한 후 그림처럼 두 블록 사이에 연결을 해 줍니다. 그다음 파라미터의 Translate에 -$CEX, -$CEY, -$CEZ를 입력하여 월드축의 센터로 이동시킵니다.

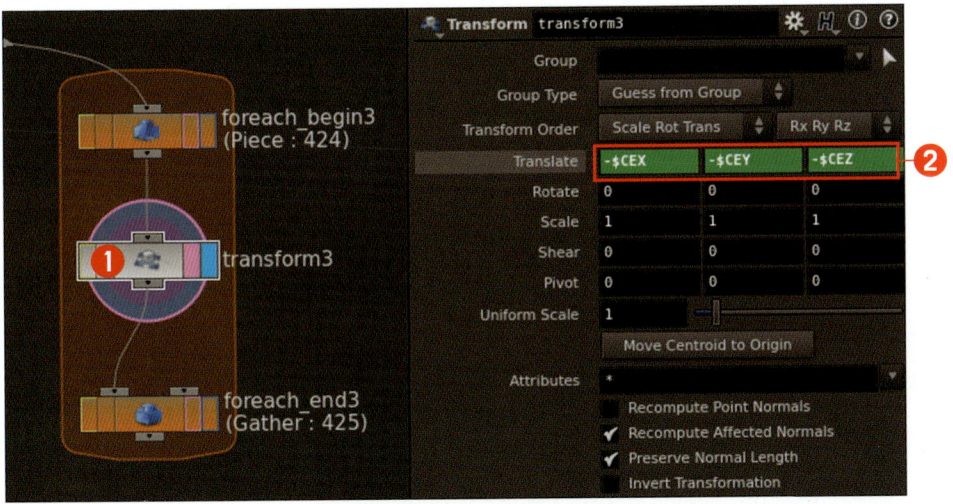

41 이번엔 Cookie 노드를 생성하여 다음의 그림과 같이 벽에 구멍을 뚫기 위한 박스들과 연결하고, 파라미터를 변경합니다.

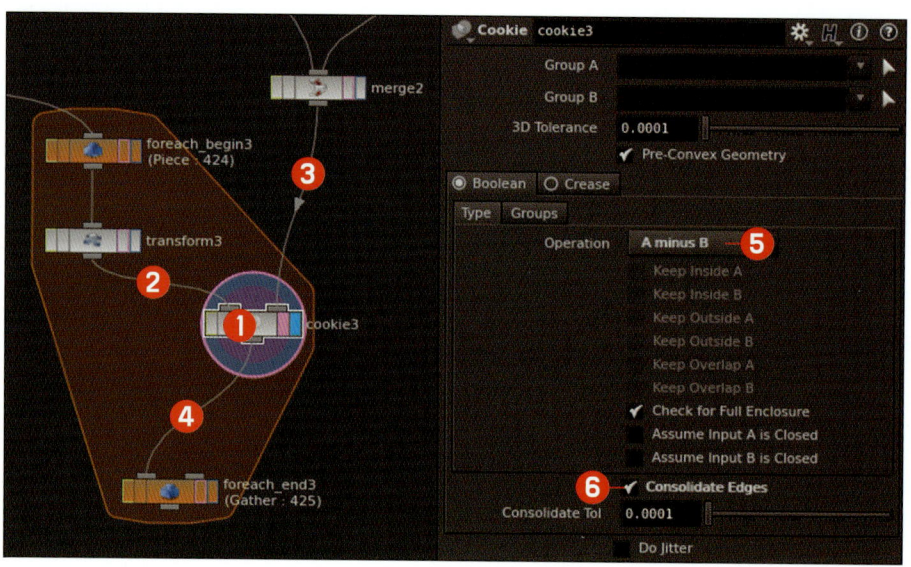

42 새로운 Transform을 생성한 후 Cookie 노드와 연결하고, Translate의 각 축에 다음과 같이 입력합니다. 여기서 foreach_begin는 Begin 블록 노드의 이름이며, 뒤의 숫자까지 동일할 수는 없으므로 자신의 Begin 블록 노드의 이름을 입력하면 됩니다. For-Each Loop에서 Begin 블록 노드는 For-Each Subnetwork에서 Each 노드처럼 Loop를 하기 전의 데이터를 가지고 있기 때문에 원래 위치에 대한 데이터가 있으며, 그 데이터를 Transform에서 centroid 함수를 통해 사용하게 됩니다.

centroid("../foreach_begin3", D_X)

centroid("../foreach_begin3", D_Y)

centroid("../foreach_begin3", D_Z)

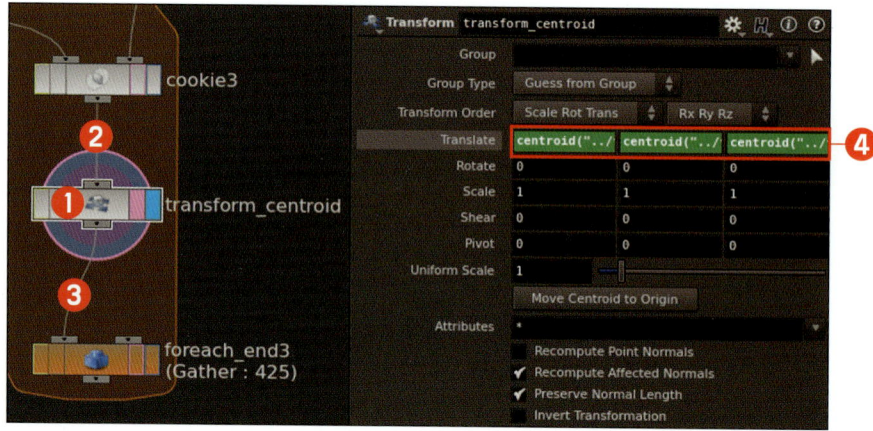

43 이제 End 블록 노드의 디스플레이를 켜서 결과를 확인해 보면 For-Each Subnetwork의 결과와 동일한 결과가 나타나게 됩니다. 이처럼 For-Each Loop는 좀 더 확장성이 넓다는 특징을 가지고 있습니다. 여러분은 For-Each Loop와 For-Each Subnetwork 중에 자신에게 맞는 방식을 사용하면 됩니다.

결과물

이번 학습에서는 후디니의 Sop 네트워크에서 사용할 수 있는 반복문을 사용하여 For Loop, For-Each Loop, For-Each Subnetwork에 대해 알아보았으며, 또한 각 노드의 차이와 구버전과 신버전에 대한 차이에 대해서도 살펴 보았습니다. 참고로 For 반복문을 이용하여 구현할 수 있는 것은 훨씬 다양하다는 것을 명심하기 바랍니다.

솔버(Solver) 사용하기

이번 학습에서는 시뮬레이션의 기초라고 할 수 있는 솔버(Solver)에 대해 배워보겠습니다. Solver라는 단어는 사전적으로는 해결사라는 뜻을 가지고 있지만, 컴퓨터 용어에서는 문제 풀이 프로그램으로 명시되기도 합니다. 후디니에서 Solver는 사용자가 지정한 연산식들을 풀이하는 역할(기능)을 가진 노드라고 생각하면 됩니다. Sop 네트워크에서는 한 개의 Solver가 있지만 Dop 네트워크에서는 수많은 Solver가 존재합니다. 여기에서는 Dop 네트워크를 배우기에 앞서 Sop에서의 Solver를 통해 Solver가 어떤 원리로 작동이 되는지에 대해 배워보기로 하겠습니다.

01 Sop의 Solver는 다음의 그림처럼 뇌와 두 개의 도형을 아이콘으로 사용하는 노드입니다. Solver Sop은 For-Each Subnetwork와 동일하게 내부 네트워크로 들어갈 수 있으며, 네트워크 안에서 노드를 구성하여 작동이 되도록 하는 구조입니다. 그러면 이제 Sphere를 하나 생성하여 Solver의 첫 번째 인풋에 연결한 뒤 더블클릭하여 Solver의 내부로 들어갑니다. Solver의 내부로 들어가 보면 Input_1, Input_2, Input_3,

Input_4, Prev_Frame이라는 이름을 가진 다섯 개의 노드가 있습니다. 여기에서 Input 1~4에 해당하는 노드들은 For-Each Subnetwork에서 살펴본 것처럼 각 인풋으로 들어오는 데이터를 의미한다는 것을 알 수 있는데, 여기에서는 Prev_Frame이라는 처음 보는 노드가 있습니다. 이 노드는 Solver Sop에 있어서 가장 핵심적인 기능을 하는 노드이며, 이전 프레임에 대한 데이터를 가지고 있습니다.

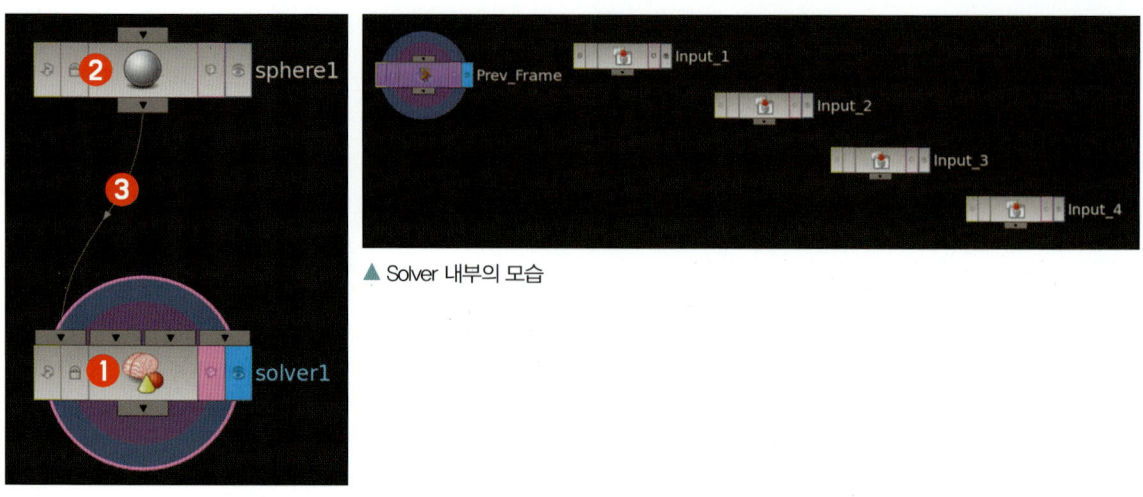

▲ Solver 내부의 모습

02 Transform 노드를 생성하여 Prev_Frame 노드에 달아주고, 파라미터에서 Translate의 y 축을 0.3으로 설정합니다. 그리고 다시 상위 레벨로 이동해서 플레이를 하며 변화를 확인해 봅니다.

03 아래 그림의 그림을 보면 플레이바가 10 프레임에 위치되어있고, Geometry Spreadsheet를 보면 y 축의 값이 3이라는 걸 볼 수 있습니다. 만약 플레이바20 프레임이라면 이 값은 6이 됩니다. 그런데 지금의 모습은 앞서 학습한 For Loop에서도 보았습니다. 하지만 차이점이 있는데, 그것은 For 문을 구현하는 노드들은 정해진 값을 반복하게 되는 반복문입니다. 그렇기 때문에 0.3의 값만큼 이동하라는 조건을 주고, 몇 번 반복할 것인지에 대한 조건을 줄 경우에 반복되는 조건만큼 0.3이라는 값을 반복하게 됩니다. 하지만 Solver는 매 프레임마다 0.3 이라는 값이 누적됩니다. 즉 10 프레임동안 0.3이라는 값이 계속 누적이 되었기 때문에 3이라는 값이 나오게 되는 것입니다. 이제 다른 수치를 입력하여 결과를 확인해 보도록 합니다.

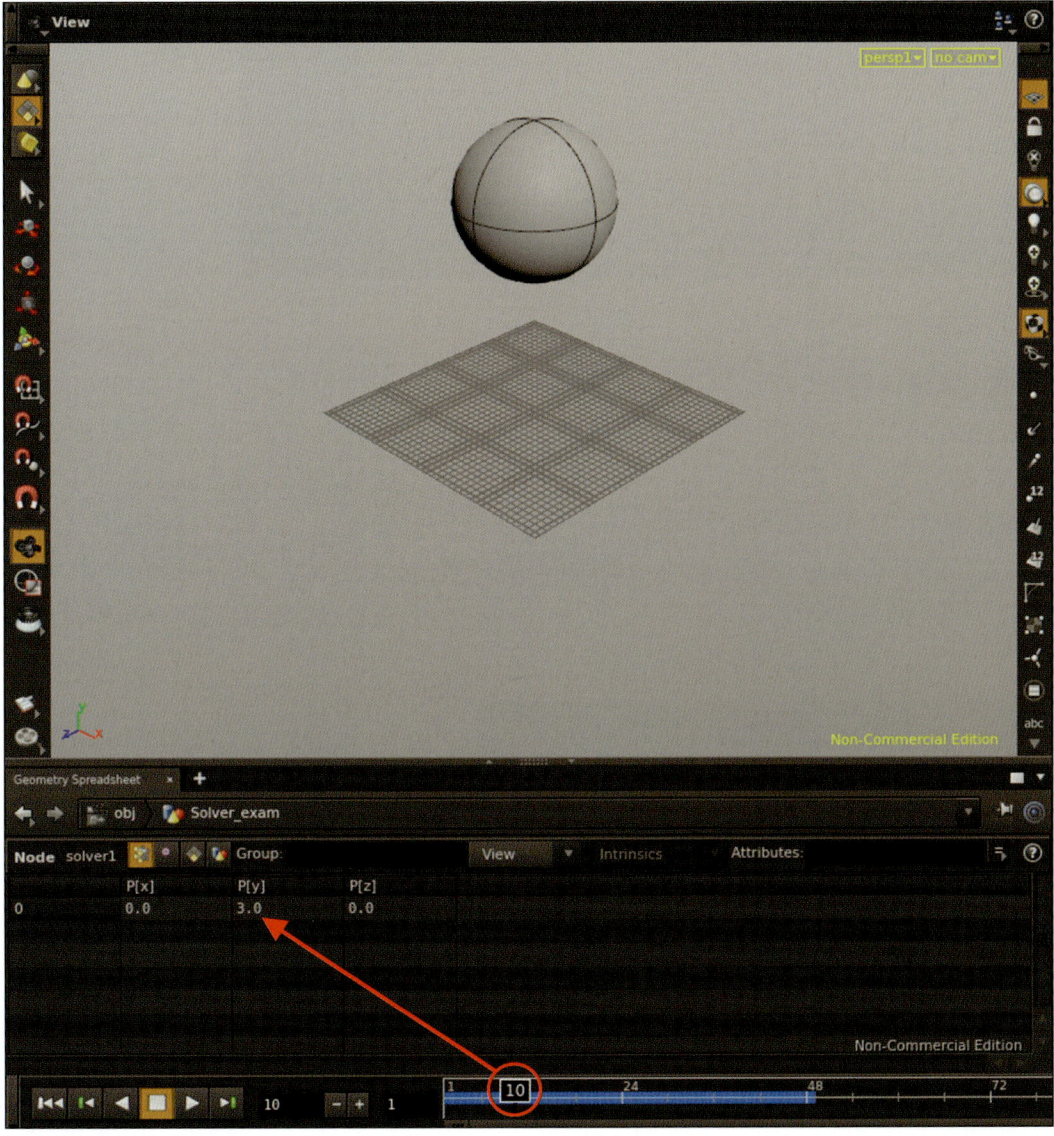

04 다시 Solver 노드로 들어가서 0.3을 입력했던 Transform의 파라미터에 **0.3 / $F**를 입력한 뒤 다시 상위 레벨로 이동해서 플레이바를 움직여서 변화를 확인해 합니다.

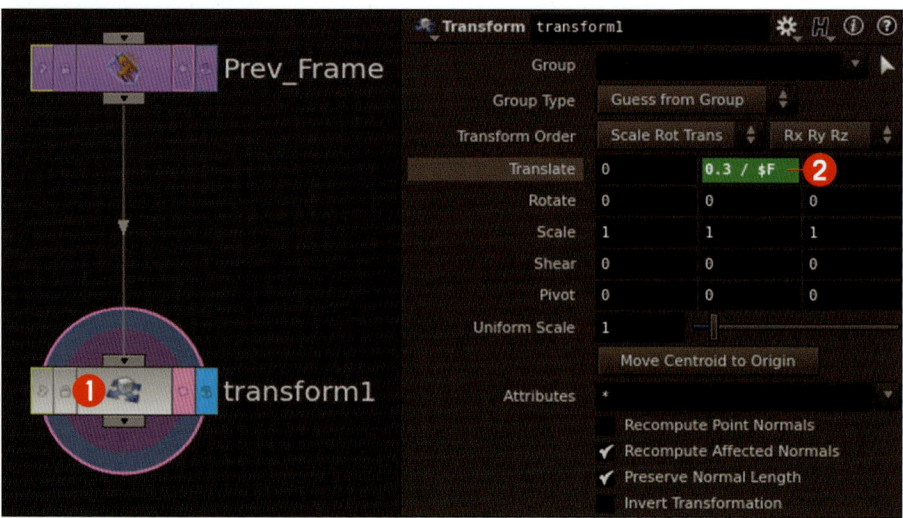

05 이전처럼 플레이바를 10프레임으로 이동한 후 Geometry Spreadsheet를 확인해 보면 이번에는 3이 아니라 0.878691이라는 값이 나오게 됩니다. 계속해서 240프레임까지 플레이바를 이동해 보면 점차적으로 느려지는 스피어를 볼 수 있습니다. 이런 결과가 나오되는 이유는 0.3 / $F라는 수식 때문입니다. 이 수식은 0.3이라는 값에 매 프레임의 수를 나누는 수식으로 1Frame - 0.3 → 2Frame - 0.15 → 3Frame - 0.1 → 4Frame - 0.075 ~ 240 Frame - 0.00125 매 프레임마다 이와 같은 값이 나오게 되며, 이 값들이 계속해서 y 축으로 누적되며 이동을 하게 되는 것입니다. 그러므로 프레임 수가 높아질수록 결괏값이 작아지기 때문에 점차적으로 느려지는 결과를 보여주는 것입니다.

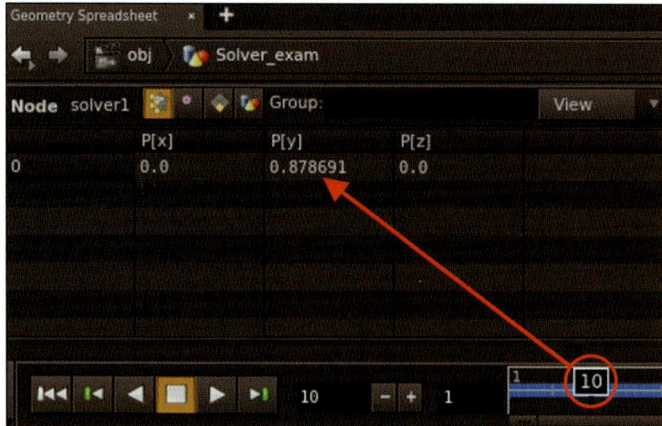

06 이번엔 Color를 통해 Solver를 이해하기 위해 새로운 Sphere를 생성한 후 Uniform Scale을 0.2로 스피어의 크기를 조절합니다. 그다음 Transform 노드를 연결하고, Translate의 x 축에 cos($F * 2), 와 z축에 sin($F * 2)를 입력하여 원형으로 회전하는 스피어가 되었는지 확인합니다.

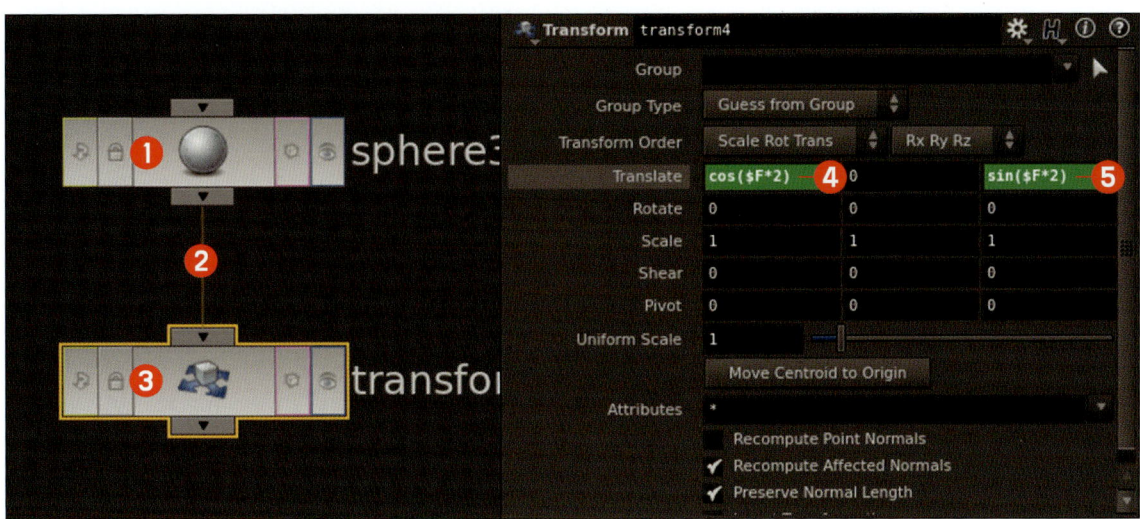

07 이제 새로운 Color 노드 생성한 후 Transform 노드를 달아주고, 컬러 노드의 파라미터에서 1, 0, 0으로 설정하여 빨간색이 되도록 합니다. 그다음 스피어를 하나 더 생성하여 Type을 Polygon으로 변경하고, Frequency를 10으로 설정한 후 Attribute Transfer 노드를 생성하여 그림처럼 연결을 합니다.

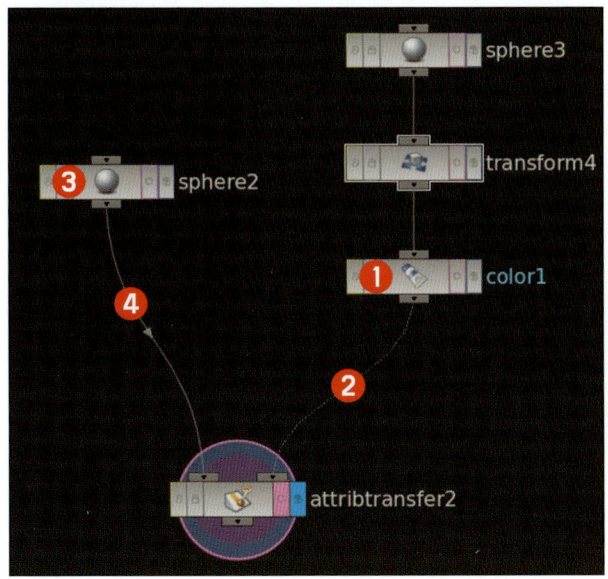

Sop 네트워크의 활용 **241**

08 씬 뷰를 확인해 보면 그림처럼 스피어의 한 부분에 빨간색이 묻어나오는데, 여기서 플레이를 해 보면 빨간색이 스피어의 외곽으로 회전하는 것을 볼 수 있습니다. 이제 Solver를 이용해서 빨간색이 지나간 자리가 빨간색으로 남아있도록 해보겠습니다.

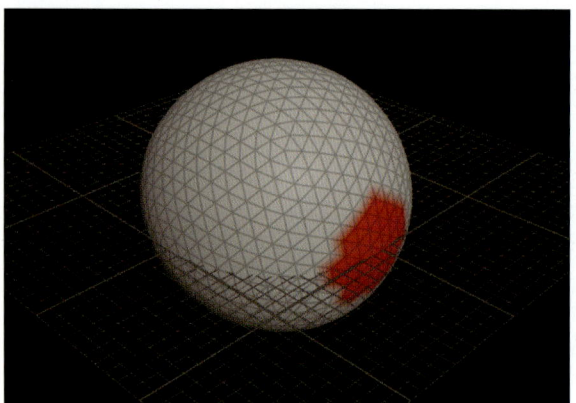

09 Solver를 생성하여 아래 그림의 왼쪽과 같이 연결하고, Attribute Transfer 노드를 [Ctrl] + [X] 키를 눌러 잘라낸 뒤 Solver 네트워크로 들어가서 붙여넣기를 합니다. 그다음 붙여넣기 한 Attribute Transfer 노드를 오른쪽 그림처럼 연결한 뒤 다시 상위 레벨로 이동해서 Solver 노드의 디스플레이를 켜주고 플레이하여 변화되는 모습을 확인해 봅니다.

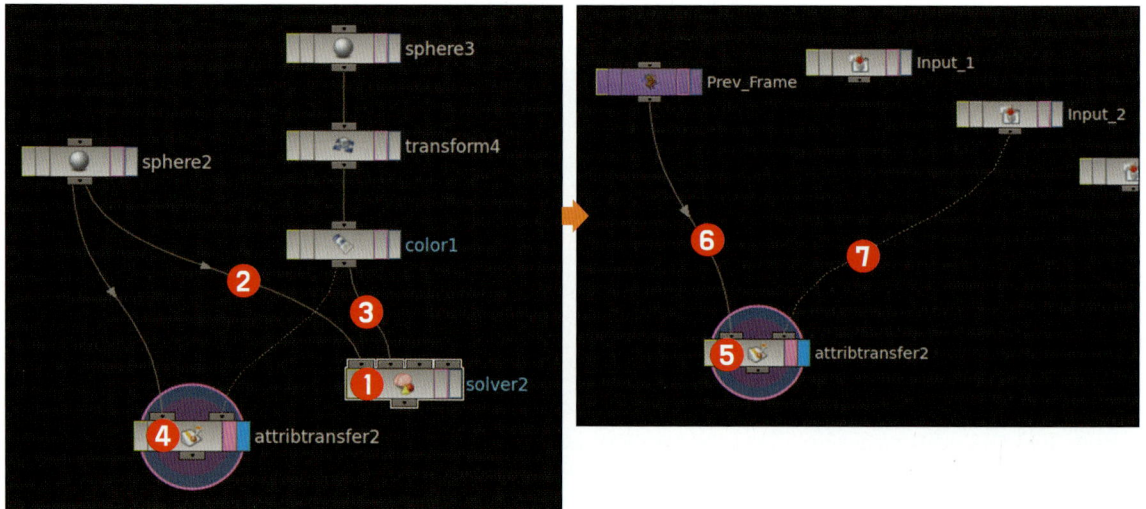

10 Solver를 이용해서 만든 결과물을 보면 Attribute Transfer 노드만 사용해서 했을 때와는 다르게 빨간색이

지나간 자리가 빨간색으로 남아있게 됩니다. 이것은 앞서 설명한 대로 Solver는 데이터를 누적하기 때문입니다. 이렇게 누적되기 때문에 빨간색이 지나간 자리가 그대로 Color에 대한 데이터가 나타나는 것입니다.

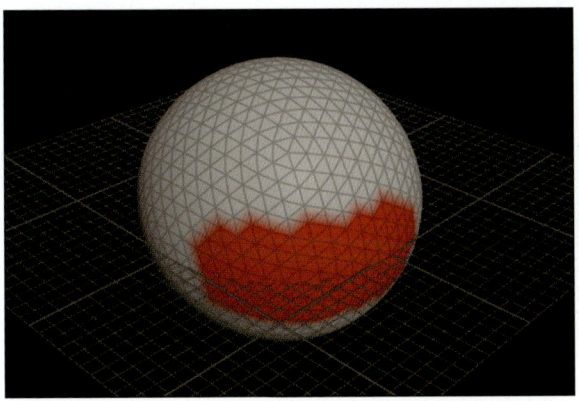

11 이렇게 데이터가 누적되는 또 하나의 이유는 이전 프레임에 대한 데이터를 기억하고 있는 Prev_Frame이 있기 때문입니다. 그러면 이번엔 Solver를 사용하여 서서히 불타서 사라지는 담배를 만들어보겠습니다.

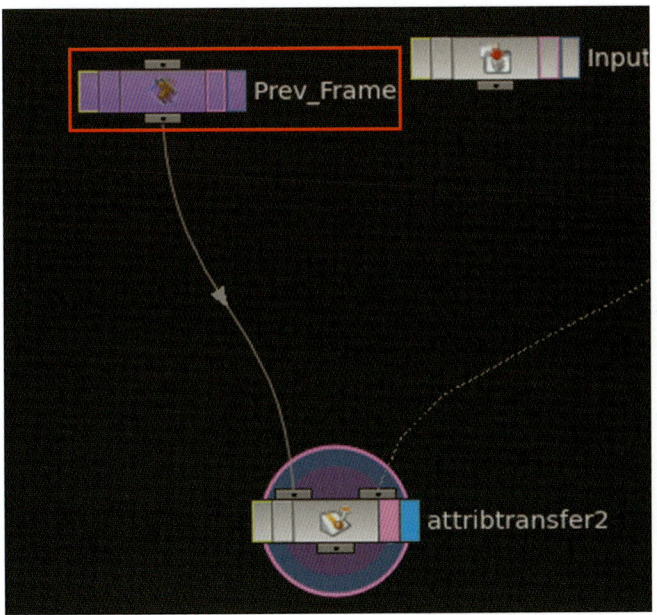

12 먼저 Tube를 생성하여 다음의 그림과 같이 파라미터를 설정하고, Transform 노드 생성하여 앞서 생성한 Tube 노드에 달아줍니다. 그다음 Rotate의 x 축을 90으로 설정합니다. 이어서 Attribute Wrangle을 생성하

여 앞서 생성해 놓은 Transform에 연결하고, VEXpression에 f@burn = 0;을 입력하여 float 형태의 0이라는 값을 가진 burn 어트리뷰트를 생성합니다.

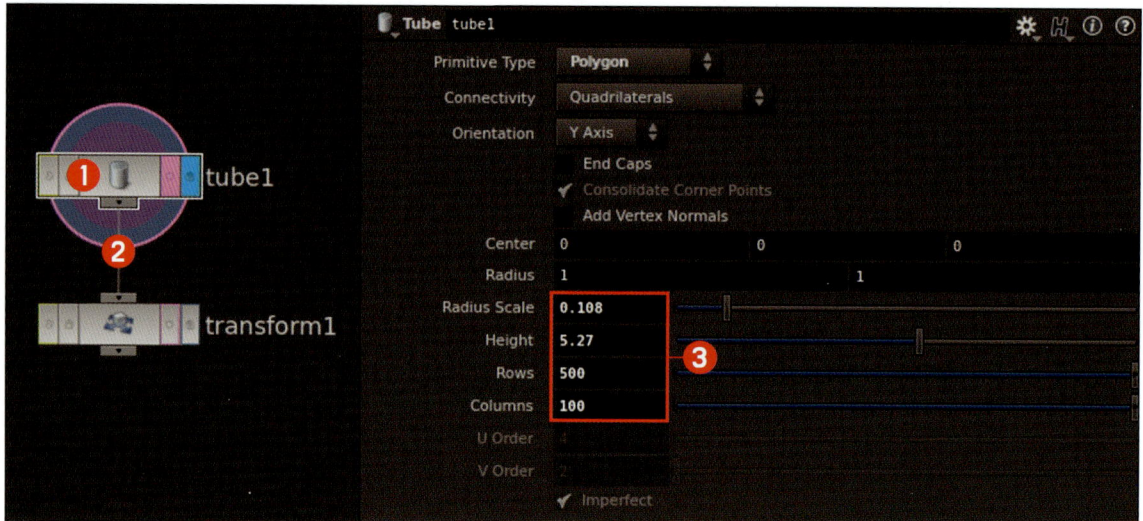

13 계속해서 스피어를 생성하여 프리미티브 타입을 Polygon으로 변경하고, 새로운 Transform 노드를 생성하여 연결합니다. 그다음 Translate의 z 축을 -3.8로 설정합니다.

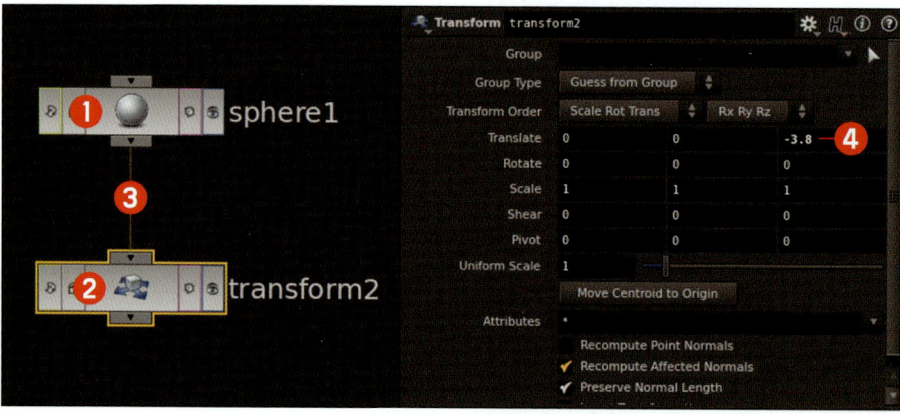

14 Color 노드를 생성한 후 다음의 그림처럼 연결합니다. 그리고 파라미터에서 색상을 1, 0, 0로 설정하여 빨간색이 적용되도록 해 주고, Attribute Wrangle을 생성하여 연결해 줍니다. 그리고 의 VEXpression에 f@burn = 1;을 입력합니다.

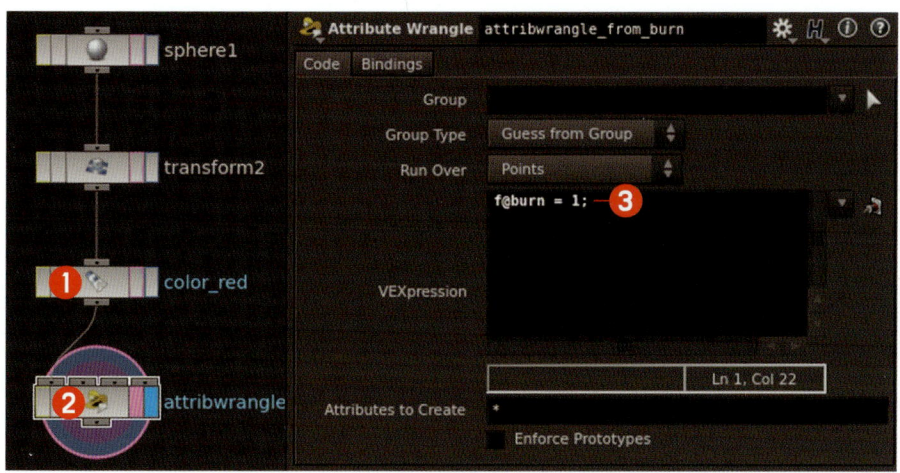

15 새로운 Transform 노드를 생성하여 그림처럼 연결해 줍니다. 그리고 0프레임으로 이동한 후 Translate의 z 축에서 [Alt] + [LMB]를 하여 키프레임을 생성합니다. 그다음 200프레임으로 이동하여 z 축에 -3.8로 설정하고 다시 [Alt] + [LMB]를 하여 키프레임을 추가합니다. 세부적인 설정을 위해 Translate의 z 축에서 [Shift] + [LMB]를 하여 Animation Editor를 별도로 띄어놓고, 포인트(핸들)를 이용하여 그림과 같은 그래프 형태로 만들어줍니다.

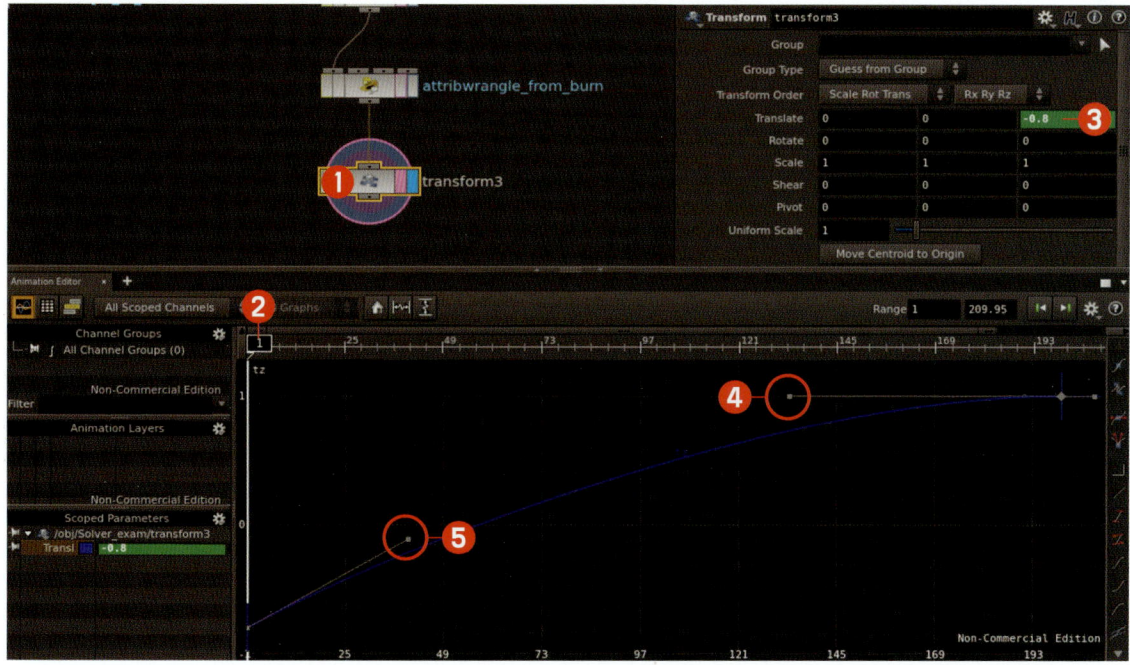

Sop 네트워크의 활용 **245**

16 이번엔 Solver를 생성하여 Input 1에는 Tube로 시작되는 노드를 연결하고, Input 2에는 Sphere로 시작되는 노드를 연결해 줍니다.

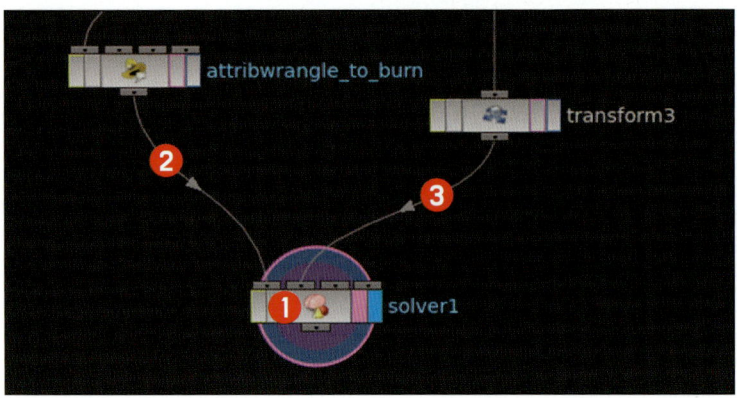

17 Solver 노드로 들어가서 Attribute Transfer 노드를 생성합니다. 그리고 Input 1에는 Prev_Frame 노드를 연결하고, Input 2에는 Input_2를 연결해 준 다음 파라미터를 그림과 같이 설정해 줍니다.

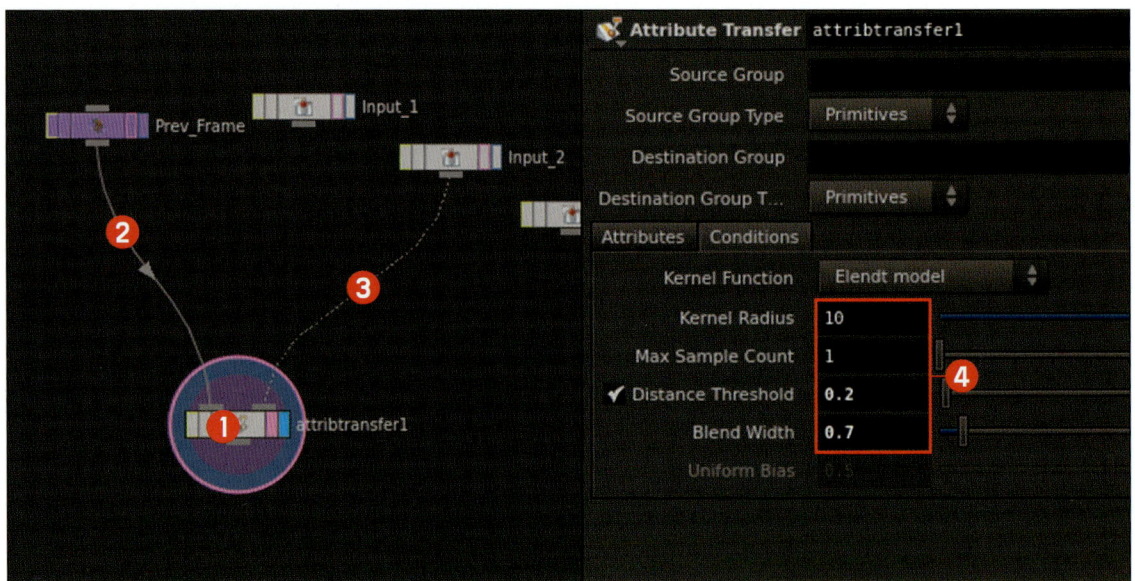

18 이제 상위 네트워크 레벨로 이동한 후 플레이를 해 보면 끝부분부터 점차적으로 빨간색으로 변하는 것을 볼 수 있습니다.

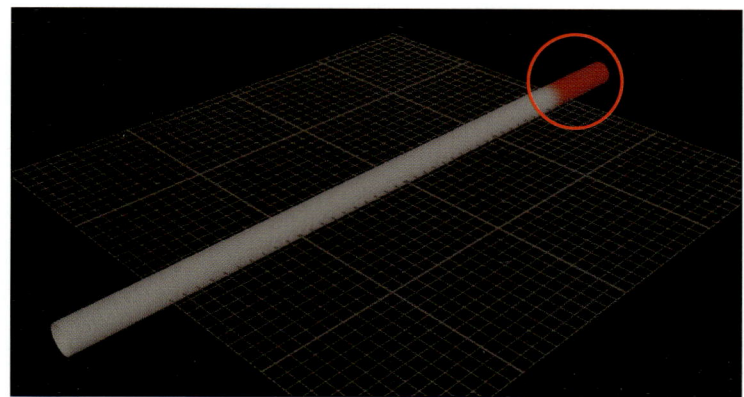

19 아래의 그림은 지금까지 작업한 노드 트리입니다. 왼쪽에는 burn이라는 어트리뷰트만 있고 Color는 없지만 오른쪽에는 burn이라는 어트리뷰트와 Color 중 Red 값에만 데이터가 있습니다. 이 두 데이터는 Solver로 들어가게 되며, Solver 안에는 Attribute Transfer를 통해 burn과 Cd를 Tube로 전달하기 때문에 Tube가 빨간색이 되는 것입니다. 그런데 단순히 컬러만 전달하기 위해서라면 굳이 Solver를 사용할 필요없이 Attribute Transfer만 사용해도 됩니다. 하지만 그렇게 된다면 앞에서 살펴보았던 것처럼 빨간색이 누적되지않고 그냥 사라지게 되므로 Solver를 통해 사용하는 것입니다.

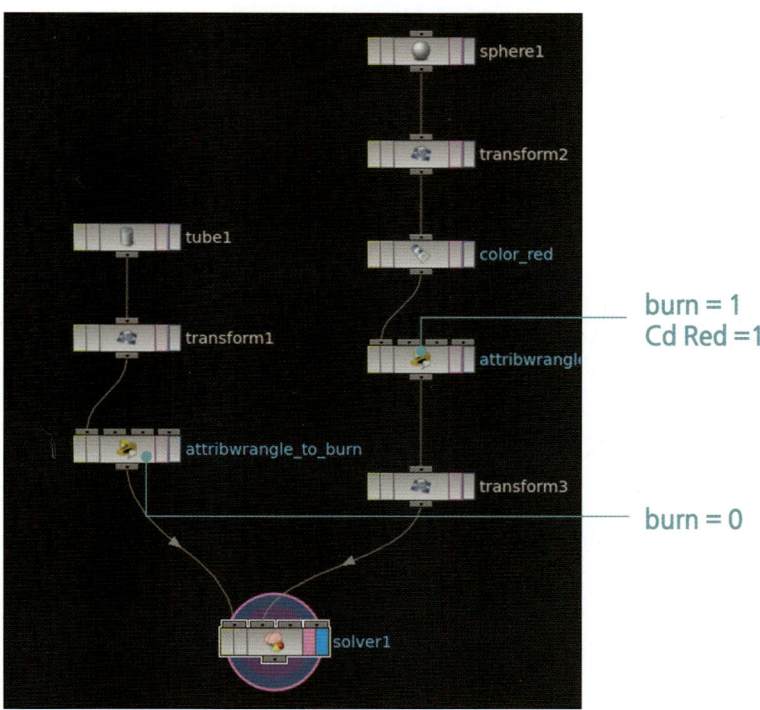

Sop 네트워크의 활용 **247**

20. 이제 Attribute Wrangle을 생성하여 Solver의 아래쪽에 연결하고, 다음과 같이 입력을 합니다. 이 조건문은 "만약 burn 어트리뷰트가 1이면 buntime이라는 어트리뷰트는 그 시점부터 Time이라는 어트리뷰트 값을 가져라" 라는 것이며, 아래쪽 두 줄은 burn과 burntime을 로컬 변수로 바꾸는 함수입니다.

if(@burn == 1)
    @burntime = @Time;

addvariablename(0, "burn", "BURN");
addvariablename(0, ""burntime", "BURNTIME");

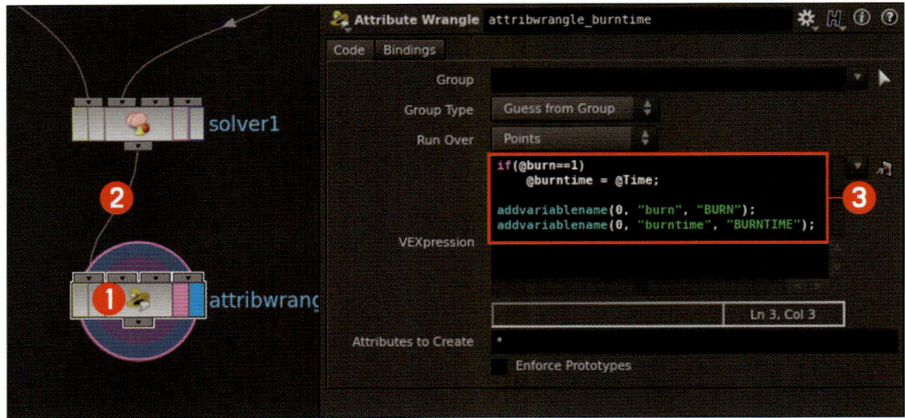

21. 이번엔 아래쪽 Group 노드를 생성하여 연결해서 그림과 같이 파라미터를 입력합니다. 이제 burn 어트리뷰트가 0.6보다 큰 Point들을 deform이라는 이름으로 그룹이 만들어졌습니다.

22 계속해서 Mountain 노드를 생성하여 연결하고, 그림과 같이 파라미터를 입력하여 Point Group을 deform으로 하여 앞서 선택한 그룹에만 Mountain이 적용되도록 해 줍니다.

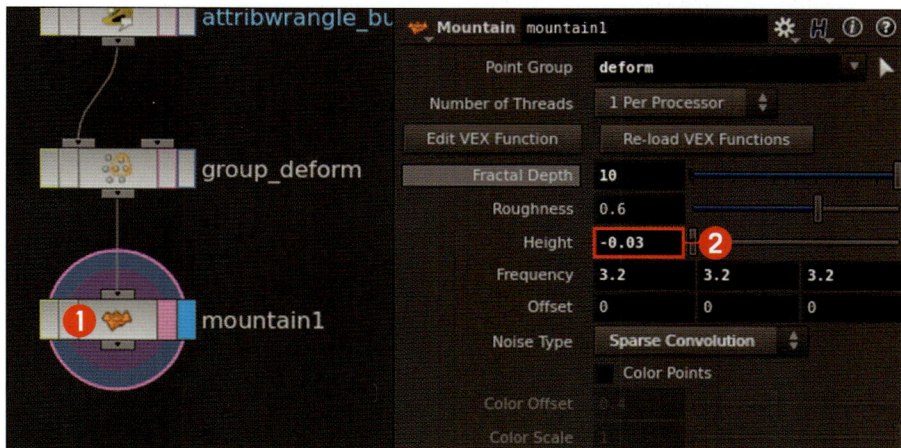

23 이제 플레이를 해 보면 빨간색 부분이 점차적으로 타들어 가는 형태로 나타나는 것을 볼 수 있습니다. 그런데 담배가 빨간색으로 그냥 타기만 하면 안 되겠죠? 이어서 담배 부분도 타들어 가서 짧아지도록 해 보겠습니다.

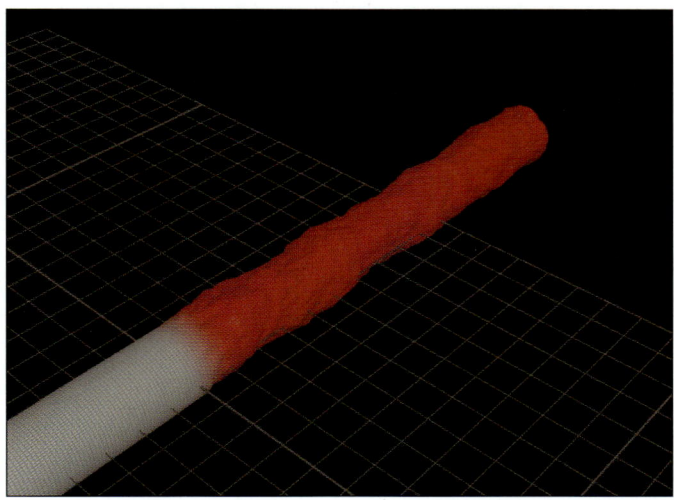

24 Delete 노드를 추가하고, 파라미터의 Entity를 Points로 변경한 다음 Filter Expression에 $BURNTIME > 1을 입력하여 burntime이 1보다 큰 Point는 제거되도록 해 줍니다.

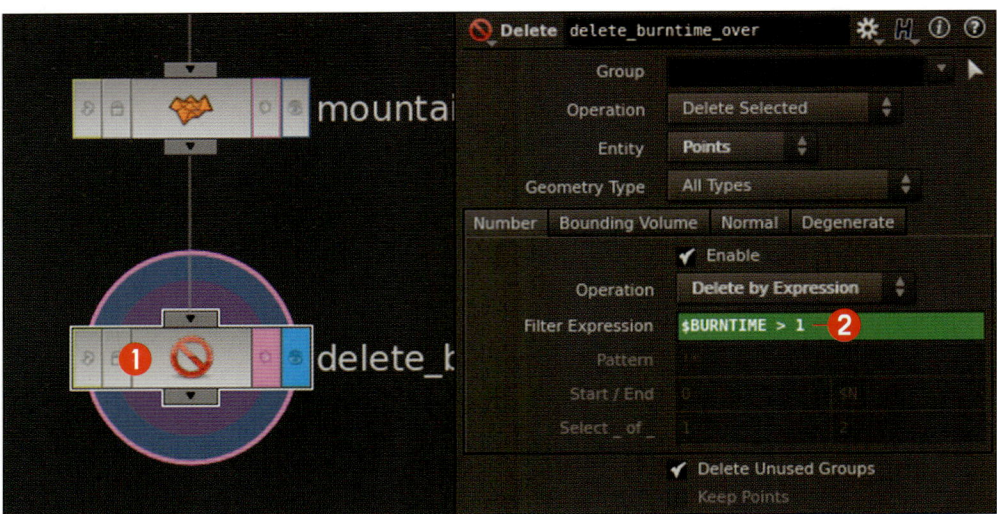

25 이제 다시 플레이를 해 보면 점차적으로 타면서 사라지는 담배가 표현되는 것을 알 수 있습니다. 여기까지의 과정을 다시 한 번 짚어보면 먼저 burn 어트리뷰트가 0인 오브젝트와 1인 오브젝트를 생성하였고, Solver 내부에서 Attribute Transfer를 통해 burn과 Cd를 전달하였으며, Solver를 통해 누적된 후 Group 노드로 burn이 0.6보다 높은 포인트를 deform이라는 그룹으로 만들어주었습니다. 이어서 Mountain을 통해 deform 그룹만 deformation이 일어나도록 하여 담배가 지글지글 타들어 가는 형태를 만들었고, 마지막으로는 Delete 노드를 통해 타들어 간 시점부터 1초가 지난 포인트들은 제거되도록 만들었습니다.

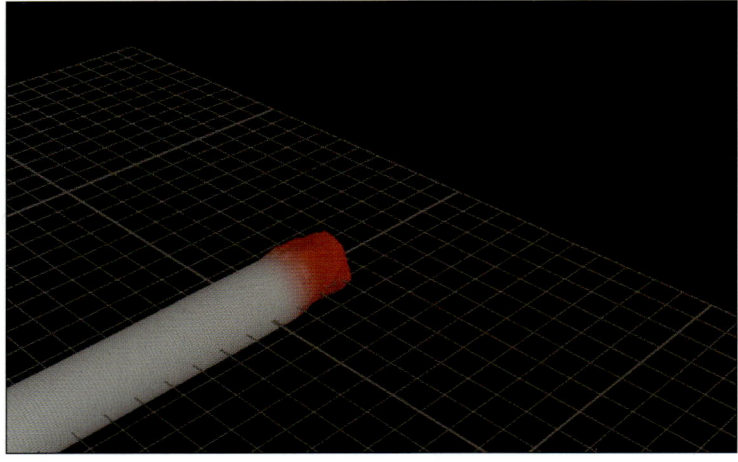

솔버(Solver)는 이번 학습에서 배워본 것처럼 데이터가 계속해서 누적되며, 이전 프레임으로부터 연산을

하게 됩니다. 이것은 시뮬레이션(Simulation)의 기초가 되는 기능으로써 Solver의 활용성은 무궁무진합니다. 물론 Solver가 아니라도 가능합니다. 이번 예제에서는 기본적인 부분만을 다루어보았지만 이 책의 모든 학습을 마치고 난 후에는 헬프 문서의 예제 파일을 통해 보다 난이도 높은 것을 만들어보기를 권장합니다.

03 VOP 네트워크의 활용

이번 학습에서는 VOP 네트워크가 무엇을 할 수 있는 네트워크인지에 대해 배워보겠습니다. VOP은 코드가 아니라, 노드를 사용하여 VEX 코드를 짤 수 있게 해주는 비주얼 프로그래밍 네트워크로써, 수학에서 사용되는 용어로 된 노드들이 많습니다. 처음 접하는 분들은 이것으로 뭘 할 수 있는지 전혀 감이 오지 않지만 이 난해한 VOP 네트워크는 후디니에서 웬만한 작업들이 이루어진다는 것을 알게 될 것입니다. 본 도서에서는 입문하는 분들의 개념을 이해시키기 위한 것들만 사용하지만, VOP은 마치 자유도가 높은 게임이라고 말하고 싶습니다. 이 엄청난 자유도를 어떻게 활용할 것인가는 여러분에게 달려 있듯 VOP 또한 마찬가지라는 것을 명심하길 바랍니다.

기본적인 수식 계산하기

이번 학습에서는 VOP 네트워크를 익히는데 있어 기본적인 사칙연산을 통해 생소한 VOP 네트워크를 사용해 보도록 하겠습니다.

01 먼저 아래 그림처럼 스피어와 Attribute Create, Attribute VOP을 생성하여 연결한 후 Attribute Create 파라미터의 이름은 math라는 이름을 사용하고, Value 값을 10으로 설정합니다.

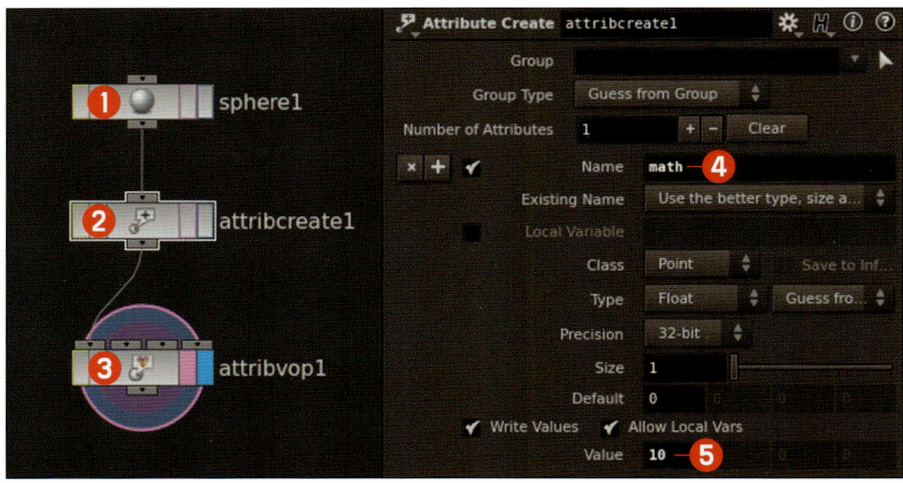

02 VOP 네트워크 안으로 들어가면 그림과 같이 지금까지 SOP에서 보던 노드의 모양과는 다른 낯선 글자들의 긴 노드와 작은 노드가 있습니다. 이전 학습에서도 VOP에 대해 간략하게 소개한 적이 있었지만, 다시 보니 왠지 난감하게 느껴질 것입니다. 필자 역시 이 화면을 처음보았을 때 대략 난감했지만, 생각해 보면 SOP 또한 File 노드 하나만 덩그러니 있었던 모습에 같은 생각이었습니다. 이처럼 처음 접하는 것은 모두 생경하지만 계속 접하다 보면 곧 익숙해질 것입니다.

왼쪽에 위치한 Geometry VOP Global Parameters 노드는 Input으로 들어오는 데이터의 각종 어트리뷰트(속성)를 가지고 있습니다. 여기에는 P(Position), v(Velocity), force, age, life, id, Cd(Color) 등이 있는데, 상위 레벨에서 생성한 math라는 어트리뷰트는 보이지 않습니다. 이런 경우엔 Import~Attribute라는 노드를 통해 자신이 원하는 어트리뷰트를 VOP 안으로 가져 올 수 있습니다.

03 탭 메뉴를 통해 import를 검색하면 그림처럼 import라는 이름을 가진 네 개의 노드가 나타나며, 각 Class에 대한 차이를 보이고 있습니다. math를 Point 어트리뷰트로 생성하였으므로 여기에서는 Import Point Attribute 노드를 생성합니다.

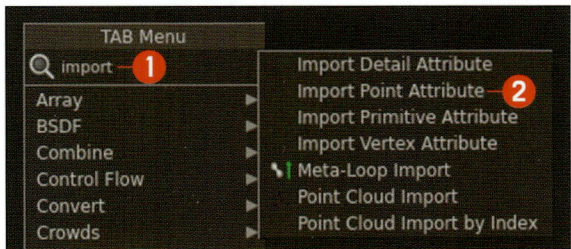

04 Import Point Attribute 노드는 그림처럼 네 개의 인풋과 두 개의 아웃풋이 있으며, 파라미터는 비교적 간단한 옵션으로 구성되어있습니다.

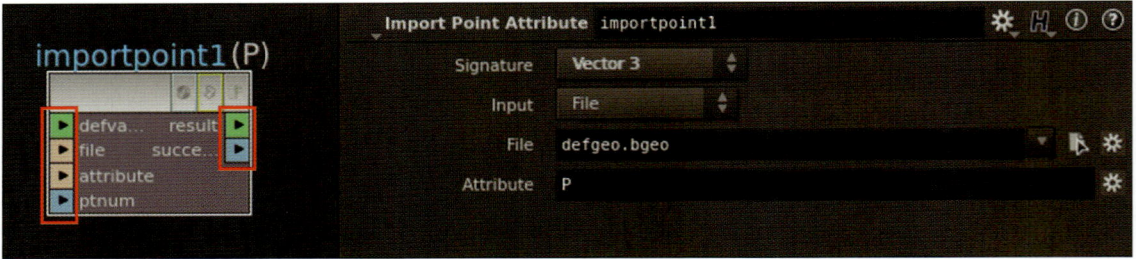

05 여기서 파라미터를 그림처럼 Input을 First Input으로 설정하고, Attribute에 **math**를 입력합니다. 이것은 VOP 네트워크의 첫 번째 인풋으로 들어오는 데이터 중 math라는 어트리뷰트를 사용하겠다는 의미입니다.

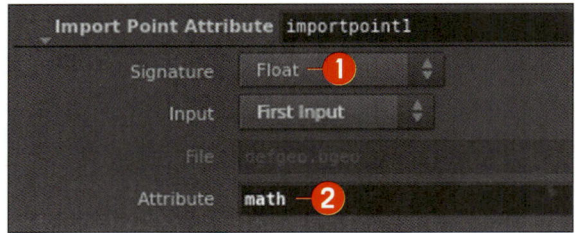

06 앞서 math의 Value에 10이라는 값이 입력이 되어있었으며, math라는 어트리뷰트가 VOP 안으로 잘 들어왔는지 확인을 하기 위해서 math의 첫 번째 아웃풋을 그림처럼 Geometry VOP Output의 Cd 인풋에 연결을 합니다.

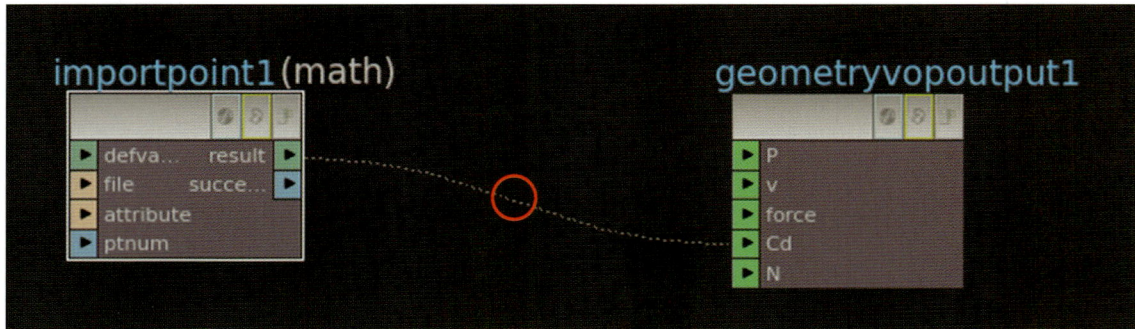

07 씬 뷰와 지오메트리 스프레드시트를 확인하면 Cd의 각 채널에 10이 입력된 것을 볼 수 있으며, 스피어는 10 수치 만큼 색의 휘도가 높아져서 밝아지게 됩니다. 어트리뷰트가 VOP에 문제없이 들어왔으므로 이제 더하기(Add), 곱하기(Multiply) 등의 수식을 통해 간단한 계산을 해 보도록 합니다. 참고로 이후부터 지오메트리 스프레드시트는 그냥 스프레드시트라고 부르겠습니다.

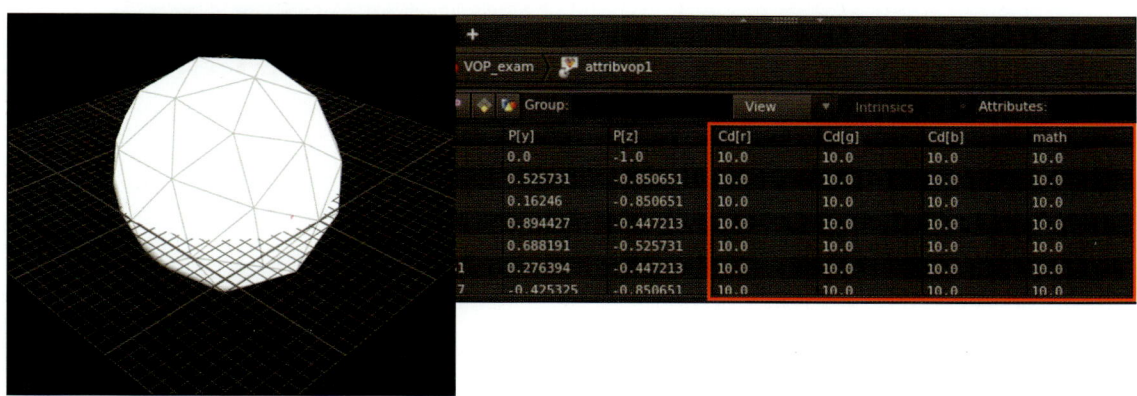

08 Add와 Constant를 생성하여 그림과 같이 연결하고, 콘트라스트 파라미터의 1 Float Default를 5로 설정한 뒤 스프레드시트를 통해 Cd가 15로 바뀌었는지 확인합니다.

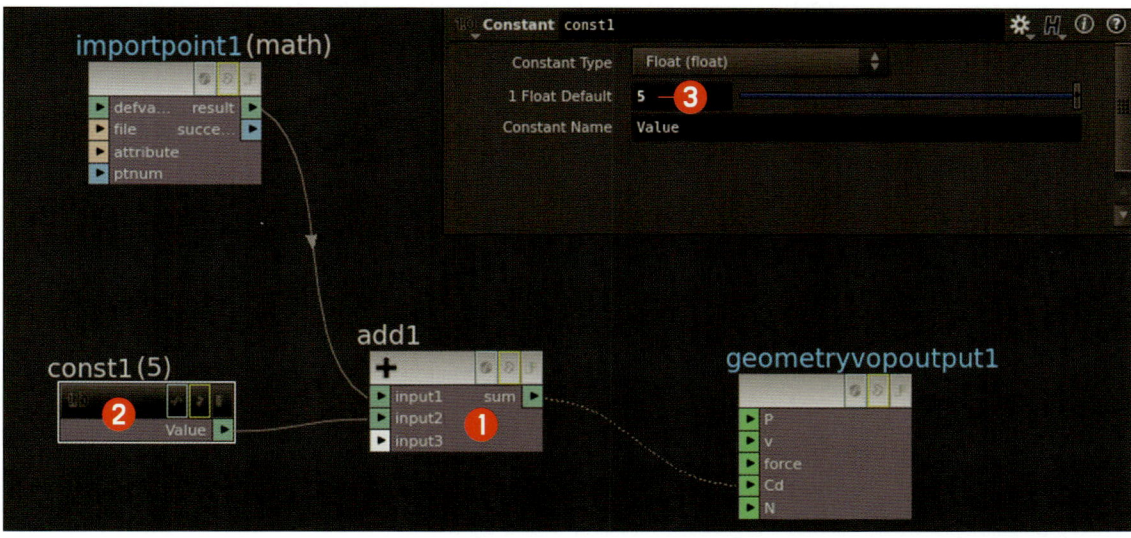

09 Add를 제거한 후 그 자리에 Multiply를 생성하여 다음의 그림과 같이 연결을 하고, 스프레드시트에서 Cd를 확인해 보면 이번에는 10에 5가 곱해졌으므로 50이라는 값이 나오게 됩니다.

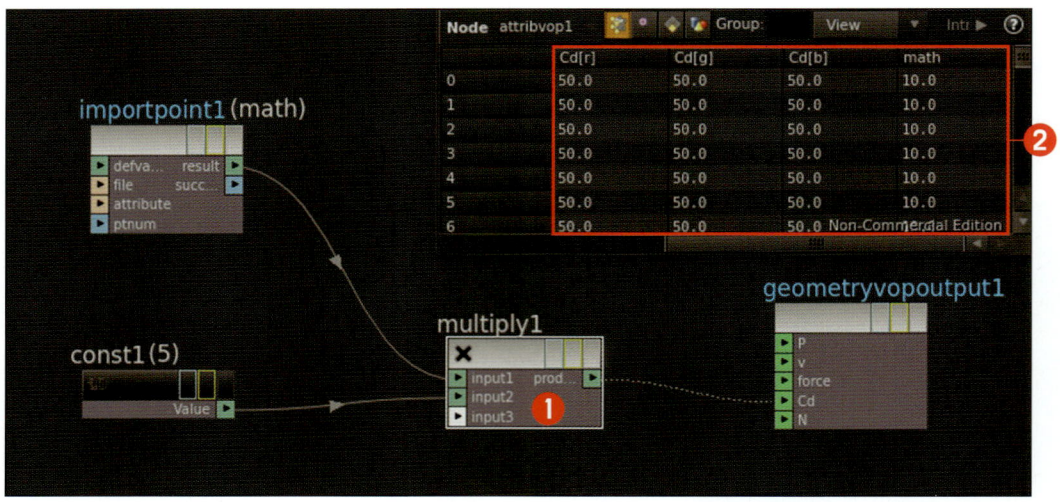

10 이어서 나누기(divide)와 빼기(subtract)에 대해서도 결과 값을 확인해 봅니다. 여기까지 살펴보았다면 아마 한가지 궁금증이 생기게 될 것입니다. math 어트리뷰트를 가져와서 계산을 했는데, 그 결과가 math로 나오게 할 순 없을까? 라는 것입니다. 당연히 어트리뷰트를 불러왔던 것처럼 VOP 내에서도 어트리뷰트를 생성하거나 결괏값으로 출력하는 것 또한 가능합니다.

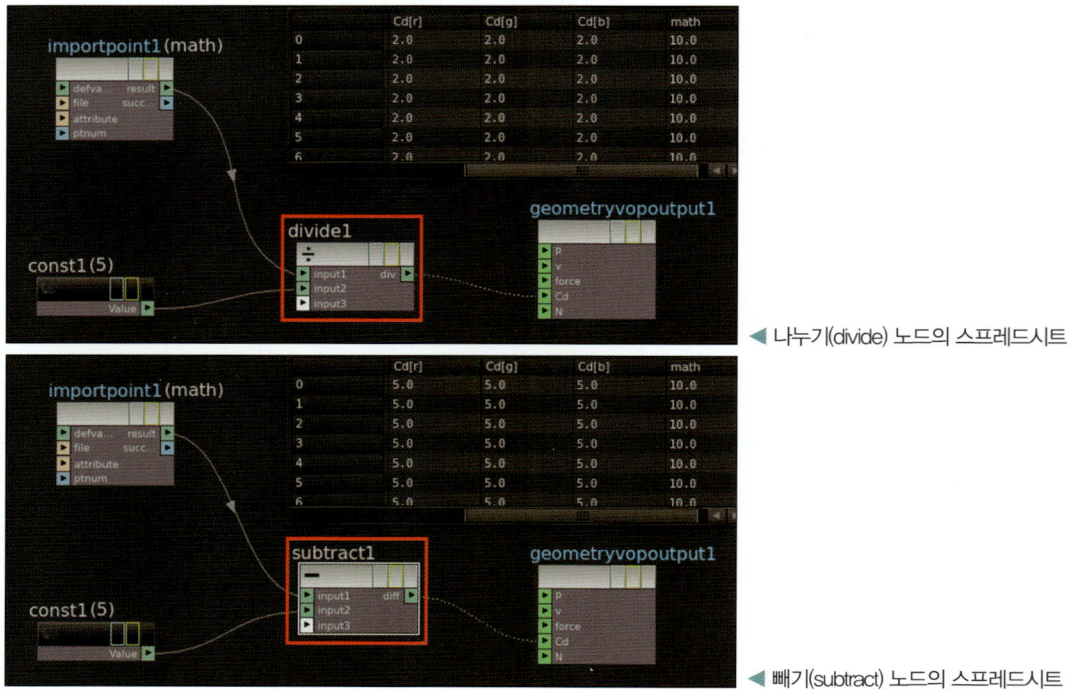

◀ 나누기(divide) 노드의 스프레드시트

◀ 빼기(subtract) 노드의 스프레드시트

11 탭 메뉴에서 bind를 검색하면 그림처럼 처럼 Bind와 Bind Export라는 노드가 나타나며, 이 중 Bind Export 노드를 생성합니다. 참고로 Bind 노드와 Bind Export 노드의 차이는 파라미터의 설정에 관한 것이므로 Bind를 생성하여 파라미터의 설정만 바꿔주게 되면 Bind Export와 동일하게 사용할 수도 있습니다.

12 Geometry VOP Output의 연결을 끊어주고, 그 자리에 그림과 같이 Bind를 연결합니다. 그다음 Bind Export 노드 파라미터의 Name에 math를 입력한 뒤 스프레드시트를 보면 연산을 한 결과 값이 math의 값으로 입력이 된 것을 볼 수 있습니다. 이렇듯 Bind는 어트리뷰트를 들고 오거나 새롭게 지정할 수 있습니다. 이번 학습에서는 math 어트리뷰트를 가져오기 위해 Import Point Attribute 노드를 사용하였지만 Bind 노드를 생성하여 Name에 math를 입력해도 동일한 결과를 얻을 수 있습니다. 필자는 Import 노드를 통해 어트리뷰트를 사용하는데 익숙하여 Import를 주로 사용하며, 경우에 따라 Bind를 사용하기도 합니다. 만약 완전히 새로운 어트리뷰트를 생성하여 결괏값을 반영하고 싶다면 Bind의 Name을 math가 아닌 test라고 입력하면 됩니다. 그러면 그림을 기준으로 5.0이라는 값의 test라는 어트리뷰트가 생성되게 됩니다.

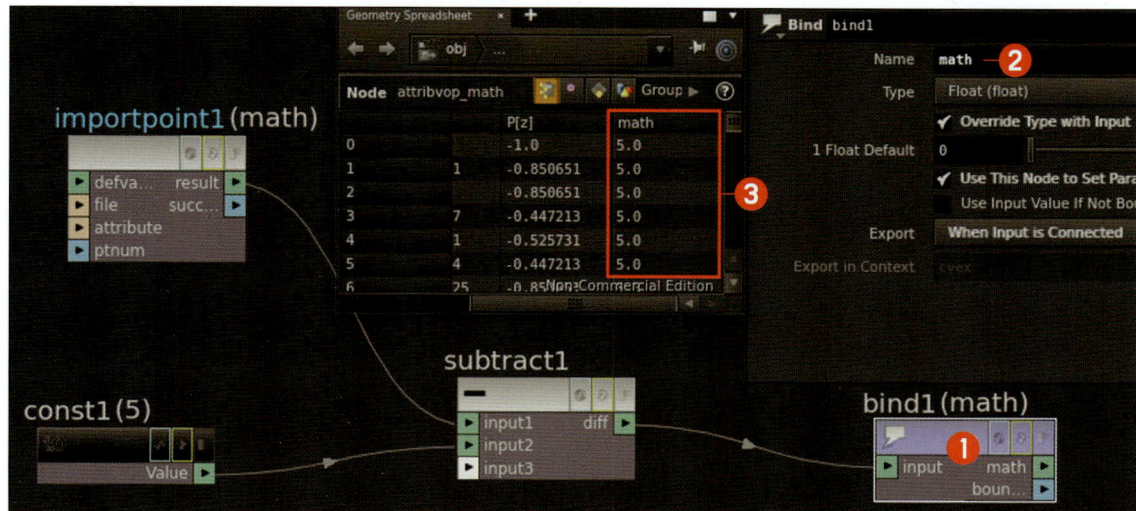

수학 트릭 만들기

이번 학습에서는 수학 트릭을 하나 만들어볼 것입니다. 만들기 이전에 숫자 하나를 생각해 봅니다. 한 자리 수, 두 자리 수, 세 자리 수, 아무거나 상관없습니다. 숫자를 생각했다면 이제 그 수에 2를 곱한 뒤 10을 더합니다. 여기까지 했으면 이제 2로 나눕니다. 그다음 여기에서 처음에 생각한 수를 빼줍니다. 이것이 끝입니다. 너무나도 단순한 계산인데, 대체 왜 따라하라는 것이었는지 궁금할 것입니다. 이 계산식은 정답이 정해져 있는 계산식이었으며, 여러분들의 답은 5입니다. 정답이 5가 나온 분들은 위의 트릭을 VOP으로 만드는 것을 따라하도록 하고, 만약 5가 안 나왔다면 잘못 계산한 것이므로 다시 하도록 합니다.

01 새로운 Attribute VOP을 생성하여 그림처럼 연결해 줍니다. 그다음 VOP 안으로 들어가서 Import Point Attribute를 생성하여 math를 불러오고, Constant 노드를 생성하여 Type을 Float으로 변경합니다. 수학 트릭의 첫 번째는 2를 곱해야 하기 때문에 Const1 노드의 1 Float Default에 2를 입력하고, 두 노드를 Multiply에 연결을 합니다.

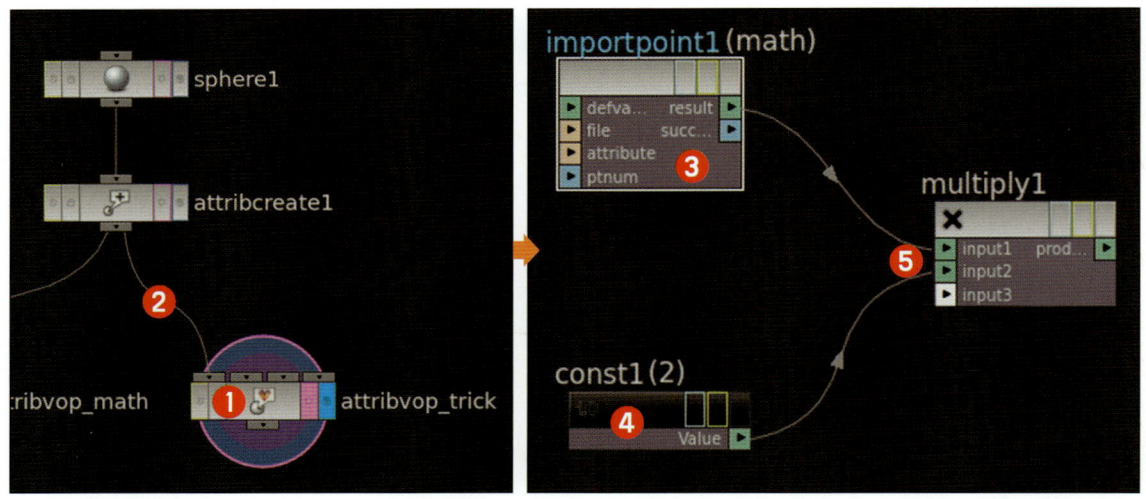

02 두 번째는 10을 더해야 하므로 Constant 노드를 복사해서 Const2 노드의 1 Float Default에 10을 입력하고, Add를 생성해서 Multiply와 const2를 연결하여 Add로 더할 수 있도록 해 줍니다. 계속해서 세 번째는 2를 나누어야 하기 때문에 divide 노드를 생성하여 input1 에는 add1의 데이터를 연결해 줍니다. 그리고 2가 입력된 Constant 노드가 이미 네트워크 상에 있으므로 새롭게 만들어줄 필요없이 그대로 사용하도록 합니다.

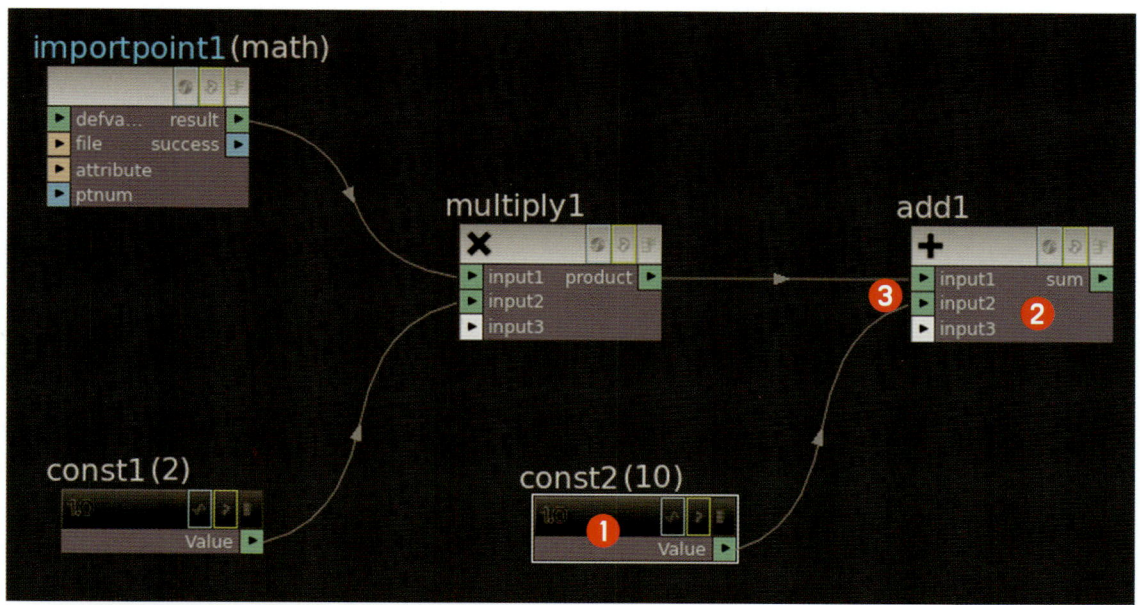

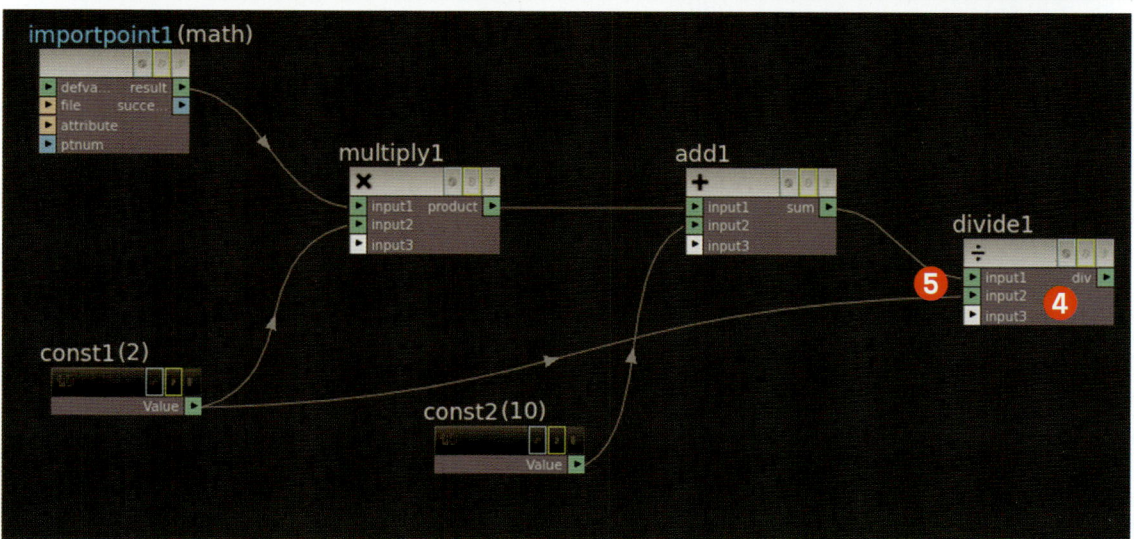

03 마지막으로 처음의 수를 빼기 위해 Subtract 노드를 생성하고, divide1을 Input 1에 연결합니다. 앞서 Constant를 두 번 사용한 것처럼 우리가 처음에 생각한 값 또한 한 번 더 사용하기 위해서 Input 2에는 Import Point Attribute를 연결합니다. 이렇게 하므로써 처음 생각한 수를 뺄 수 있게 되었습니다.

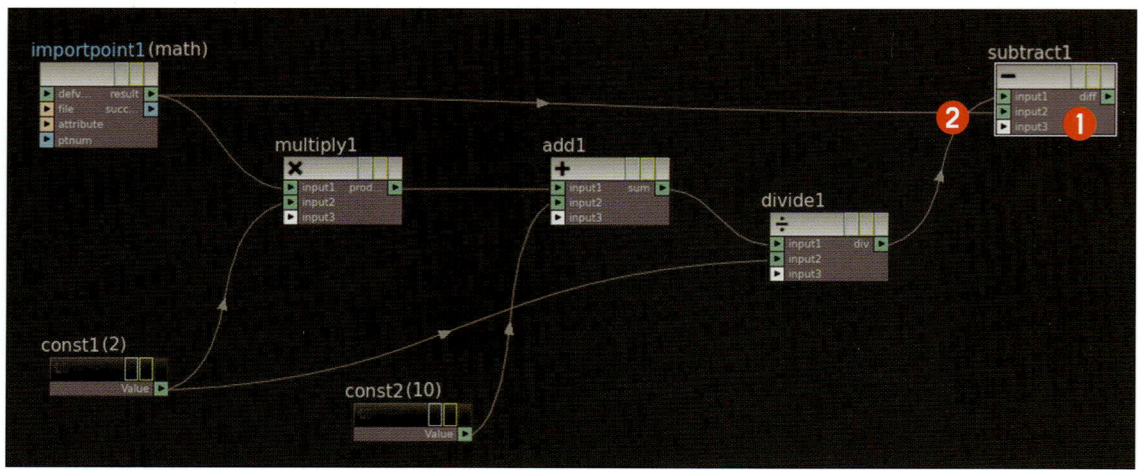

04 마지막으로 Bind Export를 생성하여 trick이라는 어트리뷰트를 만들어 주고, 스프레드시트를 확인해 보면 결과 값이 5가 나오는 것을 볼 수 있습니다.

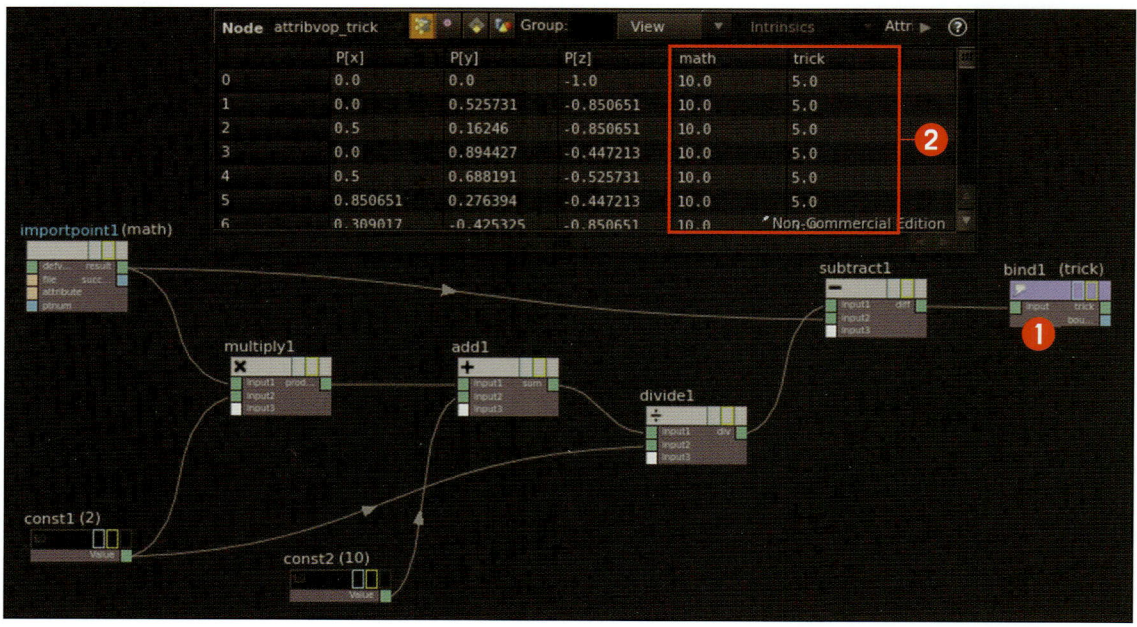

05 SOP 네트워크로 이동한 후 math의 값이 지정된 Attribute Create의 Value 값이 100이든 53이든 68 혹은 터무니없이 높은 값으로 바꾸어도 0이 아닌 이상에는 trick의 값은 5가 나오게 됩니다.

지금까지 만들어본 수학 트릭과 같이 VOP은 다양한 수학 연산을 할 수 있으며, 일반적으로 알고 있는 다양한 수학 공식 또한 구현할 수 있습니다. 이렇듯 VOP의 능력은 각종 이펙트를 제작하는데 유용하게 활용할수 있습니다. 물론 대다수의 후디니 사용자들은 수학과 친하지 않겠지만 필자처럼 후디니를 하면서 수학과 친해지는 경우가 있기 때문에 수학이라는 단어에 주눅들지 않기 바랍니다.

자료형 다루기

이번 학습에서는 VOP에서 있는 여러 가지 자료형을 다뤄보고 변환을 하는 과정에 대해 배워보도록 하겠습니다. Attribute에는 Class가 있듯이 자료형이라는 분류 또한 존재합니다. 이전 학습에서 설명한 적이 있듯이 Float(실수), Integer(정수), String(문자열), Vector(벡터) 등의 형태들이 바로 자료형입니다.

01 VOP을 생성하여 안으로 들어갑니다. 기본적으로 존재하는 Geometry VOP Global Parameters를 보면 각 데이터의 이름이 나와있으며, 각기 다른 색의 박스로 표시되어있는 것을 볼 수 있습니다. 여기에서 마우스 커서를 해당 박스 위쪽에 올려놓으면 어떤 자료형인지 쉽게 알 수 있습니다. 연한 초록색은 Vector, 진한 초록색은 Float, 파란색은 Integer, 주황색은 String입니다. N(Normal)에 마우스 커서를 올려놓으면 앞서 살

펴본 것처럼 vector라는 글자가 나타나게 됩니다.

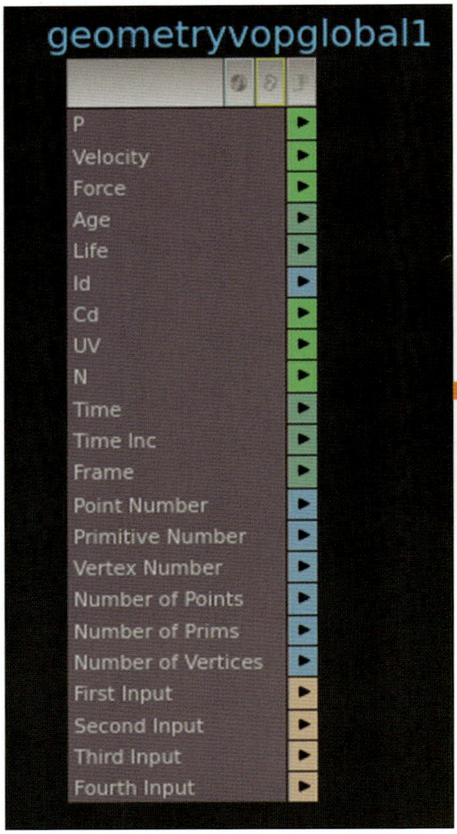

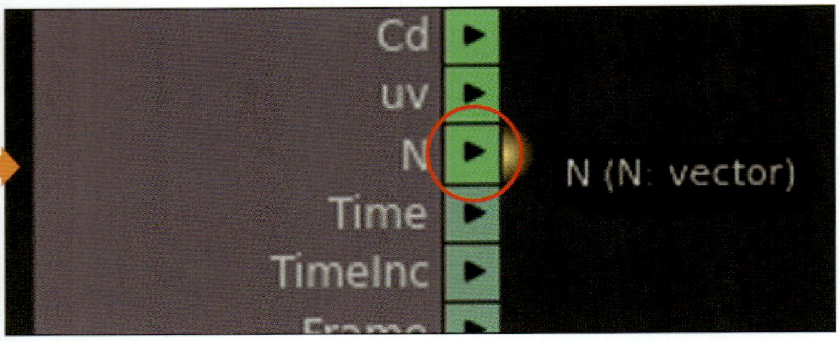

02 여기서 만약 VOP의 어트리뷰트가 약자가 아닌 풀 네임으로 나오도록 하고 싶다면 [Ctrl] + [,] 키를 눌러서 Preference 창을 열고, 상단의 드롭다운 메뉴에서 Network Editor, Nodes, and Trees로 들어간 후 그림처럼 Show Full Input and Output Names on VOP Nodes를 체크하여 활성화하면 됩니다.

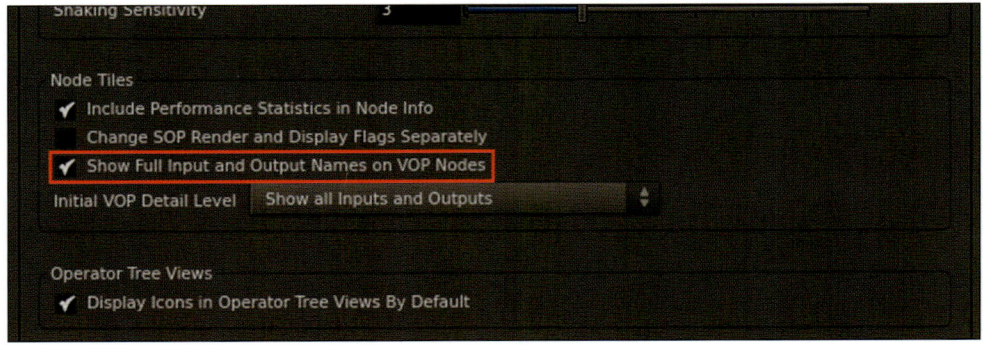

03 다시 네트워크 뷰를 보면 일부 항목들이 풀 네임으로 표기되는 것을 볼 수 있습니다. 이 옵션을 켰을 때 후디니 13버전까지는 Cd나 N 또한 Color와 Normal로 풀 네임 표기가 되었었지만 버전이 업그레이드되면서 일부 항목들만 풀 네임 표기가 됩니다.

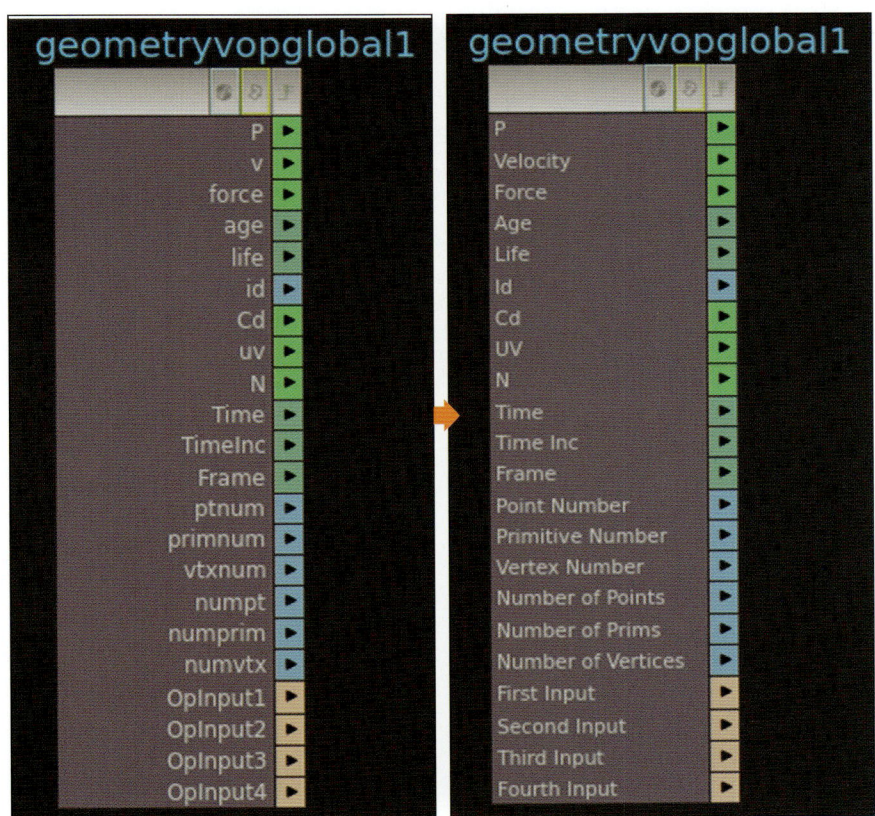

04 다시 Sop으로 돌아와서 셰이더 볼과 Color 노드를 생성하여 그림처럼 차례대로 Attribute VOP에 연결합니다.

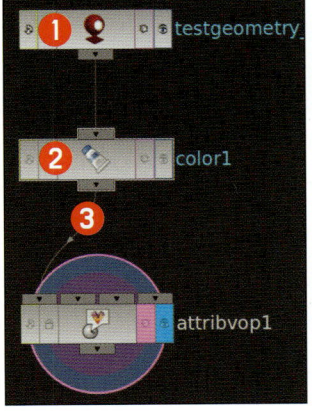

05 VOP 안으로 들어가서 Multiply를 생성하여 그림처럼 Cd와 연결합니다. 이제 곱해줄 값을 연결해 주어야 하는데, 앞에서는 Constant 노드를 사용했지만 이번엔 다른 방법을 사용해 보겠습니다.

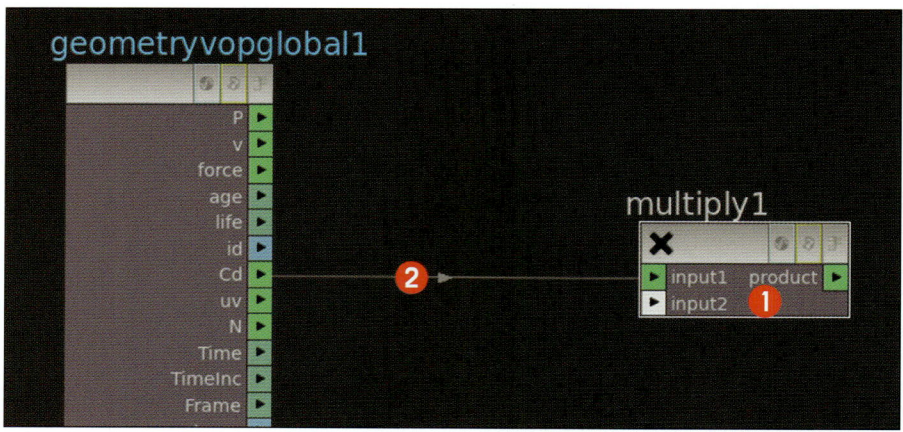

06 Multply 노드의 인풋2에서 마우스를 갖다놓고, [MMB]를 하면 그림처럼 메뉴가 뜨는데, 여기에서 가장 상단에 있는 Promote Parameter를 선택합니다.

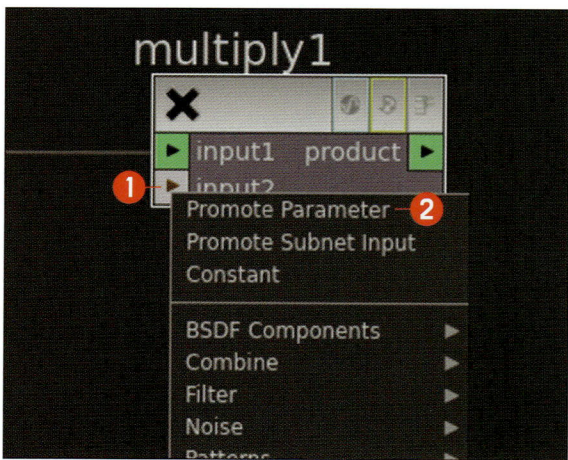

07 Promote Parameter를 적용하면 input2에 동그라미가 튀어나오게 되는데, 이 동그라미를 원클릭하면 다음 그림 중 위쪽의 그림처럼 파라미터가 열리며, 더블클릭을 하면 아래쪽 그림처럼 아예 input2에 연결된 Parameter 노드가 나오게 됩니다. 둘 중 어떤 방법을 사용하든 파라미터의 값에 변화가 없습니다.

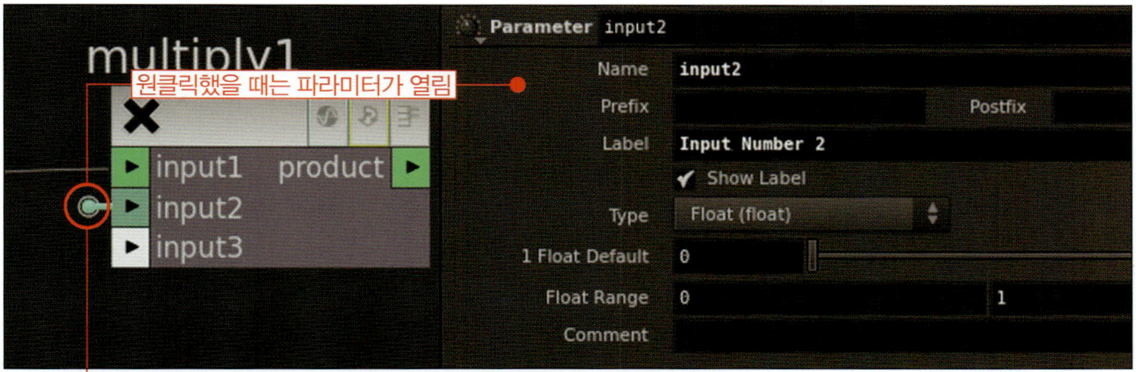

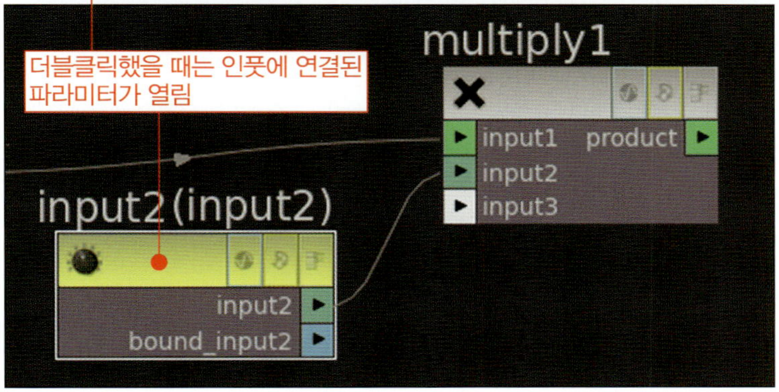

원클릭했을 때는 파라미터가 열림

더블클릭했을 때는 인풋에 연결된 파라미터가 열림

08 여기에서는 Input2의 파라미터를 열고, input2라는 이름의 파라미터 노드에 있는 1 Float Default에 0.3을 입력합니다. 그다음 Multiply를 Cd에 연결하면 Cd의 r, g, b 값이 전부 0.3이 됩니다. 만약 rgb 중 하나의 값(색상)에만 변화를 주고 싶다면 어떻게 해야 할까요? 앞서 학습했던 포지션의 y 축의 값에 변화를 준 것처럼 input2 파라미터의 자료형을 Vector로 바꾼 뒤 하나의 칸에만 값을 설정하는 방법도 있지만 이번에는 자료형을 변환하는 방법을 사용해 보겠습니다.

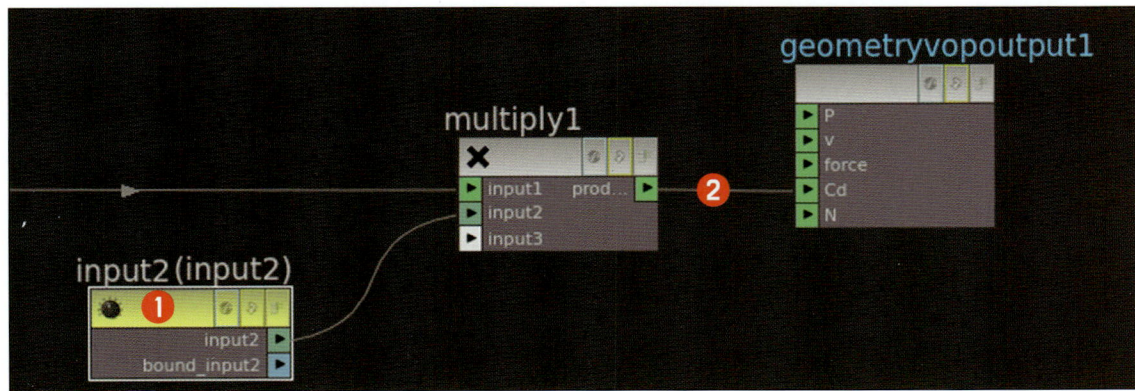

09 계속해서 이번엔 탭 메뉴에서 Vector to Float이라는 노드를 검색하여 생성을 합니다.

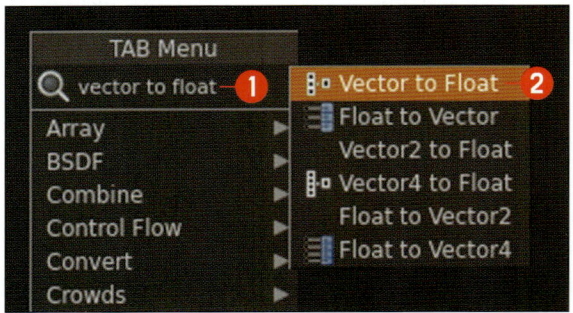

10 생성한 Vector to Float 노드를 Cd와 Multiply의 사이에 연결합니다. 이 노드는 Vector를 Float으로 변환해 주는 노드로써, VOP에서 Vector는 세 개의 값이 존재하지만 화면에 보이는 Cd나 N처럼 하나의 인풋만 있기 때문에 각각의 값으로 풀어서 쓰고자 할 때 사용이 됩니다. 눈치가 빠른 분이라면 벌써 Multiply 노드의 인풋 색상이 동일해진 것을 알았을 것입니다. 이것은 Vector to Float을 통해 자료형을 변환하기 전에는 input1에는 Vector가 입력되었고, input 2에는 Float이 입력되므로 각각의 색상이 달랐지만 Vector를 각각의 값으로 변환하여 rgb 중 r(빨강)에 대한 Float 데이터를 입력하여 같은 자료형이 된 것입니다. 이제 다시 Multiply의 아웃풋을 Cd에 연결하여 값을 확인합니다.

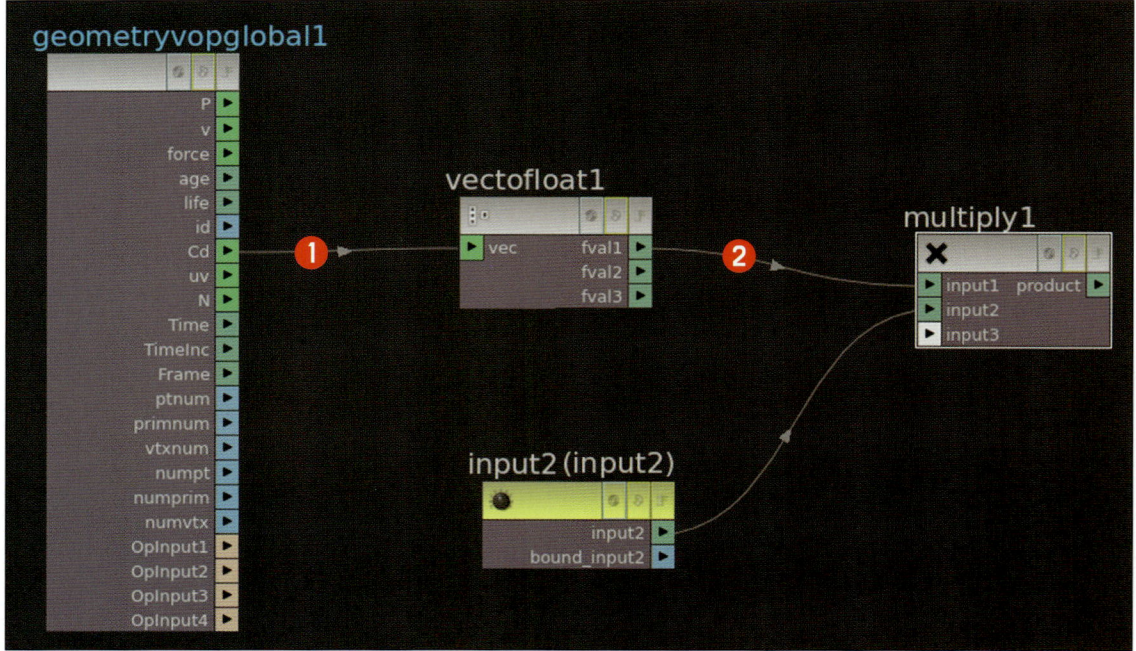

11. 확인을 해 보면 Cd중 R에 대한 값만 변경하고자 했는데 여전히 rgb 전부 0.3이라는 데이터가 입력되었습니다. Cd를 Float으로 변경하여 r 값에만 곱셈을 하였는데도 이런 결과가 나오는 이유는 오로지 r에 대한 값만을 곱한 상태 그대로를 Cd에 입력했기 때문입니다. 이런 문제를 해결하기 위해서는 multiply가 된 r 값과 기존의 g와 b 값을 다시 Vector로 합쳐주어야 합니다.

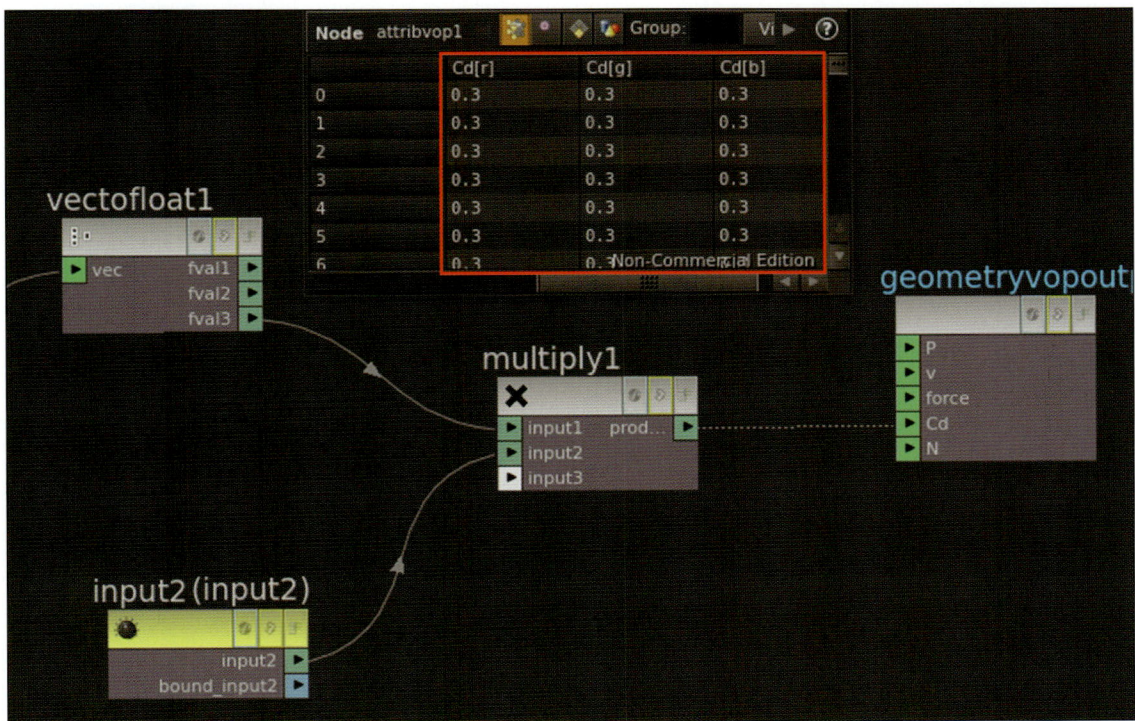

12. 이번엔 Float to Vector 노드 생성합니다. 앞서 Vector를 Float으로 나누었듯이 Float을 다시 Vector로 만들 수 있는데, 이것은 Float to Vector 노드를 이용하여 가능합니다.

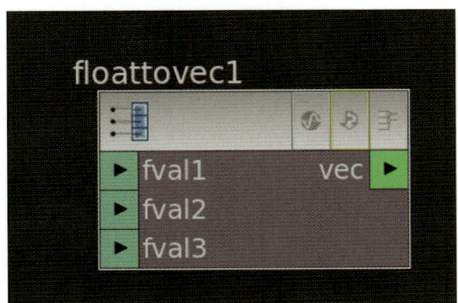

Vop 네트워크의 활용

13 생성된 Float to Vector 노드를 그림처럼 연결을 하고, 스프레드시트를 확인해 보면 r, g, b의 값이 동일했던 이전과는 다르게 r에만 0.3이 입력이 되고, g와 b는 기존의 1이라는 값을 가지게 됩니다.

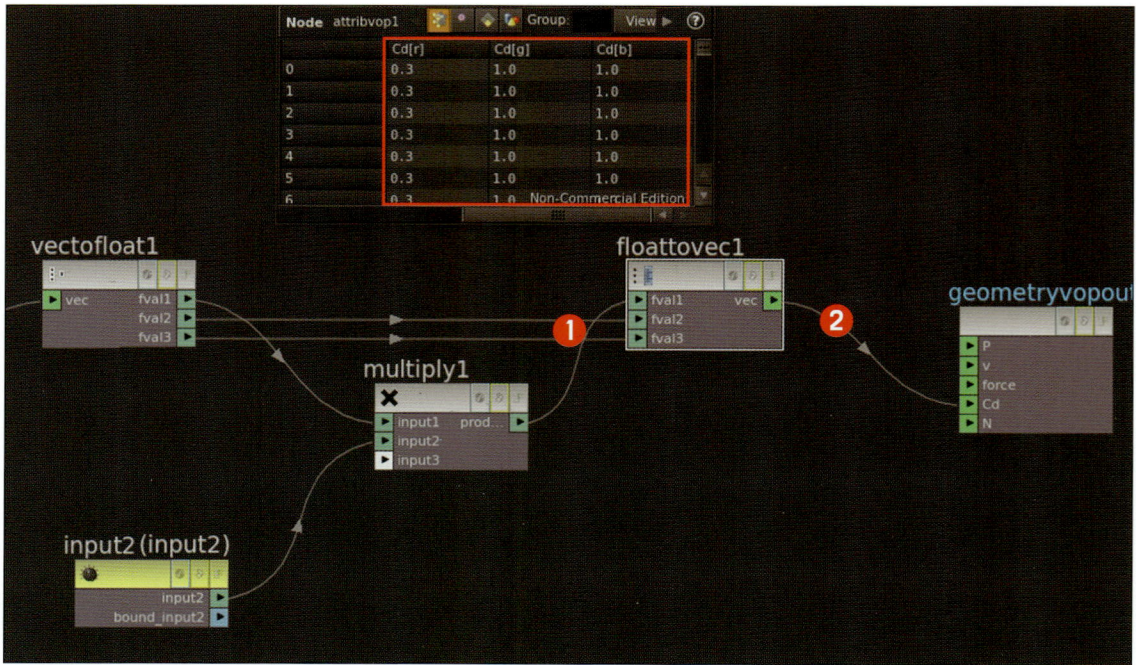

14 여기에서 r이 아닌 다른 값에만 변화를 주고 싶다면 아래 그림이 아닌 다음 페이지의 그림처럼 각 채널에 맞게 연결을 해 주어야합니다. 그렇다면 이번에는 노멀을 컨트롤하여 확실하게 확인해 보도록 하겠습니다.

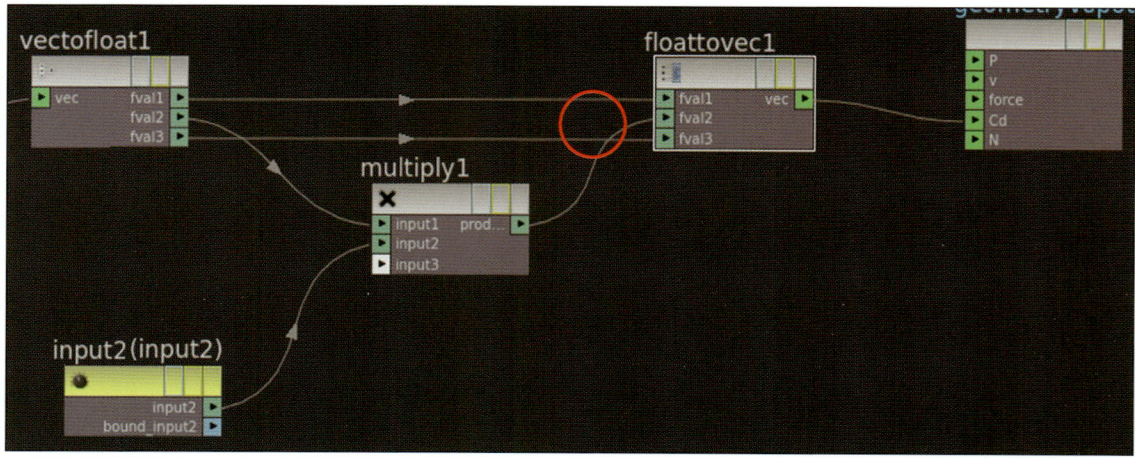

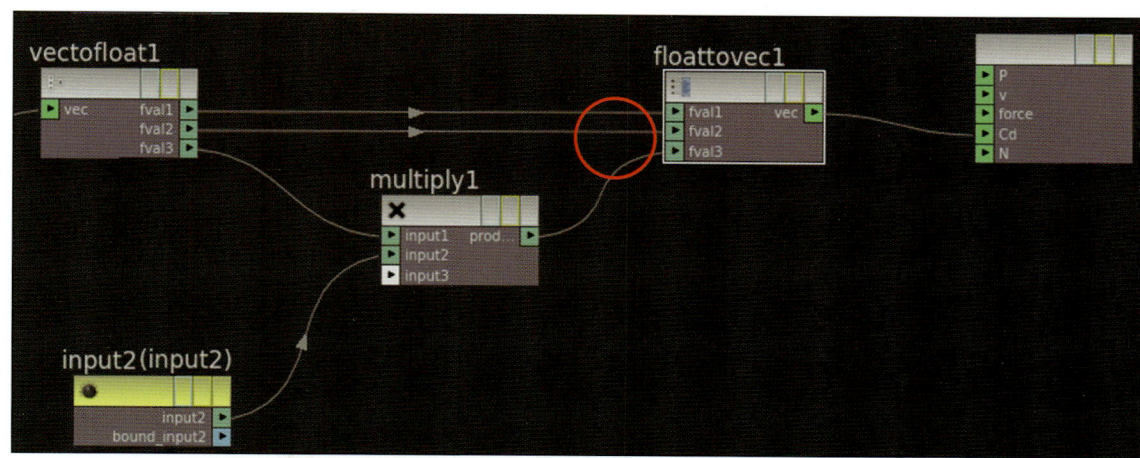

15 상위 네크워크로 이동한 후 Facet 노드를 생성하여 노멀을 사용하도록 하고, 계속해서 새로운 Attribute VOP을 생성하여 그림처럼 연결합니다.

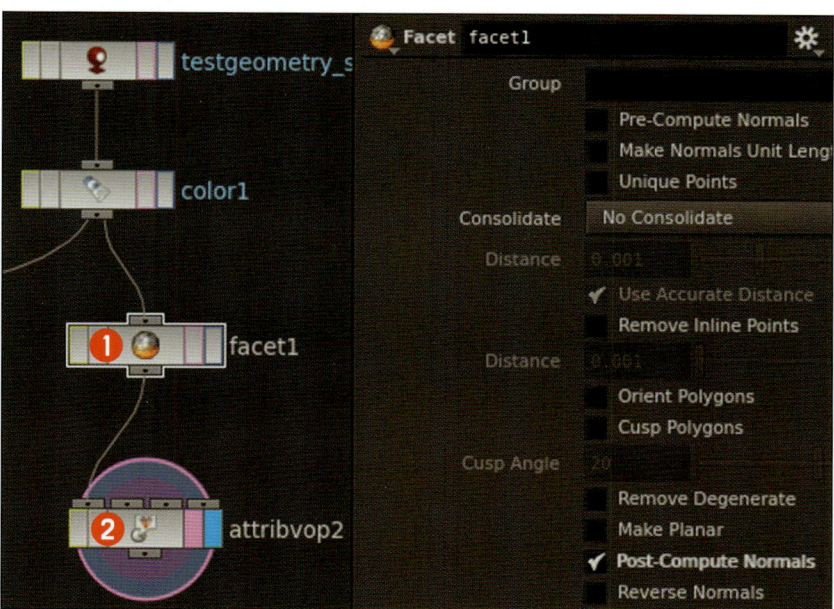

16 다시 Vop 안으로 들어가서 노멀을 컨트롤하기 위해 Multiply 노드를 다음의 그림처럼 연결합니다. 그다음 input2 노드의 값을 변경하여 노멀의 변화를 확인합니다. 당연히 Vector 상태 그대로 곱하였기 때문에 전체적인 노멀이 함께 곱해지게 됩니다.

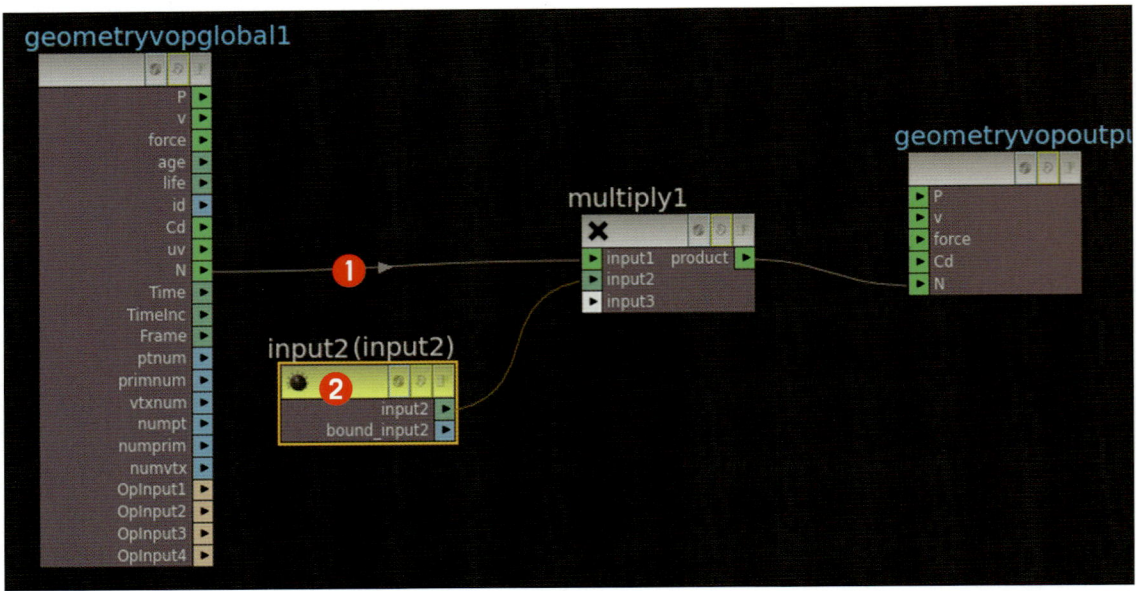

17 앞서 Color를 컨트롤했던 것과 동일하게 Vector to Float과 Float to Vector를 사용하여 z 축만 2의 값을 곱해 주면 그림처럼 나타나게 됩니다. 그렇다면 만약 정신없이 흩트러진 상태의 노멀을 만들고 싶다면 어떻게 하면 될까요?

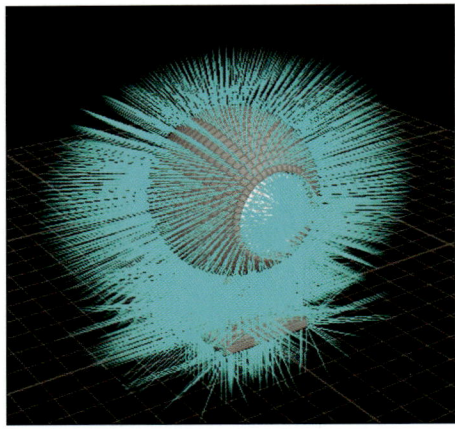

18 Turbulent Noise를 생성한 후 Float to Vector로 출력되는 아웃풋과 연결하고, 다음의 그림과 같이 Add로 합쳐준 뒤 Output의 N에 연결합니다. 그다음 Turbulent Noise 노드 파라미터의 Turbulence를 다음과 같이 수정합니다.

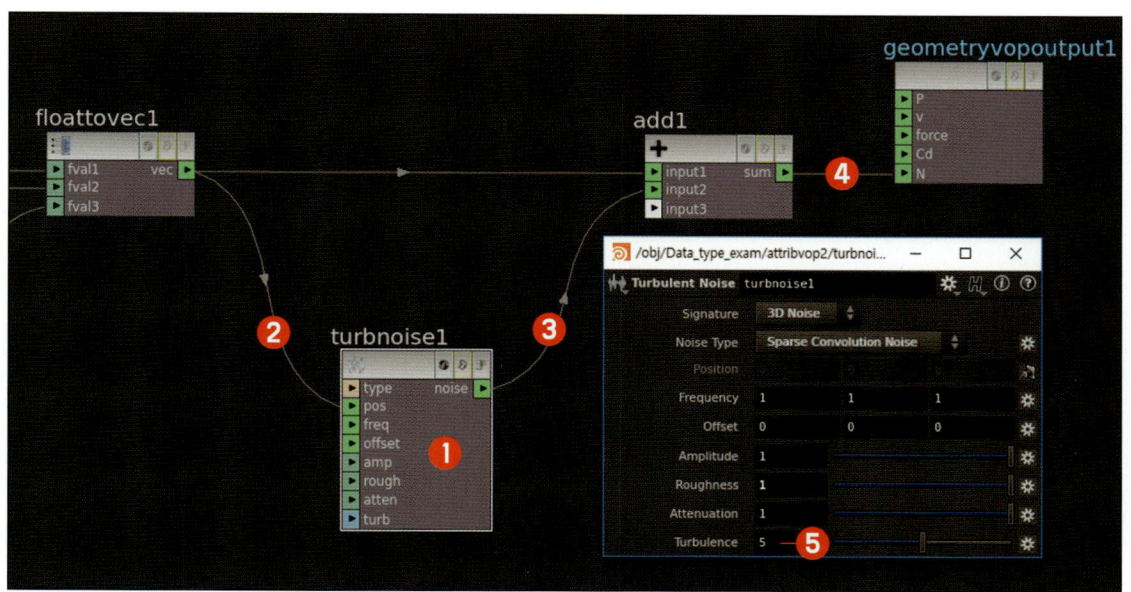

19 여기서 씬 뷰를 확인해 보면 제멋대로 흩트러진 노멀이 만들어집니다. 이제 Turbulent Noise의 옵션들을 설정해가며 변화를 확인해 보도록 합니다. 그런데 관련된 값을 바꾸고자 할 때 마다 Vop 네트워크로 들어가서 해당 노드의 파라미터를 열고 수치를 변경해야만 하는 걸까요? 물론 이보다 더 편한 방법이 있습니다. 이번엔 그 방법에 대해 알아봅니다.

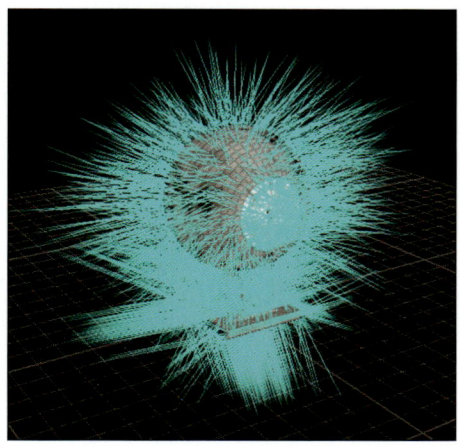

20 Vop 네트워크에서 다음의 그림처럼 Turbulent Noise 인풋들의 파라미터를 Promote해 줍니다. 프로모트하는 방법은 앞서 살펴보았듯이 각 인풋에서 마우스를 갖다놓고, [MMB]를 하면 나타나는 메뉴에서

Promote Parameter를 선택하면 됩니다. 프로모트 후 다시 상위 네트워크로 이동합니다.

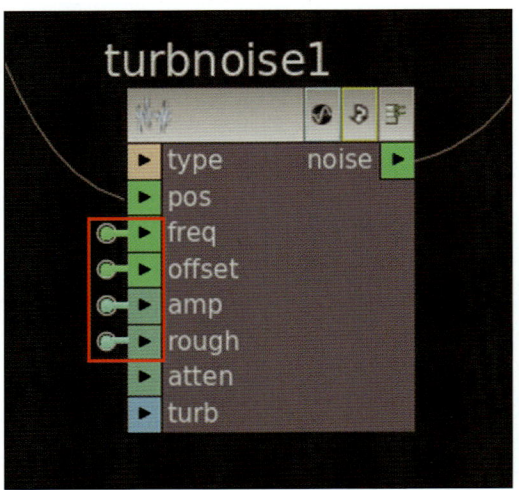

21 이제 Attribute Vop의 파라미터를 열어준 후 아래쪽을 보면 그림처럼 Turbulent Noise에서 Promote한 Frequency, Offset, Amplitude, Roughness 총 5개의 파라미터 옵션이 생겨났습니다. 그리고 Input Number 2라는 옵션 또한 있는데, 이 옵션은 z 축에 대해 Multiply를 시킬 때 생성한 Multiply 노드의 Input 2에 해당하는 옵션입니다. 그런데 이름이 Input Number 2로 되어있기 때문에 도대체 어떤 옵션을 설정하기 위한 것인지 알 수가 없습니다.

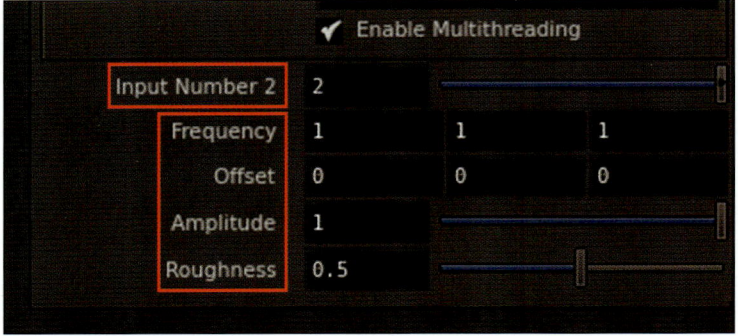

22 Input Number 2로 되어있는 이름을 수정하기 위해 다시 Vop 안으로 들어가서 Multiply의 Input 2에 해당하는 파라미터 노드를 클릭하고, 그림처럼 Name과 Label을 자신이 원하는 이름으로 수정합니다. 여기서 Name은 ch 함수를 이용할 때 사용되는 변수의 이름이며, Label은 파라미터 상에서의 표기되는 이름입니다.

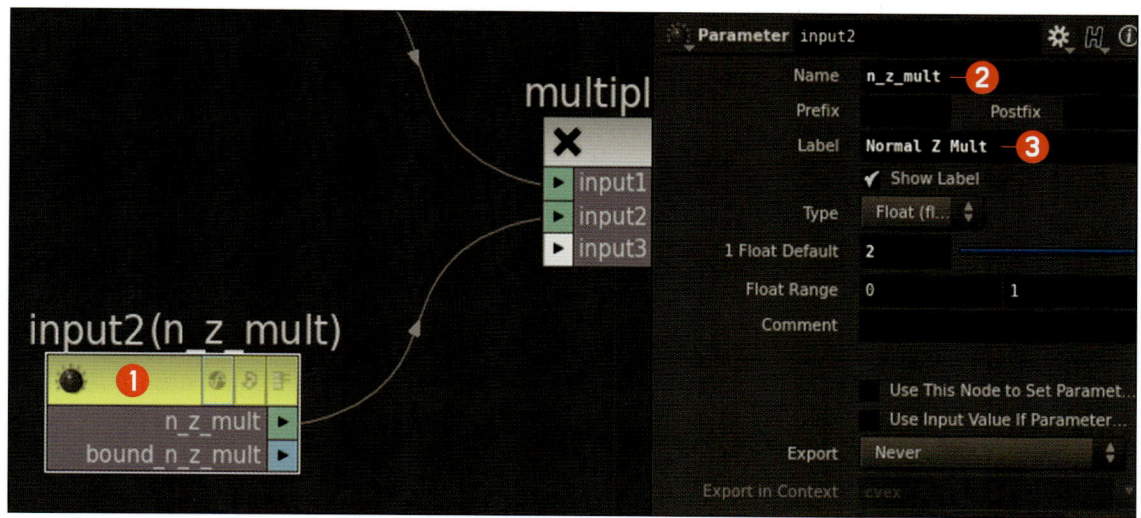

23 다시 상위 레벨로 이동하여 Vop의 파라미터를 살펴보면 Input Number 2였던 이름이 Normal Z Mult로 변경되었으며, 이제 이 옵션의 이름을 통해 노멀의 z 축에 곱하기를 해 주는 옵션이라는 것을 알 수 있습니다. 지금까지 살펴본 자료형은 원하는 대로 자유자재로 바꿀 수 있으며, 자신이 원하는 데이터만 골라내어 계산을 할 수도 있습니다. 앞으로의 예제에서는 VOP의 활용도에 대한 다양한 방식을 배우게 될 것입니다.

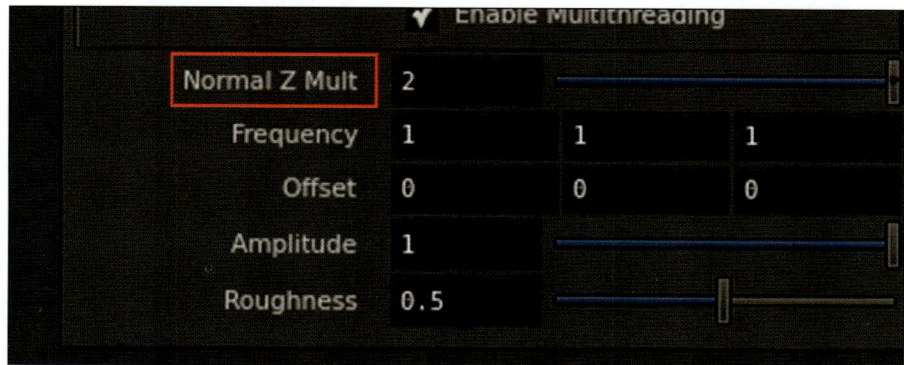

디포메이션(Deformation) 활용하기

이번 학습에서는 앞서 배웠던 내용들을 토대로 다양한 디포메이션(Deformation)을 이용하여 오브젝트의 변형 작업을 해 보도록 하겠습니다.

노이즈(Noise)를 이용한 디포메이션

앞서 Turbulence Noise를 사용하여 노멀에 Noise를 적용하는 방법을 배워보았는데, 이번엔 이러한 노이즈를 적용하여서 디포메이션이 일어나도록 해 보겠습니다.

01 먼저 box와 Attribute VOP을 생성하고, box의 Type은 Polygon Mesh로 변경합니다. 그리고 Axis Divisions의 값을 모두 50으로 설정합니다. 그리고 씬 뷰를 보면 그림처럼 육면체 박스가 생성되는데, 아직은 그냥 일반적인 박스의 형태입니다. 이제 이 박스를 가지고 디포메이션을 진행해 보도록 하게 습니다.

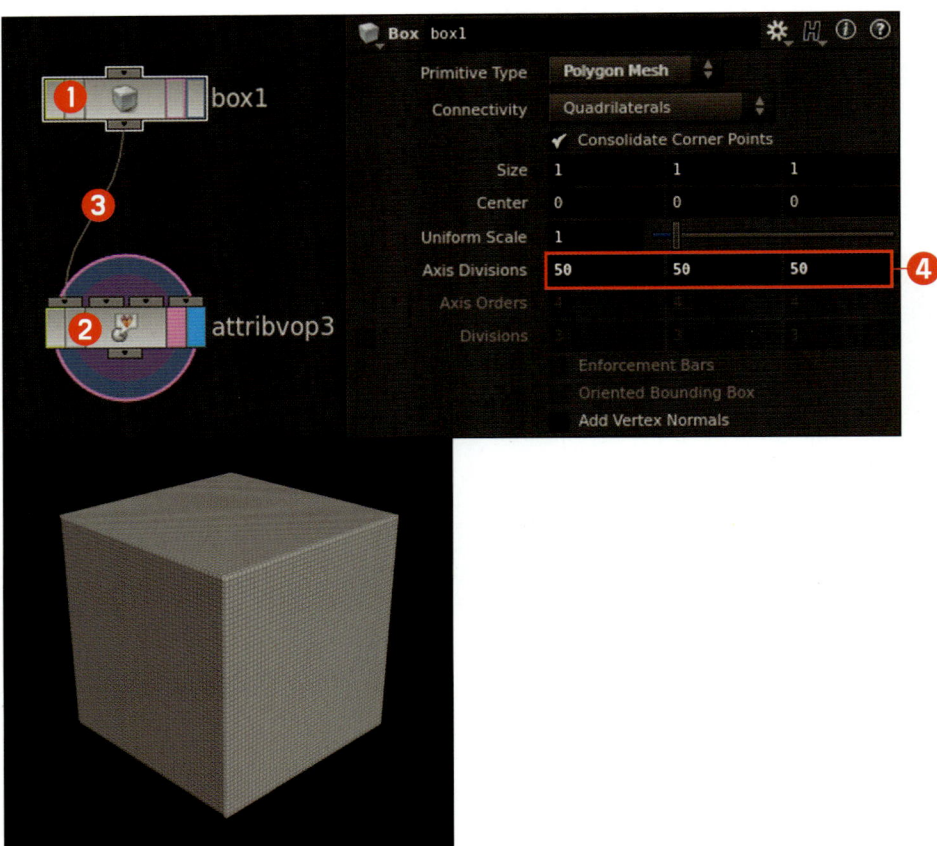

02 Vop 안으로 들어가서 Turbulent Noise를 생성한 후 파라미터의 Signature를 3D Noise로 변경합니다. 그다음 그림처럼 Add를 생성하여 기존의 P와 Turbulent Noise로 한번 연산된 P를 더해준 뒤 Output의 P에 연결을 합니다.

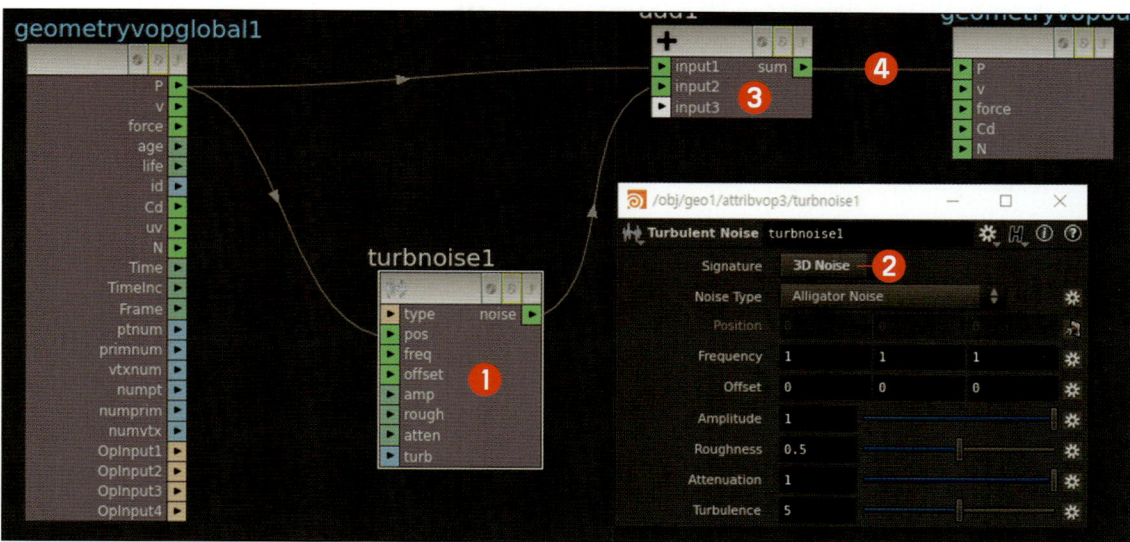

03 방금 설정한 상태 그대로 씬 뷰를 확인해 보면 그림처럼 울퉁불퉁한 돌덩이 모양으로 표현되는 것을 알 수 있습니다. 이것은 앞서 Noise가 적용되었기 때문입니다. 그러나 지금의 모습은 우리가 원하는 결과물이 아니기 때문에 설정을 통해 원하는 형태가 나올 수 있도록 해 봅니다.

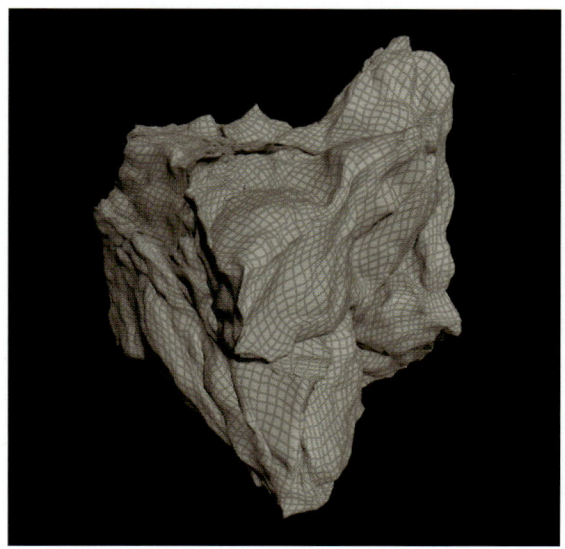

Vop 네트워크의 활용 **275**

04 파라미터의 Frequency와 Amplitude를 설정하여 그림처럼 box의 형태가 보존된 상태에서 약간의 굴곡이 생기게 해 줍니다. 그림은 진동(Frequency)은 높이고, 진폭(Amplitude)은 줄여서 만든 결과물입니다.

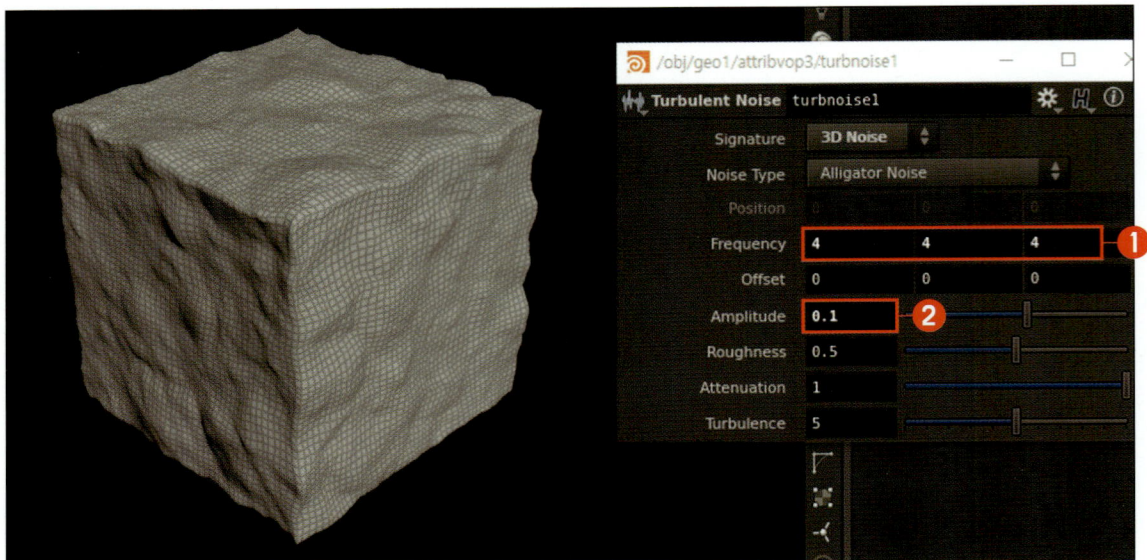

05 Turbulent Noise가 어떤 방식으로 적용되어있는지 살펴보기 위해 Cd에 연결을 해 봅니다. 그러면 r, g, b가 골고루 섞인 형태의 색상이 나오기 때문에 Length 노드를 생성하여 중간에 연결하면 색상이 Black & White로 나오게 됩니다. 여기서 사용된 Length 노드는 길이를 조절해 주는 노드로써 스프레드시트에서 Cd 값을 보면 r, g, b에 동일한 값이 적용된 것을 볼 수 있으며 r, g, b가 동일하기에 블랙과 화이트만 나오게 됩니다.

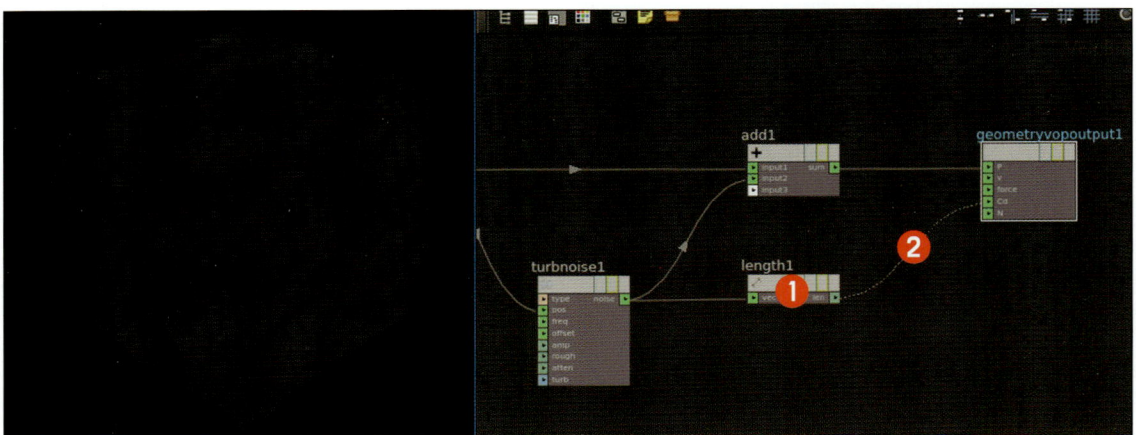

06 여기서 한 단계를 더 나아가서 블랙 부분은 디포메이션되지 않고, 화이트 부분만 디포메이션이 되도록 할 수 있다면 어떨까요? 상위 레벨로 이동하여 box와 Attribute VOP 사이에 Transform 노드 생성하여 연결하고, Uniform Scale 값을 3으로 설정합니다. 참고로 크기는 Scale로 조절해도 상관없습니다.

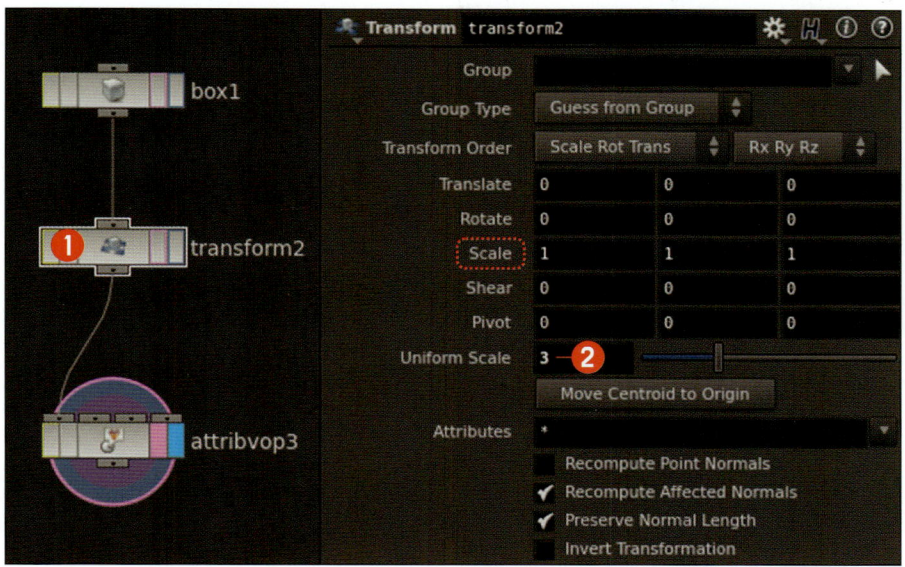

07 다시 Vop 안으로 들어가서 Turbulent Noise 노드의 Noise Type을 Sparse Convolution Noise로 변경하고, Frequency를 0.6으로 설정한 후 Frequency, Offset, Amplitude는 프로모트(271페이지 20번과 274페이지 01번 과정 참고)하여 Vop 네트워크의 파라미터에서도 컨트롤할 수 있게 해 줍니다.

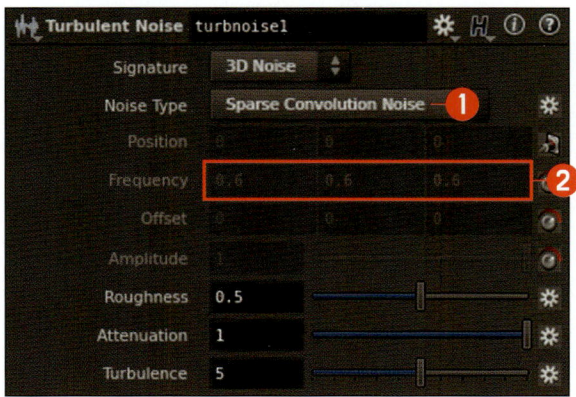

08 이어서 Turbulent Noise의 뒤쪽에 Fit Range 노드를 생성한 후 다음의 그림처럼 연결해 줍니다. 방금 생성

한 Fit Range 노드는 일정 범위를 다른 범위로 변경을 해 주는 노드입니다.

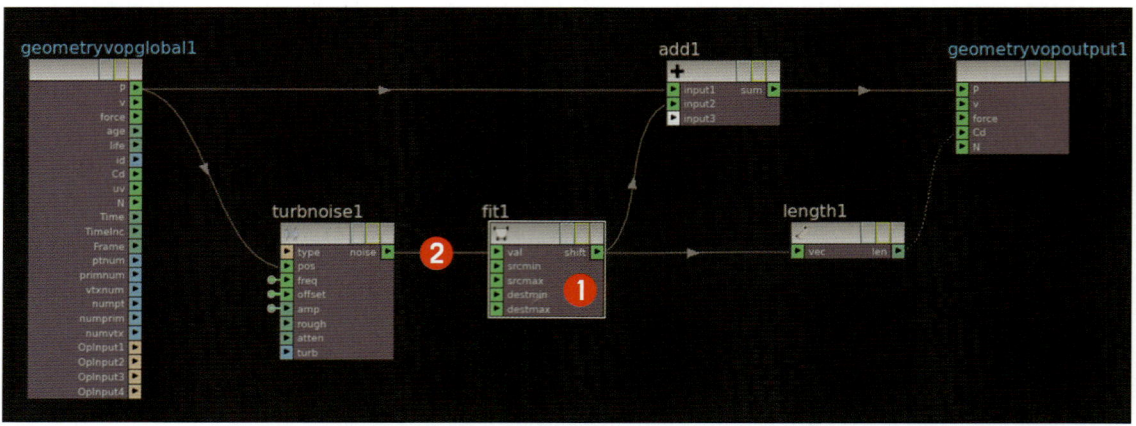

09 만약 Fit Range를 적용한 상태에서 Fit Range가 적용되기 전과 동일한 형태로 만들고 싶다면 By Pass를 하거나 아래 그림처럼 파라미터의 Source Min과 Destination Min을 -1로 설정하면 됩니다. 이제 씬 뷰를 확인해 보면 그림처럼 블랙은 Deform이 되지 않고, 화이트 부분에만 변형이 일어나게 됩니다. 앞서 컬러에 따라 적용을 한다고 했었지만 실제로 이 예제에서는 컬러에 따라 적용이 된 것이 아니라 Deform이 적용된 부분에 화이트가 표현이 된 것일 뿐입니다.

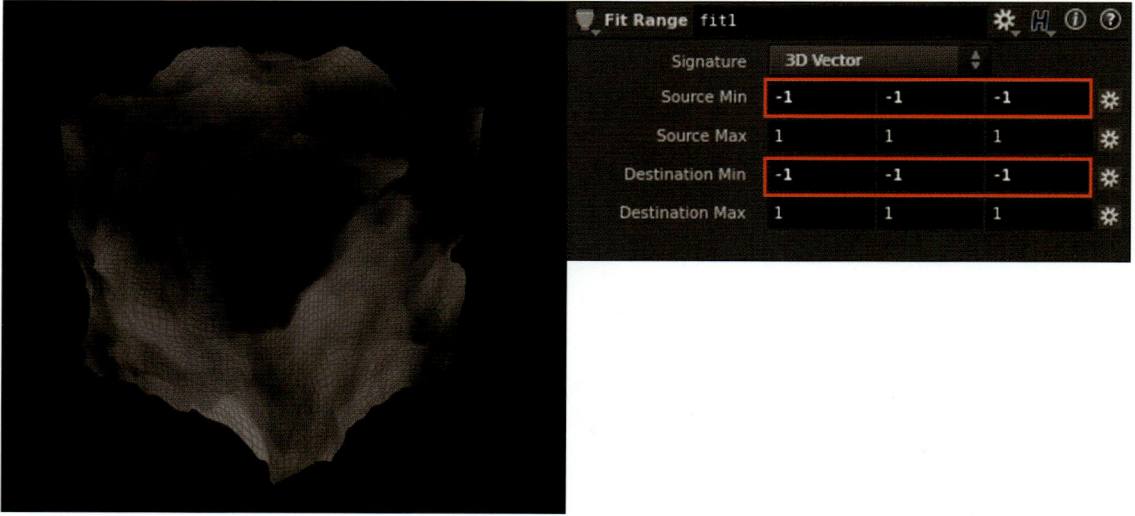

10 여기서 만약 색상에 따라 적용되도록 하고 싶다면 Vop을 다음 그림의 위쪽과 같이 수정하고, 새로운 Vop을

생성하여 아래쪽 그림처럼 P와 Cd를 Add시킨 뒤 Output의 P로 연결하면 동일한 결과를 얻을 수 있습니다.

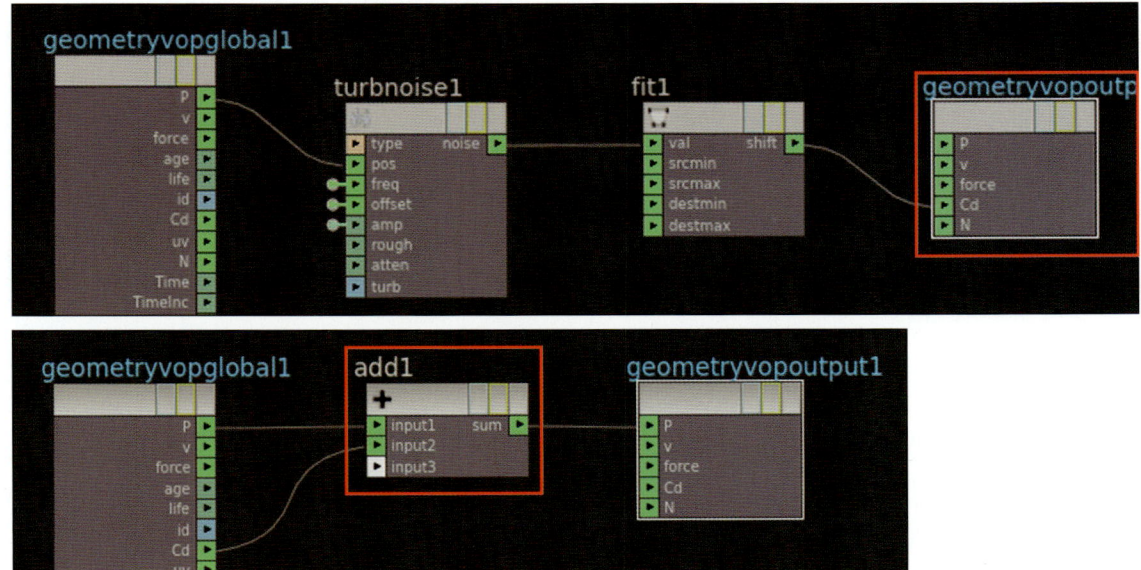

디폼(Deform)을 이용한 파동 만들기

이번 학습에서는 아래 그림과 같은 파동이 일어나는 장면을 Vop를 활용하여 만들어보겠습니다.

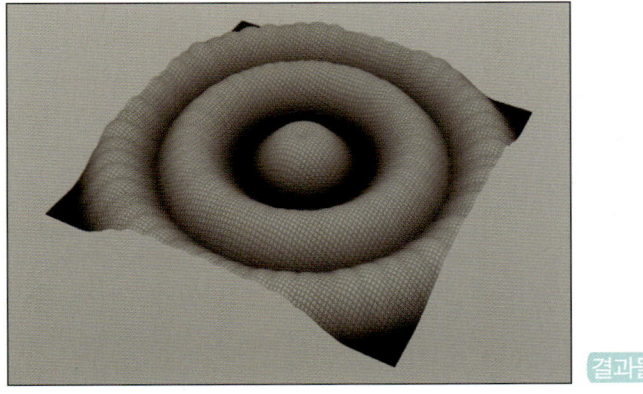

결과물

01 먼저 Grid 노드를 생성하고, 파라미터에서 Rows와 Columns를 100으로 설정합니다. 그다음 Color 노드를 생성하여 연결해서 블랙으로 만들어주고, 계속해서 Sphere를 생성하여 Frequency를 10으로 설정하고, 새로운 Color 노드를 생성하여 연결합니다. 색상 값은 r, g, b에 모두 1을 입력합니다.

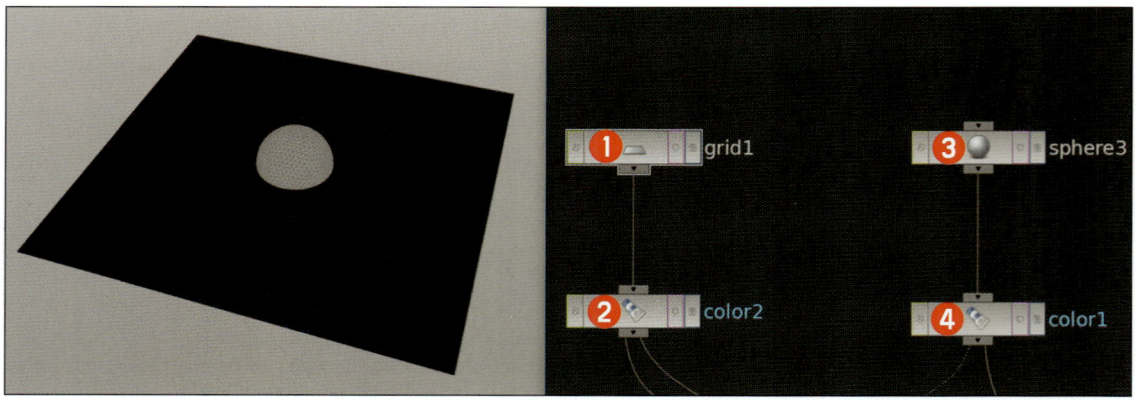

02 계속해서 Attribute Transfer 노드를 생성하여 Input 1에는 Grid에 연결된 Color, Input 2에는 Sphere에 연결된 Color를 연결해 줍니다. 그다음 Cd에만 전달이 되도록 파라미터를 그림처럼 설정합니다. 여기까지 따라왔다면 씬 뷰는 그림과 같은 형태가 나타날 것입니다.

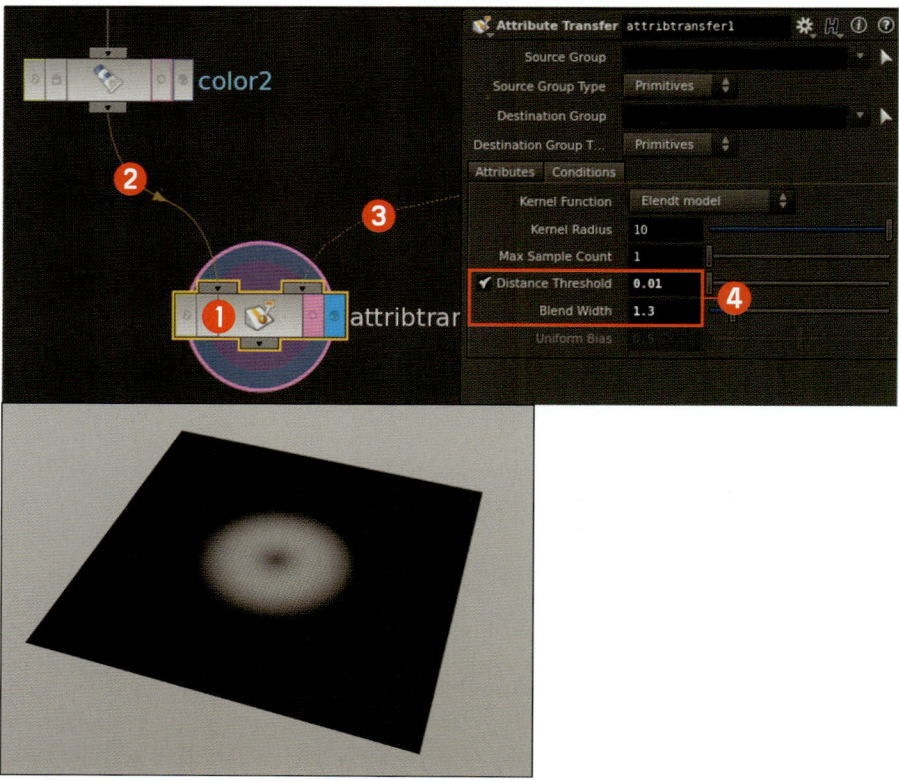

03 그런데 화이트가 전달되는 범위가 너무 좁기 때문에 Sphere 아래쪽에 Transform노드를 생성하여 연결해 줍니다. 그다음 파라미터에서 Size를 2 정도로 설정하여 조금만 크게 해 줍니다.

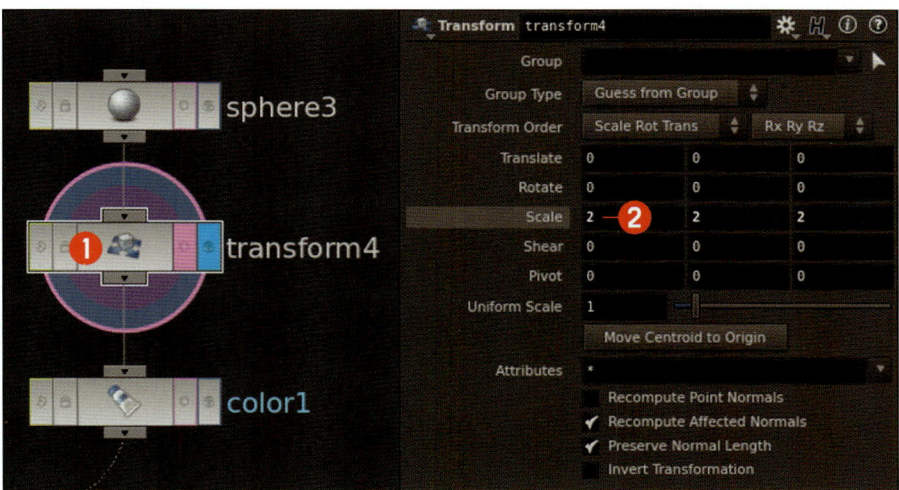

04 이번 학습에서는 Deformation을 위해 Color 값에 따라 노멀을 생성해 주도록 했는데, 다음 세 가지 방법 중 하나를 선택해서 사용하면 됩니다. 본 도서에 수록된 예제(Part_3 > 3_VOP_Network.hipnc 프로젝트의 Deformation_exam)에서는 Attribute Wrangle을 통해 노멀을 생성했습니다.

1 Point Sop을 이용하여 Normal의 y 값에 Color 값을 입력합니다.
2 Attribute Wrangle을 이용하여 Normal의 y 축에 해당하는 @Cd.g를 입력합니다.
3 Attribute VOP을 이용하여 Cd(Color)의 두 번째 Float(y에 해당)을 Normal에 연결합니다.

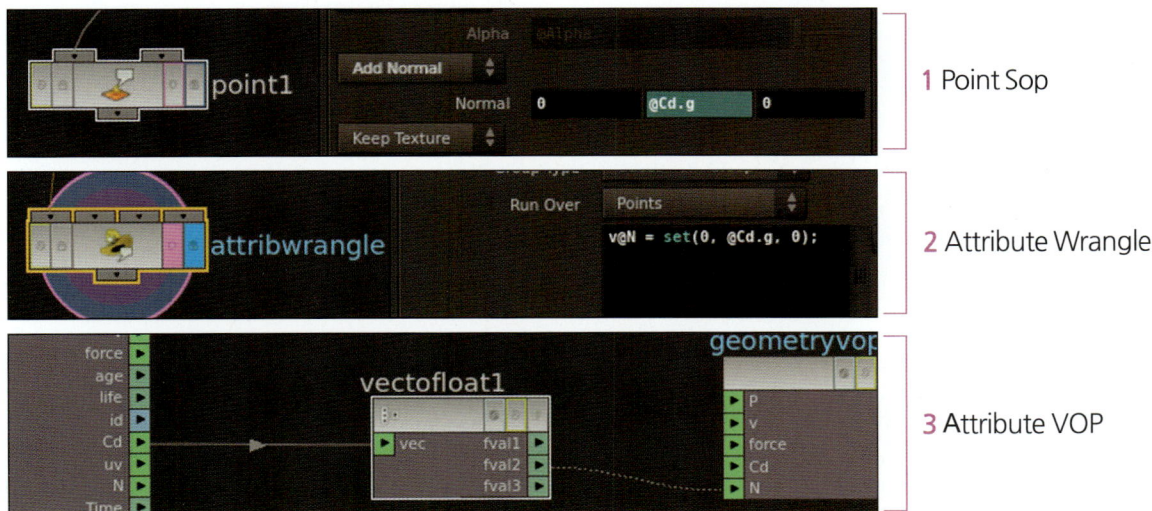

05 씬 뷰 우측의 디스플레이 옵션 바에서 Display Normal을 켜서 화이트인 부분에만 노멀이 생성되었는지 확인을 해 보면 노멀이 너무 작게 보여서 확인하기 어렵습니다. 이럴 땐 노멀의 데이터에 곱하기를 하여 강제로 값을 올리거나 씬 뷰에서 [D] 키를 눌러 [Display Options] – [Guides] 탭에서 그림처럼 씬 뷰에 디스플레이되는 노멀의 크기를 Scale Normal 통해 늘려주는 방법이 있습니다. 두 방법 중 원하는 방법을 사용하여 점차 높아지는 노멀이 생성되도록 해 줍니다.

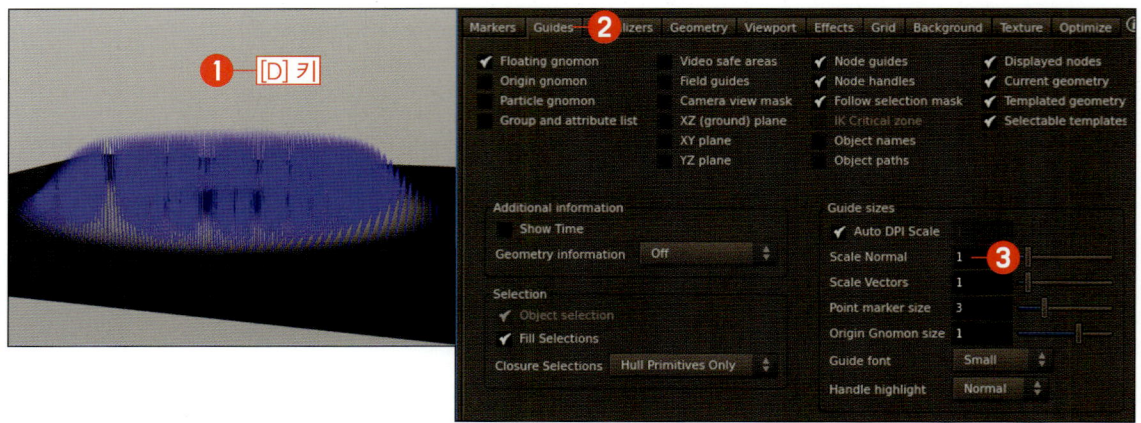

06 원하는 노멀을 확인했다면 이제 Attribute VOP을 생성하여 노말을 생성했던 노드에 연결한 후 Vop 안으로 들어가서 P와 N을 Add로 더하기를 하고, Output의 P로 연결합니다. 이렇게 하면 현재 포지션에 y 축으로 뺀 노멀만큼의 데이터가 더해지게 됩니다.

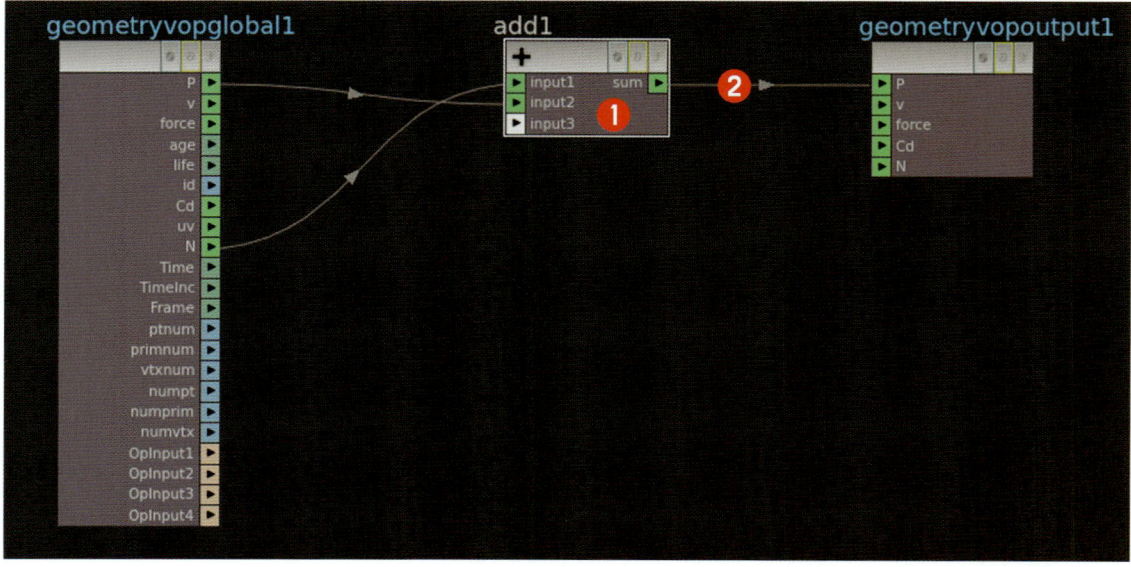

07 다시 씬 뷰를 확인해 보면 노멀의 높이에 따라 Deformation이 잘 이루어진 것을 볼 수 있습니다. 만약 Display Options에서 Scale Normal을 높이지 않고 노멀 데이터 자체를 높여주었다면 훨씬 높게 변형이 일어나게 됩니다.

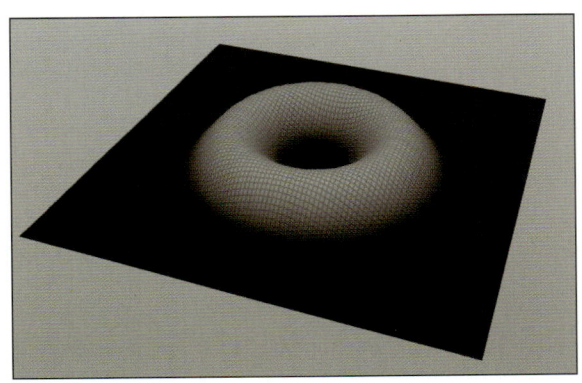

08 위로 올라오는 형태의 변형이 아니라 반대로 아래로 내려가는 형태를 원한다면 그림처럼 Vop 안으로 들어가서 Negate 노드를 생성하여 연결을 해주거나 노멀이 생성되어있는 노드에서 y 축에 입력된 Color 값에 마이너스(-)를 붙여주면 됩니다. 이제 여러 개의 파동을 만들어볼 차례인데, 그 전에 Sphere에 키프레임을 생성하여 점차적으로 커지도록 만들어주도록 하겠습니다.

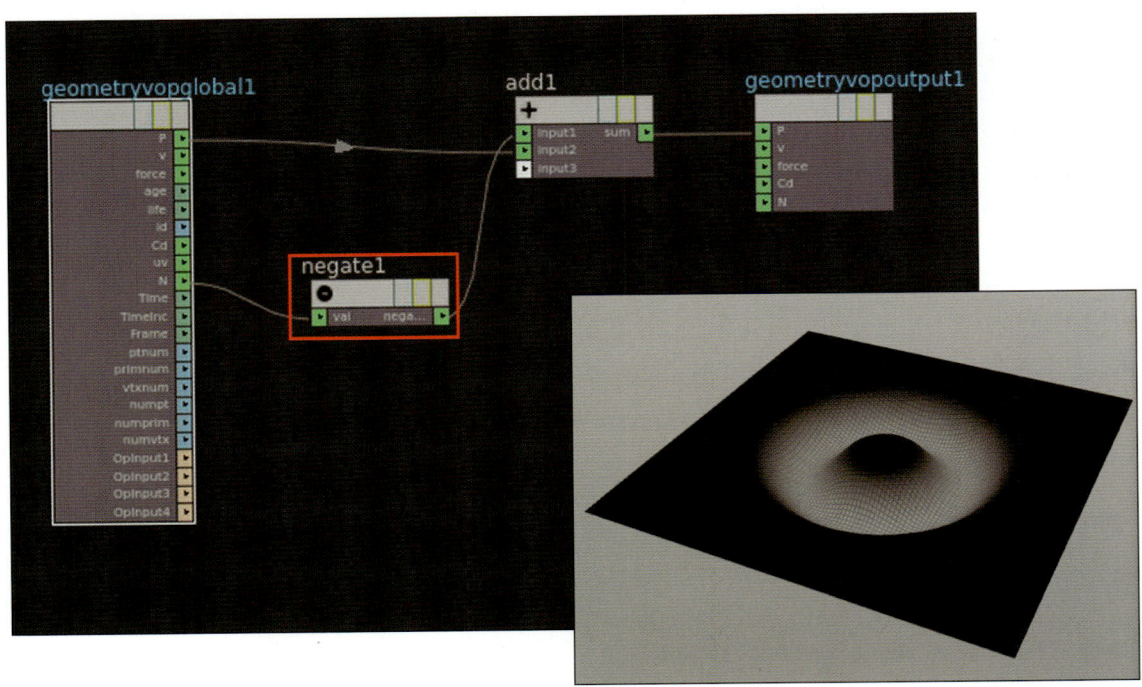

Vop 네트워크의 활용 **283**

09 Sphere의 아래에 연결했던 Transform의 파라미터를 열고, 0프레임에서는 Scale 값을 0으로 설정하여 키프레임을 생성하고, 120프레임에서는 5로 키프레임을 추가합니다. 키프레임을 생성하는 방법은 앞에서도 살펴보았듯이 키프레임을 생성할 채널에서 [Alt] + [LMB]를 하면 됩니다.

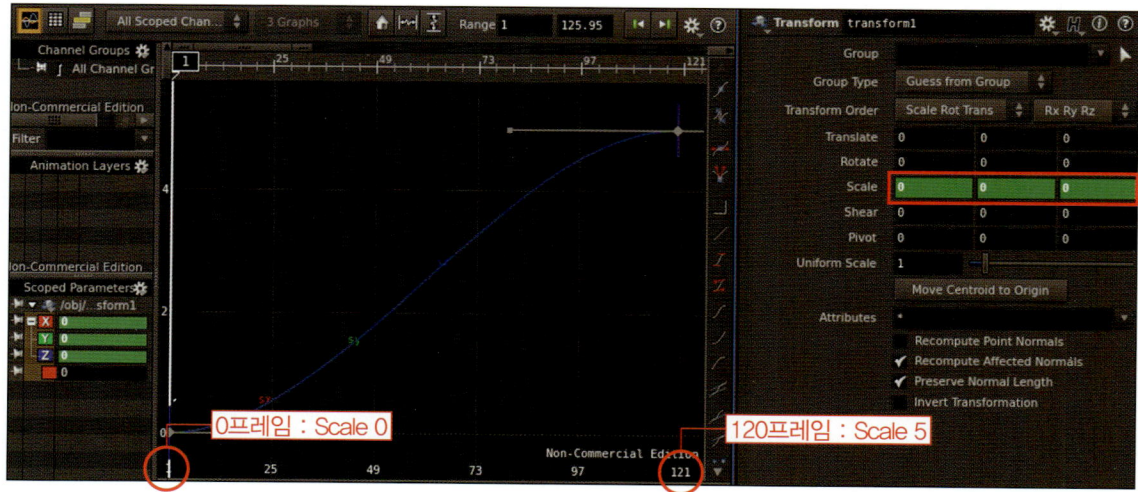

10 키프레임을 생성한 후 플레이를 해 보면 그림처럼 점차적으로 밖으로 퍼지면서 파동이 일어나게 됩니다.

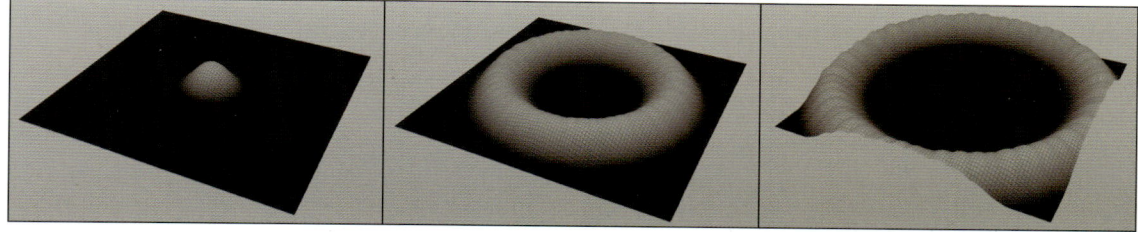

11 이제 마지막으로 Transform 아래쪽에 Trail을 생성하여 연결한 뒤 파라미터를 그림과 같이 설정합니다. Result Type은 Trail이 될 타입을 설정하는 옵션으로써 지금은 오리지널 데이터가 Trail로 따라오도록 되어 있으며, 그 길이는 3으로 설정되었으며, Trail Increment는 50으로 설정하였습니다.

284 VFX의 꽃, FX를 위한 후디니

12 다시 플레이를 해 보면 차례대로 3번의 파동이 일어나는 Deformation이 완성됩니다.

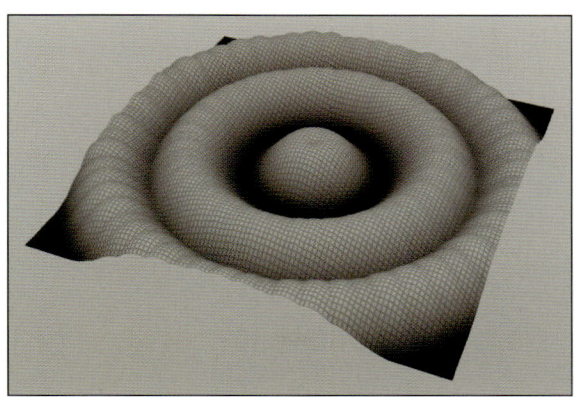

범위에 따른 디포메이션(Deformation) 만들기

이번 학습에서는 일정 범위 안에 포함되는 오브젝트에만 변형이 일어나게 하는 방법에 대해 배워보겠습니다. 이번 학습은 앞서 사용했던 Vop보다 좀 더 복잡한 구조가 사용되기 때문에 원리에 대한 이해가 더 어려울 수 있습니다.

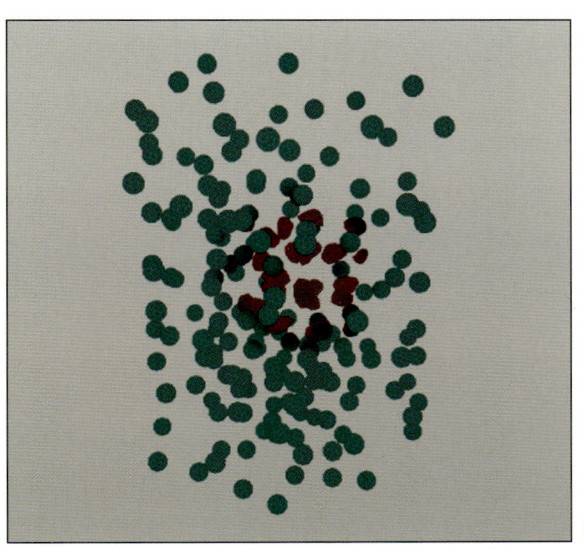

결과물

01 먼저 Tube를 생성하여 파라미터의 Radius Scale과 Height 값을 다음의 그림처럼 설정을 합니다.

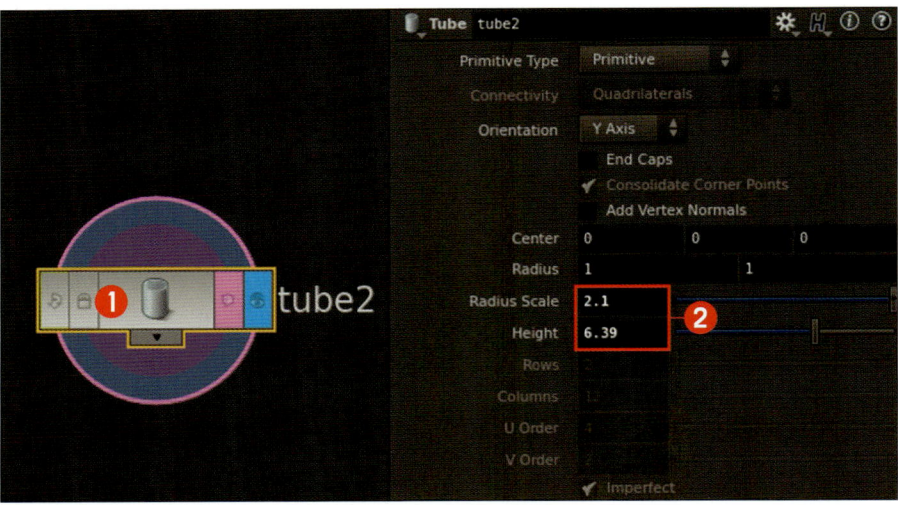

02 이번엔 IsoOffset 노드 생성한 후 연결하여 Volume으로 만들어 주고, 계속해서 Scatter를 생성하여 그림처럼 연결합니다. 그다음 파라미터의 Force Total Count를 200으로 설정합니다.

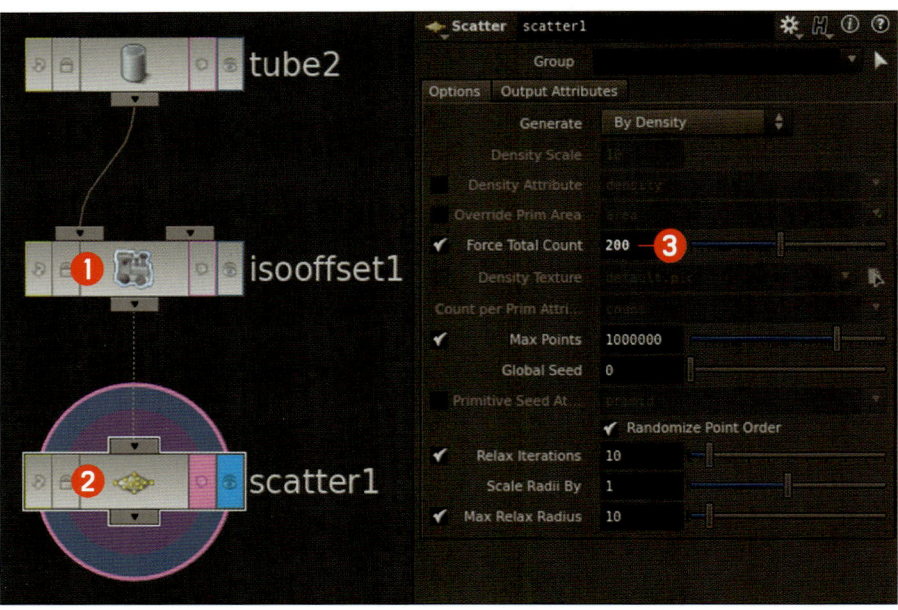

03 계속해서 Sphere를 생성하여 파라미터의 Radius를 0.2로 설정합니다. 그다음 Copy Sop을 생성하여 다음의 그림과 같이 연결합니다. 일단 Copy Sop은 디폴트 상태로 놔둡니다.

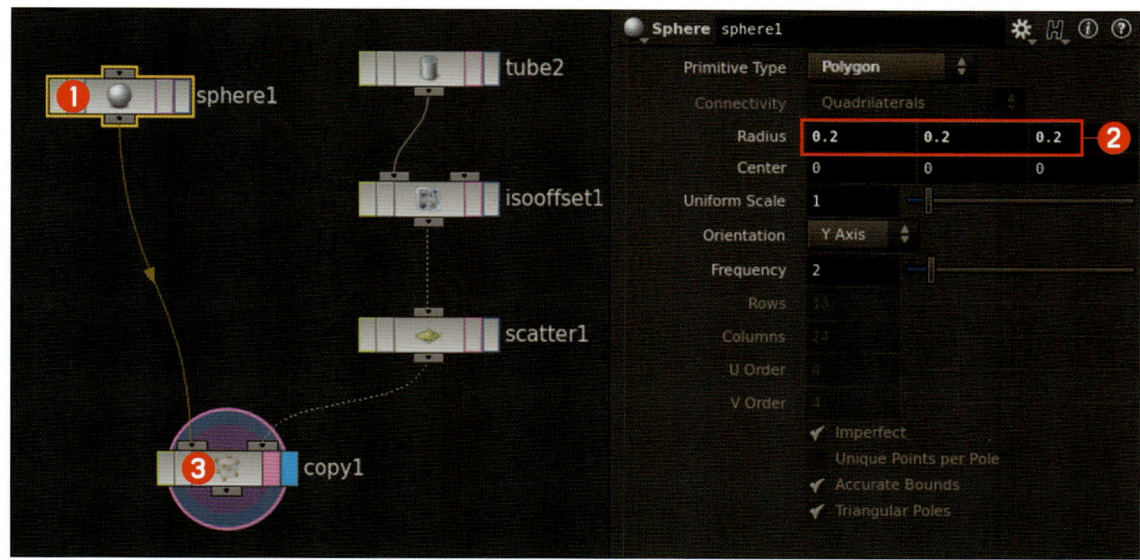

04 씬 뷰를 보면 앞서 IsoOffset 노드를 통해 Volume으로 만든 뒤 Scatter로 Point를 생성했기 때문에 다양한 위치에 Point가 생성됩니다.

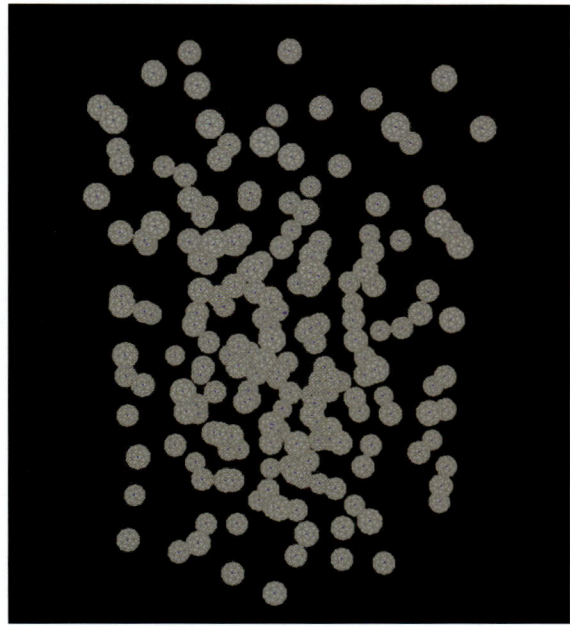

Vop 네트워크의 활용 **287**

04 새로운 Sphere를 생성한 후 파라미터에서 Type은 Polygon으로 바꿔주고, 계속해서 Transform 노드를 생성하여 연결합니다. 그다음 파라미터의 Scale을 1.5로 설정합니다. 여기서 크기는 더 크게 해도 상관이 없지만 작으면 안 됩니다.

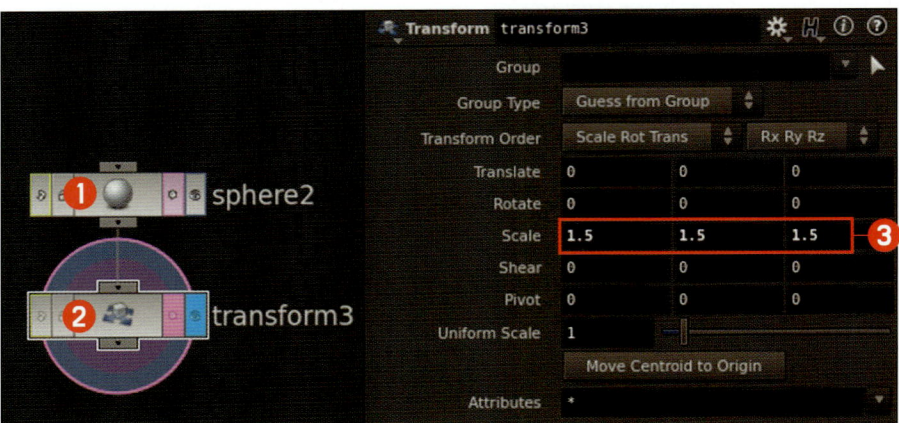

06 이번엔 VDB from Polygons 노드를 생성하여 Transform 아래쪽 연결해 줍니다. 여기서 사용한 VDB from Polygons은 폴리곤을 VDB로 변경해 주는 노드로써, surface와 Fog로 변경할 수 있고, 앞선 학습에서 설명했던 OpenVDB에 속합니다.

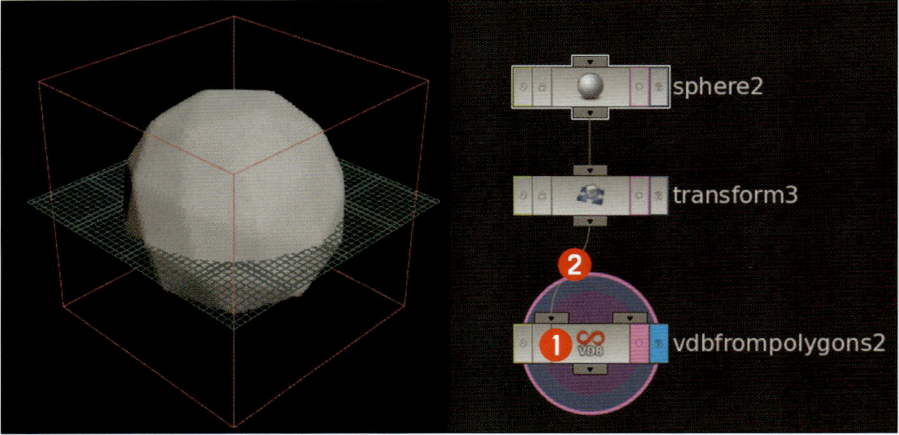

07 VDB from Polygons 노드 위에서 [MMB]를 하여 해당 노드의 정보를 확인해 보면 Polygon이 VDB로 바뀌어서 표기되는 것이 보이며, surface 형태로 만들어졌음을 볼 수 있습니다.

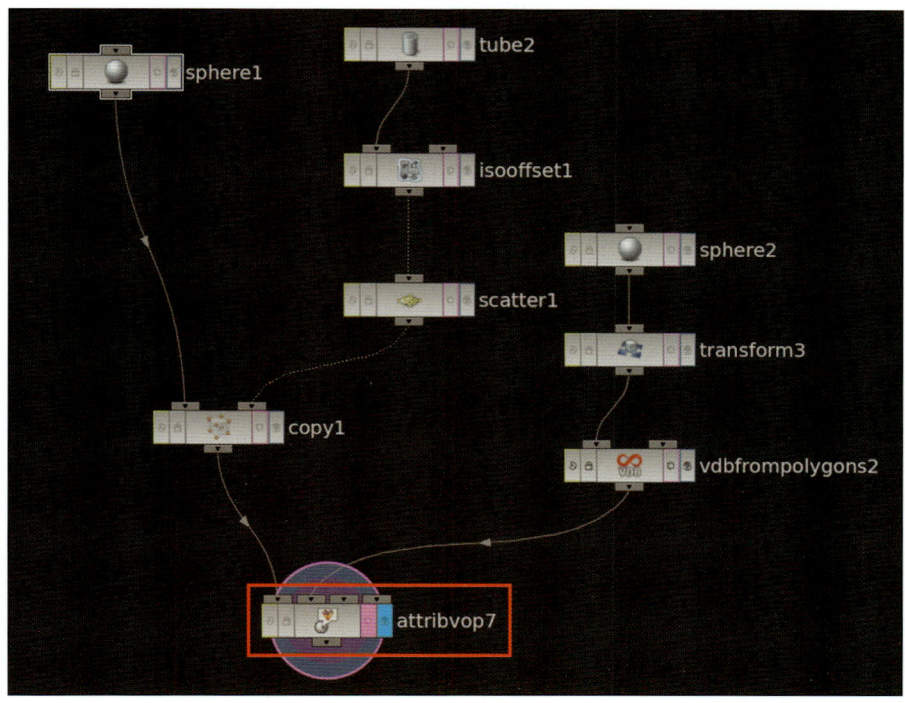

08 이제 Attribute VOP을 생성하여 그림과 같이 연결하고 Vop 안으로 들어갑니다.

Vop 네트워크의 활용 **289**

09 이번엔 Turbulent Noise를 생성하여 파라미터를 그림과 같이 설정하고, Add를 P와 연결해 줍니다.

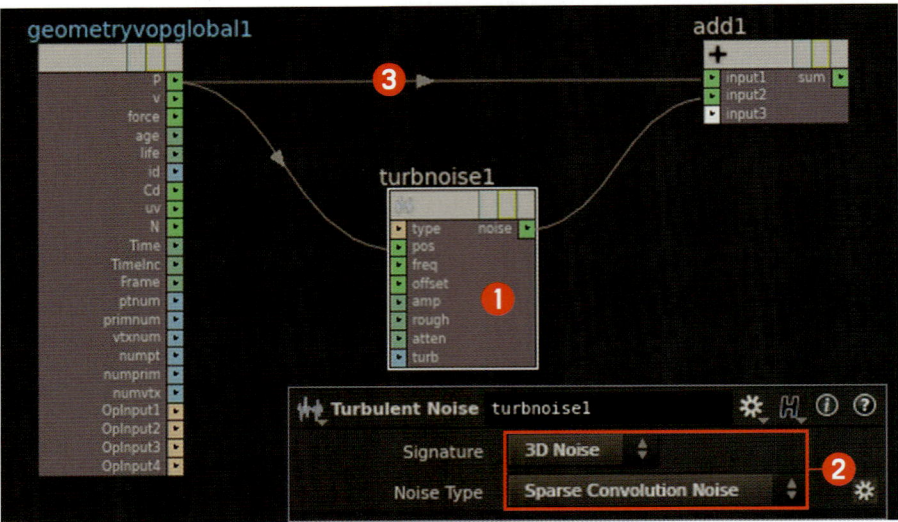

10 이어서 Volume Sample 노드를 생성하여 그림과 같이 연결을 합니다. 이 노드는 Volume Primitive의 데이터를 불러오는 노드로써, 여기에서는 Vop의 Input 2로 입력되는 VDB form Polygon 노드의 Position 데이터를 가져옵니다.

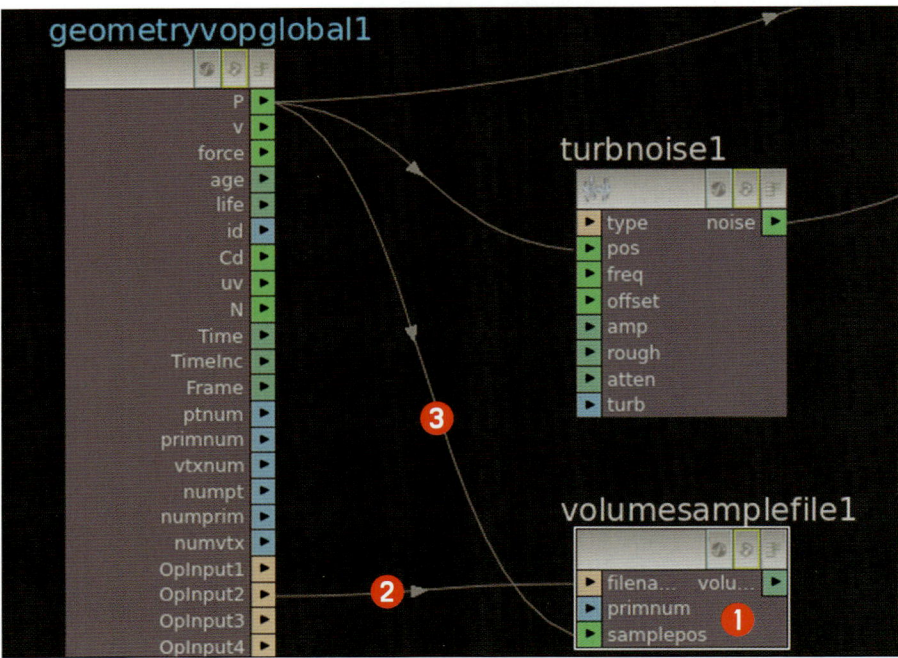

11 이번엔 Compare 노드를 생성하여 Volume Sample을 Input 1에 연결합니다. Compare는 인풋으로 들어오는 두 가지의 값을 비교하여 조건문에 따라 True와 False 값을 출력해 주는 노드입니다. 여기서 중요한 것은 인풋으로 들어오는 값은 동일한 데이터 타입이어야 한다는 것입니다. 이러한 조건문을 사용하는 이유는 변형이 이루어질 오브젝트가 Volume 데이터 안 혹은 밖에 있는지 구분을 하기 위해서 입니다.

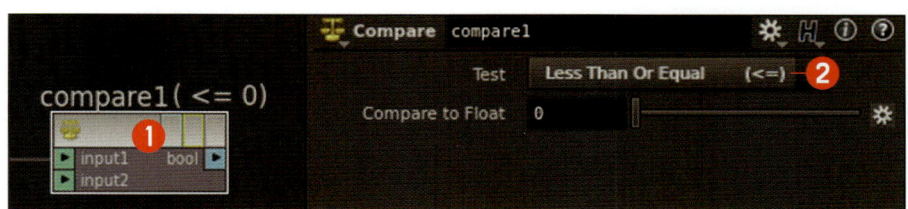

12 계속해서 Two Way Switch 노드를 생성합니다. Two Way Switch는 조건문을 검사하여 True일 경우엔 Input 1로 들어온 데이터를 출력하고, False일 경우엔 Input 2로 들어온 데이터를 출력해 주는 노드입니다. 물론 이것은 파라미터에서 바꿔줄 수 있습니다. 여기에서는 Compare로 만든 조건을 Two Way Switch의 조건에 연결하고, Turbulent Nosie가 더해진 Position을 Input 1에 연결한 후 기존의 Position을 Input 2에 연결하였습니다. 마지막으로 Two Way Switch의 출력을 Output 노드의 P에 연결합니다.

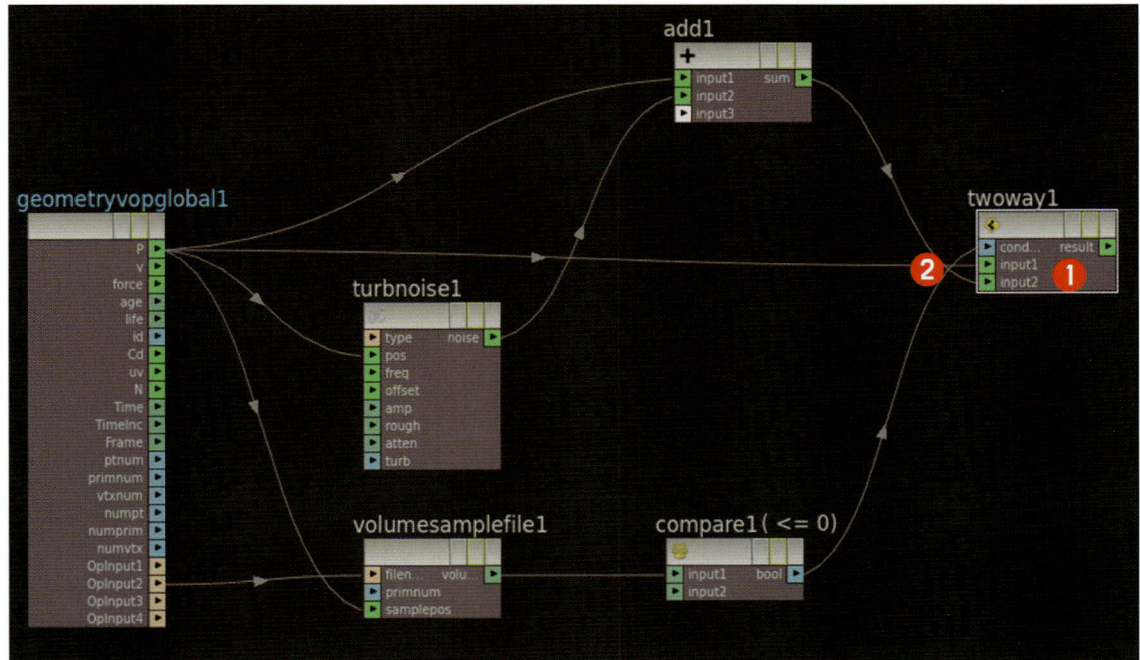

13 이제 씬 뷰를 통해 확인을 해 보면 중앙 부분의 Sphere들에게 변형이 일어나는 것을 볼 수 있습니다. 계속해서 Transform을 통해 VDB가 되는 Sphere의 위치를 변경하거나 크기를 키워서 어떤 변화가 일어나는지 확인합니다.

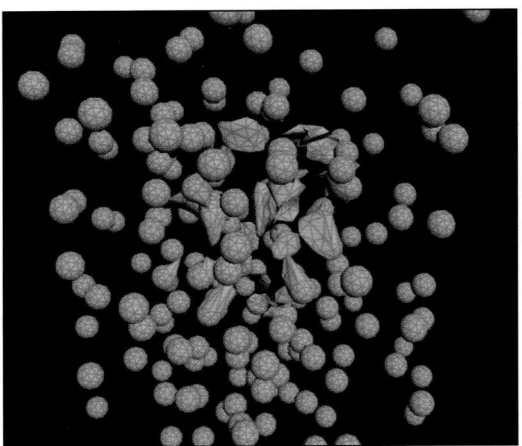

14 스피어의 위치를 바꾸거나 크기를 바꿔주면 VDB가 되는 Sphere의 범위 안에서만 변형이 일어납니다. 그런데 변형이 너무 엉망으로 일어나기 때문에 수정을 해야 합니다.

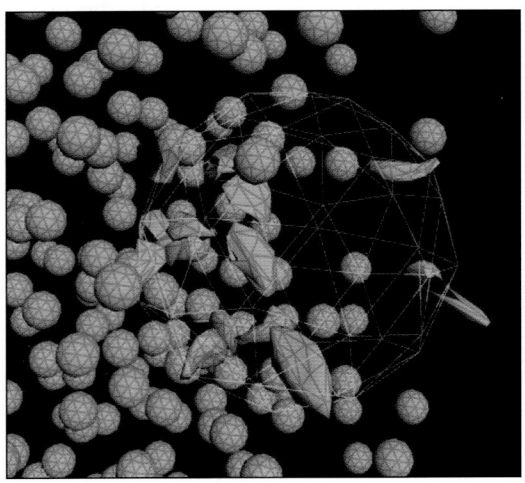

15 다시 Vop으로 돌아가서 Multiply 노드를 생성합니다. 그리고 다음의 그림과 같이 Turbulent Noise를 Input 1에 연결하고, Volume Sample을 Input 2에 연결합니다.

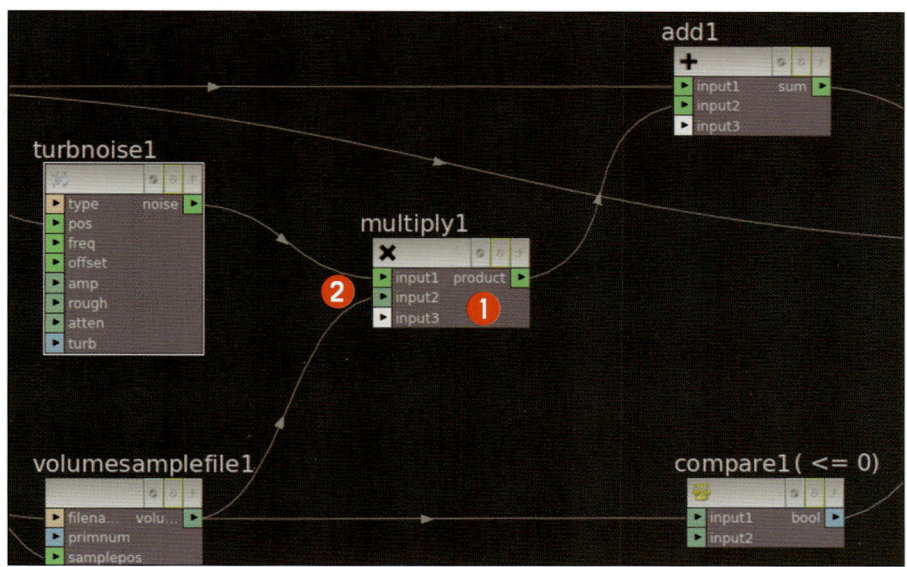

16 좀 더 명확하게 확인을 할 수 있도록 Volume Sample의 데이터를 Float to Vector를 통해 데이터 타입을 변경한 뒤 Output 노드의 Cd(컬러 값)에 연결을 합니다. 그다음 Constant노드 (아래 그림의 input2 노드) 파라미터에서 Vector Default의 x 축을 -1로 설정한 후 Float to Vector의 첫번째에 Multiply의 Output을 연결해 줍니다.

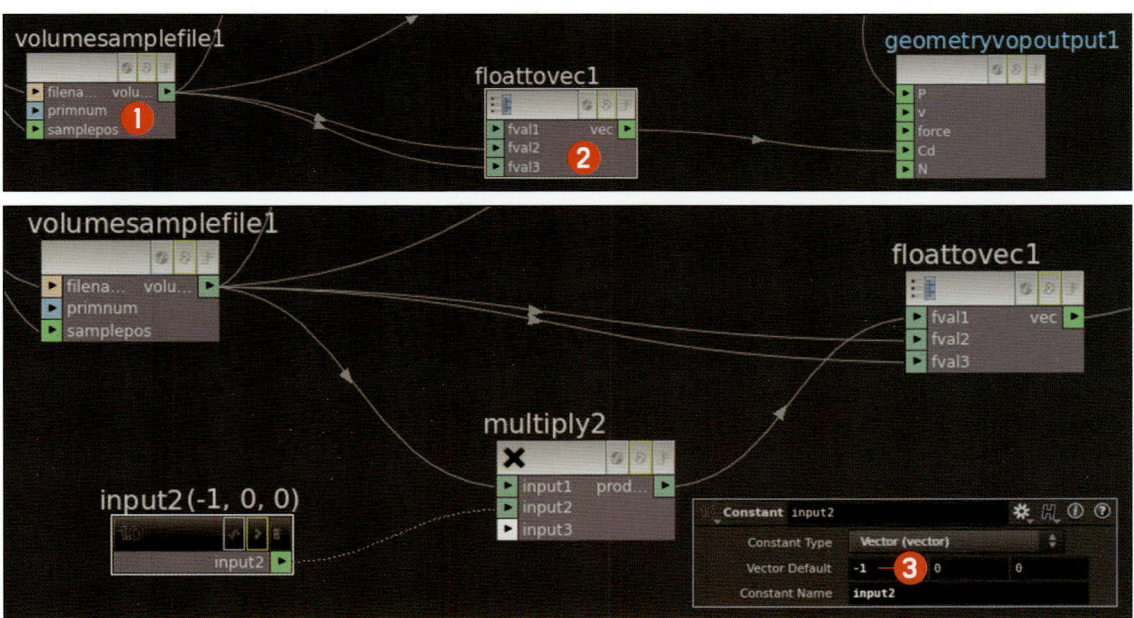

17 다시 씬 뷰를 확인해 보면 이전과는 다르게 경계면이 부드럽게 표현됐습니다. VDB의 영역 안에서는 빨간색으로 나타나며, VDB의 영역 밖에서는 초록색으로 나타나기 때문에 변화를 확인하기 훨씬 편해졌지만 현재의 모습이 어떻게 이루어진 구조인지 아직 이해가 되지 않을 수 있습니다. 여기서의 핵심은 Volume 데이터를 조건문에 입력하여 Volume 데이터가 존재하는 구간은 변형이 이루어지며, 구간이 아닌 곳은 변형이 일어나지 않습니다. 하지만 Turbulent Noise와 Volume Sample의 데이터를 Multiply로 연결하기 전까지는 단순히 노이즈만 적용되었지만 두 데이터를 Multiply로 연결한 후에는 안정적인 노이즈가 되었고, 경계면 또한 부드러워졌습니다.

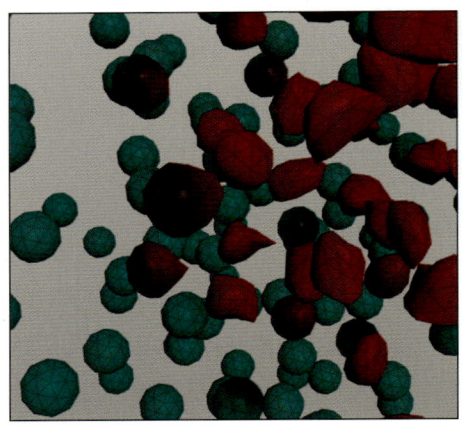

18 다시 Sop 레벨로 돌아가서 Volume Slice 노드를 생성합니다. 그다음 VDB from Polygons 아래쪽에 연결하고, 파라미터의 Visualization Range를 -0.5, 0.5로 설정한 후 씬 뷰를 확인합니다.

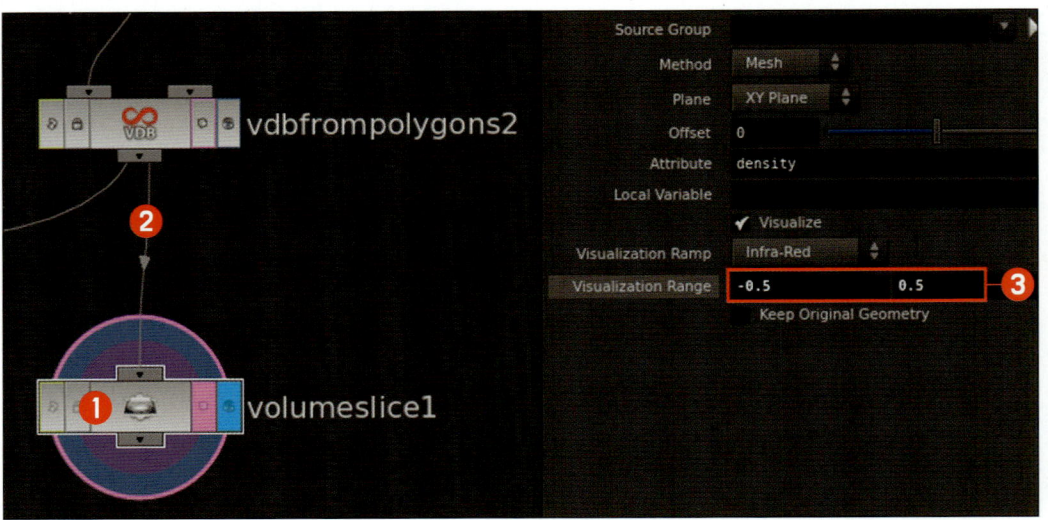

19 씬 뷰를 보면 그리드에 원형으로 색상이 적용된 것이 보이는데, 이것은 VDB로 변경한 Sphere의 데이터입니다. 그리드 안쪽은 동일한 색이며, 경계면으로 갈수록 색이 바뀌고, 바깥쪽으로 갈수록 점차 노란색으로 바뀌게 됩니다. Volume은 이렇게 부피를 가지고 있는 공간과 그렇지 않은 공간의 데이터가 서로 다른데, 본 예제에서 사용한 Volume은 경계면으로 갈수록 낮은 수치의 데이터를 사용했습니다.

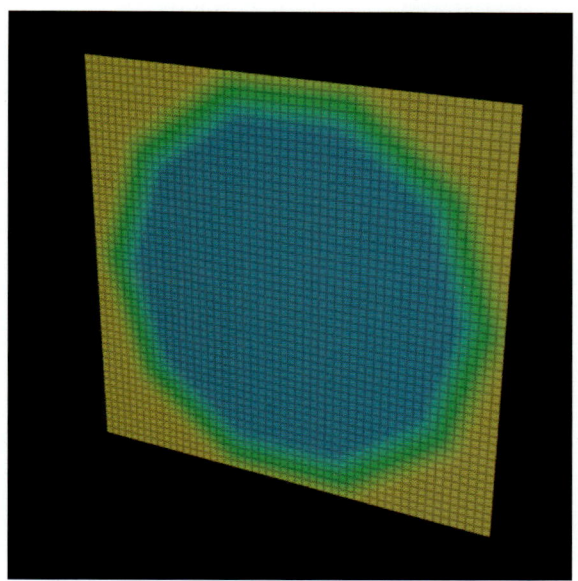

20 Attribute VOP의 스프레드시트를 통해 Cd 값을 보면 0.3이 입력된 포인트와 다른 수치가 입력된 포인트가 있는데, 여기에서 0.3이 아닌 포인트들이 바로 경계면에 가까운 포인트들입니다.

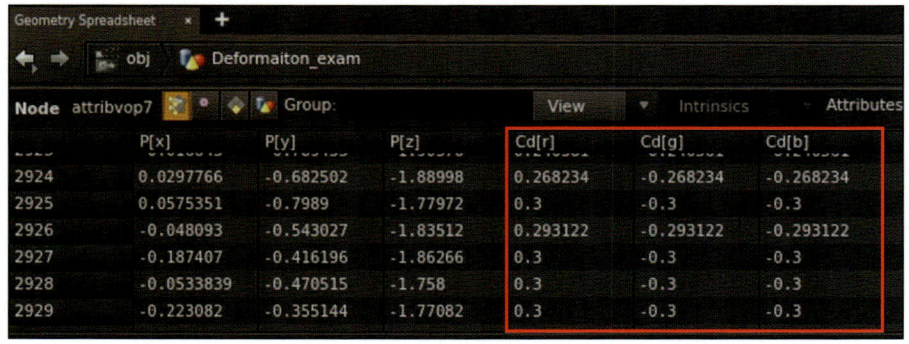

21 방금 Cd 값으로 확인해 본 것처럼 Volume Sample 안에는 0.3이라는 데이터가 있고, 경계면으로 갈수록 낮은 수치의 데이터가 들어있으며, 이 데이터가 Turbulent Noise와 Multiply가 연결되었기 때문에 이와 같은

결과물이 나오게 된 것입니다. 이번 학습에서는 범위에 들어오는 오브젝트들이 Deformation이 되도록 하였지만 Volume의 데이터를 사용하는 방식은 활용도가 뛰어나기 때문에 본 도서의 내용뿐만 아니라 인터넷을 통해 다양한 자료들을 찾아 익혀보기를 권장합니다.

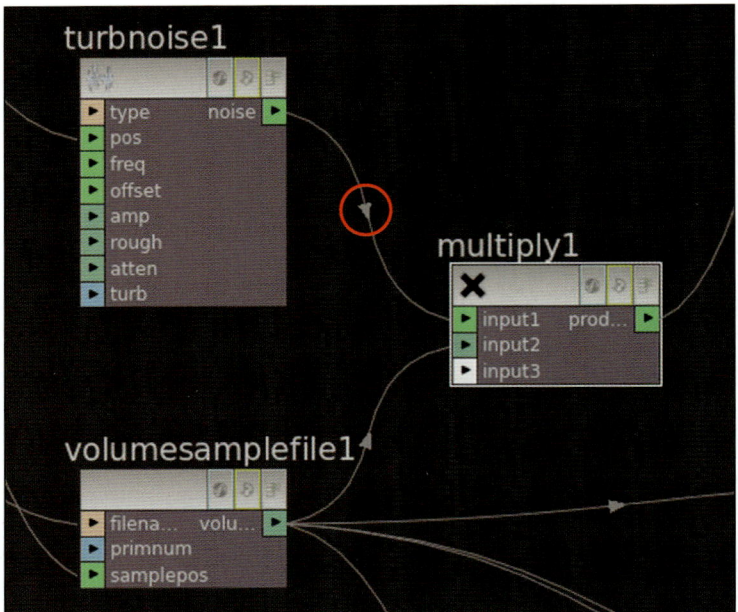

데이터 컨트롤하기

이번 학습은 앞서 배운 내용들을 토대로 다양한 방식으로 Vop을 사용하면서 익혀보는 시간을 가져보겠습니다.

램프 파라미터(Ramp Parameter)와 믹스(Mix) 사용하기

데이터를 컨트롤하는데 있어 램프 파라미터와 믹스라는 노드는 많은 것들을 손쉽게 조절할 수 있게 해 주는 노드입니다. 이번에는 이 두 노드를 이용하여 데이터를 컨트롤 해 보도록 하겠습니다.

01 먼저 Grid를 생성하여 Rows와 Columns에 모두 100을 입력하고, Attribute VOP을 생성하여 그림과 같이 연결을 해 줍니다.

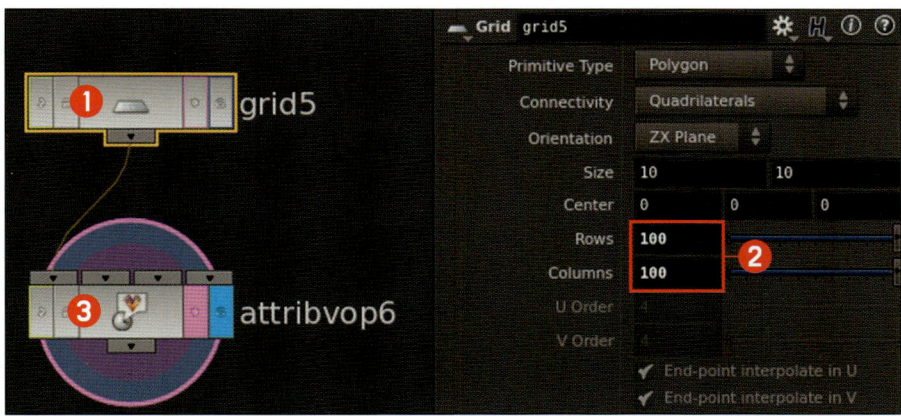

02 Vop 안으로 들어가서 Distance 노드를 생성하여 그림과 같이 P를 p1에 연결하고, Distance를 Output의 Cd에 연결합니다.

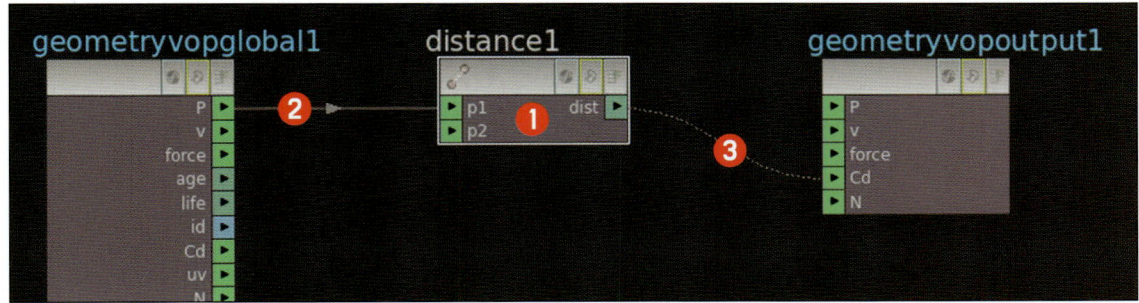

03 씬 뷰를 확인해 보면 그림과 같이 색상이 적용된 것을 볼 수 있는데, Grid의 Position의 거리 값을 계산하여 그 값을 Cd로 전달되었기 때문에 이와 같은 결과물이 나오게 된 것입니다.

Vop 네트워크의 활용 **297**

04 이제 탭 메뉴에서 ramp를 검색하여 Ramp Parameter를 생성합니다. 그다음 Distance의 뒤쪽에 연결을 해 준 뒤 파라미터를 열어보면 아무것도 나타나지 않습니다. 일반적으로 CG에서 램프(Ramp)는 색상이나 그 래프를 직접 조절하기 위해 사용되는데 파라미터에 나타나지가 않습니다. 그러면 도대체 이 램프의 옵션은 어디에 있을까요?

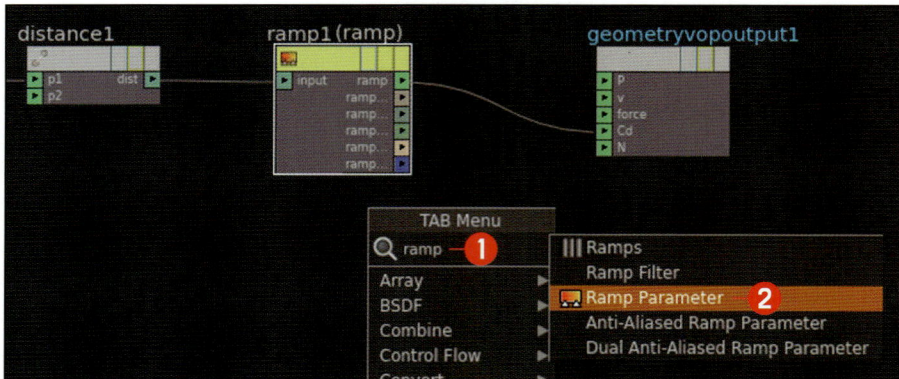

05 램프의 옵션은 상위 레벨에 있습니다. Ramp Parameter는 그림처럼 Vop 네트워크의 파라미터에 옵션들이 생성이 되며, 다른 노드들처럼 프로모트(Promote)를 할 필요가 없습니다. 파라미터에 생성된 Ramp의 옵 션 중 Color Bar의 마커를 이동하면 씬 뷰의 색상 범위에 변화가 생기는 것을 볼 수 있는데, 작은 범위 안에 서만 컨트롤됩니다.

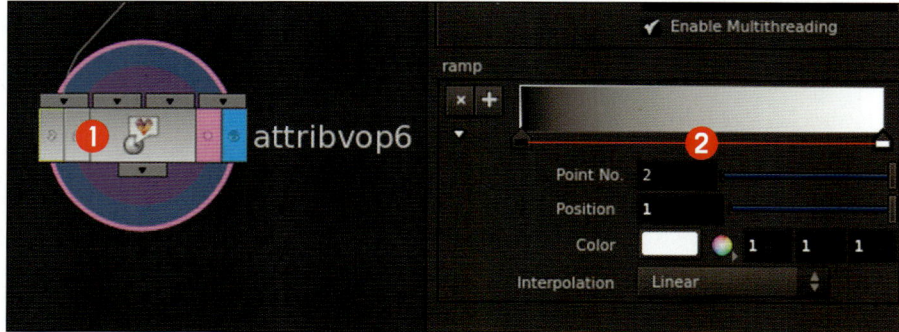

06 다시 Vop 안으로 가서 Ramp Parameter 앞쪽에 Fit Range 노드생성하여 연결합니다. 그다음 Source Max를 10으로 설정한 후 다시 상위 레벨로 이동합니다.

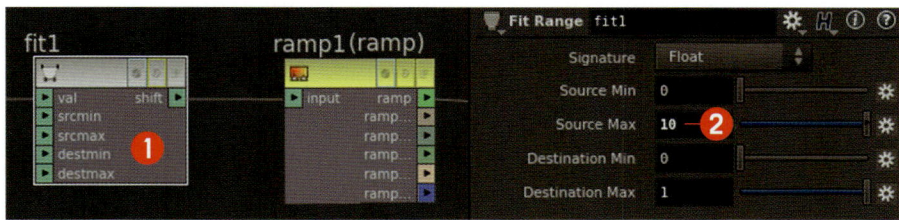

07 씬 뷰를 보면 Fit Range를 통해 소스 데이터의 최댓값을 늘려주었기 때문에 그림처럼 색상의 변화가 일어납니다. 이제 다시 Ramp의 마커를 이동하게 되면 방금 전보다 컨트롤하기 쉬워집니다.

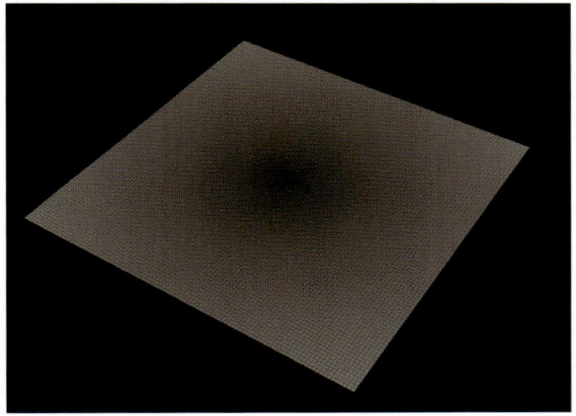

08 컬러 바의 Black과 White 마커의 위치를 서로 바꾸거나 색상을 변경할 수도 있는데, 다음 페이지의 첫 번째 그림처럼 다양한 색상으로 표현할 수도 있습니다.

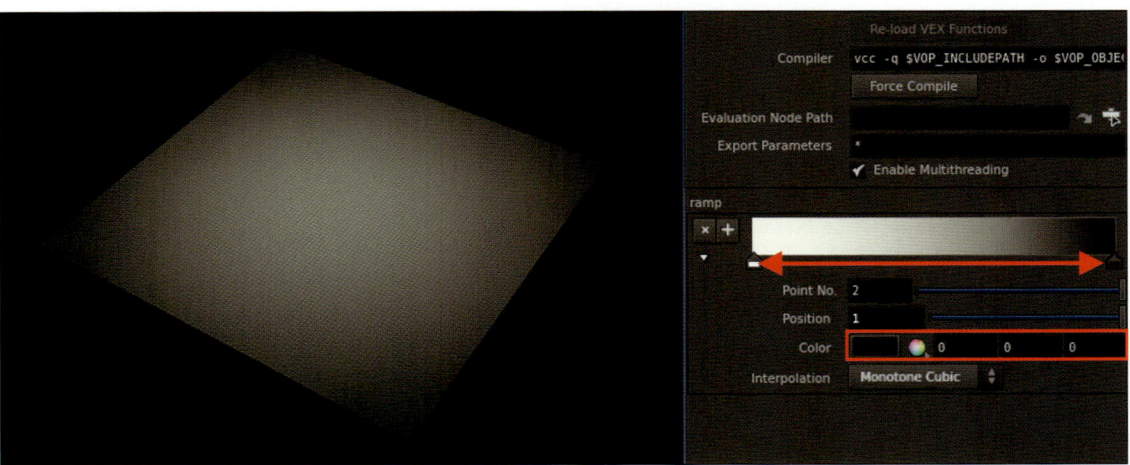

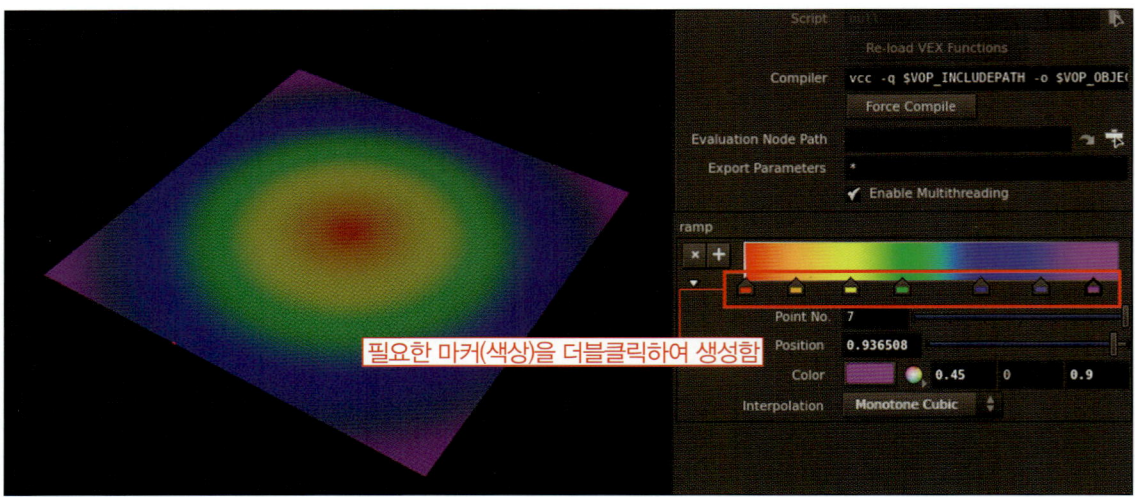

09 이번엔 Ramp Parameter를 Pscale에 적용을 하여 아래 그림과 같은 형태를 만들어보도록 하겠습니다.

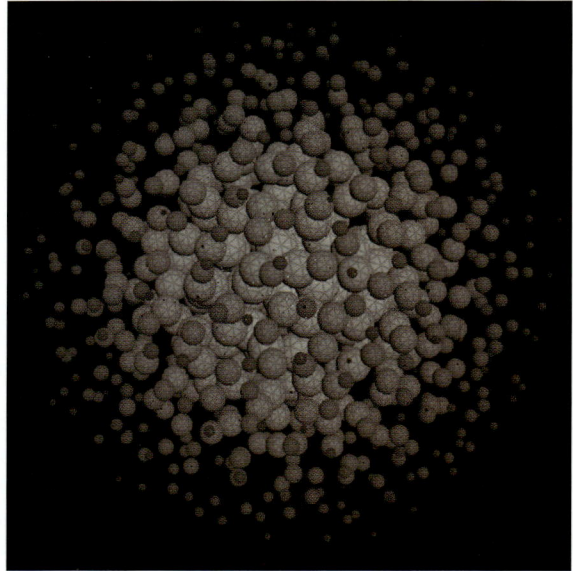

10 먼저 Sphere를 생성한 후 IsoOffset을 연결하고, Uniform Sampling Divs에 20을 입력하여 Sphere를 Volume으로 변경합니다. 이어서 Scatter 노드와 Attribute VOP을 생성하여 연결을 합니다.

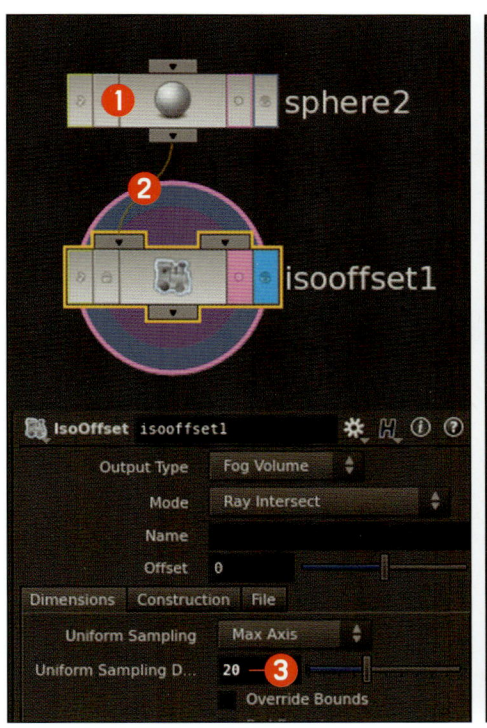 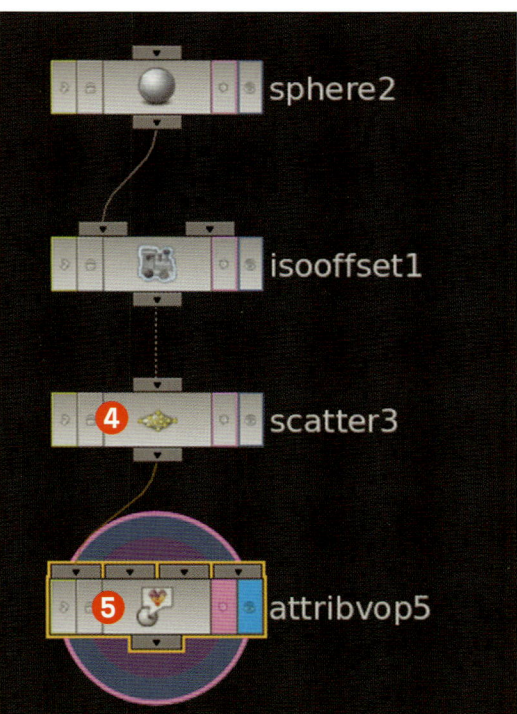

11 계속해서 새로운 Sphere를 생성하여 Uniform Scale을 0.1로 설정합니다. 그다음 Copy Sop을 생성하여 Attribute탭의 Use Template Point Attributes를 체크하여 Point의 Attribute를 가져올 수 있게 해 주고, 각 인풋에 데이터를 연결하여 Point들에 Sphere가 복사되도록 해 줍니다.

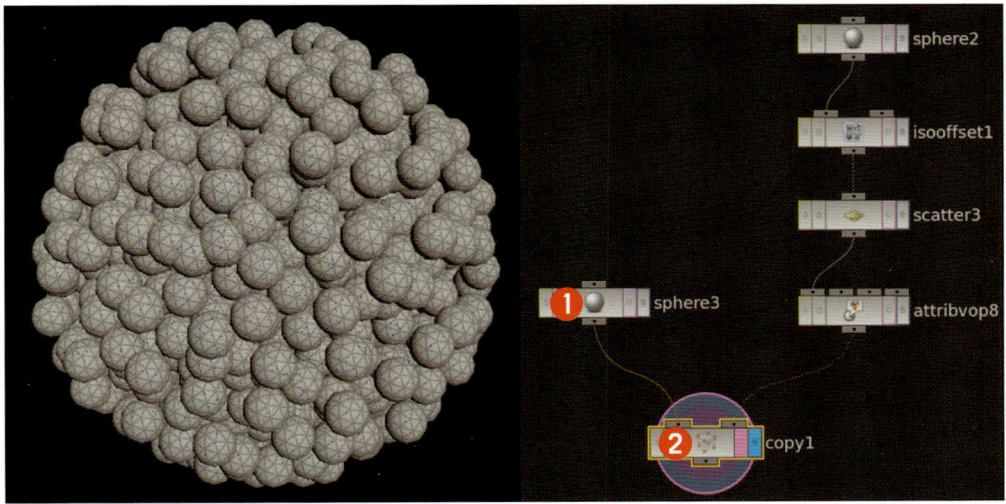

Vop 네트워크의 활용 301

12 다시 Vop으로 들어가서 Distance를 생성하여 Ramp Parameter의 인풋과 연결하고, Ramp 아웃풋은 Cd에 연결을 합니다.

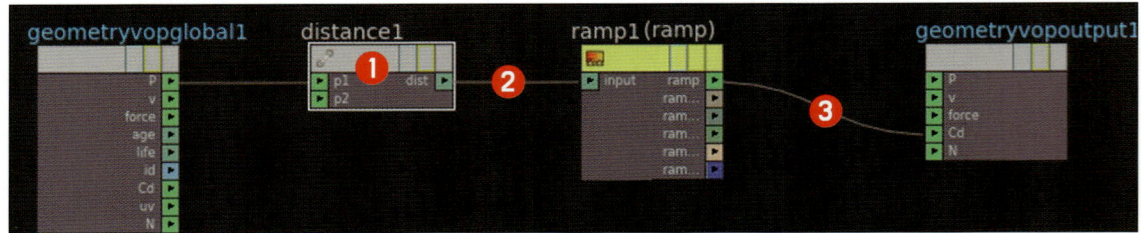

13 이제 씬 뷰를 보면 그림과 같이 바깥에서부터 안으로 들어갈수록 밝아지는 스피어가 되게 되는데, Ramp의 마커를 조절하면 색상(밝기)이 변하는 것을 볼 수 있습니다.

14 이제 Ramp Parameter의 데이터에 따라 크기에 대한 변화를 주기 위해 Bind Export를 생성합니다. 그리고 파라미터의 Name을 pscale로 입력하여 어트리뷰트를 생성한 후 Vector to Float을 생성하여 연결합니다. 여기서 Vector to Float을 연결하는 이유는 pscale의 자료형이 float인 것과 현재 Cd의 값은 동일하기 때문에 하나의 값만 있어도 되기 때문입니다.

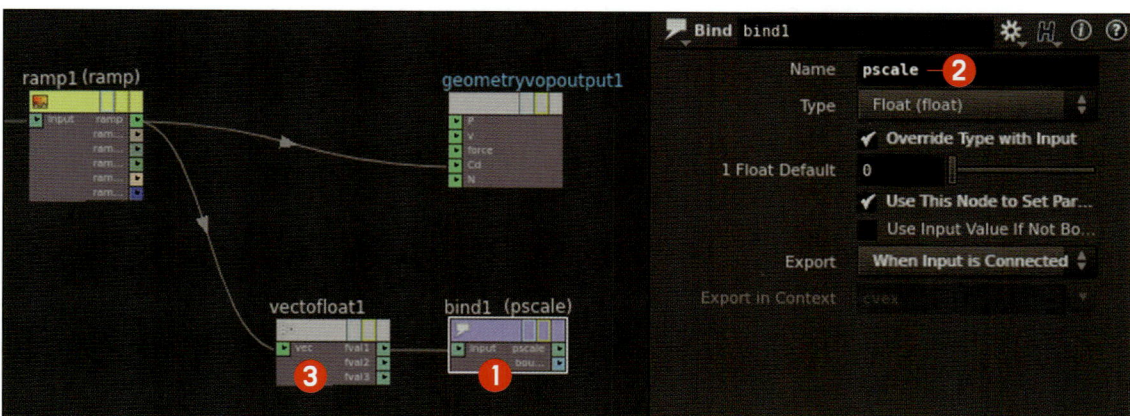

15 상위 레벨로 이동하여 확인을 해 보면 그림처럼 검정색에 가까워질수록 크기가 작아지는 형태로 표현되는 것을 알 수 있습니다.

16 여기서 Ramp Parameter의 마커를 변경을 해 주면 더욱 다양하게 어트리뷰트를 제어할 수 있습니다. 이번 예제에서는 다음의 그림처럼 새로운 마커를 생성하여 스피어의 중심은 크게, 중간은 작게 되었다가 점차적으로 커지다가 다시 작아지도록 만들었습니다.

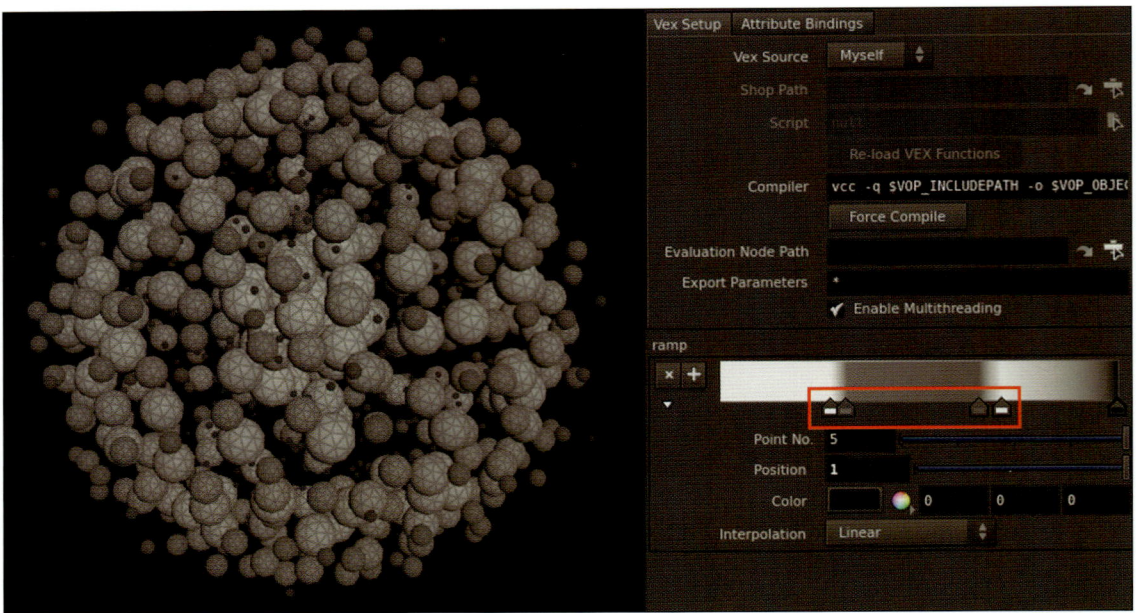

17 만약 Color Ramp를 통해 컨트롤하는게 너무 어렵다고 느껴진다면 Ramp Parameter의 Ramp Type을 Spline Ramp으로 변경해 봅니다.

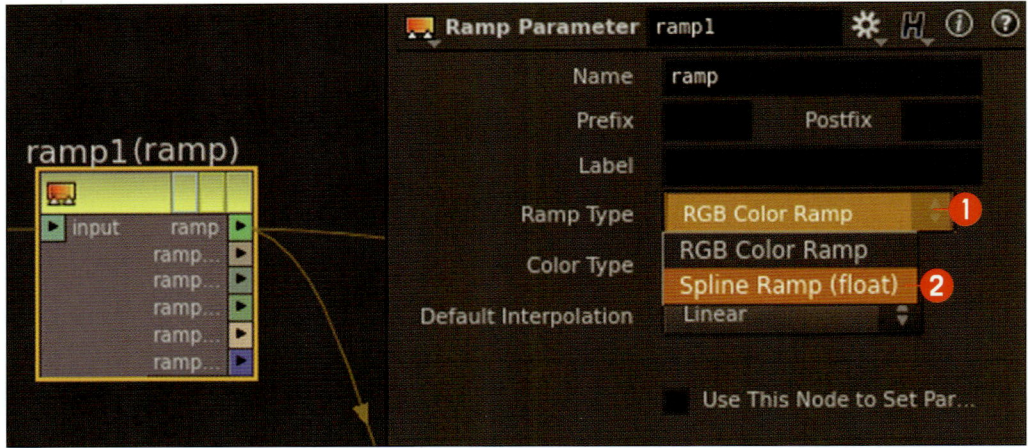

18 확인하기 위해 상위 레벨로 이동하고 Attribute VOP을 보면 Ramp의 방식이 Color에서 Spline으로 변경이 된 것을 볼 수 있습니다. 스플라인 방식은 컬러와는 다르게 선의 높낮이를 통해 좀 더 직관적으로 컨트롤을 할 수 있습니다.

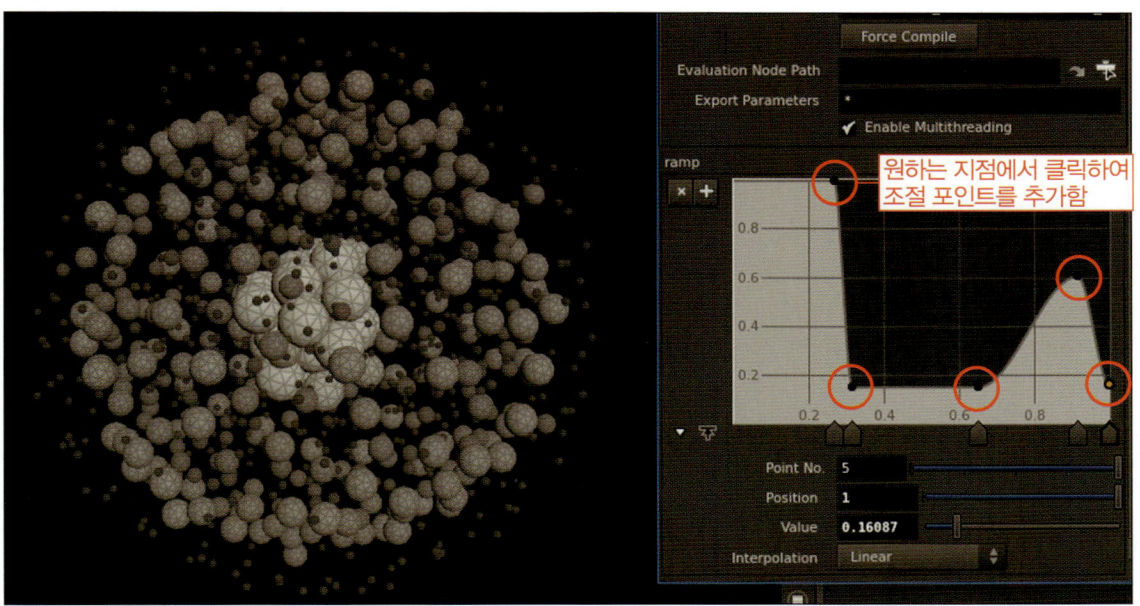

19 다시 Vop으로 들어가서 Ramp Parameter에 연결된 Distance를 해제합니다. 그리고 Random 노드를 생성하여 그림과 같이 연결해 봅니다.

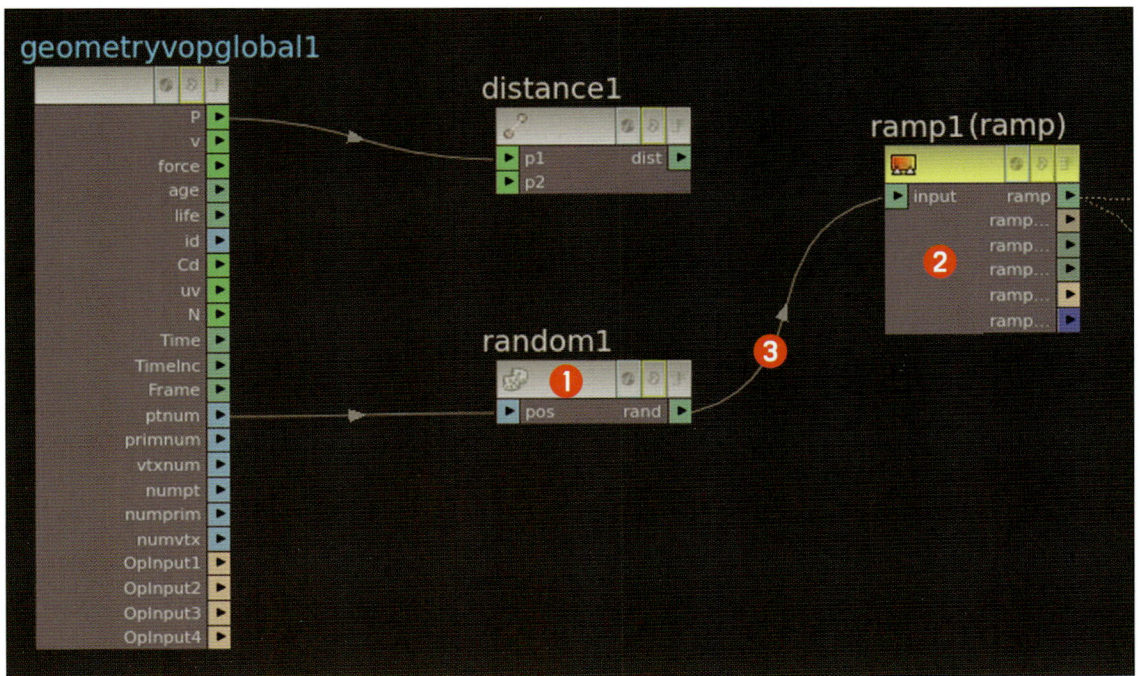

20 이렇게 하면 랜덤한 pscale이 만들어지게 되며, 이 pscale은 Ramp를 통해 컨트롤할 수 있다는 엄청난 장점이 생기게 됩니다. 그렇다면 이제 Ramp 그래프를 수정해서 Sphere의 크기를 줄여보도록 하겠습니다.

21 그림과 같이 그래프에 조절 포인트를 생성한 후 조절하여 급격한 높낮이를 가진 그래프를 만들게 되면 pscale의 범위 또한 급격하게 변하게 됩니다. 그런데 지금의 형태가 마음에 들지 않아 Point의 Seed를 변경해주고 싶다면 Scatter의 Seed 값을 변경하면 됩니다. 다음은 또 다른 방법으로 Seed에 변화를 주도록 해 보겠습니다.

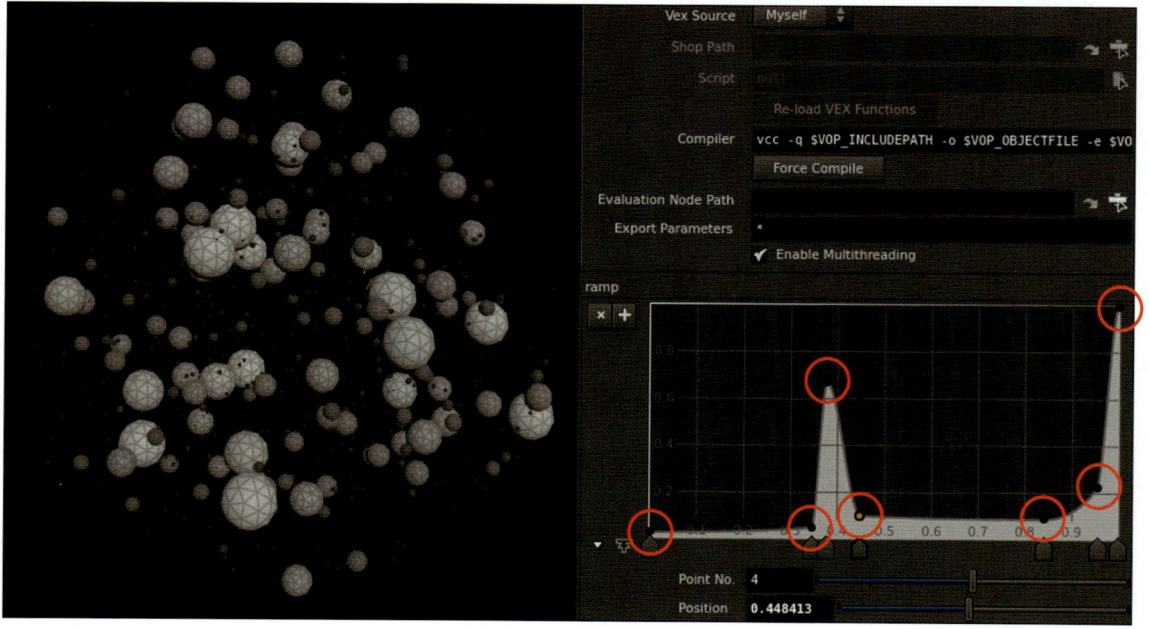

22 Vop으로 들어가서 Add를 생성하여 Random 앞쪽에 연결하고, Input 2를 Promote한 후 튀어나온 동그라미를 클릭하여 파라미터의 설정을 그림과 같이 변경합니다.

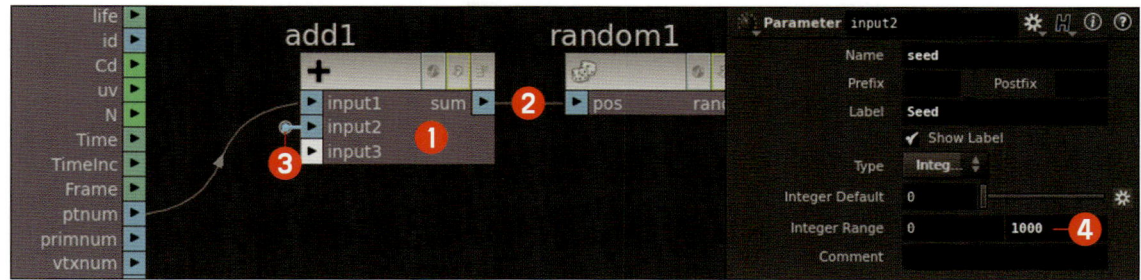

23 상위 레벨로 이동하여 Attribute VOP을 보면 Ramp 아래쪽에 Seed라는 옵션이 생길 것을 볼 수 있습니다. 이제 이 값을 조절하여 Point의 Seed를 조절할 수 있습니다.

24 아래 그림은 Seed 값에 1, 200, 1000을 입력한 결과물입니다. 이렇듯 Pscale이 적용되는 그래프는 Seed만 움직여서 다른 형태를 만들어낼 수 있습니다. 이제 Seed 값을 다시 0으로 설정하여 원래대로 되돌려준 후 Vop 안으로 들어갑니다.

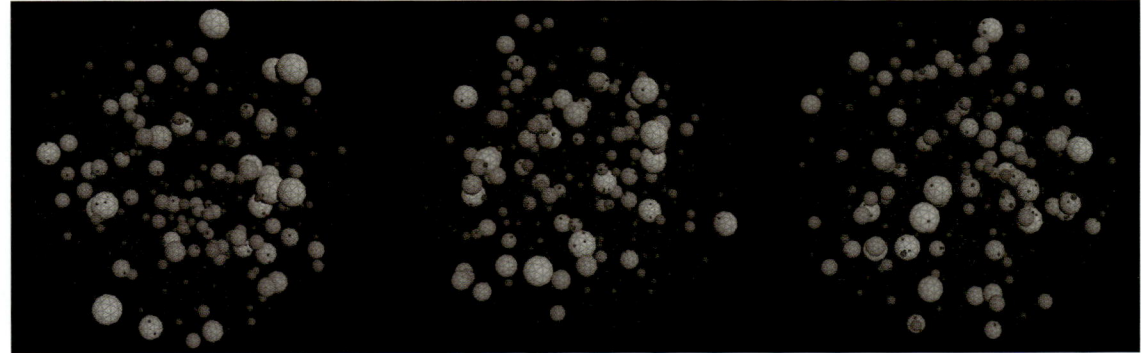

25. Ramp Parameter에 연결된 Random을 끊어주고, Distance를 생성하여 연결한 후 씬 뷰를 확인해 보면 앞서 생성해 놓은 Spline 그래프에 따라서 그림과 같은 형태가 나오게 됩니다. 만약 Distance를 연결했을 때의 형태와 Random을 연결했을 때의 형태가 전부 마음에 들어 둘을 반반씩 섞어주고 싶다면 어떻게 해야 할까요?

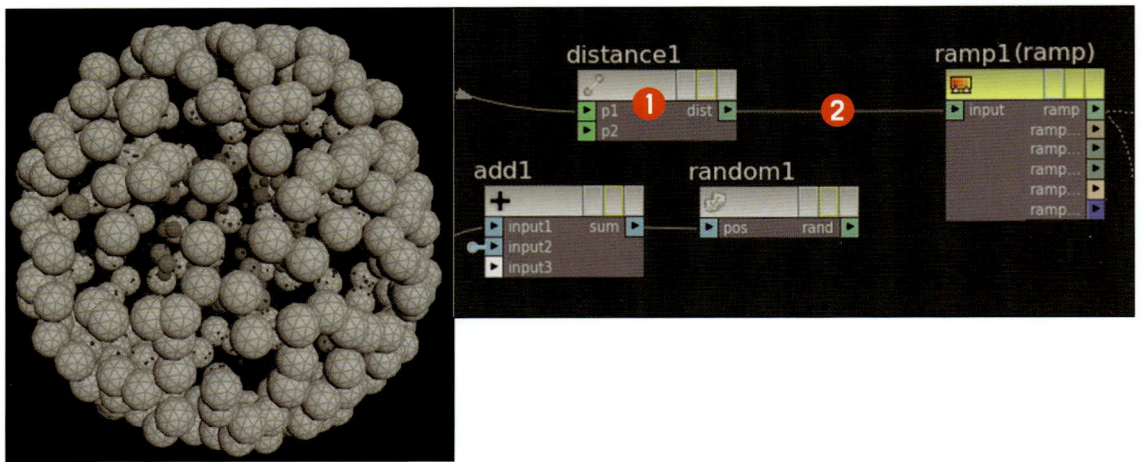

26. 이럴 때 사용할 수 있는 것이 바로 Mix 노드입니다. Mix 노드는 Input으로 들어오는 두 값을 혼합할 수 있게 해 주는 역할을 합니다. 여기서 bias는 Promote를 하여 상위 레벨에서 컨트롤을 할 수 있게 해 줍니다.

27. Mix 노드를 생성하여 Input에 Distance와 Random을 순서대로 연결을 합니다. 그다음 bias의 파라미터를 열어서 Label에 Interpolation Bias라고 입력되어있는 것을 Bias라고 수정합니다.

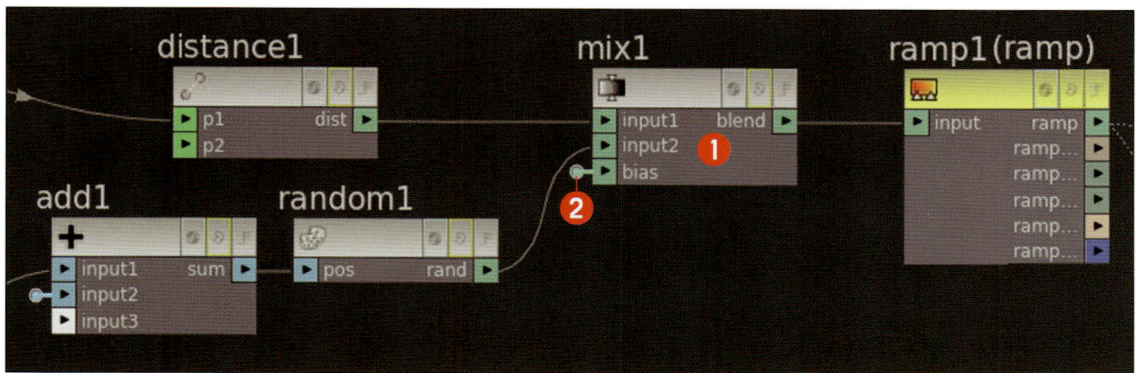

28 상위 레벨로 이동해 보면 Attribute VOP의 파라미터에 Bias라는 옵션이 생성되었으며, 수치를 0부터 1까지 변경해 보면 0일 때는 Distance를 연결했을 때의 형태가 나오고, 1일 때는 Random을 연결했을 때의 형태가 나오게 됩니다. 그리고 0.5일 때는 두 형태의 중간의 형태를 보여주게 됩니다. 참고로 Seed는 Random에 연결되어있기 때문에 Bias 값이 0이면 Seed는 작동하지 않습니다.

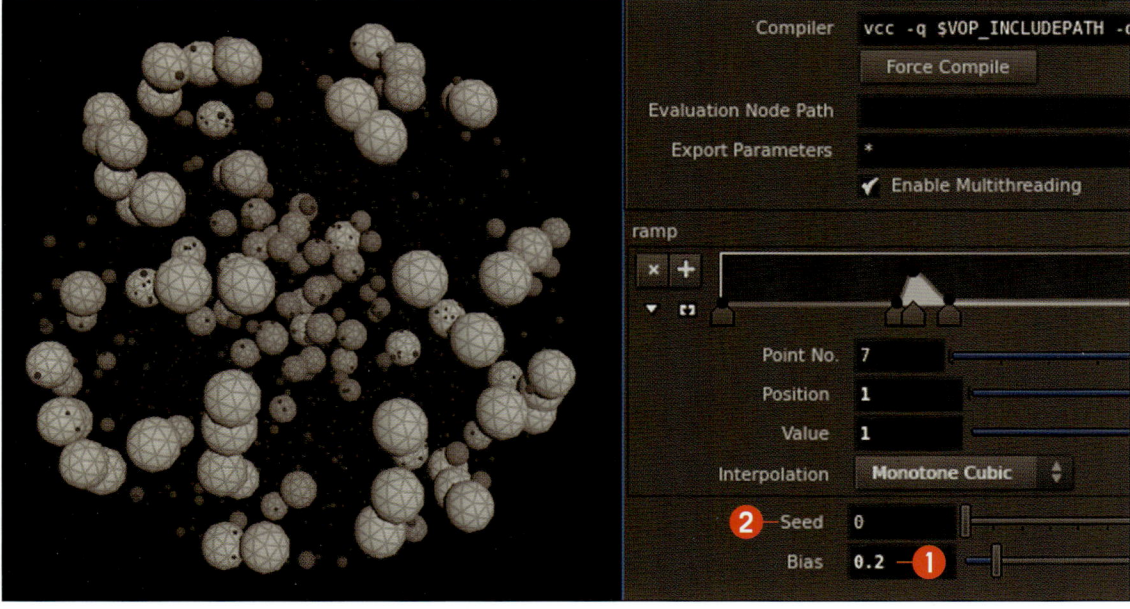

29 그렇다면 Mix에 대해 조금 더 살펴보도록 하겠습니다. 먼저 Sphere를 생성하여 Frequency에 2를 입력하고, Facet 노드를 연결하여 Post-Compute Normals을 선택합니다. 그다음 Add 노드를 생성하여 연결한 후 Delete Geometry But Keep the Points를 체크하여 Point만 남게 해 줍니다.

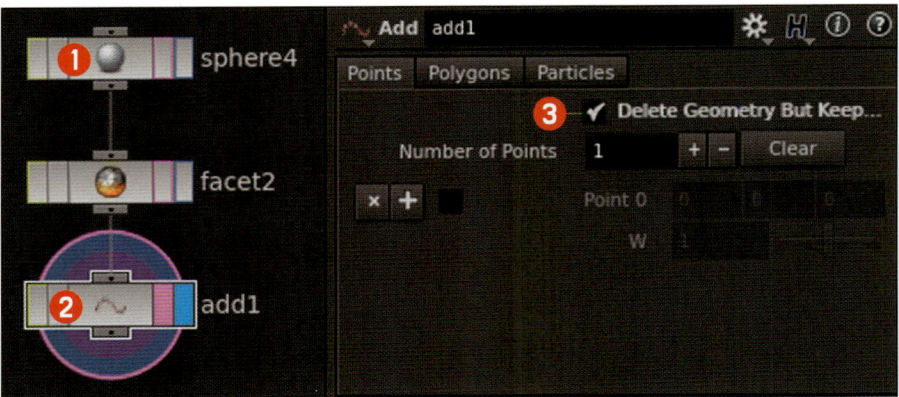

30 계속해서 Attribute VOP을 생성하여 연결하고, Vop로 들어가서 Import Point Attribute와 Add Constant 노드를 생성하여 그림과 같이 연결합니다.

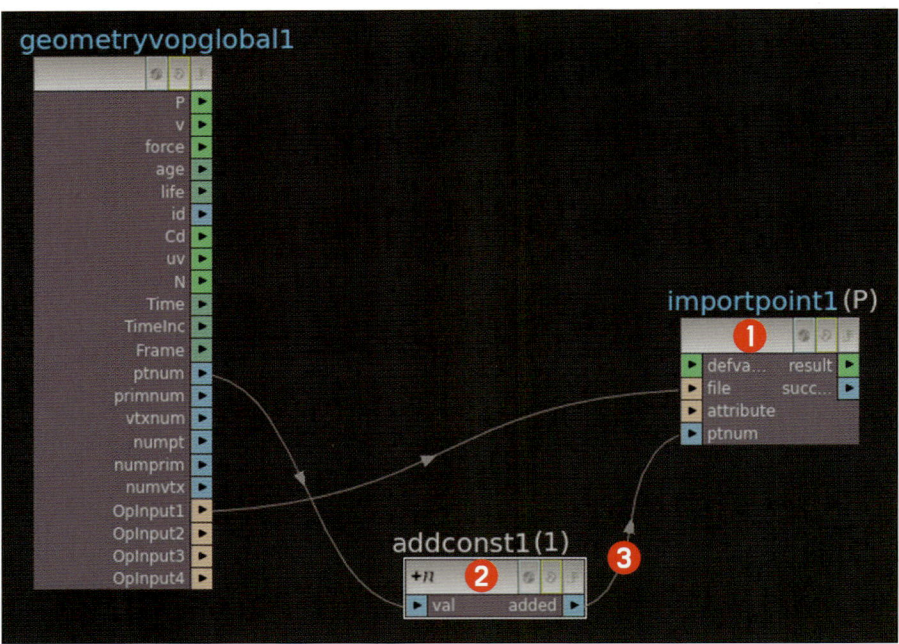

31 이번엔 Subtract 노드를 생성하여 Input 1에는 Import Point Attribute를 연결하고, Input 2에는 P를 연결합니다. 이어서 Output에는 N을 연결해 줍니다.

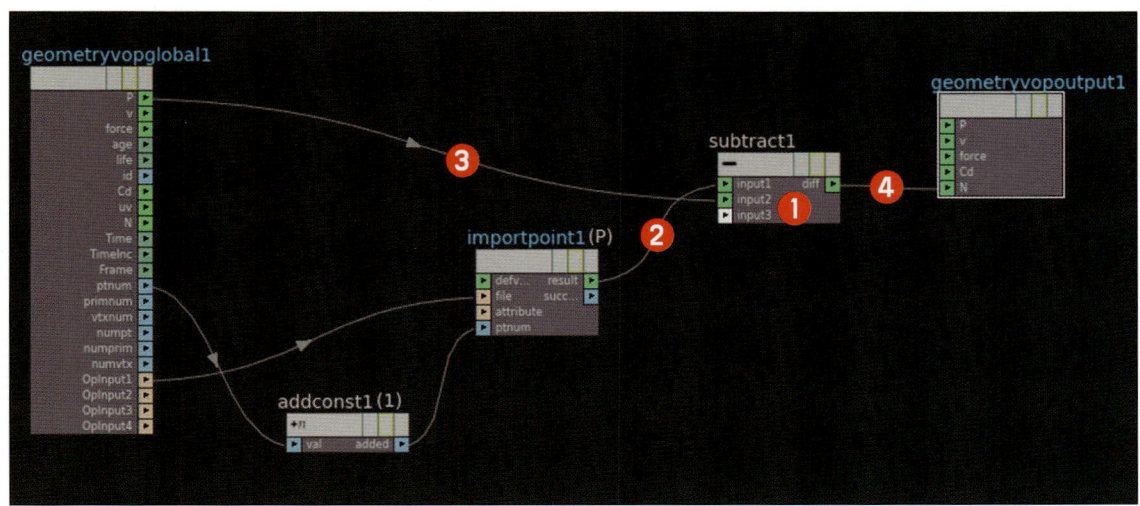

32 이제 씬 뷰의 디스플레이 옵션 바에서 Display Normals과 Display Point Numbers를 켜서 노멀과 포인트 넘버가 모두 나타나도록 한 뒤 확인을 해 보면 노멀이 다음 포인트를 향해 뻗어있는 것을 볼 수 있습니다.

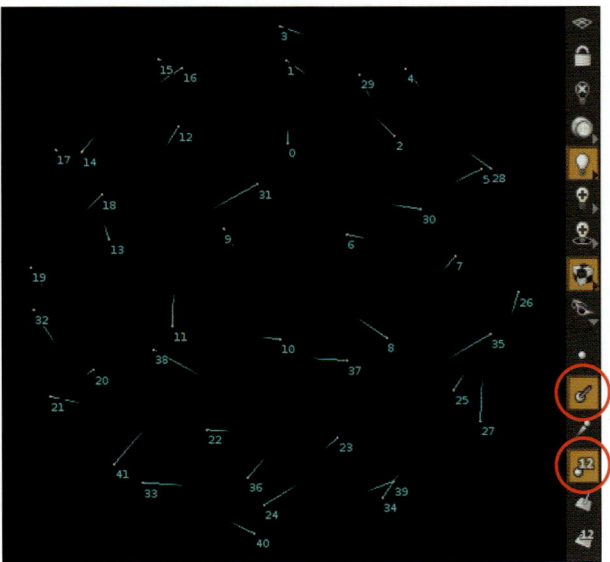

33 이번엔 Mix를 생성하여 Input 1에는 Subtract를 연결하고, Input 2에는 N을 연결한 뒤 Bias를 설정하여 노멀의 변화를 확인해 봅니다. Bias가 1일 때는 Sphere의 노멀이 나타나며, 0일 때는 다음 포인트를 바라보는 노멀이 나타나게 됩니다.

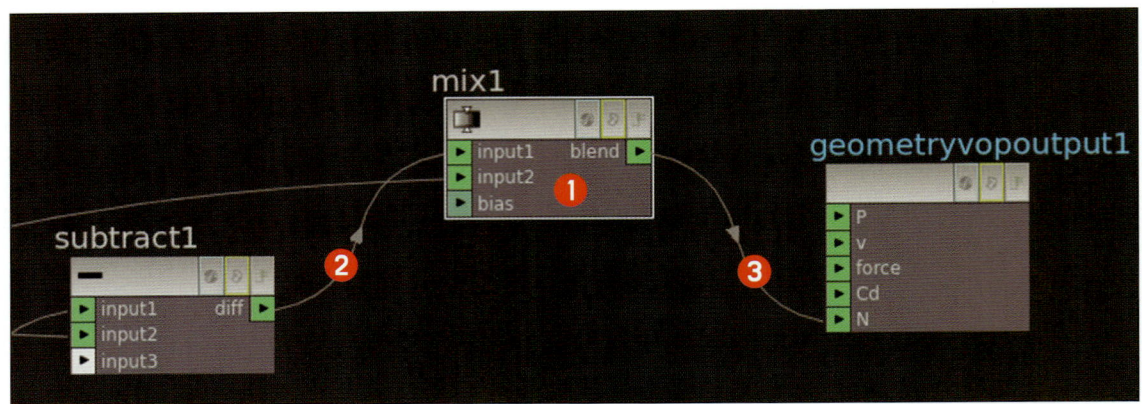

34 계속해서 Add Constant와 Import Point Attribute, Subtract를 복사/붙여넣기 하고, Add Constant 노드의 파라미터에 있는 Add에 -1을 입력한 뒤 그림과 같이 Mix에 연결을 합니다. 그리고 Bias를 0으로 낮춰준 뒤 확인을 해 보면 이전 포인트를 바라보는 노멀이 생성됩니다. 이제 다시 Bias의 값을 설정해 보면 이전 포인트로부터 다음 포인트를 바라보기까지의 노멀이 Mix되는 것을 볼 수 있습니다.

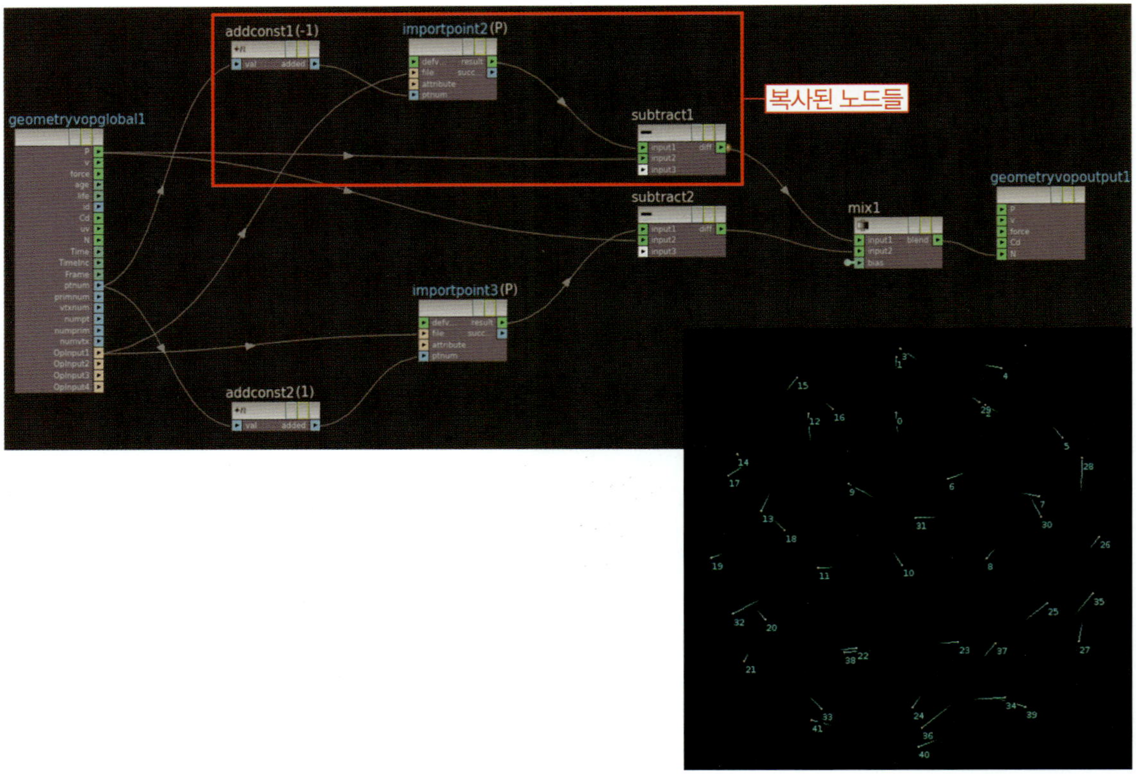

35 여기서 새로운 Attribute VOP을 생성하여 연결한 후 Add 노드를 통해 P와 N을 합쳐준 뒤 Output의 P에 연결을 하여, Position이 노멀 방향만큼 더 향하도록 해 줍니다. 이어서 상위 레벨로 이동하여 씬뷰를 확인해 보면 스피어의 형태를 유지했던 포인트들이 노멀의 방향만큼 살짝이 이동된 것을 볼 수 있습니다.

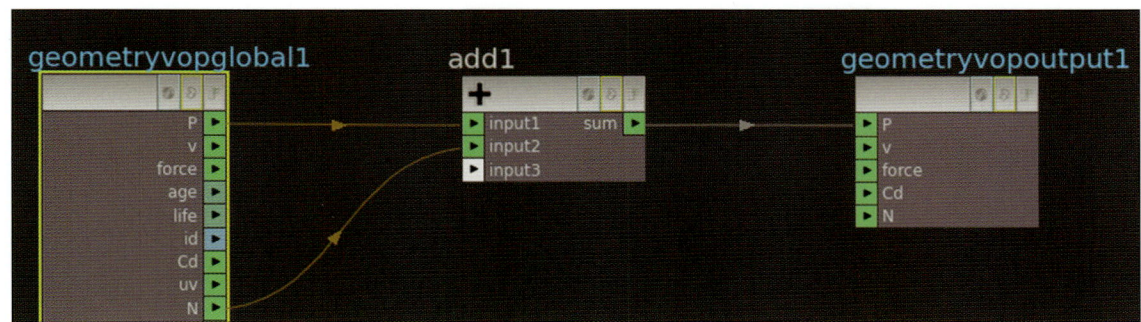

36 이제 Point들의 위치가 노멀의 방향대로 살짝 움직인 상태에서 Bias를 컨트롤하여 변화를 확인해 보면 Point가 움직이는 것을 볼 수 있습니다. 이렇듯 Mix 노드는 두 가지의 데이터가 혼합된 결과물을 얻고자 할 때 유용하게 사용되며, 좀 더 다양한 수식을 통해서도 사용이 가능합니다.

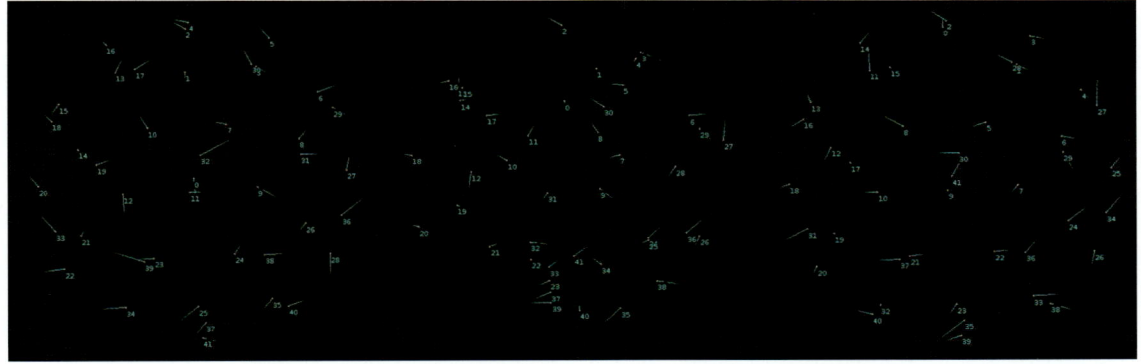

이번 학습에서는 VOP의 수식 계산부터 Deformation과 데이터를 컨트롤하는 방법에 대해 살펴보았습니다. 살펴본 것처럼 VOP은 VEX의 비주얼 프로그래밍 버전으로써, VEX를 쉽게 구현하기 위해 사용하지만 때로는 VEX로 직접 코드 몇 줄을 입력하는 것이 훨씬 효율적일 수도 있습니다. 이 책에서 다루지 못한 부분이 많은 것처럼 그만큼 VOP이 방대하고, SOP처럼 노드의 사용법이 정해져 있지 않은 너무나도 자유롭게 원하는 것을 표현해 낼 수 있는 공간이기 때문에 인터넷의 관련 커뮤니티 등을 활용하여 익혀나가길 권장합니다.

04 프로시쥬얼 모델링의 활용

이번 학습에서는 후디니의 프로시쥬얼 모델링(Procedural Modeling)에 대해 배워볼 것이며, 앞서 살펴보았던 Vop 보다 Sop 위주로 대부분의 학습이 이루어질 것입니다. 또한 ch 함수에 대해서도 살펴볼 것입니다. 이번 학습을 통해 여러분은 프로시쥬얼 모델링이 어떤 장점을 가지고 있는지 알 수 있게 될 것입니다.

프로시쥬얼 래더(Procedural Ladder) 제작하기

이번 학습에서는 간단한 사다리를 만들어보도록 하겠습니다. 여기서 만들 사다리는 프로시쥬얼 모델링의 특징을 가지고 있는 사다리로써 일반적인 사다리와는 다른 놀라움을 제공할 것입니다.

01 먼저 Sop 네트워크를 생성한 후 안으로 들어갑니다. 그다음 box와 Transform 노드를 생성하여 연결하고, Transform의 파라미터를 그림과 같이 설정하여 긴 막대 형태를 만들어줍니다.

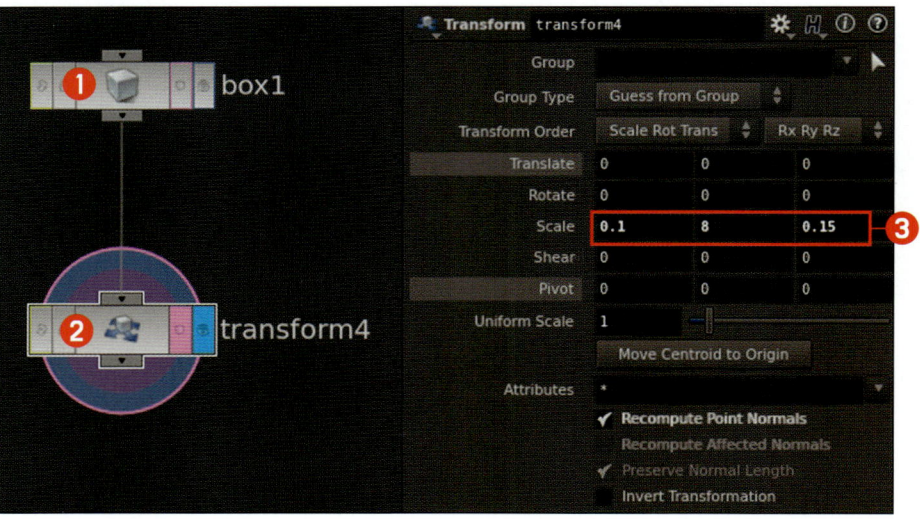

02 계속해서 Translate의 y 축에는 -ch("py")를 입력하고, Pivot의 y 축에는 $YMIN을 입력하여 오브젝트가 그리드의 바닥에 붙도록 해 줍니다.

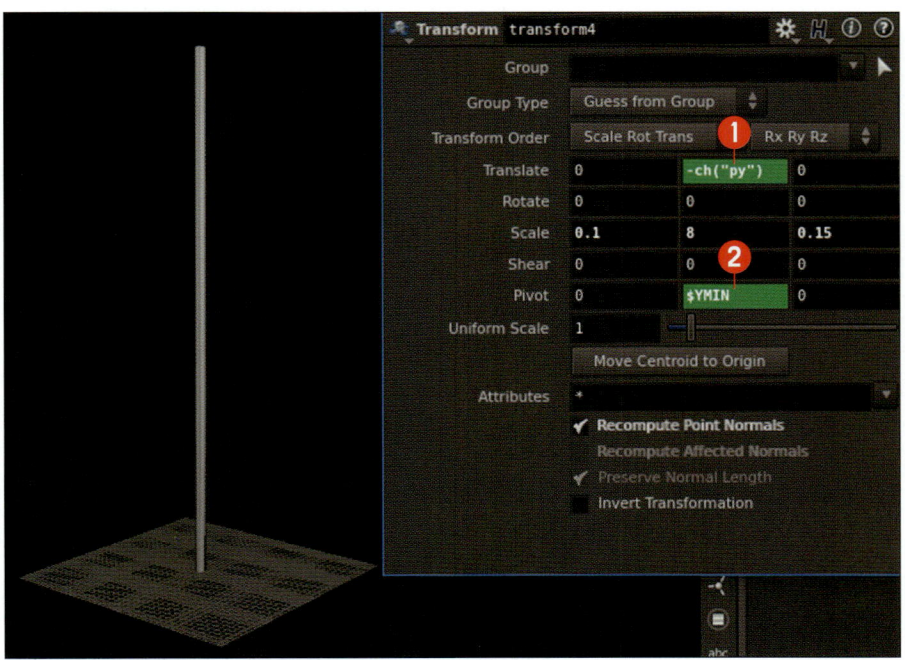

03 계속해서 Line을 생성한 후 Direction을 1, 0, 0으로 설정하여 x 축을 향하도록 한 후 Transform 노드를 생성하여 연결합니다. 그리고 Translate의 x 축에 -$CEX를 입력하여 그리드의 센터로 오도록 해 줍니다.

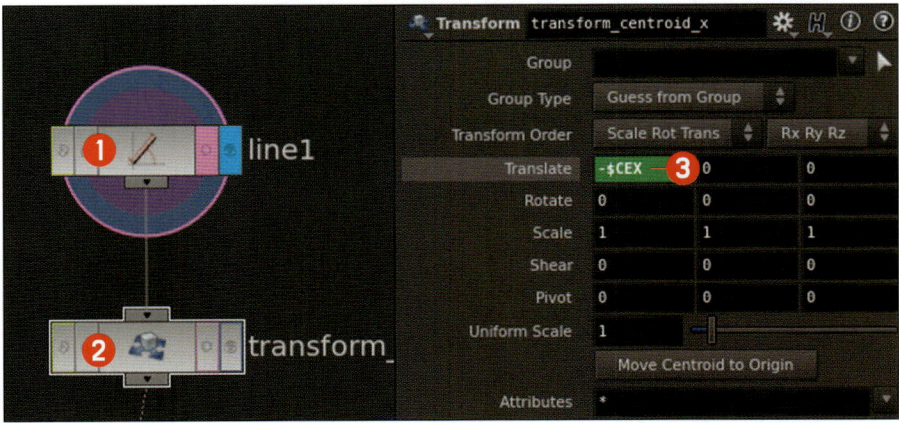

04 이번엔 Copy 노드를 생성한 후 다음의 그림과 같이 연결하여 Line 노드의 반대쪽에 막대가 복사되도록 해 줍니다. 이것으로 사다리를 만들기 위한 양쪽 긴 막대가 만들어졌습니다.

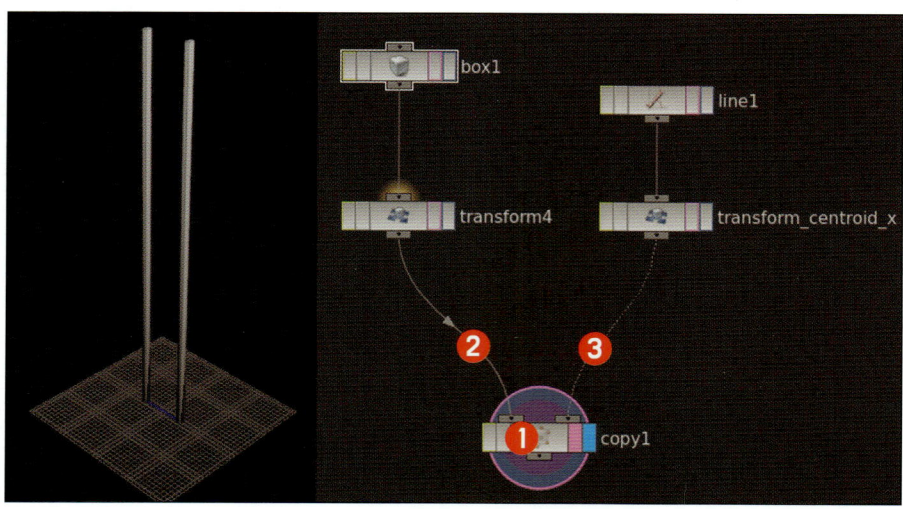

05 이번엔 밟고 올라가기 위한 봉을 만들기 위해 Tube를 생성하여 Primitive Type을 Polygon으로 변경하고, Orientation을 X Axis로 변경합니다. 그다음 새로운 Transform을 생성하여 연결하고, 두 번째 그림과 같이 입력합니다. 이제 사다리의 봉이 만들어졌습니다.

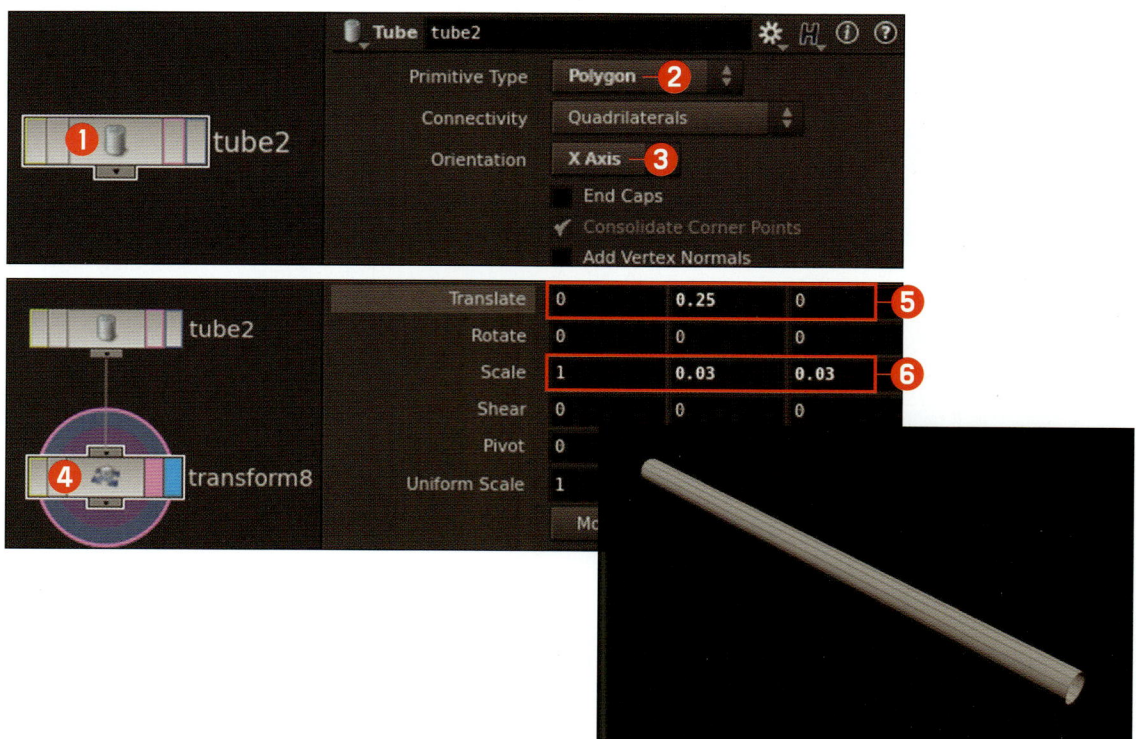

06 사다리의 봉이 만들어졌으므로 이제 봉의 수를 늘리도록 합니다. Copy Sop을 생성하여 연결합니다. 그리고 복사될 개수를 16개로 설정하고, y 축으로 0.5 정도 이동한 후 앞서 만든 사다리 막대와 가운데 봉들을 합쳐주기 위해 Merge 노드로 생성하여 연결합니다.

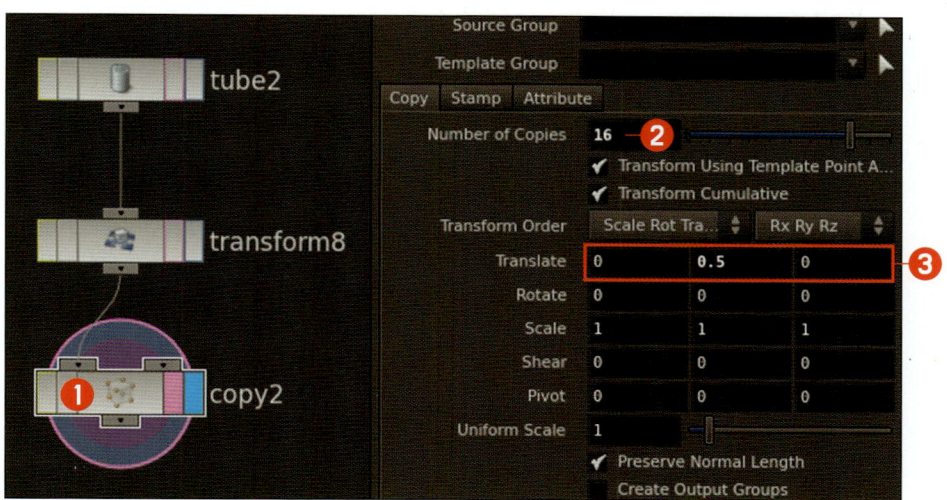

07 Merge 노드로 합쳐진 것을 확인해 보면 일단 사다리가 완성이 되긴 했지만 이것을 그냥 말 그대로 사다리일 뿐입니다. 이것을 Procedural Modeling이라고 하기엔 그럴만한 특징은 보이지 않습니다. 현재는 사다리의 높이를 늘리면 그에 따라 봉들도 직접 입력을 통해 맞춰주어야 하기 때문입니다.

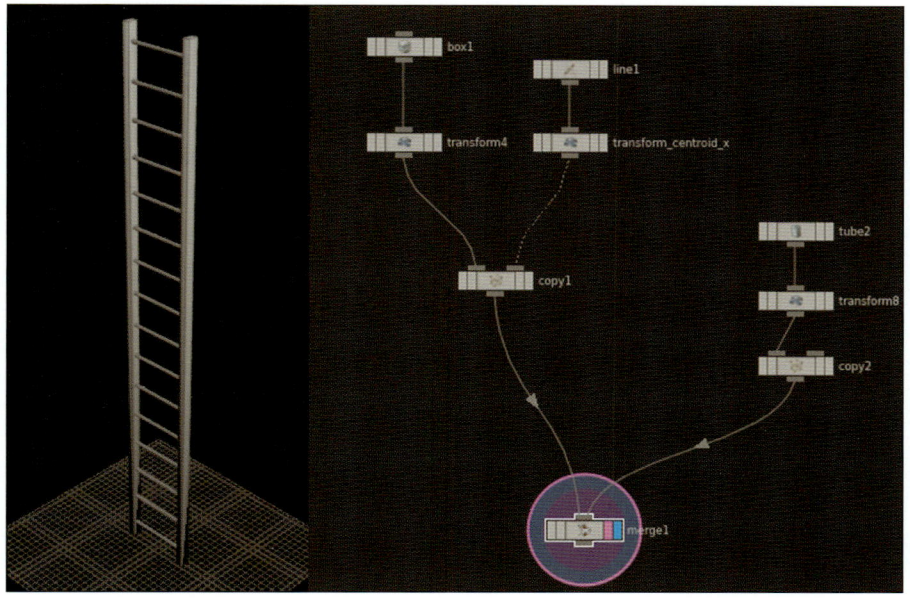

08 이런 불편함을 해결하기 위해 ch을 이용해 보겠습니다. Box에 연결된 Transform 노드의 파라미터에서 Scale의 y 축을 [RMB]하여 나타나는 메뉴에서 Copy Parameter를 선택합니다. 그러면 해당 채널이 복사됩니다.

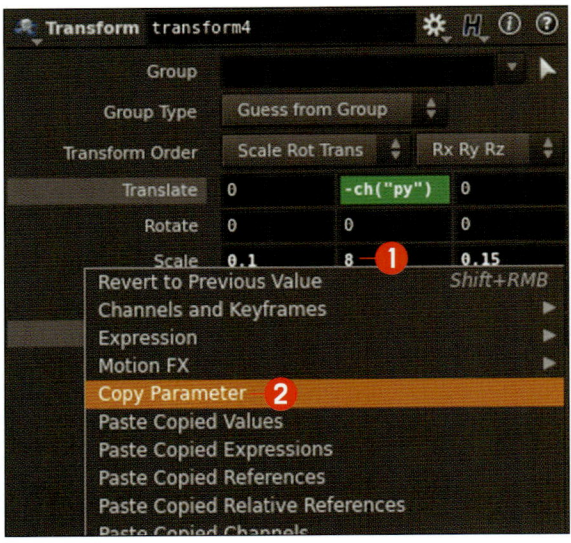

09 이번엔 Tube 노드에 연결된 Copy 노드의 Number of Copies에서 [RMB]를 하여 나타나는 메뉴에서 Paste Copied Relative References를 선택합니다. 이제 복사한 채널의 데이터를 상대 경로로 채널을 걸어주었습니다.

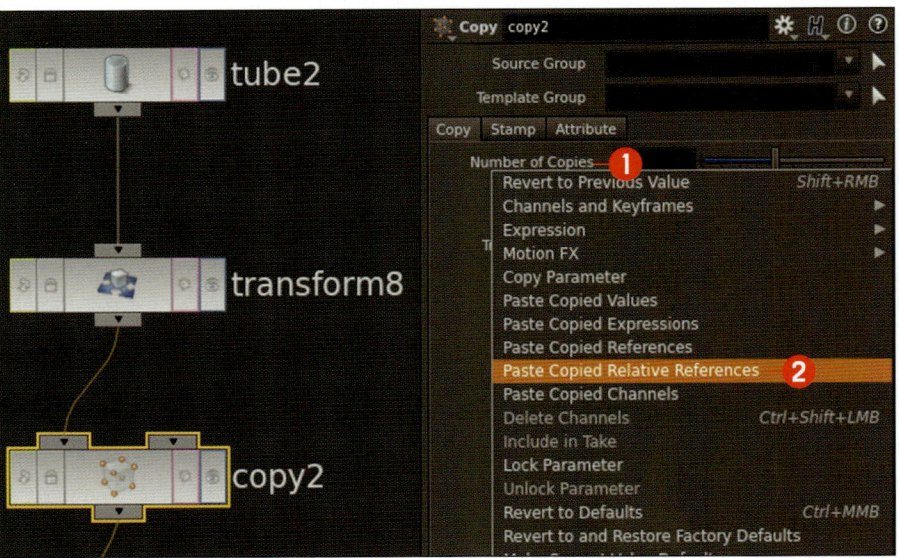

10 채널만 걸어 준 상태에서 씬 뷰를 확인해 보면 아직 봉의 개수가 턱없이 모자랍니다. 이제 Copy 노드의 Number of Copies 경로 뒤쪽에 그림처럼 * 2라는 곱하는 수식을 입력합니다.

11 이제 Box 아래쪽 연결된 Transform의 Scale y 값을 수정하면 자동으로 봉의 개수가 줄어들거나 늘어나는 것을 볼 수 있습니다. 이것으로 막대의 높이를 조절할 때 봉의 개수도 자동으로 조절될 수 있는 Procedural Modeling이 완성되었습니다. 여기서 만약 사다리의 너비를 조절해야 한다면 어떻게 해야 할까요? 그것은 막대가 복사된 Line 노드의 Length 값을 조절하면 됩니다.

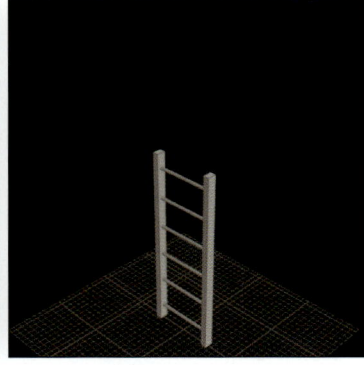

◀ 사다리 막대에 따라 조절되는 봉의 모습

12 하지만 지금의 상태에서 Line 노드의 Length 값을 조절해 보니 그림처럼 사다리가 분리(또는 잘리는)되는 엄청난 사태가 발생했습니다. 이것은 방금 만든 구조가 높이 조절만 가능한 사다리이기 때문입니다. 사다리를 좌우로 조절했을 때 발생되는 문제의 해결법은 아주 간단하지만, 여기에서는 다른 방법부터 다루어보도록 하겠습니다.

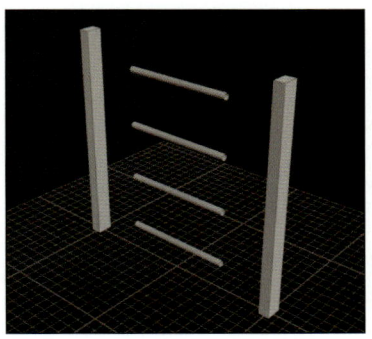

프로시쥬얼 모델링의 활용 **319**

13. 먼저 높낮이가 조절되는 사다리를 좀 더 디테일하게 컨트롤할 수 있도록 해 주기 위한 새로운 Line 노드와 Resample 노드를 생성합니다. 두 노드의 파라미터는 디폴트 상태로 사용합니다.

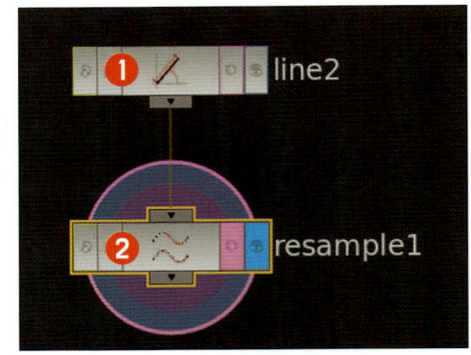

14. Tube가 연결된 Copy Sop에 Resample을 연결해 주고 Copy Sop의 Number of Copies에 연결된 채널에서 [Ctrl] + [Shift] + [LMB]를 하여 제거하거나 그림처럼 [RMB]를 눌러 나타나는 메뉴에서 Delete Channels을 선택하여 제거합니다. 채널을 삭제한 후에는 1을 입력하고, Translate의 y 축은 0으로 설정합니다.

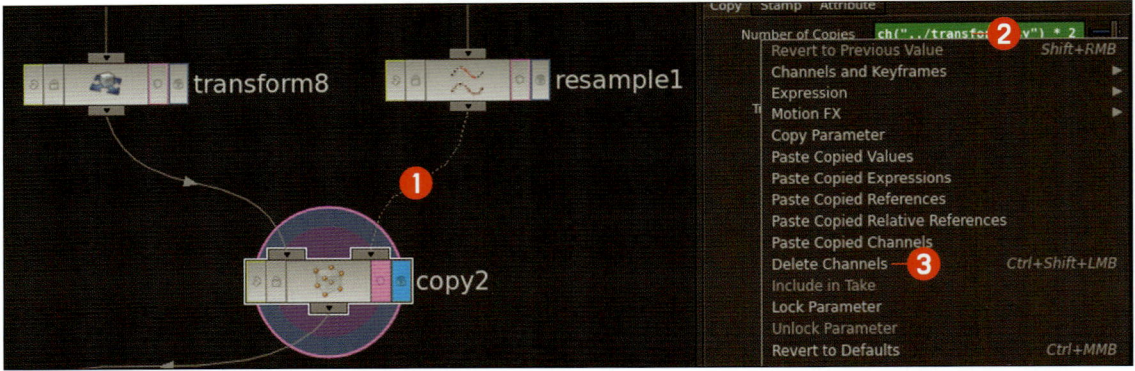

15. 이어서 이전과 동일하게 box에 연결된 Transform 노드의 Scale의 y 축 채널을 복사하고, line2 노드의 Length에 채널을 붙여넣기 한 뒤 0.5를 빼주는 수식을 입력합니다. 그다음 Resample 노드의 Length를 0.5로 설정합니다.

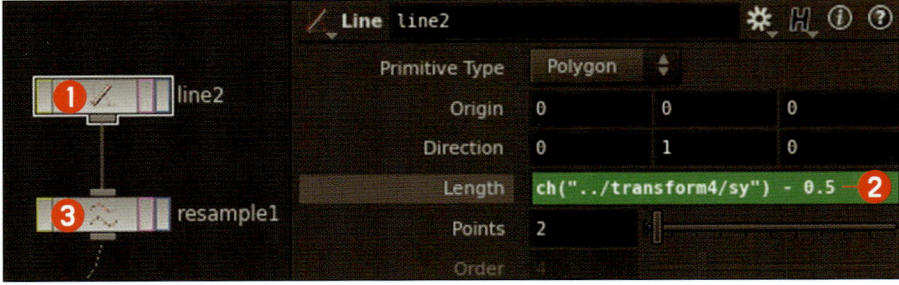

16. Box에 연결된 Transform 노드에서 Scale의 y 축 채널에서 [MMB]를 하여 래더(Ladder) 메뉴를 나타나게 한 후 조절하면 훨씬 자연스럽게 높낮이의 변화가 나타나게 되어 편리하게 설정할 수 있습니다.

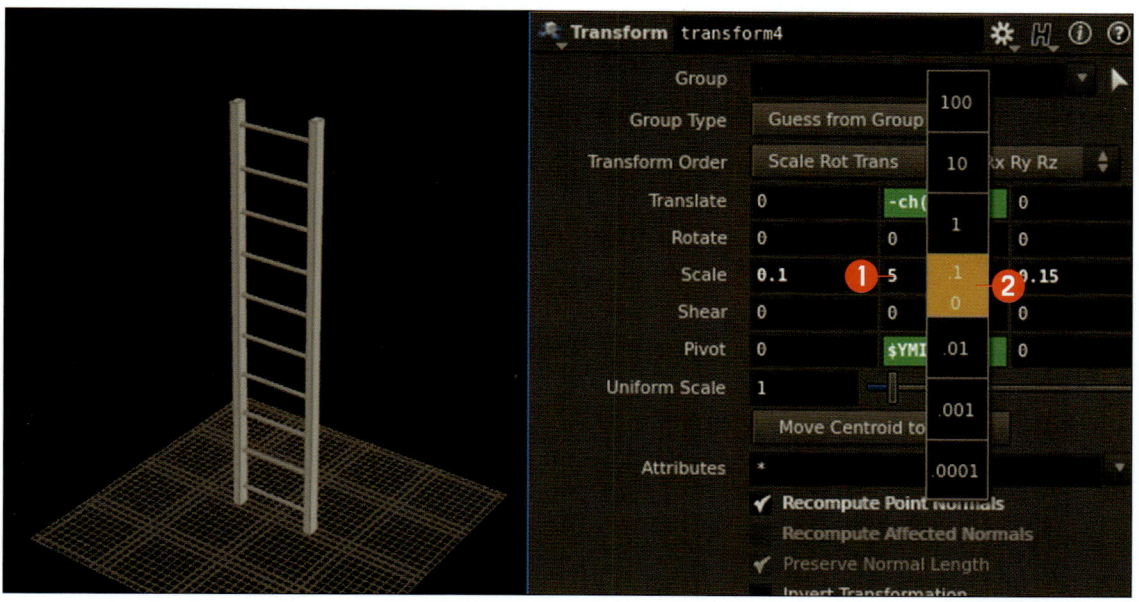

17. 추가적으로 Resample 노드의 Length 값에 변화를 주면 사다리의 높이는 유지한 상태에서 봉의 개수를 컨트롤할 수 있습니다. 이것으로 사다리의 높낮이 조절 시 봉의 갯수 조절이 가능한 Procedural Ladder를 만들었으므로 앞서 발생된 문제를 해결해 보도록 하겠습니다.

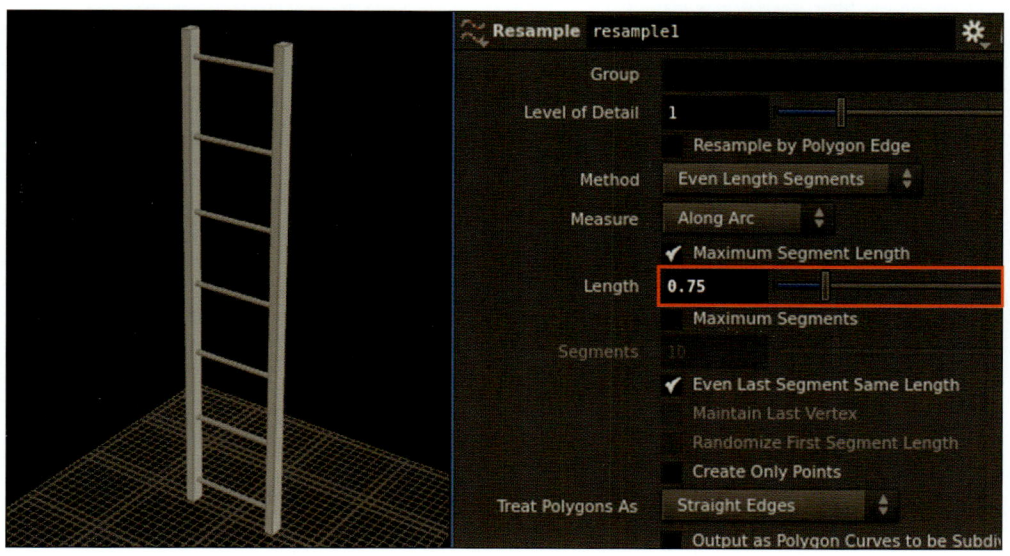

18 앞선 문제의 해결법은 line1 노드의 Length 채널을 복사하여 Tube 아래쪽 연결된 Transform의 x 축 Scale에 연결하면 됩니다. 이렇게 되면 사다리의 막대가 있는 Line의 길이 값만큼 Tube의 x 축도 동일한 값을 가지게 되는 것입니다.

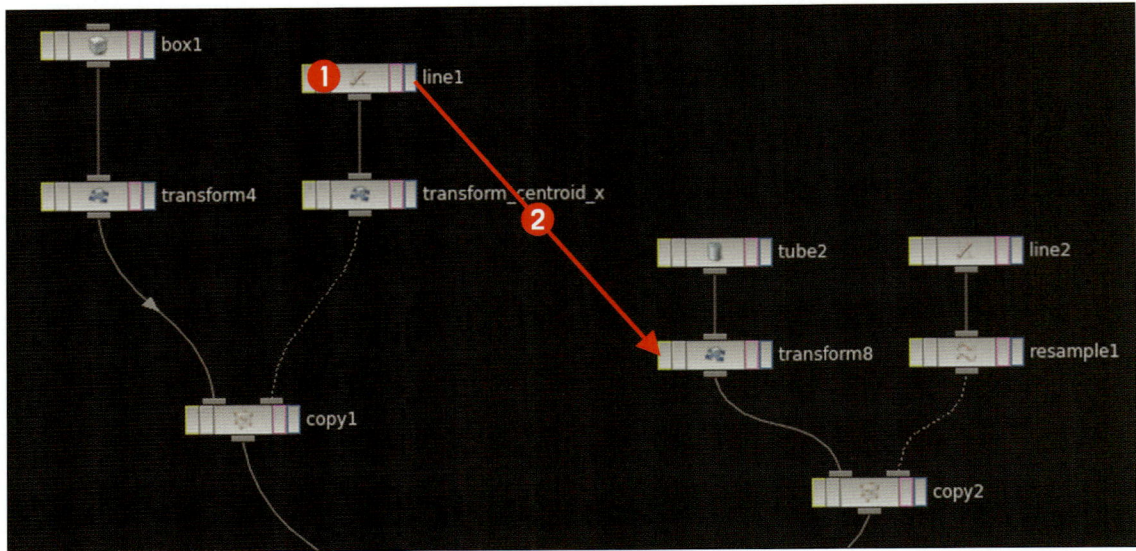

19 이것으로 line1의 Length 값을 늘리거나 줄여도 봉의 길이 또한 자동으로 바뀌는 Procedural Ladder가 완성이 되었습니다.

20 그러나 아직까지 이 구조가 이해가 되지 않고, 어디에 무슨 채널이 이동된 것인지 헷갈린다면 네트워크 뷰에서 [D]키를 누른 후 디스플레이 옵션으로 들어가서 Dependency 탭의 Show Local Dependency Links를

체크하여 활성화해 봅니다.

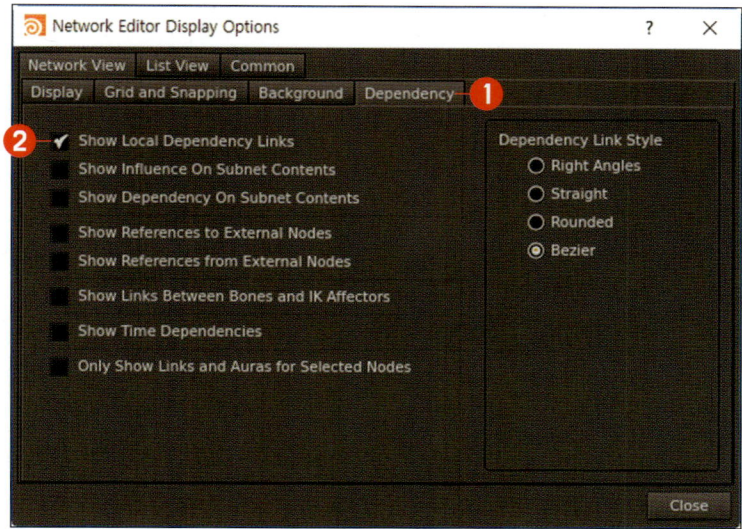

21 그러면 네트워크 뷰의 노드 트리에 초록색 라인이 나타나는데, 이 초록색 라인은 채널이 어느 노드에 연결되었는지 알 수 있게 해 주는 라인입니다. 이를 통해 채널이 어디에 있는지 쉽게 파악할 수 있습니다. 이제 이 지금까지의 Procedural Ladder가 어떻게 이루어졌는지 확인해 봅니다.

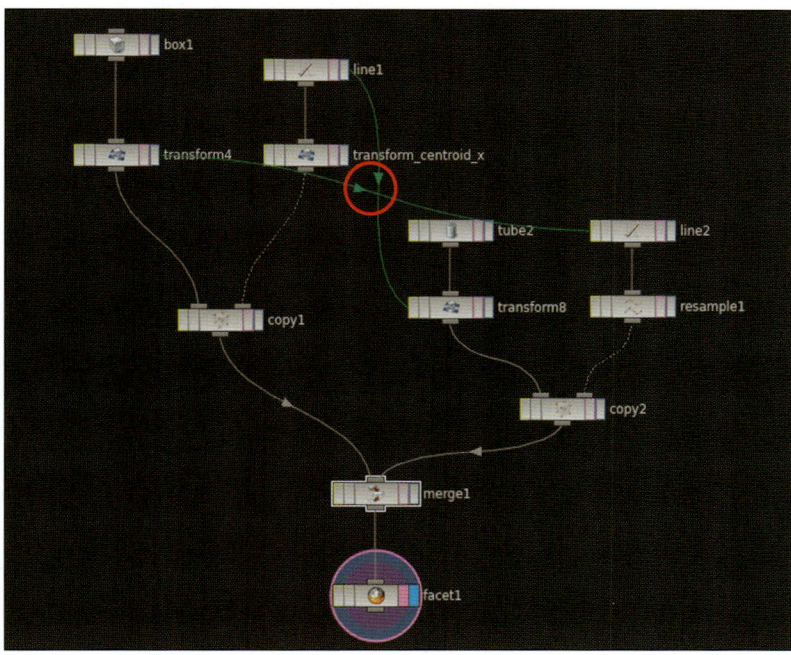

프로시쥬얼 탁자와 의자 만들기

앞선 학습에서 사용해본 프로시쥬얼 래더(Procedural Ladder)를 통해 프로시쥬얼 모델링에 대해 어느 정도 이해를 했을 것입니다. 이번 학습에서는 훨씬 컨트롤할 수 있는 부분이 많은 프로시쥬얼 탁자와 의자를 만들어보겠습니다.

01 먼저 탁자를 제작을 하기 위해 Grid를 생성하여 Size의 x, y 축을 모두 1로 설정하고, Rows와 Columns도 모두 2로 설정하여 한쪽 면만 존재하는 Grid를 만들어줍니다.

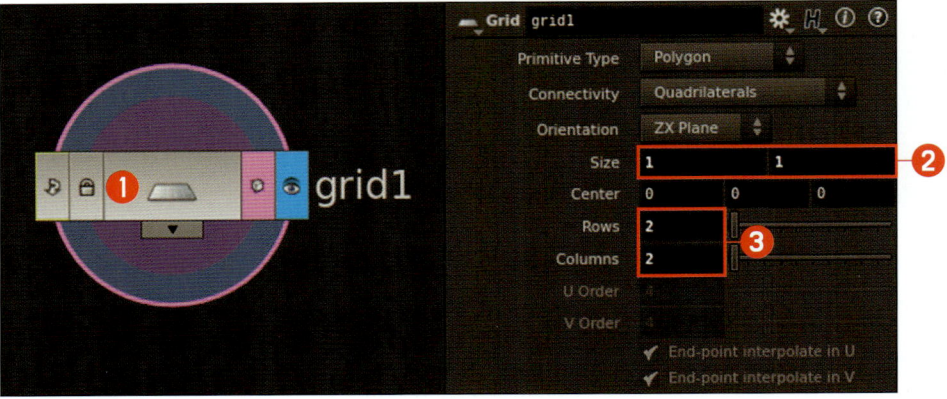

02 이어서 Transform 노드를 생성하여 연결한 후 Scale의 x, z 축을 모두 2로 설정하여 크기를 키워줍니다.

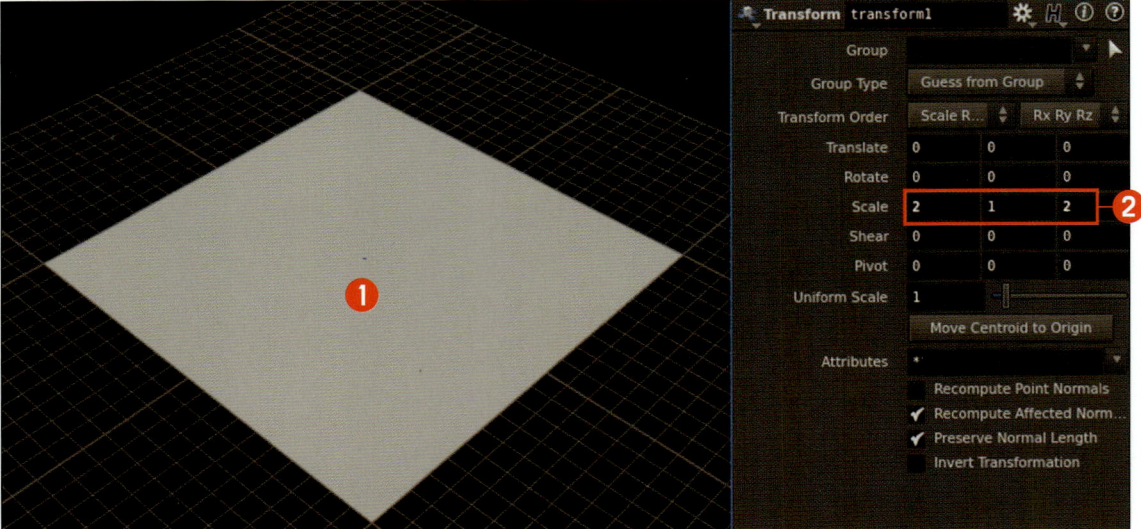

03 계속해서 PolyExtrude 노드를 생성하여 연결하고, 파라미터의 Insert를 0.1로 설정합니다. 그다음 씬 뷰를 확인해 보면 그림처럼 안쪽으로 면이 분할된 형태로 나타납니다.

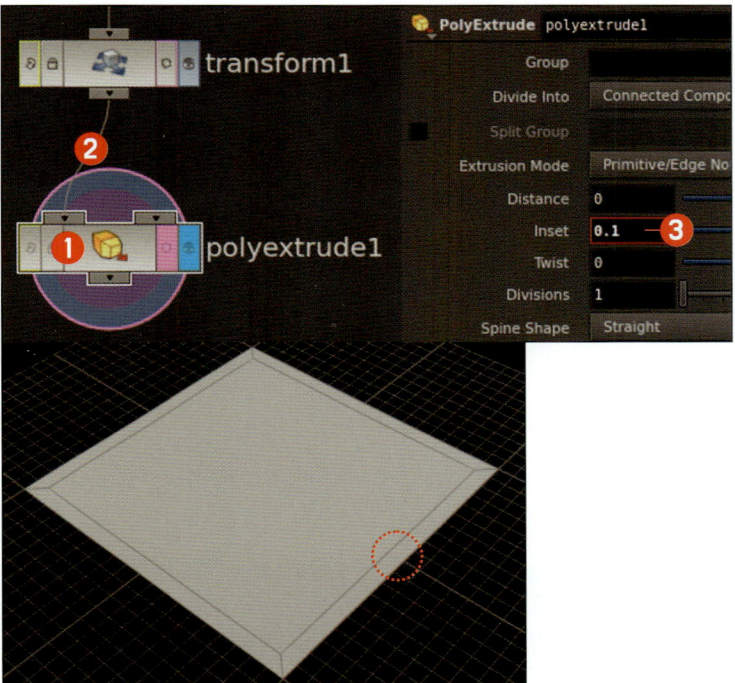

04 계속해서 PolyExtrude를 하나 더 생성하여 연결하고, Distance를 0.1로 설정합니다. 그다음 그림과 같이 Output Back을 체크합니다.

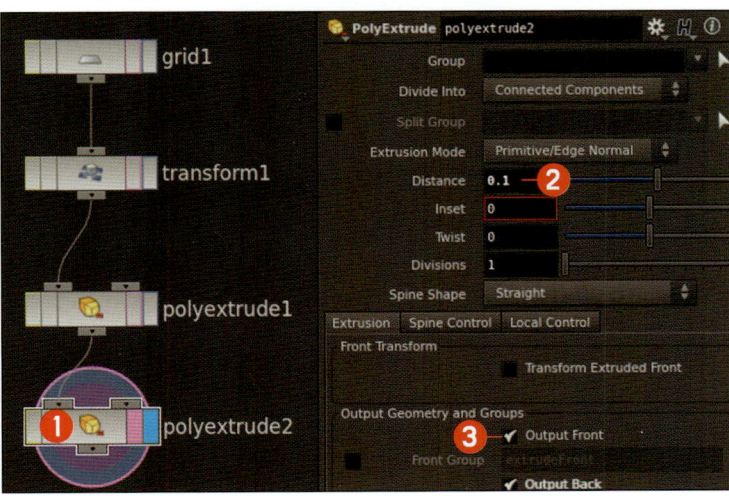

05 방금 체크한 Output Back은 Distance 값을 입력했을 때 기본적으로 Back에 해당하는 빈 곳을 채워주는 기능으로써 만약 이 옵션을 체크하지 않으면 아래 그림의 오른쪽처럼 바닥이 생기지 않습니다. 이제 탁자의 다리 부분을 만들어봅니다.

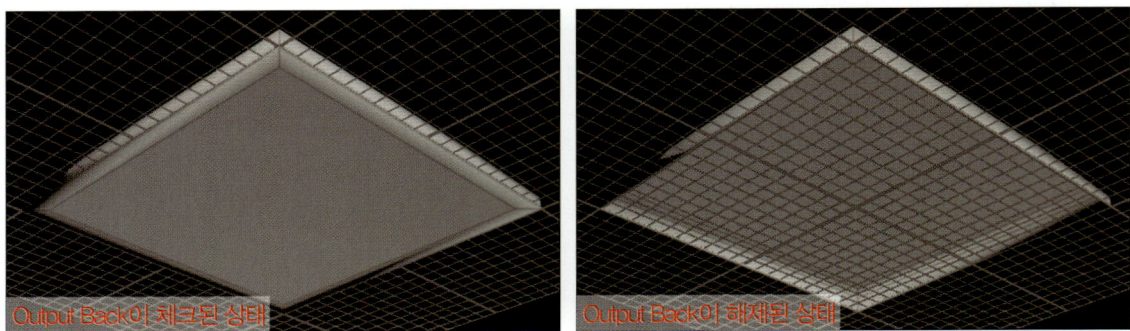

06 이번엔 Box와 Transform 노드를 생성하여 연결을 해 줍니다. 그다음 트랜스폼 노드의 파라미터에서 그림처럼 Translate의 y 축에 -ch("py"), Pivot의 y 축에 $YMAX를 입력합니다.

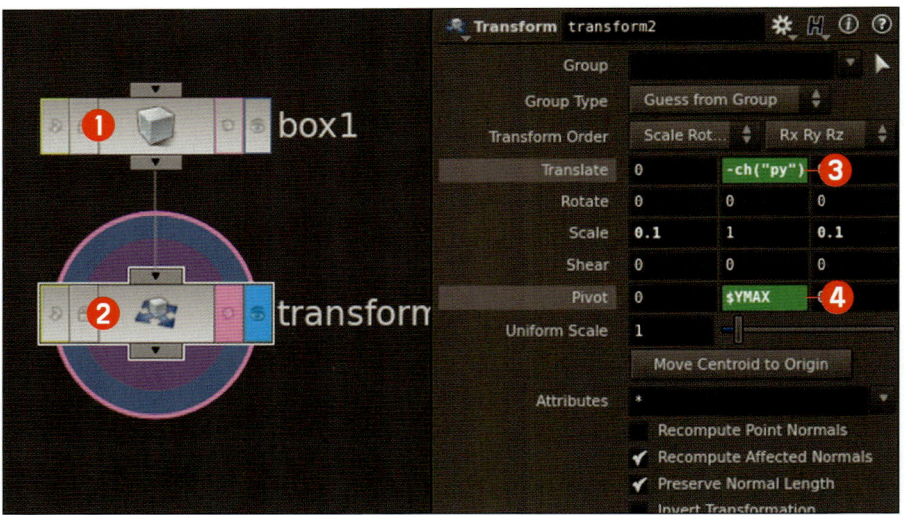

07 앞서 Translate에는 현재 피봇(중심)의 위치만큼 y 값을 빼고, Pivot은 y 축의 최댓값으로 이동하도록 설정하여 다리의 윗부분이 그리드에 붙도록 해 주었습니다. 이때 다리와 상판을 합쳐주기 위해 Merge 노드나 Copy 노드를 연결하면 이상한 형태로 붙게 됩니다. 물론 Merge 노드로 합쳐주면 다리가 상판의 센터에 붙긴 하지만 이와 같은 다리는 자연스럽지 않기 때문에 이번 예제에서는 각 모서리마다 다리가 붙도록 하겠습니다.

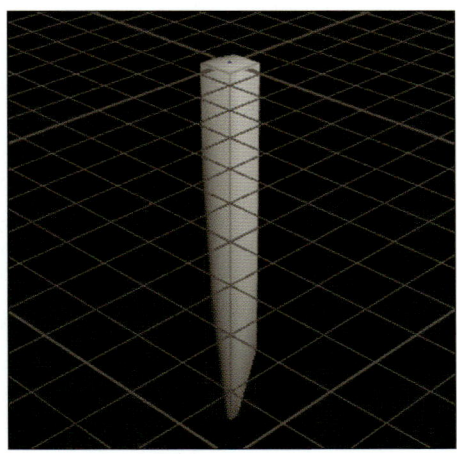

08 Copy Sop을 생성하여 상판으로 사용되는 노드를 인풋2에 연결하고, 다리로 사용되는 노드는 인풋1에 연결합니다. 그다음 파라미터의 Transform Using Template Point Attributes를 해제합니다.

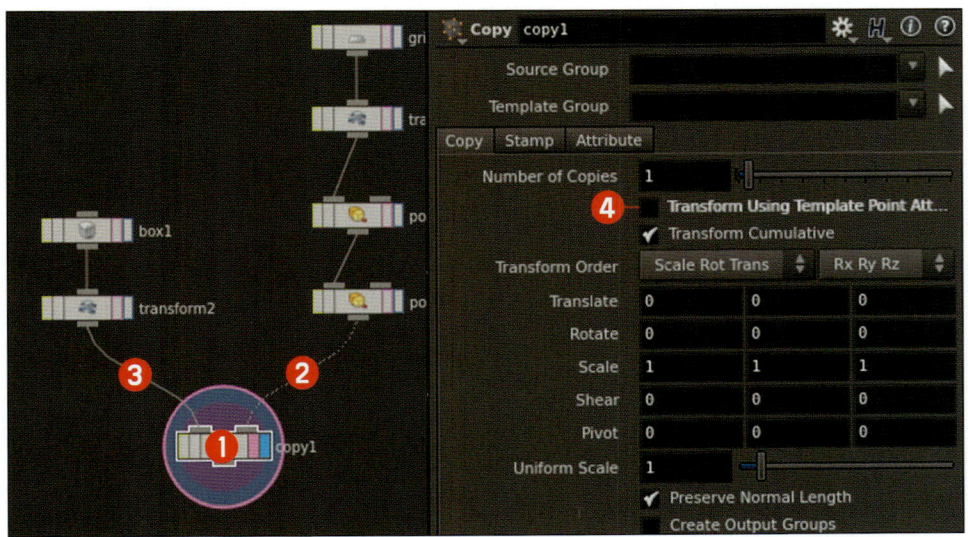

09 만약 여기서 Transform Using Template Point Attributes옵션이 체크되면 다리들이 방향성을 잃은 상태로 복사가 되기 때문에 다음의 그림과 동일하게 만들어주기 위해서는 반드시 체크를 해제해야 합니다. 그런데 탁자에 다리가 8개가 각각 2개씩 붙어있기 때문에 분리하여 4개만 사용되도록 수정을 해야 합니다. 그러기 위해서는 상판 안쪽 포인트나 바깥쪽 포인트만 그룹을 지어 복사를 해주어야 합니다.

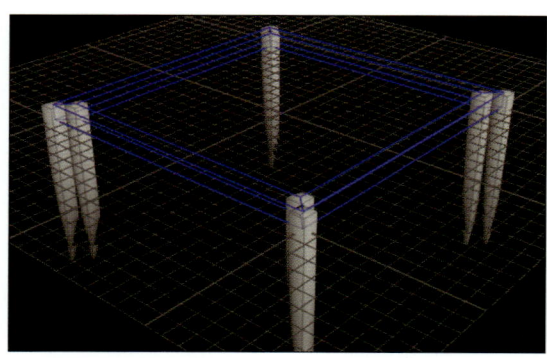

10 붙어있는 다리 중 안쪽에 붙어있는 것을 사용할 것입니다. 이제 안쪽의 포인트들을 그룹으로 만들어보겠습니다. Bound 노드를 생성하여 polyextrude1에 연결해 주고, Lower Padding의 x 값은 -0.005, y 값은 0.01로 설정합니다. 그다음 Lower Padding의 x 축 입력 필드에서 [RMB]를 하여 나타나는 메뉴에서 Copy Parameter를 통해 복사한 후 Paste Copied Relative References를 통해 아래의 두 번째 그림처럼 z 값과 Upper Padding의 x, z 값에 채널을 연결해 줍니다. 이어서 0.01이 입력된 Lower Padding의 y 값을 복사하여 Upper Padding의 y 값에 채널을 연결해 줍니다. 지금의 채널 작업은 편리함을 위해 걸어준 것입니다.

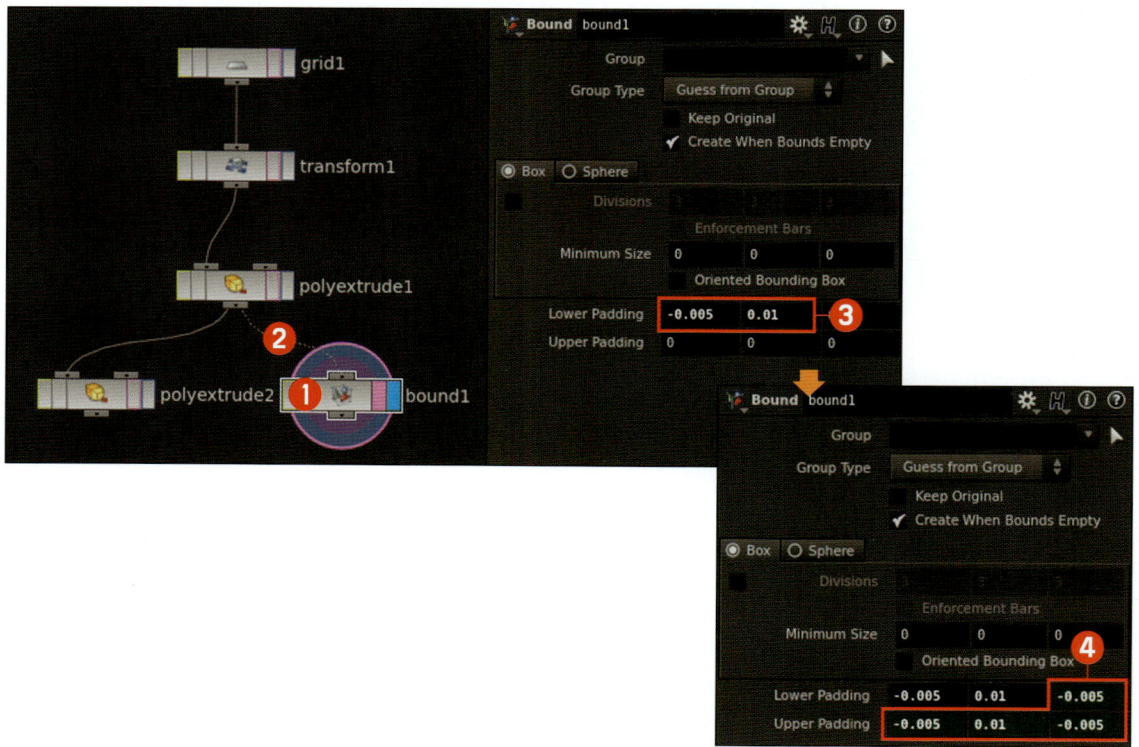

11 이번엔 Group 노드를 생성하여 Input 1에 polyextrude1을 연결하고, Input 2에는 bound1을 연결한 후 Group 노드의 파라미터에서 Number 탭의 Enable을 해제하고, Bounding 탭의 Enable은 체크합니다.

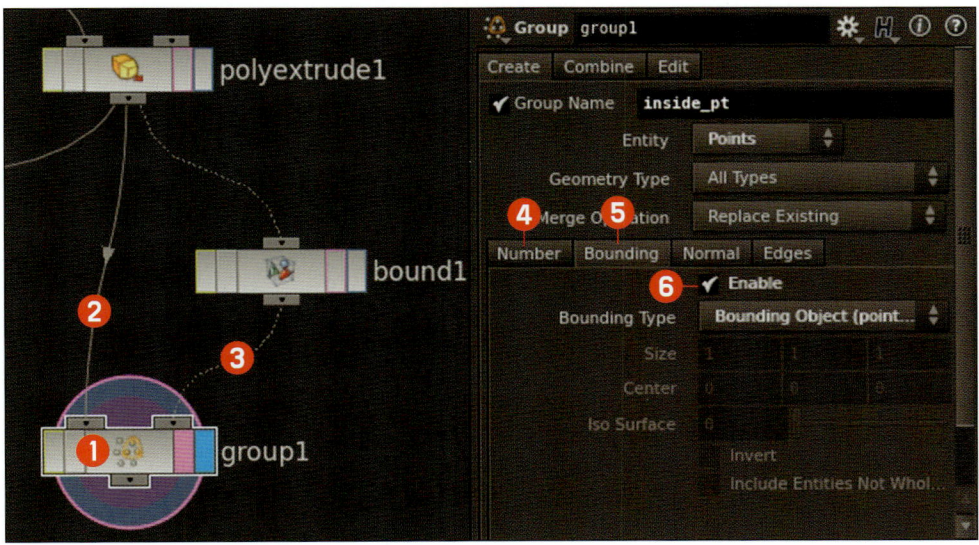

12 씬 뷰를 보면 안쪽의 포인트들만 선택이 되어있으며, [MMB]를 하여 Group 노드의 정보를 확인해 보면 네 개의 포인트가 inside_pt라는 이름으로 그룹이 된 것을 알 수 있습니다.

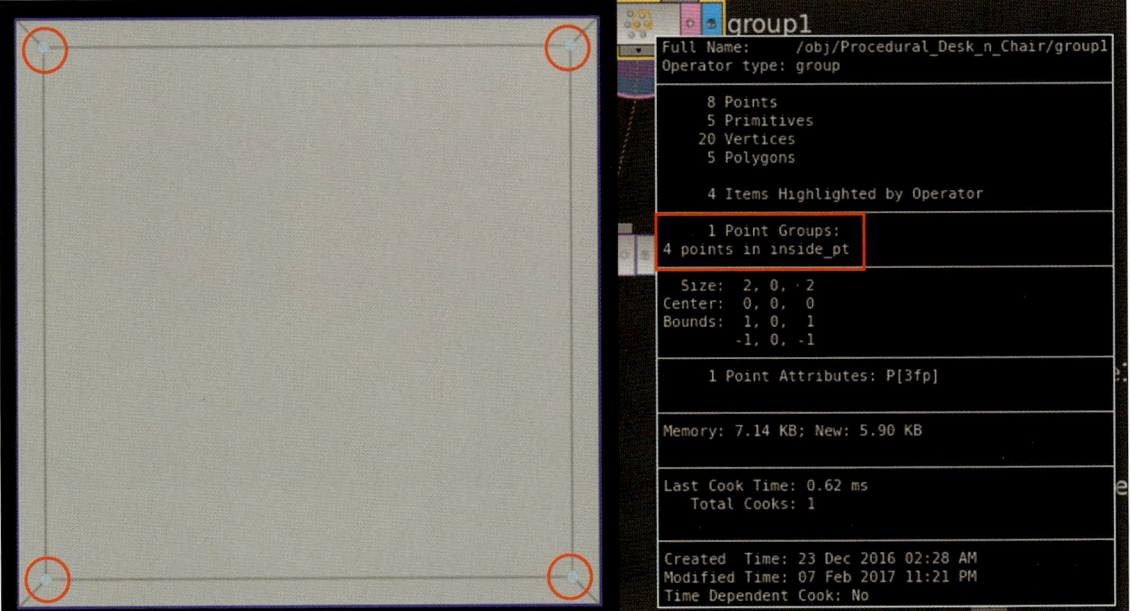

프로시쥬얼 모델링의 활용 329

13. 이번엔 앞서 사용했던 Copy Sop의 Input 2에 Group 노드를 연결하고, 파라미터의 Template Group에 inside_pt를 입력합니다.

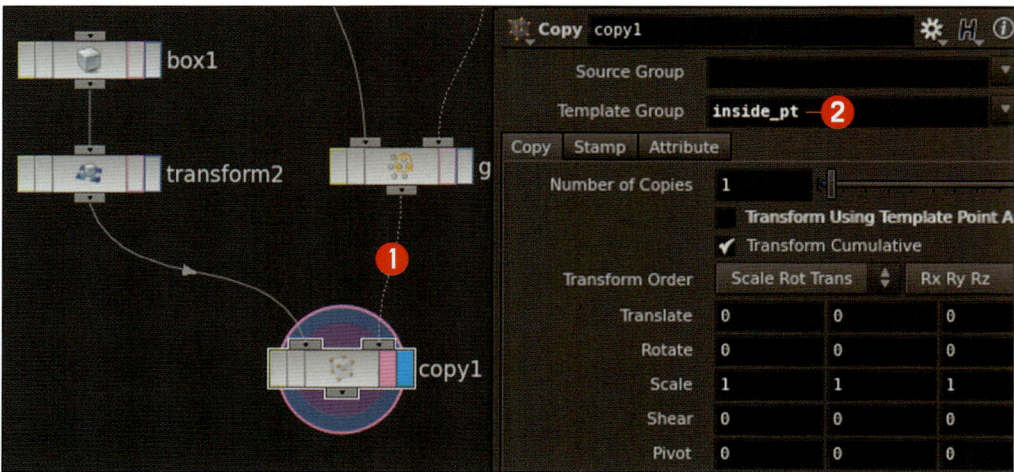

14. 이제 polyextrude2와 copy1을 Merge 노드를 생성하여 합쳐준 뒤 확인을 해 보면 정상적인 다리의 탁자가 만들어졌습니다. Bound 노드로 그룹이 될 영역을 만들고, Group 노드를 통해 Bound 안에 들어오는 포인트들을 inside_pt라는 그룹으로 묶었습니다. 그리고 Copy Sop을 통해 복사될 다리의 템플릿이 되는 그룹을 inside_pt로 지정하여 네 개의 다리가 생성된 것입니다.

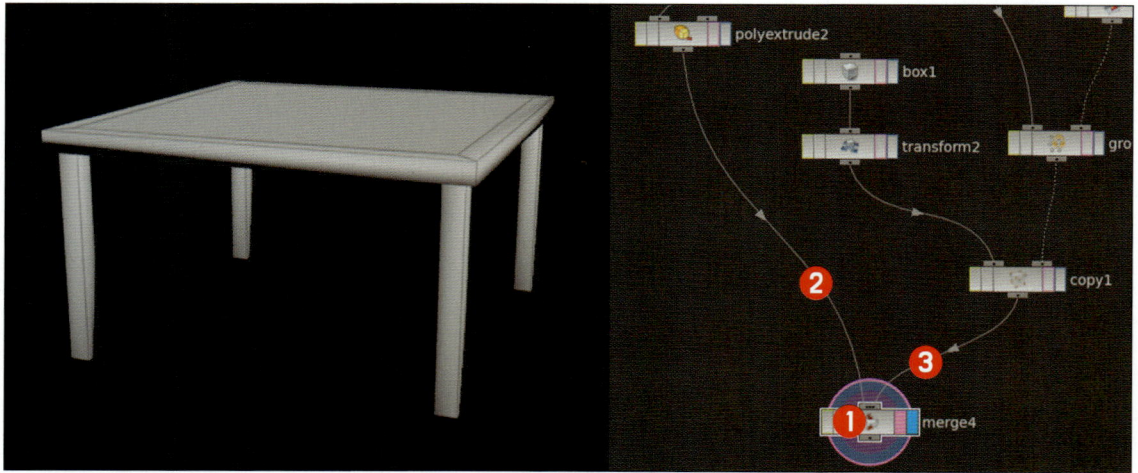

15. 이번에는 탁자보다 다소 까다로운 의자를 만들어보겠습니다. 먼저 Circle을 생성하여 Polygon Type을

Polygon으로 변경하고, Orientation는 ZX Plane, Radius는 0.3으로 설정합니다.

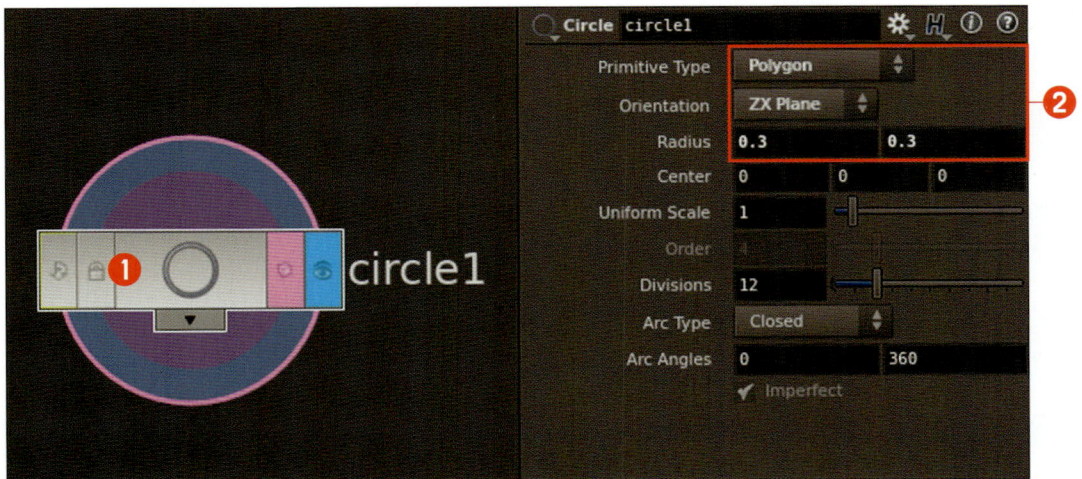

16 이번엔 PolyExtrude를 생성한 후 Circle 연결합니다. 그다음 Distance를 -0.25, Insert를 0.25로 설정합니다. 그러면 그림처럼 꼬깔 형태가 됩니다. 현재는 Division이 너무 낮기 때문에 Divisions 값을 4로 설정하여 분할되는 면을 늘려주고, Output Back을 체크합니다.

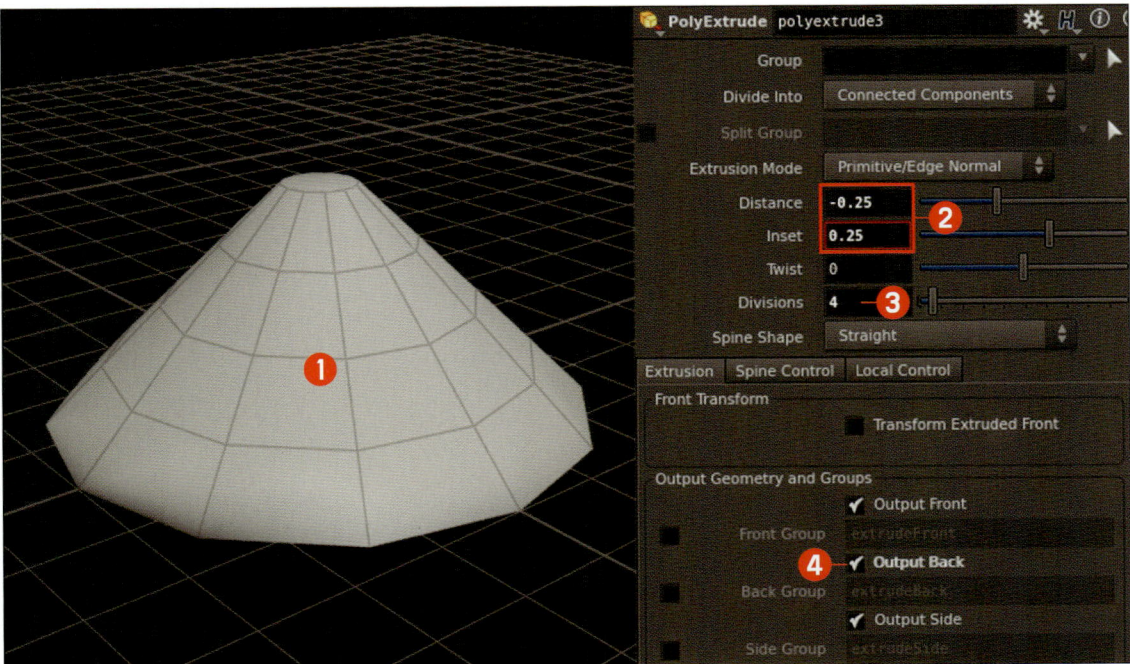

17 새로운 Reverse 노드와 PolyExtrude 노드를 생성하여 그림과 같이 연결하고, polyextrude4 노드의 Distance를 0.5로 설정합니다. Reverse 노드는 이름 그대로 오브젝트를 반전시켜줄 때 사용합니다. 굳이 연결하지 않고 -0.5를 입력해도 무방하지만 편리함을 위해 Reverse 노드를 사용한 것입니다.

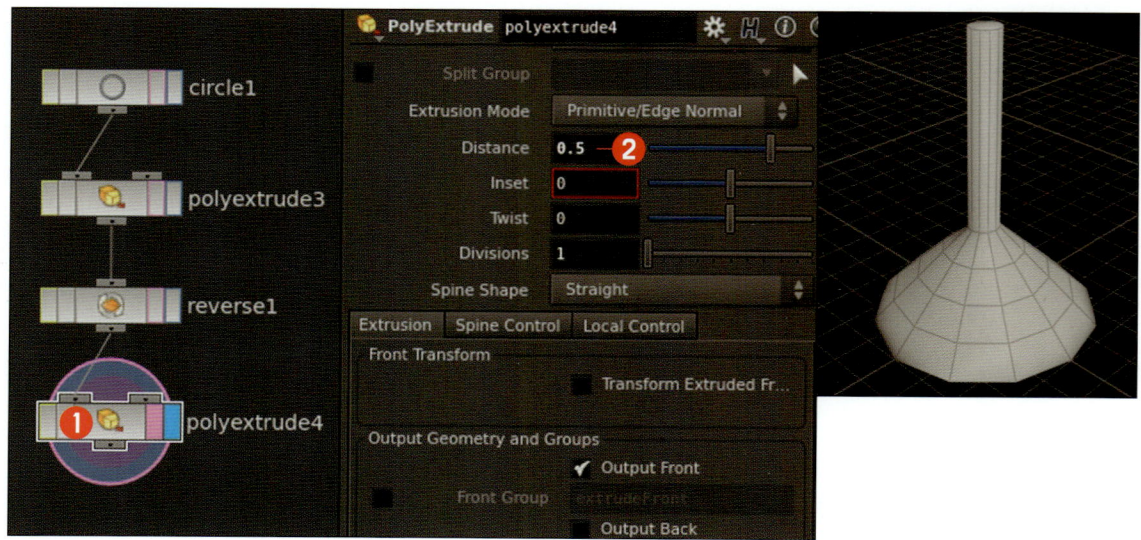

18 의자의 기둥과 받침을 만들었기 때문에 이제 앉을 수 있는 상판을 만들 차례입니다. 앞서 사용했던 Circle을 복사하고, Radius를 0.35로 수정한 후 새로운 Reverse와 PolyExtrude를 생성하여 연결하고, Distance를 0.07로 설정합니다.

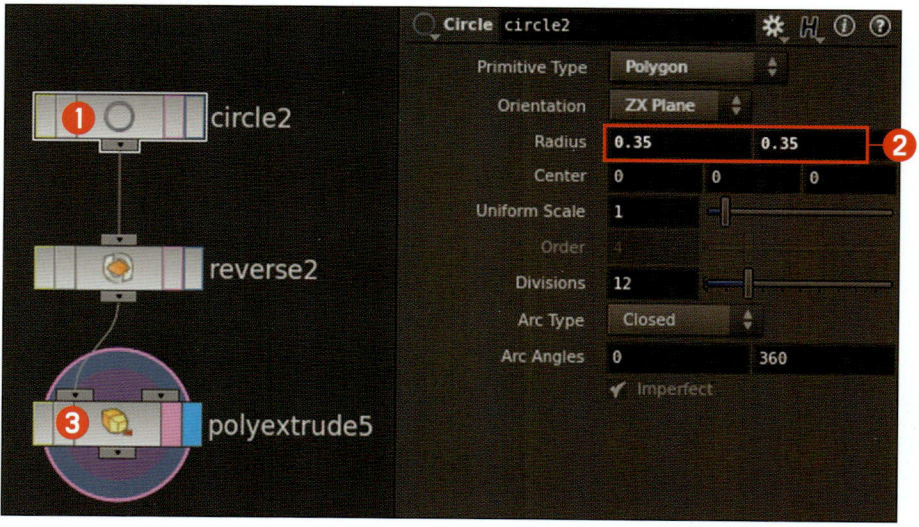

19 씬 뷰를 통해 확인해 보면 상판이 만들어졌습니다. 그렇지만 지금은 받침과 같은 위치에 있기 때문에 실제 의자처럼 앉을 수 있는 위치로 이동해야 합니다.

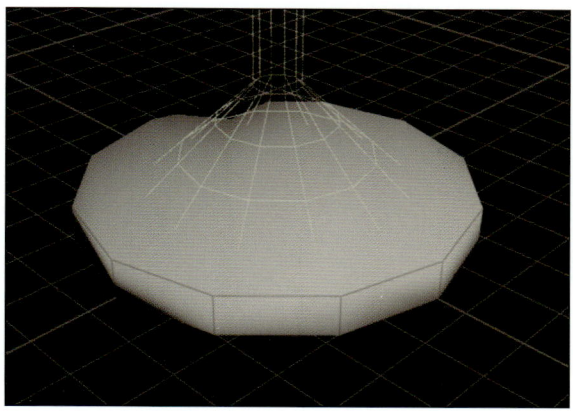

20 이제 의자 상판을 기둥(다리)의 끝부분에 옮겨주기 위해 Transform 노드를 만들어 연결하고, Translate의 y 축에 다음과 같은 익스프레션을 입력합니다. 이것으로 익스프레션 함수를 통해 의자의 받침과 기둥이 가지고 있는 센터 y 값을 가져 왔습니다.

centroid("../polyextrude4", D_Y) * 2 centroid

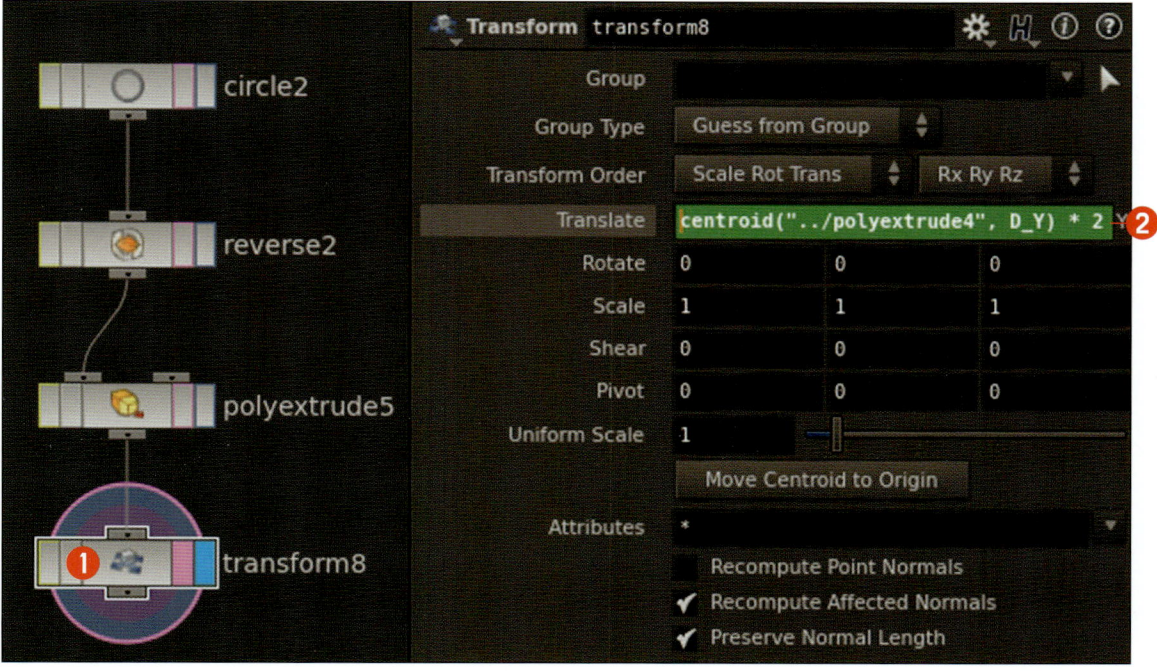

21. Dependency를 켜서(316페이지의 20번 과정을 참고) 확인을 해 보면 polyextrude4에서 transform8로 연결되어있는 것을 초록색 라인을 통해 알 수 있는데, 이것은 centroid 함수를 통해 데이터를 참조하는 경로가 polyexture4이기 때문입니다.

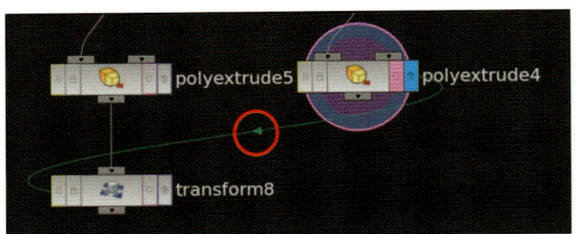

22. 그리고 익스프레션의 끝을 2로 곱해주었는데, 만약 곱셈 없이 그냥 센터 y 값을 사용하면 아래 그림의 위쪽처럼 기둥 중간에 상판이 붙기 때문에 센터 y 값에 2를 곱하여 최상단으로 이동한 것입니다. 이제 polyextrude4의 Distance 값을 높이거나 낮춰보면 상판이 붙은 채로 높낮이 조절됩니다.

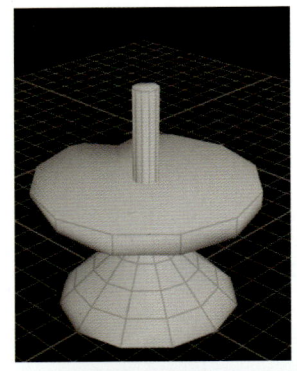

◀ * 2 곱셈 없이 익스프레션을 입력했을 때의 모습

  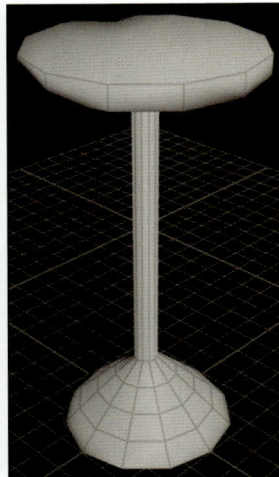

◀ Distance 값을 조절한 모습

23 계속해서 circle1 노드의 Divisions 채널에서 [RMB]를 하여 나타나는 메뉴를 통해 해당 채널을 복사하여 circle2의 Divsions에 채널을 연동해 주면 상판, 기둥, 받침의 면을 한꺼번에 컨트롤할 수 있게 됩니다.

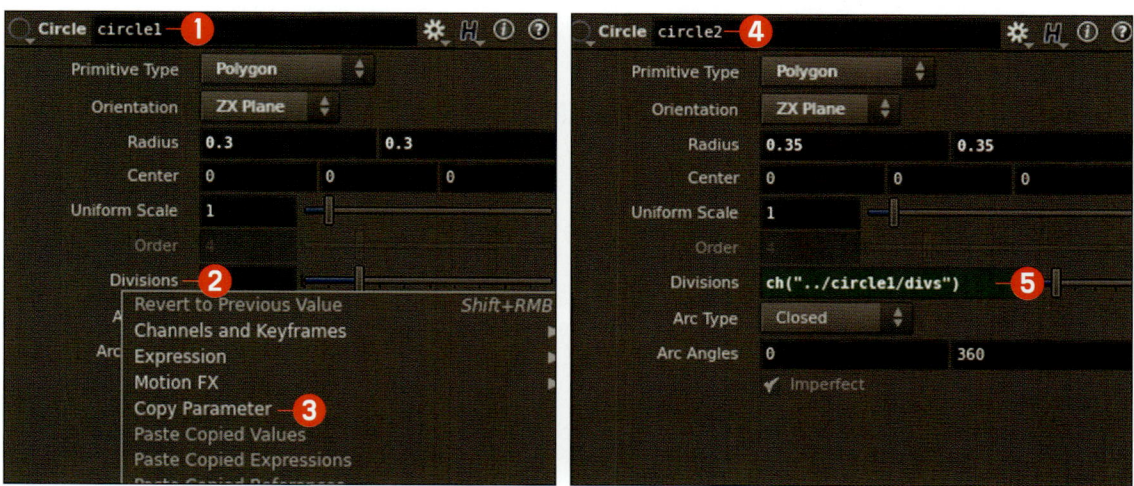

24 마지막으로 이동 및 크기 조절을 쉽게 하기 위해 Transform 노드를 달아준 뒤 Uniform Scale에 0.8을 입력합니다. 여기에서는 크기는 무방합니다. 다만 앞서 만든 탁자보다 크면 안되기 때문에 0.8 정도로 설정한 것입니다. 이렇게 하면 프로시쥬얼 의자가 완성이 되게 됩니다. 그렇다면 이제 의자가 탁자의 길이에 따라 개수가 늘어나거나 줄어들도록 해 보겠습니다.

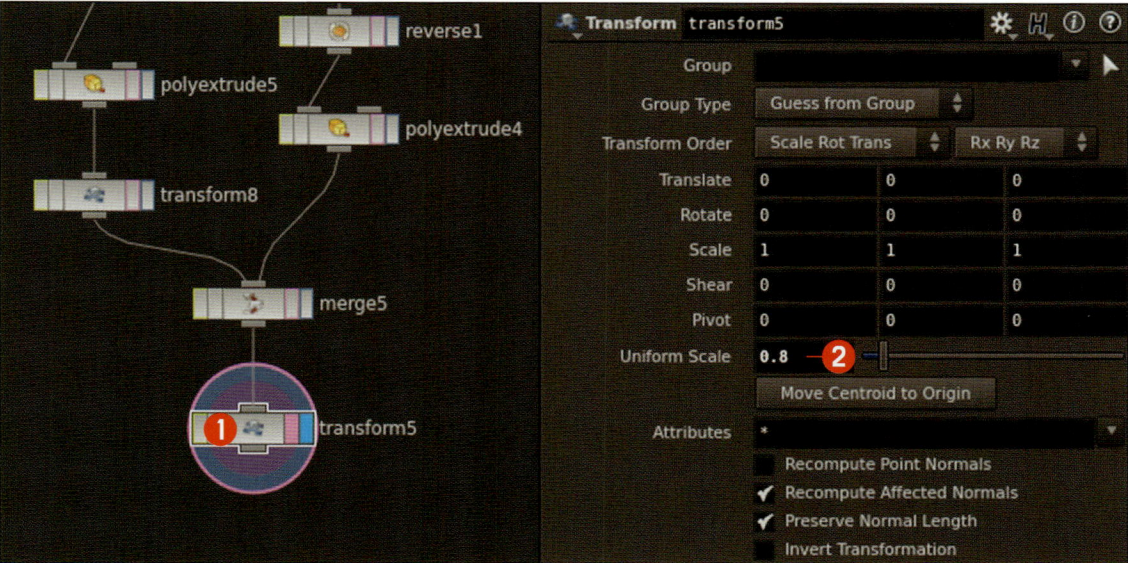

25 이번엔 Line을 생성하여 Direction을 1, 0, 0으로 설정하고, Length는 0.5로 설정합니다. 그다음 새로운 Transform 노드를 연결한 후 Translate의 x 축에 -$CEX를 입력하여 Line이 센터로 오도록 해 주고, z 축에 transform1 노드 Size의 z 축 채널을 연동합니다. 이어서 transform1 노드의 템플릿을 켜고, line1의 디스플레이를 켜서 확인을 해 보면 line이 z 축으로 이동됩니다.

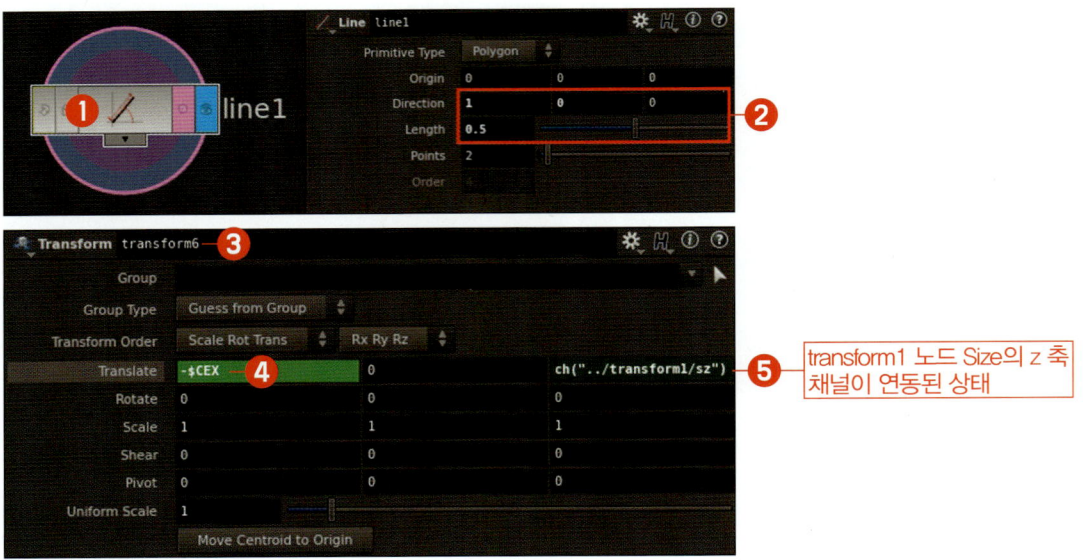

26 이제 transform6의 z 축에 연동된 경로 뒤쪽에 / 2를 입력하여 나눗셈을 해 주게 되면 그림처럼 line이 Grid의 z 축에 달라붙게 됩니다. 하지만 이렇게 생성된 line에 의자가 붙게 되면 탁자의 끝부분과 의자의 위치가 동일하게 되어 앉기가 불편하기 때문에 공간을 주도록 하겠습니다.

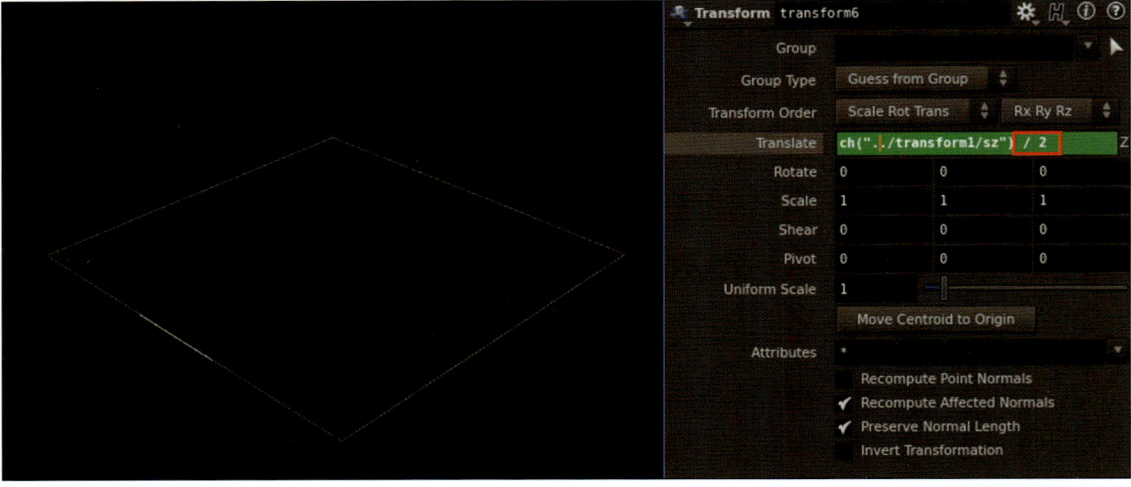

27 transform6의 z 축의 익스프레션 입력 필드에 다음과 같이 입력합니다. 그러면 기존의 익스프레션에 0.25를 더해준 변화가 있으며, z 축에 대한 Offset 값이 되게 됩니다.

0.25 + (ch("../transform1/sz") / 2)

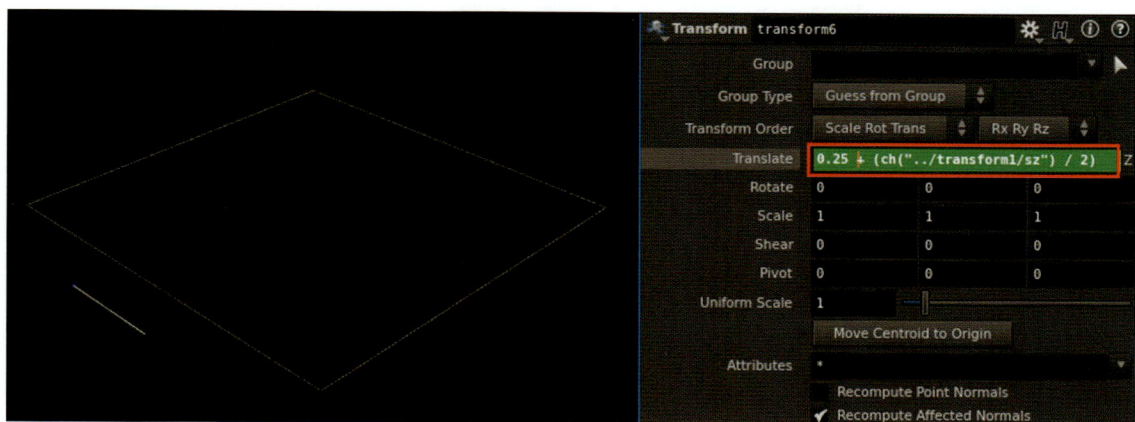

28 계속해서 Copy Sop을 생성하여 Transform Using Template Point Attributes를 해제합니다. 그다음 Input 1에는 앞서 만들어놓은 의자를 연결하고, Input 2에는 위치를 잡은 Line을 연결합니다.

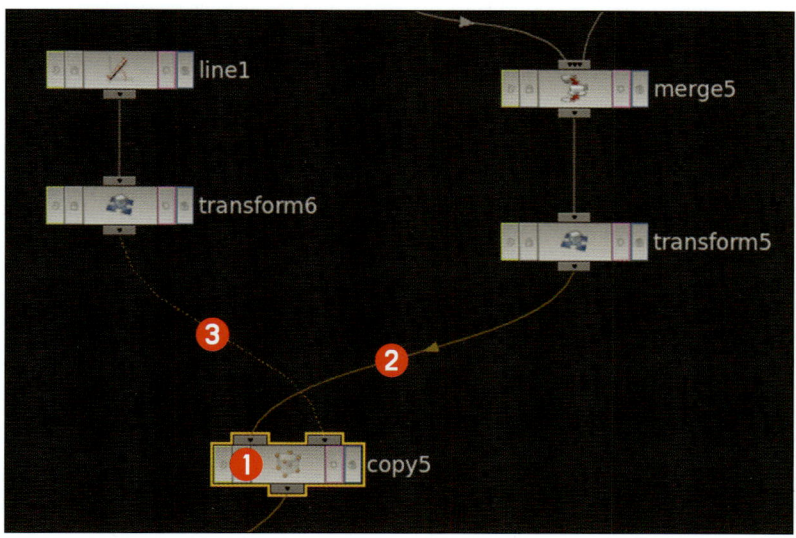

29 여기서 탁자와 Merge를 하여 확인을 해 보면 위치가 잘 잡힌 의자와 탁자가 보이는데 다음의 그림처럼 의자끼리 겹쳐는 현상이 일어나게 됩니다. 의자는 Line에 존재하는 두 포인트에 복사되는데 포인트의 거리가

가깝기 때문에 이와 같은 현상이 발생되는 것이므로 Fuse 노드를 연결하여 일정 거리 내의 Point는 합쳐지지 않도록 해 주어야 합니다.

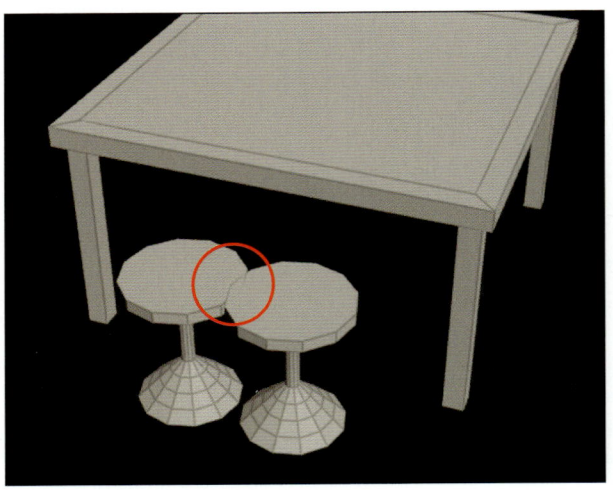

30 Fuse 노드를 생성한 후 line1과 transform6의 사이에 연결하고, 파라미터의 Distance를 0.5로 설정합니다. 그다음 Keep Unused Points를 체크합니다.

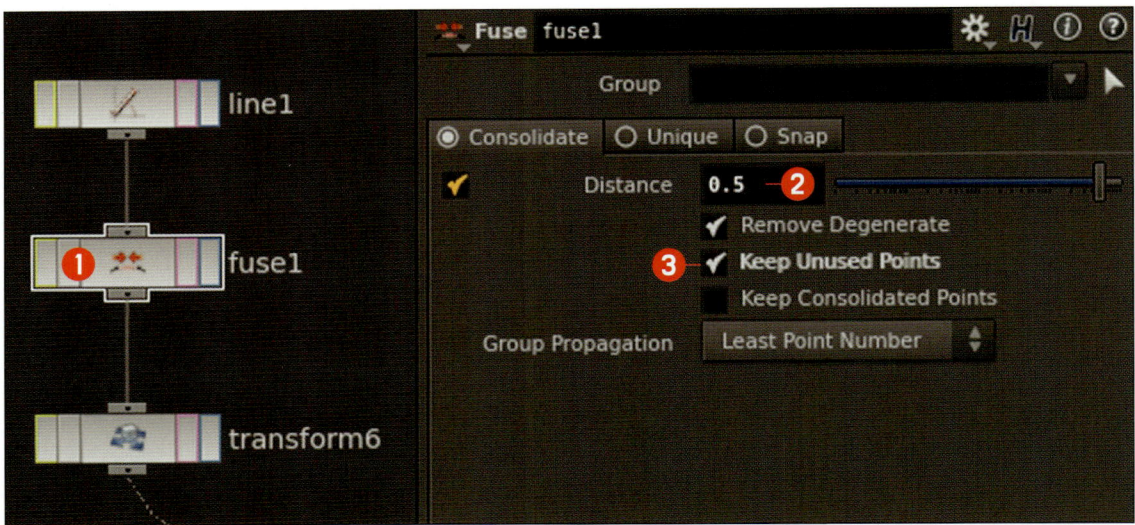

31 이것으로 겹쳐있었던 의자가 사라지고 한 개의 의자만 남게 됩니다. 하지만 아직은 탁자의 길이를 늘려도 의자에는 변화가 없습니다.

32 이번엔 탁자의 길이에 따라서 계속 붙어있는 의자를 만들기 위해 Copy 노드의 Input 2로 연결되어있는 line1 노드의 길이가 탁자의 길이와 동일하게 해 주어야 하기 때문에 line1의 Length에 다음과 같이 입력합니다. 앞쪽의 경로는 transform1 노드의 Size x 값이며, 뒤쪽의 -1.5는 Offset 값이 됩니다. 참고로 이 경로는 채널을 복사해서 붙인 후 -1.5를 입력해도 됩니다.

ch("../trnasform1/sx") - 1.5

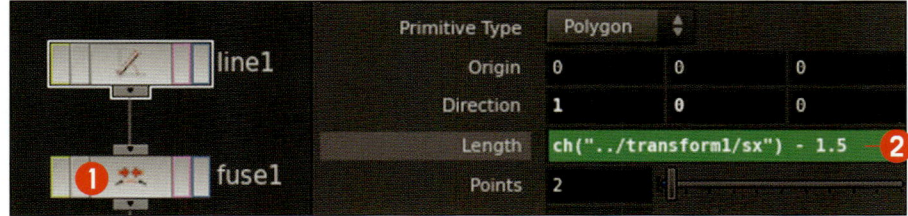

33 이제 transform1 노드의 Size x 축을 [MMB]하여 레더 메뉴로 수치를 변경하면 Desk의 끝부분을 따라가는 것을 볼 수 있습니다.

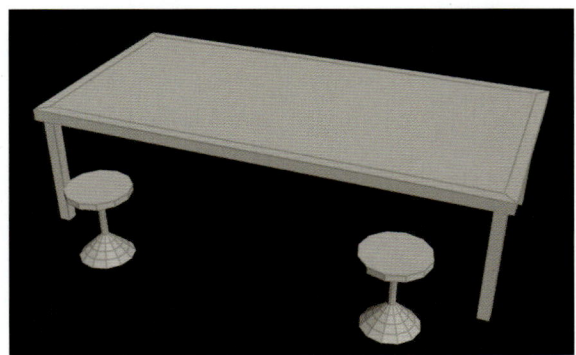

34. 그런데 탁자가 커진 만큼 의자도 많아져야 할 것이므로 탁자의 길이에 맞게 개수가 늘어나도록 해 보겠습니다. Fuse 노드 아래쪽에 Resample 노드를 연결하고, Maximum Segment Length를 해제합니다. 그다음 Maximum Segments를 체크한 후 확인을 해 보면 10개의 의자가 나오게 되는데, 그러나 아직까지는 늘리거나 줄여도 개수의 변화는 없습니다.

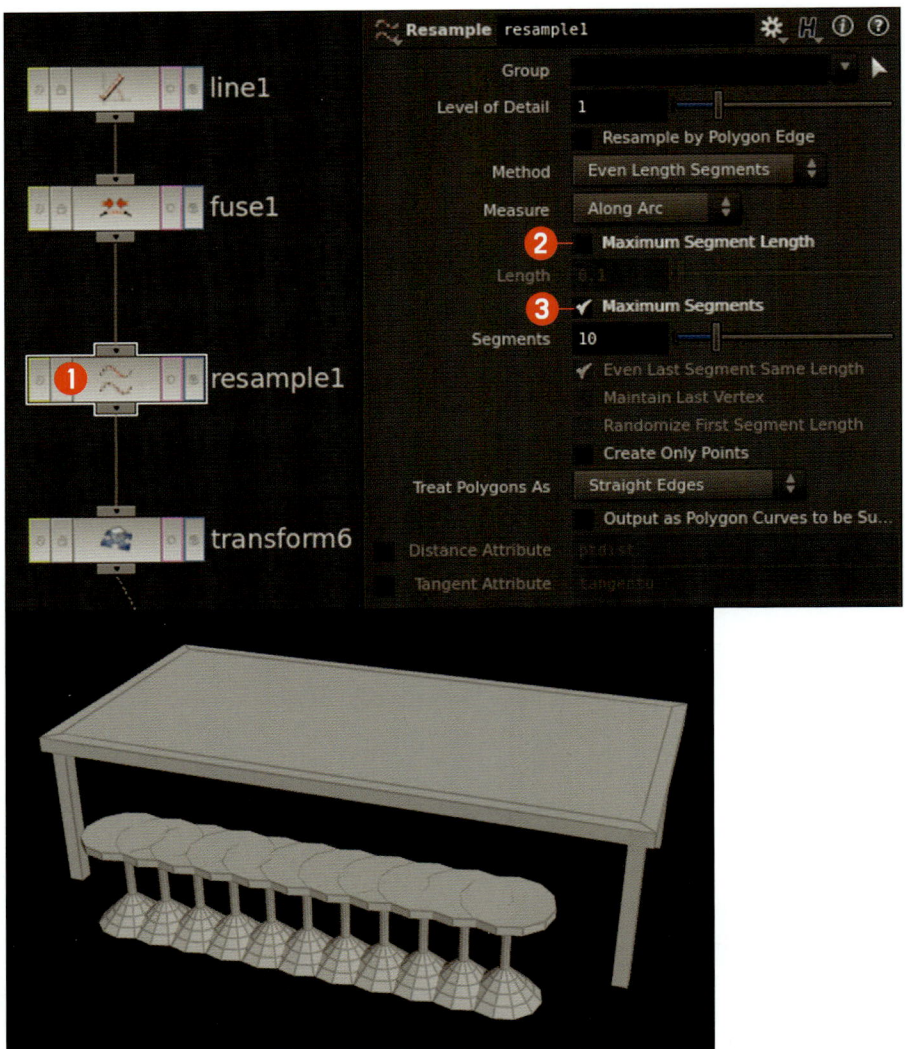

35. 여기에서는 Size x 값에 따라 변화가 생기도록 해야 하므로 Segments에 이전과 동일하게 채널을 연결하고, -2만큼 뺄샘을 해 줍니다.

ch("../transform1/sx") - 2

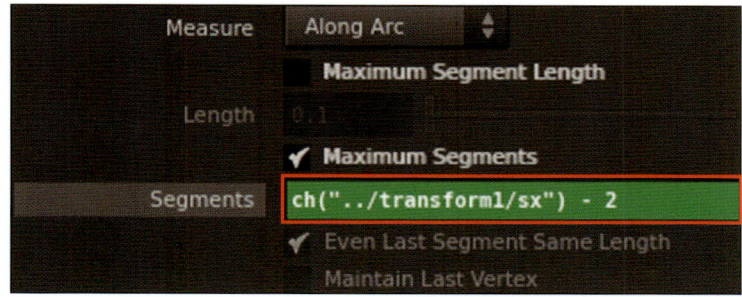

36 이제 탁자의 Size x 축을 늘리면 늘어나는 만큼 의자 또한 자동으로 생성됩니다. 그런데 아직 하나의 문제가 남아있습니다. x 축이 2 이하로 내려가면 의자가 아예 사라지는 증상이 있기 때문입니다. 이것은 채널 값에 −2를 빼서 size x가 0이 되기 때문입니다. 해결하기 위해서는 Size x가 2보다 작아질 때 1이 되라는 조건식을 입력하면 됩니다.

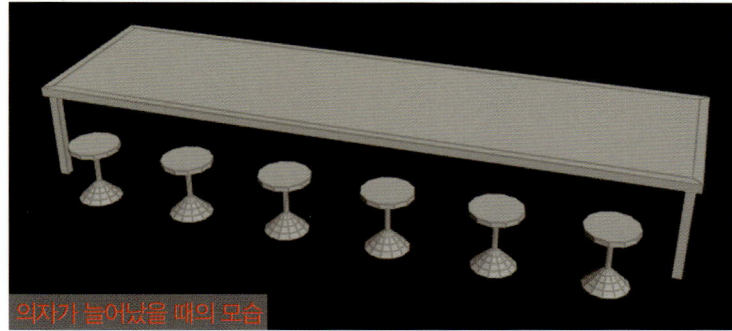

37 조건식을 쓰기 위해 Resample 노드의 Maximum Segments에서 [RMB]를 하여 나타나는 메뉴에서 [Expression] - [Edit Expression]을 적용하여 익스프레션 편집기를 열어줍니다.

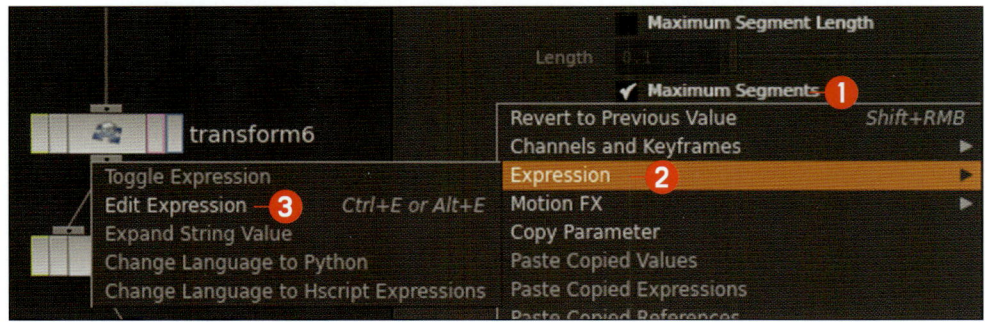

프로시쥬얼 모델링의 활용 **341**

38 익스프레션 편집기에 if(ch("../transform1/sx") <= 2, 0, 1)라는 익스프레션을 입력을 한 뒤 [Accept] 버튼을 눌러 완성합니다. 이 익스프레션은 transform1의 Size x 값이 2보다 작거나 같을 경우 체크를 해제하고, 높을 경우에는 체크를 활성화하라는 의미입니다.

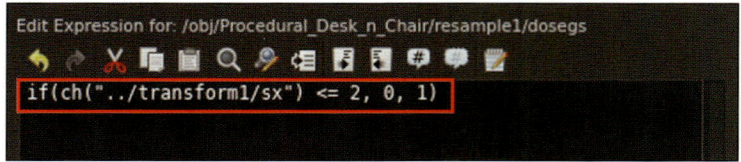

39 여기에서 transform1의 Size x 값의 수치를 2보다 낮게 설정을 해 보면 Maximum Segments가 온/오프되는 것을 확인할 수 있으며, 씬 뷰로에서도 역시 확인이 가능합니다.

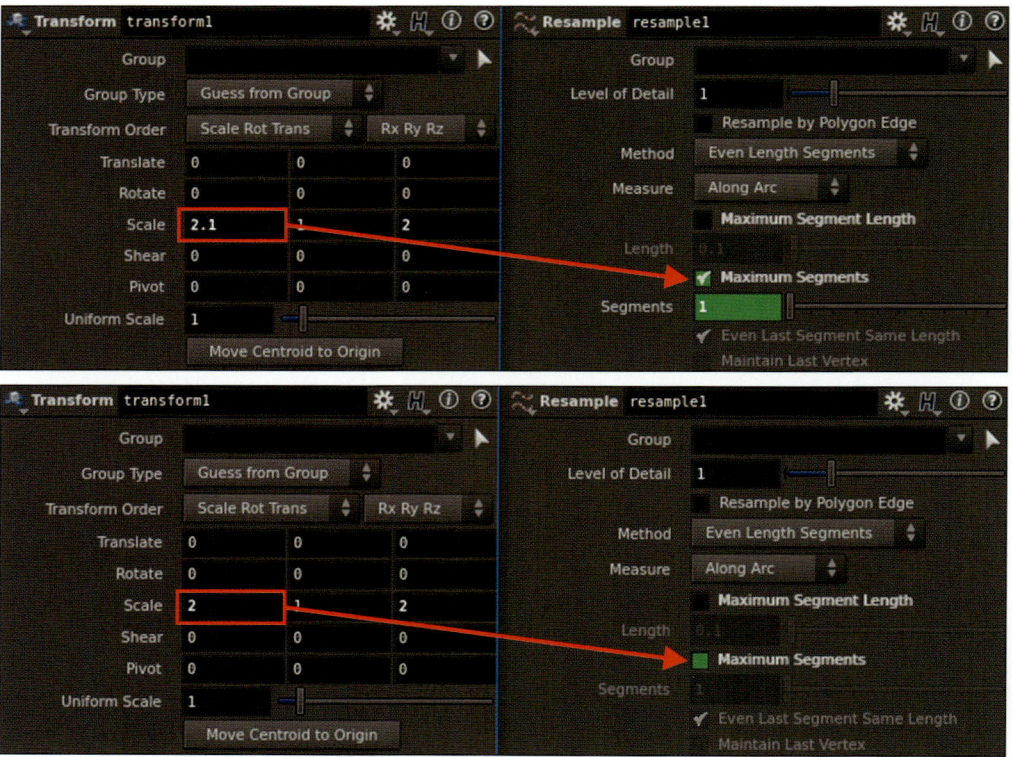

40 이번엔 반대편의 의자를 만들기 위해 새로운 Copy Sop 생성하여 연결하고, 개수를 2, Scale의 z 값을 -1로 설정합니다. 그러면 다음 그림처럼 양쪽에 의자가 생성되며, 탁자의 길이에 따라 작동 또한 가능하게 됩니다.

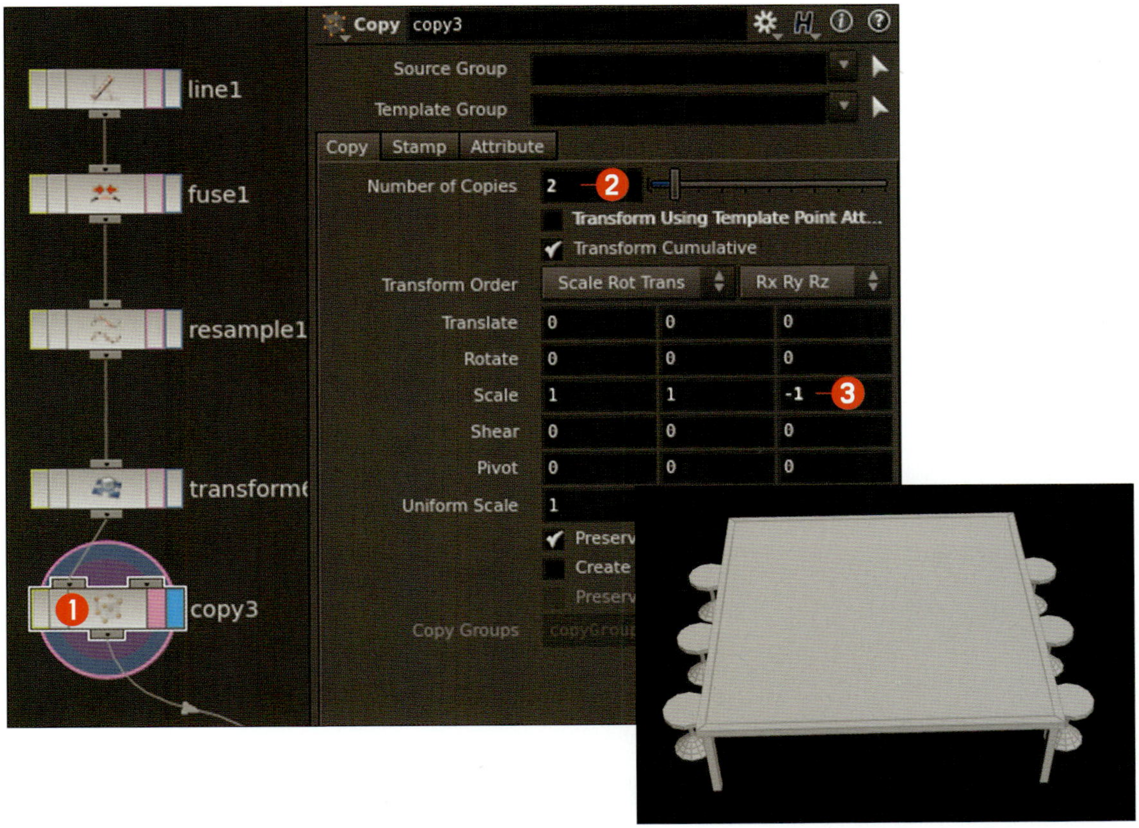

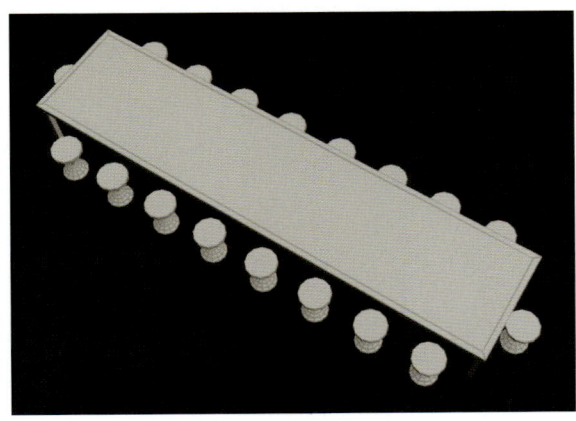

41 끝으로 방금 x 축에 대한 작업이 완료된 노드들을 복사하여 z 축에 맞게 값을 수정한 뒤 Merge 노드로 합쳐주고, 씬 뷰를 확인해 보면 그림처럼 탁자의 길이에 따라 모든 의자의 개수가 자동으로 늘어나는 프로시쥬얼 탁자와 의자가 완성됩니다.

hda(Houdini Digital Asset) 제작하기

이번 학습에서는 앞선 hda(Houdini Digital Asset)을 만들어보도록 하겠습니다. hda는 앞선 학습에서도 설명을 한적이 있듯이 후디니의 플러그인(Plug-in)이라고 볼 수 있으며, 기본 기능들보다 훨씬 컨트롤할 수 있는 부분이 다양하고, 경우에 따라 직접 수정이 가능하다는 차이점을 가지고 있습니다.

파라미터(Parameter) 생성 및 수정하기

이번 학습에서는 had를 만들기에 앞서 파라미터를 수정하는 방법에 대해 익혀보도록 하겠습니다.

01 먼저 Sphere를 생성하여 Polygon 타입으로 전환합니다. 이어서 Attribute Wrangle을 생성하여 아래 그림처럼 VEXpression에 v@N = set(@N.x, @N.y, @N.z);를 입력하여 노멀을 생성합니다.

02 이어서 새로운 Attribut VOP을 생성하여 들어간 후 그림처럼 Multiply에 N을 연결하고, Input 2는 프로모트(Promote)를 시켜 상위 레벨에서 컨트롤할 수 있도록 해 줍니다. 그다음 Multiply를 Output의 N에 연결을 합니다.

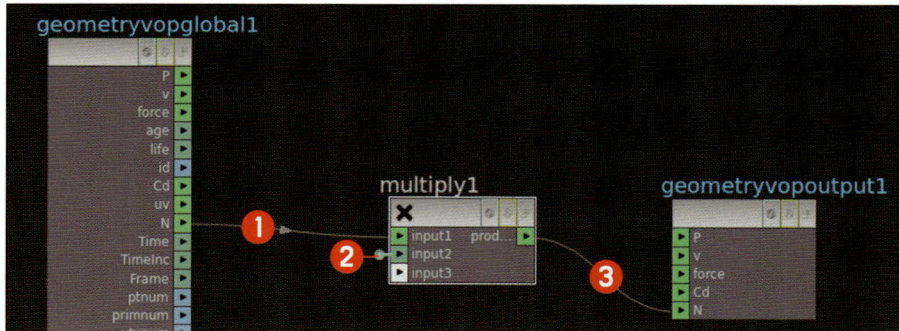

03 간편하게 노멀을 곱셈식을 입력할 수 있게 되었습니다. 이제 이 과정을 Vop을 사용하지 않고 어트리뷰트 랭글(Attribute Wrangle)의 파라미터를 수정해서 사용해 보도록 하겠습니다.

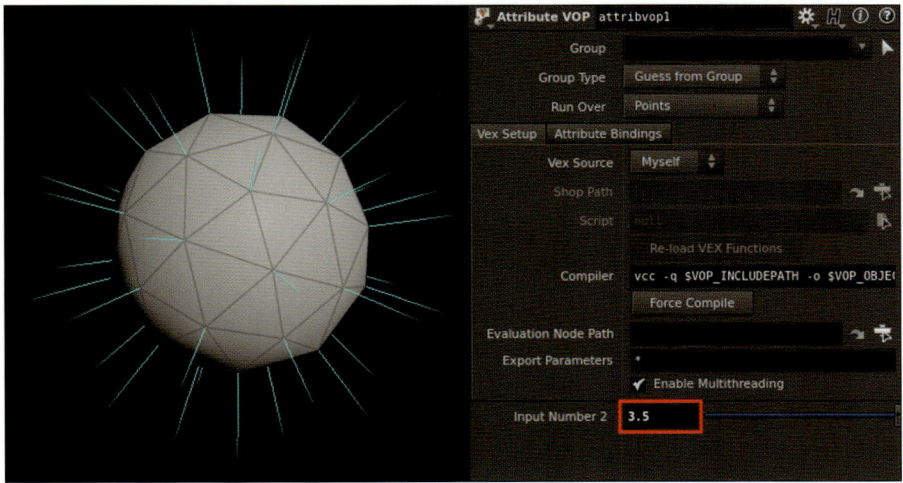

04 여기에서 Attribute VOP을 제거하고, Attribute Wrangle의 끝부분에 3.5를 곱해주면 Vop으로 노멀을 곱했던 것과 동일한 결과를 얻을 수 있지만 별도의 파라미터가 존재하지 않기 때문에 변경을 하기 위해서는 숫자를 바꿔주어야 합니다.

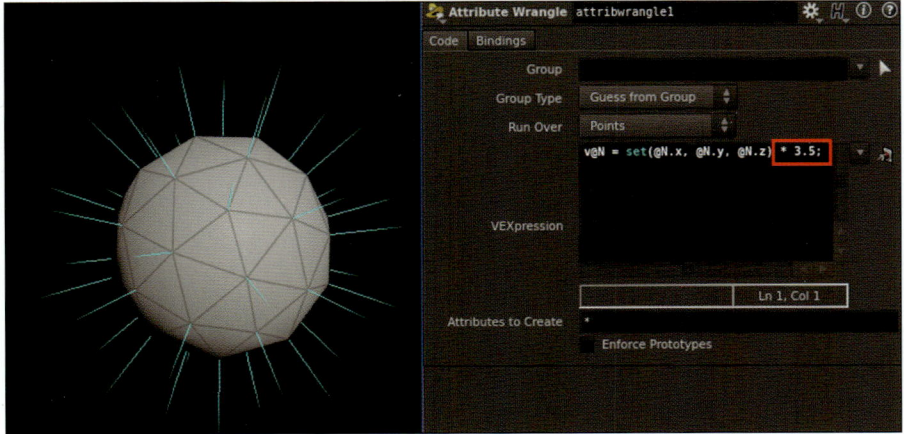

05 이제 파라미터를 수정해 보도록 하겠습니다. 다음의 그림과 같이 Attribute Wrangle 파라미터의 우측 상단에 있는 톱니바퀴 모양의 설정 메뉴 버튼을 클릭하여 나타나는 메뉴에서 Edit Parameter Interface를 선택합니다.

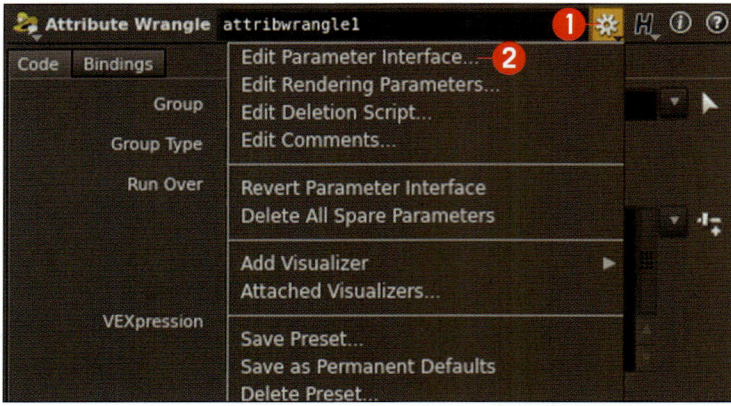

06 Edit Parameter Interface 창은 말 그대로 파라미터 인터페이스를 수정할 수 있는 편집기입니다. 여기에서 1번으로 표시된 영역은 새롭게 생성하고자 하는 파라미터를 선택할 수 있는 곳이고, 2번 영역은 현재 사용되는 있는 노드의 파라미터 옵션 목록이며, 마지막 3번은 해당 파라미터의 세부 설정을 할 수 있는 곳입니다.

07 이제 새로운 파라미터를 생성하기 위해 좌측 1번 영역에서 Float을 끌어서(Drag & Drop) 우측 2번 영역의 Run Over 아래쪽에 갖다 놓습니다.

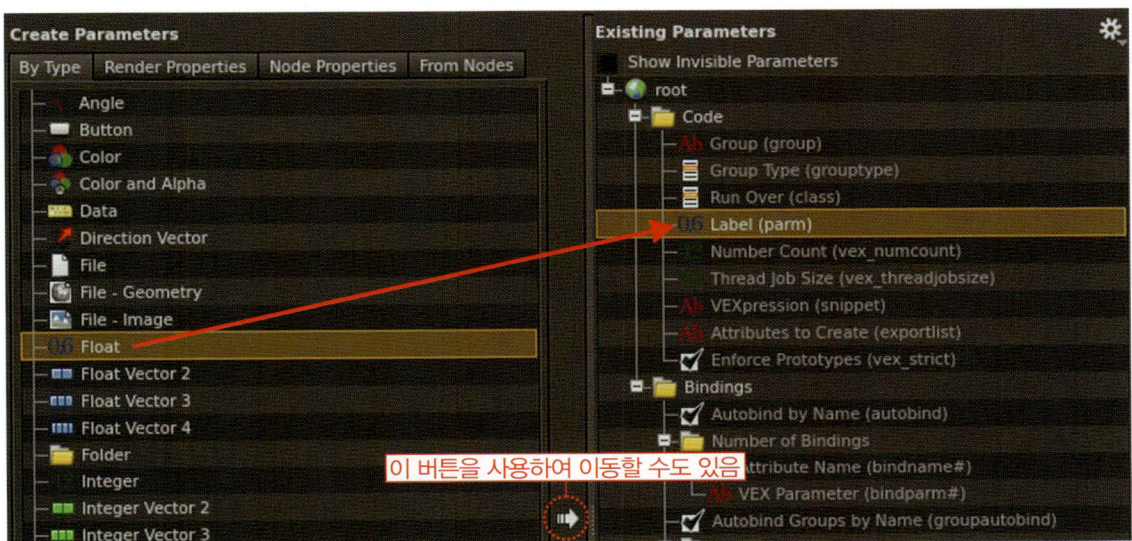

08 파라미터의 세부 설정을 해주기 위해 우측 3번 영역에서 그림과 같이 입력해줍니다. Name은 Attribute VOP과 동일하게 채널을 사용할 때 사용되는 이름이며, Label은 파라미터 상에 나타나는 표기입니다. 그리고 맨 아래쪽에 있는 Range는 파라미터의 설정 바(Bar)를 설정할 수 있는 범위입니다. 물론 이 범위가 정해져있어도 [MMB]를 통해 사용하는 레더 메뉴로 자유롭게 수치를 바꿀 수 있습니다. 설정이 끝났다면 이제 [Apply] 버튼을 눌러 적용합니다.

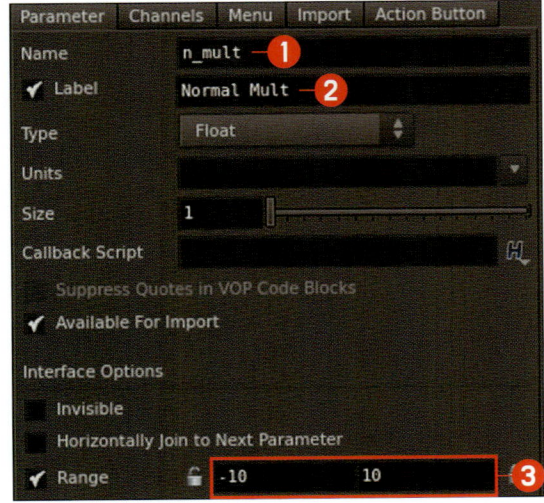

09 이제 Attribute Wrangle의 파라미터를 보면 기존에는 없었던 Normal Mult라는 새로운 파라미터가 생겨난 것을 알 수 있습니다. 이 옵션은 다른 옵션들처럼 직접 값을 입력할 수 있으며, 오른쪽 설정 바(Bar)를 통해 -10~10까지 설정이 가능합니다.

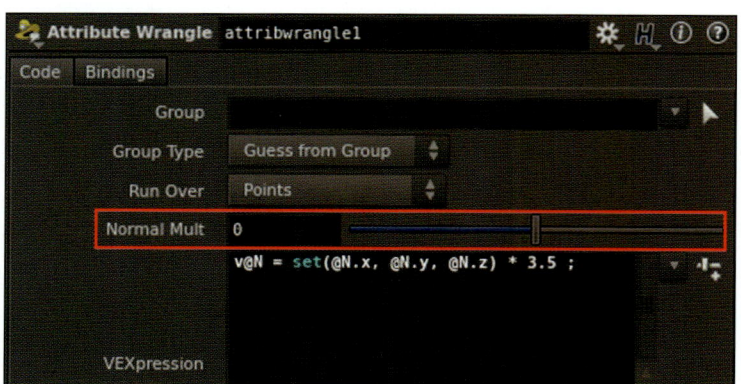

10 이번엔 VEXpression에 입력되었던 3.5를 지우고, 그 자리에 ch("n_mult")를 입력합니다. 여기서 괄호 안에 있는 n_mult는 파라미터를 만들 때 입력했던 Name으로 Normal Mult의 값을 연동하도록 해 줍니다. 이제 설정 바를 조절해 보면 노멀 값을 간편하게 조절됩니다. 하지만 아직 제대로 설정하지 못한 부분이 있습니다. Normal Mult에서 [Ctrl] + [MMB]를 하여 파라미터의 값을 디폴트로 변경합니다. 디폴트로 변경을 하게 되면 노멀이 아예 사라지게 되는데, 그것은 Normal Mult의 디폴트 값이 0이기 때문입니다. 디폴트 값을 수정하기 위해 다시 Edit Parameter Interface 편집기를 열어줍니다.

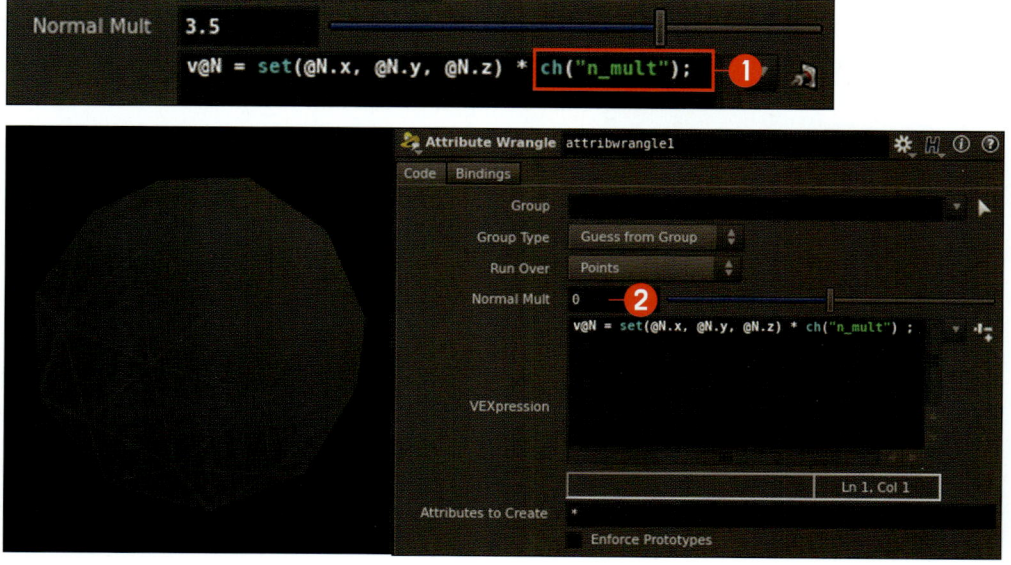

11 파라미터 편집기에서 Normal Mult 파라미터를 선택한 후 우측의 탭 중 Channels로 이동합니다. 그리고 그림처럼 Defaults의 1번 값에 1을 입력하고 [Apply] 버튼을 눌러 적용합니다.

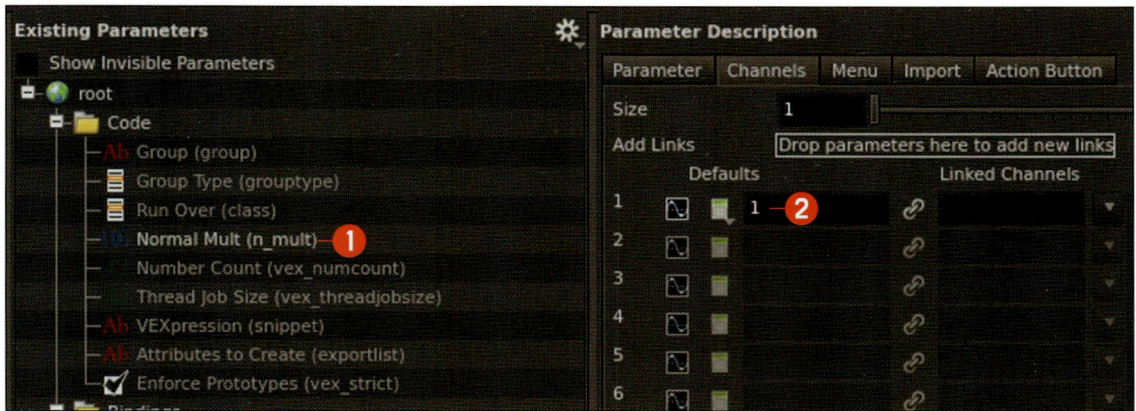

12 이어서 Normal Mult의 값을 변경한 후 [Ctrl] + [MMB]를 하여 디폴트로 바꿔주면 0이 아니라 1이란 수치가 디폴트 값으로 사용됩니다. 하지만 현재는 Range가 0 이하로 내려갈 필요가 없으므로 Edit Parameter Interface 편집기를 다시 열어서 범위를 0~10으로 수정하여 사용합니다.

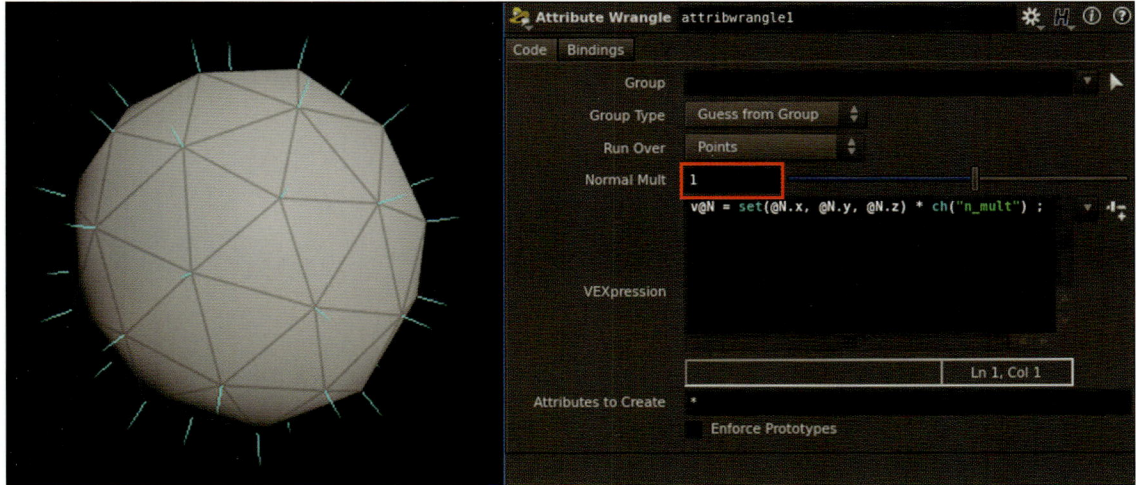

기본 오브젝트(Object)를 이용하여 hda 제작하기

이번 학습에서는 hda에서 살펴보았떤 Geo_Select를 직접 만들어본 후 보다 간편하게 사용할 수 있도록 업그레이드를 시켜보도록 하겠습니다.

프로시쥬얼 모델링의 활용 **349**

01 먼저 Sop 레벨에서 Grid, Box, Sphere, Tube, Torus, Platonic Sold를 생성한 후 이어서 Switch 노드를 생성하여 그림과 같은 노드 트리를 만들어줍니다.

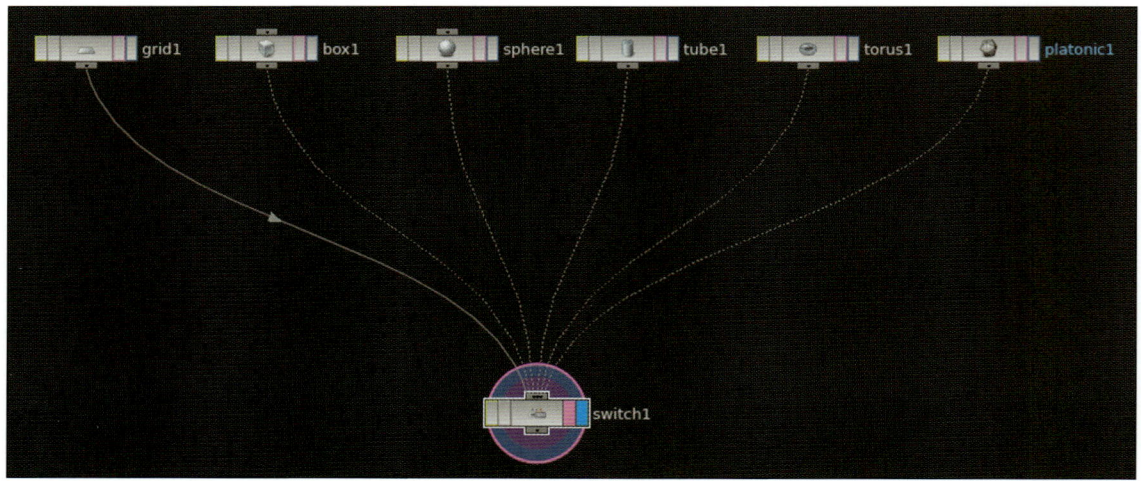

02 노드들을 모두 선택(Ctrl + A)한 후 [Shitr] + [C] 키를 누르면 그림과 같이 subnet1이 생성되며, 방금 선택된 노드들이 이 노드 안으로 들어가게 됩니다.

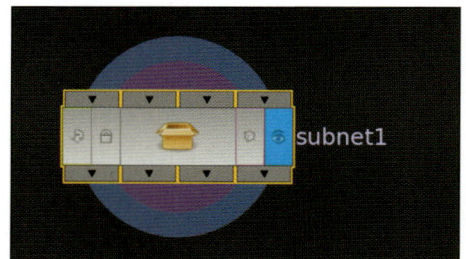

◀ 모든 노드가 하나의 노드 안으로 들어간 모습

03 이제 had를 만들어보겠습니다. subnet1을 [RMB]하여 나타나는 Create Digital Asset을 선택합니다. 그러면 Create New Digital Asset from Node라는 설정 창이 열립니다. 여기에서는 hda의 Name과 Label 그리고 저장할 경로를 지정할 수 있으며, 다음의 그림과 같이 입력(필자와 다른 영문명을 입력해도 됨)을 하고 저장하는 경로는 문서의 Houdini15.0 (해당 버전)의 otls로 지정을 합니다. 현재 확장자가 hda로 되어있지만 otls 폴더에 저장을 해도 무방합니다. 반대로 hda라는 폴더를 만들어서 저장을 해도 됩니다. 저장될 이름과 경로가 설정됐으면 이제 [Accept] 버튼을 눌러 적용합니다.

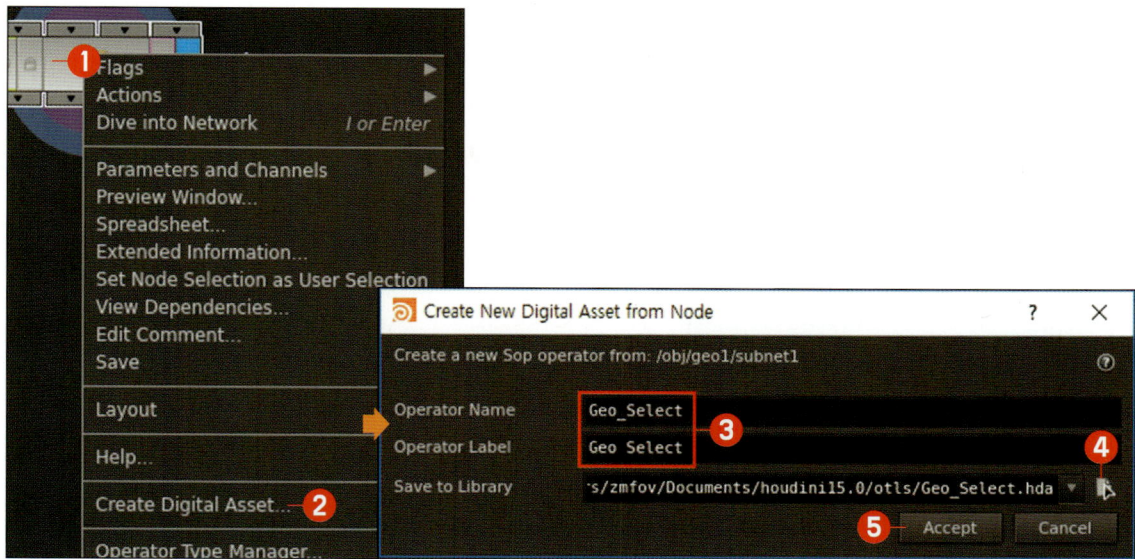

04 그러면 hda를 설정하기 위한 창이 뜨는데, 일단 [Accept] 버튼을 눌러 hda 생성을 끝냅니다.

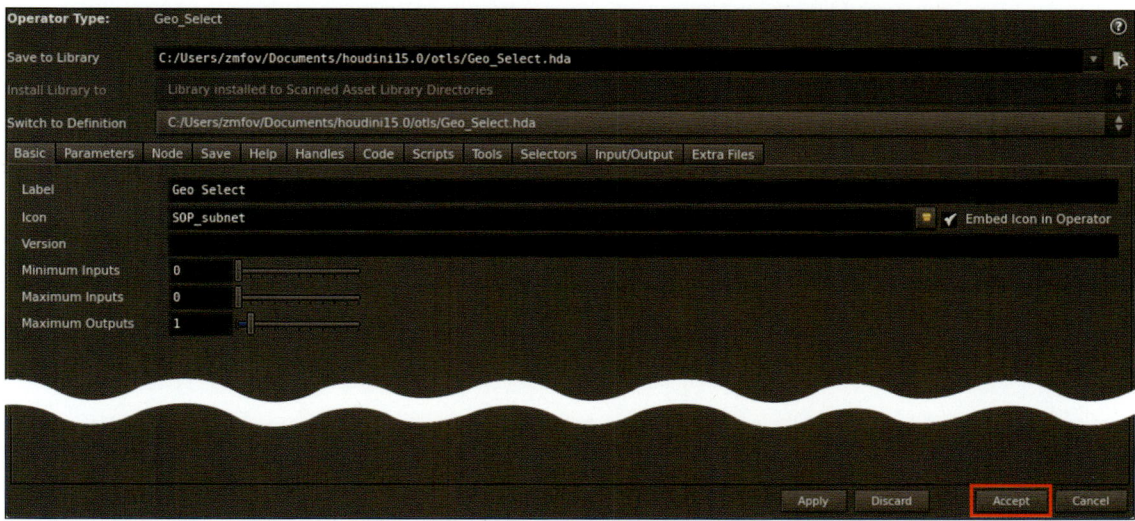

05 설정이 끝나면 Input 4개와 Output 4개가 있던 subnet1이 Output만 남은 subnet1로 바뀐 것을 볼 수 있습니다. 이제 subnet1을 제거를 합니다. 그리고 탭 메뉴에서 geo를 검색하면 방금 만든 Geo Select라는 hda가 나타나게 되는데, 선택하여 생성을 하면 Geo_Select1라는 이름의 노드로 표시됩니다. 하지만 아직 파라미

터에 아무런 설정이 없기 때문에 할 수 있는 것이 하나도 없습니다. 그러므로 새로운 파라미터를 만들어주어야 합니다.

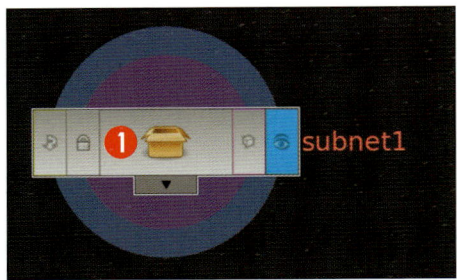

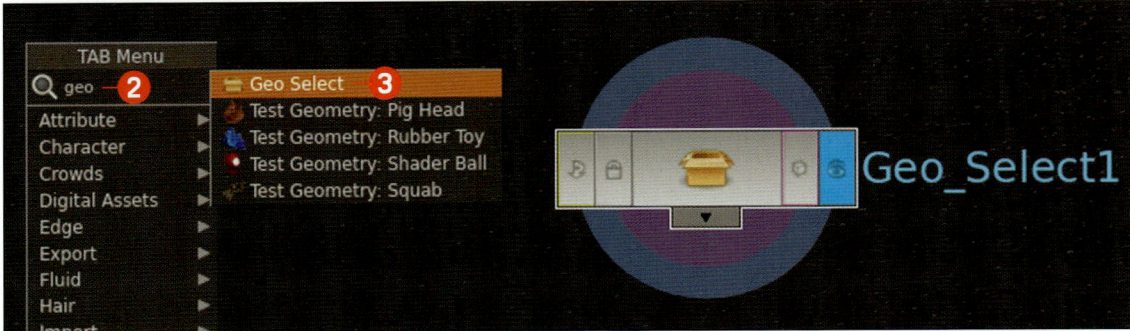

06 생성된 노드에서 [RMB]를 하여 나타나는 메뉴에서 Type Properties 설정 창을 열어준 후 Ordered Menu를 끌어서 그림처럼 가운데 영역에 적용합니다. 그다음 파라미터의 Name과 Label의 이름을 입력합니다.

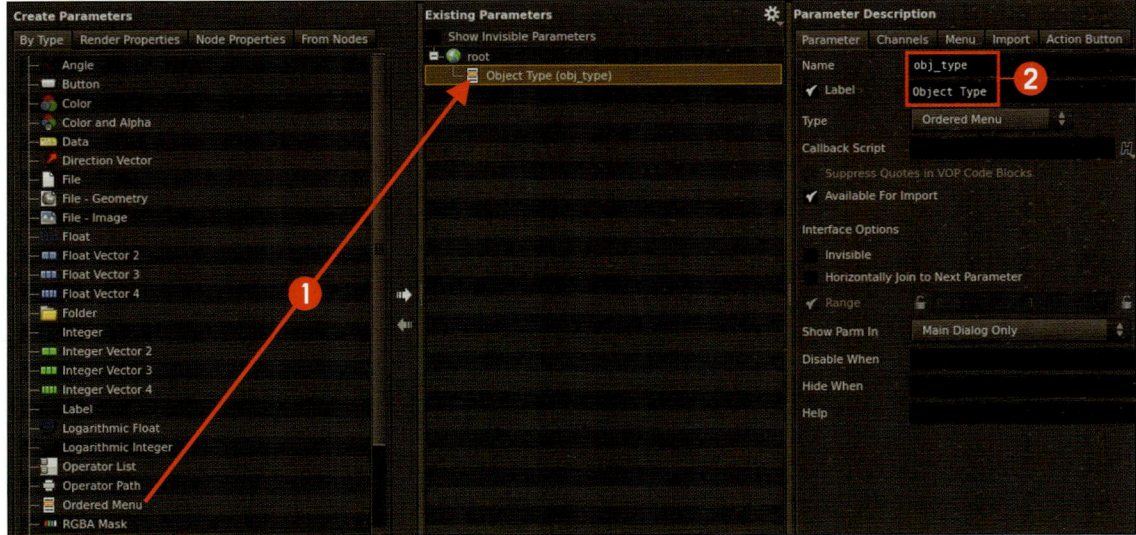

07 이어서 Menu 탭으로 이동해 보면 2개의 입력 칸이 보일 것입니다. 여기서 첫 번째 입력 칸은 토큰(Token)을 입력하며, 두 번째 칸은 해당 토큰의 라벨(Label)을 입력할 수 있습니다. Token과 Label을 각각 입력한 후 [Enter] 키를 누르면 입력된 문자가 적용됩니다. 여기에서는 0~5까지의 Token과 Label을 입력한 후 [Accept] 버튼을 눌러 적용합니다. 그러면 Geo_Select1의 파라미터에 Object Type이라는 이름의 드롭다운 옵션 메뉴가 생겨납니다. 드롭다운 메뉴를 클릭하여 열어보면 방금 등록한 Menu들이 순서대로 나오게 됩니다. 메뉴가 생겼으니 다음은 선택에 따라 해당 오브젝트가 나오도록 해 보겠습니다.

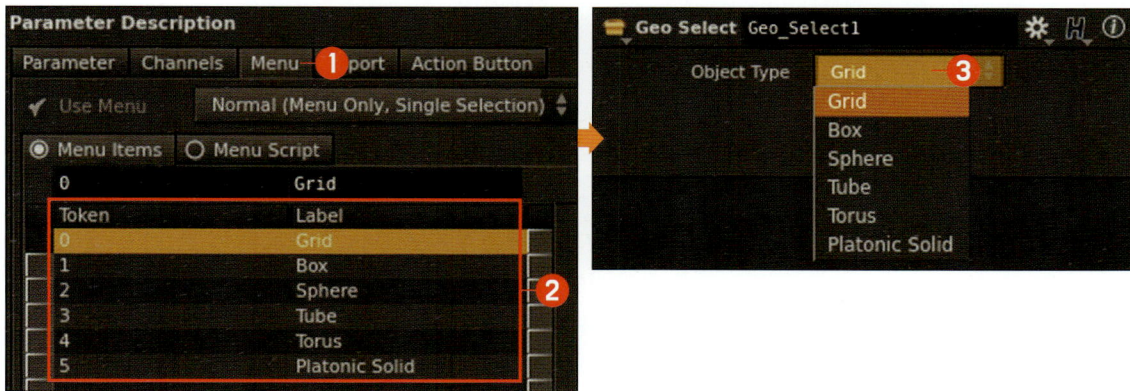

08 Geo_Select1 노드에서 [RMB]를 하여 나타나는 메뉴에서 Allow Editing of Contents를 선택하면 해당 노드의 이름이 빨간색으로 바뀌게 되며, hda의 내부를 수정할 수 있게 됩니다. 이어서 Geo_Select1 파라미터의 Object Type을 [RMB]하여 해당 채널을 복사합니다.

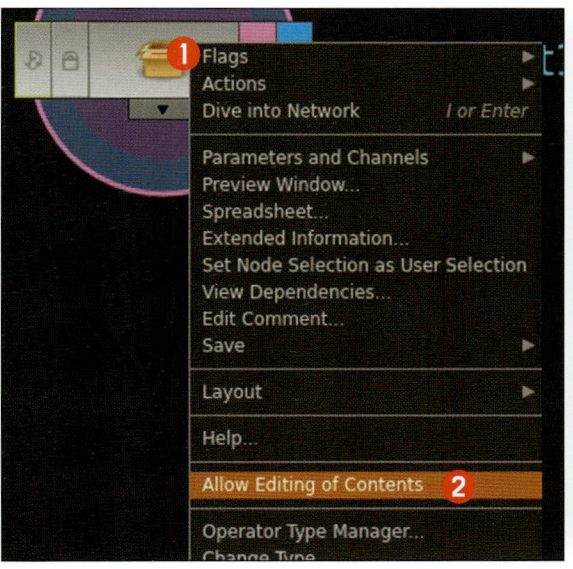
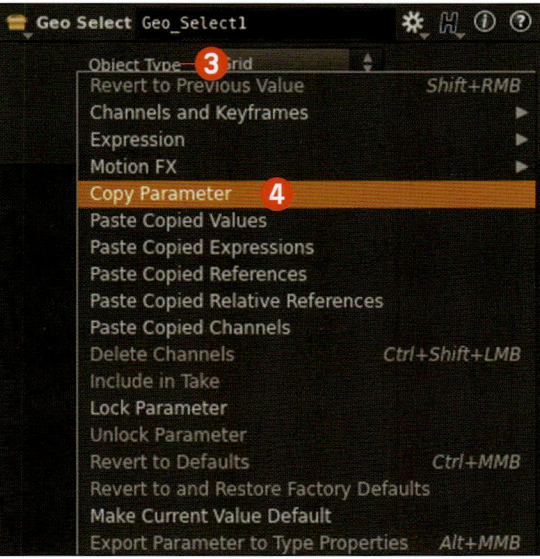

09 Geo_Select1 안으로 들어가서 switch1 노드의 Select Input에 채널을 붙여넣기 합니다. 그리고 상위 레벨로 이동하여 드롭다운 메뉴를 통해 Geo_Select의 Object Type을 바꾸면 해당 이름에 맞는 오브젝트가 나타나게 됩니다. 원하는 오브젝트가 메뉴에 나타나게 되었으므로 이제 해당 오브젝트의 파라미터가 필요합니다. Geo_Select1의 Type Properties를 열어놓고, Geo_Select 안으로 들어갑니다.

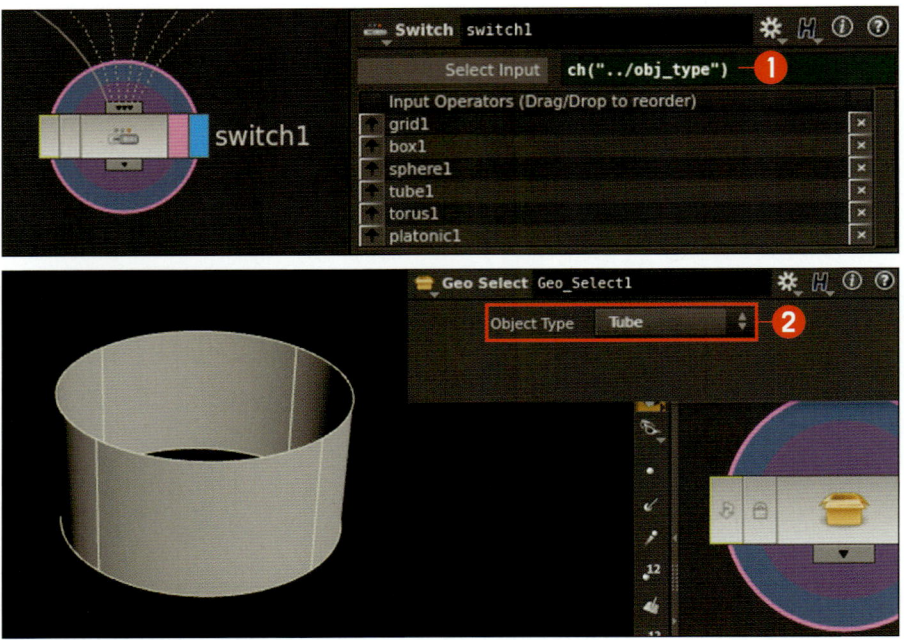

10 grid1 노드의 파라미터를 열어주고, 그림처럼 각 항목들을 Geo_Select1의 Type Properties 편집기로 끌어다 적용합니다.

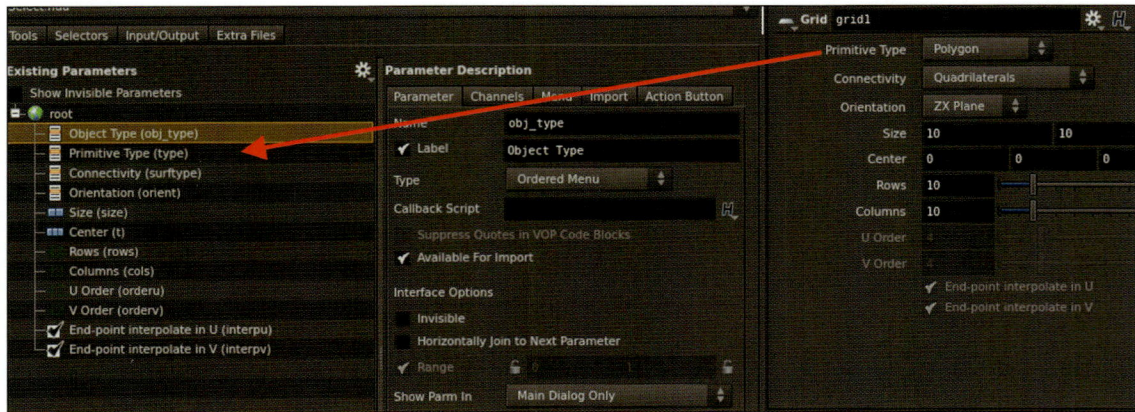

11 Grid에 대한 파라미터를 Geo_Select에 똑같이 위치시켰지만 이대로 적용을 하면 정리가 되어있지 않기 때문에 그림과 같이 Folder를 우측으로 끌어놓아야 합니다. 이어서 Grid의 파라미터들을 생성한 Folder에 넣어주면 폴더 안에 옵션들이 위치하게 되며, 이후 Foler의 Label을 Grid라고 입력하여 적용합니다.

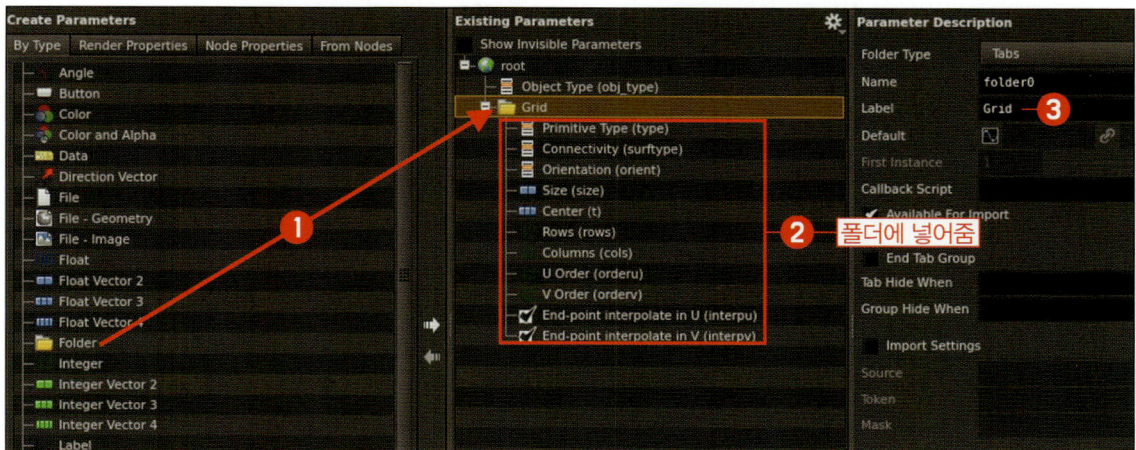

12 이제 Geo_Select1의 파라미터를 보면 그림과 같이 만들어지게 됩니다. 여기서 설정을 바꾸게 되면 씬 뷰에 나타나는 Grid가 동일하게 바뀝니다. 이와 같은 방법을 통해 다른 오브젝트의 파라미터도 폴더로 만들도록 합니다.

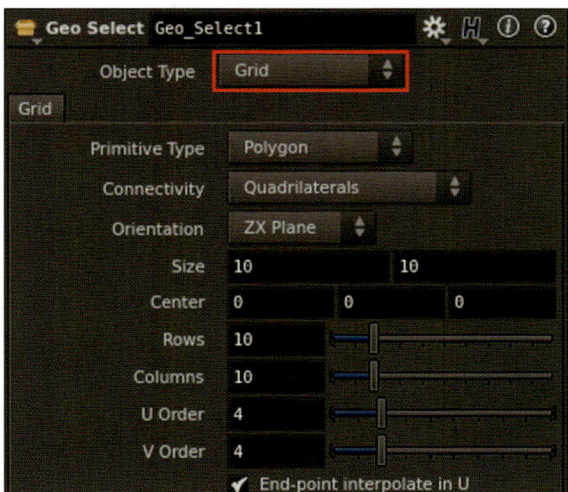

13 앞서 새로운 파라미터를 만들어보았는데, 아직 완전하지 않습니다. 다음의 그림을 보면 box1에는 체크 박

프로시쥬얼 모델링의 활용 **355**

스와 Division이 나란히 있지만 Geo_Select의 파라미터에서는 위아래로 나누어져있습니다.

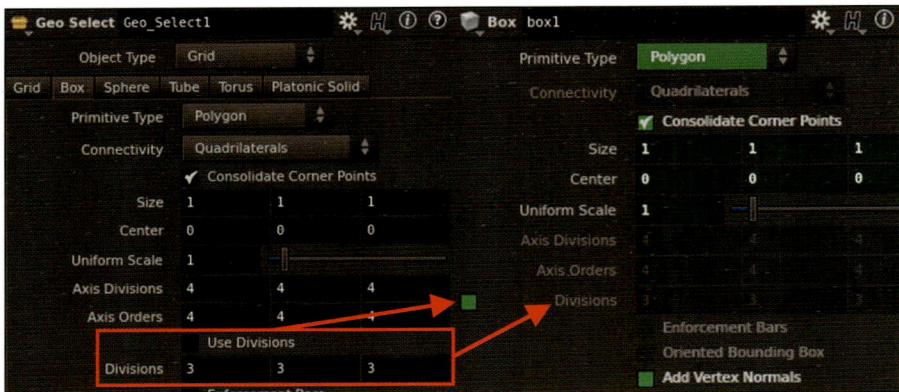

14 Geo_Select1의 Type Properties를 열어준 후 해당 옵션을 선택하고, Label에 입력된 Use Divisions을 지워줍니다. 그다음 [Space Bar]를 눌러 13칸의 공백을 만들어준 뒤 아래쪽 Horizontally Join to Next Parameter를 체크하고 적용합니다. 그러면 이제 box1의 파라미터와 동일한 모양이 됩니다.

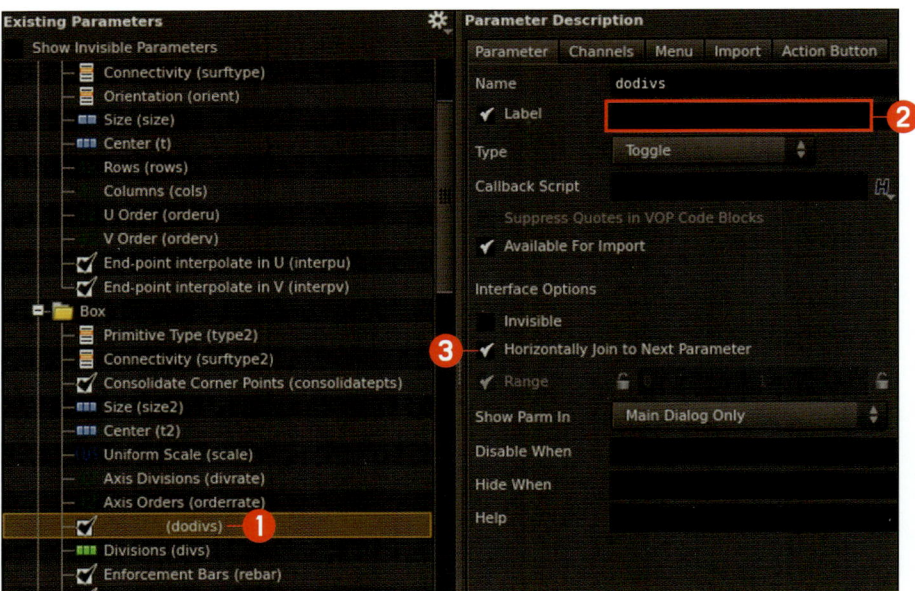

15 오브젝트의 선택도 가능하고, 해당 오브젝트에 대한 파라미터 또한 생성이 됐지만 아직은 미흡한 점이 보이는데, 그것은 바로 오브젝트를 선택해도 해당 오브젝트의 탭으로 직접 찾아가야 한다는 것입니다. 그렇

다면 이제 오브젝트가 선택되면 해당 탭이 자동으로 나타나도록 해 보겠습니다.

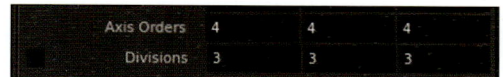

16 다시 Type Properties를 열어주고, Grid 폴더를 선택한 후 Tab Hide When 입력 필드에 { obj_type != 0 }라고 입력합니다. 이 코드는 obj_type이라는 Name을 가진 파라미터가 0이 아닐 경우를 의미하며, Tab Hide When 옵션은 언제 이 탭을 사라지게 할 것인지에 대해서 입니다. 다른 폴더에도 적용을 하려면 해당 번호에 맞게 해야하며, box는 1을 입력하고, Sphere는 2를 입력하는 방식으로 사용됩니다.

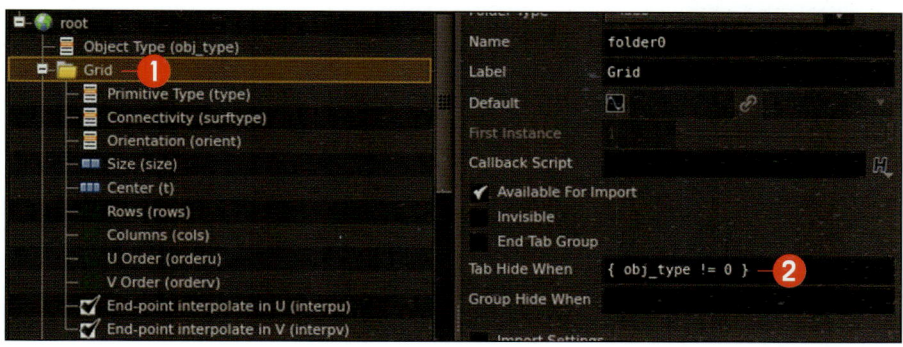

17 Object Type을 Grid 이외의 것으로 바꾸면 Grid 탭이 그림처럼 사라지게 되지만 Grid로 바꾸면 탭이 나타나게 됩니다. 이와 동일한 방법으로 다른 폴더에도 적용을 해 주면 되는데, 입력하고 난 후에는 매번 [Apply]를 눌러 확인을 합니다.

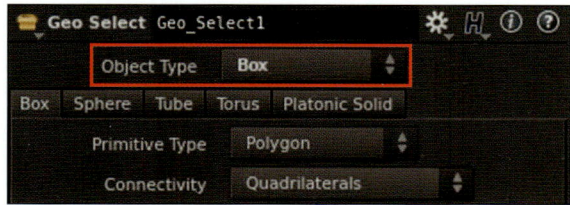

18 모든 설정 후 적용하여 Type Properties 창을 닫고, 해당 오브젝트를 선택하면 다음의 그림처럼 해당 오브젝트의 탭만 나타나게 됩니다. 이렇듯 hda는 자신이 원하는 기능을 넣어서 입맛대로 새로운 노드를 탄생시킬 수 있습니다. 그렇다면 여기에 기능을 더 추가하고 싶다면 어떤 것을 추가할 수 있을까요? 항상 오브젝트 자체에 노멀 데이터가 없는게 불만이었으므로 Geo Select 하나로 오브젝트의 선택과 노멀 생성까지 가능하

도록 해 보겠습니다.

19 노멀을 생성하기 위해 다양한 노드를 사용할 수 있겠지만 이번 학습에서는 Facet 노드를 사용해 보도록 하겠습니다. Geo_Select1 안으로 들어가서 Facet 노드를 생성한 후 Switch 아래쪽에 연결합니다.

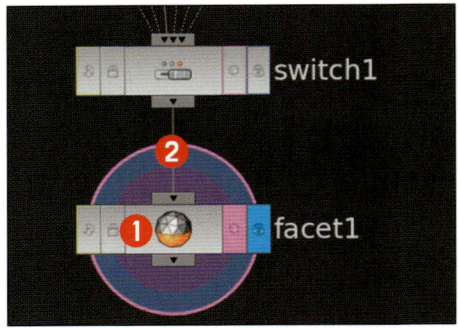

20 Geo_Select1의 Type Properties를 열어서 Toggle을 끌어다 새로 생성하고, Name과 Label에 Normal을 입력합니다. 그다음 Toggle을 하나 더 생성해서 Name에는 cusp_poly, Label에는 Cusp Polygons을 입력합니다.

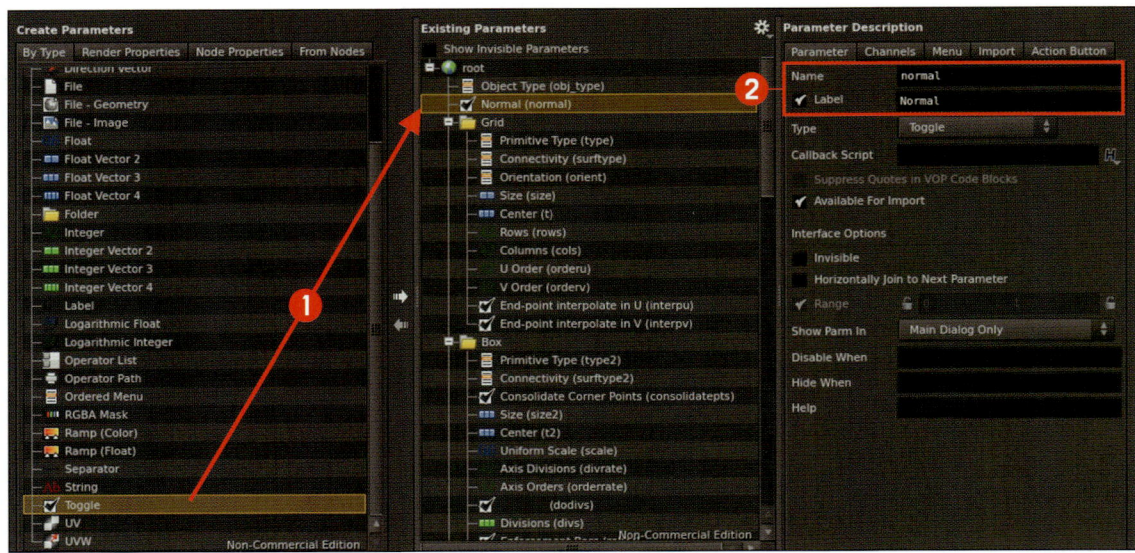

21 파라미터에 Normal과 Cusp Polygons이라는 체크 박스가 생겼으므로 이제 각 채널이 Facet 노드에서 작동할 수 있도록 [RMB]를 하여 나타나는 메뉴에서 Copy Parameter를 통해 복사를 합니다.

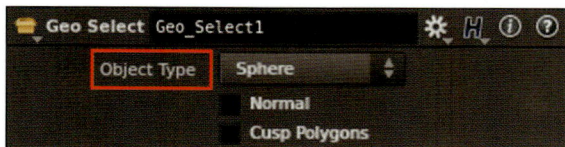

22 Normal 채널을 Facet 노드의 Post-Compute Normals에 [RMB]를 하여 나타나는 메뉴에서 Paste Relative Reference를 선택하여 붙여넣기 한 후 Cusp Polygons도 동일하게 붙여 넣습니다.

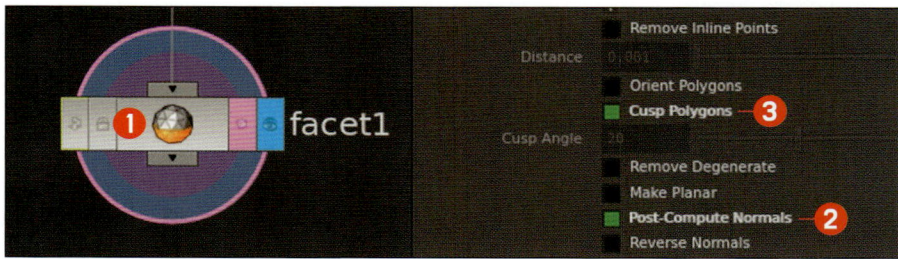

23 이제 확인을 해 보면 Geo_Select1의 Normal과 Cusp Polygons이 정상적으로 작동을 하게 되며, 오브젝트의 선택과 설정까지 한꺼번에 사용할 수 있는 노드가 완성되었습니다.

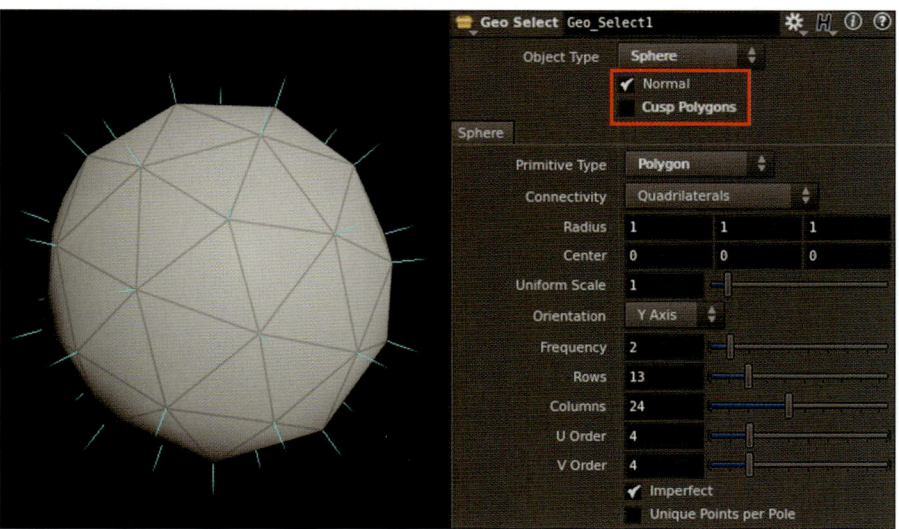

24 마지막으로 변경된 사항을 저장하기 위해 Geo_Select1에서 [RMB]를 하여 나타나는 메뉴에서 Match Current Definition을 선택합니다. 그러면 이름이 파란색으로 바뀌며 변경 사항이 저장됩니다. 이제 Geo Select 노드를 생성하여 hda의 변경 사항이 제대로 저장이 됐는지 확인해 봅니다.

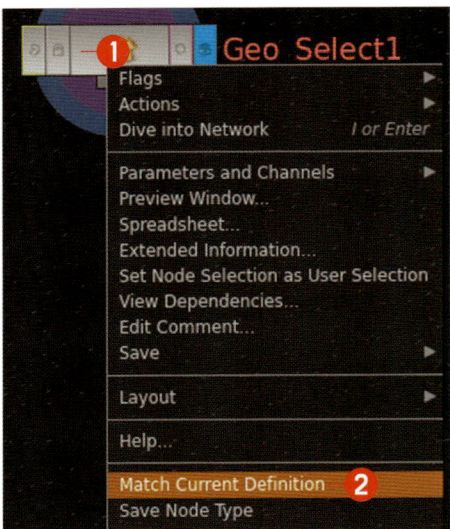

프로시쥬얼 모델링을 hda로 제작하기
이번 학습에서는 앞서 학습한 프로시쥬얼 래더, 탁자, 의자를 hda로 제작해 보도록 하겠습니다.

01 앞서 만든 Procedural Ladder 파일을 열어줍니다. Procedural Ladder를 hda로 만들기에 앞서 컨트롤러를 생성하기 위해 Null 노드를 생성한 후 이름을 Controller로 변경합니다. 이 노드는 테스트 목적으로도 사용할 것입니다. Procedural Ladder에서 컨트롤을 해야 하는 옵션은 사다리의 높이와 너비, 봉의 개수가 있으며, 여기에 추가적으로 사다리의 위치와 회전을 추가하여 만들어보도록 하겠습니다.

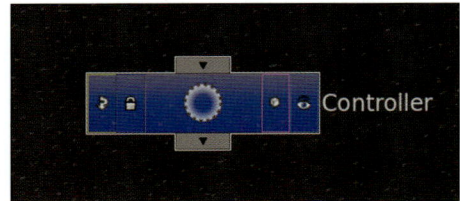

02 Null 노드의 Edit Parameter Interface를 열어보면 노드에 기본적으로 두 개의 Toggle이 있는데, 이 옵션들은 필요가 없으므로 선택한 후 Invisible을 체크하여 숨겨놓습니다.

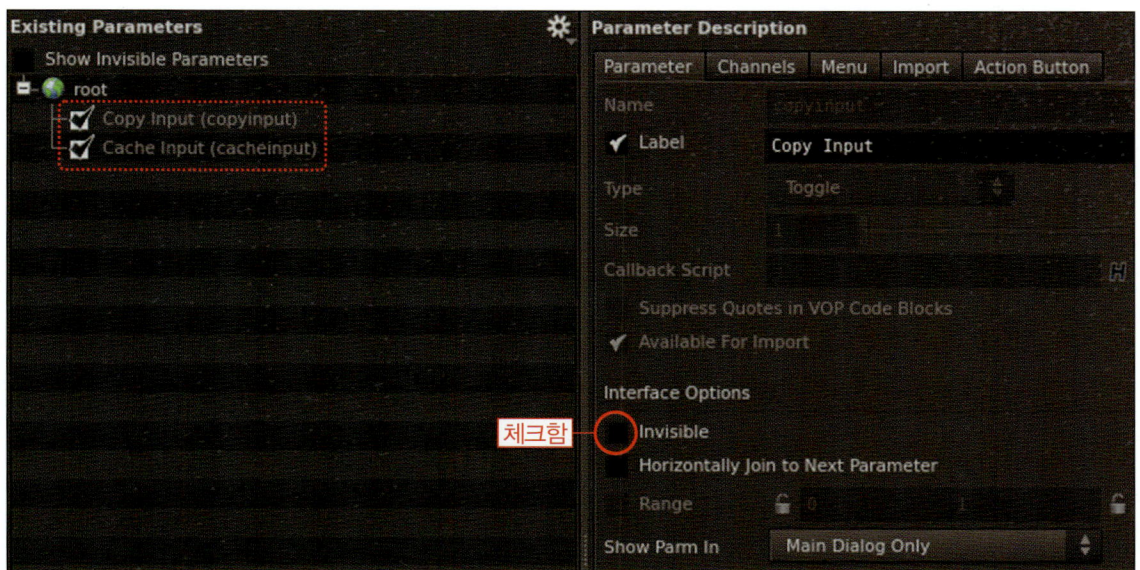

03 Float을 Existing Parameters 영역으로 세 차례 끌어다 생성하고, 그림처럼 Width, Height, Number of Stick이란 이름으로 바꿔준 후 다음과 같이 수치를 설정하여 파라미터를 수정합니다.

Width [Range] 0.5 ~ 5 [Default] 1

Height [Range] 1 ~ 20 [Default] 5

Number of Stick [Range] 0.1 ~ 1.6 [Default] 0.75

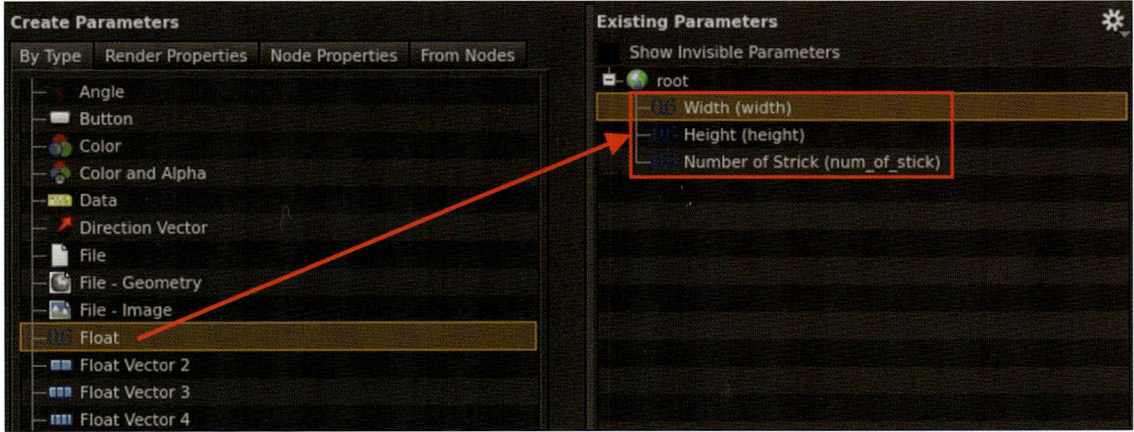

04 Null의 파라미터를 보면 그림처럼 세 가지의 옵션이 생겼습니다. 이제 이 옵션들의 채널을 복사하여 알맞게 채널을 링크하도록 해 봅니다

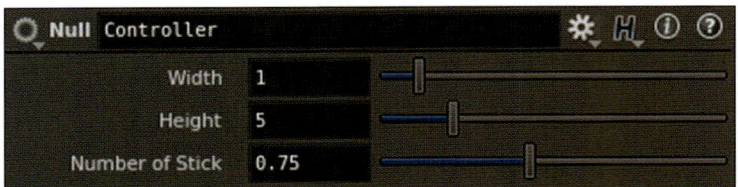

05 사다리의 너비를 결정하는 옵션은 두 막대가 복사되는 Template인 line1(Line1은 Procedural Ladder를 만들 때 생성했던 것임)의 Length에 해당되기 때문에 Width 채널을 붙여넣기 합니다. width를 붙여넣기 하는 방법은 Controller 노드에 생성된 Width의 채널을 복사해서 Line1 노드의 파라미터에 있는 Length에 채널을 붙여넣기 하면 됩니다.

06 높이를 결정하는 옵션은 막대가 되는 box 자체의 높이에 해당하기 때문에 box 아래에 연결된 Transform4 노드의 Scale y 축에는 Height의 채널을 붙여넣기 합니다.

07 계속해서 사다리 봉의 개수를 결정하는 옵션은 Resample의 Length 값이기 때문에 Number of Stick의 채널을 붙여넣기 합니다.

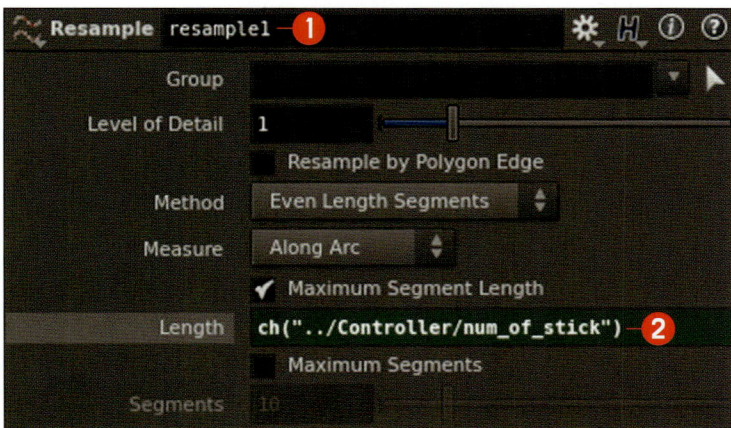

08 위의 과정으로 사다리에 대한 설정은 끝나지만 이번 예제에서 사다리의 위치와 회전에 대한 값 또한 컨트롤할 수 있도록 할 것이기 때문에 아래 그림처럼 Merge 노드 아래쪽에 Transform 노드를 연결한 후 다시 Null 노드의 파라미터를 수정합니다.

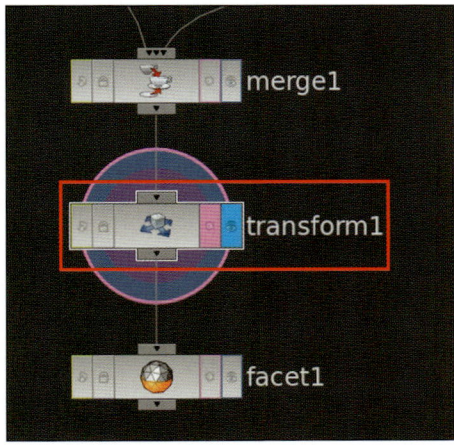

09 Null의 Edit Parameter Interface를 열어준 후 Float Vector 3을 우측 Existing Parameters 영역으로 두 번 반복하여 생성하고 그림처럼 이름과 라벨을 변경한 후 [Accept]를 눌러 적용합니다.

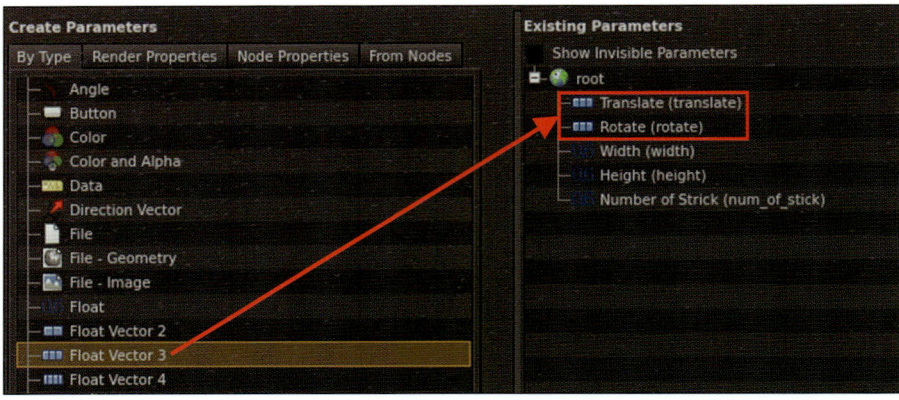

10 앞서 설정했던 것과 마찬가지로 Null의 Translate와 Rotate를 복사하여 Merge 노드 아래쪽에 연결한 Transform 노드의 해당 파라미터에 채널을 붙여넣기 합니다.

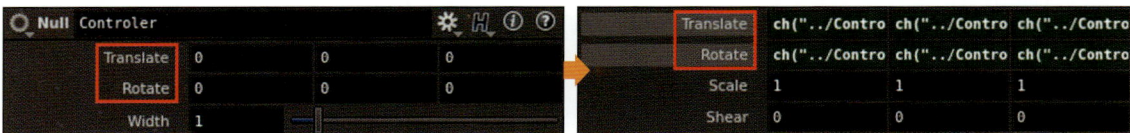

11 컨트롤하기 위한 파라미터들이 Null 노드에 생성이 되었고, 해당 채널과 연결도 되었지만 정작 파라미터는 정리가 되지 않은 상태이므로 이제 정리를 해 보도록 하겠습니다.

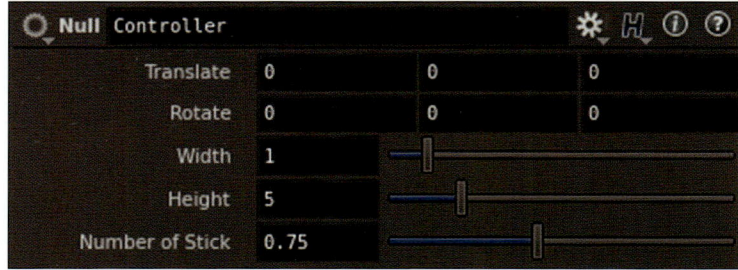

12 다시 Edit Parameter Interface를 열어서 좌측의 파라미터 메뉴 중 Label과 Separator를 우측 Existing Parameters 영역으로 끌어다 생성한 후 다음 그림의 아래쪽과 같이 순서와 이름을 변경한 후 적용을 하면 Null 노드가 아래쪽 그림처럼 정리가 됩니다.

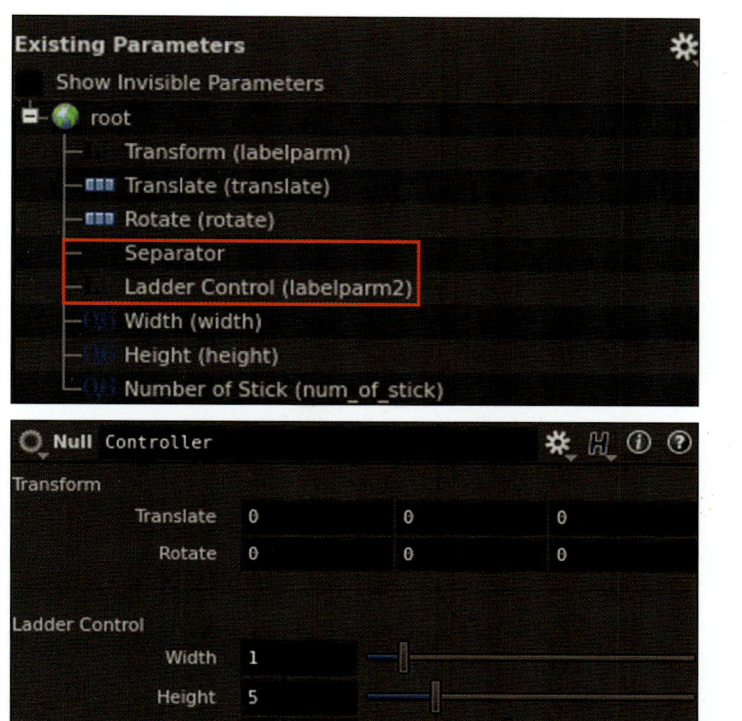

◀ 정리된 모습

13 이제 hda를 만들기 위해 이전과 동일하게 전체 노드를 선택하고, [Shift] + [C] 키를 눌러 Subnet을 생성한 뒤 Create Digital Asset을 선택하여 나오는 설정 창에 그림처럼 입력한 뒤 적용합니다.

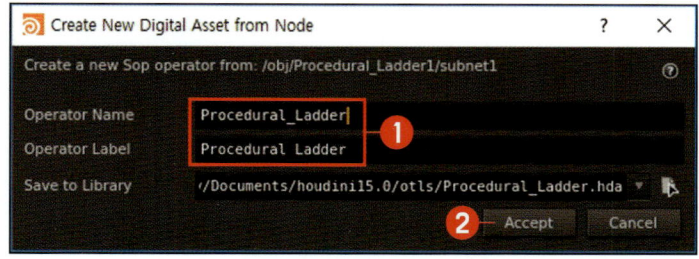

14 그러면 자동으로 Type Properties가 생성되는데, 앞서 Controller 노드에 생성해 놓은 파라미터를 Geo_Select를 만들 때와 같은 방법으로 끌어다 동일하게 만들어줍니다. 이이서 Label과 Separator는 우측에서 이동시켜서 생성하도록 합니다. 설정이 끝나면 적용하고, 해당 노드를 [RMB]하여 나타나는 메뉴에서 Match Current Definition을 선택하여 현재 상태를 저장합니다.

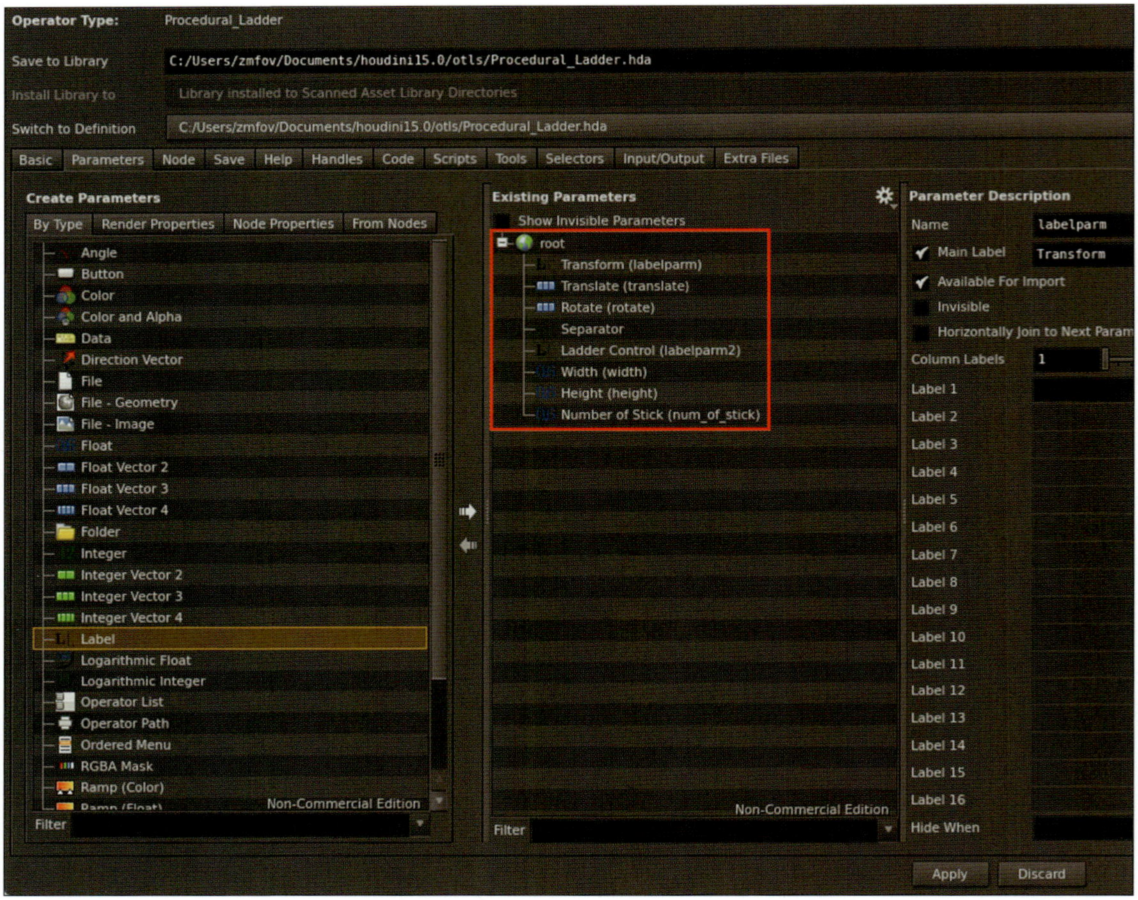

15 이제 탭 메뉴에서 Procedural Ladder를 생성해서 hda가 제대로 생성되고, 작동이 잘 되는지 확인을 해 봅니다.

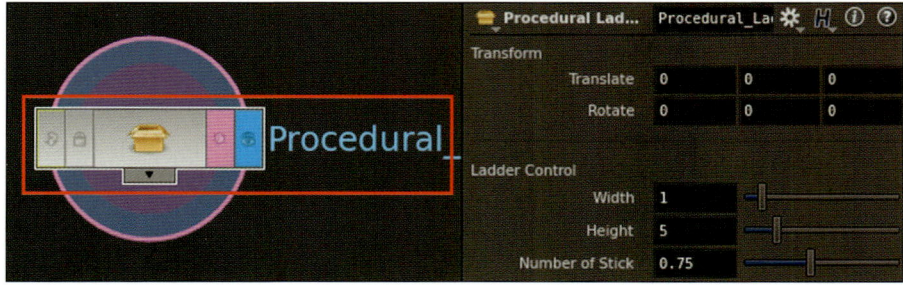

여기까지가 Procedural Ladder까지 hda로 만드는 과정입니다. 하지만 아직 탁자와 의자에 대한 작업이 남

아 있습니다. 이 작업은 앞선 학습을 참고하여 여러분이 직접 만들어보기 바랍니다. 본 예제의 완성된 hda 파일은 [exam_file] - [Part_3] - [4_Houdini_digital_asset_hipnc]입니다. 이 프로젝트 파일을 열어 작업에 참고해 보기 바랍니다. 이번 학습에서는 두 가지의 Procedural Modeling을 따라하면서 개념과 작동법에 대해 익혀보았으며, hda(Houdini Digital Asset)을 만들기 위한 파라미터 수정과 제작법을 통해 hda에 대한 개념도 익혀보았습니다. 인터넷 검색으로 통해 자료를 얻고자 한다면 hda보다는 otl 확장자로 저장된 에셋들이 많을 것입니다. 그러나 이것에 신경은 쓰지 않아도 되며, 다양한 자료를 통해 Procedural Modeling과 hda를 하나하나 분석하면서 다른 사용자들은 어떻게 만들고, 어떤 방법이 더 효율적인 것인지 파악해 보기 바랍니다.

05 POP 네트워크의 활용

이번 학습에서는 후디니의 파티클 오퍼레이터(Particle Operator)인 POP 네트워크에 대해 살펴보도록 하겠습니다. 앞선 학습에서 살펴본 것처럼 POP 네트워크는 DOP을 통해 사용하는 POP과 SOP 안에서 사용하는 POP Network - old 두 가지가 있으며, 여기에서는 POP(DOP) 네트워크를 활용하여 작업이 진행됩니다.

POP 네트워크 기본기 익히기

Pop 네트워크는 Dop 안에서 작동되기 때문에 Dop 또한 동일하며, 이번 학습에서 살펴보는 대부분은 Dop에서도 동일하게 작동한다는 것을 반드시 기억해 두기 바랍니다.

01 Sop Network를 생성한 후 네트워크 안으로 들어가서 Pop Network를 생성하면 총 4개의 인풋이 있는 노드가 생성됩니다. 이 인풋들은 Attribute VOP처럼 각 인풋으로 데이터를 입력하는 역할을 하며, Sop의 Copy 노드 인풋처럼 각기 다른 기능적 역할을 하지는 않습니다.

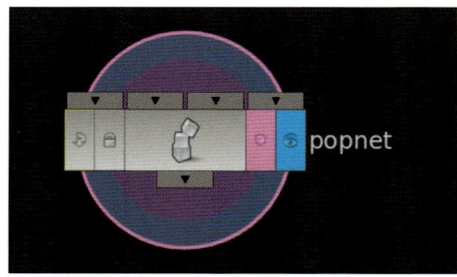

02 Pop의 내부로 들어가 보면 다음의 그림과 같은 노드가 있으며, 이 노드들이 파티클을 생성하기 위해 사용되는 기본적인 노드라고 이해하면 됩니다.
  1 POP Object라는 노드로써 생성이 되는 파티클(Particle)이 존재하는 공간을 담당합니다.
  2 POP Source 노드로써 Pop Network에서 파티클 생성하는 제너레이터(Generator)에 해당하는 노드입니다.
  3 POP Solver 노드로써 제너레이터에 의해 생성이 되는 파티클의 연산을 진행하는 노드입니다.

POP 오브젝트 노드를 파티클이 존재하는 공간을 담당한다고 언급한 것처럼 Dop의 각 기능을 연산해 주는 Solver들의 첫 번째 인풋에 연결되는 노드들은 전부 POP Object처럼 공간을 담당하는 노드라고 이해하면 됩니다. 그런데 현재 상황에서 플레이를 해 보아도 파티클은 생성되지 않습니다. 그 이유는 현재 Particle을 생성하는 Generator가 POP Source이기 때문에 노드의 이름에서 알 수 있듯이 Source가 있어야 파티클이 생성됩니다.

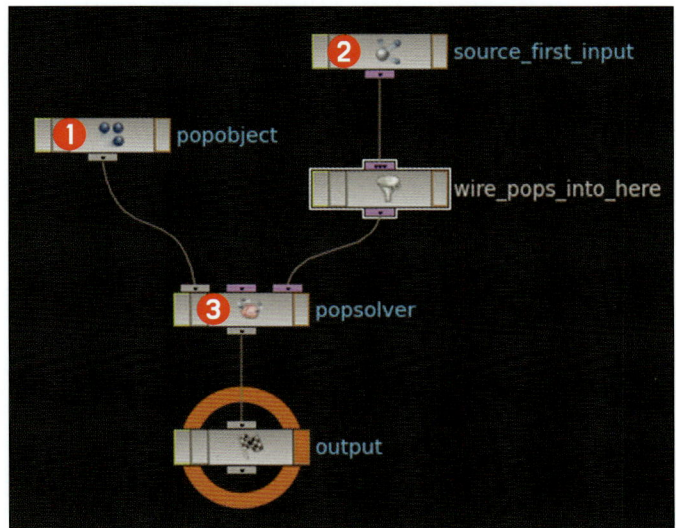

◀ Pop Network 생성 시 자동으로 생성된 노드 트리

03 이제 파티클이 생성 될 소스를 연결해 주기 위해 상위 레벨로 이동한 후 여러분이 원하는 오브젝트를 생성합니다. 그다음 그림과 같이 Pop Network에 연결한 후 플레이를 해 보면 Object의 형태대로 파티클이 생성되는 것을 볼 수 있습니다. 하지만 파티클은 이렇게 멈춰있는 것이 아니라 이리저리 흩어지는 움직임을 가져야 할 것입니다.

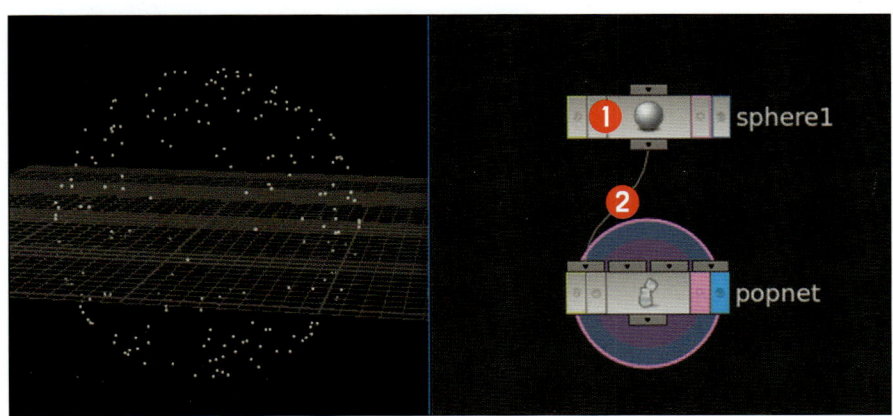

Pop 네트워크의 활용 **369**

04 Pop Network 안으로 들어가서 POP Source 노드의 파라미터에서 Attributes 탭으로 이동한 뒤 그림과 같이 설정을 합니다. POP Source에서 설정한 Initial Velocity는 생성되는 파티클의 초기 속도를 설정하는 옵션으로써 Set Initial Velocity로 설정하여 POP Source 자체에서 속도에 대한 값이 적용되도록 하였습니다. 그리고 y 축으로 1이라는 속도를 설정한 후 플레이를 해 보면 위쪽으로 흩날리는 파티클이 생성됩니다.

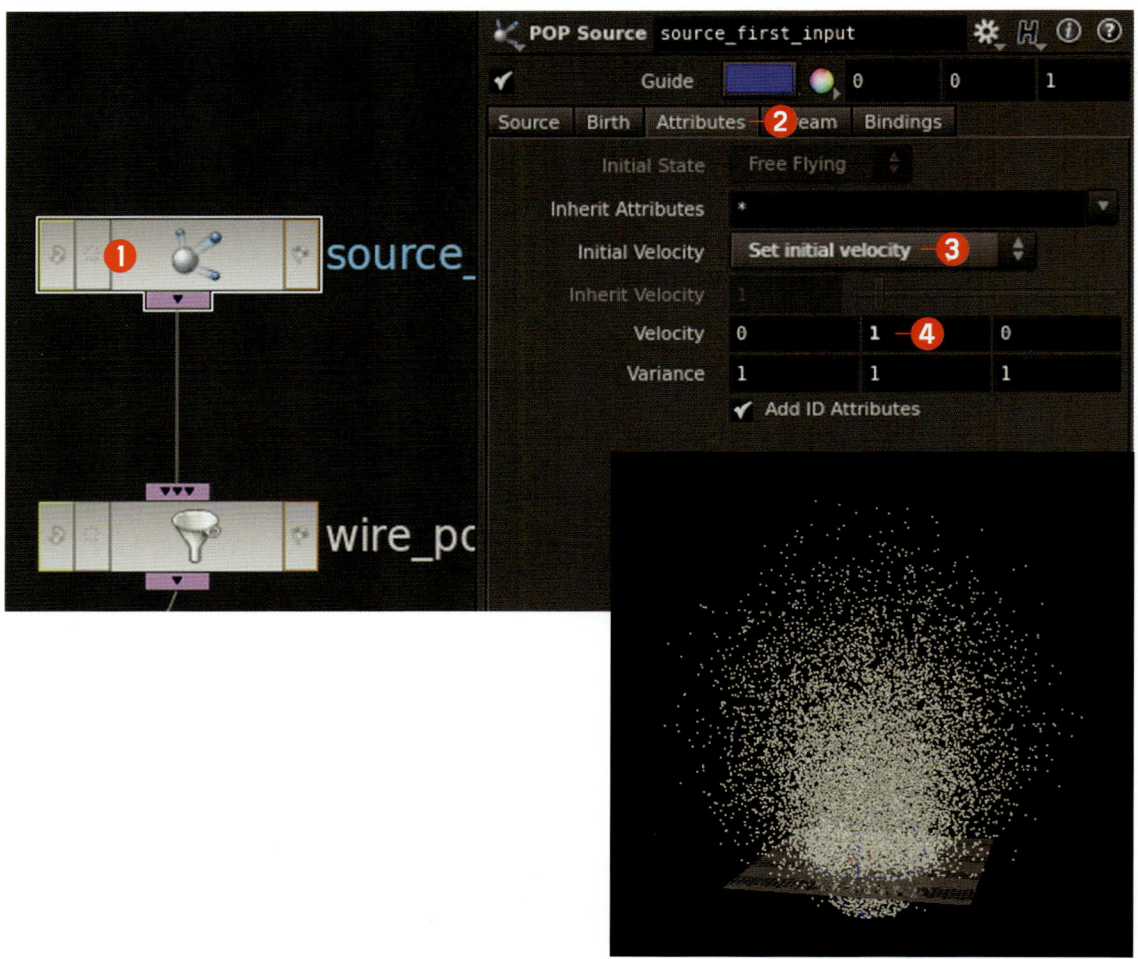

05 만약 Variance를 모두 0으로 변경한 후 플레이를 해 보면 흩어짐 없이 y 축에 설정된 1이라는 값으로만 작동이 됩니다. Variance는 분산에 대한 값으로써 y 축에만 1을 입력하면 y 축으로만 분산이 일어나게 되며, 값이 커질수록 넓게 분산됩니다.

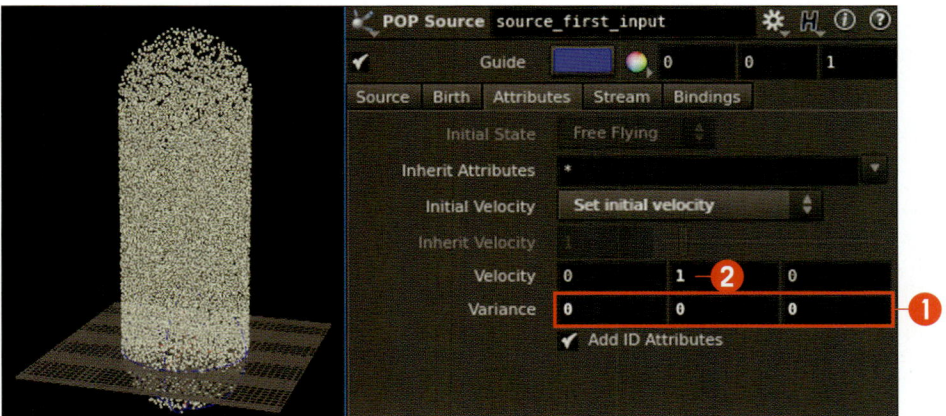

06 이번에는 파티클에 중력을 적용해보겠습니다. 중력을 적용하기 위해 탭 메뉴를 통해 Gravity Force를 생성하여 POP Solver의 아래쪽에 연결합니다.

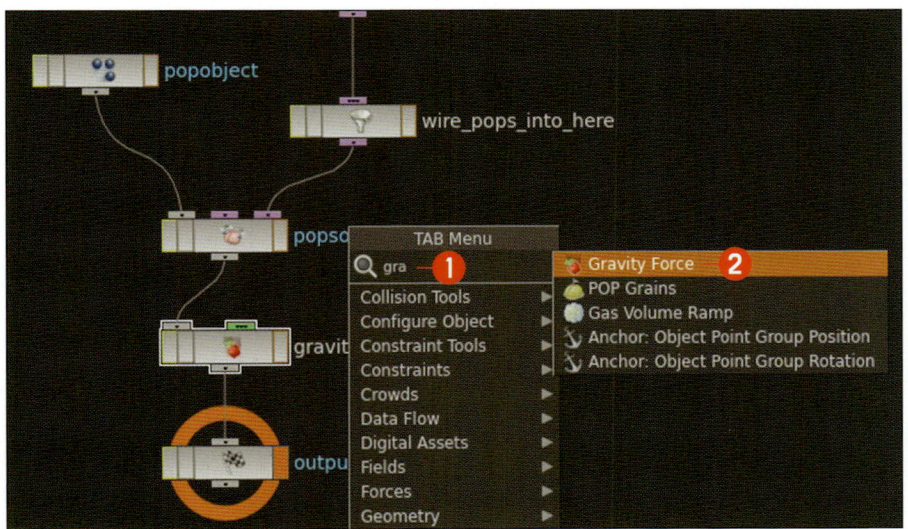

07 방금 생성한 Gravity Force는 Dop에서 진행하게 되는 대부분의 시뮬레이션에서 필수로 사용되는 노드입니다. 현재는 앞서 Velocity의 y 축에 1이라는 값을 적용한 상태이기 때문에 파티클들이 위로 올라갔다가 중력에 의해 떨어지는 파티클이 만들어지게 됩니다. POP Source 노드는 파티클을 생성하는 Generator이지만 이름 그대로 소스가 있어야 파티클을 만들어낼 수 있습니다. 여기서 말하는 소스라는 것은 이미터(Emitter)라고 부릅니다. 그러면 Emitter 없이 파티클을 생성할 수는 없을까요?

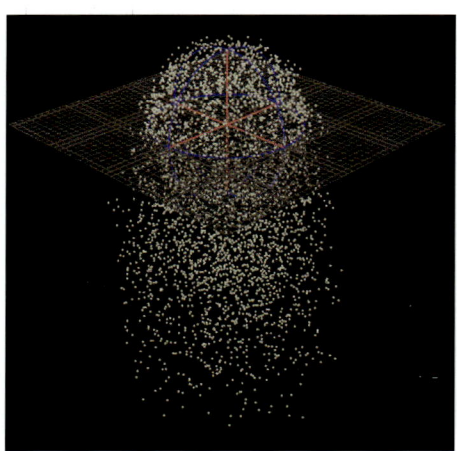

08 이미터 없이도 파티클의 생성은 당연히 가능합니다. 상위 레벨로 이동하여 Sphere와 Pop Network를 제거하고, 새로운 Pop Network를 생성한 다음 안으로 들어와서 POP Source 노드는 지워주고, 탭 메뉴에서 POP Location 노드를 생성하여 그림와 같이 연결합니다.

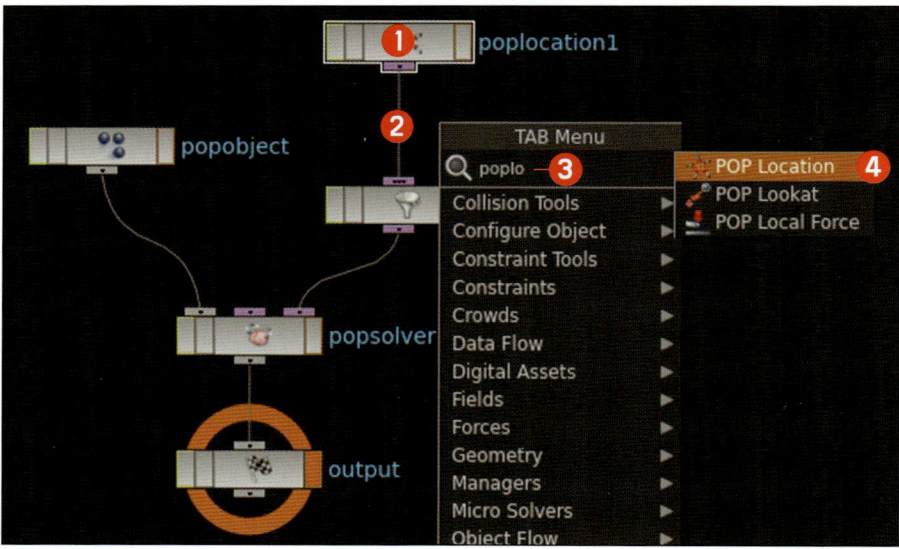

09 이제 재생을 해 보면 Emitter가 있어야만 작동을 했던 POP Source와는 다르게 POP Location은 현재 위치에서 파티클을 방출하기 때문에 이미터가 없어도 파티클이 생성됩니다. 그런데 현재는 파티클이 너무 많이 방출되고 있습니다.

10 Sop 네트워크에서 [MMB]를 하여 정보 창을 보았듯이 Pop(Dop)에서도 해당 노드에서 [MMB]를 하면 노드의 정보를 볼 수 있습니다. 이와 같은 방법으로 POP Location 노드의 정보를 보면 현재 몇 개의 파티클이 생성되었는지 볼 수 있습니다. 현재는 50 프레임에서의 정보이며, 총 10,420 개의 파티클이 생성되었음을 확인할 수 있습니다.

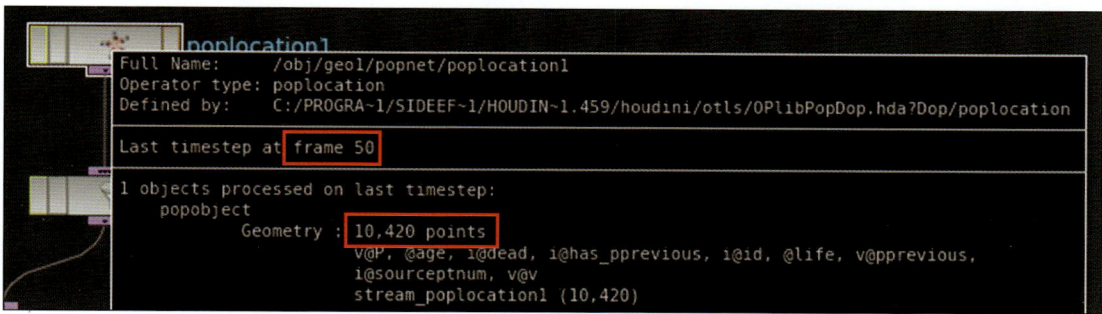

11 생성되는 파티클의 수를 설정하기 위해서는 Generator 역할을 하는 노드의 파라미터를 수정하면 됩니다. POP Location 파라미터의 Birth 탭을 보면 상단에 네 가지의 설정 옵션이 있습니다. 이 설정 값들을 통해 파티클이 생성되는 양을 조절할 수 있습니다.

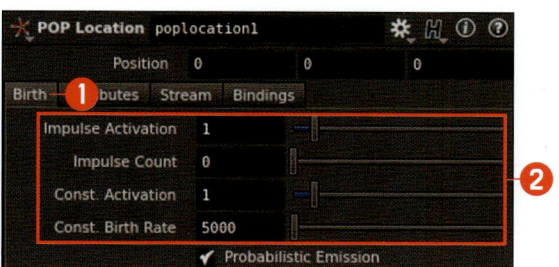

Impulse Activation 프레임(Frame) 마다 파티클을 생성할 것인지 여부를 설정하며, 0은 Off, 그 외의 값은 On이 됩니다.

Impulse Count 프레임마다 생성될 파티클의 개수를 설정합니다.

Const. Activation 카운트(Count : 초)마다 파티클을 생성할 것인지 여부를 설정하며, 0은 Off, 그 외의 값은 On이 됩니다.

Const. Birth Rate 카운트(초) 마다 생성될 파티클의 개수를 설정합니다.

12 아래 그림을 보면 Impulse Activation을 1로 설정하여 프레임마다 파티클이 생성되도록 활성화를 해 주고, Impulse Count에 10을 입력하여 프레임마다 10개의 파티클이 생성되도록 하였습니다.

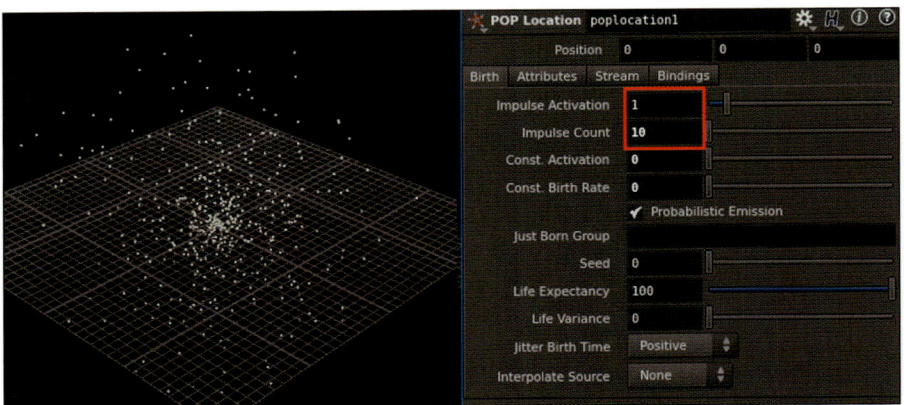

13 플레이바를 50 프레임으로 이동한 후 POP Location의 정보를 확인해 보면 그림과 같이 500개의 파티클이 생성이 된 것을 볼 수 있습니다. 이와 같은 결과는 방금 Impulse Count를 10으로 설정했기 때문에 50초 동안 500개의 파티클이 생성되게 된 것입니다.

POP Force 사용하기

앞서 파티클을 생성하는 방법에 대해 알아보았으므로 이번 학습에서는 생성된 파티클에 힘을 적용하여 사방으로 흩날리도록 해 보겠습니다.

01 이제 파티클에 다양한 힘을 적용해 보기 위해 POP Force 노드를 생성합니다. 이 노드는 이름처럼 힘, 즉 포스를 만들어주는 노드로써 Force와 Noise를 함께 적용할 수 있습니다.

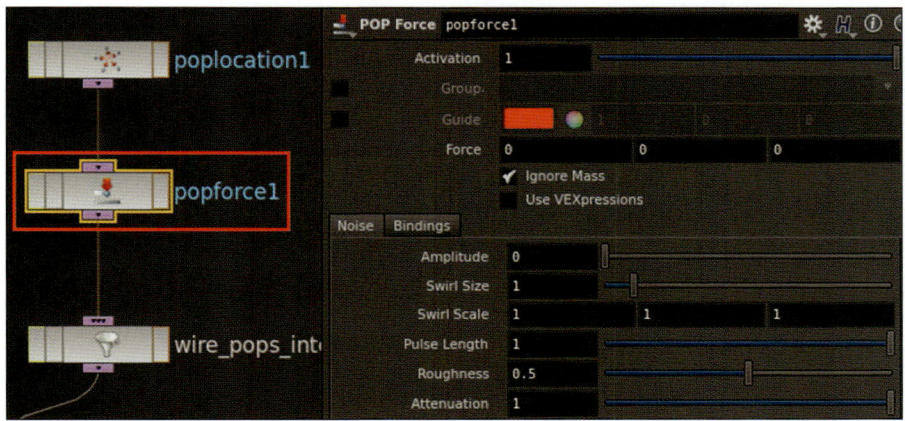

02 POP Force 파라미터의 Noise 탭에서 Amplitude를 1로 설정하고, 재생을 해 보면 노이즈가 추가된 형태의 파티클이 생성되게 됩니다.

03 이어서 Swirl Scale의 값을 증가하면 좀 더 안정적인 형태로 파티클이 흩어지게 됩니다. 이제 값을 설정하여 물줄기처럼 분출되는 파티클을 생성해 보겠습니다.

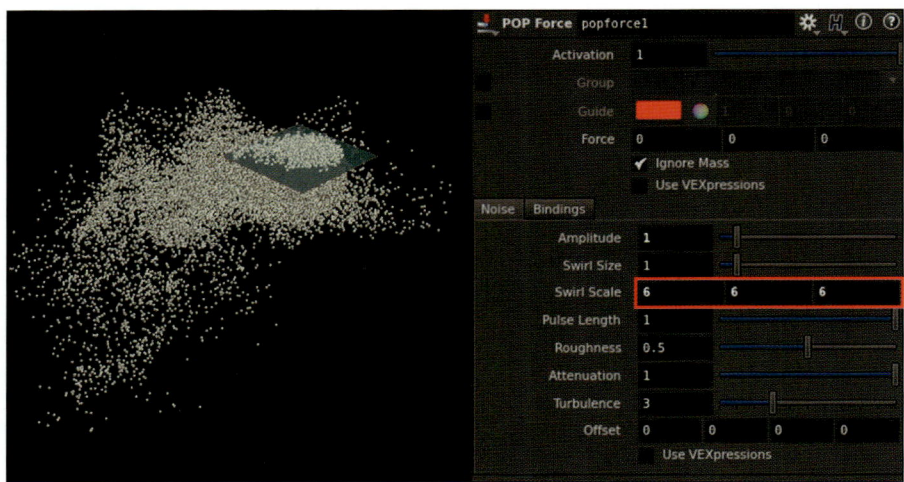

04 POP Force의 옵션 값을 그림과 같이 Amplitude의 값을 증가하여 노이즈를 키우고, Swirl Scale을 증가하여 노이즈 필드를 크게 만들어준 뒤 Turbulence는 수치는 감소하여 형태를 만들었습니다. 설정 후 다시 플레이를 해 보면 파티클이 생성될 때 좀 더 줄기 형태로 표현됩니다. 하지만 아직은 많이 부족하고, 힘을 잡아줄 무언가가 필요해 보입니다.

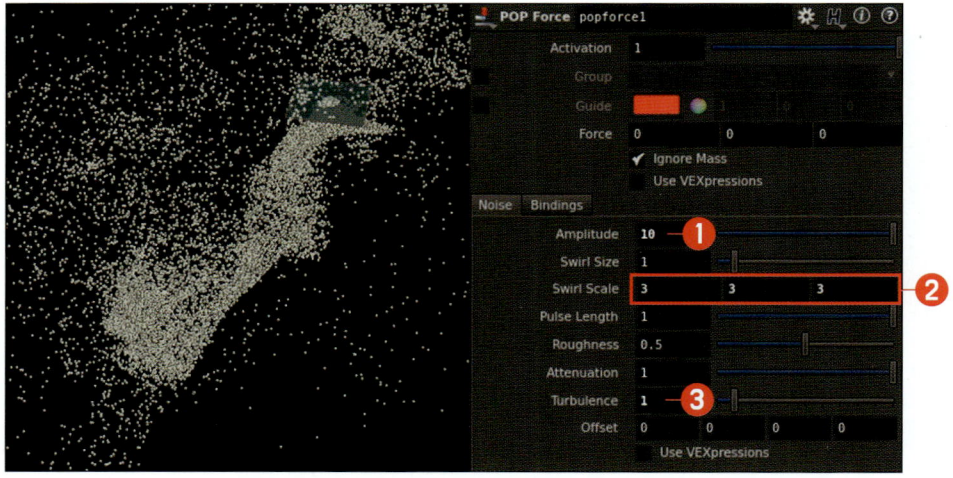

05 이제 힘에 대한 저항력을 적용하기 위해 POP Drag 노드를 생성하여 POP Force 아래쪽에 연결합니다.

POP Drag는 힘, 공기에 대한 저항력을 만들어주는 노드입니다.

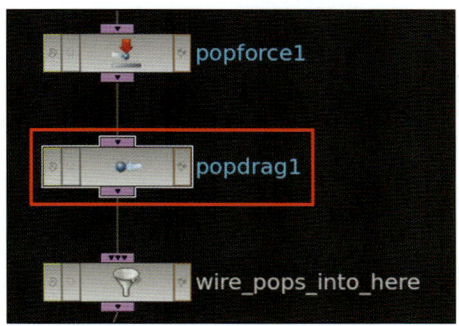

06 POP Drag 노드를 연결했다면 플레이바를 120프레임으로 이동한 후 씬 뷰를 확인해 보면 줄기 형태가 더욱 뚜렷하게 보이게 됩니다. POP Drag가 없는 상태에서는 POP Force에 저항이 없기 때문에 파티클이 인위적인 느낌이 강했지만 POP Force를 적용함으로 사실적으로 표현되게 됩니다. 다음은 흩날리는 파티클이 아니라 자신이 원하는 방향으로 분출되는 파티클을 컨트롤 해 보겠습니다.

POP Curve Force 사용하기

이번 학습에서는 파티클을 제어하는 기본 사용법 중 사용자가 지정한 커브(Curve)를 따라가는 파티클을 생성해 보도록 하겠습니다.

01 앞서 사용한 POP Force 노드를 제거하고, POP Attract 노드를 생성하여 연결합니다. POP Attract 노드는 파티클에 Goal을 적용시켜주는 노드로써 Goal이란 도착점 혹은 지정된 위치라고 생각하면 됩니다. 생성되는 파티클이 이동해야 할 위치를 설정하기 위해 POP Attract 파라미터의 Goal의 x, y 축을 5로 설정합니다.

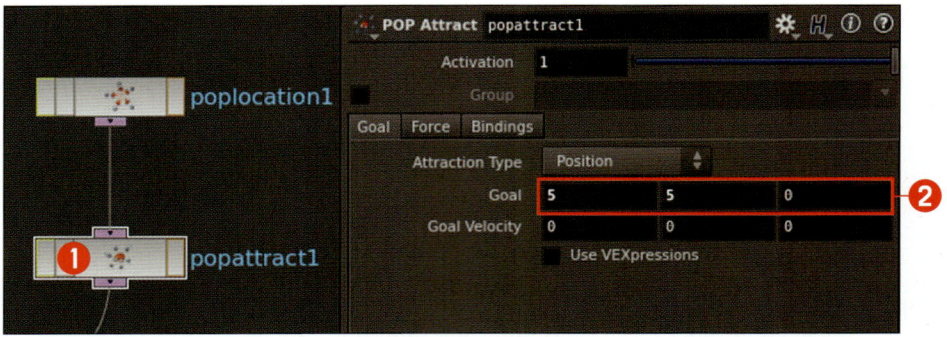

02 씬 뷰를 통해 확인을 해 보면 파티클들이 모이는 듯 하다가 다시 되돌아오고를 반복하게 됩니다. 그림에서 보이는 Translate 핸들이 POP Attract의 위치로써 현재는 파티클들이 Goal 지점을 그냥 지나치게 됩니다.

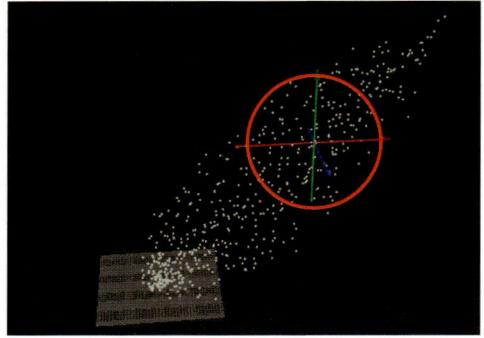

03 이러한 부분 역시 POP Drag를 통해 해결을 할 수 있습니다. 여기에서 POP Drag를 연결한 후 다시 씬 뷰를 확인해 보면 저항에 의해 파티클이 Goal을 향해 가게 됩니다. 이어서 시네마 4D나 3D Max 등과 같은 타 프로그램과 CG에서 종종 사용이 되는 커브(Curve)를 따라가는 파티클을 만들어보겠습니다.

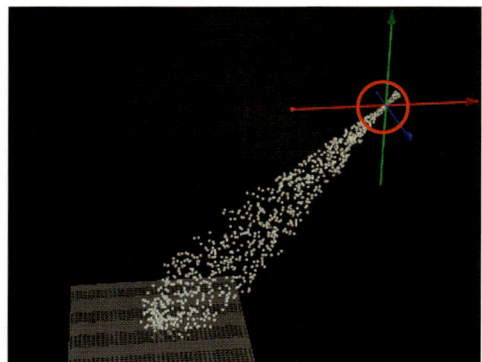

04 POP Attract 노드를 제거한 후 Curve를 생성하기 위해서 상위 레벨(Pop Network가 위치하고 있는 Sop 네트워크)로 이동한 후 Curve 노드를 생성합니다. Curve 노드를 선택하고, 씬 뷰에서 [Enter] 키를 누르면 Curve를 그릴 수 있도록 마우스 커서가 변경됩니다. 이제 자신이 원하는 형태(경로)를 그려줍니다. 이번 예제에서는 후디니의 로고처럼 @ 모양을 그려주었습니다.

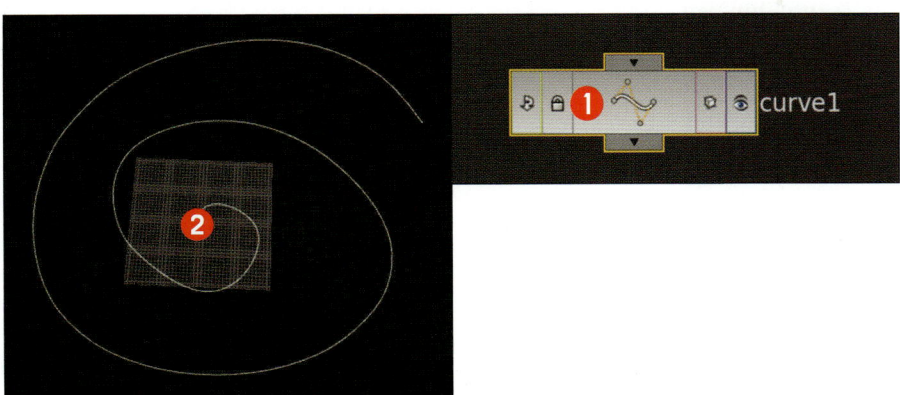

05 다시 Pop 안으로 들어가서 POP Curve Force 노드를 생성합니다. 이 노드는 Curve를 따라 Force를 적용시켜주는 노드로써 그림과 같이 POP Location과 POP Drag 사이에 연결을 해 주고 파라미터의 Curve Force 탭에서 SOP Path에 생성해 놓은 Curve의 경로를 입력합니다.

06 이어서 씬 뷰를 확인해 보면 생성해 놓은 Curve에 따라 빨간색 원통 같은 형태가 나타나게 되는데 이것은 Force가 적용되게 될 범위를 보여주는 가이드(Guide)입니다. 다음 그림은 240Frame에서의 파티클이 움직이는 모습입니다. 경로를 따라 움직이지만 너무 느립니다.

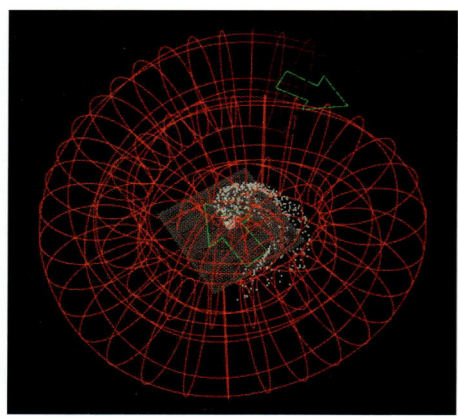

07 Follow Scale 값을 10으로 증가한 후 다시 240Frame을 보면 훨씬 빠르게 진행이 되었지만 역시 문제가 보입니다. Curve의 형태는 나선형 모양인데 따라가는 힘이 너무 강해서 이 영역을 벗어나고 있습니다.

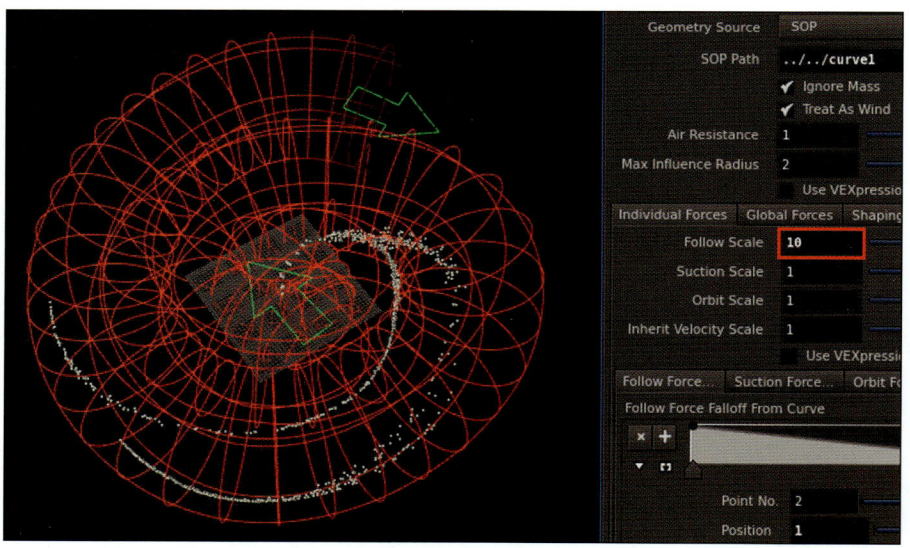

08 Suction Scale의 값을 증가하여 Curve로 힘이 가해지도록 해 줍니다. 여기에서는 4로 설정하여 그림과 같은 형태를 만들어냈습니다. 만약 Curve Force가 적용되는 범위를 제어하고 싶다면 Max Influence Radius의 값을 조절하면 되며, 시뮬레이션되는 전체 프레임(시간)을 더 늘려주고 싶다면 플레이바 우측의 Global Animation Options을 클릭하여 설정 창을 열어준 후 End 프레임에 원하는 시간만큼 설정하면 됩니다.

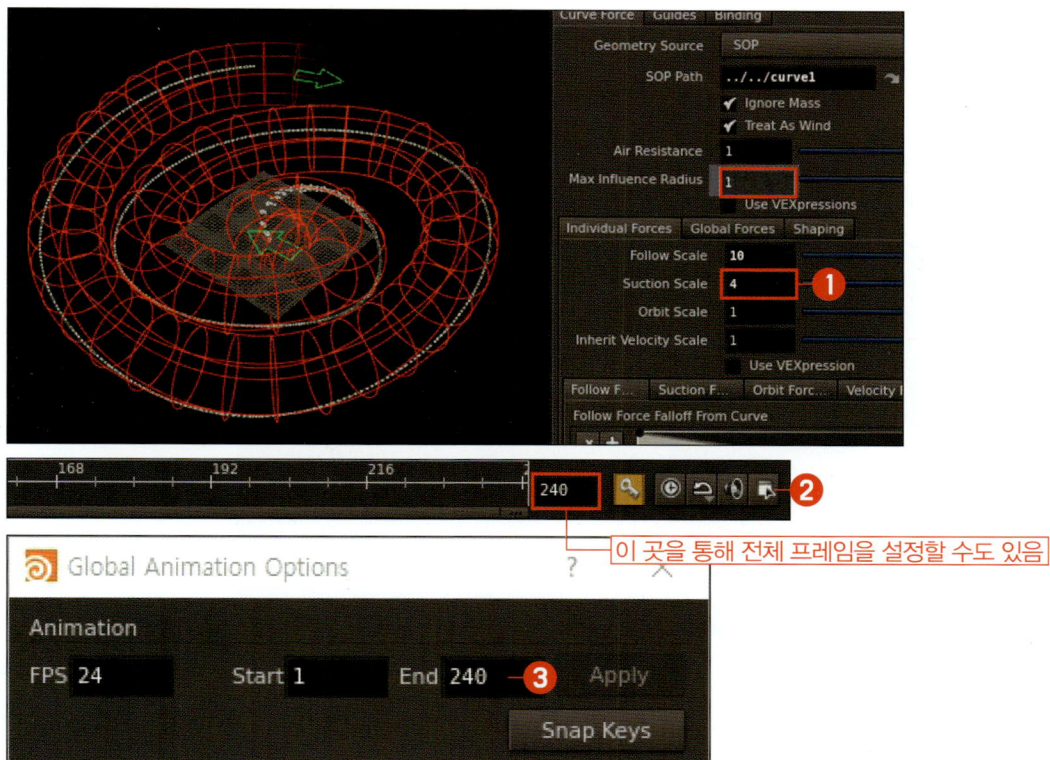

09 지금까지 POP Curve Force의 사용법에 대해 알아보았고, POP Force 노드를 연결하여 그림과 같이 파티클이 이동되도록 표현해 보았습니다. 앞서 배운 POP Curve Force, POP Drag, POP Force를 이용해서 자신이 원하는 형태의 파티클을 표현해 보기 바랍니다.

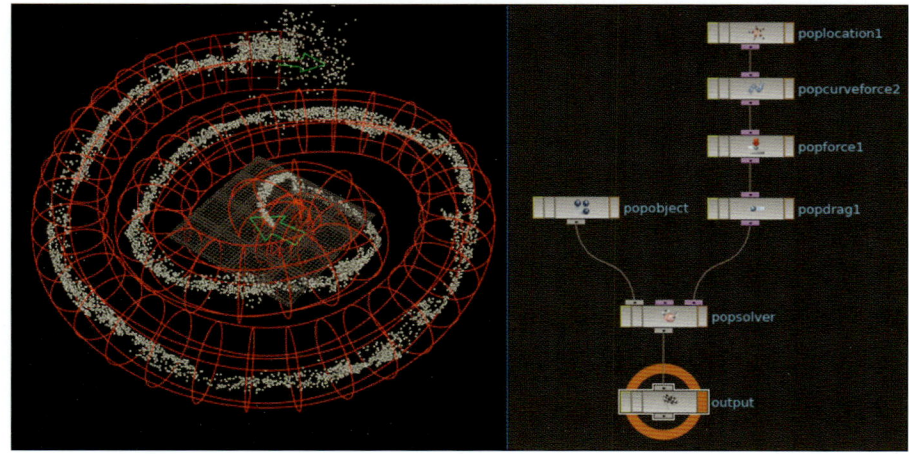

POP Steer Obstacle 사용하기

이번 학습에서는 POP Steer Obstacle을 이용하여 물체를 피해가는 파티클을 만들어보도록 하겠습니다.

01 먼저 피해갈 오브젝트를 만들기 위해 Sphere를 생성한 후 Transform 노드를 생성하여 달아줍니다. 그다음 그림과 같이 설정합니다.

02 계속해서 Pop Network를 생성한 후 안으로 들어가서 POP Source 노드를 POP Location 노드로 교체한 뒤 초당 100개의 파티클이 생성되도록 설정합니다. 그다음 POP Steer Obstacle을 생성하여 연결하고 파라미터의 SOP Path에 오브젝트의 경로를 입력합니다.

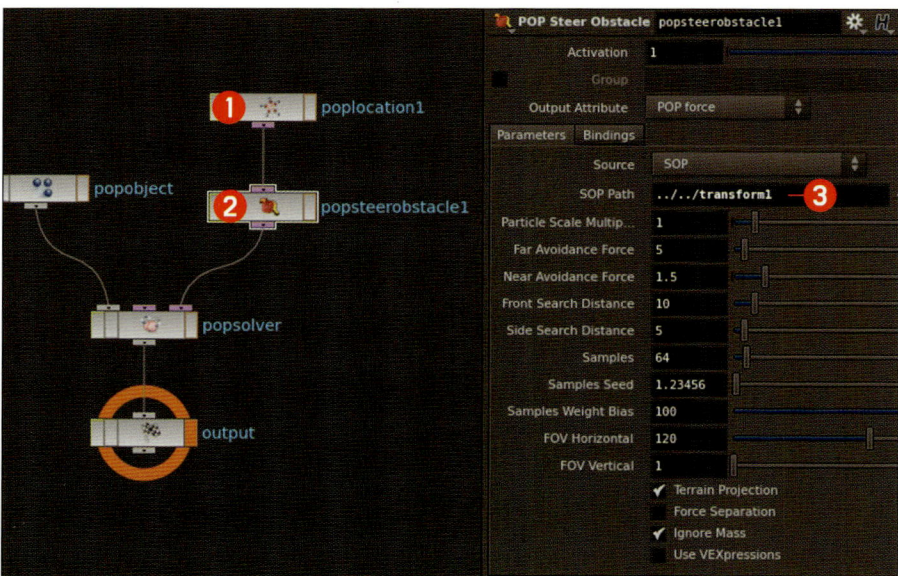

03 이어서 그림과 같이 POP Force와 POP Drag를 연결한 뒤 POP Force 파라미터에서 Force의 x 축을 10, Amplitude를 3으로 설정합니다. 이제 x 축으로 10의 값을 가지면서 3이라는 값만큼 노이즈의 영향을 받는 파티클이 생성되는데, POP Steer Obstacle이 어떤 작동을 하는지 살펴보겠습니다. 씬 뷰를 확인 해 보면 x 축으로 파티클이 흘러가면서 네 방향으로 흩어지는 것을 볼 수 있습니다.

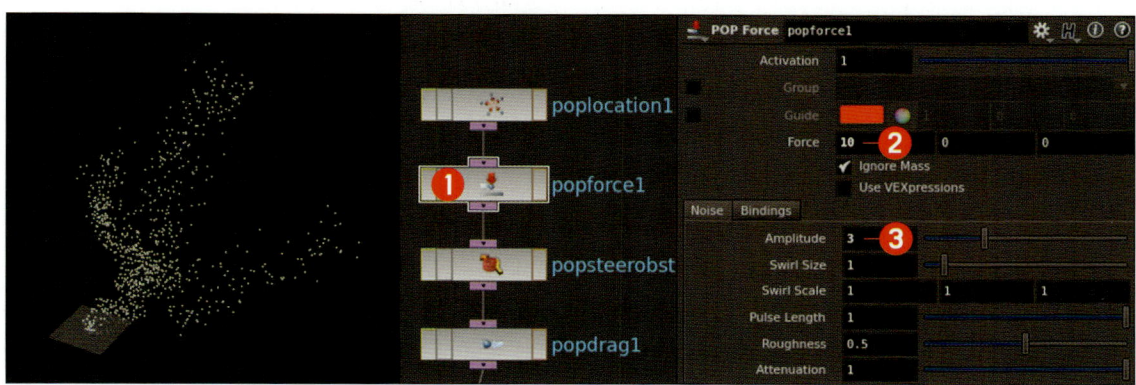

04 이제 그림과 같이 POP Steer Obstacle의 파라미터를 수정하여 Sphere의 형태를 따라 파티클이 피해가도록 해 줍니다. 여기서 수정을 한 옵션은 FOV Horizontal, FOV Vertical, Far Avoidance Force 세 가지이며, 멀리 있는 부분에 적용될 Force와 퍼져나가는 값을 수정하였습니다. 이어서 플레이를 해 보면 이전과는 다르게 파티클이 둥근 Sphere 모양에 부딪히며 밖으로 퍼져 나가게 됩니다. 그런데 여기서 파티클이 Sphere를 넘어간 뒤에 한 지점으로 모이게 하고 싶다면 어떻게 하면 될까요?

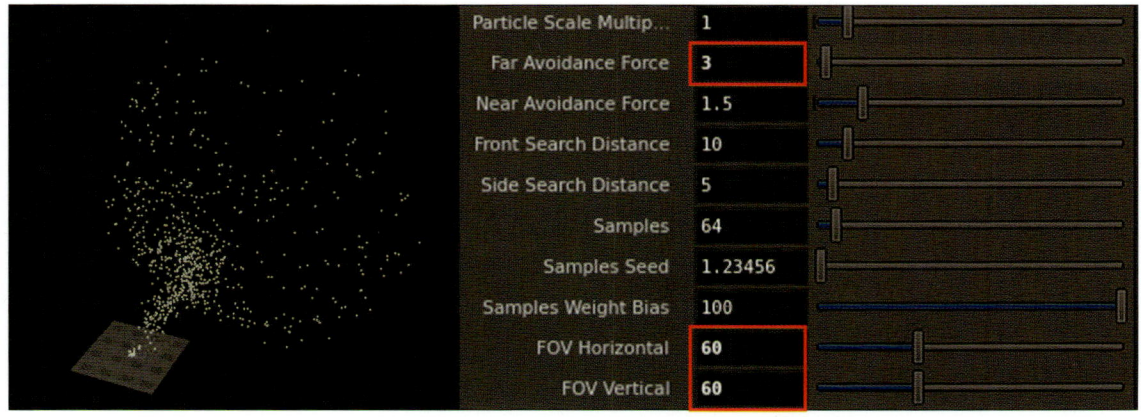

05 그것은 앞서 배웠던 POP Attract 노드를 사용하면 됩니다. 다음의 그림과 같이 POP Attract 노드를 생성하여 연결하고, Goal을 x 축을 45로 설정한 후 Force 탭에서 Force Scale 값을 20으로 설정합니다. 이것으로

POP Location에서 생성된 파티클들이 Sphere를 지나 Goal 지점으로 모이게 되는 형태가 완성되었습니다.

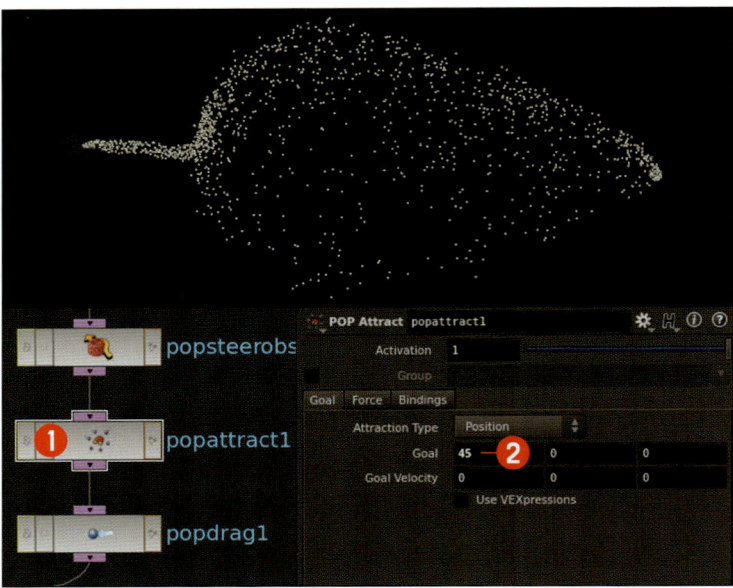

파티클 어트리뷰트(Particle Attribute) 사용하기

이번 학습에서는 Particle Attribute를 사용하여 Particle을 컨트롤하는 방법에 대해 배워보기로 하겠습니다.

01 그림과 같이 노드를 생성하여 연결하고, Transform 파라미터에서 Translate y 축을 4로 설정하여 Sphere를 위로 올려줍니다.

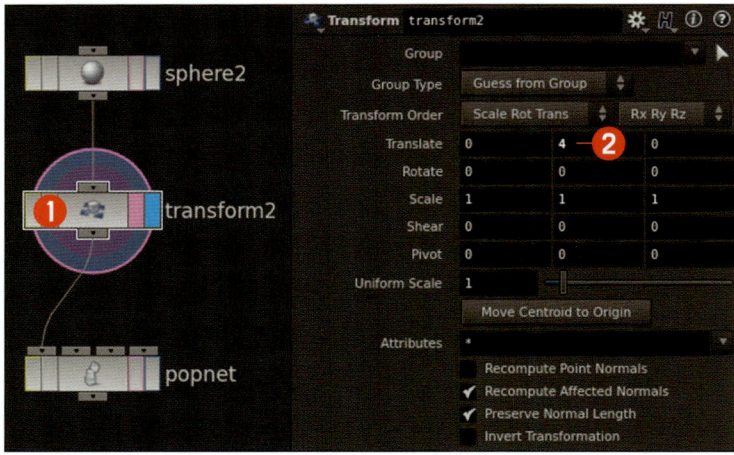

02 Pop Network 안으로 들어가서 그림과 같이 노드를 구성합니다. 이어서 POP Source 노드의 Attribute 탭에서 Initial Velocity를 Set initial velocity로 설정하고, 초당 1000개의 파티클이 생성되도록 합니다.

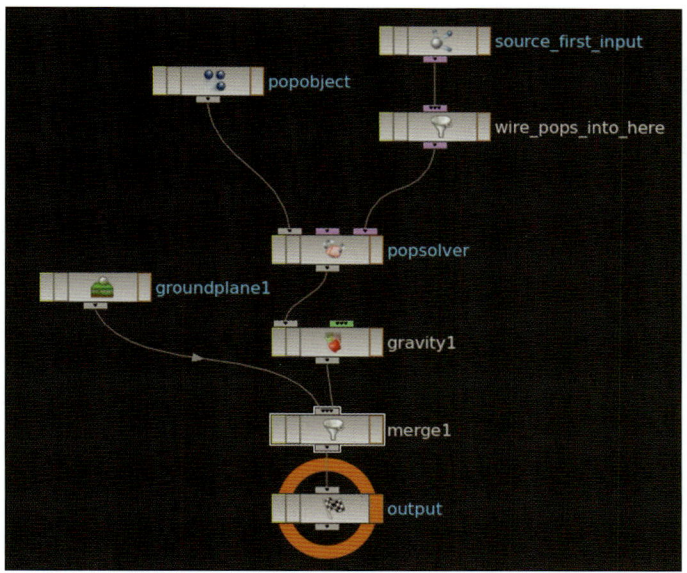

03 이미터에 대한 설정을 하기 위해 POP Source 노드의 Source 탭으로 가보면 상단에 Emission Type과 Geometry Source라는 옵션이 있습니다. 이 두 옵션은 파티클이 방출될 타입과 소스로 사용하기 위한 지오메트리를 선택할 수 있게 해 줍니다. 만약 Pop Network의 Input 1이 아니라 2, 3, 4에 소스가 될 지오메트리를 연결했다면 그에 맞게 Geometry Source의 설정을 변경해야 합니다.

Pop 네트워크의 활용 **385**

04 파티클이 한쪽으로 흐르도록 하기 위해서 Merge 노드에 연결된 Ground Plane을 설정하겠습니다. 앞서 Ground Plane을 생성하지 않았다면 탭 메뉴를 통해 생성하도록 합니다. Ground Plane은 바닥을 만들어주는 노드로써 Rotation의 x 축을 1로 설정하여 바닥을 살짝 기울어지게 합니다.

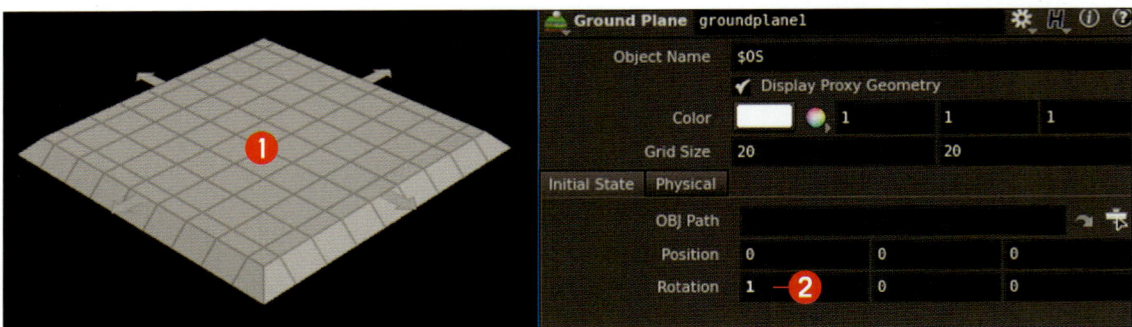

05 이제 재생을 해 보면 Sphere에서 파티클이 나오게 되며, 바닥에 부딪혀 기울어진 경사에 맞게 흘러내리는 것을 알 수 있습니다. 참고로 Ground Plane은 앞선 학습에서 언급했듯이 보이는 크기와는 상관없는 무한대의 바닥으로 사용되기 때문에 파티클이 아래로 떨어지지 않습니다. 그런데 이대로 계속 프레임(시간)이 흘러가면 파티클은 수없이 많아지게 되므로 일정한 시간이 지난 파티클은 제거가 되도록 하겠습니다.

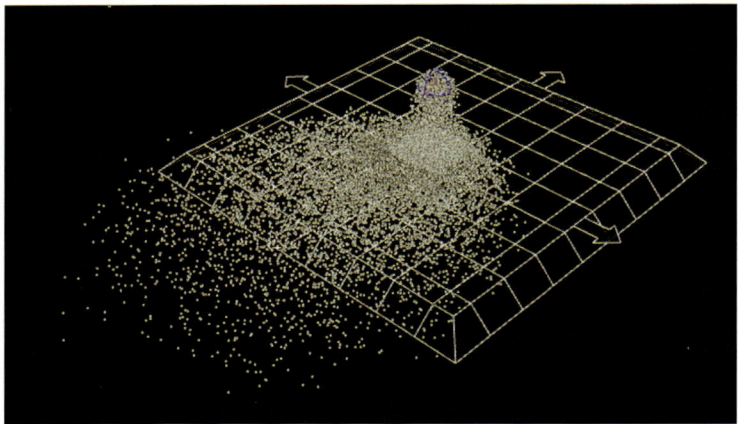

06 POP Source 노드의 Birth 탭에는 다음의 그림처럼 아래쪽에 두 가지의 옵션이 있는데, Life Expectancy는 파티클의 Life(수명)이며, Life Variance는 말 그대로 수명에 대한 변동 값입니다. 여기에서는 Life Expectancy를 3으로 설정하고 결과를 확인해 봅니다.

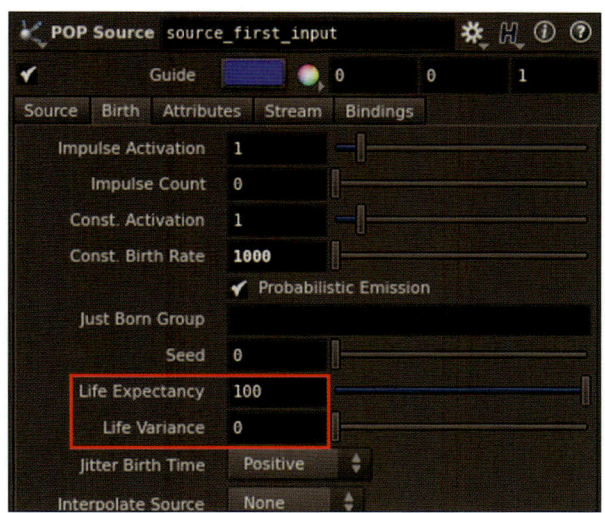

07 확인해 보면 72Frame 지점부터 끝부분까지 파티클이 사라지게 됩니다. 이것은 앞서 파티클의 수명이 3초로 설정했기 때문입니다. 그러면 Life Variance 값을 1로 설정한 후 다시 결과를 확인해 봅니다. 아래 그림에서는 잘 나타나지 않지만 플레이를 해 보면 Life Variance가 0일 때와 1일 때의 차이가 있습니다. 어떤 파티클은 빨리 소멸되고, 어떤 파티클은 늦게 소멸되는데, 앞서 Life Variance가 수명의 변동이라고 했듯이 Life(수명)에서 ±1이라는 변동이 생기기 때문에 최소 2초에서 최대 4초까지의 범위 내에서 파티클이 사라지게 되는 것입니다. 방금 설정한 Life도 Cd, N, P, pscale와 같은 어트리뷰트이며, 똑같이 지오메트리 스프레드시트를 통해 확인할 수 있습니다.

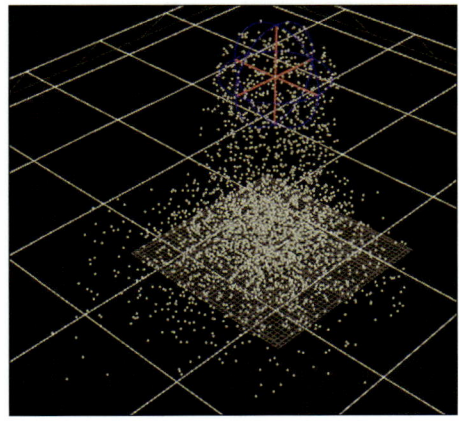

08 이제 지오메트리 스프레드시트를 열어보면 Sop에서 열었을 때 와는 다르게 왼쪽에 항목을 선택할 수 있는

공간이 있으며, 정보도 전혀 다르게 나타나는 것을 볼 수 있습니다.

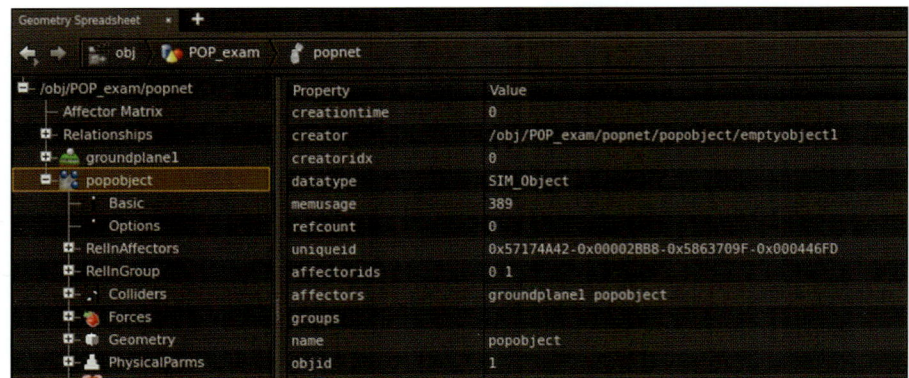

09 Geometry를 선택하면 항상 보아왔던 스프레드시트가 오른쪽에 나타납니다. 그림에서 age와 life라는 어트리뷰트는 비슷한듯 다른 요소로써 앞서 언급을 했듯 life는 파티클의 수명이며, age는 파티클의 나이를 말합니다. 즉 기본적으로 life는 모든 파티클에 동일한 값이 적용되지만 age는 파티클이 생성된 순간부터 시작이 되기 때문에 각기 다른 수치가 나오게 됩니다. 참고로 현재의 스프레드시트는 보기 쉽게 하기 위해 age, life 이외의 어트리뷰트는 View를 꺼놓았으며, Life Expectancy를 100으로 설정했습니다.

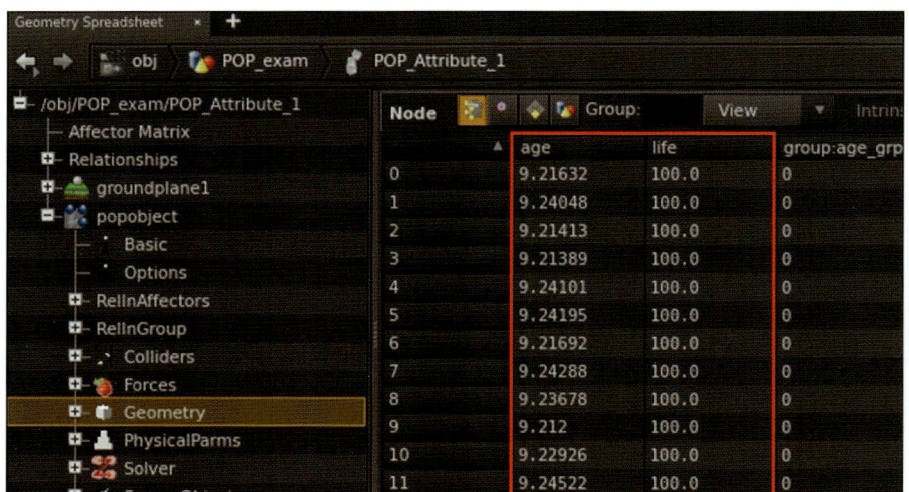

10 POP Group 노드를 생성하여 POP Source 아래쪽 연결하고, VEXpression에 다음과 같이 입력합니다.

```
ingroup = @age > 5;
```

age 어트리뷰트가 5보다 클 경우 그룹을 지어지도록 하고, 그 그룹은 age_grp라는 이름을 갖게 됩니다. 이제 age_grp 그룹의 파티클에 변화를 주도록 하겠습니다.

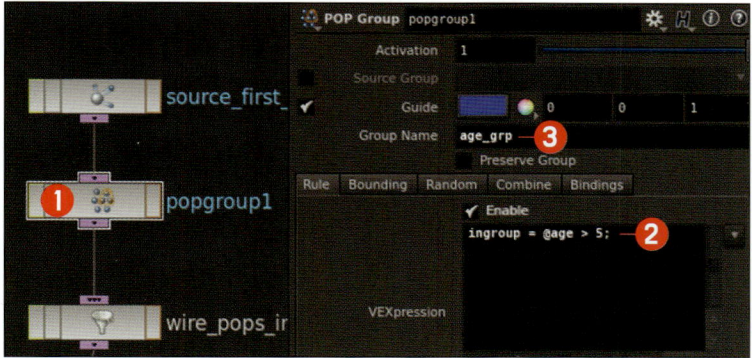

11 age_grp의 파티클을 제거하고 싶다면 POP Kill 노드를 생성하여 POP Group 노드 아래쪽에 연결하고, 파라미터 를 아래 그림의 위쪽과 같이 dead = 1;를 입력해 주면 됩니다. 물론 POP Group로 그룹을 만들지 않고, POP Kill 노드에 아래쪽 그림처럼 dead = @age > 3;으로 입력해도 동일한 결과가 나타납니다. 이제 age_grp 그룹의 색상이 바뀌면서 POP Force의 영향을 받고, age가 15를 넘어가면 제거되도록 해 보겠습니다. POP Kill 노드는 제거하고 POP Group로 돌아가서 age가 15 이상일 때 age_grp이 되게 수정을 합니다.

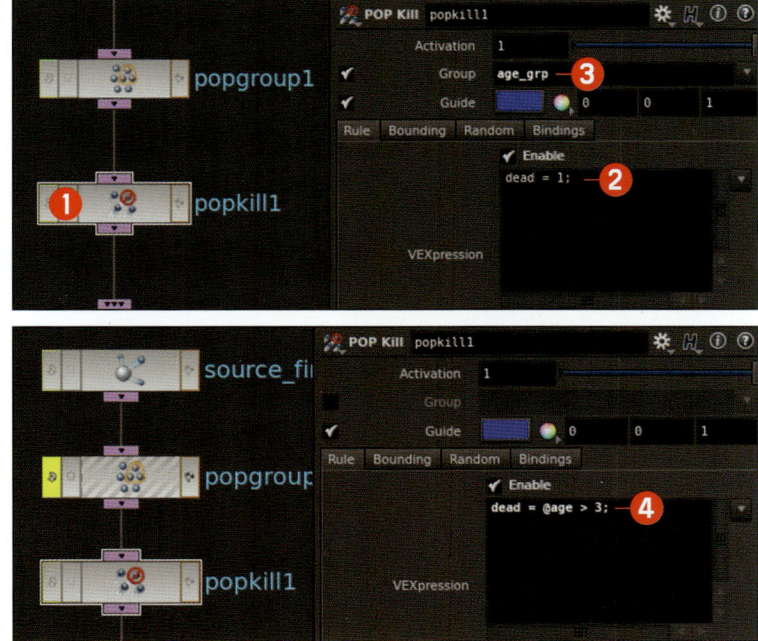

◀ POP Group 노드를 By Pass하여 비활성화한 상태

12 POP Force와 POP Color 노드를 생성한 후 연결합니다. 이어서 POP Force 파라미터를 그림과 같이 설정하고, POP Color 노드의 Group에 **age_grp**를 입력하여 해당 그룹에만 컬러가 적용되도록 합니다. 이제 재생을 해 보면 설정에 맞게 age_grp 그룹의 파티클이 살짝 떠오르고, 컬러도 적용된 것을 볼 수 있습니다.

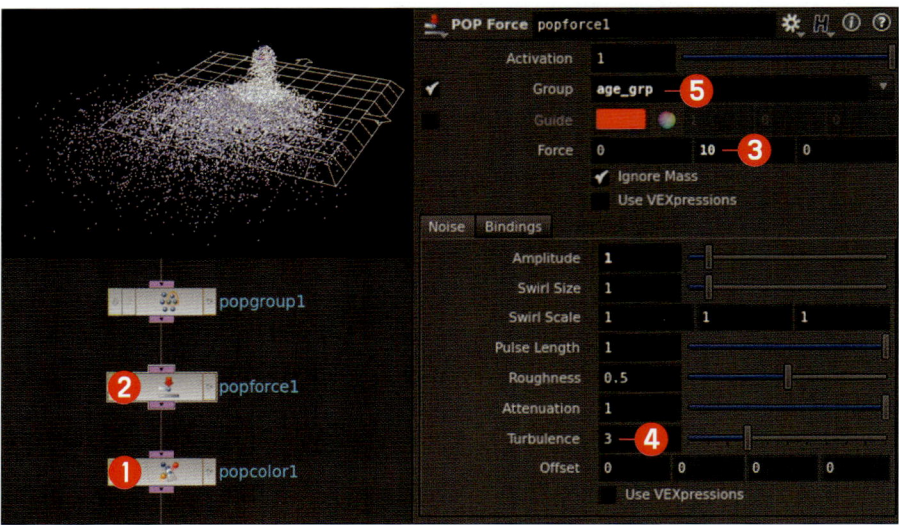

13 계속해서 POP Kill 노드를 생성하여 연결하고, VEXpression에 **dead = @age > 15;**을 입력하여 age가 15이상이 되면 제거되도록 합니다. 씬 뷰를 통해 확인을 해 보면 구성해 놓은 노드 트리에 맞게 정상적으로 작동이 되는 것을 볼 수 있습니다. 이번에는 age와 life아닌 다른 어트리뷰트를 살펴보도록 하겠습니다.

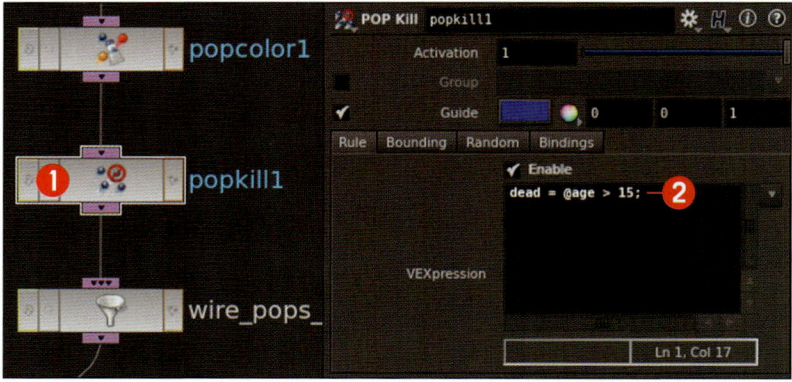

14 이번엔 Pop Network를 새로 생성하고, 다음 그림과 같은 노드 트리로 구성합니다. 그다음 POP Location 파라미터에서 Position의 y 축을 6으로 설정하고, Const. Birth Rate를 10으로 설정합니다.

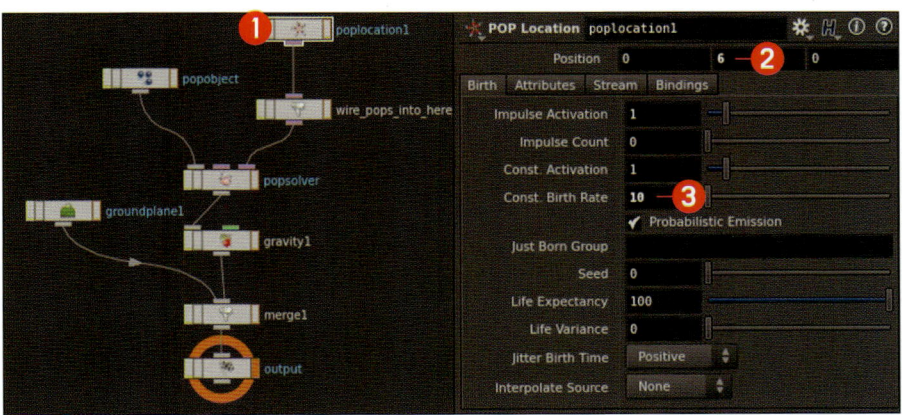

15 Ground Plane의 파라미터에서 이전과 동일하게 Rotate의 x 축을 1로 설정하여 비스듬하게 해 주고, Physical 탭으로 이동하여 Bounce를 1로 설정합니다. 이 값은 파티클이 부딪혀 튕겨오르는 정도를 설정합니다. 이것은 Ground Plane에서 뿐만 아니라 POP Object 노드에서도 설정이 가능합니다. 이제 플레이를 해 보면 그림처럼 높이 튕기오르는 것을 볼 수 있습니다. 다음은 Particle Attribute를 통해 각 파티클마다 바닥에 튕기는 횟수에 대해 알아보도록 하겠습니다.

16 더 많은 Particle Attribute를 보기 위해서는 POP Solver 노드의 파라미터의 Collision Behavior 탭에서 Add Hit Attributes를 체크해주어야 합니다.

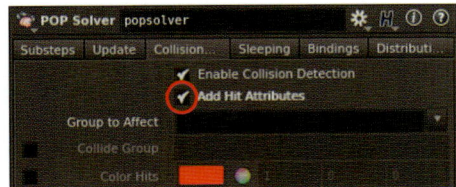

17 체크후 정보를 살펴보기 위해 다시 플레이를 한 후 POP Solver 노드의 정보를 보면 hit로 시작되는 어트리뷰트들이 추가된 것을 볼 수 있습니다.

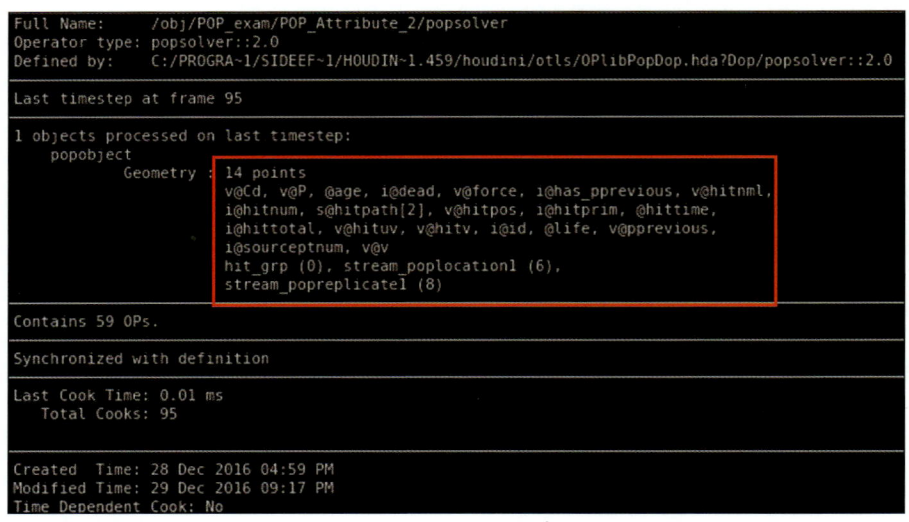

18 이제 스프레드시트를 보면 수많은 어트리뷰트 중에 hittime과 hittotal이라는 어트리뷰트가 있는데, hittime은 파티클에 충격이 가해진 시점의 시간이며, hittotal은 파티클에 충격이 가해진 횟수입니다. 이번 학습에서 0번 파티클은 바닥에 3번 부딪혔으며, 부딪히는 시간은 5.3983입니다. 다음은 hittotal이 파티클에 나타나도록 해 보겠습니다.

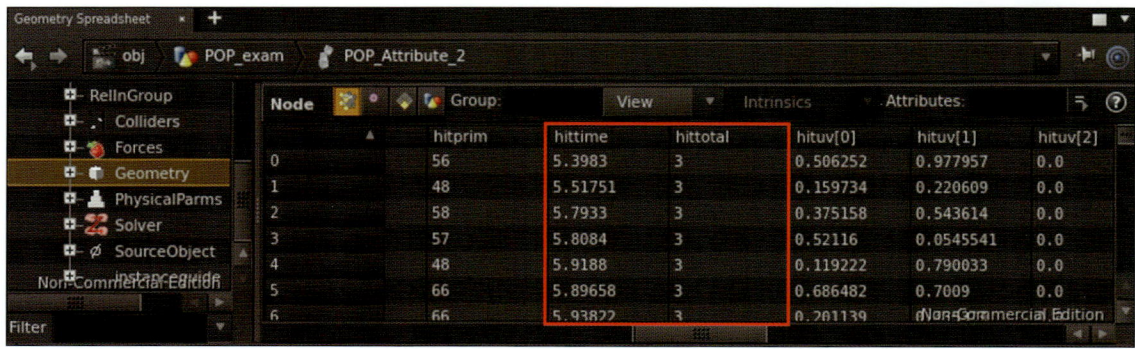

19 씬 뷰의 우측의 디스플레이 툴 바의 맨 아래쪽에 있는 Visualization 툴에서 [RMB]를 하여 다음 그림과 같은 창을 띄우고, 창 우측에 있는 [플러스(+) 버튼] - [Marker]를 선택합니다.

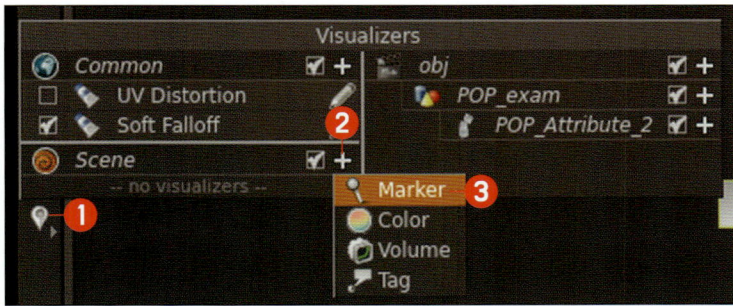

20 Edit Visualizer 창이 나타나면 Name과 Label은 여러분이 원하는 대로 입력하고, Attribute에는 **hittotal**을 입력합니다. 입력할 때 띄어쓰기를 하면 안됩니다.

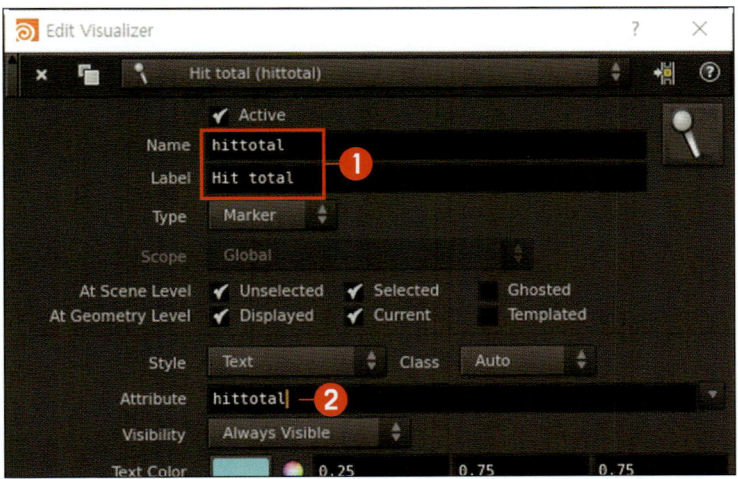

21 다시 Visualization을 열어서 방금 생성한 Hit Total 마커에 체크가 되어있는지 확인을 하고, 체크가 되어있지 않으면 체크를 해 줍니다.

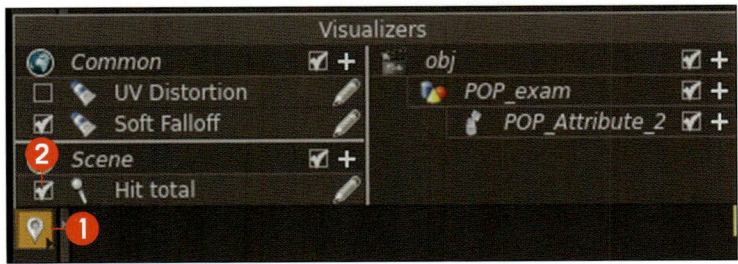

Pop 네트워크의 활용 **393**

22. 이제 씬 뷰에서 나타나는 파티클에 청록색의 숫자가 나타나는데 이 숫자는 hittotal 어트리뷰트의 숫자입니다. 아래 그림의 왼쪽처럼 스프레드시트를 통해 hittotal을 확인해 보면 각 포인트마다 자신의 hittotal이 나타납니다. 동일한 방법으로 hittime 어트리뷰트를 마커로 등록하게 되면 오른쪽 그림처럼 hittime 또한 씬 뷰를 통해 볼 수 있습니다. 이렇게 함으로써 Particle Attribute의 데이터를 이용해서 좀 더 접근성이 높은 작업이 가능해지며, 생성된 파티클 중 원하는 파티클만 그룹을 지어 또 다른 파티클을 위한 이미터(Emitter)로 사용할 수도 있습니다.

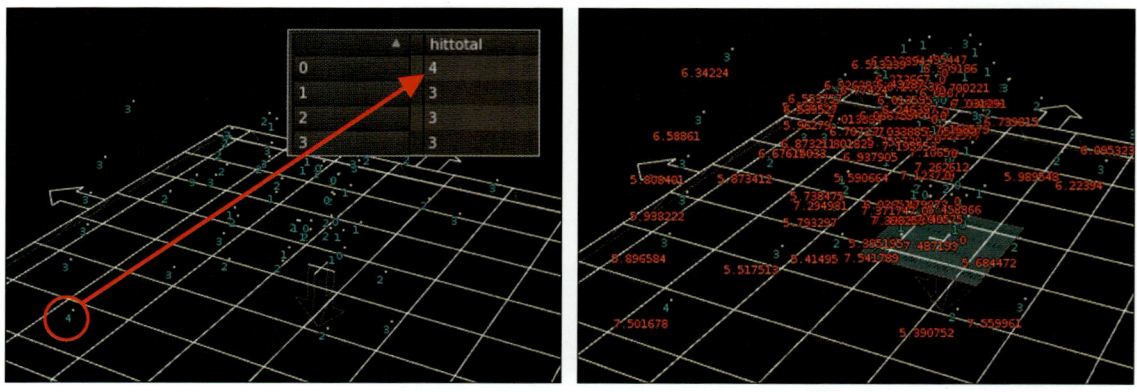

23. POP Location에서 생성되는 파티클을 초당 2개씩으로 수정하고, POP Group을 생성하여 VEXPression에 ingroup = @hitnum == 1;을 입력함으로써 hittime 어트리뷰트를 통해 hit_grp라는 그룹을 생성합니다.

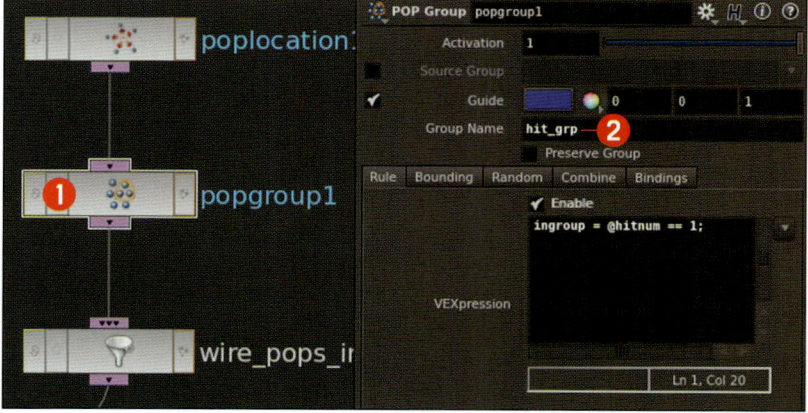

24. 이번엔 POP Replicate 노드를 생성하여 hit_grp에만 적용이 되도록 그룹을 지정하고 프레임당 생성되는 파티클을 2로 설정합니다.

25 POP Color 노드를 생성하여 연결하고, 컬러를 빨간색으로 설정합니다. 이어서 Group의 우측 드롭다운 메뉴에서 stream_popreplicate1을 선택합니다. 이 그룹은 POP Replicate에 의해 생성된 파티클 그룹입니다.

26 이제 플레이를 하여 확인을 해 보면 파티클이 바닥에 부딪히는 순간에 빨간색의 파티클이 생성됩니다. POP Location 노드에서 파티클이 생성되고, POP Group을 통해 hitnum이 1과 같은 파티클만 hit_grp라는 이름으로 그룹을 지었습니다. 여기서 사용한 hitnum은 충돌하는 순간에 카운트가 되는 어트리뷰트이며, hit_grp는 바닥에 충돌하는 순간의 파티클이 됩니다. 이어서 POP Replicate로 hit_grp에 프레임당 2개의 파티클이 생성되고, 구분을 하기 위해 POP Color로 hit_grp이 빨간색이 되도록 하였습니다. 예제는 너무나 간단한 방법으로만 진행했지만 이와 같이 Pop Network는 파티클의 생성부터 컨트롤까지 다양한 구현이 가능하며, 어트리뷰트를 활용해서 손대기 힘든 부분까지 컨트롤이 가능합니다.

Pop 네트워크의 활용 **395**

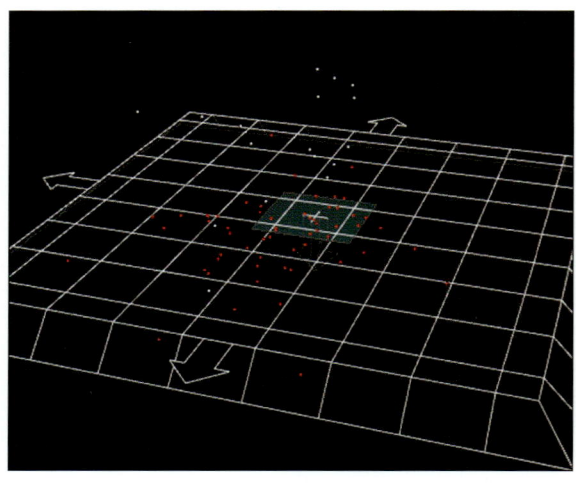

이미터를 이용하여 파티클 생성하기

이번 학습에서는 이미터(Emitter)를 컨트롤하여 스피어에서 파티클이 무작위로 방출되는 장면을 표현해 보도록 하겠습니다.

01 먼저 Sphere를 생성하고, 파라미터의 Frequency를 5로 설정합니다. 그다음 Clip 노드를 생성한 후 연결하여 절반이 잘려진 형태를 만듭니다. 이어서 Facet 노드를 생성한 후 Post-Compute Normals을 체크하여 노멀을 나타나게 해 주고, Attribute VOP을 생성하여 연결합니다.

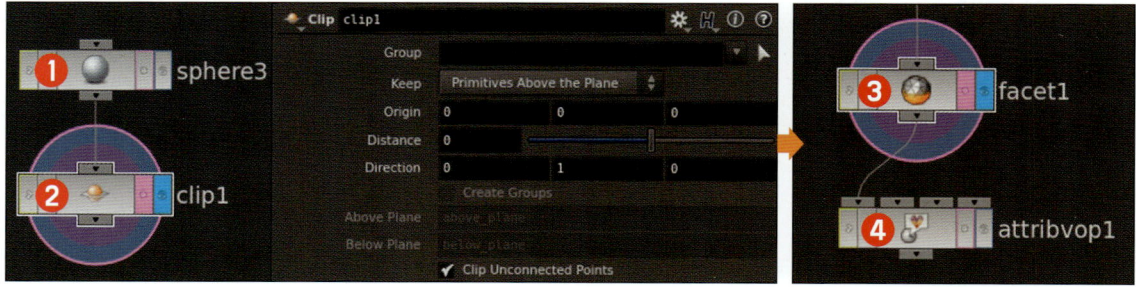

02 Vop 안으로 들어가서 다음의 그림처럼 연결합니다. 그다음 Turbulent Noise의 파라미터를 수정하고 Frequency과 Offset을 프로모트(Promote)하고 이어서 Multiply의 Input 3도 Promote한 후 Label을 Noise Mult로 변경합니다.

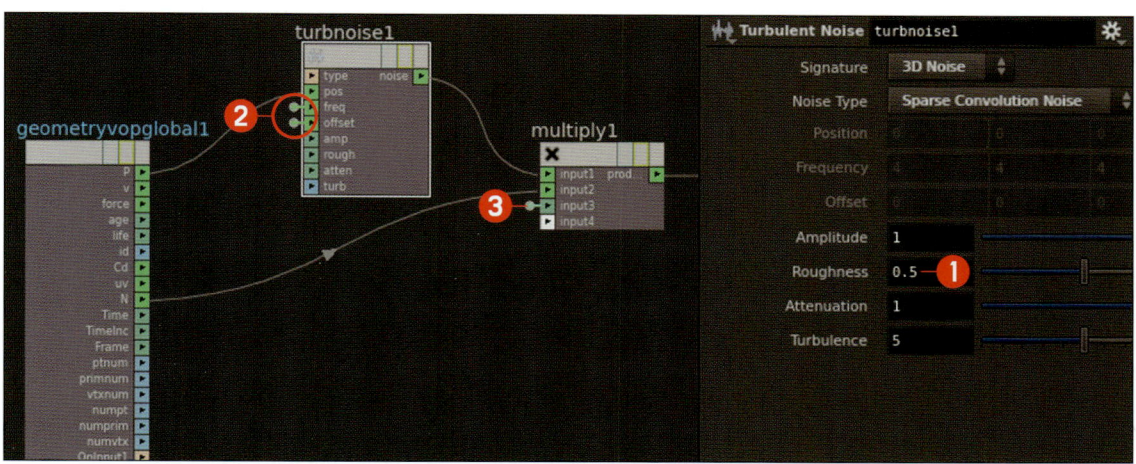

03 이어서 노이즈의 y 값에만 큰 변화를 주기 위해 Vector to Float을 통해 데이터를 변경한 다음에 Multiply를 생성합니다. 그리고 Vector to Float의 두 번째 아웃풋, 즉 y 값을 Multiply의 Input 1에 연결한 다음 Input 2는 Promote하여 외부에서 컨트롤이 가능한 파라미터로 만든 뒤 Input 2 파라미터의 Lable을 y Mult로 지정합니다. 하지만 지금 상태로 y 값에 곱셈이 되면 위아래 모두 값이 커지기 때문에 Absolute 노드를 생성 후 연결하여 모든 값을 절댓값으로 바꿔줍니다. 이제 그림과 같이 Float to Vector 노드를 통해 데이터를 다시 Vector로 변환한 다음 Output의 N과 v에 연결합니다.

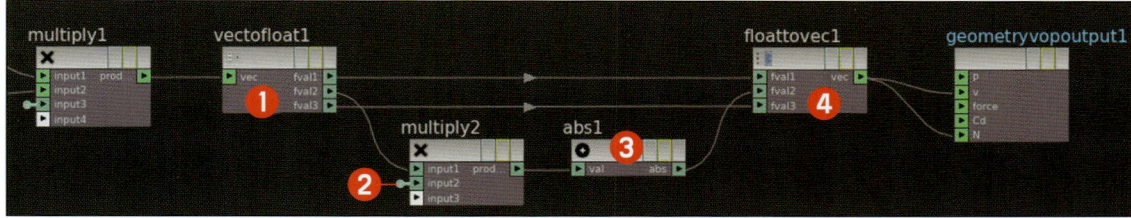

04 상위 레벨로 이동하여 방금 Promote한 옵션들을 그림과 같이 설정합니다. 씬 뷰의 디스플레이 옵션 툴 바에서 Display Normal을 켜준 후 플레이를 해 보면 계속해서 변화가 일어나는 노멀이 보이게 되는데, 이와 같이 변화가 일어나는 노말의 값이 Velocity에도 동일하게 입력이 되어있습니다.

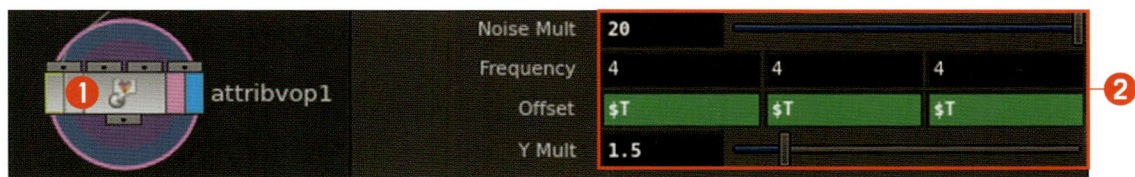

05 계속해서 POP Network를 생성하여 첫 번째 인풋에 Attribute Vop을 연결한 뒤 Pop 안으로 들어와서 그림처럼 노드를 연결하고, POP Source 노드에서 초당 200개의 파티클이 생성되도록 설정합니다. 그다음 POP Solver에서 hit 어트리뷰트가 생성이 되도록 Add Hit Attributes를 체크한 뒤 POP Kill 노드의 VEXpression에 다음과 같이 입력합니다.

dead = @hitnum == 1;

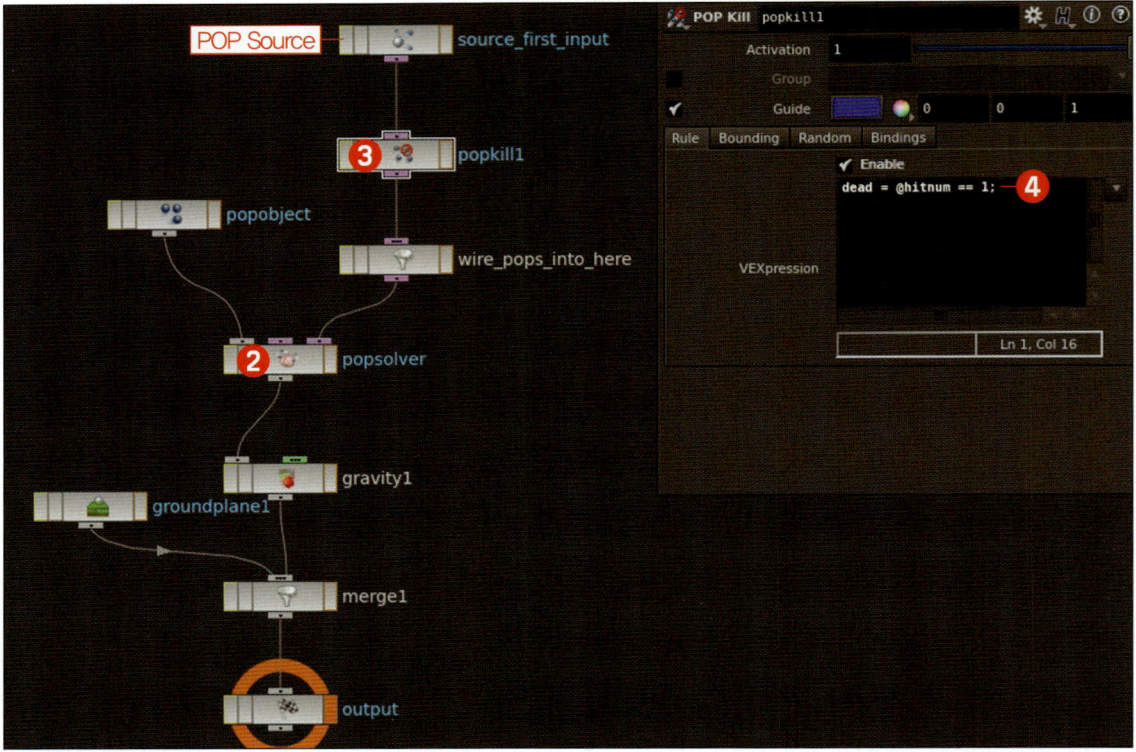

06 다시 플레이를 해 보면 그림처럼 마치 폭발하는 것처럼 무작위로 파티클이 튕겨 나갑니다. 그것은 Pop Network에 POP Force나 Noise를 적용하지 않았지만 Emitter 자체에 Velocity가 있으며, POP Source의 Initial Velocity가 기본적으로 Emitter의 Velocity를 사용하도록 설정되었고, Attribute VOP을 이용하여 계속해서 Offset 값에 변화가 일어나는 Velocity를 만들었기 때문에 파티클들이 무작위로 튀어 오르게 되는 것입니다. 학습을 해본 것처럼 Pop Network는 자체적으로 파티클에 다양한 움직임을 줄 수 있으며, Emitter 자체에서 Velocity를 생성하고 컨트롤하여 자신이 원하는 시뮬레이션을 얻을 수 있습니다. 이것은 파티클에 국한되는 것이 아니라 Dop에서 일어나는 모든 시뮬레이션에 동일하게 적용이 되는 요소라는 것을 인지하고 넘어가도록 합니다.

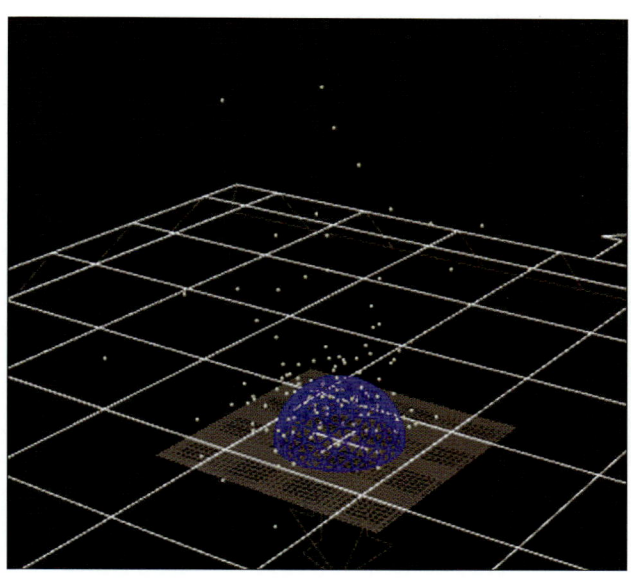

포털(Portal) 만들기

이번 학습에서는 앞에서 배운 Pop Network의 기능 중 일부를 활용하여 SF 영화에서 종종 볼 수 있는 사차원 통로(Portal)을 만들어보겠습니다. 영화에서 보는 포털은 라이팅과 합성까지 완벽하게 표현되었기 때문에 정말 환상적입니다. 여기에서는 이와 같은 멋진 포털을 만들 수는 없지만 앞서 익혀본 기능들은 활용하여 지극히 기본적인 포털을 표현해 보겠습니다.

01 먼저 포털을 위한 Emitter를 만들기 위해서 Polygon 타입의 Circle을 생성하고, 파라미터의 Divisions 값을 80으로 설정합니다.

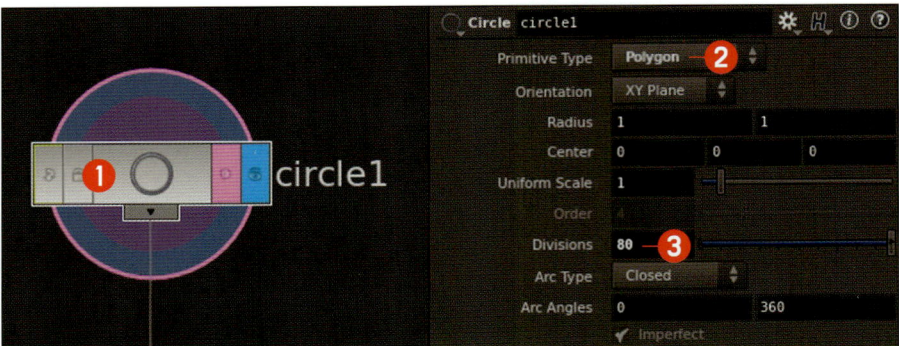

02 포털이 너무 바닥과 붙어있는 것보다는 공중에 떠있는 것이 좋기 때문에 Transform노드를 생성하여 서클에 연결합니다. 이어서 파라미터의 옵션을 그림과 같이 설정합니다.

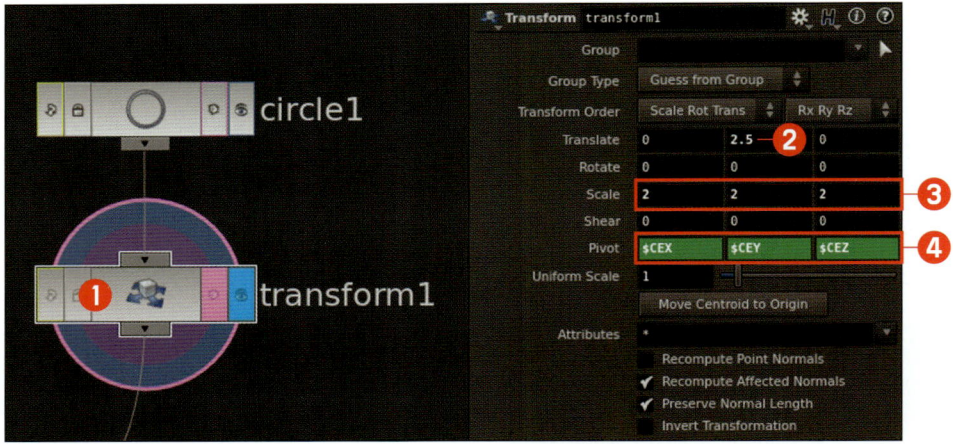

03 이번엔 Attribute VOP을 생성하여 연결한 후 안으로 들어갑니다. 포털에도 여러 가지 종류가 있는데, 〈Portal〉 게임의 포털, 〈엑스맨〉 시리즈의 포털, 〈어벤저스〉의 포털, 〈닥터 스트레인지〉의 포털 등 종류가 많습니다. 그 중 〈닥터 스트레인지〉의 포털을 만들기 위해서는 포털이 생기는 방향으로 회전을 하며 파티클이 생성되어야 합니다. Import Point Attribute를 생성하여 다음의 그림처럼 연결을 해 주면 되는데, 만약 너무 지저분해 보인다면 file의 연결을 끊고 파라미터의 Input을 직접 선택해도 됩니다.

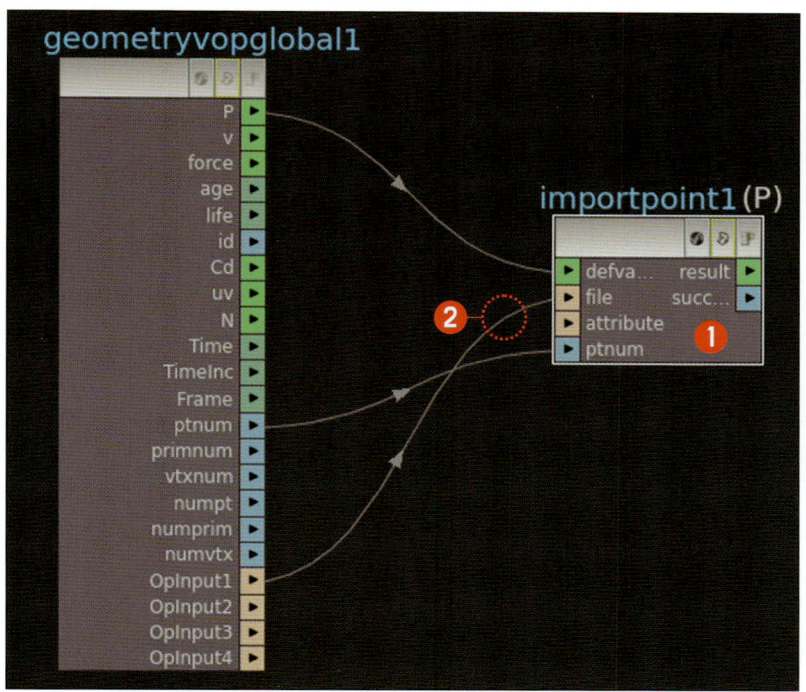

04 방금 생성한 Import Point Attribute를 복사/붙여넣기 합니다. 이어서 Add Constant를 생성하여 아래쪽에 위치시키고, Import Point Attribute의 ptnum에 끼워 넣습니다.

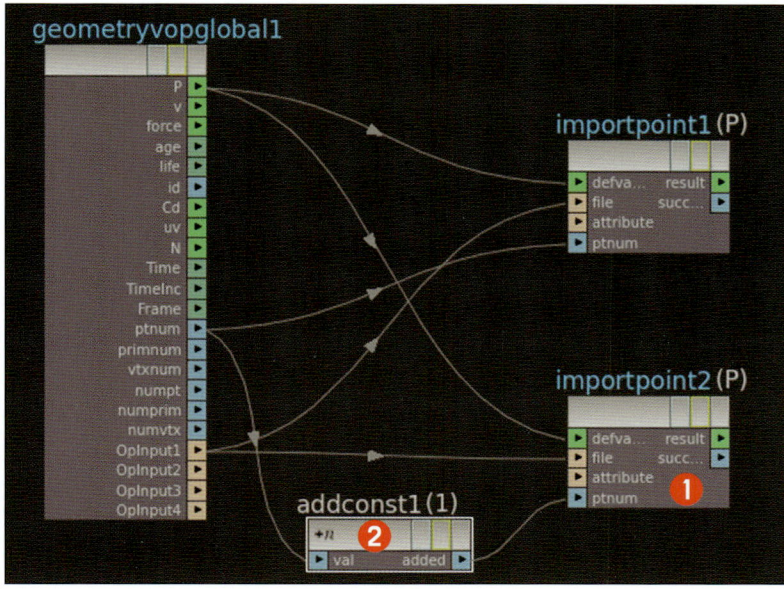

05 계속해서 Subtract 노드를 생성하고, 그림처럼 기존의 Import Point Attribute와 Add Constant로 1을 추가해준 Import Point Attribute를 뺀 뒤 Output의 N에 연결을 합니다.

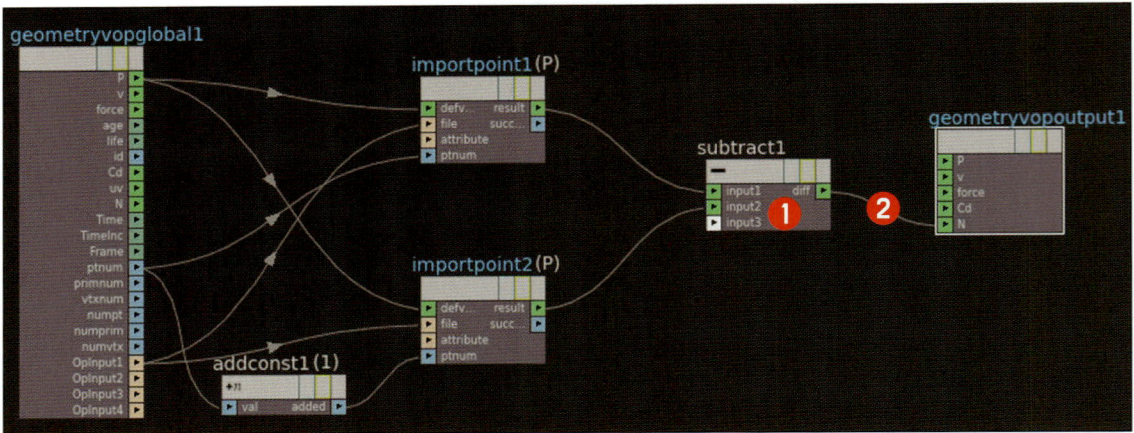

06 씬 뷰의 디스플레이 옵션 툴 바에서 Display Normals과 Display Point numbers를 켜준 후 확인해 보면 포인트의 노멀이 이전 포인트를 바라보게 됩니다.

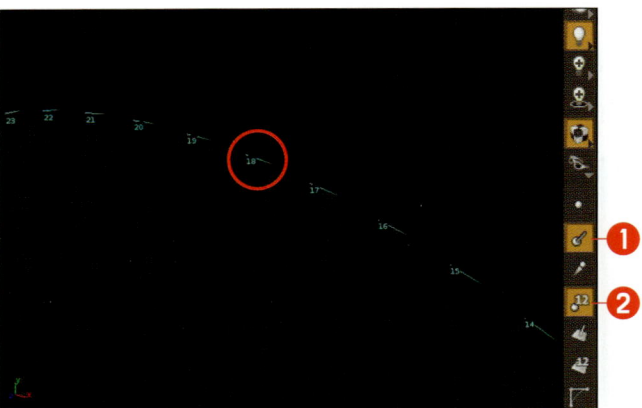

Attribute VOP에서 Import Point Attribute를 이용해 Input 1에 연결된 Transform의 P 어트리뷰트를 불러오고, Import Point Attribute를 하나 더 생성한 다음 Add Constant 노드를 ptnum에 연결하여 1이라는 값을 추가하였습니다. 그리고 두 데이터를 Subtract으로 빼면 P는 이전 포인트 넘버를 바라보게 되며, 이 데이터를 Output의 N에 연결을 했기 때문에 이전 포인트를 바라보는 노멀이 생성되는 것입니다. 만약 Add Constant에 -1을 입력하거나 Subtract에 연결된 Input의 순서를 바꾸면 이전 포인트가 아니라 다음 포인트를 바라보는 노멀이 생성됩니다.

07 포털이 멈춰있는 것보다는 변화가 일어나면서 생성되도록 하기 위해 Turbulent Noise를 생성한 후 Frequency, Offset, Amplitude, Roughness를 Promote시키고, Add로 기존의 P와 더해 준 후 Output의 P에 연결합니다. 이어서 Output의 N에 연결된 Subtract의 뒤에 Multiply를 연결하여 Input 2를 Promote시키고, Input 2의 파라미터에서 Name은 **n_mult**를 입력, Label에는 **Normal Mult**를 입력합니다.

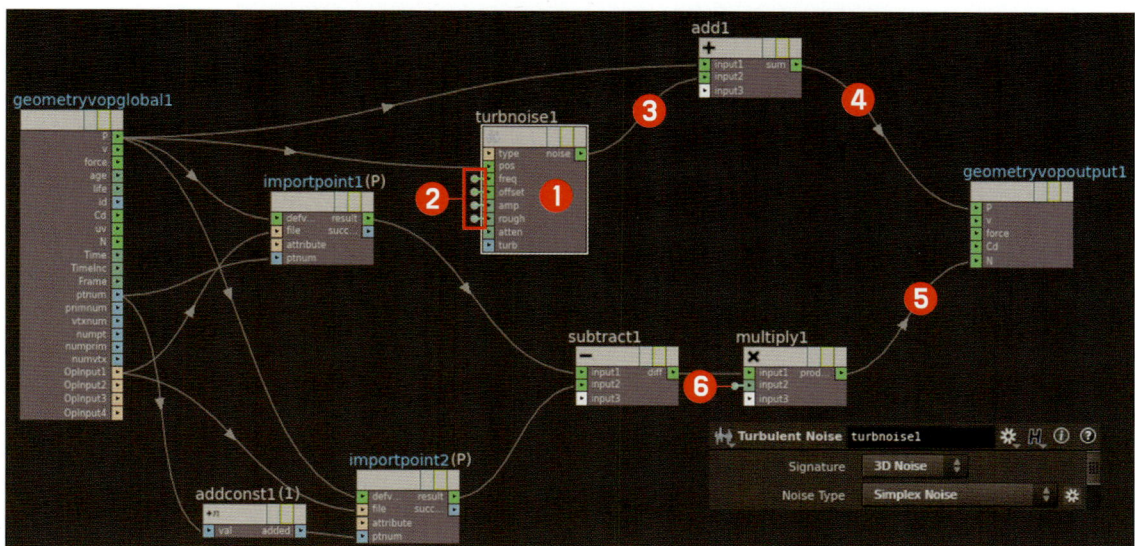

08 상위 레벨로 이동하여 방금 Promote시킨 각 옵션들에 그림과 같이 수치를 입력합니다. Offset의 y 축에는 $T를 입력하여, 플레이 시 계속해서 Circle의 형태가 바뀌도록 한 후 씬 뷰를 확인해 보면 설정한 대로 서클 형태가 바뀐 것을 볼 수 있습니다.

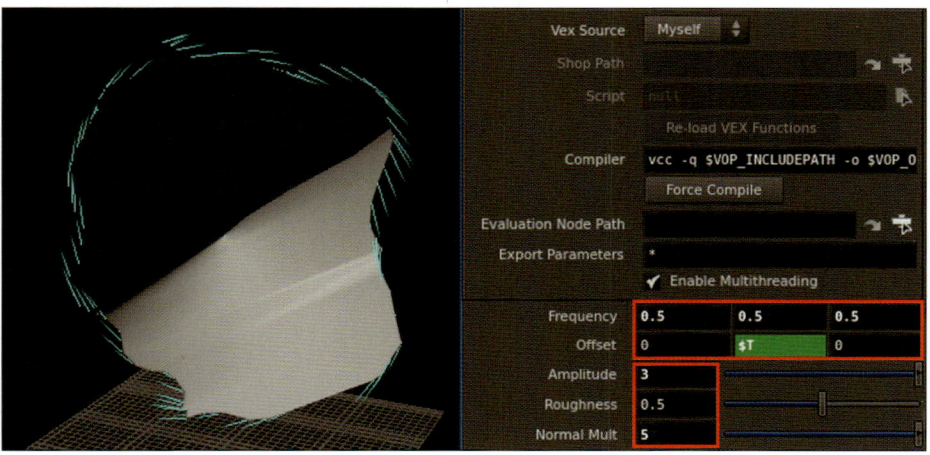

09 Carve 노드를 생성한 후 Attribute VOP과 연결합니다. 그다음 그림처럼 설정하면 Circle의 하단부는 잘리고, 상단부만 라인이 생기게 됩니다. 계속해서 PolyWire 노드를 생성한 후 연결하여 파라미터의 Wire Radius를 0.05, Divisions을 12로 설정합니다.

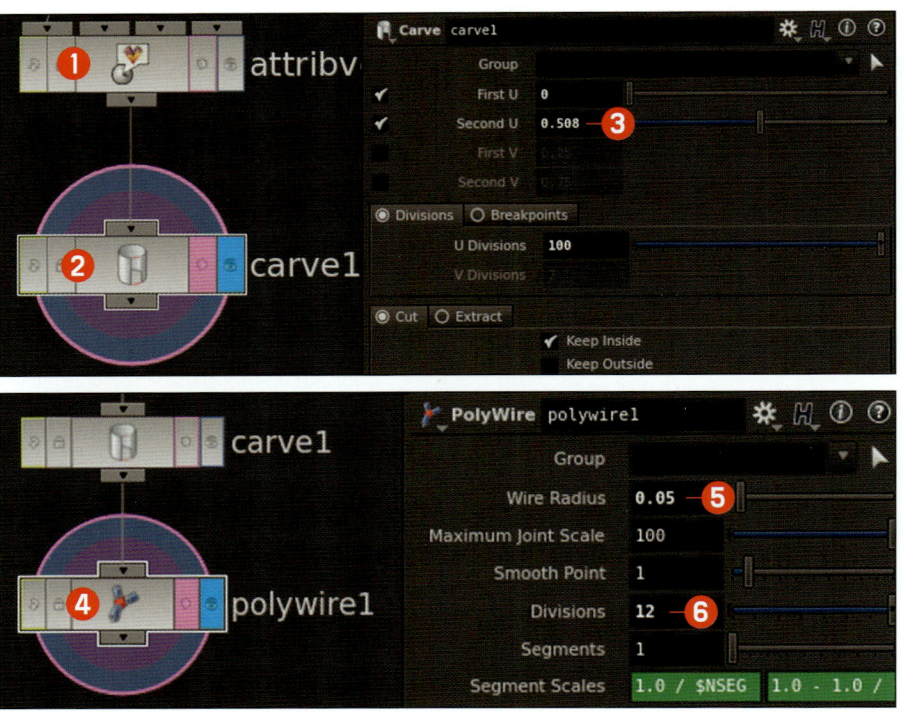

10 Carve를 통해 잘려진 라인에 PolyWire 노드를 연결하면 그림과 같은 형태가 생성되는데, 플레이를 해 보면 Offset 값에 의해 변화가 일어나게 됩니다.

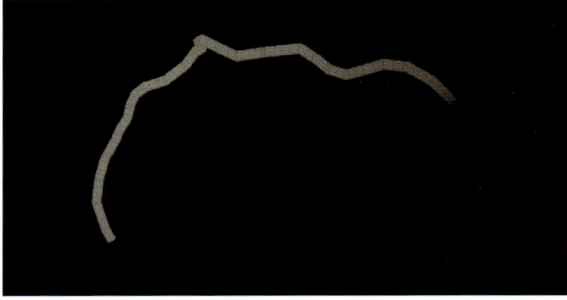

11 이번엔 회전을 시키기 위해 Transform 노드를 생성하여 PolyWire 노드에 연결합니다. 그리고 Rotate의 z

축과 Pivot의 y 축에 다음과 같은 함수를 입력합니다. centroid 함수를 이용해 transform1의 센터 y 축에 값을 불러와서 회전되도록 하였습니다. 만약 회전만 한다면 Circle의 중심축을 기준으로 회전을 하지 않고, World의 중심축을 기준으로 회전을 하게 됩니다.

-($F * 100) Rotate에 입력되는 함수

centroid("../transform1", D_Y) Pivot에 입력되는 함수

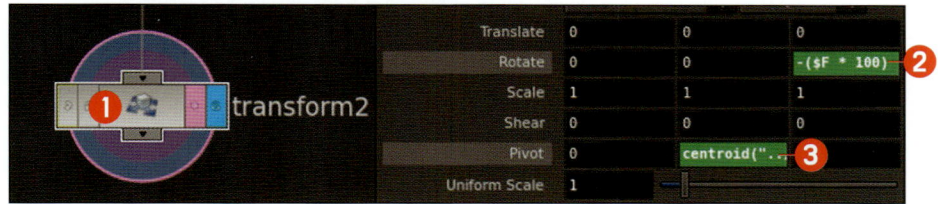

12 이번엔 Copy 노드를 생성하여 Transform 노드와 연결한 후 파라미터에서 pivot의 y 축에 앞선 작업과 동일한 centroid 함수를 입력합니다.

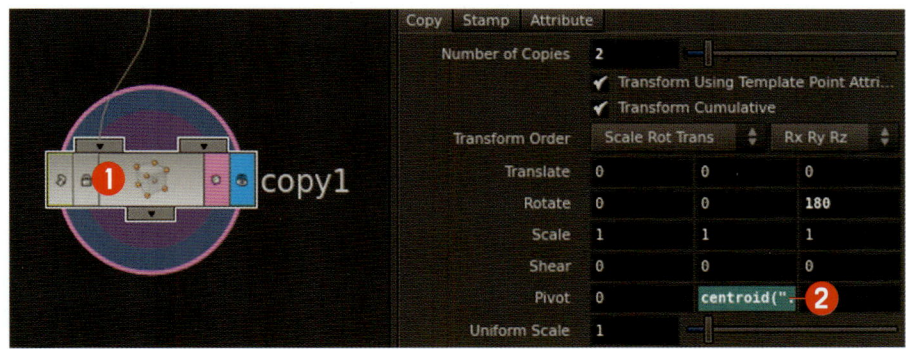

13 예제를 따라 Copy 노드까지 적용한 다음 씬 뷰를 확인해 보면 그림처럼 두 개의 Wire가 생성됩니다. 그런데 centroid 함수를 사용함에 있어 의문점이 하나 생깁니다. 이 함수를 사용할 필요없이 애초에 y 축을 2.5만큼 올리지 않고, 모든 과정이 끝난 후에 Transform 노드를 연결해서 y 축에 2.5를 설정해 주면 노드도 더욱 간결해지고 centroid 함수를 사용할 필요도 없습니다. 하지만 예제에서는 centroid 함수를 이런식으로도 사용을 한다는 것을 보여주기 위해 사용을 하였습니다.

14 여기에 Scatter 노드를 생성해서 Copy 노드와 연결하면 그림처럼 불규칙적인 형태로 나타냅니다. 디폴트 값은 1000개의 포인트가 생성되지만 500개 정도로도 충분한 포털을 만들 수 있으므로 컴퓨터의 사양에 따라서 파티클을 조절하면 됩니다. 또한 Carve 노드의 First U와 Second U 값을 설정하여 라인의 길이를 조절할 수 있으므로 자신이 원하는 포털을 만들 수 있습니다.

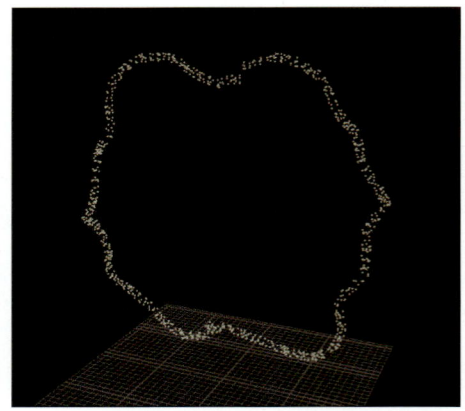

15 이번엔 Pop Network를 생성하여 Input 1에 Scatter를 연결하고, Pop Network의 안에서 탭 메뉴를 통해 Gravity Force와 Ground Plane을 생성하여 그림과 같이 연결합니다. 그다음 POP Source 노드의 Source 탭에 있는 Emission Type을 All Points로 변경하고, Initial Velocity는 Set initial velocity로 변경한 다음 Birth 탭은 그림과 같이 설정합니다.

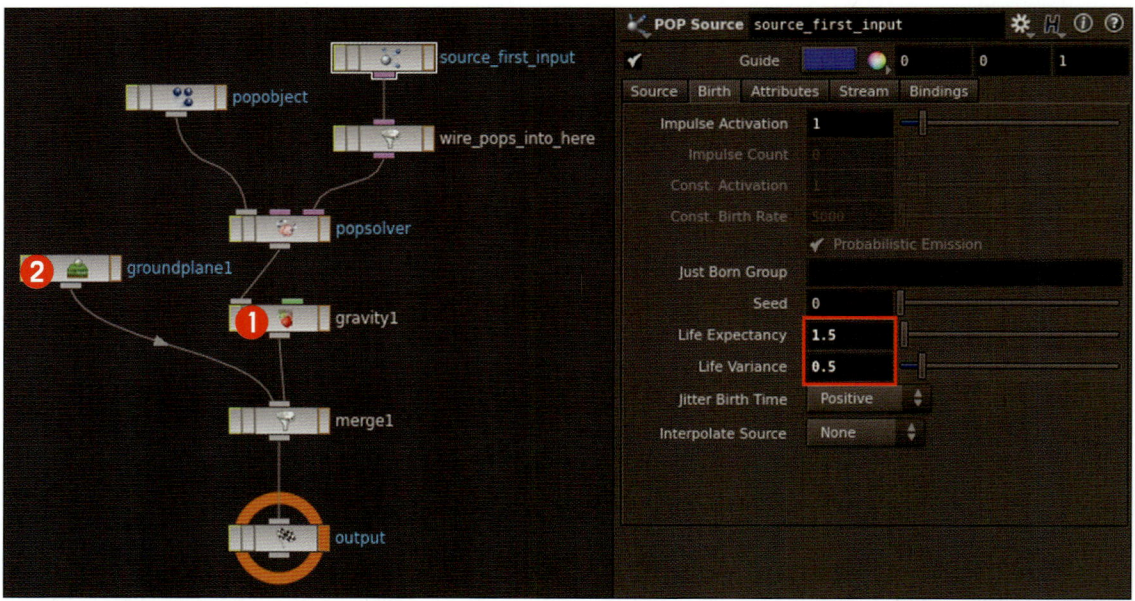

16 이어서 POP VOP 노드를 생성합니다. POP VOP 노드는 Attribute VOP처럼 VEX에 대한 비주얼 프로그래밍을 하기 위한 네트워크로써 이름처럼 파티클을 제어하기 위해 사용되는 Vop입니다.

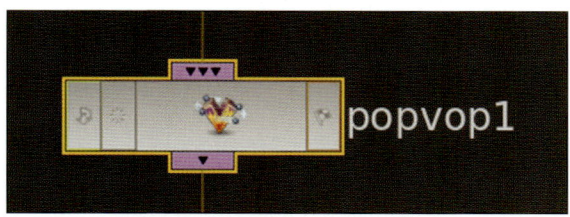

17 POP VOP 안으로 들어가서 Cross Product를 생성한 후 첫 번째 인풋에 N을 연결하고, 두 번째 인풋에서 [MMB]를 하여 나타나는 메뉴에서 Constant를 적용합니다. 그다음 파라미터에서 3 Float Default의 z 축을 -1로 설정한 후 Output을 force에 연결합니다.

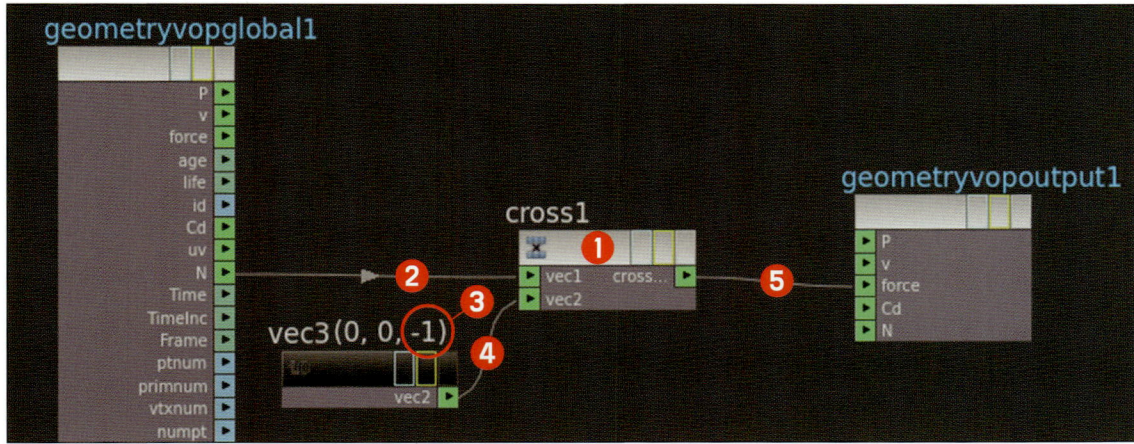

18 force의 데이터가 어떻게 나타나는지 확인을 하기 위해 씬 뷰의 디스플레이 옵션 툴 바 맨 아래쪽의 Visualizers에서 플러스(+)표시를 눌러 그림과 같이 force에 대한 마커를 생성한후 활성화합니다.

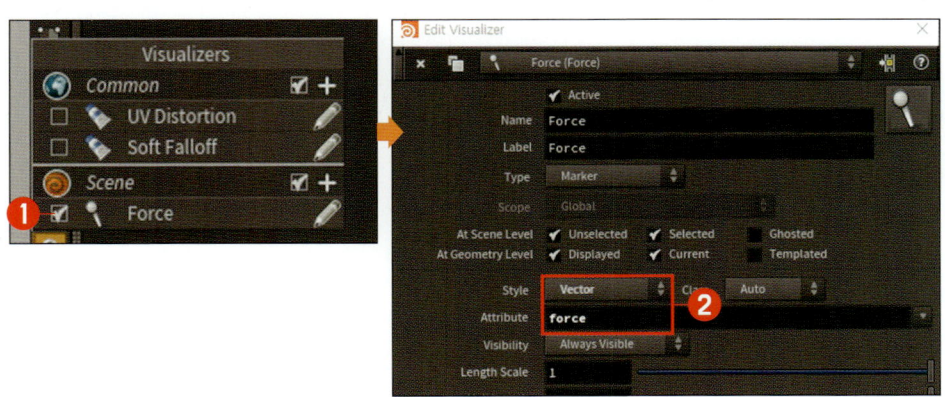

19 씬 뷰를 보면 Force 어트리뷰트에 대한 데이터가 바깥쪽 방향을 향해 나타납니다. 앞서 이미터 자체에 이전 포인트를 바라보는 노멀을 생성했으며, 이 노멀은 Pop Network 안의 POP VOP까지 들어오게 됩니다. 그리고 Cross Product를 이용하여 각 포인트의 노멀이 바깥쪽을 향하게 만들었는데, 앞선 학습에서 설명했듯이 Cross Product는 외적을 계산하기 위한 노드로써 두 벡터의 외적, 즉 법선 벡터를 구합니다. 이미터의 노멀과 0, 0, -1의 법선 벡터가 바로 그림과 같은 것입니다. 반대로 Cross Product의 Input2를 0, 0, 1으로 설정하게 되면 각 포인트의 노멀은 안쪽을 향하게 됩니다.

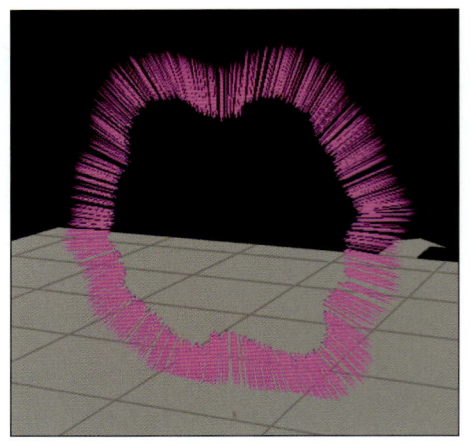

20 하지만 지금 상태에서 플레이를 해 보면 파티클들이 끝없이 바닥으로 떨어지기만 하기 때문에 Multiply를 연결한 후 Input2를 Promote시키고, Input2 파라미터의 Label은 Force Mult로 변경합니다. 그리고 상위 레벨로 이동하여 Force Mult를 5로 설정한 후 플레이를 해 보면 Force 어트리뷰트의 방향에 맞게 바깥으로 퍼져나가는 파티클이 생성됩니다. 하지만 아직 〈닥터 스트레인지〉의 포털처럼 흩날리는 느낌은 전혀 없습니다.

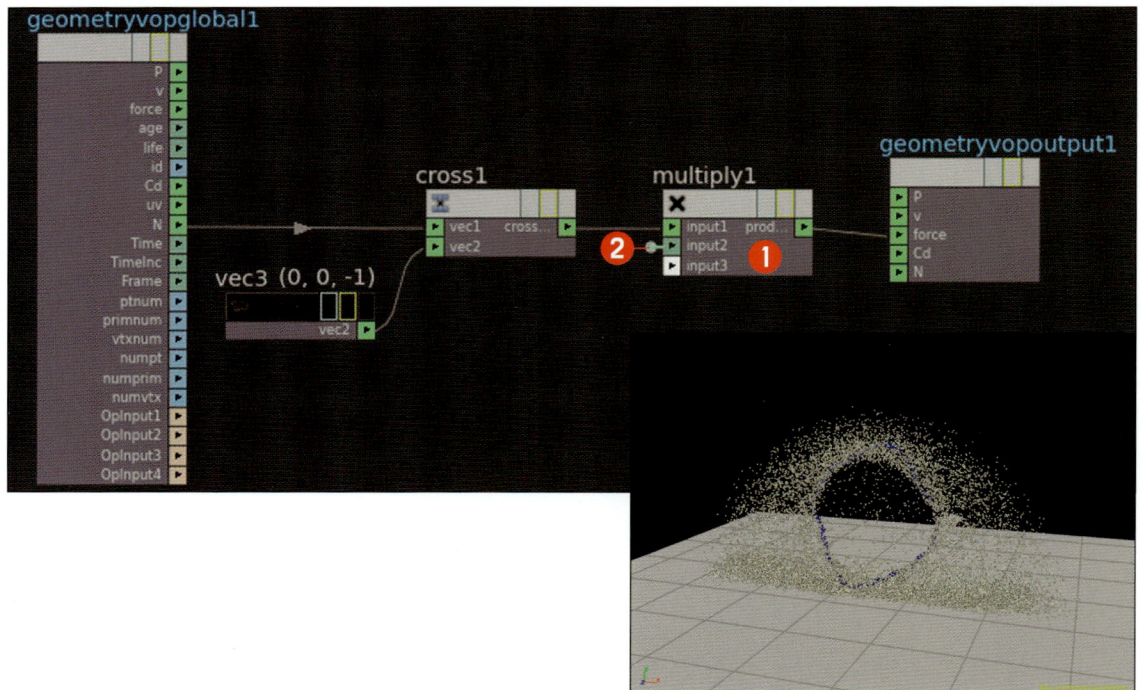

21 파티클에 흩날리는 힘에 대한 설정을 위해 POP Force를 생성하여 연결하고, 그림과 같이 설정을 합니다. 그리고 다시 플레이를 해 보면 Force 어트리뷰트의 방향으로만 흩날렸던 파티클들이 x 축으로 힘차게 흩날리는 것을 볼 수 있습니다. 하지만 힘이 너무 강력합니다.

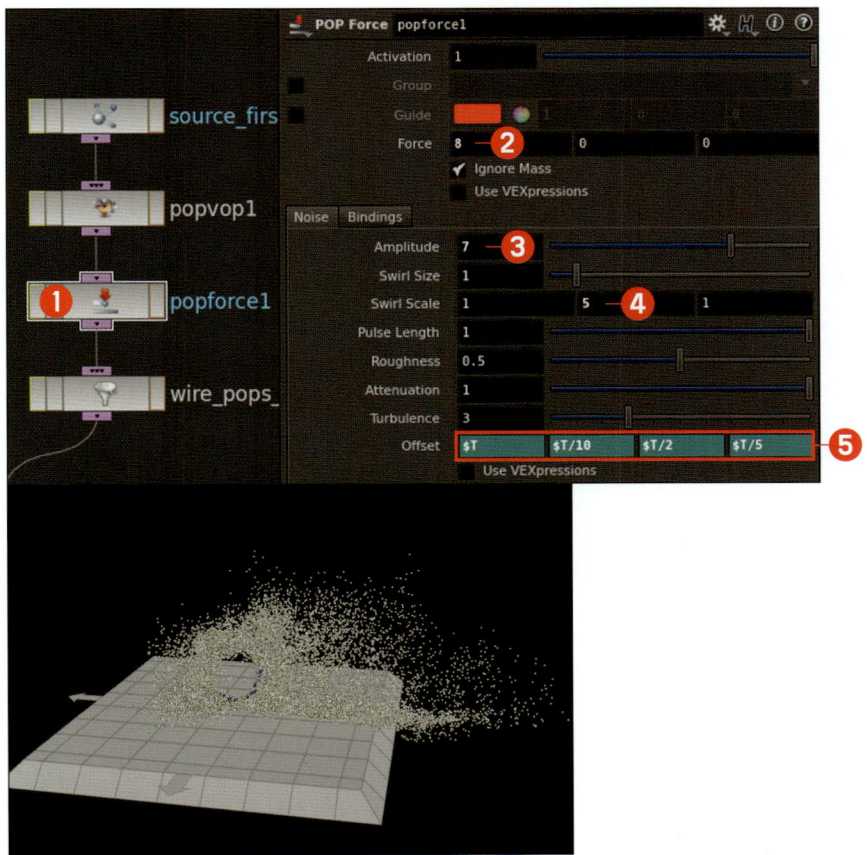

22 이제 힘을 적당하게 해 주기 위해 POP Drag를 생성하여 연결하고, Air Resistance를 2로 설정합니다.

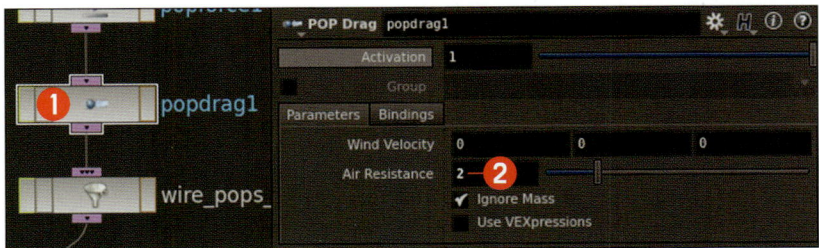

23 씬 뷰에서 [D] 키를 눌러 디스플레이 옵션을 켠 뒤 Geometry 탭에서 Point Size를 3에서 1로 변경합니다. 이 옵션은 씬 뷰에서 보이는 포인트의 크기를 제어하는데 사용합니다.

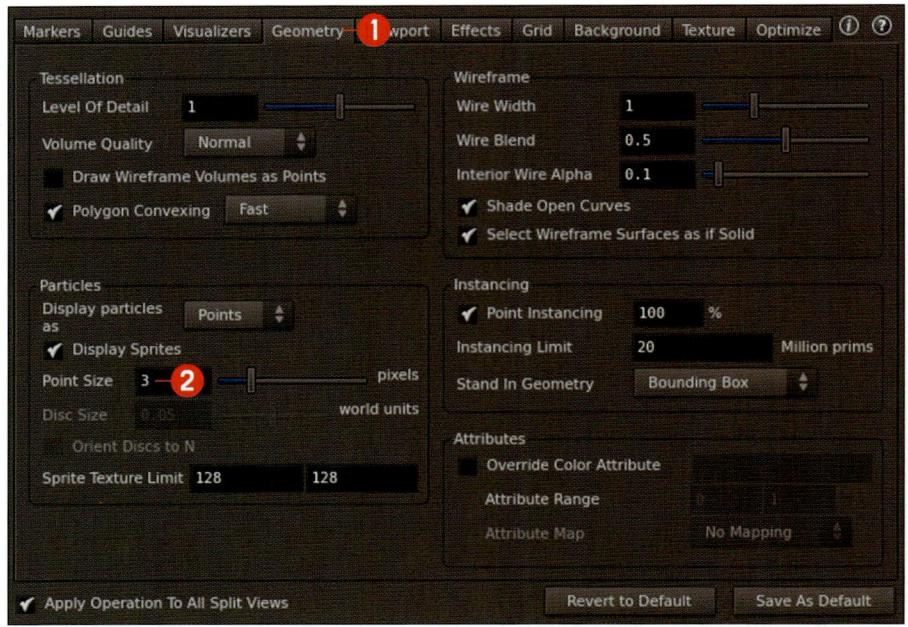

24 이제 Sop 레벨로 이동한 후 Dop Import 노드를 생성합니다. 이 노드는 Dop에서 원하는 데이터를 불러올 때 사용하는 노드입니다.

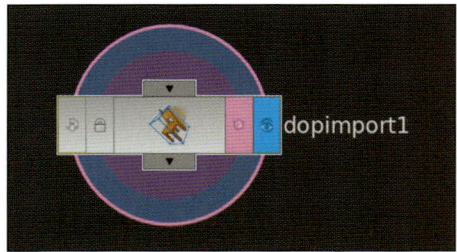

25 Dop Import의 파라미터를 다음의 그림처럼 설정합니다. 파라미터에서 DOP Network 옵션은 데이터를 불러오는 네트워크의 경로이며, Object Mask는 Dop 내부에서 원하는 데이터만 추출하고자 할 때 설정해 주는 옵션입니다. 여기에 *을 입력하면 Dop Network 내부에서 보이는 모든 데이터를 다 불러오게 되며, 그림처럼 popobject만 입력하면 popobject에 담긴 데이터만 불러오게 됩니다. 초반에 파티클에 대해 설명할

때 POP Object노드는 파티클을 담는 그릇이라고 설명한 것에 대해 이해가 될 것입니다. 그리고 Import Style은 데이터를 어떤 정보로 가지고 올 것인지에 대한 설정입니다.

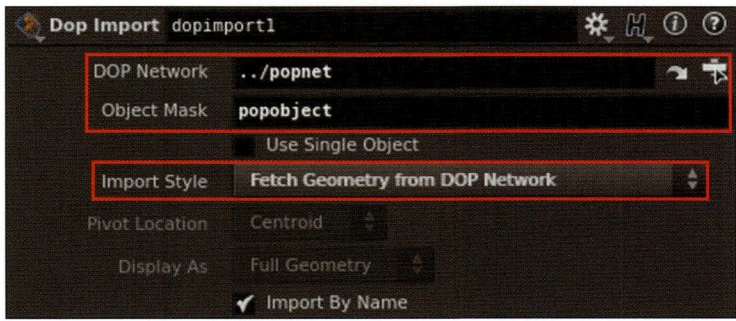

26 이제 씬 뷰를 통해 포털이 잘 만들어졌는지 확인을 해 보면 Dop Import를 통해서 원하는 데이터만 불러왔기 때문에 Dop 내부에서 보였던 Ground Plane과 파란색으로 나타나던 Emitter가 보이지 않고 깔끔하게 파티클만 나타나게 됩니다. 그런데 〈닥터 스트레인지〉의 포털은 점차적으로 커지면서 완성이 되지만 지금까지 만든 포털은 처음부터 생성되어있습니다. 그렇다면 이제 간단하게 Transform 노드를 사용하여 포털이 점차적으로 커지도록 해 보겠습니다.

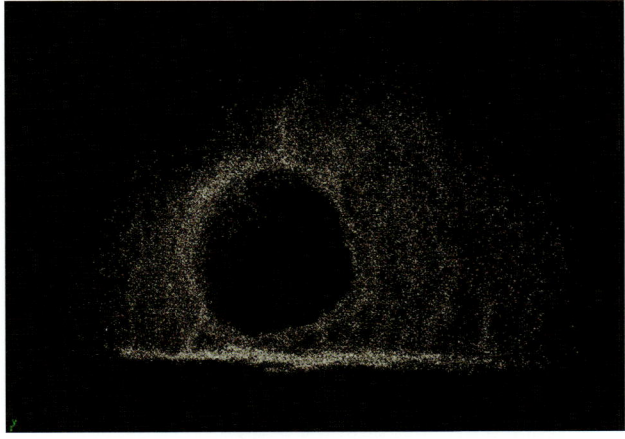

27 Transform 노드를 생성한 후 다음의 그림처럼 연결하고, Pivot에 $CEX, $CEY, $CEZ를 입력합니다. 그다음 1프레임에서 Scale 값을 0으로 설정한 후 키프레임을 생성하고, 72 프레임에서는 1을 설정하여 키프레임을 추가합니다. 이번 예제에서는 살짝 변화를 주기 위해서 Scale 채널에서 [Shift] + [LMB]를 통해 Animation Editor를 열어준 다음 Scale의 커브에 변화를 주었습니다.

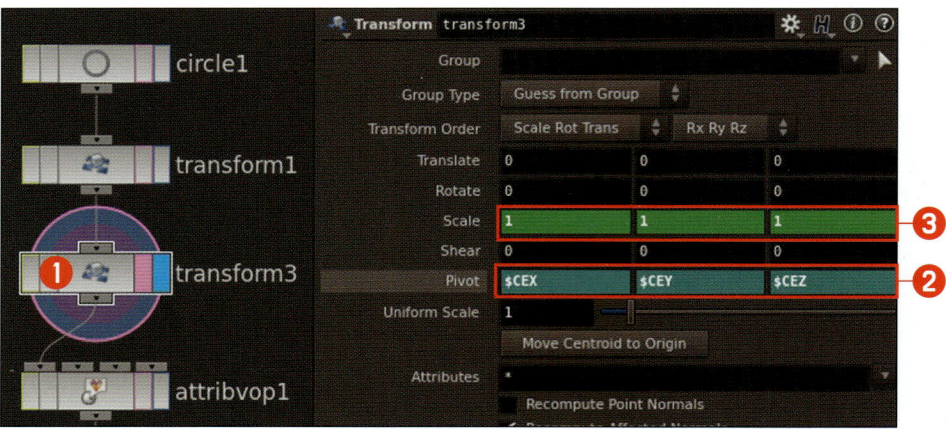

28 다시 Dop Import 노드를 디스플레이하여 씬 뷰를 확인해 보면 점차적으로 커지면서 생성되는 포털이 완성되었습니다. 이번 학습에서는 Pop Network의 생성부터 Emitter의 생성과 컨트롤을 하는 방법에 대해 알아보았으며, 또한 Pop의 각종 노드들을 통해 파티클을 제어하는 방법과 일부의 기능을 활용하여 〈닥터 스트레인지〉에 나오는 포털을 만들어보았습니다.

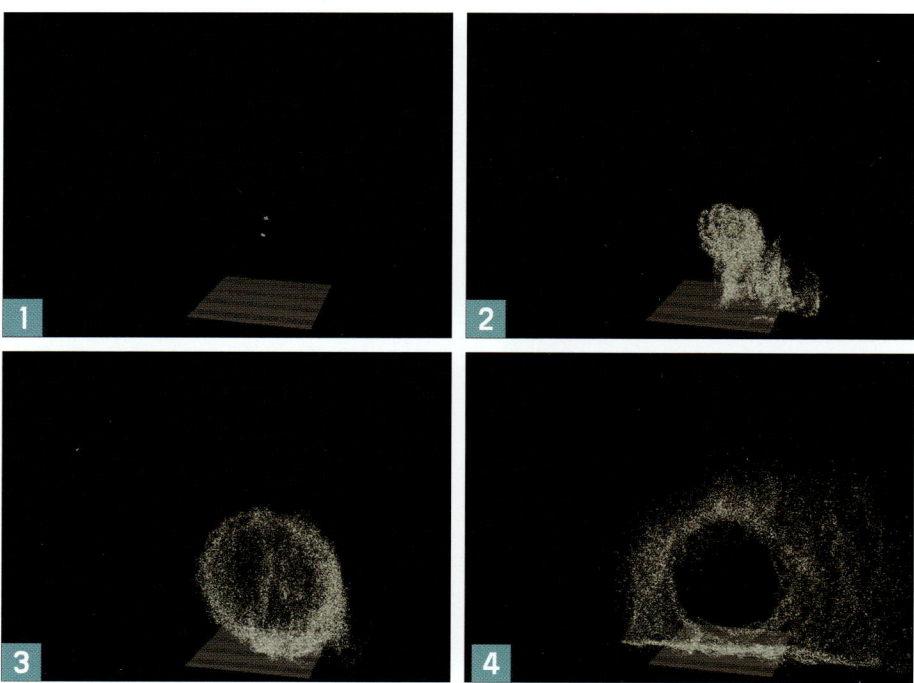

06 DOP 네트워크의 활용

이번 학습에서는 DOP Network에 대해 익혀보기로 하겠습니다. Dop에서는 앞선 학습에서 배운 Pop을 비롯한 Sop, Vop에 대한 모든 것을 활용하게 되며, 새로운 노드들도 많이 사용됩니다. 하지만 Dop은 다른 네트워크처럼 본 학습을 위한 예제를 쉽게 얻을 수 없습니다. 그 이유는 사용될 노드의 생성과 사용되는 노드의 값을 조금이라도 다르게 설정하게 되면 전혀 다른 결과물이 다르게 나오게 되기 때문입니다. 이와 같은 것을 참고하면서 학습을 진행하기 바랍니다.

DOP Network 기본 사용법 익히기

이번 학습에서는 DOP을 사용하기 위한 기본적인 구조에 대해 다뤄보면서 다양한 방식으로 시뮬레이션을 만들어주는 방법에 대해 알아보도록 하겠습니다.

쉘프 툴(Shelf Tool)을 이용하여 다이내믹(Dynamic) 표현하기

Dop에 대해 본격적으로 살펴보기 전에 Dop이 어떻게 작동되는지 살펴보기 위해 쉘프 툴을 사용하여 익혀보는 시간을 가도록 해보겠습니다. Dop은 Pop과는 다르게 대부분의 시뮬레이션을 하기 위해 소스 데이터, 즉 이미터(Emitter)가 필요하며, 이미터를 얼마나 잘 만들었는지에 따라 결과는 천차만별로 나타납니다. 물론 지금은 Shelf Tool을 이용하기 때문에 Emitter에 별다른 신경은 쓰지 않겠습니다.

01 먼저 Shelf Tool을 이용하여 Rigid Body를 사용하기 위해 Sop을 생성한 후 Sop 네트워크로 들어가서 Polygon 타입의 Sphere를 생성합니다. 이어서 Transform을 생성하여 연결하고, Translate의 y 축을 8로 설정합니다.

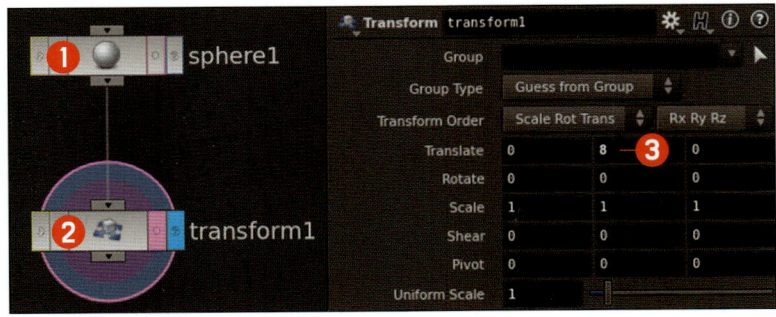

02 이제 쉘프 툴(Shelf Tool)을 사용하기 위해 후디니 화면의 우측 상단에 있는 Rigid Bodies 탭에서 RBD Object를 선택합니다.

03 앞선 학습에서 살펴보았듯이 RBD Object 툴을 선택한 후 씬 뷰의 아래쪽을 보면 Select objects for RBD Object. Press Enter to accept selection이라는 메시지가 나타납니다. 이제 RBD Object를 적용할 스피어 오브젝트를 선택한 후 [Enter] 키를 누르면 스피어가 RBD Object로 적용됩니다.

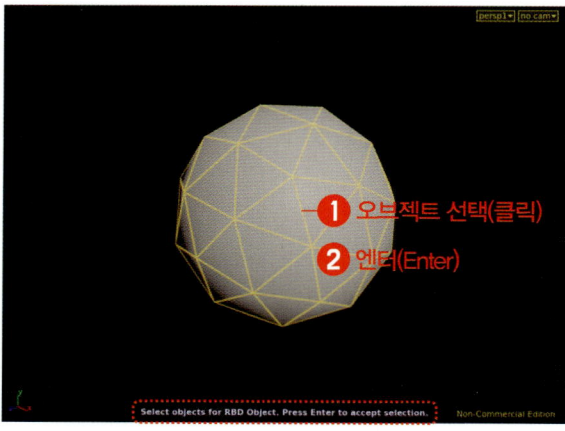

04 적용 후 네트워크 뷰의 obj 레벨을 보면 AutoDopNetwork라는 이름의 Dop Network가 생성되었습니다.

05 Dop Network 안으로 들어갑니다. 그러면 그림과 같이 노드가 구성되어있으며, 이 상태에서 플레이를 하게 되면 Sphere가 끝없이 떨어지게 됩니다. 그러면 이전 학습인 Pop Network에서 했던 것처럼 바닥이 필요합니다. Ground Plane의 생성 역시 Shelf Tool을 이용해서 생성하기 위해 Rigid Bodies 탭에서 Ground Plane을 선택합니다.

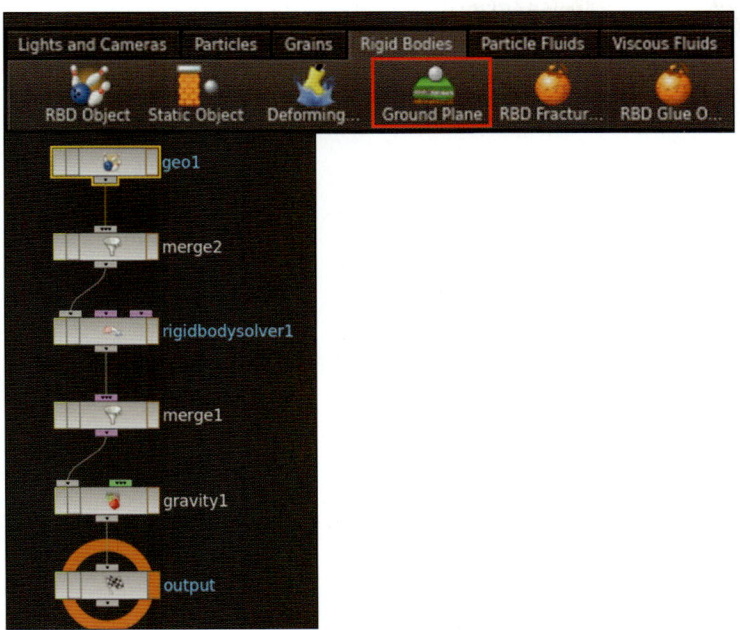

06 바닥이 생성됐다면 다시 AutoDopNetwork 안으로 들어갑니다. 그러면 정리가 되지 않은 상태의 노드 트리가 나타나는데 [L] 키를 눌러 자동으로 노드 트리를 정렬합니다.

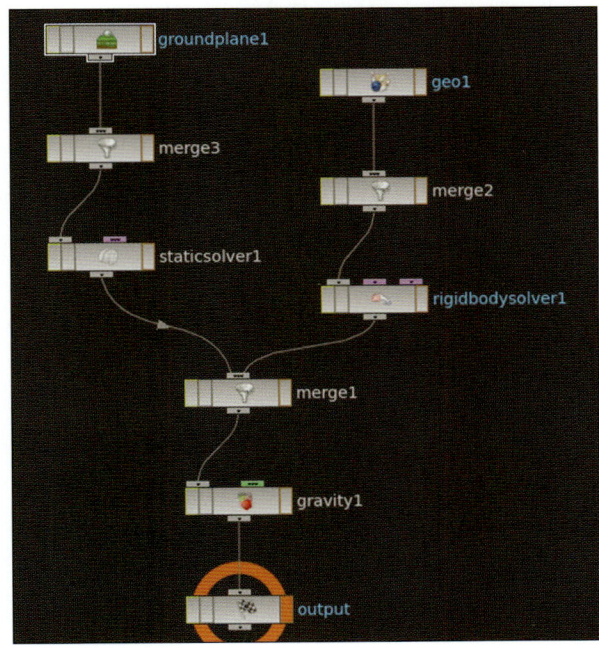

07 플레이를 해 보면 공중에 있던 스피어가 바닥으로 떨어져 충돌하여 경사에 맞게 굴러가는 시뮬레이션이 표현됩니다.

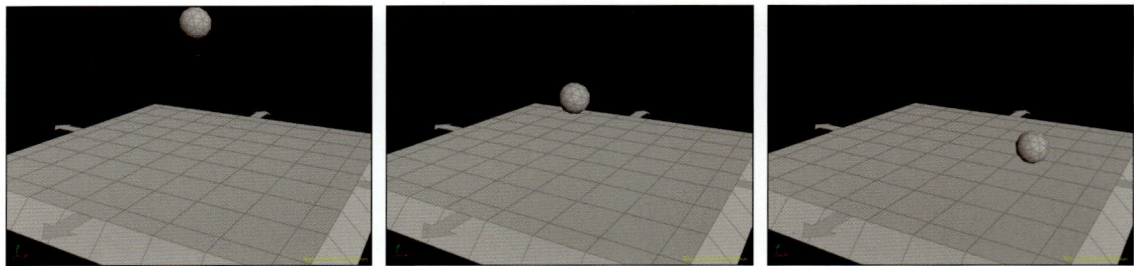

08 스피어가 있는 Sop 안으로 들어가 보면 rest1와 dopimport1이라는 노드가 추가된 것을 볼 수 있으며, 맨 아래에 있는 노드는 Pop의 마지막에서 사용한 Dop Import 노드입니다. 이 노드의 파라미터를 보면 Object Mask에 알 수 없는 익스프레션이 입력되어있습니다.

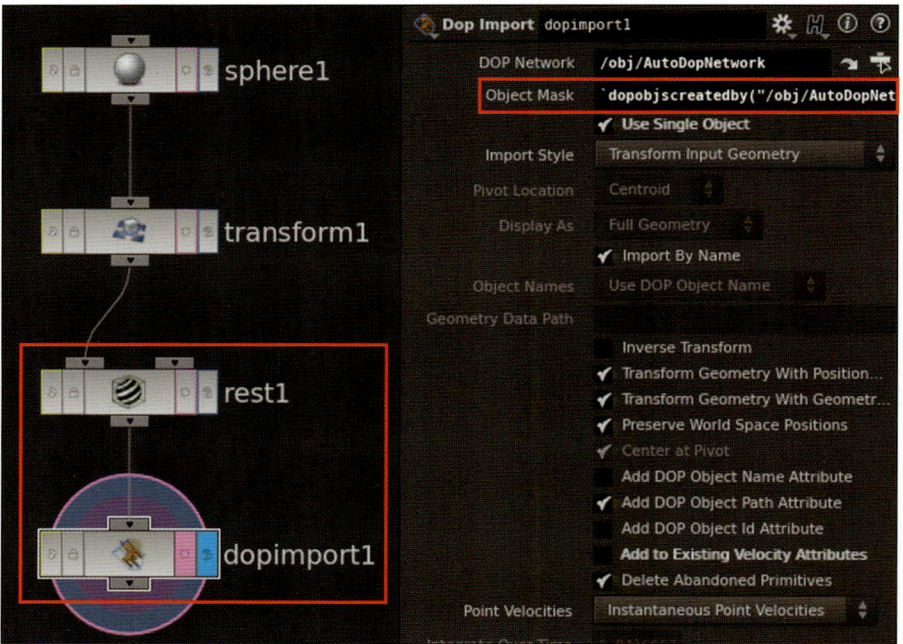

09 Dop 안에는 geo1이라는 이름을 가진 RBD Object의 파라미터를 보면 SOP Path에 **opinputpath** ("/obj/geo1/dopimport1", 0)`이라는 익스프레션이 입력이 되어있습니다. 여기서 사용된 opinputpath는

경로의 값을 참조하는 함수로써 해당 노드의 인풋에 연결된 노드의 값을 사용하게 됩니다. Dop Import에 사용된 익스프레션 또한 이와 같은 원리의 경로입니다. 이번엔 다른 쉘프 툴을 사용하기 위해 Sphere와 Transform을 제외한 모든 Sop 네트워크와 노드를 제거합니다.

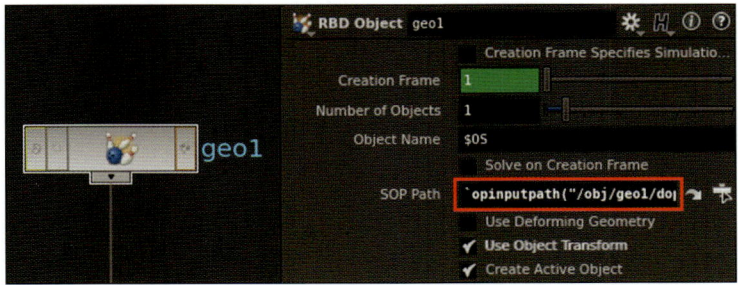

10 이번에는 Sphere가 바닥에 부딪혀 부서지는 시뮬레이션을 표현해 보도록 하겠습니다. 먼저 Sphere를 조각내기 위해 Sop 네트워크에서 작업을 진행합니다. 이 부분 역시 쉘프 툴을 사용하면 됩니다. 하지만 이번에는 오른쪽 상단이 아니라 왼쪽 상단의 Shelf Tool 중에서 Model 탭에 있는 Shatter를 선택하고, 씬 뷰에서 Sphere를 선택한 후 [Enter]키를 눌러 적용합니다.

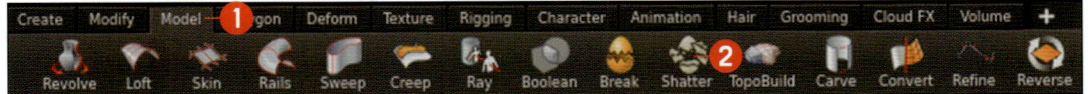

11 스캐터(Shatter)가 적용되면 Transform 아래쪽에 그림과 같이 세 가지의 노드가 생성이 되고, Sphere에는 다양한 Edge가 추가가 된 것을 볼 수 있습니다. 그러나 아직까지는 조각난 모습이 아닌 스피어 상태를 그대로 유지하고 있습니다.

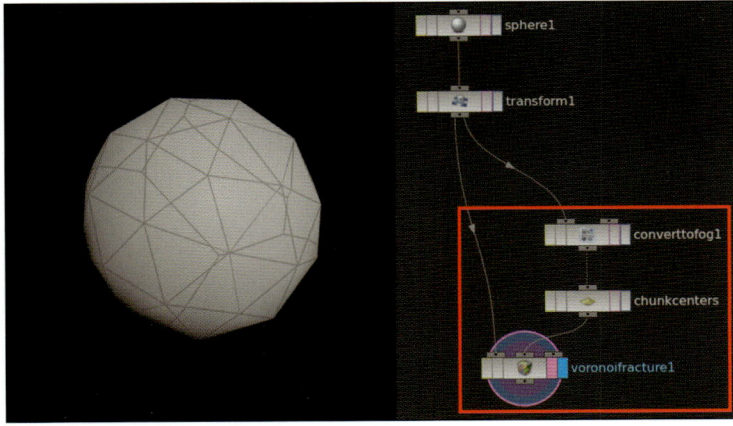

Dop 네트워크의 활용 **417**

12 스피어가 조각이 났는지 확인하기 위해 탭 메뉴에서 Exploded View 노드를 생성하여 연결해 보면 그림처럼 조각난 상태로 나타나는 것을 알 수 있습니다. 확인을 했다면 방금 적용한 Exploded View 노드는 제거를 해 줍니다.

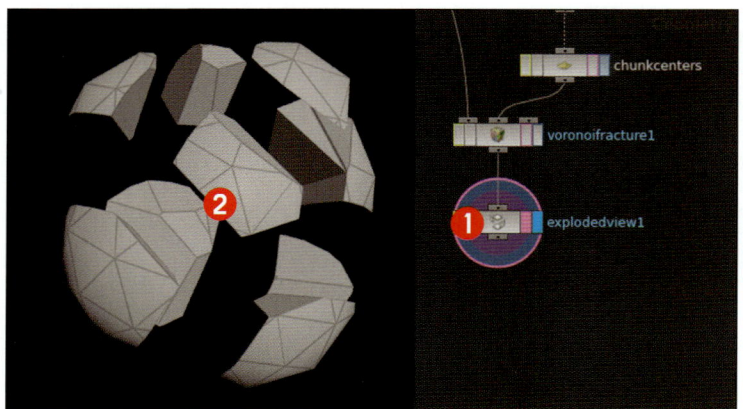

13 이제 조각난 Sphere에 시뮬레이션을 적용하기 위해 Rigid Bodies 탭의 RBD Fractured Object를 선택합니다. 그러면 그림과 같은 팝업 창이 뜨면 [RBD Packed Object] 버튼을 선택하여 AutoDopNetwork를 생성합니다. 이어서 바닥을 생성하기 위해 Ground Plane도 하나 생성해 줍니다.

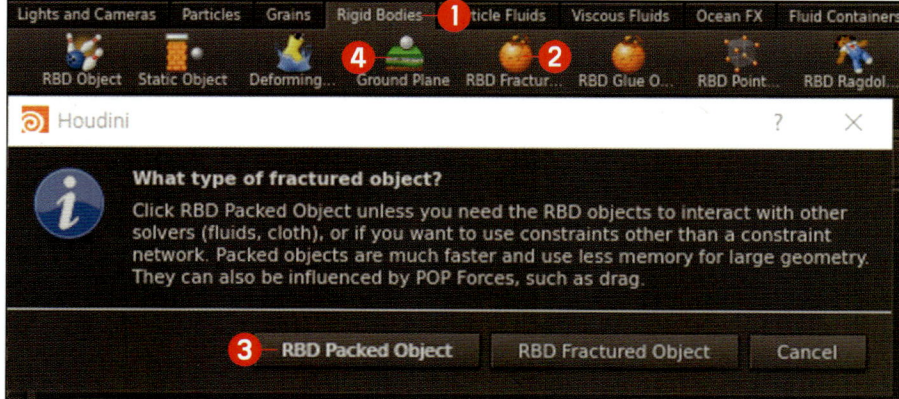

14 Dop 네트워크를 디스플레이하여 확인해 보면 RBD Object를 사용했을 때처럼 geo1에 적용된 하나의 노드를 제외하고는 노드 트리가 동일합니다. 플레이를 해 보면 RBD Object를 적용했을 때와는 다르게 Sphere가 부서지는 시뮬레이션이 표현됩니다.

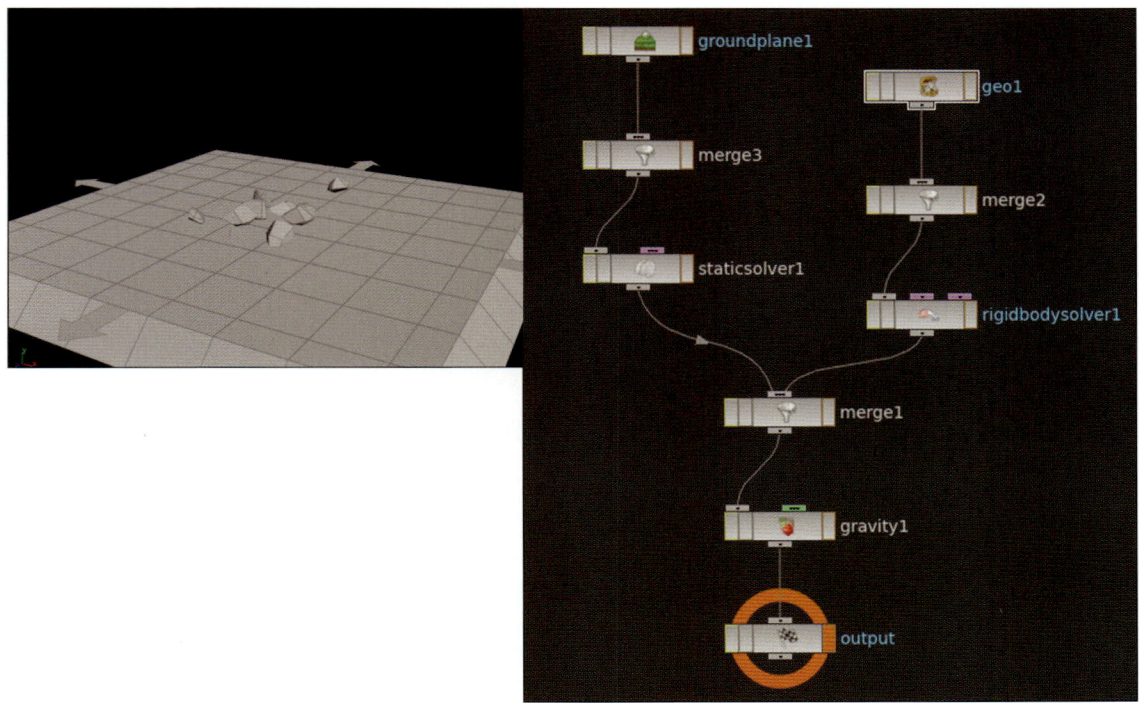

15 확인이 끝나면 다시 AutoDopNetwork 노드를 제거하고, Sop 안에 있는 Voronoi Fracture 아래의 세 노드도 제거합니다. 그리고 다시 Rigid Bodies 탭의 RBD Fractured Object를 선택하여 앞선 작업과 동일한 팝업 창이 열리면 이번엔 [RBD Fractured Object] 버튼을 선택합니다.

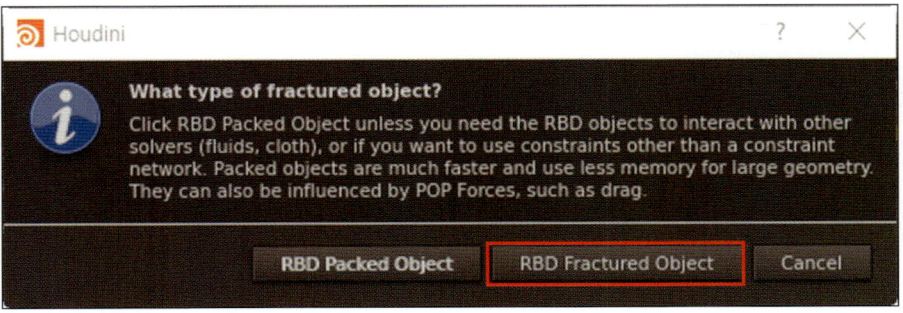

16 다시 플레이를 해 보면 시뮬레이션에는 살짝 변화가 생겼지만 변화된 모습을 구분하기가 쉽지는 않습니다. 그것은 시뮬레이션 결과가 아닌 geo1 노드가 바뀐 것이기 때문입니다. 그렇다면 굳이 왜 두 기능 중 하나를 선택하도록 되어있을까요?

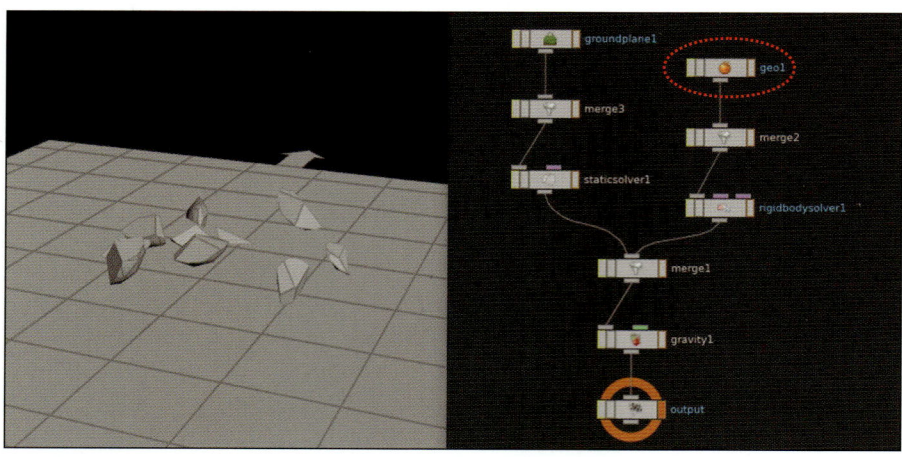

17 방금 Dop에 생성된 세 가지의 노드는 RBD Object, RBD Packed Object, RBD Fractured Object입니다. RBD Object는 일반적인 강체를 표현하기 위한 노드이며, RBD Packed Object와 RBD Fractured Object는 부서지는 오브젝트에 사용되는 노드입니다. 이 두 가지는 간단하게 Pack과 Fracture로 분류가 되는데, 쉘프 툴을 통해 나타나는 팝업 창의 설명을 보면 알 수 있듯이 Pack은 Fracture에 비해 메모리를 적게 차지하고, 속도가 빠르다는 장점이 있습니다. 하지만 Fracture에 비해 정보가 부족하여 텍스처를 입히거나 어트리뷰트를 다루기 위한 부분에 있어 제약이 많습니다.

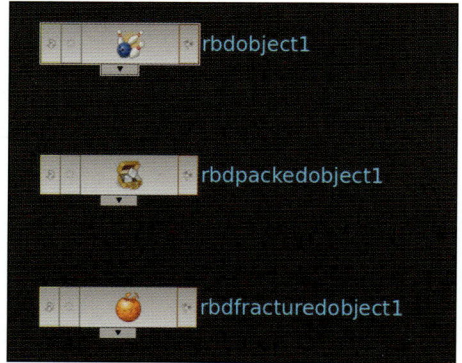

18 Sop으로 이동한 후 Dop Import 노드의 정보를 보면 280개의 포인트와 217개의 프리미티브와 포인트가 있으며, 총 105.55 KB의 메모리를 차지하고 있습니다. 하지만 같은 결과의 Pack은 Point, Primitive가 10개로 나타나며, 10개의 Packed Fragments를 볼 수 있습니다. 쉽게 말해 Pack은 데이터를 압축하는 것과 동일한데, Pack이 Fracture에 비해 많이 가볍다는 이점이 있기 때문에 Pack을 통해서 시뮬레이션을 진행한 후 해

당 시뮬레이션 데이터를 Fracture로 바꿔서 최종 결과물로 사용하는 것이 바람직합니다. 이 부분은 이후에 다시 살펴보도록 하겠습니다.

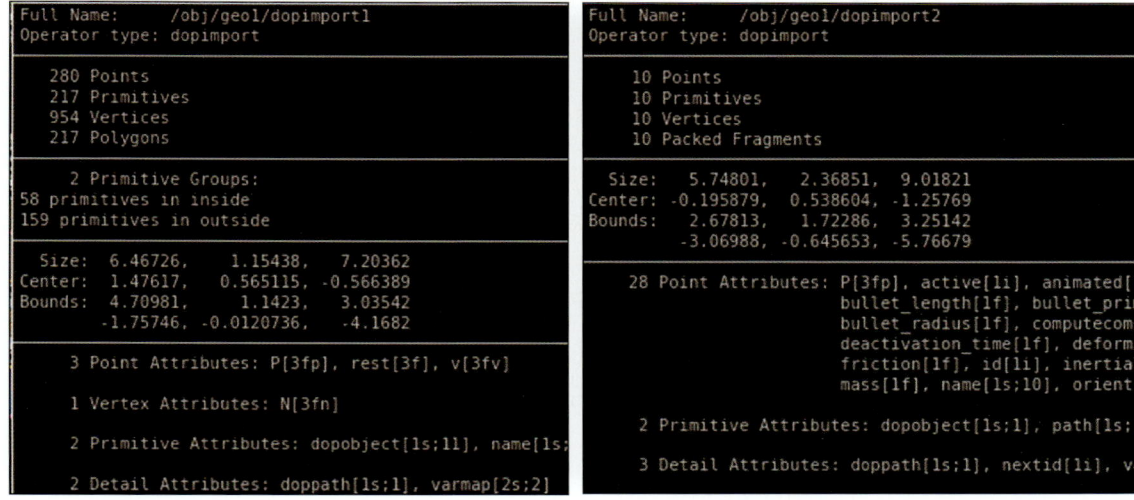

▲ Fracture 방식의 결과물   ▲ Pack 방식의 결과물

19 이번에는 Sphere가 벽에 부딪히며 부서지는 장면을 표현해 보겠습니다. 먼저 새로운 Sop Network를 생성하고, 앞서 사용했던 Sphere와 Transform을 복사/붙여넣기 합니다. 계속해서 벽을 만들기 위해 box와 Transform을 생성하고, 트랜스폼 파라미터를 그림과 같이 설정을 합니다. 이어서 Sphere가 벽에 비해 너무 높이 있으니 Sphere에 연결된 Transform의 y 축을 6으로 설정합니다.

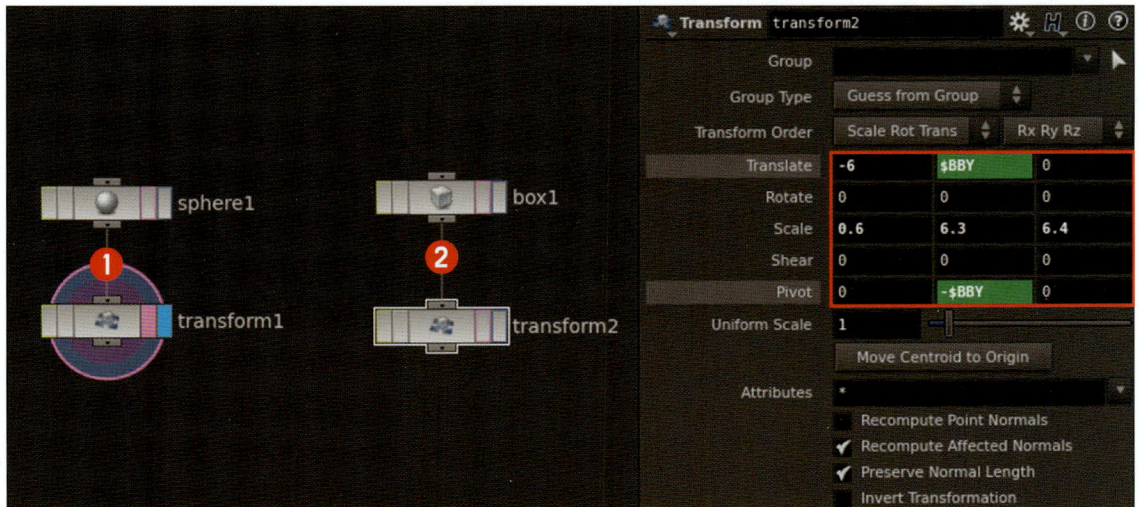

Dop 네트워크의 활용 **421**

20 벽과 공이 만들어졌습니다. 이제 Sphere에 다이내믹을 적용해 봅니다. 셸프 툴의 Shatter를 선택하여 스피어에 적용한 후 이어서 RBD Fractured Object도 적용해 줍니다.

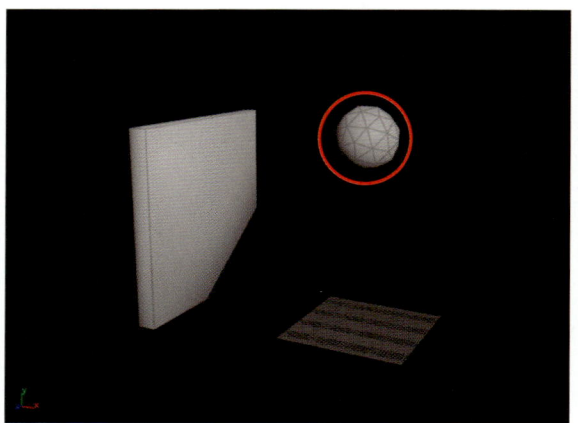

21 RBD Fractured Object가 적용되면 이제 Dop 안으로 들어가서 Ground Plane을 생성하고, RBD Fractured Object의 파라미터에서 Velocity의 x 축에 -10을 설정하여 해당 축 방향으로 속도를 적용합니다.

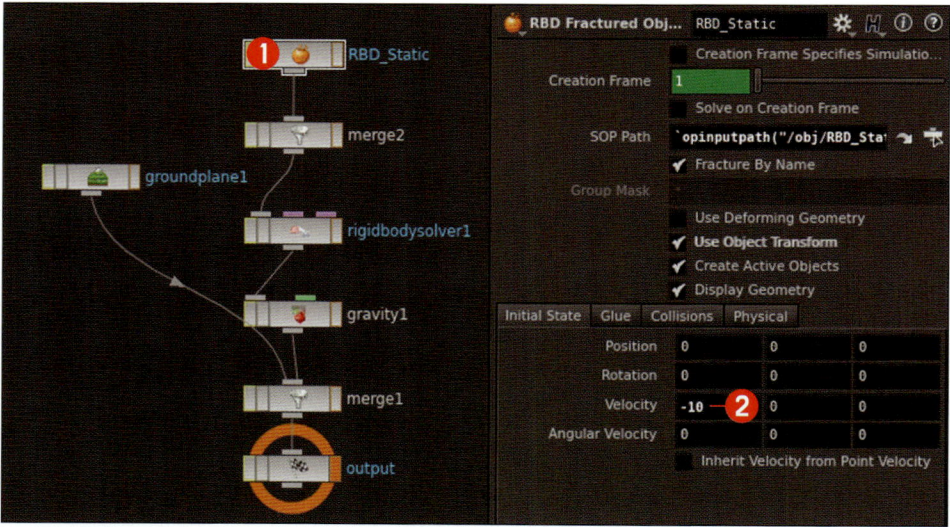

22 이 상태에서 씬 뷰를 확인해 보면 중앙에서 x 축에 -10의 힘만큼 부서지게 되는 Sphere를 볼 수 있습니다. 이제 벽으로 사용되는 box도 RBD를 적용해야 하는데 이번에는 기존에 사용했던 세 가지의 RBD가 아니라 RBD Static Object를 사용하겠습니다.

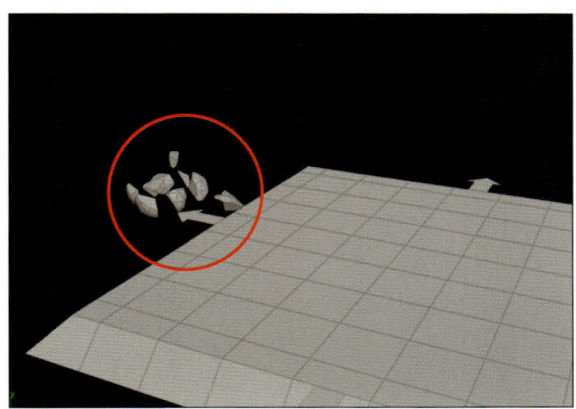

23 쉘프 툴의 Rigid Bodies 탭에서 Static Object를 선택한 후 벽으로 사용되는 box를 선택하고 [Enter] 키를 눌러 적용합니다. 적용 후 Dop 안으로 들어가 보면 노드 트리가 그림처럼 생성되었습니다. 여기에서 Ground Plane은 쉘프 툴을 사용하지 않고 직접 생성을 하여 연결했습니다.

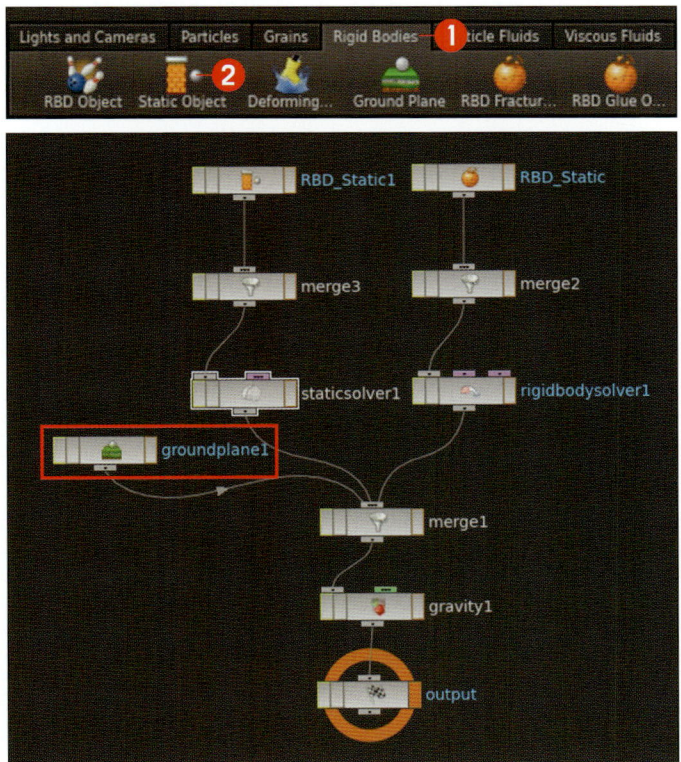

Dop 네트워크의 활용

24 이제 플레이를 해 보면 그림처럼 스피어가 날아가서 벽에 부딪혀 부서지면서 바닥에 떨어지는 것을 볼 수 있습니다. 여기서 사용한 RBD Static Object는 멈춰 있는 충돌체를 사용하기 위한 노드로써 살펴본 것처럼 벽이나 그밖에 움직이지는 않지만 충돌체로 사용하기 위한 다양한 오브젝트에 사용됩니다. 만약 RBD Static Object를 나뭇가지에 사용을 하게 되면 이것은 물리법칙을 무시하는 나뭇가지가 됩니다. 그렇다면 RBD Static Object가 아니라 RBD Object를 적용하면 어떻게 될까요? 다음은 유사한 경우를 만들어서 살펴보기로 하겠습니다.

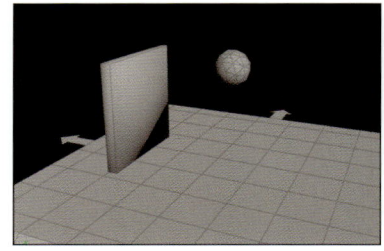 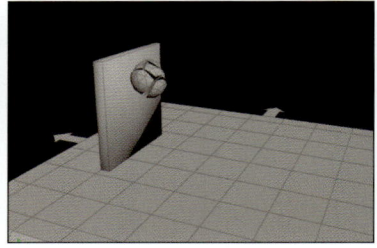 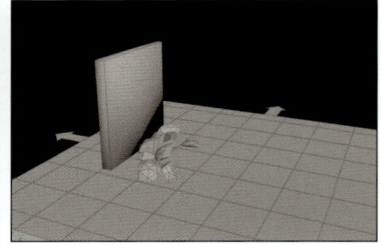

25 RBD Static Object의 연결을 끊어서 잠시 옆에 옮겨놓고, RBD Object 노드를 생성합니다. 이어서 방금 연결을 끊은 RBD Static Object 노드의 SOP Path의 경로를 그대로 복사하여 그림처럼 RBD Object의 SOP Path의 경로에 붙여넣습니다. 이것은 RBD_Static이라는 이름에 대한 노드의 경로가 아니라 연결을 끊은 Static Object 노드입니다.

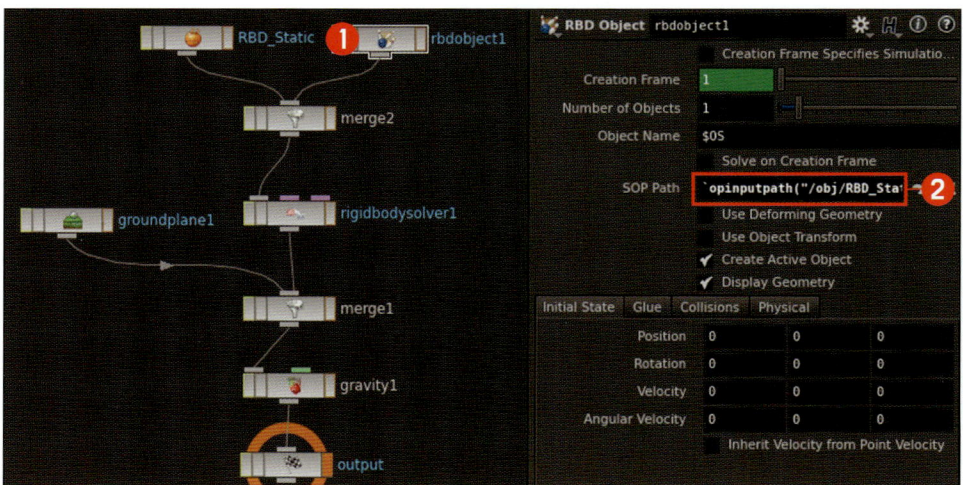

26 이 상태에서 플레이를 해 보면 Static Object를 적용했을 때와는 다르게 벽이 넘어지게 됩니다. 이렇듯 RBD Object는 멈춰 있는 강체가 아니라 반응을 하는 강체가 되기 때문에 나타나는 당연한 결과입니다. 그런데

RBD Static Object를 사용하지 않고, RBD Object로도 반응하지 않고 멈춰 있게 할 수가 있습니다.

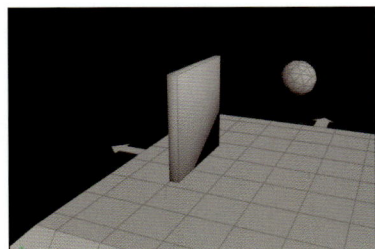 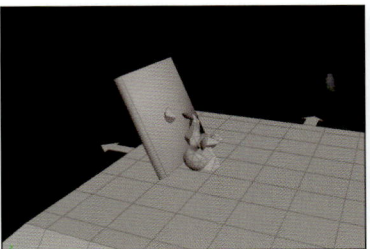 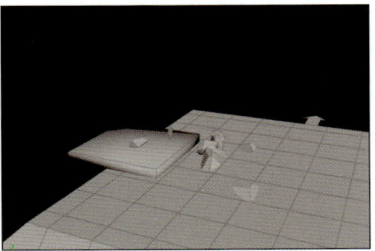

27 RBD Object의 파라미터를 보면 Create Active Object라는 옵션이 있습니다. 이 옵션은 물체에 활동성을 부여할 것인지에 대한 여부를 결정합니다. 기본적으론 체크가 되어있기 때문에 Active Object가 되지만 만약 이 옵션을 해제한 후 시뮬레이션을 하면 어떻게 될까요? 그러면 RBD Static Object를 적용했을 때와 동일하게 벽이 넘어가지 않고 멈춰있게 됩니다. 이와 같은 옵션은 RBD Packed Object와 RBD Fractured Object에도 있습니다.

28 이번에는 쉘프 툴의 Particle Fluids 탭에 있는 툴들을 사용해 보겠습니다. 새로운 Sop Network를 생성한 후 이전에 사용했던 Sphere와 Transform을 복사/붙여넣기 합니다. 이번엔 Sphere의 Type을 Polygon이 아닌 Primitive로 하였습니다.

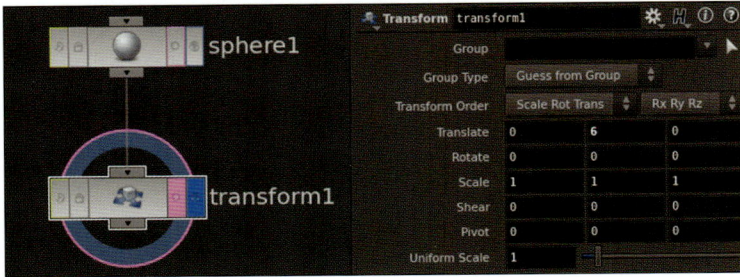

29 이제 상단의 Shelf Tool의 Particle Fluids 탭에 있는 Emit Particle Fluid를 클릭합니다. RBD를 적용할 때와 비슷한 문구가 씬 뷰의 하단에 나타나게 되는데, Fluid로 지정할 Emitter를 선택을 하고 [Enter]를 누르면 Emitter가 설정이 되고 이 상태에서 한번 더 [Enter]를 누르면 적용이 됩니다.

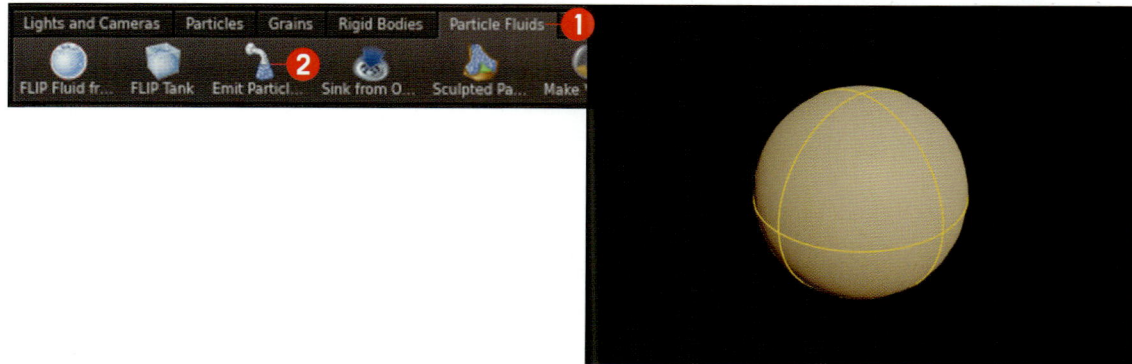

30 아래 그림은 Emit Particle Fluid 적용한 상태의 Sop(왼쪽)과 Dop(오른쪽)의 노드입니다. Sop을 보면 create_surface_volume이라는 이름의 노드가 있는데, 이 노드는 Fluid Source 노드로써 이름 그대로 Fluid Simulation에 사용될 소스를 생성해 주는 노드입니다. 이 노드를 통해 소스의 데이터가 어떻게 이루어질 것 인지 설정을 하게 되며, 어떤 Fluid(유체)를 만들지도 결정하게 됩니다. 이 노드의 아이콘을 보면 볼륨으로 되었는데, 동일한 아이콘의 노드는 Dop에도 존재합니다. 이 노드는 Sop에서 Fluid Source 노드로 생성된 데이터를 Dop에서 사용하기 위해 쓰여지는 Source Volume 노드입니다.

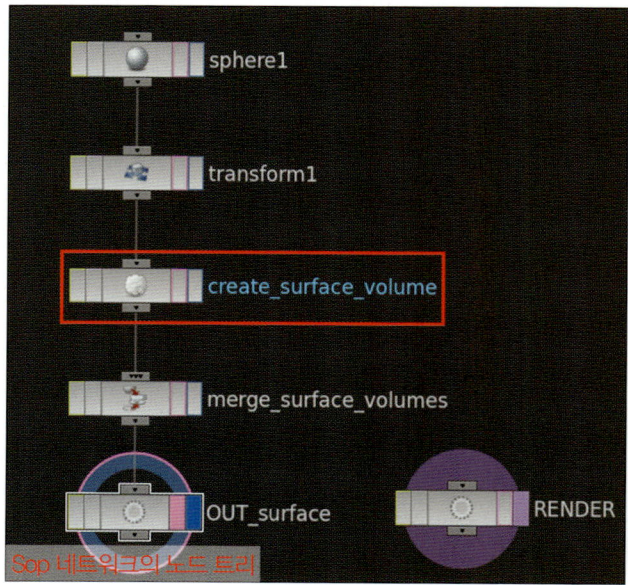
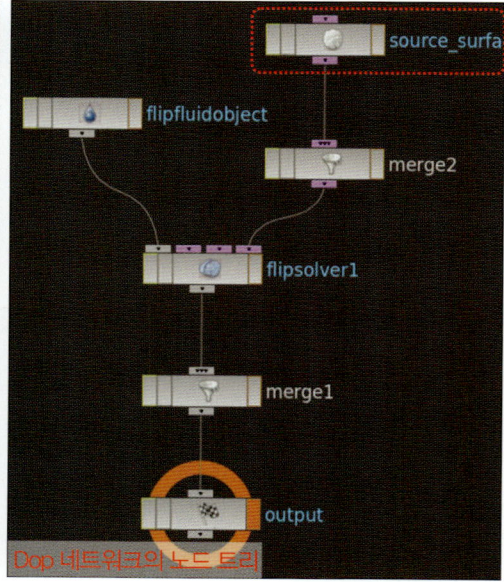

31 Dop에서 Gravity를 생성하여 연결해 주고, 플레이를 해 보면 Pop Network를 통해 다뤄보았던 형태와는 다르게 액체가 흘러 내리듯 파티클이 Gravity에 의해 아래로 떨어지게 됩니다. 파티클에 나타나는 색상은 Velocity의 정도이며 가장 파란색 부분이 0이며, 하얀 부분은 1인 범위를 가집니다. 여기서 Ground Plane을 생성하여 시뮬레이션을 해 보면 오른쪽 그림처럼 바닥에 튀어 오릅니다. 그렇다면 이제 물이 있는 수조 안에 물이 차오르도록 해 보겠습니다.

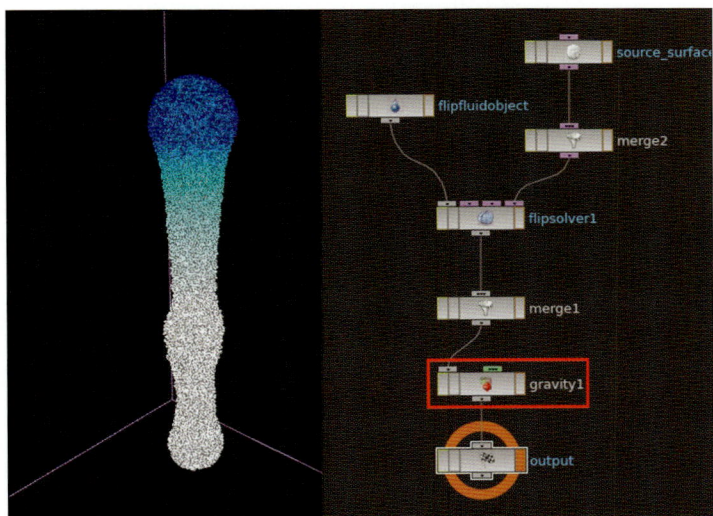
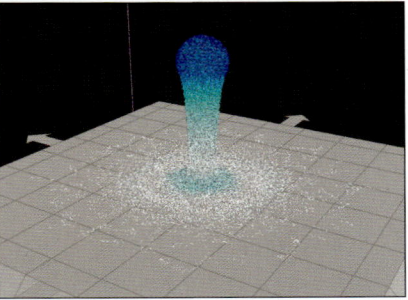

32 먼저 수조를 만들기 위해 Shelf Tool의 Particle Fluids 탭에서 FLIP Tank를 선택합니다. 그러면 씬 뷰에 박스를 그릴 수 있도록 미리보기가 나타나는데, 드래그하지 않은 상태에서 [Enter] 키를 눌러 FLIP Tank를 생성합니다.

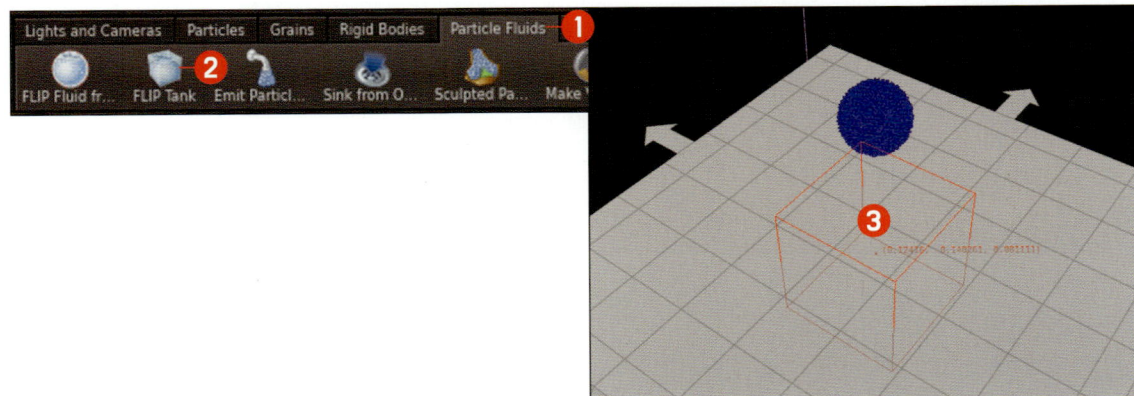

33 obj 레벨에 많은 Sop이 생성되는데 이 중 Emitter가 존재하는 Sop과 fluidtank_initial, AutoDopNetwork를 제외한 나머지 Sop은 시뮬레이션을 하는데 있어 당장 필요한 것이 아니므로 제거를 합니다.

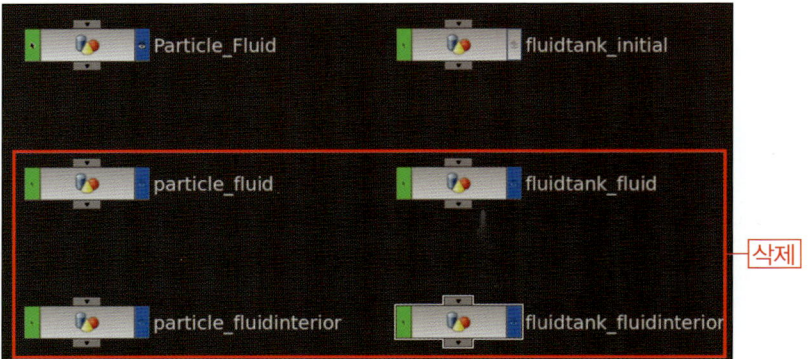

34 Dop 안으로 들어가서 Ground Plane을 제거하면 그림과 같은 노드 트리가 되며, 씬 뷰에는 앞서 만들어놓은 Fluid와 새로 생성한 FLIP Tank가 보입니다. 그런데 FLIP Tank의 크기가 너무 작기 때문에 조금 키워주어야 합니다.

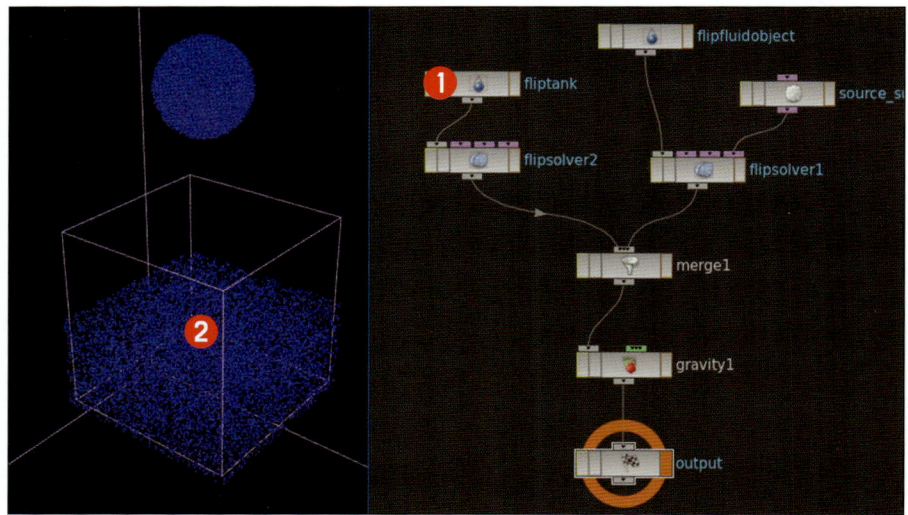

35 obj 레벨에 있는 fluidtank_initial Sop 안에 들어가면 fluidtank라는 노드가 있습니다. 이 노드의 파라미터에서 키프레임이 있는 옵션은 건드리지 말고, Center의 y 축에 다음과 같이 입력합니다. 그리고 씬 뷰를 보며 Water Level과 Size의 y 축을 조절하면서 어떠한 변화가 일어나는지 확인해 봅니다. 만약 Center의 y 축에

ch("sizey") / 2가 적용되지 않았다면 지금과 같은 컨트롤은 할 수가 없습니다.

ch("sizey") / 2

36 다시 Dop으로 돌아가면 크기가 커진 FLIP Tank를 볼 수 있습니다. 이 상태에서 시뮬레이션, 즉 플레이를 해 봅니다. 그런데 하나의 Dop 네트워크에서 두 Fluid를 생성했지만 서로 충돌 반응을 하지 않고, 그림처럼 그냥 뚫고 지나가는 현상이 발생됩니다.

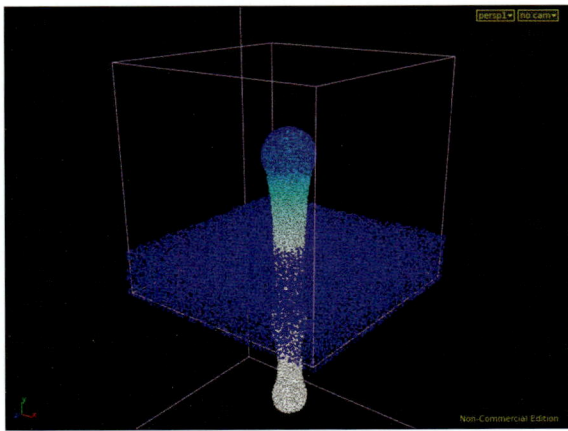

37 위와 같은 현상이 발생하는 이유는 Solver에 있습니다. 지금 Dop에는 두 개의 Flip Solver가 있는데, 서로 반응을 하게 하기 위해서는 하나의 Flip Solver로 연산되어야 합니다.

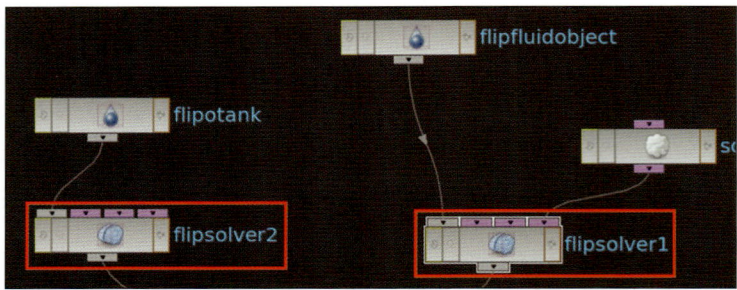

38 원하는 시뮬레이션이 작동되도록 하기 위해 Sphere에서 분출되는 FLIP Fluid를 연산하던 FLIP Solver인 flipsolver1을 제거하고, 그림처럼 노드를 재설정합니다. 이제 시뮬레이션을 해 보면 두 오브젝트의 파티클(물)이 반응을 하며 수조가 차오르는 것을 볼 수 있습니다. 그런데 물이 너무 얌전(?)하기 때문에 물방울이 튀도록 해 보겠습니다. 그렇다면 이런 작업을 위해 Pop Network에서 사용했던 POP Force를 쓰면 될까요?

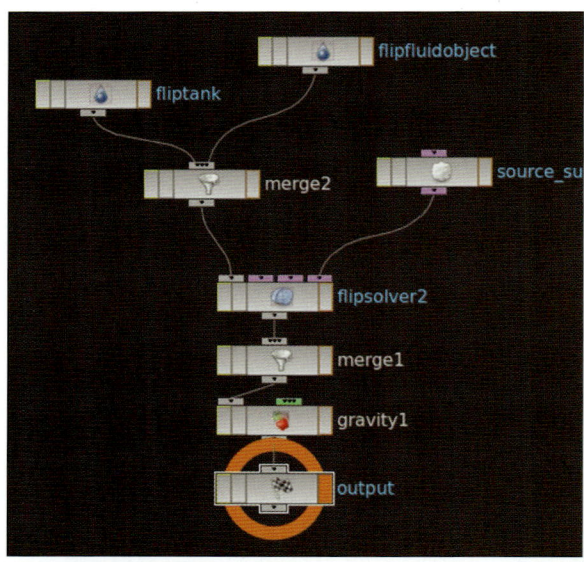

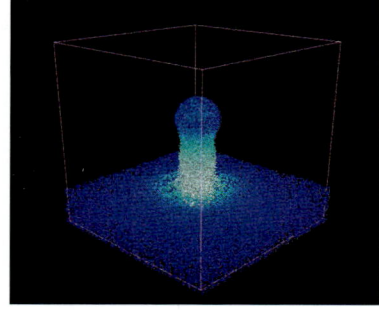 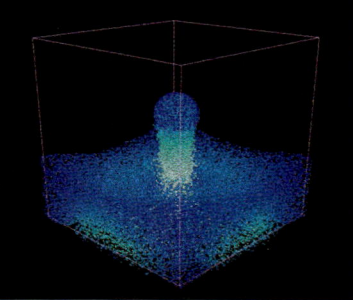 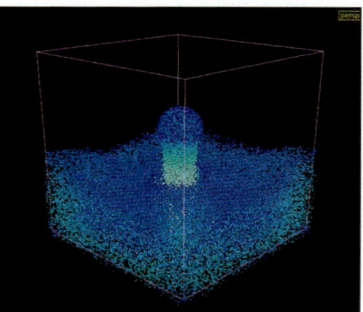

39 여기서는 POP Force가 아닌 Fluid의 소스를 컨트롤 해야하는데, Sphere에 대한 소스 데이터는 Sop에 있는 Fluid Source 노드를 통해 사용할 수 있습니다. Fluid Source의 파라미터에서 Curl Noise 탭의 Add Curl Noise를 체크하고, 아래쪽 옵션에는 자신이 원하는 값을 입력합니다. 이번에는 Scale을 5로 설정했습니다. 이제 씬 뷰를 통해 Curl Noise가 어떻게 나타나는지 확인해 봅니다.

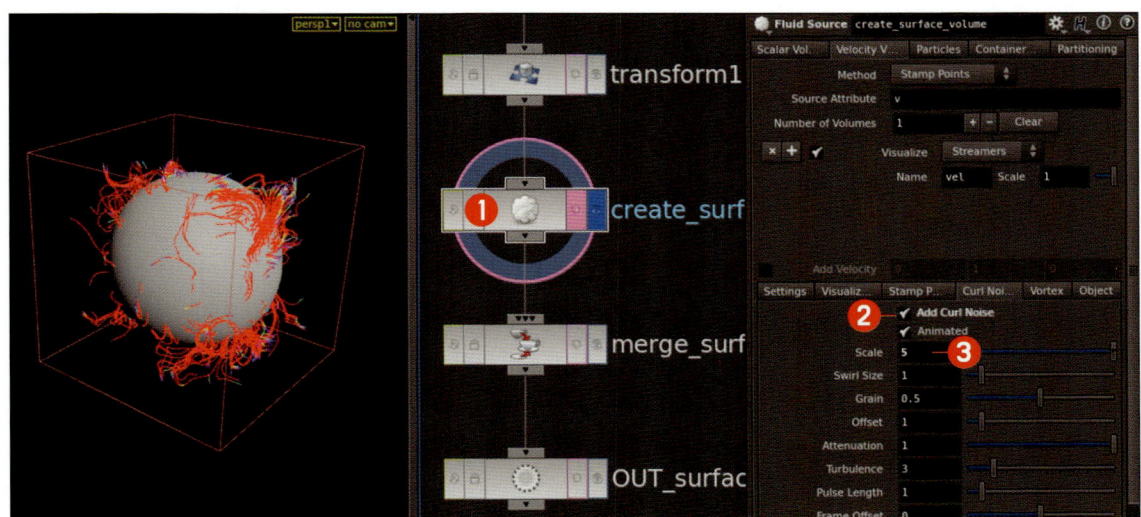

40 다시 Dop으로 돌아가서 시뮬레이션을 보면 이전과는 다르게 물방울이 사방으로 튀는 장면이 연출됩니다. 이것으로 Dop Network를 시작하기에 앞서 Shelf Tool을 이용하여 Dop을 구성하고, 시뮬레이션을 하는 방법에 대해 알아보았습니다. 이처럼 후디니는 Shelf Tool만 사용해도 정말 멋진 이펙트를 만들 수 있습니다. 하지만 앞으로의 학습에서는 Shelf Tool의 사용을 최소화하고, 직접 네트워크를 구성해가며 예제를 만들어 볼 것입니다.

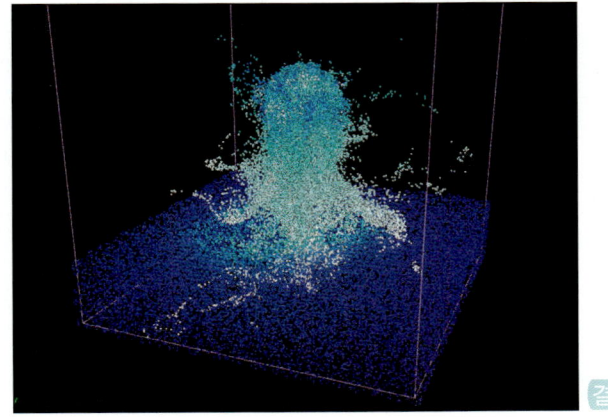

부서지는 물체를 이용한 시뮬레이션 만들기

앞선 학습에서는 Shelf Tool을 이용해서 Sphere를 부서지게 하는 간단한 시뮬레이션을 해 보았는데, 이번 학습은 여러개의 물체를 만든 후 직접 네트워크를 구성하여 물체가 부서지는 시뮬레이션(Simulation)을 표현해 보도록 하겠습니다.

젠가 무너뜨리기

이번 학습에서는 앞서 Copy Sop을 이용해 만들었던 젠가 블록을 Dop을 통해서 무너뜨리는 시뮬레이션을 표현해 보도록 하겠습니다.

01 예제 파일 [exam_file] - [Part_3] - [6_DOP_Network.hipnc] 프로젝트 파일을 열어줍니다. 그다음 Active_exam 노드 안으로 들어갑니다. Sop Network를 생성하여 안으로 들어간 후 앞선 학습의 Copy Sop을 통해 만들었던 젠가 블록을 복사/붙여넣기 합니다. 만약 젠가를 저장하지 않았다면 예제 파일에서 copy4 노드까지 복사하여 사용하도록 합니다. 이제 젠가를 무너뜨려 보겠습니다.

02 transform_Center_pivot 노드의 파라미터에서 Translate의 y 축을 0.1로 설정하여 바닥에서 살짝 띄어놓습니다. 그다음 탭 메뉴에서 Assemble 노드와 Null 노드를 생성하여 그림처럼 연결한 후 널 노드의 이름을 OUT_Jenga로 변경합니다. 여기서 사용한 Assemble이라는 노드는 조각을 정리하고, 조각에 name 어트리뷰트를 생성하거나 Pack을 생성하는 등의 역할을 합니다.

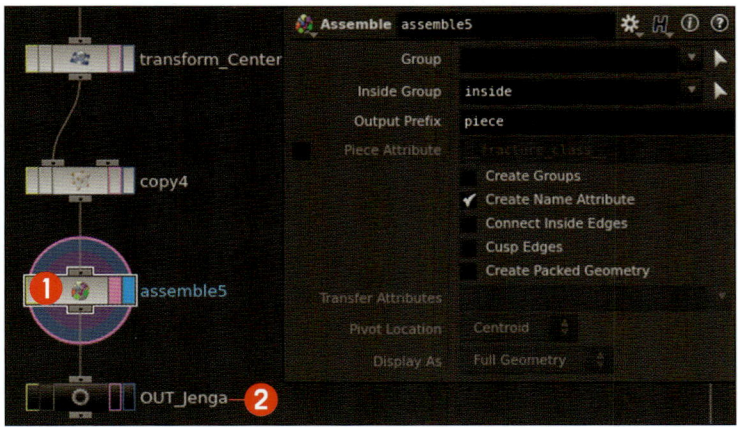

03 Dop을 생성한 후 안으로 들어가서 그림과 같이 노드 트리를 구성한 후 RBD Fractured Object 노드를 생성하여 SOP Path에 생성해 놓은 OUT_Jenga에 해당하는 경로를 입력합니다. 예제에서는 Sop 안에서 Dop을 생성했기 때문에 바로 상위 레벨로 올라가면 되기 때문에 ../../OUT_Jenga라는 경로로 입력하였습니다. 그리고 Physical 탭의 Density를 2500이라는 값으로 설정을 하는데, 이 값은 오브젝트의 무게라고 보면 됩니다. 물론 바로 위쪽에 있는 Compute Mass를 해제하면 질량으로 값을 계산할 수 있으며, 1 Mass = 1 Kg로 표현됩니다. Density(밀도) 혹은 Mass(질량)로 계산하든 해당 오브젝트에 맞는 값을 찾아야 합니다.

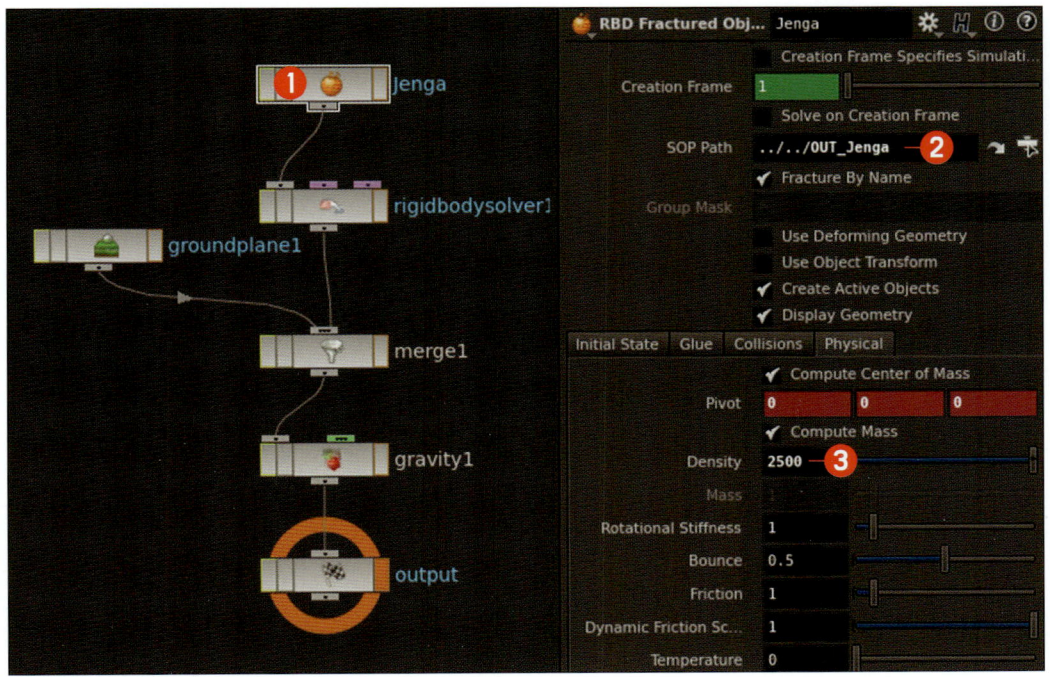

04 시뮬레이션, 즉 플레이를 해 보면 젠가 블록이 떨어졌다. 살짝 튀어 올랐다가 다시 자리를 잡게 됩니다. 그런데 젠가는 두 개의 Copy Sop만을 사용하여 만든 오브젝트인데 어떻게 블록 하나하나가 Dop에서 작동을 하는 걸까요? RBD Fractured Object가 똑바로 작동하게 하는 이유는 Assemble 노드에 있습니다.

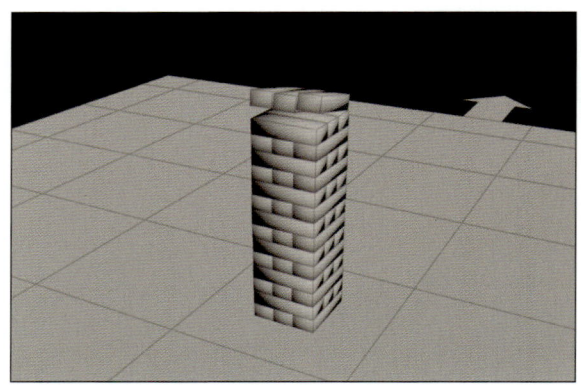

05 Pack이나 Fracture 오브젝트에 있는 여러 개의 객체들이 작동을 하기 위해서는 name 어트리뷰트가 필요한데, Assemble을 통해 각 프리미티브에 맞는 name 어트리뷰트를 생성할 수 있으며, 스프레드시트를 통해 프리미티브를 확인해 보면 그림과 같이 0~5까지의 프리미티브에는 piece0이라는 동일한 name이 적용되어 있습니다.

06 Assemble에 Blast 노드를 연결하여 파라미터를 다음의 그림처럼 설정하면 한 개의 블록만 남게 되는데, 이 블록의 프리미티브는 전부 piece0이라는 name을 가지고 있는 것이며, name을 통해 각 객체를 분리하고 인식하여 Dop에서 연산이 이루어지게 되는 것입니다. 어떻게 작동을 하게 되는 것인지 이해했기 때문에 이제 젠가 블록을 무너뜨려 보겠습니다.

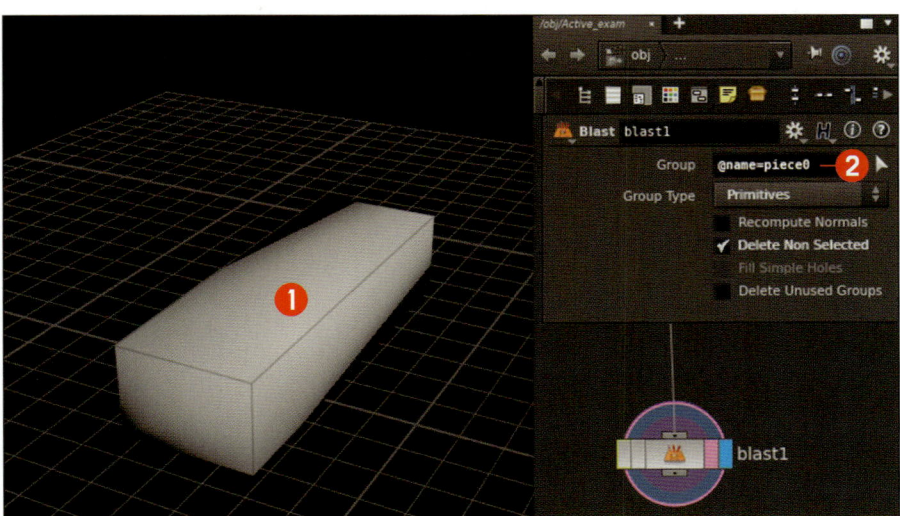

07 이제 젠가를 무너뜨릴 막대를 만들기 위해 젠가 노드의 맨 위쪽에 있는 box에 새로운 Transform을 생성하여 연결하고, 그림처럼 파라미터를 설정합니다. 이어서 키프레임 작업을 위해 0프레임에서 Rotate의 y 축을 180으로 설정한 후 키프레임을 생성하고, 240프레임에는 1800을 설정한 후 키프레임을 추가합니다. Translate의 y 축에 입력된 익스프레션은 0.2+abs(sin($F)*2)입니다. 이어서 Dop에서 데이터를 불러오기 위해 Null을 생성한 후 이름을 OUT_Stick으로 변경합니다.

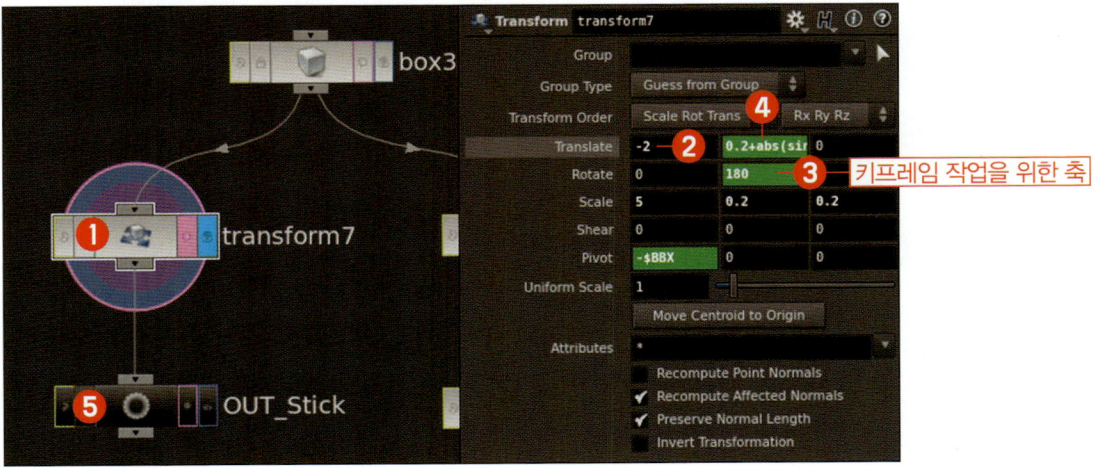

08 이제 플레이를 해 보면 위아래로 이동하면서 회전하는 막대가 표현됩니다. 다음 그림은 회전하는 모습을

보여주기 위해 Trail 노드를 달아서 만든 것이므로 이와 똑같지 않다고 하여 잘못된 것이 아닙니다.

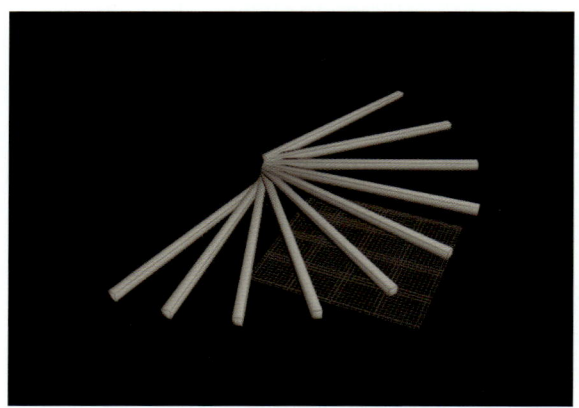

09 Dop으로 돌아가서 Static Object와 Merge를 생성하여 그림처럼 연결한 후 Static Object의 파라미터에 그림과 같이 설정을 하는데, SOP Path에는 Stick의 경로인 ../../OUT_Stick을 입력하고, Use Deforming Geometry를 체크합니다.

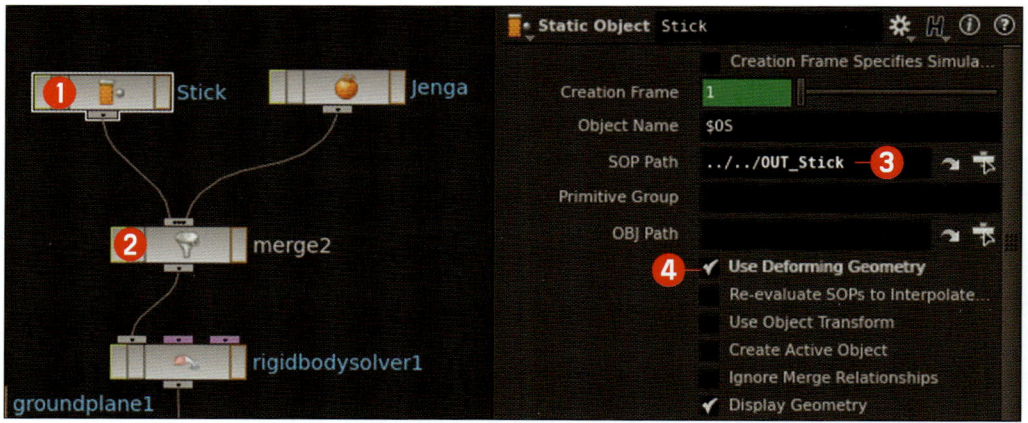

10 여기서 플레이를 해 보면 막대가 돌면서 젠가를 치게 되고, 충격을 받은 젠가는 무너지게 됩니다. 다음의 그림에는 없지만 막대는 아래로 떨어져서도 계속 돌면서 하단의 젠가와 부딪혀 무너뜨리게 됩니다. Static Object 노드에서 체크한 Use Deforming Geometry는 오브젝트에 적용된 애니메이션을 Dop에서도 동일하게 적용하는 옵션이라고 볼 수 있는데, 만약 이 옵션을 체크하지 않으면 완전히 멈춰있는 Static Object가 됩니다.

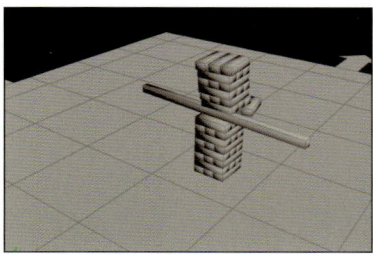 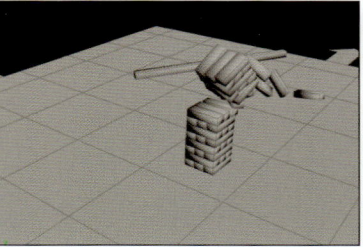 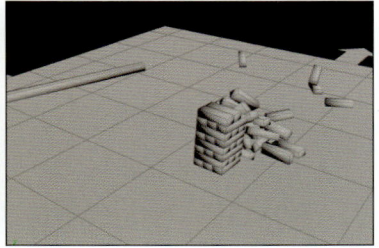

볼링 핀 쓰러뜨리기

이번 학습에서는 RBD Fractured Object와 RBD Object를 이용하여 볼링 핀을 쓰러뜨리는 시뮬레이션을 표현해 보겠습니다.

01 먼저 File 노드를 생성하여 예제 폴더에 있는 [exam_file] - [Part_3] - [Bowling_Pin.bgeo] 파일을 불러옵니다.

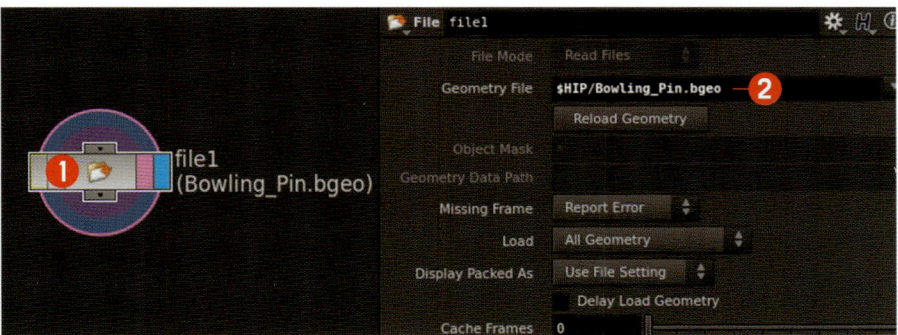

02 방금 불러온 파일을 보면 그림처럼 한 개의 볼링 핀이 있습니다. 실제 볼링 핀은 총 열 개가 있어야 하기 때문에 Copy Sop을 사용해야 합니다. 먼저 복사가 될 포인트들을 생성해 주겠습니다.

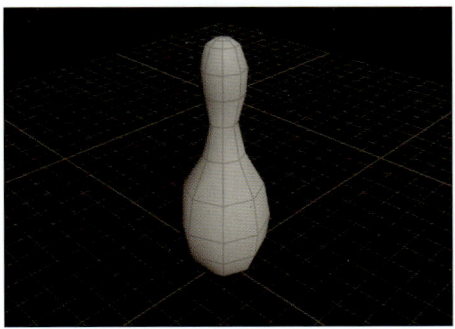

03 Line을 생성하여 파라미터를 그림처럼 설정한 후 Origin의 x 축에 -ch("dist") / 2라고 입력합니다. 입력을 하면 Length의 값이 늘어나도 Line은 정중앙에 위치하게 됩니다.

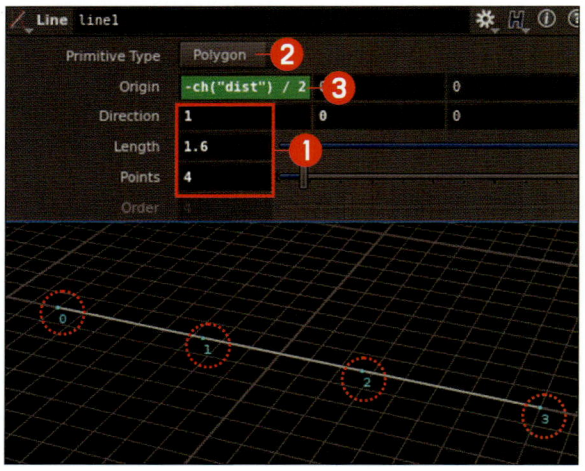

04 여기서 Line을 두 개 복사합니다. 그다음 Origin의 x 축은 유지한 상태로 그림과 같이 세 개의 라인을 위치시킨 후 마지막 포인트는 Add 노드를 생성하여 그림과 같이 설정합니다. 이어서 Merge를 이용하여 세 개의 Line 노드와 Add 노드를 합쳐주면 씬 뷰의 그림처럼 나타나게 됩니다.

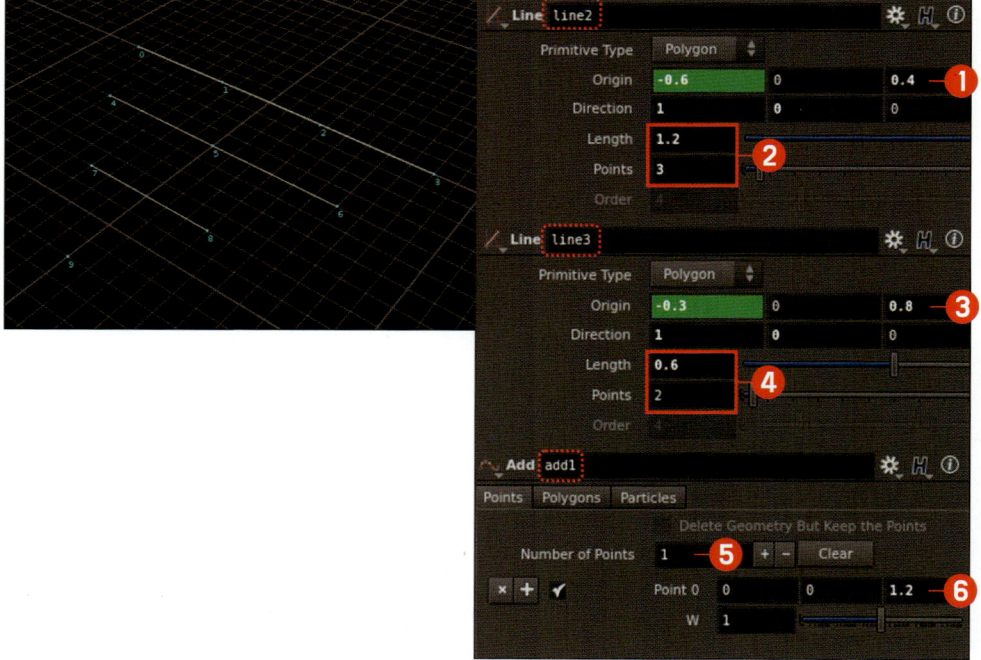

05 이제 Copy Sop을 생성하여 그림처럼 포인트들과 볼링 핀을 연결하여 복사한 후 Transform 노드와 연결하고, 파라미터에서 z 축으로 -2만큼 이동합니다. 그러면 씬 뷰와 같이 10개의 볼링 핀이 나타납니다.

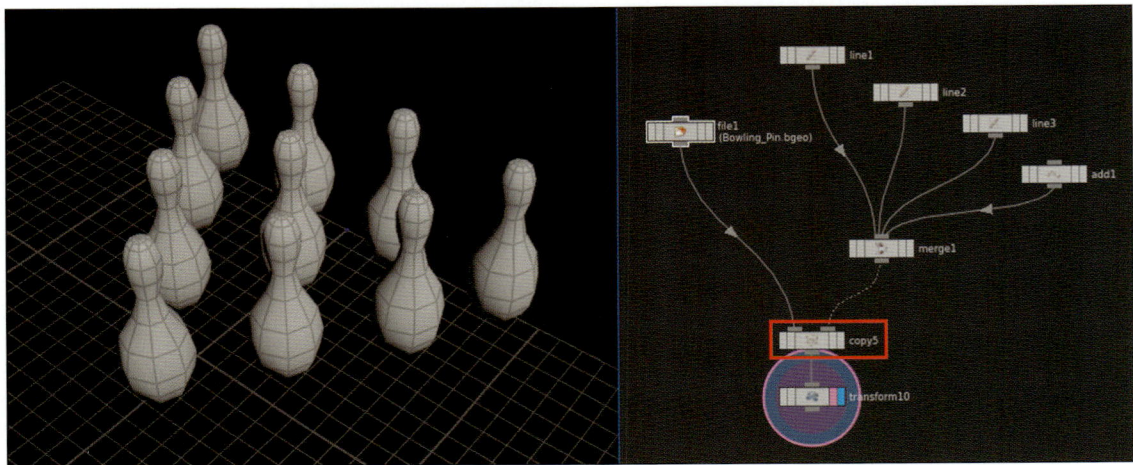

06 이어서 Assemble과 Null 노드를 생성하여 연결합니다. 그리고 Assemble 노드의 파라미터는 그대로 두고, Null의 이름을 OUT_Pin으로 변경합니다. RBD Fractured Object를 사용하기 위해서는 name 어트리뷰트가 필요한데, 이 것을 Assemble을 통해 생성되게 됩니다.

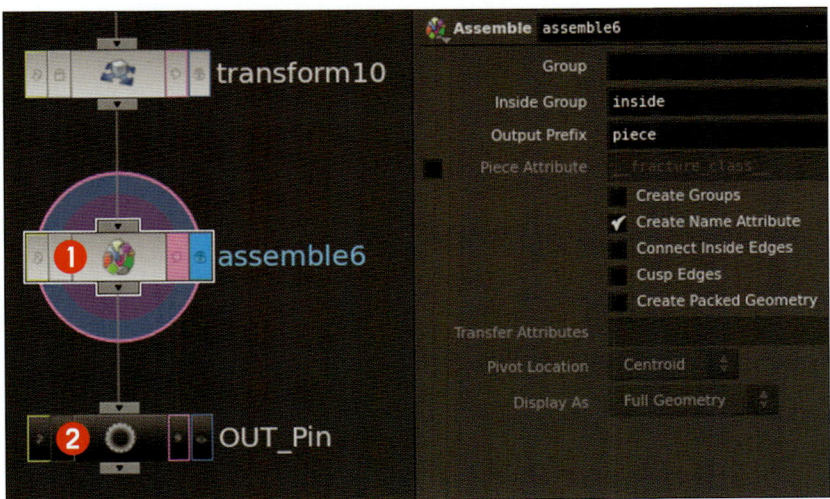

07 이제 볼링 공을 생성하기 위해 Primitive 타입의 Sphere와 Transform을 생성하여 연결하고, 다음의 그림처럼 설정을 한 후 Transform 아래쪽에 Null 노드를 달아줍니다. 그리고 Null의 이름을 변경하여 마무리합니다.

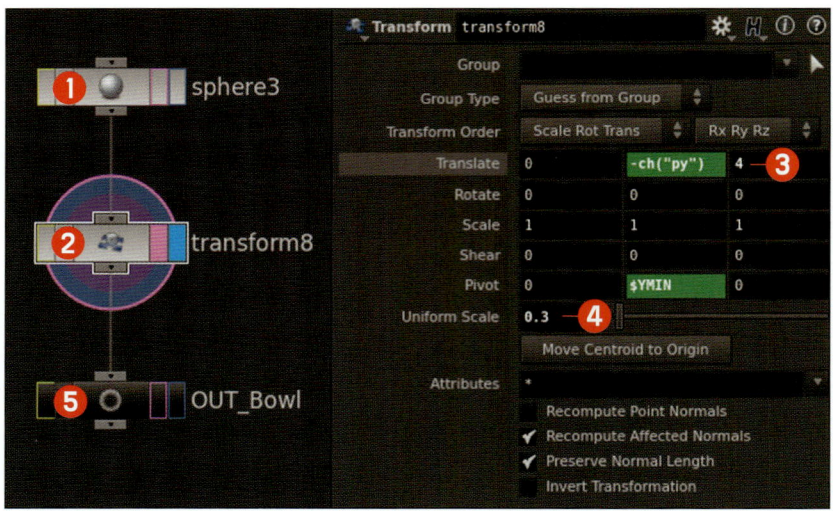

08 계속해서 Dop을 생성하여 그림과 같이 노드를 구성하고, RBD Fractured Object의 SOP Path에 볼링 핀의 경로를 입력합니다. 이어서 Physical 탭의 Density를 100으로 설정하여 가볍게 만든 뒤 Bounce에 1을 설정합니다.

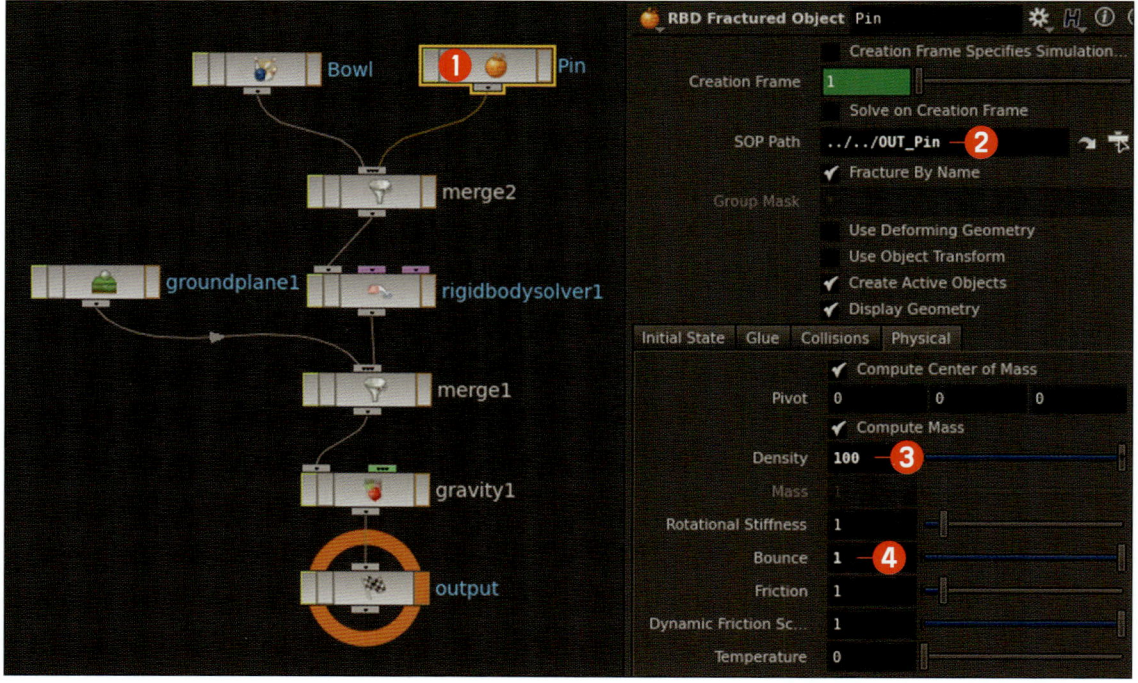

09 왼쪽에 있는 RBD Object의 파라미터에는 볼링 공을 경로로 입력하고, 나머지 옵션들은 그림과 같이 설정을 한 뒤 Physical 탭에 있는 Density를 10000을 설정합니다.

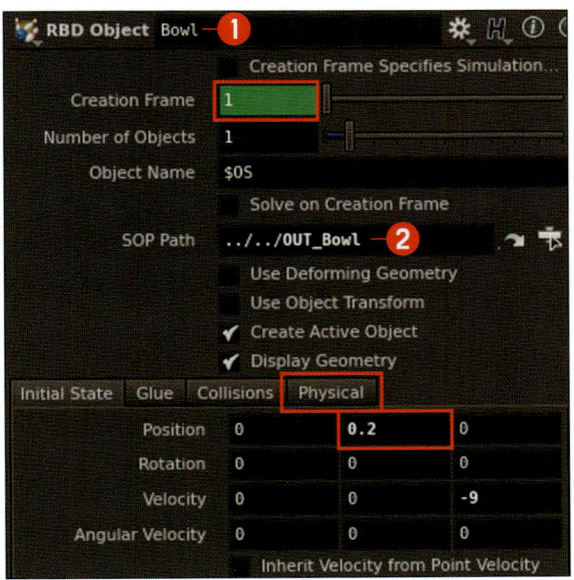

10 이제 시뮬레이션을 해 보면 그림과 같이 Sphere가 굴러가서 볼링 핀과 부딪히는 것을 볼 수 있습니다. 다행히도 스트라이크가 되었습니다. 여러분도 스트라이크가 되도록 설정해 보기 바랍니다.

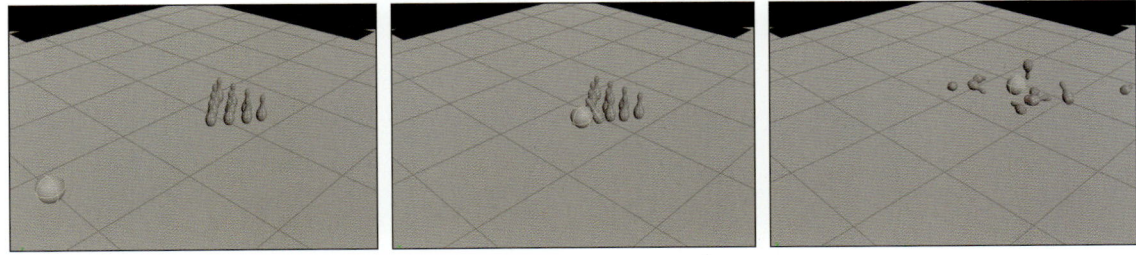

액티브(Active) 사용하기

앞서 RBD를 이용하여 충돌하는 시뮬레이션을 표현해 보았습니다. 이번 학습에서는 액티브(Active)를 사용해 보겠습니다. 이전에 학습 예제를 통해 RBD와 관련된 Dop 노드의 파라미터에 있는 Create Active Object 옵션을 온/오프함에 따라 물체의 작동 여부가 결정된다는 것을 배워보았습니다. 하지만 이번 학습에서는 Active 어트리뷰트를 사용하여 작동을 해 보겠습니다.

01 이번에는 Rubber Toy와 Transform을 생성하여 연결한 후 그림처럼 입력하여 루버 토이 오브젝트를 씬 뷰의 Grid 위쪽으로 띄어놓습니다.

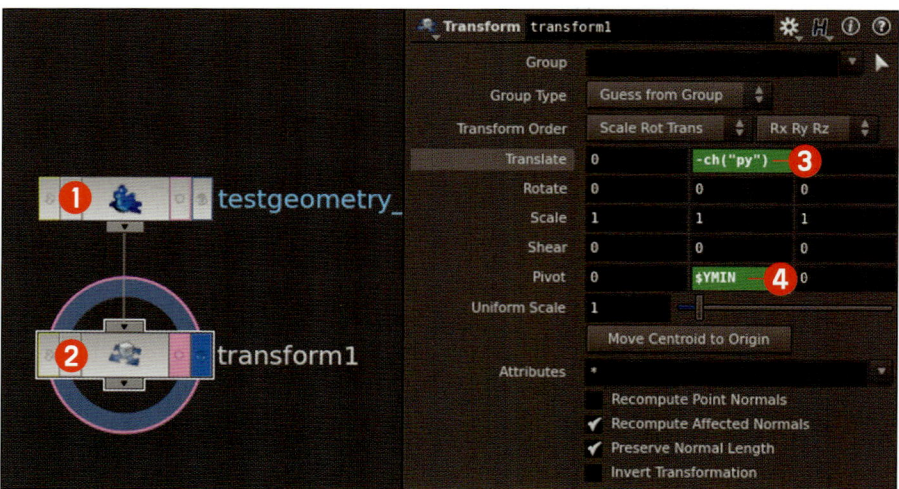

02 IsoOffset을 생성하여 앞서 만든 두 노드 사이에 끼어 넣어서 오브젝트를 볼륨으로 만든 뒤 Scatter를 생성하여 IsoOffset 아래쪽에 연결하고, Force Total Count를 150으로 설정, Relax Iterations을 해제합니다.

03 계속해서 Voronoi Fracture를 생성한 후 Input 1에는 Transform을 연결하고, Input 2에는 Scatter를 연결합니다. 이어서 파라미터의 Attributes 탭에서 Create Name Attribute를 해제합니다.

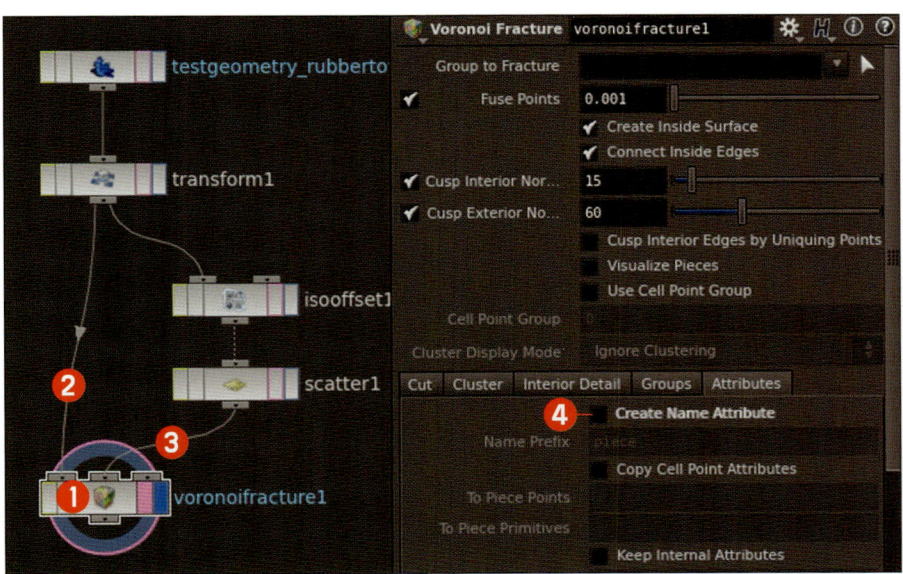

04 Voronoi Fracture 아래쪽에 Assemble을 새롭게 달아주고, 그림처럼 두 옵션을 체크합니다. 앞서 Voronoi Fracture에서 Create Name Attributes를 해제한 이유는 지금의 Assemble 노드에서 한꺼번에 컨트롤할 수 있기 때문에 해제한 것입니다. 이어서 Color 노드를 새로 달아서 Point에 랜덤한 Color를 생성합니다.

05 계속해서 Attribute Wrangle과 Null을 생성하여 연결하고, Null의 이름은 변경한 뒤 Attribute Wrangle의 파라미터를 다음과 같이 입력합니다. 다음의 코드는 Point Color 중에서 r의 값이 0.3보다 같거나 높은 포인

트들은 1이라는 active 어트리뷰트를 가지게 됩니다. 그렇지 않은 포인트들은 0이라는 active 어트리뷰트를 입력해 줍니다.

```
if(@Cd.r >= 0.3)
i@active = 1;
else
i@active = 0;
```

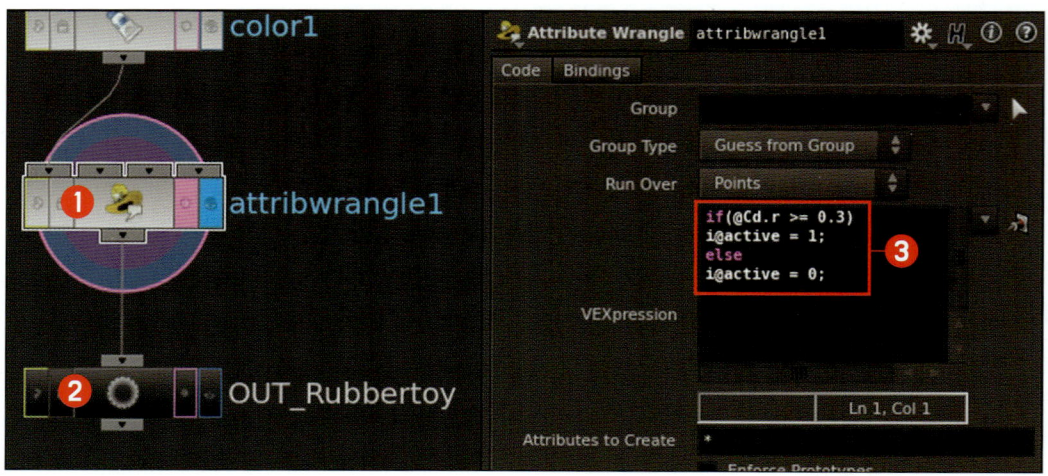

06 스프레드시트를 보면 Color의 r 값이 0.3보다 큰 포인트는 active가 1이 입력된 것을 볼 수 있습니다.

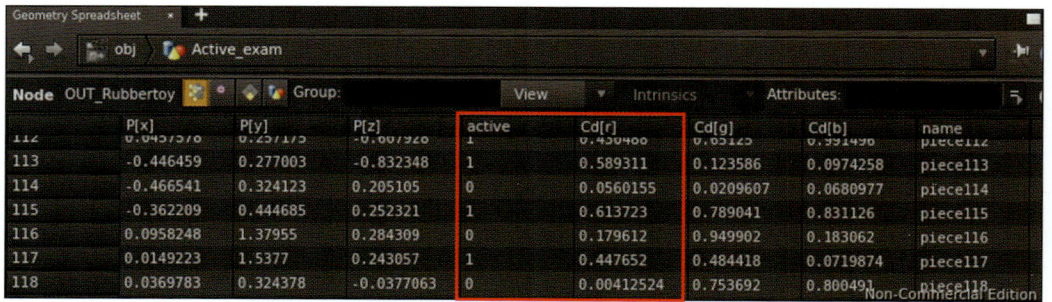

07 이번엔 Dop을 생성하고, 그림과 같은 노드를 구성한 후 RBD Packed Obejct에는 active가 적용된 오브젝트의 경로를 입력합니다. 설정 후 시뮬레이션을 해 보면 Rubber Toy의 일부만 부서지는 것을 볼 수 있습니다. 여기서 사용한 active 어트리뷰트는 Value가 1이면 작동을 하고 0이면 작동을 하지 않게 되는데, Color의 r 값이 0.3보다 큰 포인트의 active만 1이 되도록 했기 때문에 일부만 부서지게 되는 것입니다. 그렇다면 자신이 원하는 부분만 부서지게 하고 싶으면 어떻게 해야 할까요?

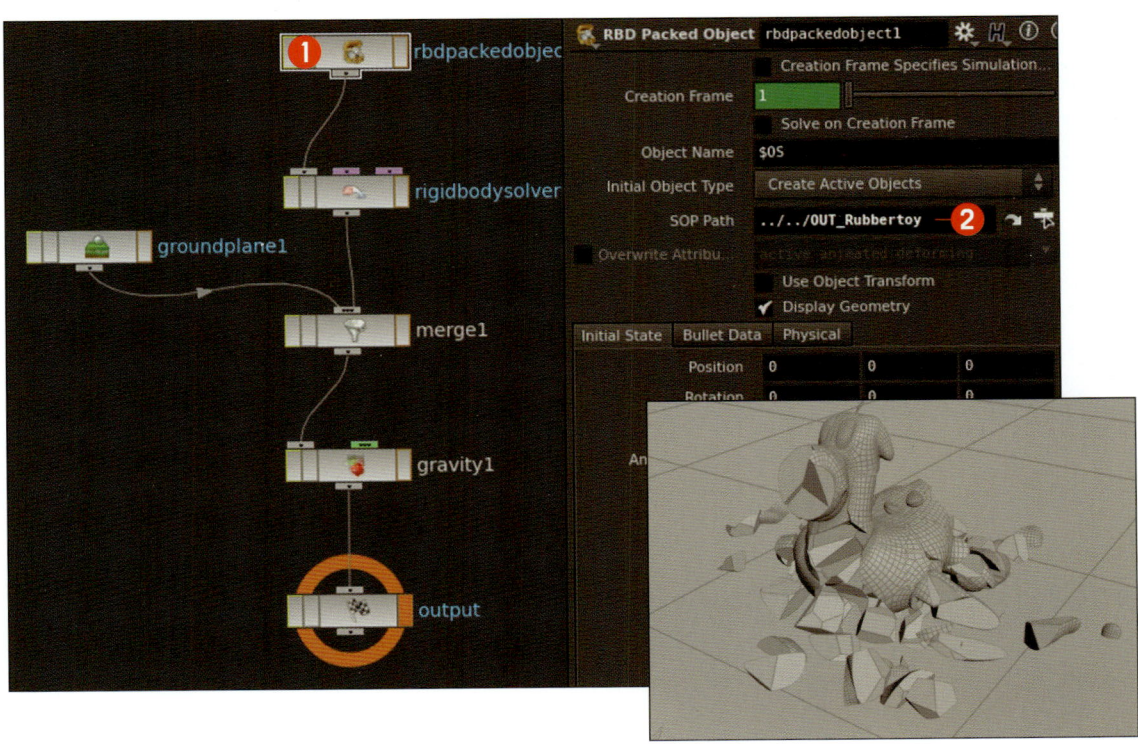

08 원하는 부분만을 부서지게 하기 위해서는 Attribute Transfer를 사용하면 될 것입니다. Primitive 타입의 Sphere와 Transform을 생성한 후 그림처럼 연결합니다. 그다음 Attribute Wrangle을 생성하여 연결한 후 그림처럼 파라미터에 1을 가진 active가 생성되도록 입력한 후 그림처럼 연결합니다. 그다음 Attribute Wrangle의 파라미터에서 1을 가진 active를 생성되도록 입력한 후 Attribute Transfer를 생성하여서 범위를 설정한 후 OUT_Rubbertoy에 연결을 합니다.

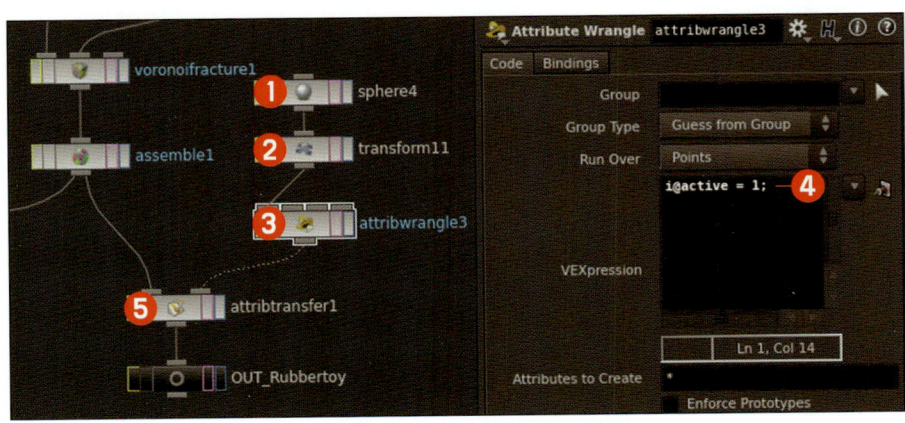

09 예제에서는 Rubber Toy의 얼굴 부분에 Sphere를 위치시켜 얼굴에만 active가 전달되기 때문에 얼굴만 부서지게 됩니다. 이와 같은 방법으로 벽의 특정 부분만 무너뜨릴 수도 있습니다.

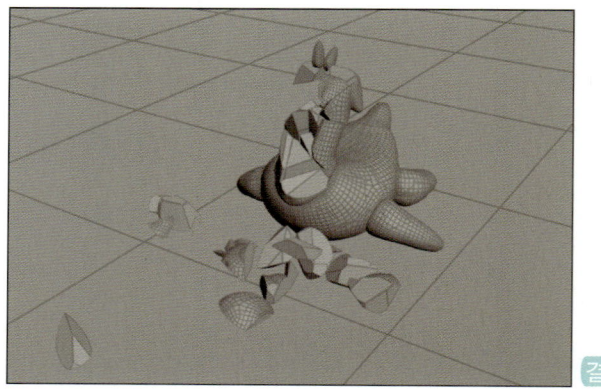

결과물

지오메트리 레프리젠테이션(Geometry Representation) 알아보기

Dop에서 이루어지는 충돌체들의 데이터의 묘사 방식은 Geometry representation에 의해 분류가 되는데, RBD와 관련된 연산을 하는 대부분의 노드에는 이 옵션이 존재합니다. 이번 학습에서는 이 옵션에 대해 살펴보기로 하겠습니다.

01 먼저 충돌체를 만들기 위해 그림과 같은 노드를 구성하고, Transform의 Uniform Scale을 0.5, Scatter의 Force Total Count를 25로 설정한 후 Voronoi Fracture의 Visualize Pieces를 체크하면 씬 뷰에는 알록달록한 색상이 조각별로 적용된 상태로 표현됩니다.

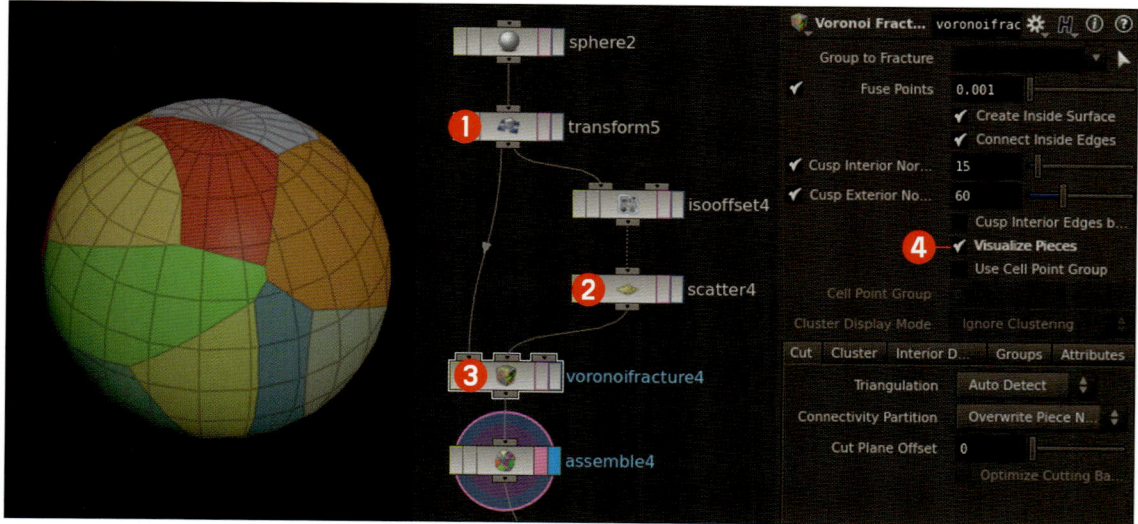

446 VFX의 꽃, FX를 위한 후디니

02 Grid와 Transform 노드를 생성하여 연결하고, Translate의 y 축을 8로 설정한 후 Mountain을 생성하여 그림처럼 연결합니다. 이어서 Mountain의 Height를 5로 설정한 후 Scatter를 생성하여 25개의 포인트를 생성해 주고, Attribute Wrangle을 생성하여 연결한 후 다음과 같이 입력합니다.

```
f@rand_seed = rand(@ptnum);
addvariablename(0, "rand_seed", "SEED");
```

03 계속해서 Copy Sop을 생성하여 Input 1에는 Sphere를 연결하고, Input 2에는 방금 생성한 포인트를 연결하면 그림처럼 표현되는데, 모든 Sphere의 Voronoi가 동일하기 때문에 stamp를 이용하여 변화를 줍니다.

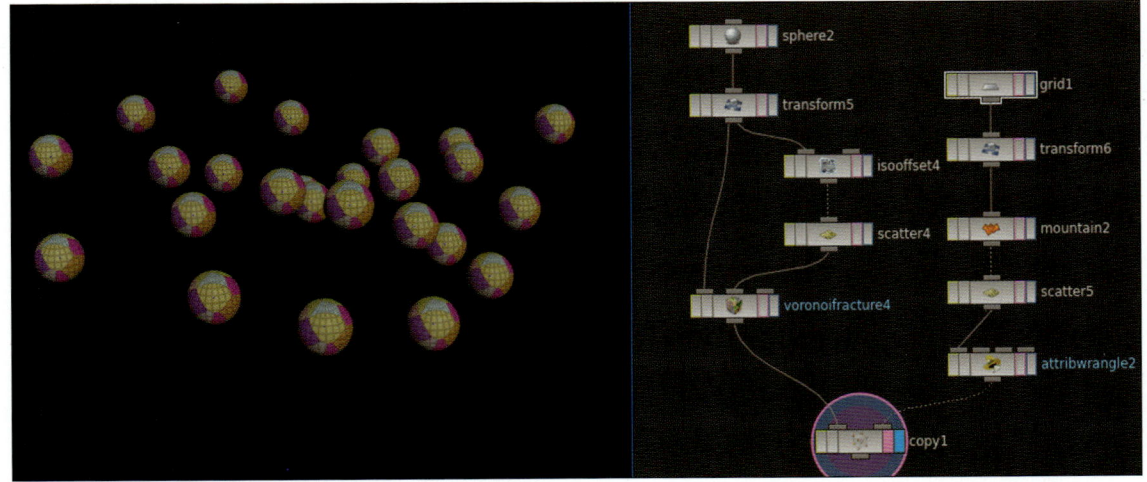

04 앞서 Attribute Wrangle에서 생성한 rand_seed를 Copy Sop의 stamp로 생성을 한 뒤 Sphere에 연결된

Scatter의 Global Seed에 **stamp("../copy1", "seed", 0)**를 입력합니다. 이처럼 stamp를 적용하면 그림처럼 복사된 Sphere의 Voronoi 패턴이 랜덤하게 표현됩니다.

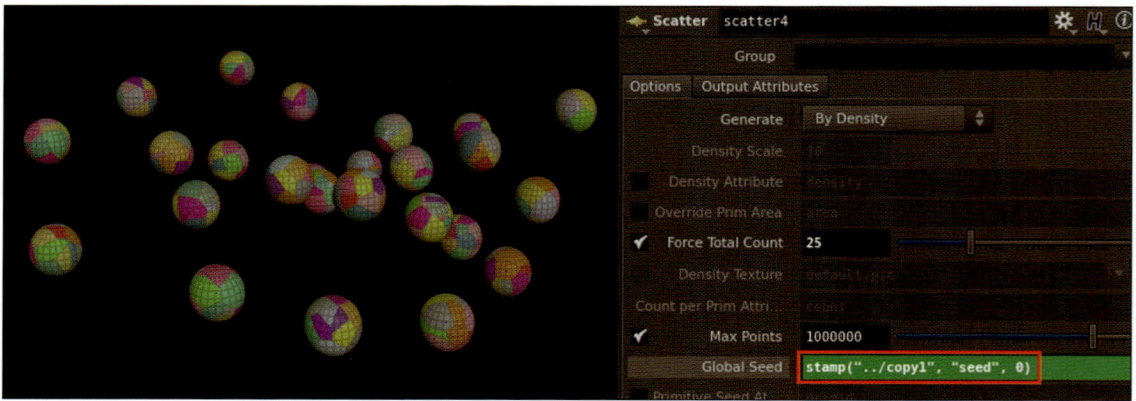

05 이어서 Assemble 노드를 달아서 Name과 Pack을 해준 뒤 아래 그림의 위쪽처럼 Null 노드를 달아서 마무리합니다. 그다음 스피어들이 떨어져 충돌하는 바닥을 만들기 위해 Grid를 생성하고, Size는 xy 축 모두 20으로 설정하고, Rows와 Columns도 모두 100으로 설정한 뒤 Mountain 노드를 연결해서 아래쪽 그림처럼 설정합니다. 그다음 Null 노드를 달아 마무리합니다.

06 지금까지의 결과를 확인해 보면 그림과 같은 형태가 표현됩니다. 이제 Dop을 생성하여 네트워크를 구성하고, Sphere가 바닥에 떨어져 부서지도록 해 보겠습니다.

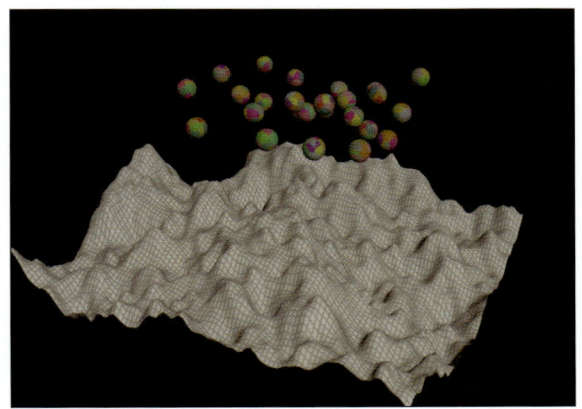

07 계속해서 아래 그림처럼 Dop을 구성하고, RBD Packed Object의 SOP Path에는 **OUT_Ball**의 경로를 입력하고, RBD Static Object에는 OUT_Ground의 경로를 입력합니다. 이제 모든 준비가 되었으므로 다시 시뮬레이션을 해 봅니다. 그런데 그림처럼 지형의 움푹 파인 부분으로 부서진 Sphere 조각들이 들어가지 않고 허공에 떠있는 것을 볼 수 있습니다. 이것은 Dop의 RBD에 해당하는 노드의 Geometry representation 옵션과 관련이 있습니다. 지금의 시뮬레이션에서 Sphere는 문제없이 부서지지만 Ground와는 지면과 동떨어져 있으므로 이제 Static Object의 파라미터를 살펴보도록 하겠습니다.

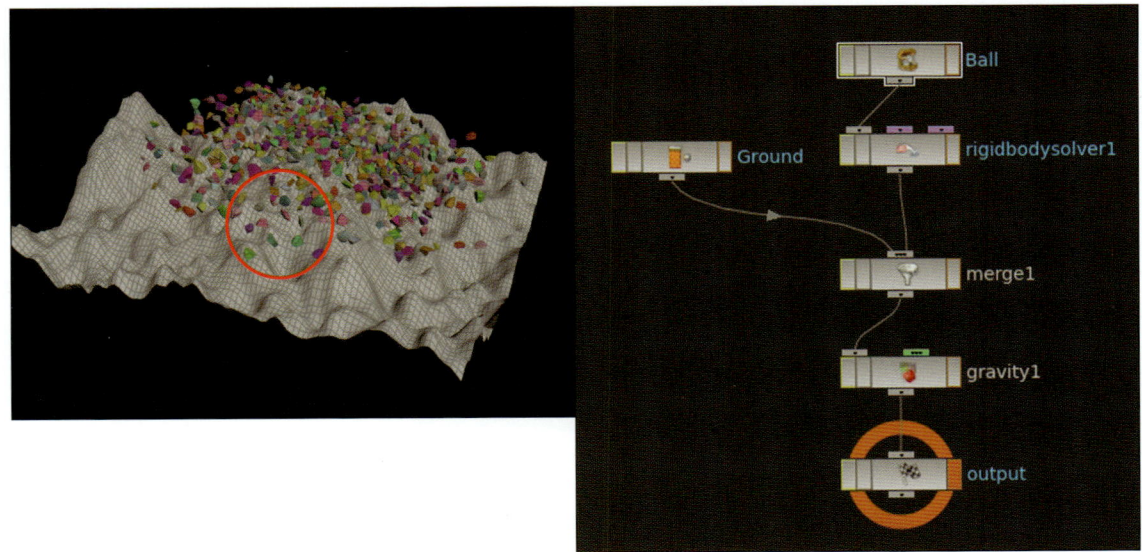

08 Static Object 파라미터의 아래쪽에 있는 Collisions 탭을 보면 RBD Solver, Bullet Data, ODE Primitive 세 가지 탭이 있습니다. 이 중 Bullet Data 탭을 사용해야 하는데, 이유는 지금 rigid body를 연산하고 있는 solver가 Bullet이기 때문입니다.

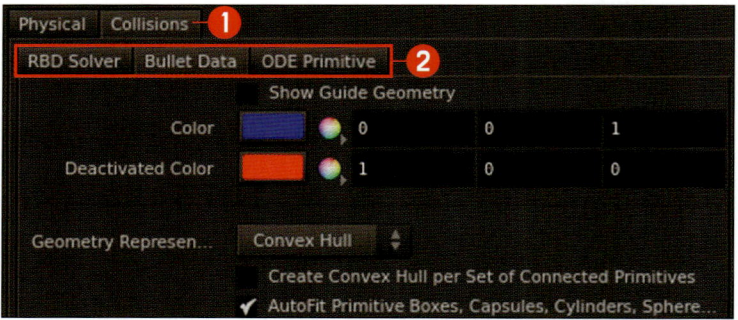

09 Rigid Body Solver의 파라미터를 보면 상단에 Solver Engine 옵션이 있는데, 현재 Bullet으로 설정된 것을 볼 수 있습니다. 이렇게 설정되면 Bullet에 대한 옵션 이외에는 수정을 해도 의미가 없게 되는 것입니다.

10 이제 앞서 설명한 증상이 나타나는 이유를 직접 확인하기 위해 다시 Static Object 노드의 Bullet Data 탭으로 들어간 후 맨 위쪽에 Show Guide Geometry를 체크합니다.

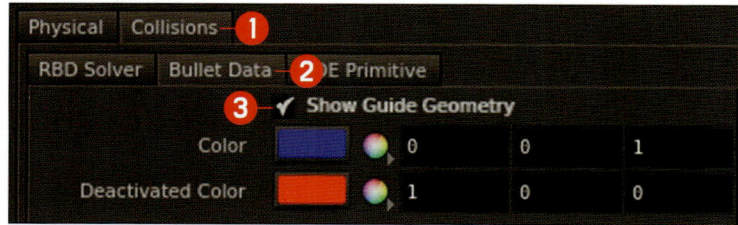

11 씬 뷰를 확인해 보면 지형이 파란색으로 나타나는 것을 볼 수 있습니다. 이 파란색이 바로 충돌이 일어나게 되는 표면입니다. 이어서 Geometry Representation을 보면 설정이 Convex hull로 되어있는데, 이 옵션은

Object의 전체를 감싸는 형태로 굴곡이 있는 Object의 경우에는 적합하지 않습니다.

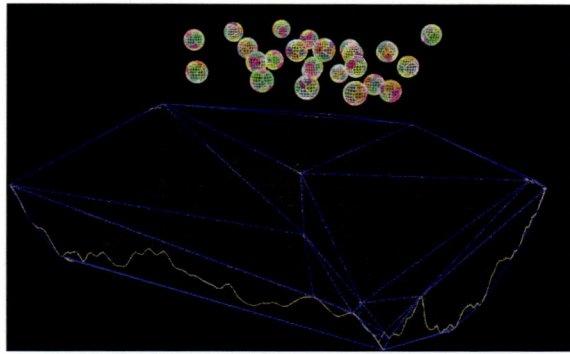

12 그러므로 Geometry Representation을 Concave로 변경해 주어야 합니다. 변경한 후 다시 씬 뷰를 보면 Convex hull로 되어있을 때와는 다르게 지형의 형태에 맞게 Guide가 생성됩니다. 이렇듯 Concave는 Object 형태로 만들어줍니다. 하지만 섬세한 만큼 데이터가 무거워집니다.

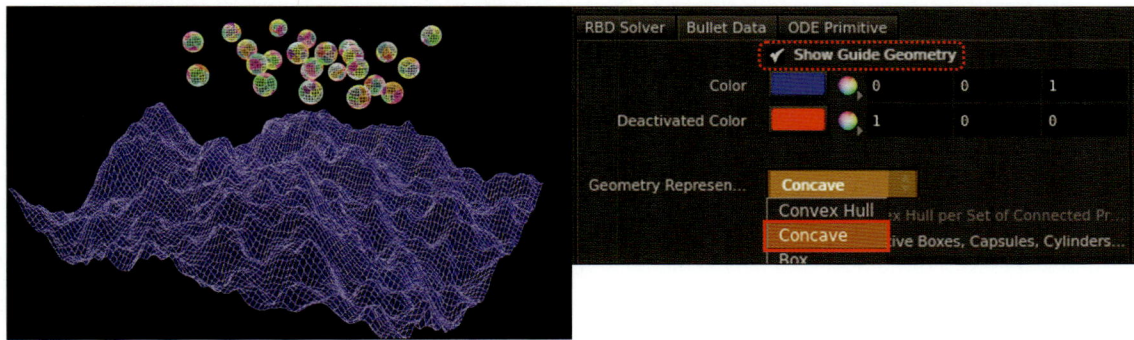

13 이제 시뮬레이션을 해 보면 이제야 비로소 Sphere의 조각들이 지형에 맞게가 부딪히며 완전히 바닥에 떨어집니다. 참고로 시뮬레이션을 할 때는 Show Guide Geometry를 해제합니다.

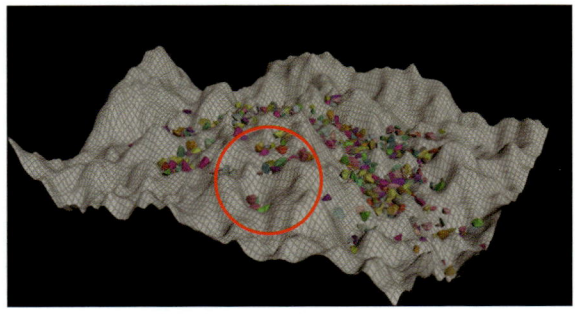

14 만약 방금 사용한 Bullet이 아니라 RBD를 사용할 경우엔 RBD Solver 탭에서 Collision에 대한 데이터를 수정할 수 있습니다. Sop 네트워크로 돌아가서 Platonic Solid를 생성하여 Solid Type을 Teapot으로 설정하고, Dop 네트워크를 생성하여 그림과 같은 노드를 구성한 뒤 RBD Object의 RBD Solver 탭에 있는 Collision Guide를 체크합니다. 씬 뷰에서 [W] 키를 눌러 와이어프레임 모드로 확인해 보면 Collision Guide가 정확하게 표현되지 않습니다. RBD의 Collision은 Volume으로 이루어지는데, Uniform Divisions의 값이 낮기 때문에 지금처럼 디테일이 떨어지기 때문입니다.

15 여기서 Uniform Divisions 값을 100까지 증가하면 다음의 그림처럼 볼륨의 디비전, 즉 세분화되어 Object 형태와 비슷한 Collision이 생성됩니다. 이보다 훨씬 복잡한 오브젝트를 원할 경우에는 Collision을 해야하지만 Uniform Divisions을 증가하는 것으로 해결이 안될 경우에는 아래쪽에 있는 Laser Scan을 켜주는 것으로 좀 더 세분화된 Collision을 얻을 수 있습니다.

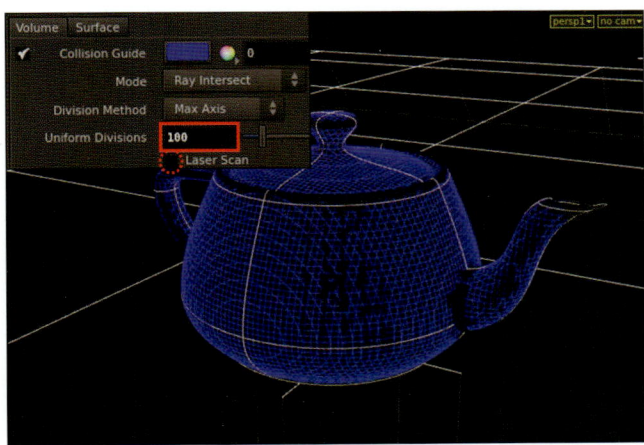

무너져내리는 기둥 만들기

이번 학습에서는 무너져내리는 기둥을 새로운 노드와 방식을 통해 익혀보도록 하겠습니다. 이번 학습을 통해 Constraint와 Pack을 이용하여 시뮬레이션을 한 데이터를 Fracture로 바꾸는 방법에 대해서 배우는 시간이 될 것입니다.

01 먼저 기둥을 만들기 위해 Polygon 타입의 Tube를 생성하고, End Cap을 체크하여 위아래의 뚜껑을 닫아줍니다. 이어서 Rows는 21, Columns은 40으로 설정한 후 Transform 노드를 달아줍니다. 트랜스폼 노드의 파라미터는 그림과 같이 설정해 놓습니다. 이제 Shatter를 사용하거나 직접 IsoOffset과 Scatter 그리고 Voronoi Fracture를 이용하여 기둥을 조각으로 만들어보겠습니다.

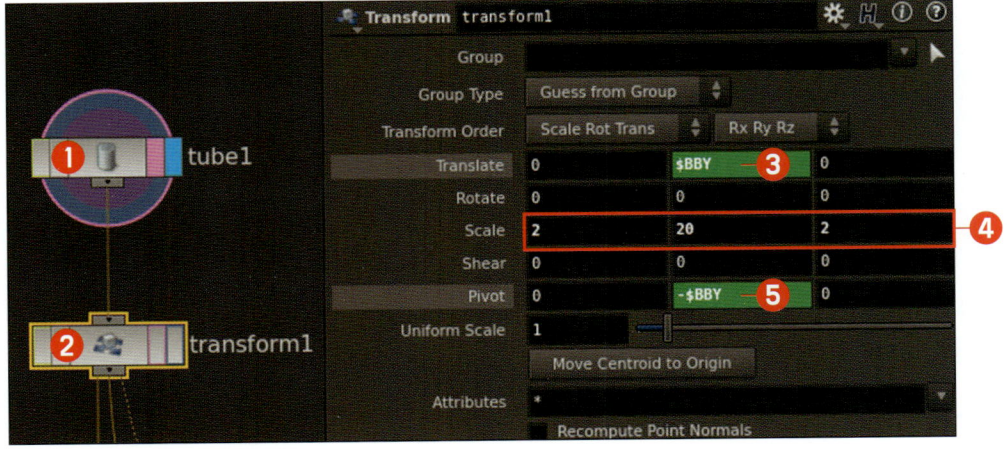

Dop 네트워크의 활용 **453**

02 Paint 노드를 생성하고, 파라미터의 Background Color 탭에서 [Apply To All] 버튼을 누릅니다. 그러면 기둥이 검정색으로 변하게 되는데, 이제 Foreground Color 탭을 클릭한 다음 씬 뷰에서 [Enter] 키를 누릅니다.

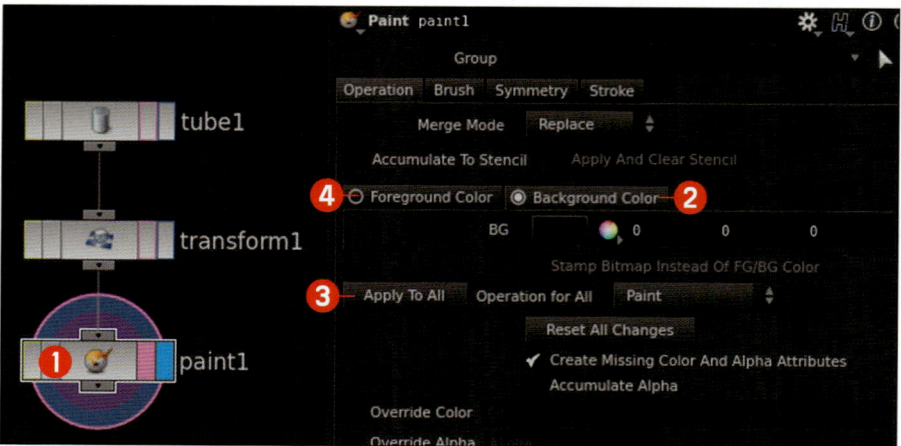

03 그러면 그림처럼 마우스 커서가 동그랗게 바뀌게 되고 [LMB]를 하여 흰색으로 칠할 수 있습니다. 원하는 위치에 흰색으로 칠을 합니다.

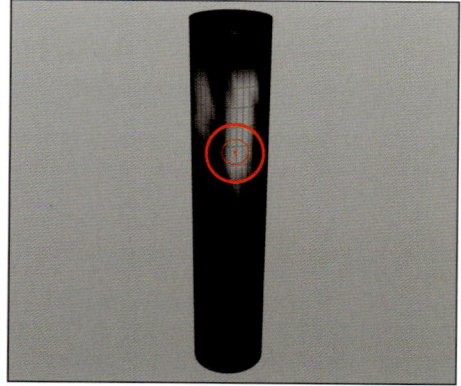

04 이번엔 Paint 아래쪽에 Scatter를 생성하여 연결하고, Scatter의 Density Attribute를 체크합니다. 이어서 density라고 입력된 것을 Cd로 수정하고, Force Total Count를 200으로 설정하면 다음의 그림처럼 Paint로 칠해진 흰색 부분만 포인트가 생성됩니다. 이처럼 Density Attribute는 Scatter를 통해 생성되는 Point가 어떤 어트리뷰트를 기준으로 밀도를 가지게 될지 결정하는 옵션입니다.

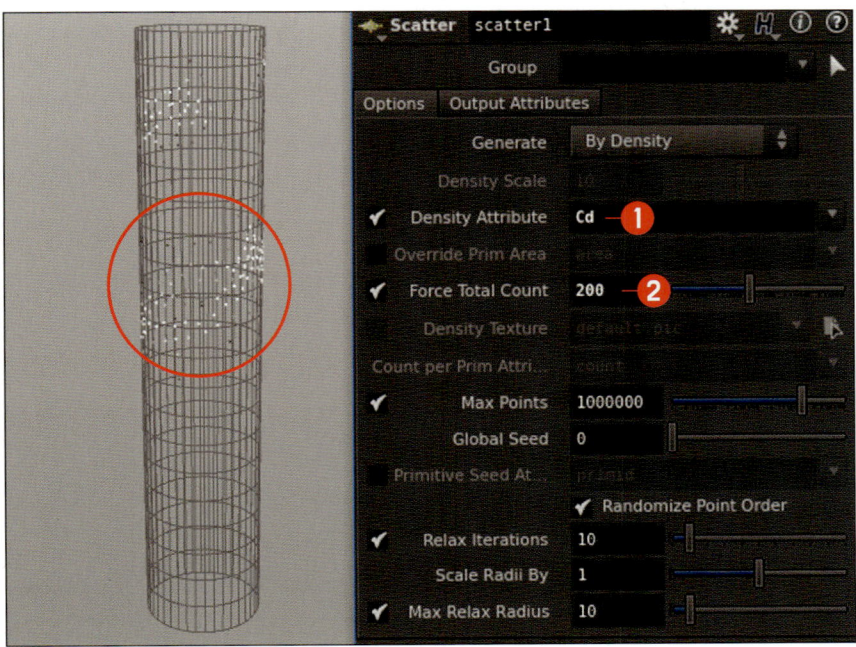

05 앞서 흰색 부분에 집중적으로 포인트가 형성되어 해당 부분에 조각이 많이 생겼지만 너무 비슷한 크기의 조각들이기 때문에 자연스럽지가 않습니다. 이런 부분을 해결하기 위해서 Scatter의 Relax Iterations을 해제해도 되지만 이번엔 다른 방법을 사용해 보도록 하겠습니다.

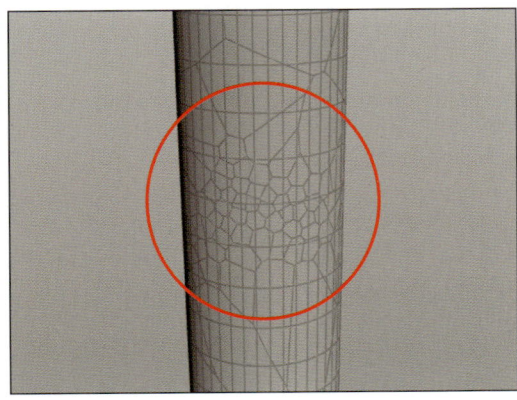

06 Voronoi Fracture Points 노드를 생성하여 다음의 그림처럼 연결해 줍니다. 이 노드는 Voronoi에 사용될 포인트를 세밀하게 컨트롤할 수 있게 해주는 노드로써 파라미터의 Visualize Points를 체크한 상태에서 씬 뷰를 보면 그림처럼 포인트에 색상이 나타나는데, 빨간색은 Interior, 노란색은 Surface, 파란색은 Exterior에

해당됩니다.

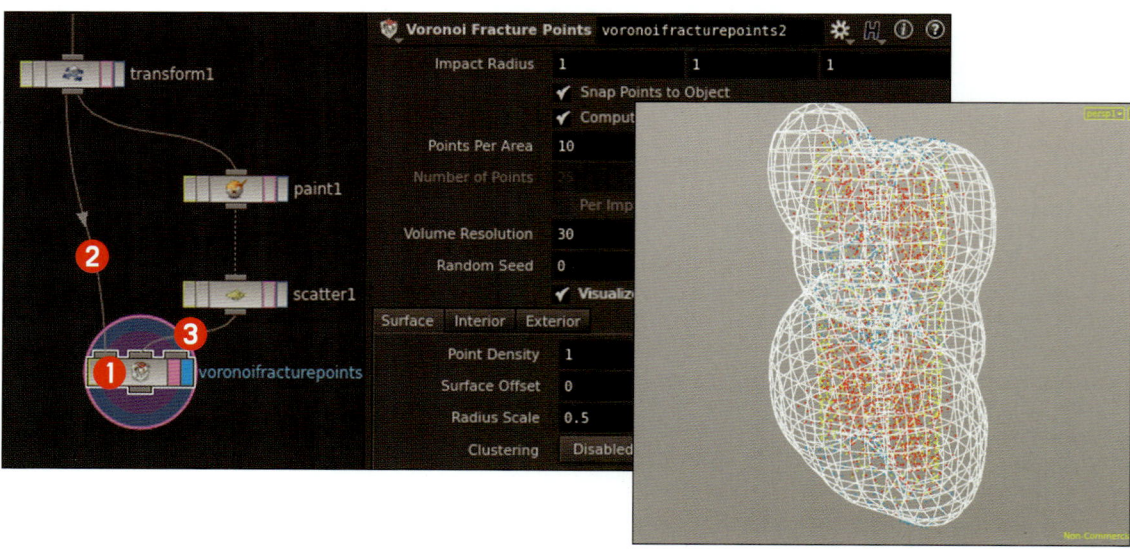

07 Voronoi Fracture Points의 파라미터를 그림처럼 설정하고, 씬 뷰를 보면 Paint에서 흰색으로 칠한 부분을 중심으로 포인트가 형성이 되며, 빨간색 Interior 포인트가 많이 나타나는 것을 볼 수 있습니다.

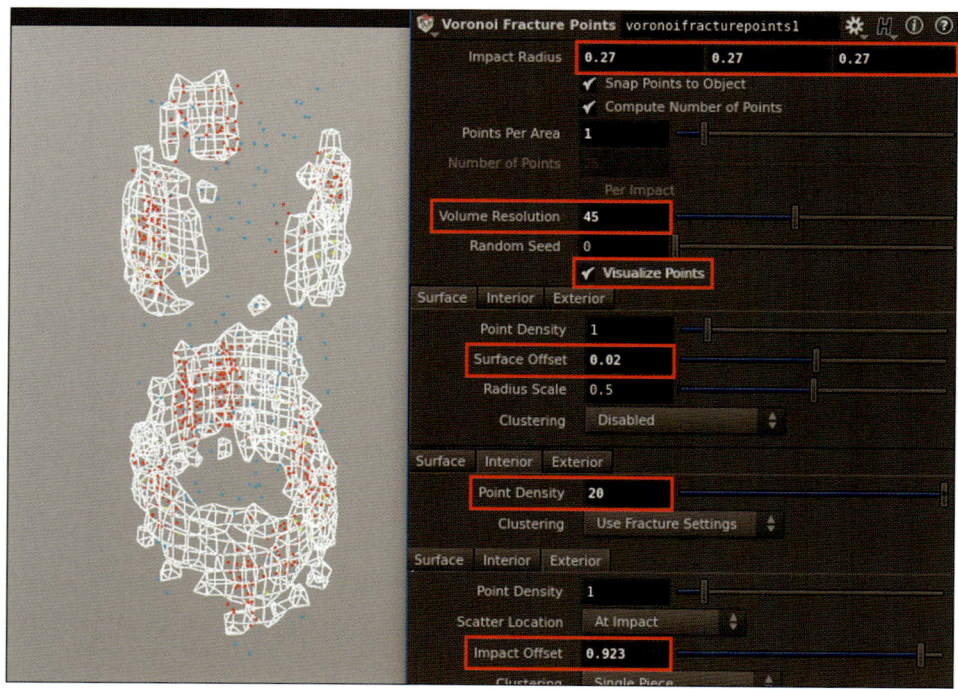

08 이번엔 그림과 같이 노드를 연결하고, 씬 뷰를 확인해 보면 이전보다 훨씬 다양하고 자연스럽게 Voronoi가 형성됩니다.

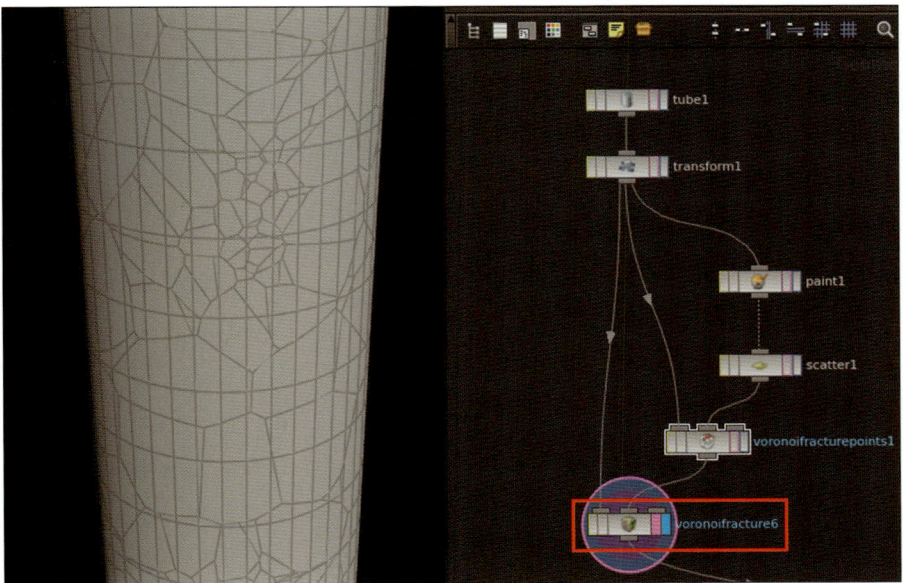

09 이어서 Voronoi Fracture의 하단에 있는 Cluster 탭에서 Cluster Pieces를 체크합니다. 이 옵션은 Input으로 들어오는 포인트를 기반으로 각각의 포인트들을 합쳐서 클러스터(Cluster) 덩어리를 만들어줍니다. 이제 그림과 같이 파라미터를 설정하고, Attributes 탭으로 가서 Create Name Attribute을 해제합니다.

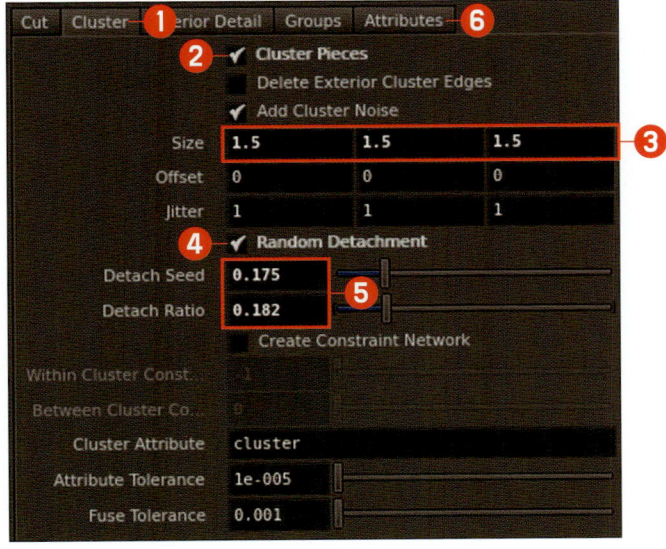

10 Exploded View 노드를 생성한 다음 연결하여 씬 뷰를 보면 그림처럼 표현됩니다. 하지만 전체가 조각난 것이 아니라 일부 덩어리는 그대로 붙어있게 됩니다. 이렇게 된 이유는 앞서 Cluster를 생성했기 때문입니다.

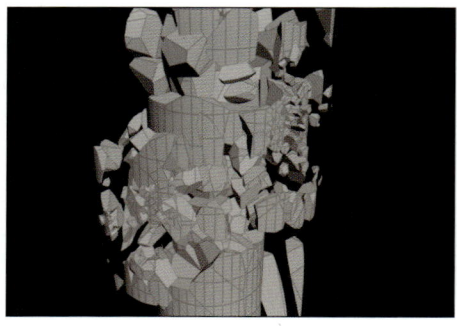

컨스트레인트(Constraint) 사용하기

이번 학습에서는 앞서 만든 기둥이 고정되도록 하거나 외부에 힘이 가해졌을때 반응이 일어나도록 하기 위해 Constraint라는 것을 적용해 보도록 하겠습니다. 앞선 예제에 이어서 진행하면 됩니다.

01 Exploded View를 제거하고, Assemble 노드를 생성하여 연결한 후 Create Name Attribute와 Connect Inside Edges를 체크합니다. 체크한 Connect Inside Edges는 Assemble로 인해 분리되면서 늘어나게 되는 포인트와 엣지 그리고 프리미티브를 정리해 줍니다. 체크하거나 해제한 상태에서 Assemble 노드에서 [MMB]를 하여 정보를 보면 많은 차이가 나는데, 체크를 한 상태는 Voronoi Fracture 노드의 정보와 매우 유사합니다.

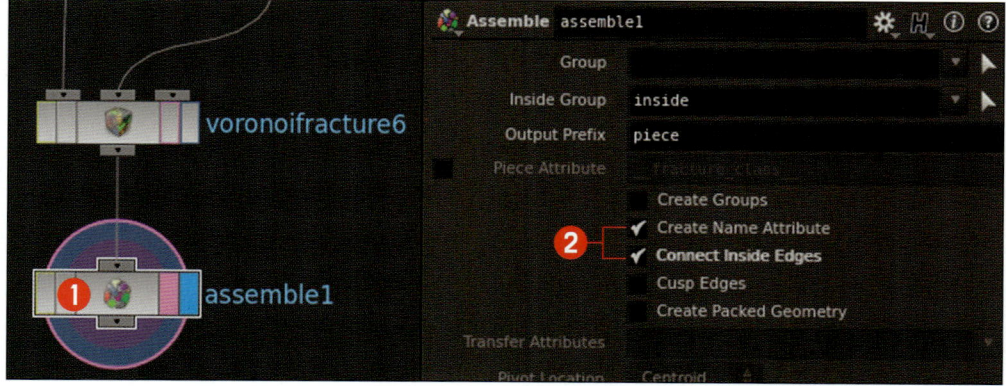

02 Assemble 아래쪽에 새로운 Connect Adjacent Pieces 노드를 생성하여 연결해 주고, 씬 뷰를 보면 다음의 그

림처럼 짧은 라인들이 많이 생성이 됩니다. 이 노드는 근처의 조각과 조각들 사이를 이어주기 위한 선을 생성하며, name Primitive의 Attribute를 사용하여 생성이 됩니다. Assemble 노드의 Create Name Attribute를 해제하면 생성되지 않는 것을 볼 수 있습니다. Connect Adjacent Pieces의 파라미터를 아래 그림의 오른쪽과 같이 설정하여 디테일한 선을 생성합니다.

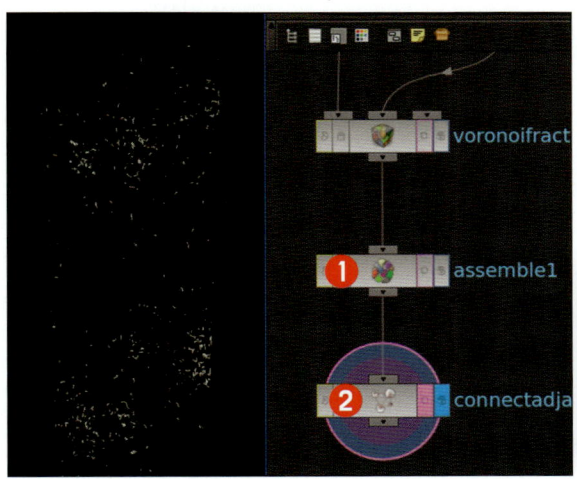
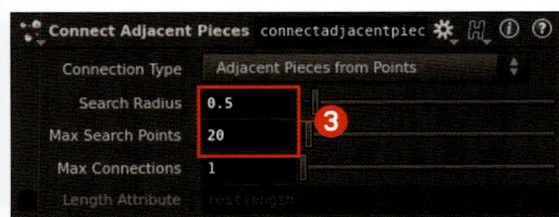

03 이번엔 Attribute Wrangle을 생성하여 Run Over를 Primitive로 변경하고 다음과 같이 입력합니다.

s@constraint_name = "glue_con";
s@constraint_type = "all";

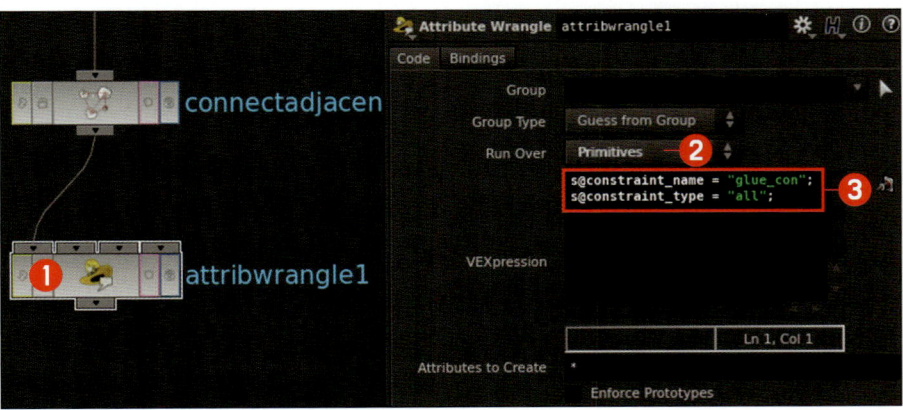

04 계속해서 Assemble 노드를 하나 더 생성하여 기존에 생성했던 Assemble와 연결하고, 다음의 그림처럼 파라미터를 체크합니다.

05 이어서 그림과 같이 Null을 생성하여 OUT_Con, OUT_Pack이란 이름으로 각각 변경한뒤 Attribute Wrangle과 Assemble에 연결합니다. 방금 만든 OUT_Con은 조각들을 연결하여 붙잡고 있는 힘을 위한 Constraint를 생성한 노드의 아웃풋이 되며, 앞서 만든 OUT_Pack은 Constraint가 적용되는 오브젝트를 위한 노드입니다.

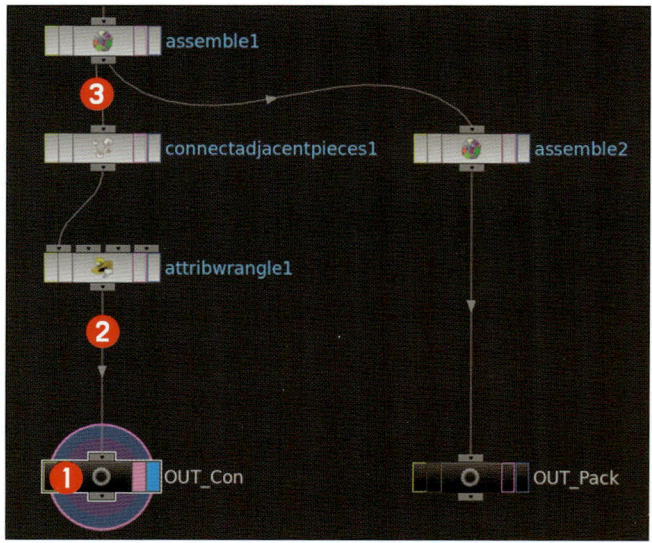

06 이번엔 Dop Network를 생성하고 Dop으로 들어가서 다음의 그림처럼 노드를 구성한 뒤 RBD Pack Object의 파라미터를 그림과 같이 설정합니다. 설정 후 시뮬레이션을 해 보면 Voronoi Fracture에서 생성한 Cluster만 부서지게 됩니다. 이제 Dop에서 Constraint를 작동하도록 하겠습니다.

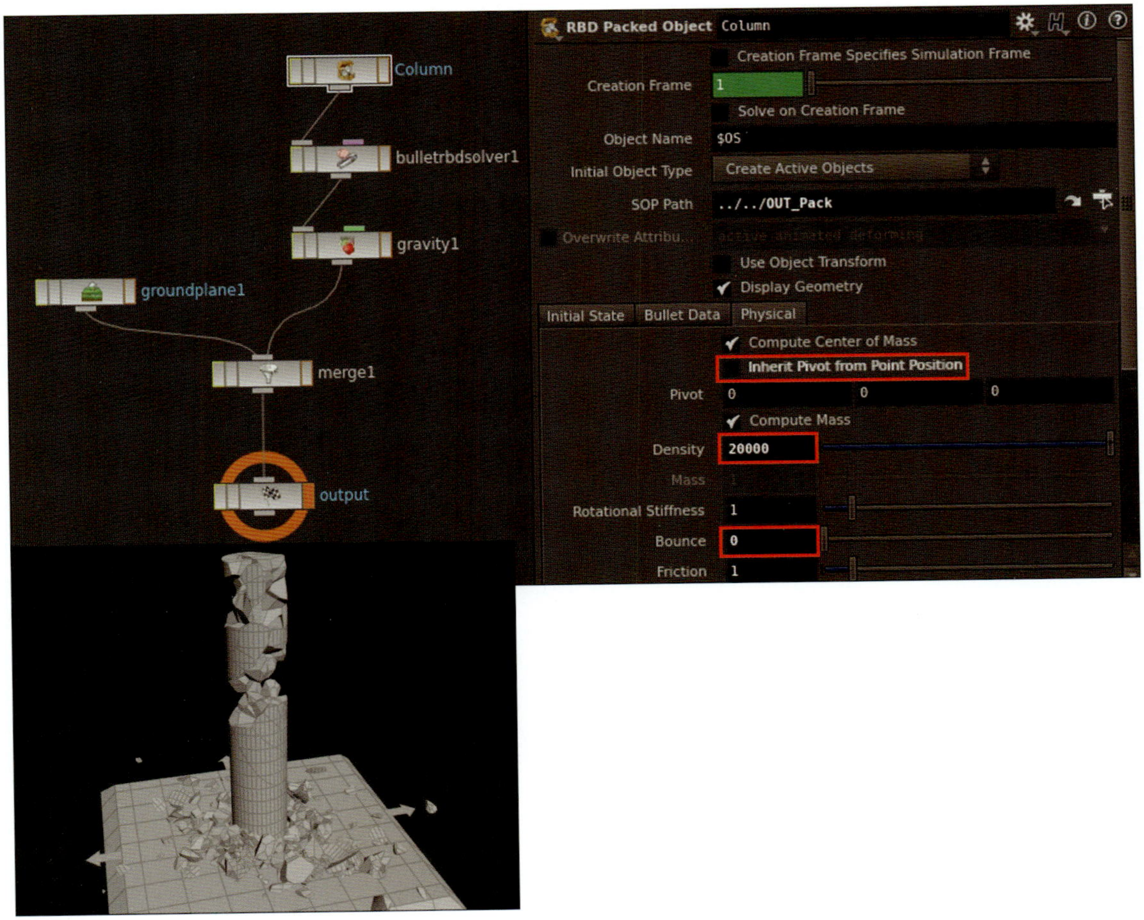

07 Gravity의 아래쪽에 Constraint Network를 생성하여 연결한 후 파라미터의 Constraint Network에 ../../OUT_Con을 입력하여 앞서 생성해 놓은 Constraint의 데이터를 불러옵니다.

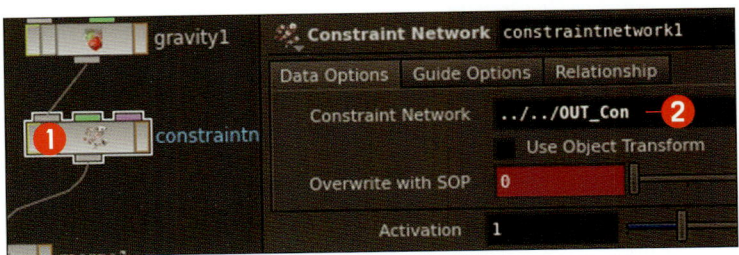

08 계속해서 Glue Constraint Relationship을 생성하여 Constraint Network의 Input 2에 연결을 한 후 파라미

터의 값을 그림과 같이 설정합니다. Strength는 조각마다 연결된 Constraint의 강도이며, -1을 입력하면 절대적인 힘이 적용됩니다. 그리고 Data Name에 입력한 **glue_con**은 Sop에서 생성한 Attribute Wrangle에 작성한 s@constraint_name = "glue_con"의 이름입니다. 이 name은 어트리뷰트처럼 원하는 이름을 입력하면 되기 때문에 Data Name에 동일하게 입력을 해주어야 합니다. 추가로 Sop에서 생성한 Attribute Wrangle을 보면 s@constraint_tpye = "all"이라는 익스프레션도 입력되었는데, 이곳에 입력이 가능한 Type의 종류는 position, rotation, all 세 가지가 있습니다. 또한 본 예제의 Dop에서는 Glue Constraint Network를 사용했지만 이외에도 Hard, Slider, Cone Twist, Spring, Soft Attach, Two State 등이 있습니다.

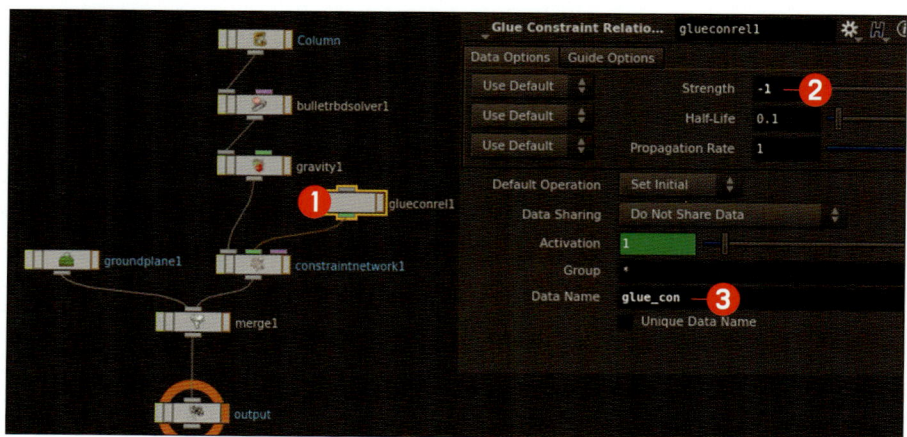

09 이번엔 Constraint Network의 파라미터에서 Show Guide Geometry를 체크한 후 씬 뷰를 보면 그림처럼 빨간색 라인들이 나타나게 되는데, 이 라인들이 바로 Sop에서 생성한 Connect Adjacent Pieces의 라인이며, 각 오브젝트를 붙잡고 있는 역할을 합니다.

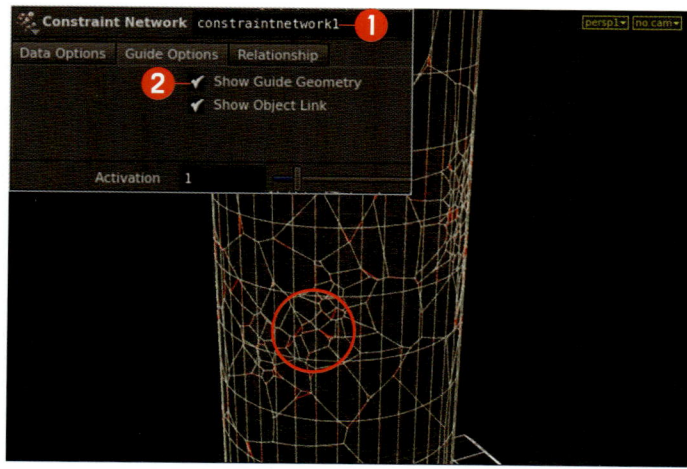

10 이 상태에서 시뮬레이션을 진행하면 아무런 변화가 일어나지 않는데, 그 이유는 Constraint Network에서 생성된 라인이 Dop에서 작동을 하여 조각들을 서로 붙잡고 있기 때문입니다.

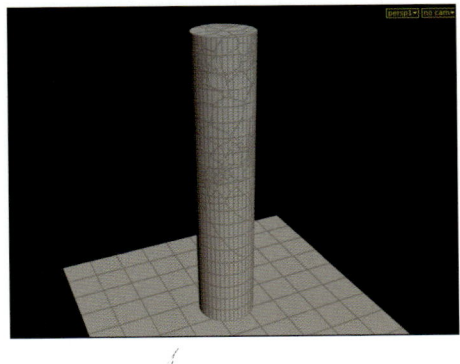

솔버(Solver) 활용하기

이번 학습은 솔버(Solver)를 활용하여 컨스트레인트(Constraint) 중 일부를 제거한 후 제거된 부분의 조각이 떨어뜨리는 방법에 대해 배워보겠습니다.

01 Sop 레벨로 돌아가서 Attribute Wrangle 아래쪽에 그림과 같이 노드들을 생성하여 노드 트리를 구성합니다.

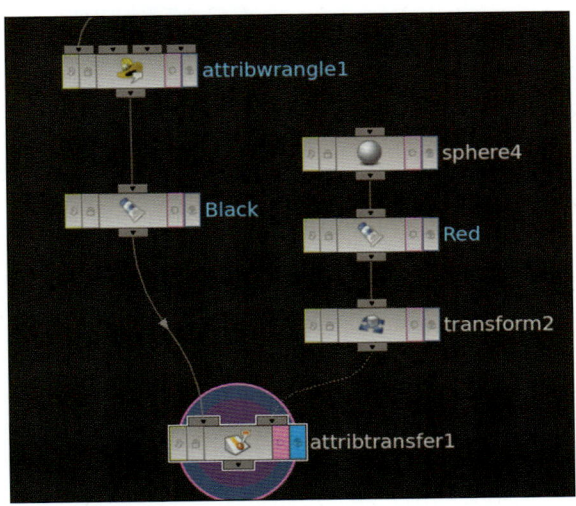

02 방금 생성한 Transform의 파라미터에서 Translate에 다음의 그림과 같이 익스프레션을 입력하면 바깥쪽에서 안쪽으로 돌면서 점차적으로 위로 올라가는 빨간색의 Sphere를 볼 수 있습니다.

Dop 네트워크의 활용 **463**

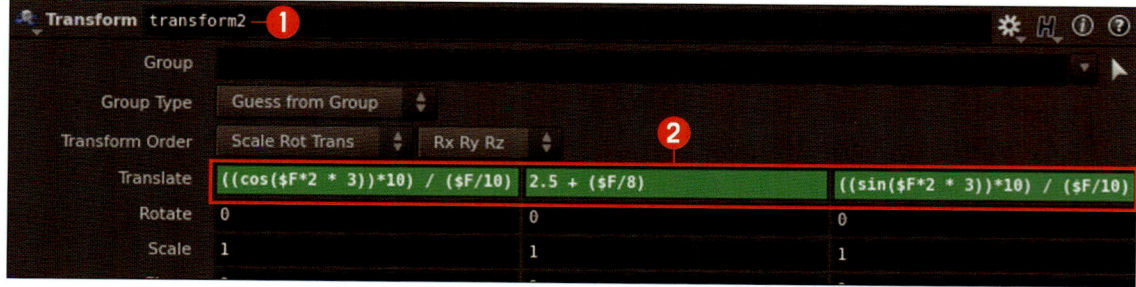

03 이어서 Attribute Transfer의 Distance Threshold에는 3을 입력합니다. 그다음 Delete 노드를 생성하여 연결한 후 레드가 0.1보다 클 경우에 제거되도록 익스프레션을 입력한 후 마무리합니다.

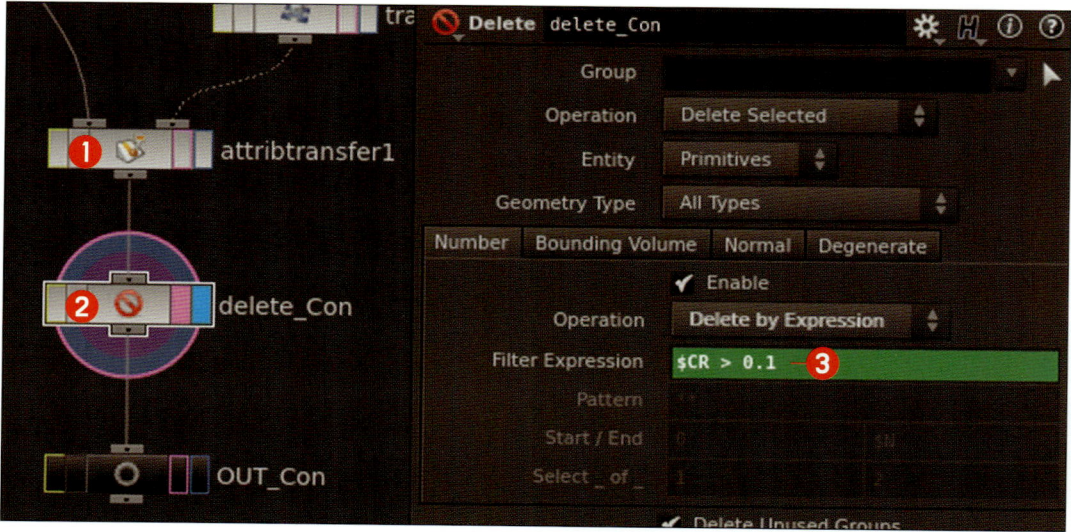

04 다시 시뮬레이션을 진행해 보면 Sphere가 움직이는 부분부터 Constraint가 제거되며, 조각들이 떨어지다가 그대로 멈추는 것을 볼 수 있습니다.

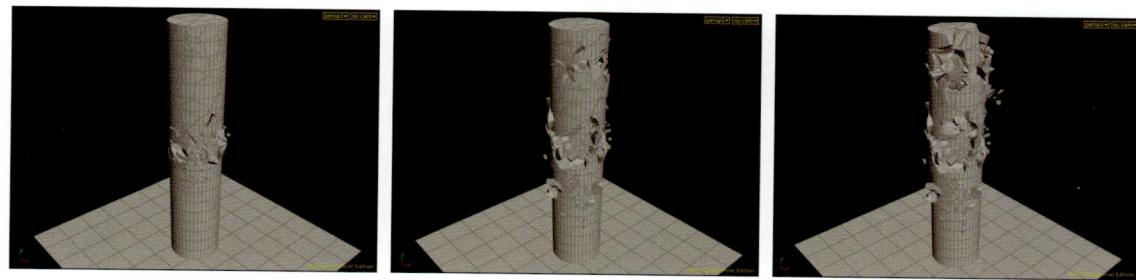

05 Sop으로 돌아가서 Constraint가 제거되는 것을 살펴보면 빨간색의 Constraint를 Delete를 이용하여 제거를 했지만 Sphere가 지나가게 되면 다시 Constraint가 되돌아오기 때문에 조각이 떨어지다가 멈추게 되는 것입니다. 이런 문제를 해결하기 위해서는 Sphere가 지나간 곳이 그대로 빨간색으로 남아있도록 해주어야 합니다.

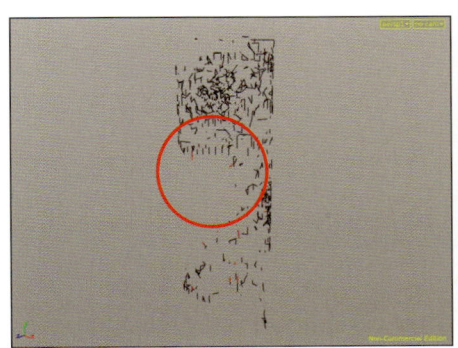 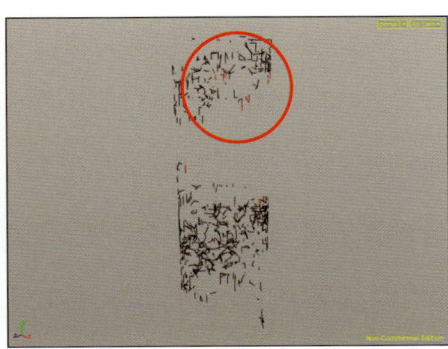

06 위의 문제를 Sop Network에서 배웠던 Solver를 이용해 간단하게 해결을 할 수 있습니다. Solver를 생성하여 아래 그림의 왼쪽처럼 연결하고, Attribute Transfer는 [Ctrl] + [X] 키를 눌러 잘라냅니다. 그다음 오른쪽 그림처럼 Solver 안으로 들어가서 잘라두었던 Attribute Transfer를 붙여넣습니다. 이어서 Input 1에 Prev_Frame을 연결하고, Input 2에는 Input_2를 연결합니다. Solver는 Sop 파트에서 설명을 했던 것처럼 데이터를 누적하는 역할을 하여 Sphere의 컬러를 이전 프레임에 이어 계속 누적시켜줍니다.

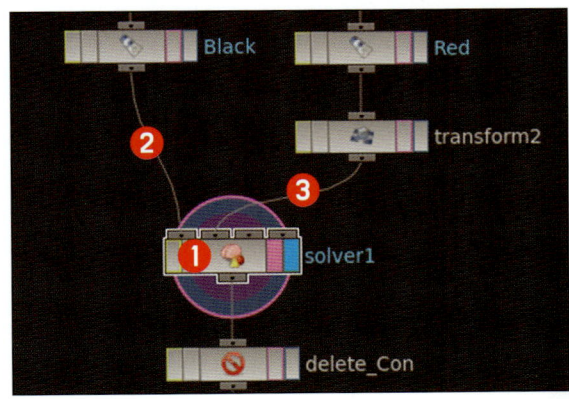 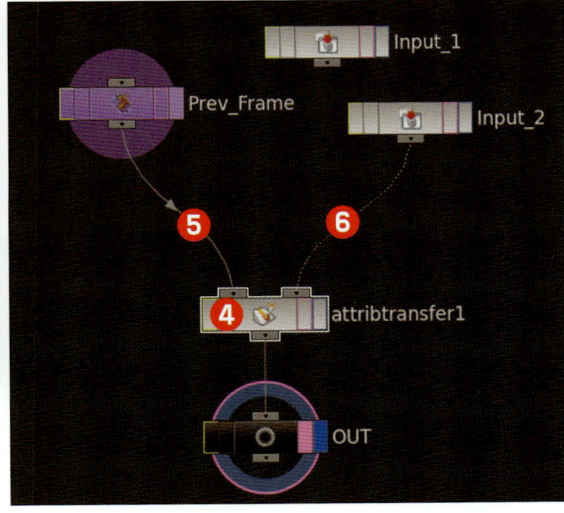

07 다시 씬 뷰를 확인해 보면 이전과는 다르게 빨간색이 전달되어 그래도 남아있게 됩니다. 이제 Delete 노드

의 디스플레이를 켜고 확인해 보면 Constraint가 깔끔하게 제거가 되는 것을 볼 수 있습니다.

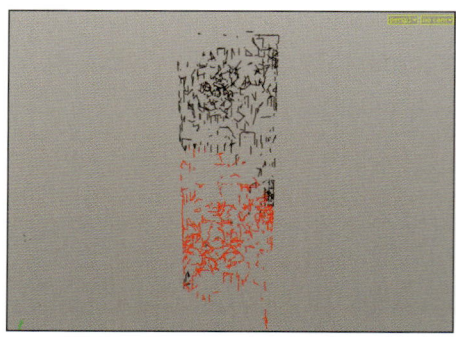 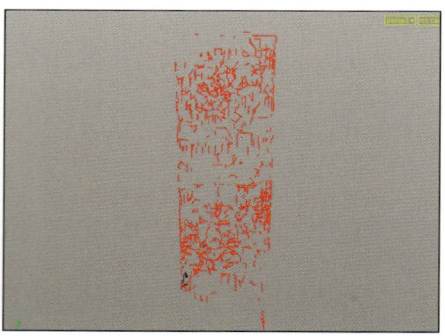

08 Dop의 디스플레이를 켜고 시뮬레이션을 해 보면 그림와 같이 아래쪽부터 부서지는데 기둥이 전체적으로 무너지지 않고, 여전히 Cluster에 해당하는 부분만 무너지는 것을 볼 수 있습니다.

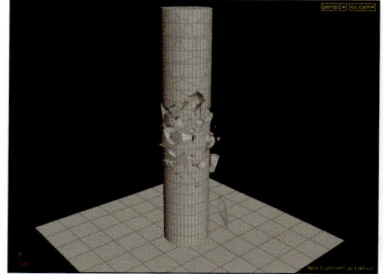 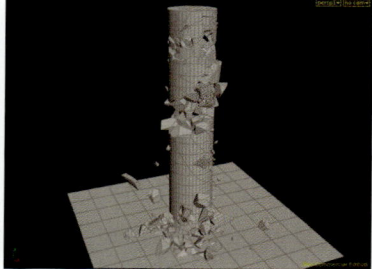 

09 이제 Cluster뿐만 아니라 전체적으로 무너지게 하기 위해서 Voronoi Fracture의 파라미터에 있는 Cluster 탭으로 이동하여 Create Constraint Network를 체크합니다.

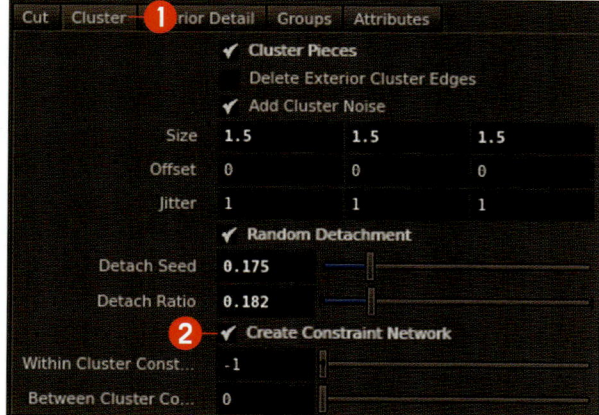

10 다시 시뮬레이션을 진행해 보면 그림처럼 Constraint가 제거되면서 무너지기 시작하면 기둥자체에 힘을 잃기 때문에 윗부분도 자연스럽게 무너져내리는 시뮬레이션이 완성됩니다.

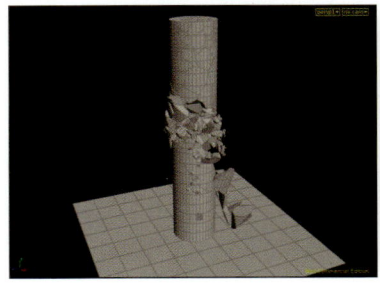  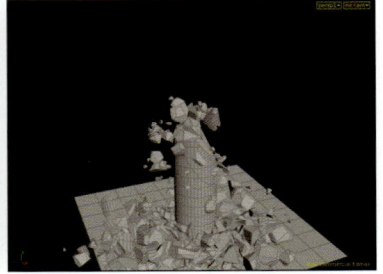

캐시(Cache)를 이용한 소스 바꾸기

앞선 학습에서 시뮬레이션은 완성했지만 현재 Dop을 통해 기둥이 무너지는 것은 Pack으로 이루어진 데이터입니다. 앞서 설명했듯이 Pack은 압축된 데이터이기 때문에 이후 텍스처를 입히고, 쉐이딩을 하는데 있어 제약이 있기 때문에 캐시(Cache)를 통해 Fracture로 바꿔주어야 합니다.

01 Dop의 데이터를 불러오기 위해 Dop Import 노드를 생성한 후 파라미터의 DOP Network에 ../dopnet1을 입력하고, Import Style을 Create Points to Represent Objects로 설정합니다.

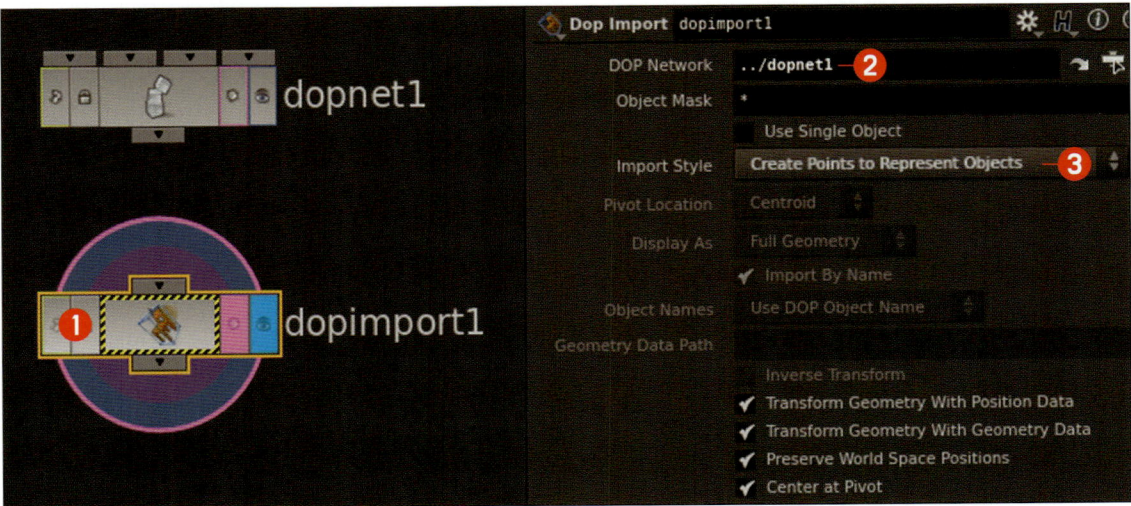

02 씬 뷰를 확인해 보면 다음의 그림처럼 포인트만 보이게 되는데, 시뮬레이션을 했던 것과 동일하게 포인트가 움직이는 것을 볼 수 있습니다. 이 포인트들은 Pack 오브젝트를 이루고 있는 포인트입니다.

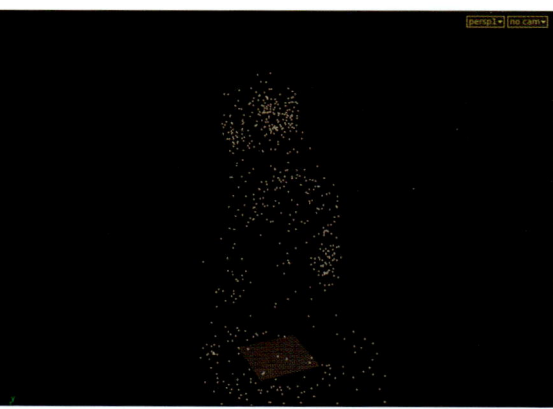

03 이어서 ROP Output Driver 노드를 생성하여 앞서 생성한 Dop Import와 연결한 뒤 Valid Frame Range를 Render Frame Range로 변경하고, Output File에 다음과 같이 경로를 입력합니다.

$HIP/Column_sim/Column_sim.$F4.bgeo.sc

해당 파일을 저장하지 않았다면 폴더를 만든 후 저장을 한 뒤 $HIP을 입력하면 hip 파일이 저장된 경로가 $HIP으로 지정됩니다. 이어서 해당 폴더로 이동하여 Column_sim이라는 폴더를 생성합니다. 이제 $HIP/Column_sim까지는 경로가 지정됐고, Column_sim.$F4.bgeo.sc는 직접 입력을 합니다. $F4는 저장되는 파일의 패딩(데이터가 저장되는 공간)의 수로써 네 자리로 구성됩니다. bgeo는 obj 확장자와 유사한 개념이라고 볼 수 있으며, 가장 뒤쪽에 있는 sc는 파일을 압축하는 확장자입니다. 그외의 확장자는 gz도 있습니다.

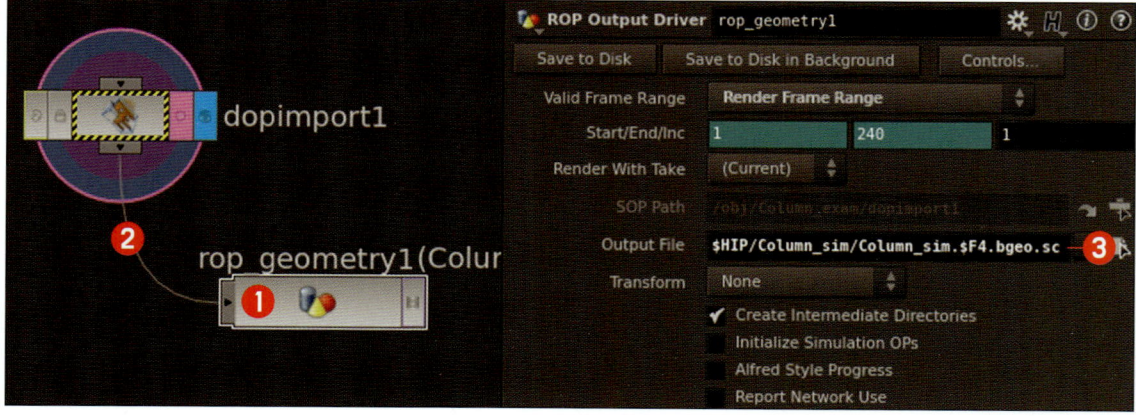

04 설정을 한 후 상단의 [Save to Disk] 버튼을 누르면 시뮬레이션 데이터의 저장이 시작되며, 다음의 그림처럼 진행되는 상황이 나타나게 됩니다. 시뮬레이션을 진행하면 해당 데이터가 컴퓨터의 램(메모리)에 임시

로 저장이 됩니다. 이 저장된 데이터를 캐시(Cache)라고 합니다. 이 캐시 데이터는 시뮬레이션을 새로 하거나 후디니를 종료 후 다시 켜게 되면 데이터는 모두 사라지기 때문에 원하는 시뮬레이션을 얻게 되면 데이터로 저장을 해 두기를 권장합니다.

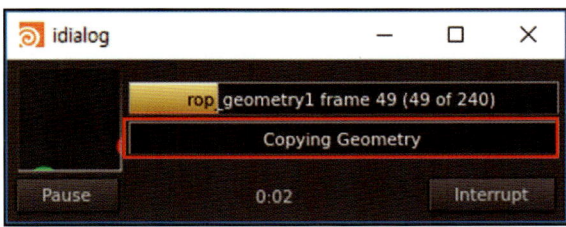

05 ROP Output Driver에 입력한 경로로 들어가 보면 그림과 같이 시뮬레이션 데이터가 저장된 것을 확인할 수 있습니다. 이제 저장된 시뮬레이션 데이터를 불러오도록 하겠습니다.

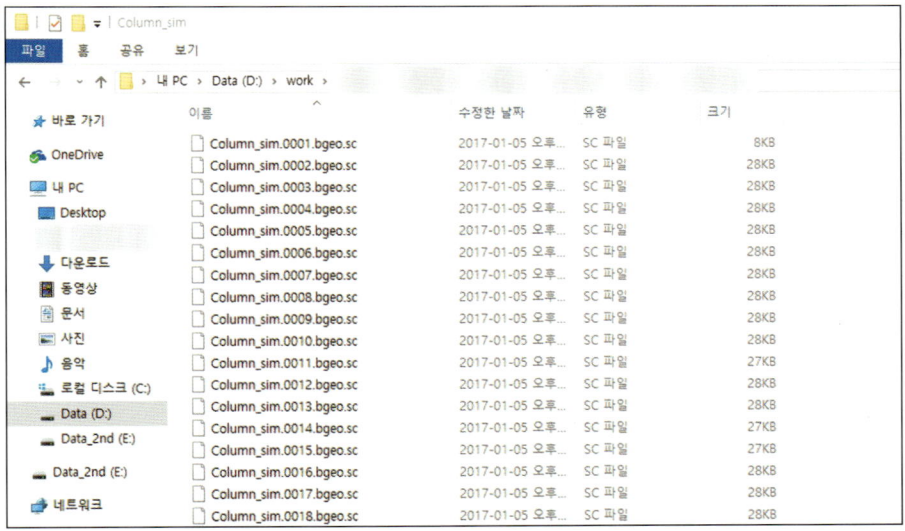

06 File 노드를 생성한 후 파라미터의 Geometry File의 오른쪽에 있는 [Open floating file chooser] 버튼을 누릅니다.

07 시뮬레이션 데이터가 저장된 경로로 이동해 보면 그림과 같이 Column_sim.$F4.bgeo.sc (1-240)라고 되어 있는데, After Effects와 같은 프로그램에서 낱장으로 된 시퀀스 이미지를 불러올 때와 유사하다는 것을 알 수 있습니다. 이 상태로 [Accept] 버튼을 누르면 1~240 프레임까지의 시뮬레이션 데이터를 불러올 수 있습니다. 만약 특정 프레임만 불러오고 싶다면 하단에 있는 Show sequence as one entry를 해제한 후 원하는 프레임만 선택한 후 불러오면 됩니다.

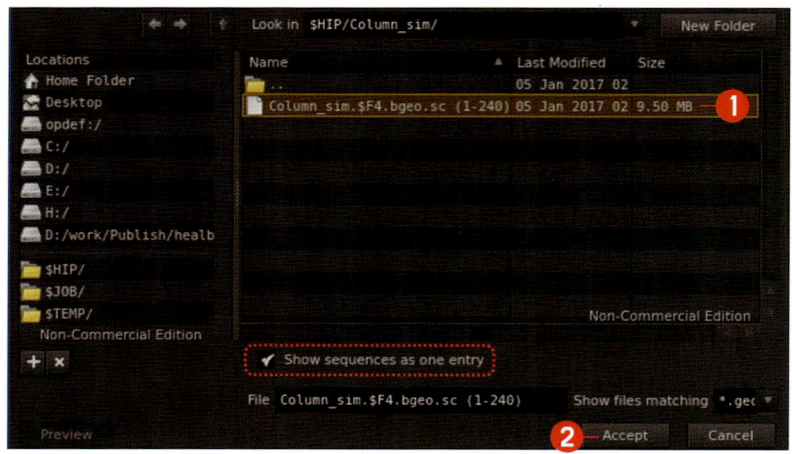

08 데이터를 불러오면 ROP Output Driver를 통해 저장한 캐시 데이터가 정확하게 불러와 졌습니다. 이제 해당 데이터를 통해 바꿔줄 Fracture를 위해서 assemble1 노드에 Null을 새로 생성하여 연결하고, 이름을 OUT_Fracture로 변경합니다.

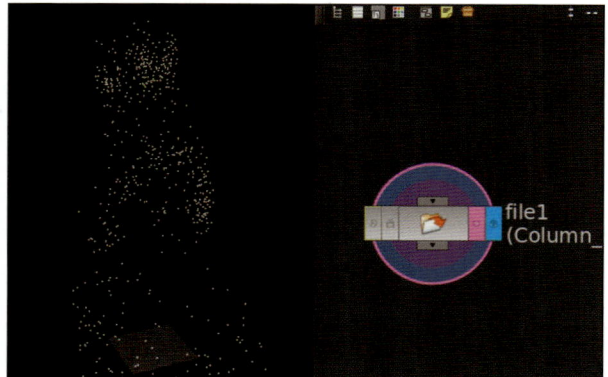

09 이어서 Object Merge를 생성한 후 파라미터의 Object 1에 방금 생성한 Null 노드의 이름과 같은 OUT_Fracture를 입력합니다. 이제 바꿔줄 Fracture와 Pack으로 시뮬레이션을 진행한 데이터가 준비되었습니다.

10 바꿔주기 위해 Transform Pieces 노드를 생성하여 Input 1에는 Object Merge를 연결하고, Input 2에는 시뮬레이션 데이터를 불러온 File 노드를 연결합니다. 그다음 Transform Pieces에 디스플레이를 켜고, 씬 뷰로 확인을 하면 그림과 같이 표현됩니다. Dop에서 Pack으로 시뮬레이션을 한 뒤 Fracture로 바꿔주기만 했기 때문에 보이는 것으로는 별다른 차이가 나지 않습니다.

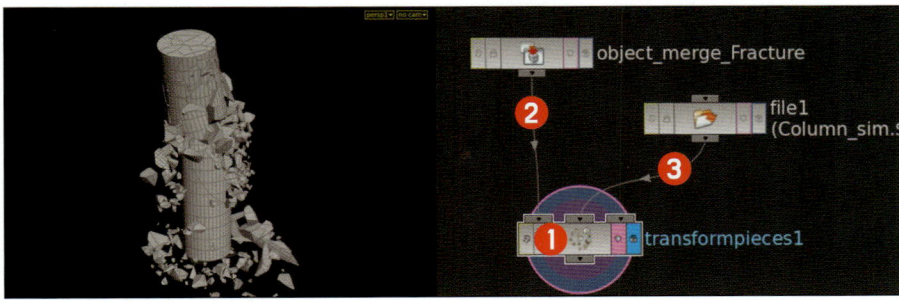

11 여기서 시뮬레이션 데이터를 불러온 File 노드의 정보를 보면 615개의 포인트가 있습니다. Pack으로 시뮬레이션을 했기 때문에 Voronoi된 조각마다 한 개의 포인트를 가지고 있게 됩니다. 또한 스프레드시트를 확인해 보면 포인트들은 각각의 name 어트리뷰트를 가지고 있는 것을 볼 수 있습니다.

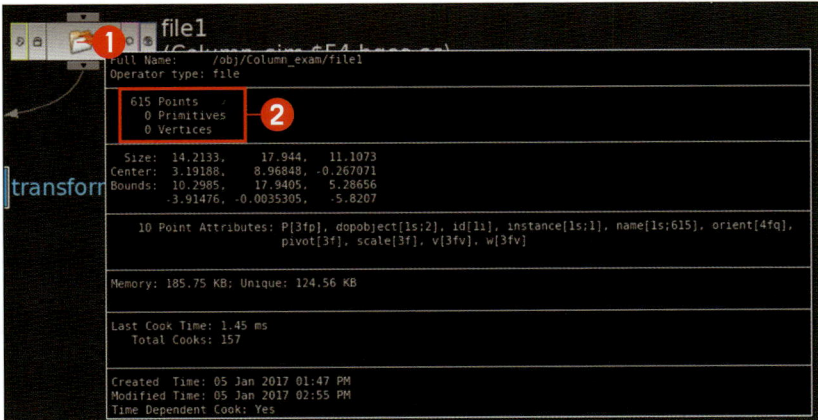

12 이어서 Fracture를 불러온 Object Merge의 정보를 보면 Pack이 아닌 Fracture가 Voronoi된 상태의 오브젝트이기 때문에 무수히 많은 포인트와 프리미티브가 존재하며, 여기에서도 name 어트리뷰트가 있다는 것을 볼 수 있습니다. 하지만 Pack처럼 포인트마다 다른 넘버의 name을 가지지 않고 동일한 조각을 이루는 프리미티브끼리만 같은 name을 가지게 됩니다. piece0이라는 name을 가진 프리미티브가 Pack에서 piece0이라는 name을 가진 포인트에 따라 움직이게 됩니다.

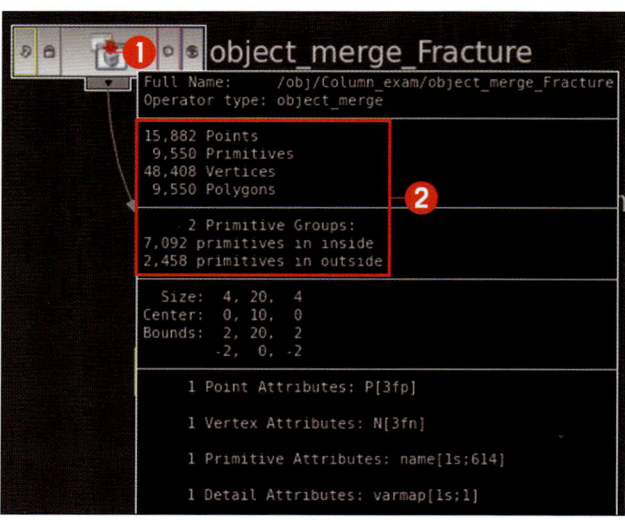

13 그러면 여기서 Fracture의 name 어트리뷰트에 동일한 값을 주면 어떻게 될까요? Attribute Wrangle을 생성하여 다음과 같이 입력합니다. 그러면 이제 Fracture의 name 어트리뷰트는 전부 piece34라는 값을 가지게 됩니다.

s@name = "piece34";

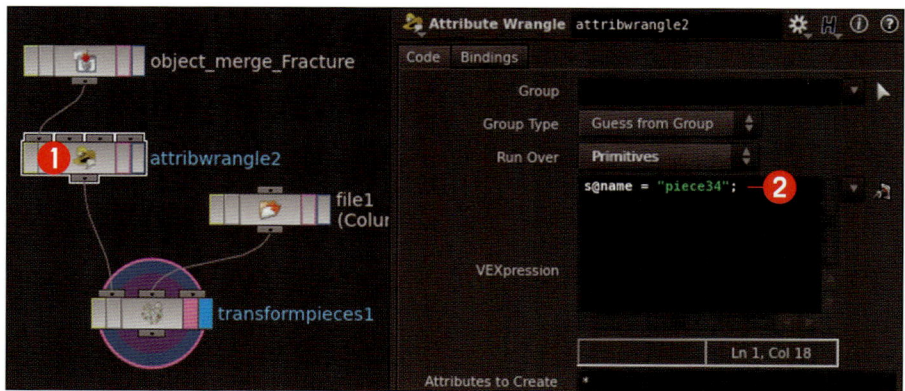

14 이제 플레이, 즉 시뮬레이션을 해 보면 조각이 나기는 커녕 기둥 자체가 무언가를 따라 움직이게 됩니다. 여기서 무언가는 바로 시뮬레이션 데이터 중 piece34라는 name을 가진 포인트입니다. 이렇듯 Pack으로 시뮬레이션을 한 후 Fracture로 바꿀 때는 name 어트리뷰트가 동일한지 확인해야 합니다. 시뮬레이션을 캐시로 저장했다 하더라도 Fracture가 바뀌게 되면 기존 캐시는 의미가 없어지므로 다시 시뮬레이션을 해야 합니다.

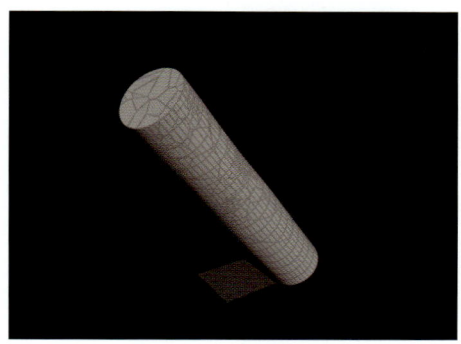

이번 학습에서는 무너지는 기둥을 만들면서 좀 더 다양한 노드에 대해 배웠으며, Sop에서 배웠던 Solver를 Constraint에 활용하는 방법에 대해서도 배워보았습니다. 이해가 가지 않는다면 한 번 더 따라해 보고, 직접 새로운 것을 만들어보면서 각종 옵션을 익혀가도록 합니다.

플루이드(Fluid)를 이용한 FLIP 시뮬레이션하기

이번 학습에서는 플루이드(Fluid)를 이용한 시뮬레이션을 해 보도록 하겠습니다. Fluid는 액체와 기체를 의미하며, 이번 예제를 통해 물과 점성이 있는 액체에 대해 배울 수 있게 됩니다. 앞선 Dop Network 학습에서 쉘프 툴(Shelf Tool)을 이용해서 FLIP Fluid에 대해 간략하게 다뤄보았지만 이번 시간에는 직접 노드를 구성하여 다양하게 익혀보도록 하겠습니다. 이번 학습의 예제 파일은 [exam_file] - [Part_3] - [6_DOP_Network_1.hipnc]입니다.

물이 담긴 컵 만들기

앞서 쉘프 툴(Shelf Tool)을 통해 흐르는 물과 같은 Fluid를 생성해 보았는데, 이번 학습에서는 물이 담긴 컵을 만들어 보면서 Fluid를 익혀 보도록 하겠습니다.

01 먼저 컵을 만들기 위해 Circle을 생성한 뒤 파라미터를 다음 그림의 위쪽과 같이 설정을 합니다. 그다음 PolyExtrude를 생성하여 연결하고, 아래쪽 그림처럼 설정하면 종이컵과 같은 형태가 나타나게 됩니다.

02 하지만 컵이 단면만 있는 상태이기 때문에 PolyExtrude를 하나 더 생성한 후 연결하여 Distance의 값을 높여 두께를 준 뒤 Output Back을 체크하여 완성합니다. 그리고 Null 노드를 새로 달아주고 OUT_Cup이라는 이름으로 변경합니다.

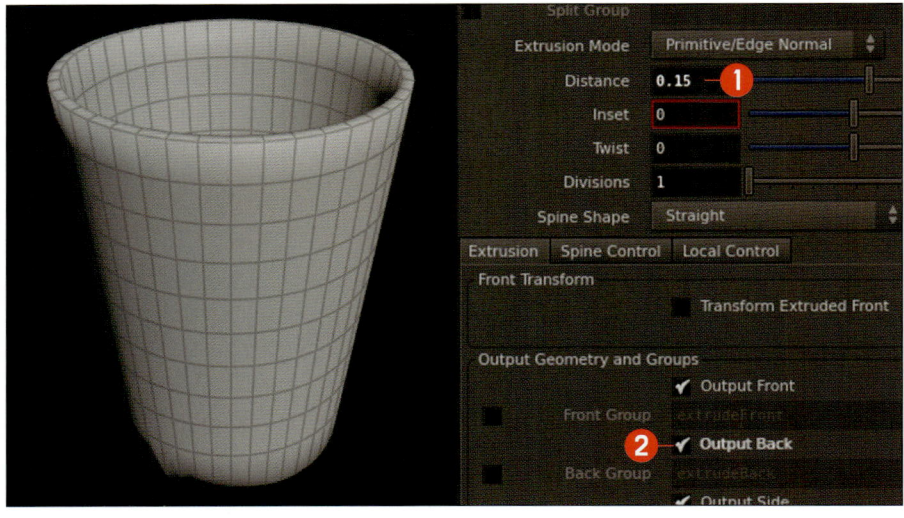

03 이제 컵에 담길 물을 위한 Emitter를 생성하기 위해서 Sphere와 Transform 노드를 생성하여 연결한 뒤 Translate의 y 축을 2로 설정하고, Uniform Scale은 0.5로 설정합니다.

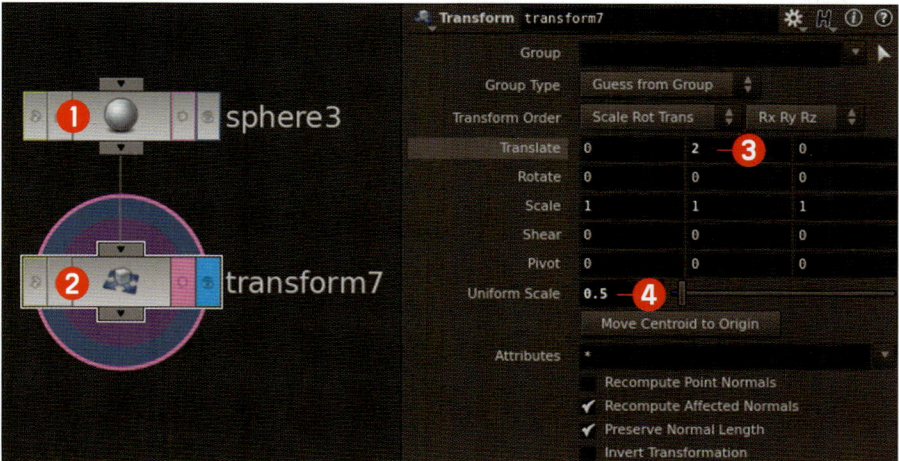

04 이어서 Fluid Source 노드를 생성한 후 연결합니다. 그리고 Container Settings 탭에서 Initialize를 Source FLIP으로 변경합니다.

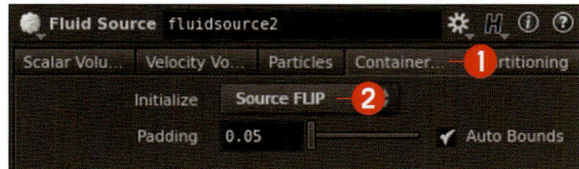

05 Fluid Source 아래쪽에 새로운 Null 노드를 달아주고, OUT_Emitter라는 이름으로 변경합니다. 이것으로 Sop에서의 작업은 끝이 났으므로 이제 Dop을 생성합니다.

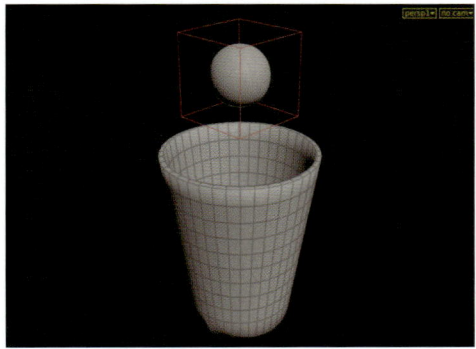

06 Dop의 노드를 그림과 같이 구성합니다. 기존에는 Shelf Tool로 Dop을 생성했기 때문에 별다른 설정을 할 필요가 없었지만 지금의 작업은 직접 노드를 구성하는 것이기 때문에 일일이 설정을 해야 합니다.

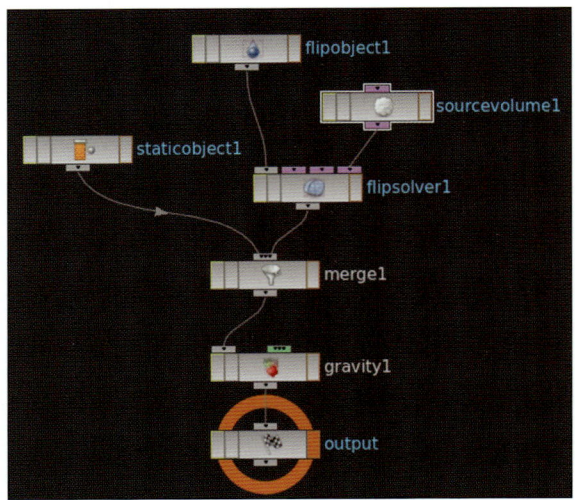

07 설정된 노드 중 FLIP Object의 Particle Separation을 0.05로 설정합니다. 이 옵션은 생성되는 파티클 간의 거리 값을 설정하는데, 값이 낮을수록 많은 양의 파티클이 생성이 됩니다. 이어서 Initial Data탭의 Input Type을 Particle Field로 변경한 후 SOP Path에는 Emitter의 경로를 입력합니다. 그다음 Guides탭의 두 번째 탭인 Particles에서 Visualization을 Particles로 변경합니다.

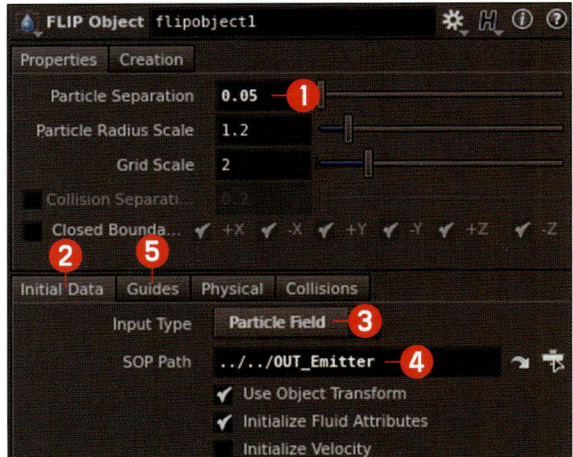

08 다음으로 Source Volume의 파라미터에서 다음 그림의 왼쪽과 같이 설정을 한 뒤 Activation에 $F < 180을

입력하여 180 프레임 이전에만 파티클이 생성되도록 합니다. 여기까지 설정을 하면 Shelf Tool의 Emit Particles 을 사용했을 때와 동일한 결과가 나타납니다. 이제 컵을 설정하기 위해서 Static Object 노드의 SOP Path에 컵의 경로를 입력한 뒤 오른쪽 그림의 Use Volume Based Collision Detection을 해제합니다.

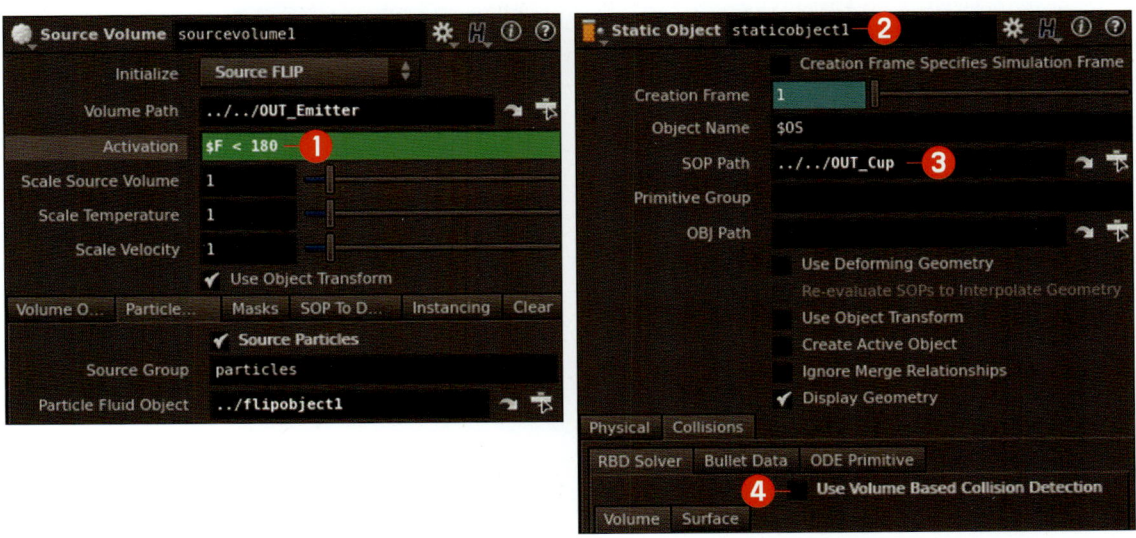

09 씬 뷰를 확인해 보면 FLIP Fluid가 생성될 Emitter와 컵이 나타나며, 시뮬레이션을 진행하면 Emitter에서 나오는 Particle Fluid가 컵에 담기는 것을 볼 수 있는데, 만약 컴퓨터의 성능 문제로 시뮬레이션이 너무 느리다면 FLIP Object의 Particle Separation의 값을 조금 더 높여서 다시 시뮬레이션을 합니다. 정상적으로 작동이 되는 것이 확인되었다면 이제 선택 툴 바에서 Flip Book을 선택해 줍니다.

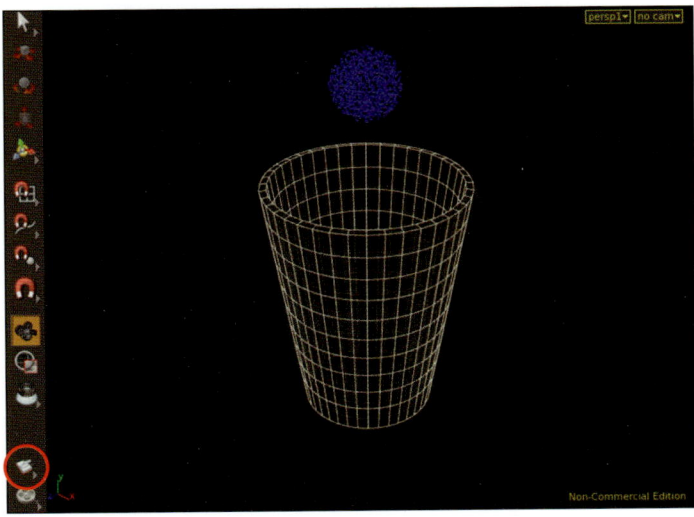

10 Flip Book을 통해 시뮬레이션을 확인하게 되면 씬 뷰보다 훨씬 쾌적하게 볼 수 있습니다. 이것으로 시뮬레이션을 통해 물이 담기는 컵이 완성됐습니다.

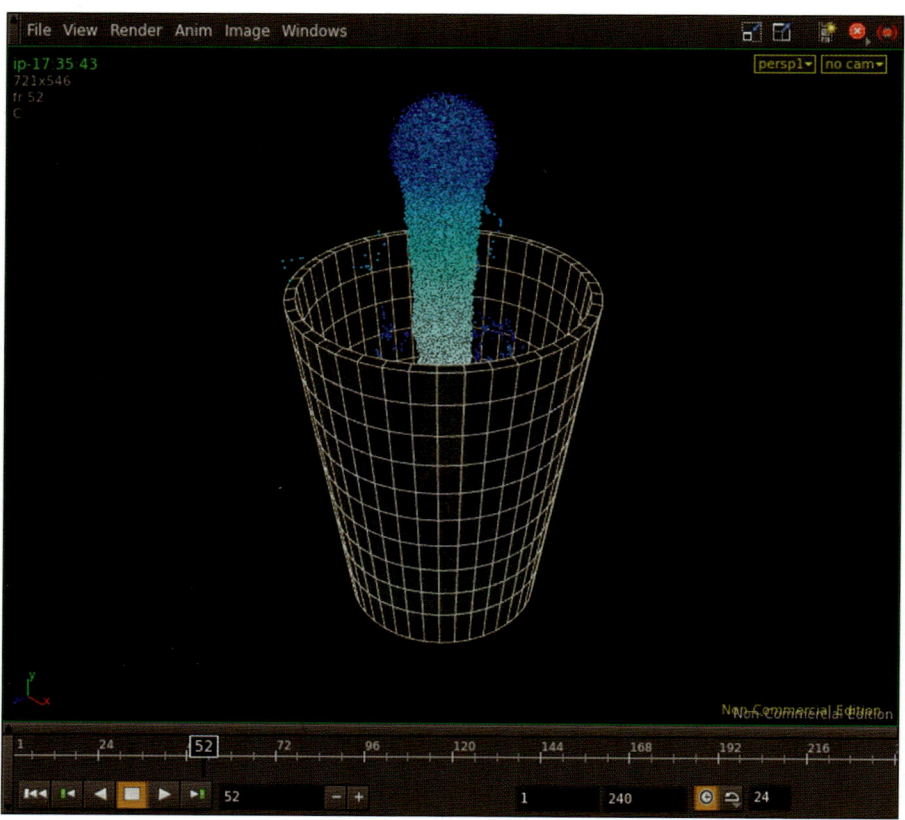

FLIP Tank 위에 오브젝트 띄우기

이번 학습에서는 FLIP Tank에 물체를 띄어 보기로 하겠습니다.

01 먼저 Sop Network에서 Dop을 생성한 뒤 해당 Dop을 선택한 상태로 Shelf Tool에서 FLIP Tank를 클릭하여 생성을 합니다. 이어서 Dop을 선택하고, Shelf Tool을 실행하면 obj 레벨에 AutoDopNetwork가 생성되지 않고, 선택한 Dop 안에 노드가 생성됩니다. 이제 쉘프 툴을 통해 obj 레벨에 생성된 Sop 중에서 fliptank_initial만 남겨두고 나머지는 모두 제거합니다. 그다음 fliptank_initial로 들어가서 Particle Fluid Tank 파라미터의 설정을 다음의 그림과 같이 해 줍니다.

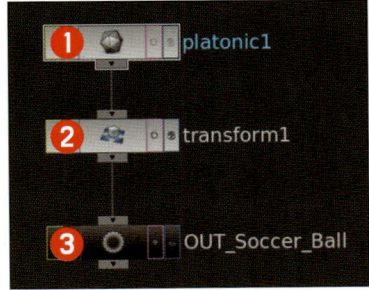 

02 Dop이 있는 Sop 안으로 들어가서 Platonic Solid를 생성하고, Solid Type을 Soccer Ball로 설정한 후 Transform 노드를 연결하고, Translate의 y 축을 5로 설정한 후 Null을 연결하고, OUT_Soccer_Ball이란 이름으로 변경합니다. 이어서 Dop 안으로 들어가서 RBD Object와 Rigid Body Solver를 생성하여 왼쪽 그림처럼 연결하고, RBD Object의 SOP Path에 OUT_Soccer_Ball의 경로를 입력합니다.

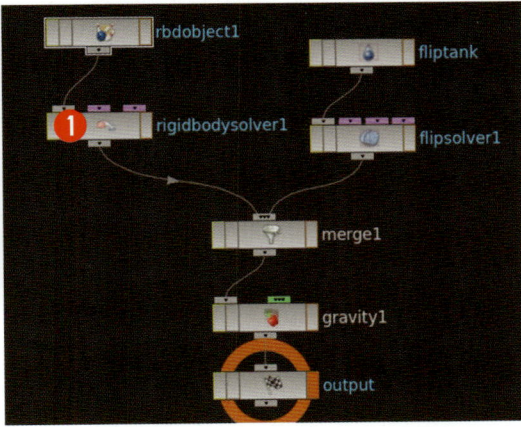

03 이제 시뮬레이션을 해 보면 축구공이 떨어지기는 하지만 그냥 FLIP Tank를 뚫고 지나쳐버립니다.

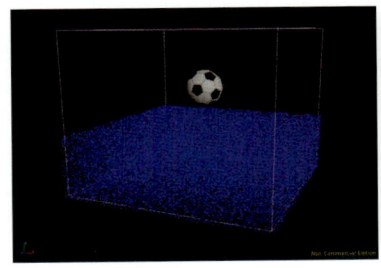 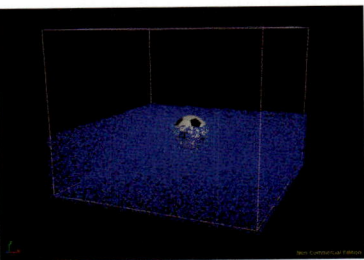 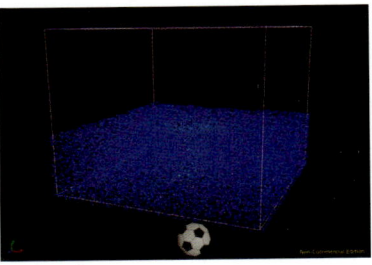

Dop 네트워크의 활용 **479**

04 혹시, 축구공이 너무 무거워서 그럴까요? 그렇다면 RBD Object의 Density를 400까지 낮춰준 후 다시 시뮬레이션을 해 봅니다. 그러나 결과는 똑같습니다.

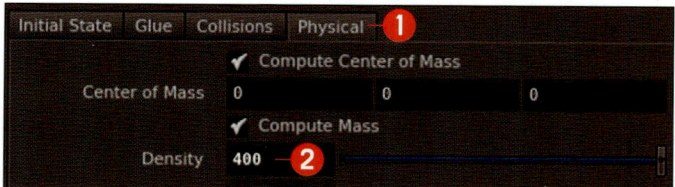

05 이제 이와 같은 문제를 해결하기 위해 FLIP Solver에서 값을 수정합니다. FLIP Solver의 파라미터에서 Solver 탭에 있는 Feedback Scale을 1로 설정합니다. 이 옵션은 다른 오브젝트에 적용될 힘의 크기라고 볼 수 있습니다.

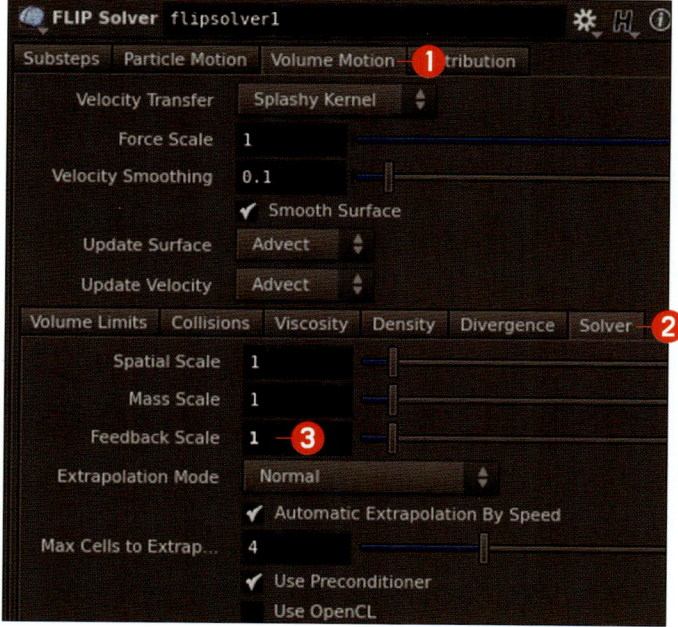

06 다시 시뮬레이션을 해 보면 축구공이 물에 잠시 잠겼다가 다시 튕겨 오른 뒤에 물 위에 떠있게 됩니다. 후디니에서 오브젝트가 Fluid에 반응을 하게 하기 위해서는 RBD Object의 Density 혹은 Mass 값과 FLIP Solver의 Feedback Scale의 값이 잘 맞아야만 물체가 자연스러운 반응을 하게 됩니다.

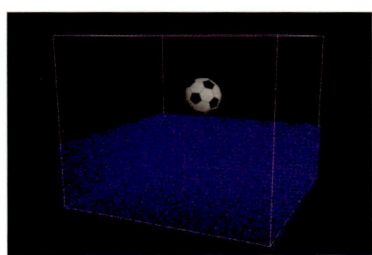 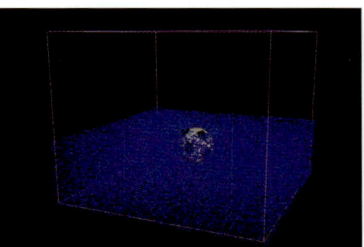 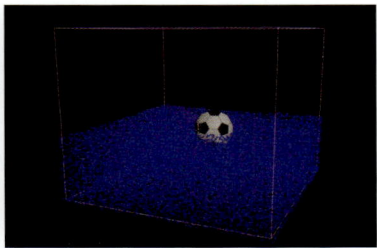

애니메이션 데이터를 사용하여 시뮬레이션하기

이번 학습에서는 애니메이션이 된 데이터를 사용하여 시뮬레이션을 하는 방법에 대해 알아보겠습니다.

01 box와 Transform 노드를 생성하여 연결하여 그림처럼 크기를 설정한 후 Rotate의 y 축에 $F * 3$을 입력하여 중심을 기준으로 빙빙 돌도록 만듭니다.

02 이번엔 아래쪽에 새로운 Dop을 생성하고, Shelf Tool에서 FLIP Tank를 생성한 뒤 이전과 동일하게 Particle Fluid Tank가 있는 Sop을 제외한 나머지는 모두 제거한 뒤 그림처럼 설정합니다.

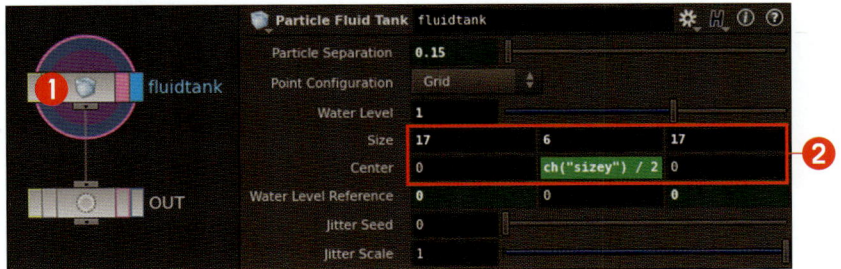

03 새로운 FLIP Tank가 적용된 Dop 안으로 들어와서 Static Object를 생성한 후 그림처럼 연결한 뒤 파라미터의 SOP Path에는 애니메이션이 되어있는 박스를 연결(경로 입력)하고, Use Deforming Geometry를 체크하여 애니메이션을 불러오도록 해 줍니다. 앞서 젠가 블록을 무너뜨리는 학습에서와 동일한 옵션입니다. 이어서 FLIP Object 노드의 Particles Separation 값을 시뮬레이션 진행에 무리가 없다면 0.15까지 감소하여 시뮬레이션을 해 봅니다.

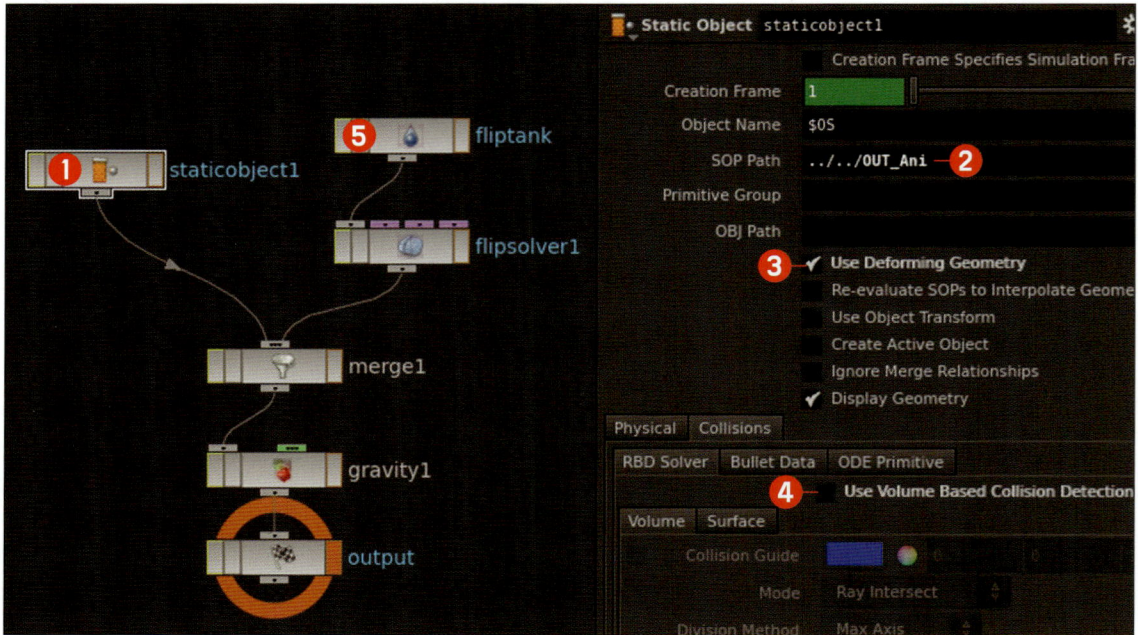

04 아래 그림은 Particles Separation을 0.15로 설정했을 때의 시뮬레이션 결과입니다. 만약 0.15보다 높은 수치를 사용한다면 디테일이 떨어지지만 시뮬레이션되는 속도는 더 빠릅니다. 이제 젠가 블록을 무너뜨렸을 때처럼 애니메이션이 Dop에서 제대로 적용되었습니다.

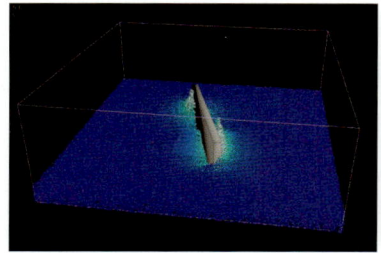 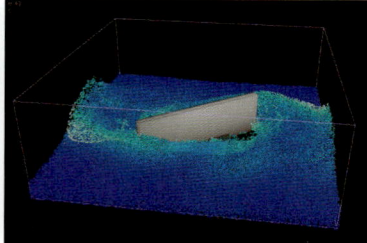 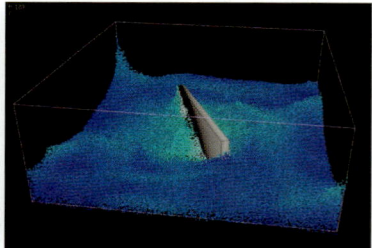

05 이번에는 애니메이션이 된 데이터를 이용해 보겠습니다. File 노드를 생성하여 예제 폴더 [exam_file] - [Part_3] - [Capoeira_Ani] - [capoeira.0001.bgeo.sc (1 - 115)] 시퀀스 형태의 애니메이션 파일을 선택한 후 [Accept] 눌러 불러옵니다.

06 애니메이션 데이터를 불러오면 그림처럼 카포에이라(Capoeira)를 하는 캐릭터가 보입니다. 이제 File 노드를 OUT_Ani 노드에 연결합니다. 그리고 Dop의 디스플레이를 켜준 뒤 플립북(Filpbook) 툴에서 [RMB]를 하여 나타나는 Flipbook with New Settings 메뉴를 선택해서 설정 창을 열어주고, Frame Range/Inc의 두 번째 입력 필드에 115를 입력하여 115프레임까지 플립북을 진행합니다.

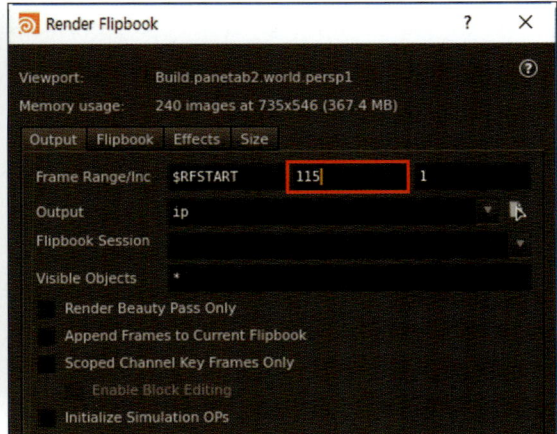

07 이제 시뮬레이션을 진행해 보면 제법 괜찮은 결과물이 나오게 됩니다. 참고로 좋은 결과물을 얻기 위해서는 자연스러운 애니메이션이 필수입니다. 이번 예제의 시뮬레이션 역시 Particle Separation을 0.15로 설정된 상태이며, 컴퓨터의 성능이 좋다면 0.1까지 줄여서 보다 좋은 결과물을 만들어보십시오. 이번 예제에 사용된 카포에이라(Capoeira) 애니메이션 데이터는 Mixamo(www.mixamo.com)에서 다운로드한 데이터입니다.

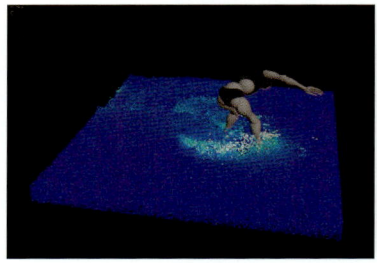 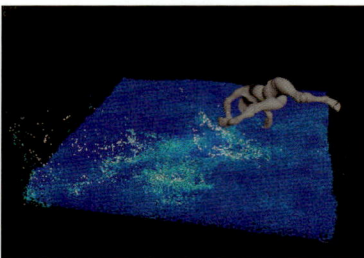 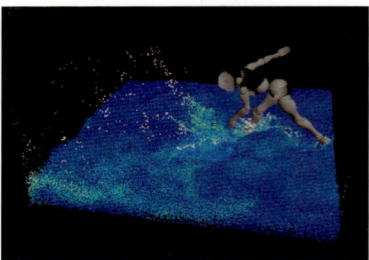

점성(Viscosity) 값에 의한 시뮬레이션하기

이번 학습에서는 비스코시티(Viscosity : 점성)을 이용하여 시뮬레이션을 해 보도록 하겠습니다.

01 Emitter를 생성하기 위해서 먼저 그림과 같은 노드를 구성한 뒤 Transform의 y 축을 4로 설정하고, Scatter를 5000으로 설정하여 5000개의 포인트를 생성해 줍니다.

02 이번엔 Dop을 생성하여 노드를 그림과 같이 구성한 뒤 앞선 학습(컵에 물이 담기는 예제 중 476페이지에 있는 Dop 노드 트리)에서 설정했던 그대로 설정을 해 주는데, Source Volume을 제외한 동일한 설정입니다. 설정 후 시뮬레이션을 진행하면 Sphere 형태의 Fluid가 떨어져 물폭탄처럼 터지고 끝이 납니다.

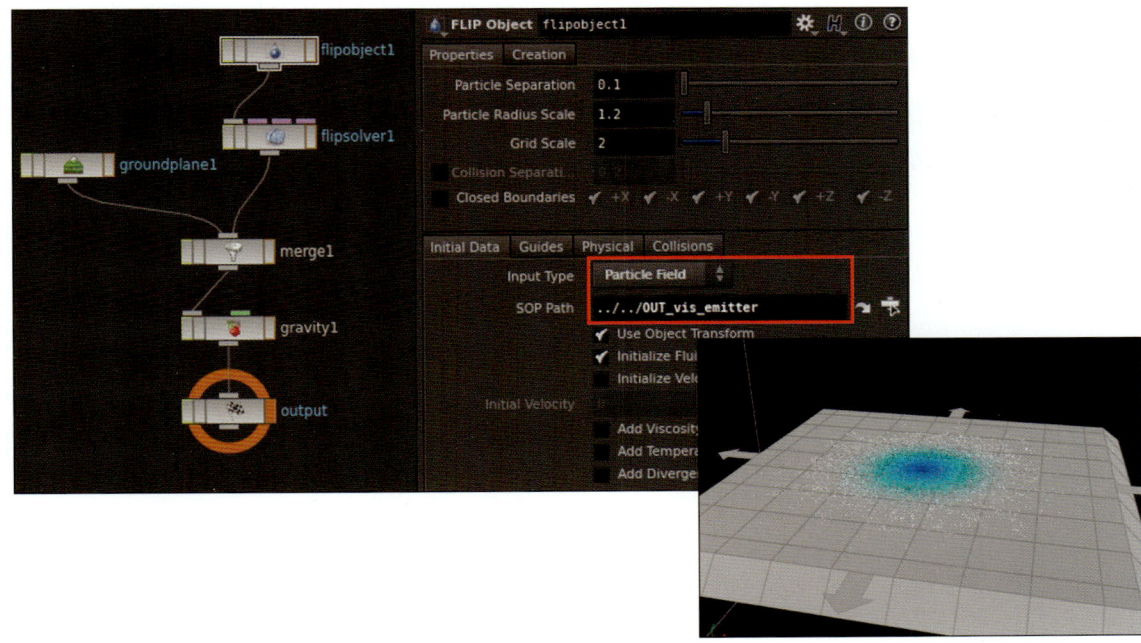

03 Sop으로 돌아가서 Scatter 아래쪽에 Attribute Wrangle을 새로 달아주고, VEXpression에 **f@viscosity = 10;** 을 입력합니다. 여기서 입력한 viscosity라는 어트리뷰트는 점성에 대한 값으로써 값이 높을수록 점성이 강해집니다.

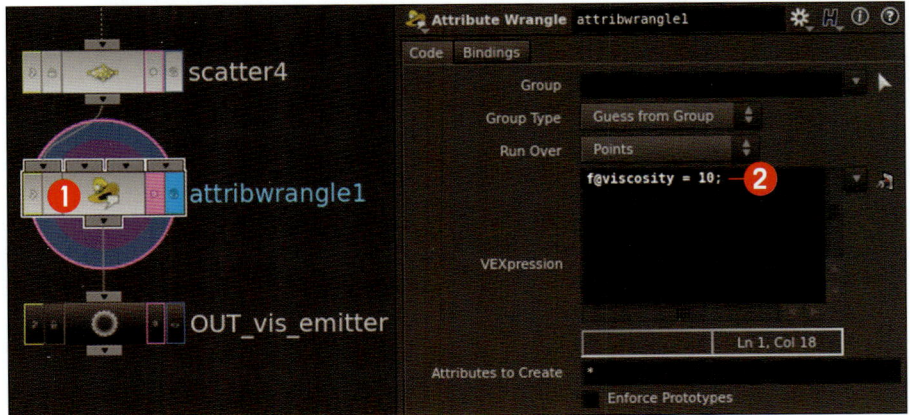

04 Dop안에 생성해 놓은 FLIP Solver의 파라미터에서 Volume Motion탭의 Viscosity 탭 안에 있는 Enable Viscosity와 Viscosity by Attribute를 체크하여 FLIP Solver에서 viscosity에 대한 연산이 되도록 해 줍니다. 아래쪽에 있는 Viscosity Scale은 Sop에서 설정한 viscosity 값에 대한 크기로써, Sop에서는 10으로 설정되었는데, 만약 Viscosity Scale 값이 2라면 viscosity 값은 20이 됩니다. 다시 시뮬레이션을 해 보면 물폭탄이 터지듯 나타났던 이전과는 다르게 viscosity에 의해 끈적한 액체 형태로 시뮬레이션됩니다.

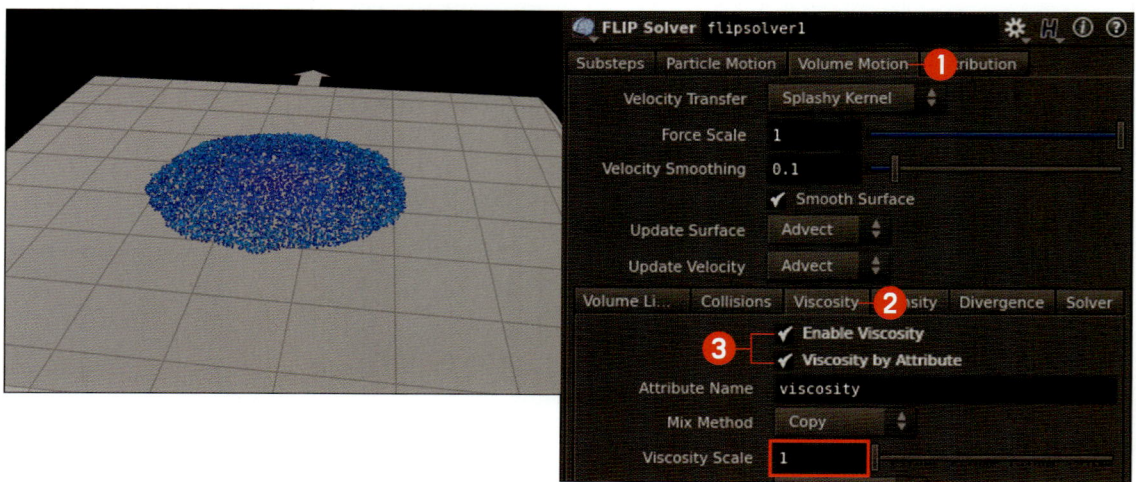

05 Source Volume을 추가해서 Initialize를 Source FLIP으로 설정한 뒤 Volume Path에 Emitter의 경로를 입력합니다. Sop 네트워크로 이동한 후 Transform 노드에서 Translate의 x 축에 sin($F*5)*5를 입력하여 좌우로 움직이는 애니메이션을 만든 뒤 플립북을 통해 시뮬레이션을 해 봅니다.

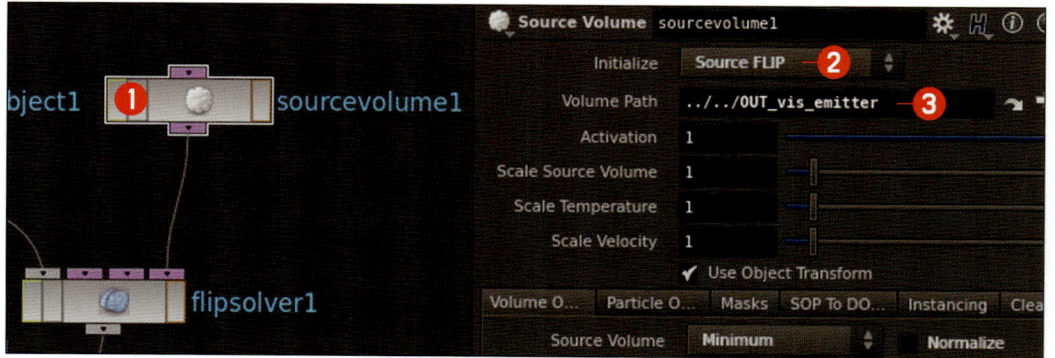

06 플립북으로 시뮬레이션을 해 보면 점성은 있지만 계속 흐르는 상태로 나오기 때문에 이전처럼 점성이 강하게 느껴지지 않습니다. 이제 viscosity의 값을 높여서 마치 치약을 짜듯 나오는 결과물을 만들어봅니다.

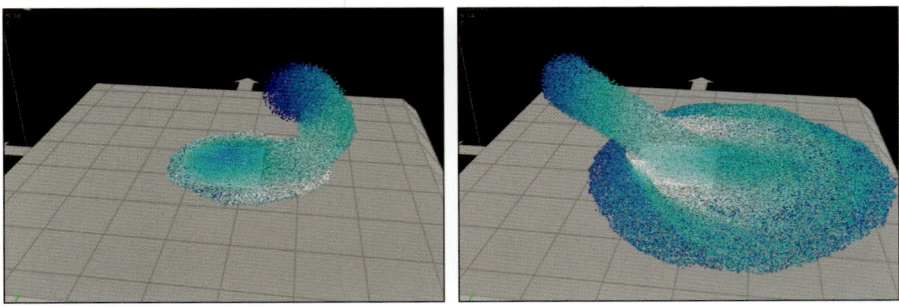

07 Attribute Wrangle 노드에 입력된 viscosity의 값을 10000으로 증가한 뒤 다시 시뮬레이션을 하면 그림처럼 치약을 짜듯이 나와서 쌓이는 시뮬레이션이 나타나게 됩니다.

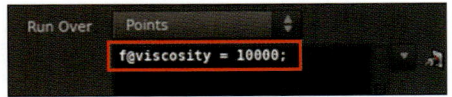

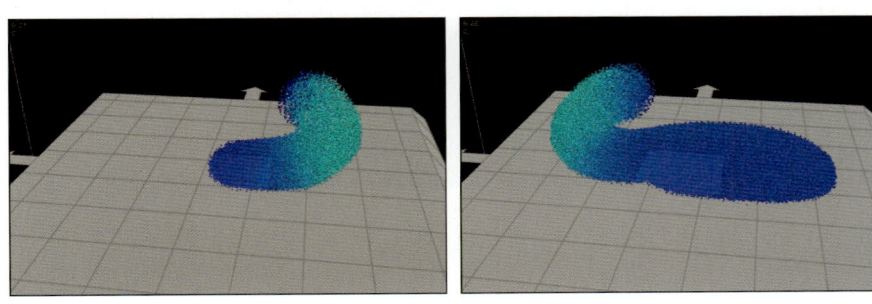

08 예제 파일 [Part_3] - [6_DOP_Network_1.hipnc]의 Fluid_exam이라는 이름의 Sop에 들어가서 Dop_viscosity_exam1라는 이름의 네트워크 박스에 있는 Dop 네트워크를 디스플레이하여 비교해 보면 그림과 같이 viscosity를 비교해볼 수 있게 해 놓았기 때문에 이 세 가지 FLIP Fluid의 viscosity 값을 변경해 가며 어떠한 차이가 있는지 비교해 보기 바랍니다.

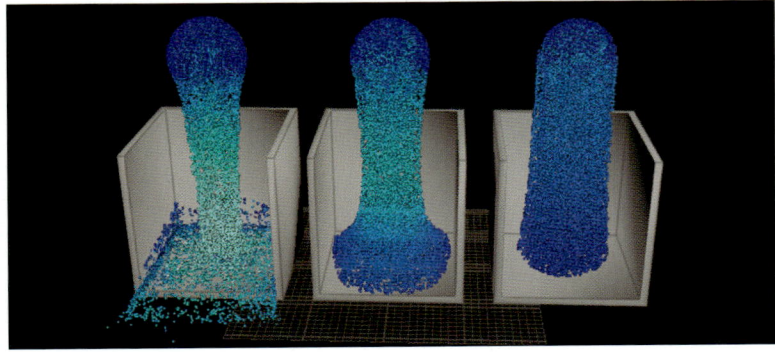

떠내려가는 워터 시뮬레이션 만들기

이번 학습에서는 오브젝트가 Fluid에 의해 떠내려가는 시뮬레이션과 시뮬레이션 데이터를 캐시로 만들고 메쉬로 변환하는 방법에 대해 익혀보도록 합니다.

01 먼저 물이 흐르는 공간을 만들기 위해서 box와 Transform 노드를 생성하여 연결한 후 파라미터에서 Scale을 25, 3, 10으로 설정합니다.

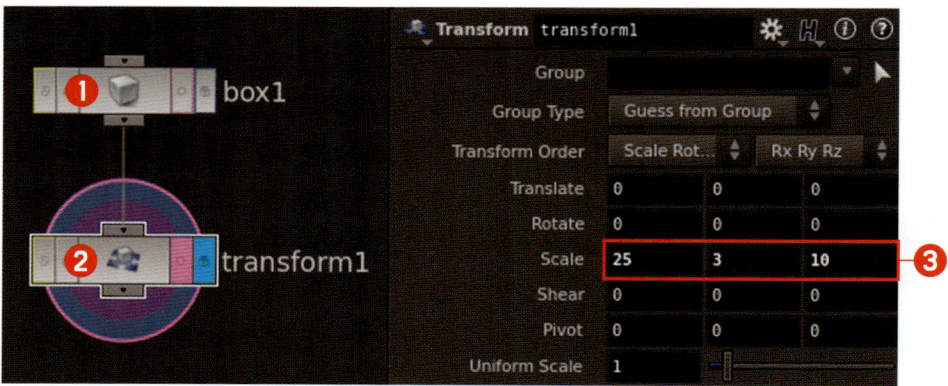

02 Transform 노드를 하나 더 생성하여 box와 연결한 후 파라미터를 설정하여 씬 뷰에 나타나는 것처럼 앞서 만든 박스 안에 약간 작은 박스가 들어가는 형태가 되도록 합니다.

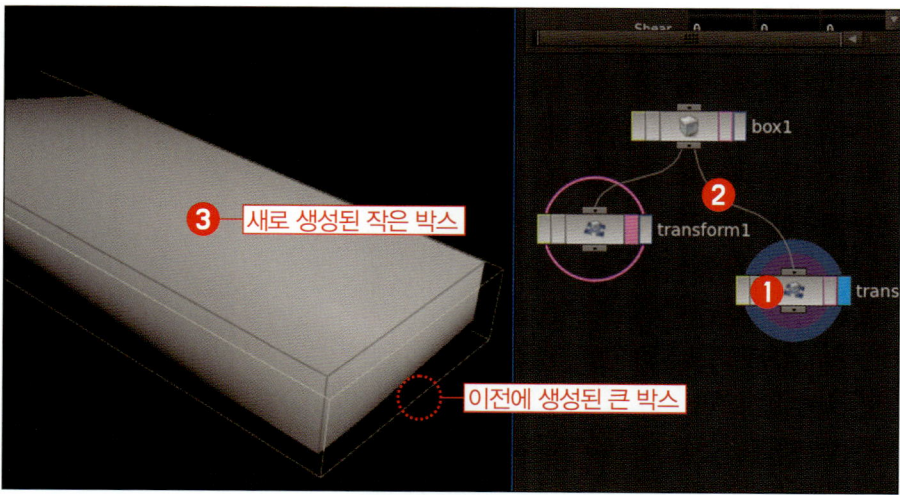

03 Cookie 노드를 생성하여 연결하고, Operation을 A minus B로 설정하여 이전에 만든 큰 박스를 작은 박스로 빼주어 그림처럼 수조와 같은 형태를 만들어줍니다.

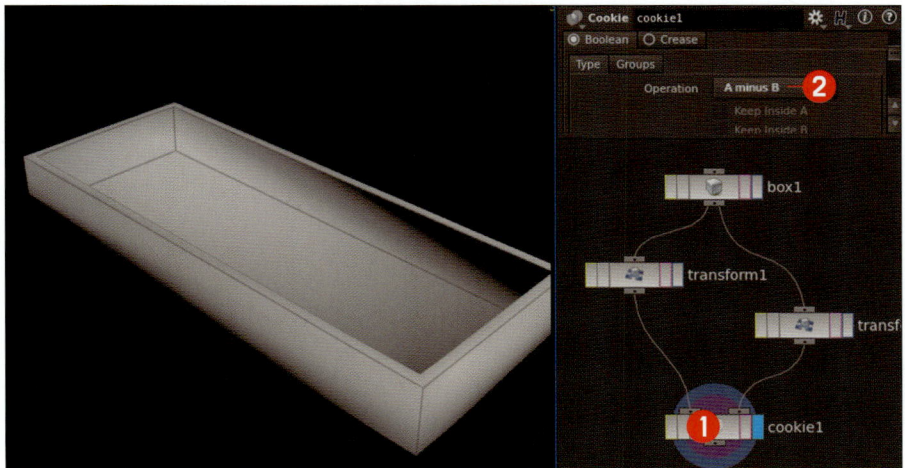

04 새로운 Transform 노드를 생성하여 연결하고, 그림과 같이 입력하여 그리드의 위쪽에 수조가 위치하도록 해준 후 Null을 생성하여 연결한 후 이름을 OUT_Ground로 변경합니다.

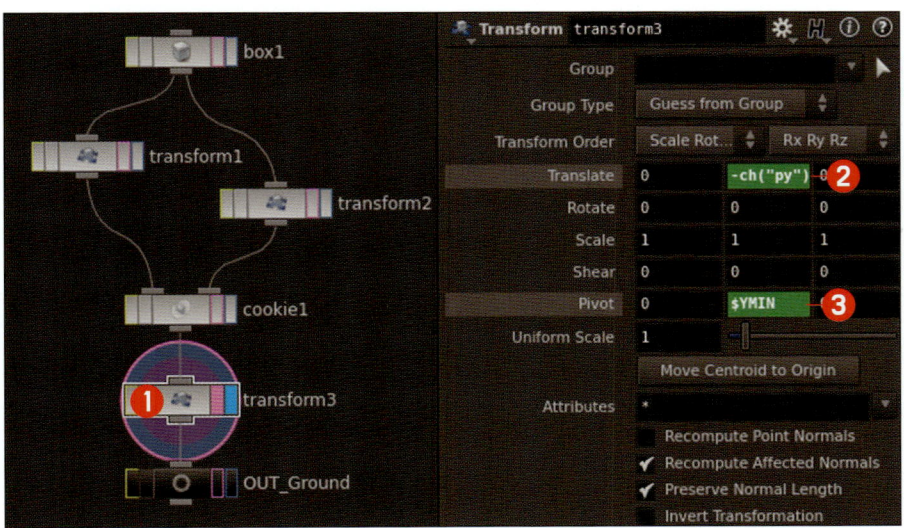

05 이제 Emitter를 생성하기 위해서 새로운 Transform을 생성한 후 연결하여 다음의 그림처럼 설정하고, Fluid Source 노드를 생성하여 Initialize를 Source FIP으로 변경한뒤 Null을 생성하여 연결합니다.

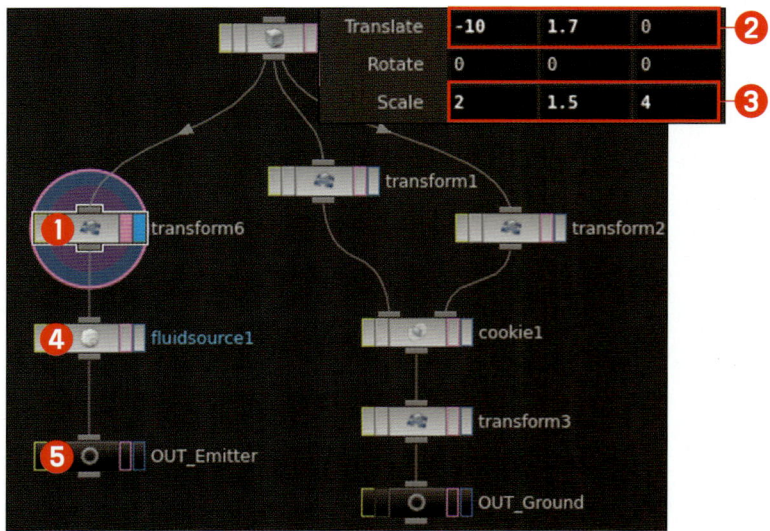

06 물이 담길 수조와 Emitter를 만들었으므로 이제 물살에 떠밀려 떠내려갈 오브젝트를 만들 차례입니다. 본 예제에서는 Platonic Solid로 Teapot을 만들고, Mountain 노드를 연결하여 변형을 한 Sphere와 Torus 그리고 Rubber Toy를 생성하였습니다. 각 오브젝트에 Transform을 연결한 후 수조에서 벗어나지 않는 선에서 원하는 곳에 위치시킵니다.

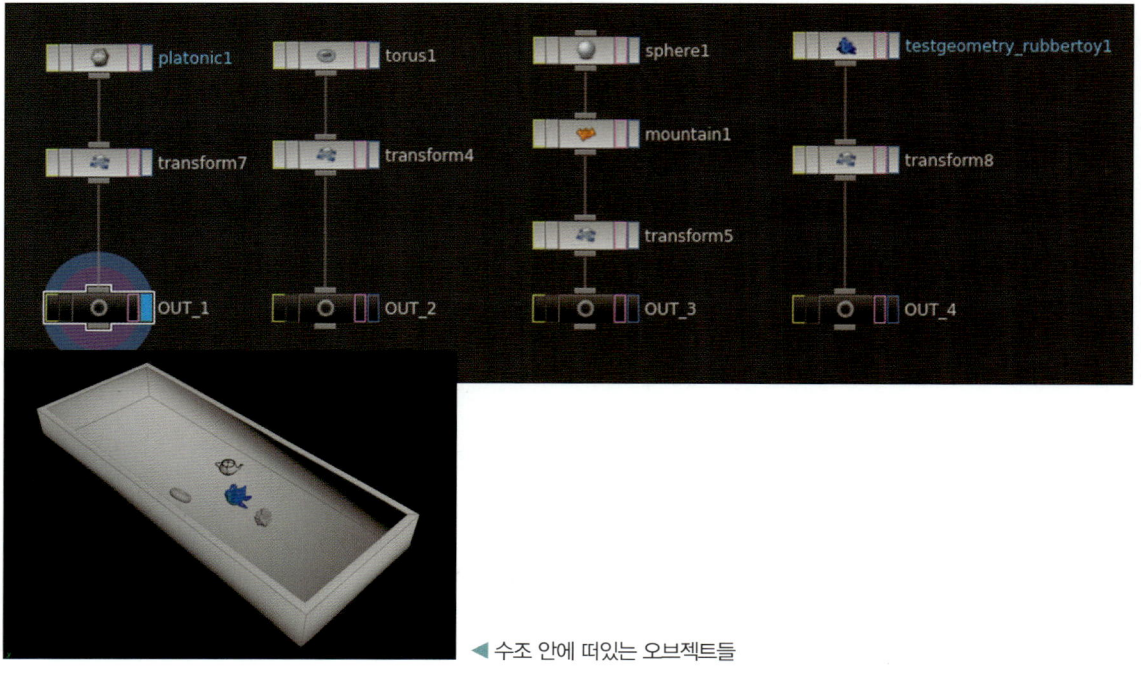

◀ 수조 안에 떠있는 오브젝트들

07 Dop을 생성하고 안으로 들어가서 그림과 같은 노드 트리를 구성합니다. 구성한 노드의 파라미터는 앞서 여러 번 해 보았던 것처럼 Shelf Tool의 Emit Particle Fluid와 같은 결과물이 나오도록 설정하고, FLIP Object의 Initial Data 탭은 디폴트 상태로 놔둡니다. 그리고 Static Object의 Collisions 탭으로 들어가서 Uniform Divisions 값을 150으로 설정하여 Ground에 대한 Collisions을 설정합니다.

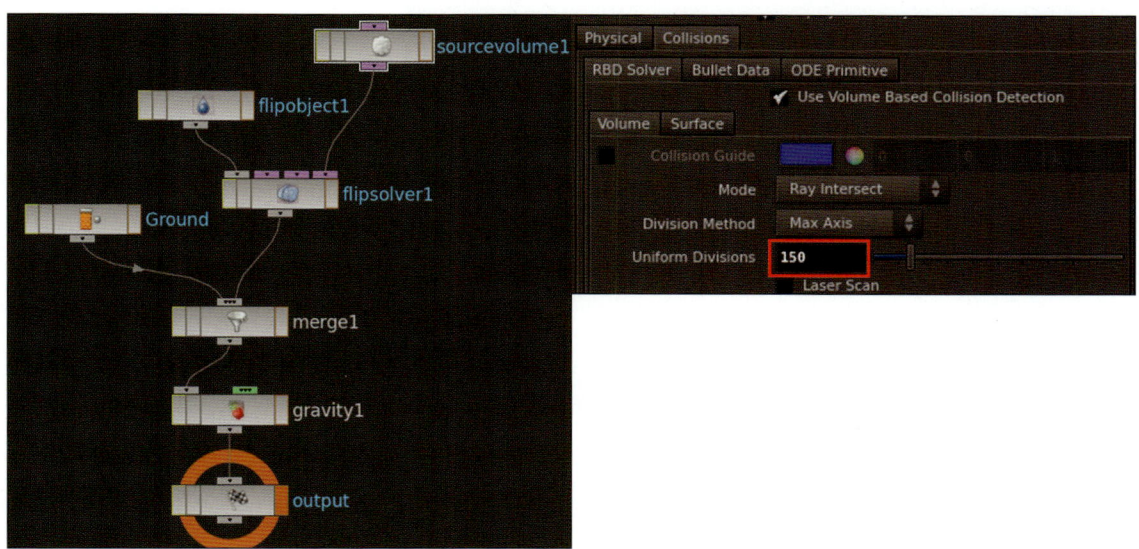

08 이제 수조에서 범람하는 파티클에 대한 연산을 없애 시뮬레이션을 조금이라도 가볍게 하기 위하여 FLIP Solver의 Volume Motion 탭 안의 Volume Limit 탭에서 그림과 같이 입력합니다.

09 이어서 파라미터의 Visualize Limits를 체크하면 씬 뷰에 보라색 바운딩 박스가 나타나며, 방금 설정한 옵션

이 이 보라색 박스의 크기입니다. 이제 이 박스 밖으로 나가게 되는 파티클은 사라지게 됩니다. 만약 수조에서 벗어나는 파티클까지 계속 나타나게 한다면 Volume Limit의 사이즈를 크게 하면 됩니다. 하지만 그만큼 시뮬레이션을 할 때 시간이 더 소요됩니다.

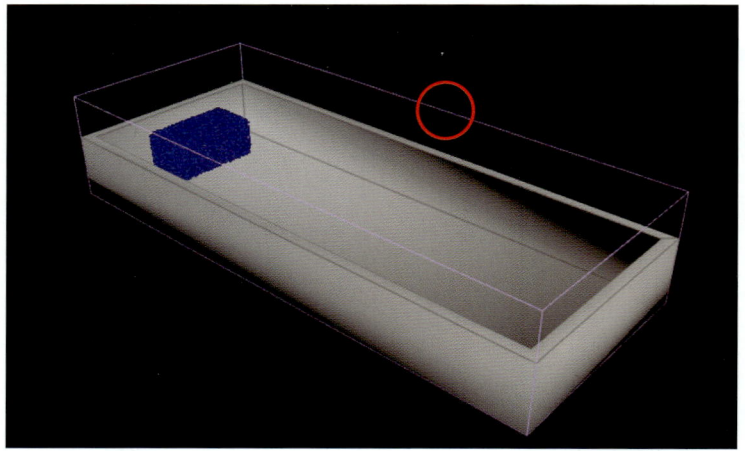

10 Volume Limit까지 설정을 했다면 이제 플립북을 사용하여 시뮬레이션을 해 봅니다. 시뮬레이션을 확인해 본 결과 수조에 정상적으로 물이 담기는 것을 볼 수 있으며, 수조 밖으로 나가는 파티클은 Volume Limit에 의해 사라지게 됩니다.

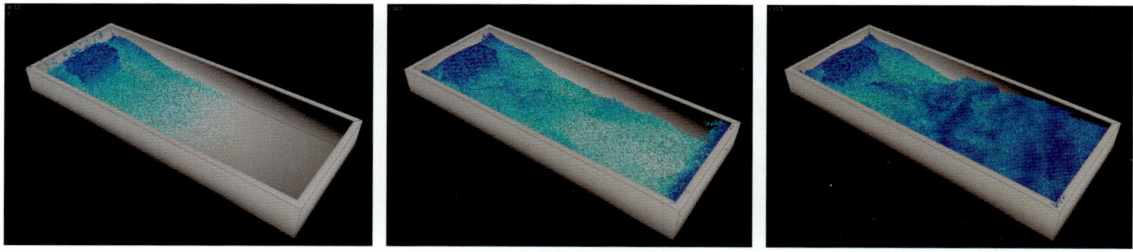

11 이제 물살에 떠내려갈 오브젝트를 추가하기 위해서 네 개의 RBD Object를 생성한 후 Merge를 통해 묶어 줍니다. 그다음 Rigid Body Solver를 연결하여 다음의 그림과 같은 노드를 구성합니다. RBD Object의 SOP Path에 순서대로 OUT_1~4를 입력하여 각 이름에 맞는 오브젝트를 연결해 줍니다. 그리고 다시 시뮬레이션을 진행하면 그림처럼 오브젝트들이 떨어지게 됩니다. 그 이유는 Rigid Body Solver의 Solver Engine이 Bullet으로 되어있기 때문입니다. 이어서 Bullet으로 설정된 Solver Engine을 RBD로 변경합니다.

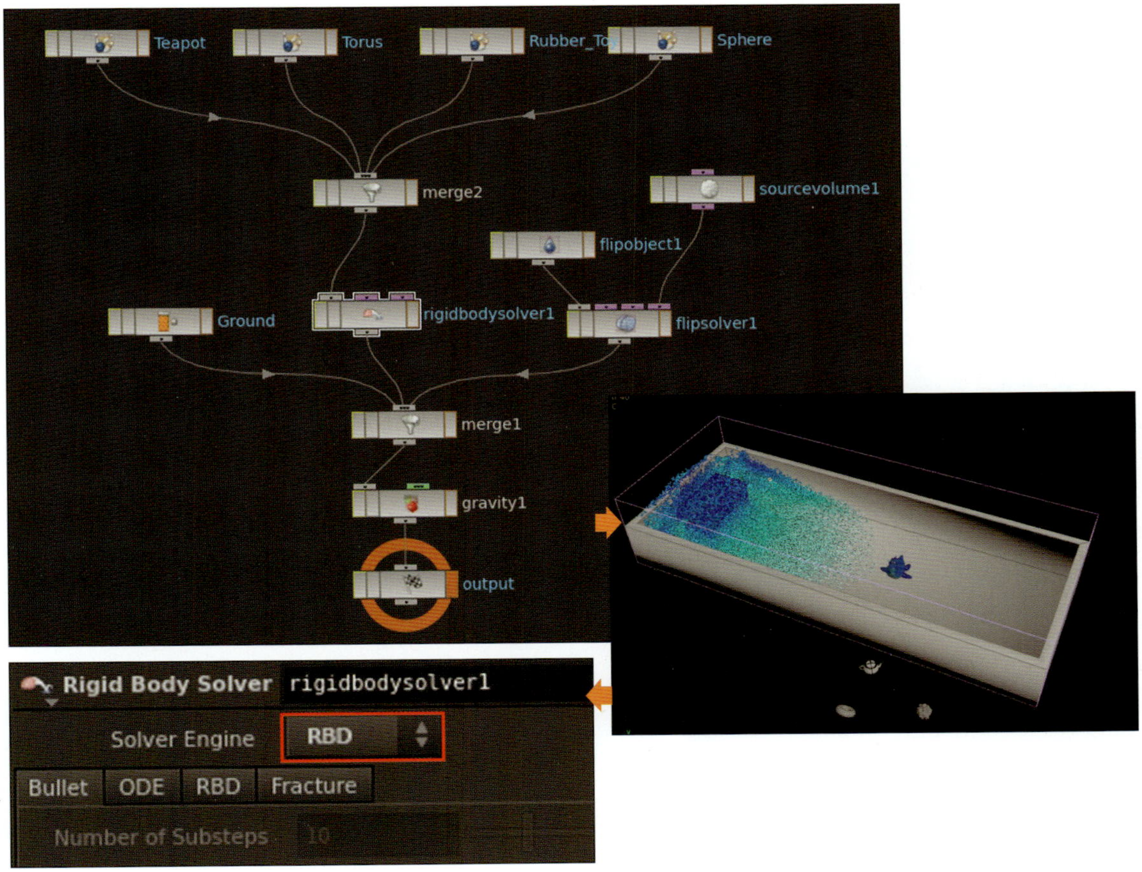

12 다시 플립북을 통해 시뮬레이션을 해 보면 오브젝트가 바닥을 뚫고 떨어지지는 않지만 물살에 밀려나가지도 않습니다. 그 이유가 오브젝트 각각의 Density(밀도)가 너무 큰 탓일까요? 물론 오브젝트의 Density도 이유가 되겠지만 다른 이유도 있습니다. FLIP Tank 위에 오브젝트를 띄우게 했던 예제 학습에서 설정했었던 FLIP Solver 노드의 Feedback Scale을 여기에서도 설정을 해야합니다.

13 FLIP Solver의 Feedback Scale에 1을 입력하고, 각 RBD Object의 Density를 Teapot부터 Sphere까지 순서대로 300, 500, 300, 500을 입력합니다. 하지만 여전히 오브젝트들은 움직이지 않고 가만히 있습니다. Feedback Scale과 RBD Object의 Density도 설정을 했는데 이유가 무엇일까요?

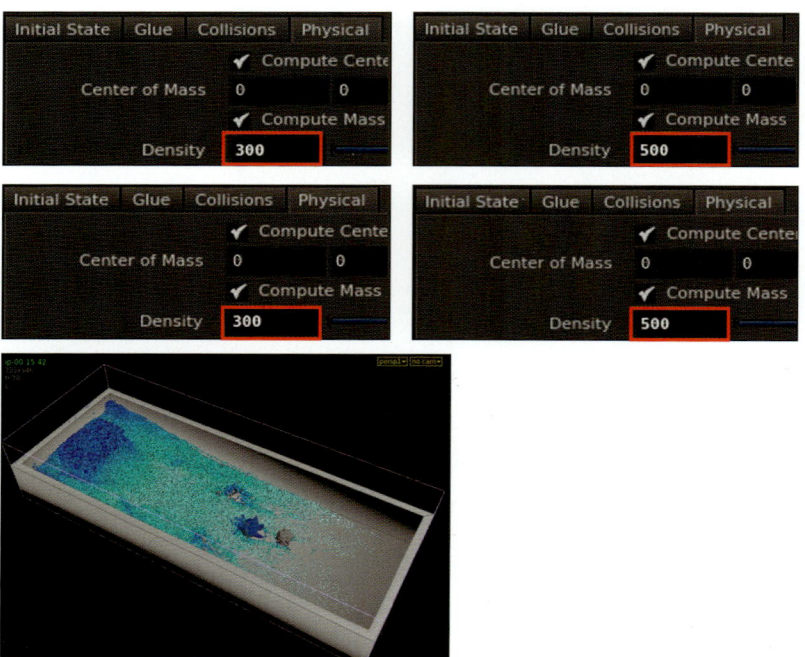

14 여기에서 수정을 해야 할 요소는 Solver들이 연결되어있는 Merge 노드입니다. Dop의 Merge 노드는 Sop의 Merge처럼 오브젝트를 합쳐주는 기능만 하는 것이 아닌 연결된 개체 간의 작용에도 영향을 미칩니다. Merge 노드의 파라미터 중 Affector Relationship이라는 옵션이 있는데, 현재는 Left Inputs Affect Right Inputs으로 설정이 되어있습니다. 이 설정은 왼쪽의 인풋이 오른쪽의 인풋에 영향을 미치게끔 되는 것이므로 Merge의 연결 순서에 따라 결과가 달라질 수 있습니다.

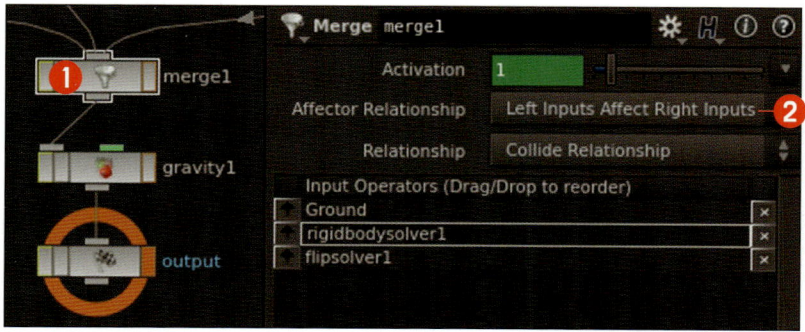

15 이제 Left Inputs Affect Right Inputs로 된 설정을 Mutual로 변경합니다. Mutual은 Input으로 들어오는 모든 노드들이 상호작용을 하도록 도와주는 설정입니다.

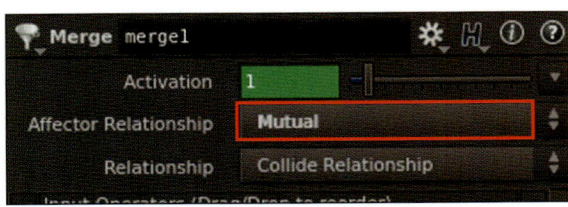

16 Merge의 설정을 변경했다면 다시 플립북을 통해 시뮬레이션을 해 봅니다. 그러면 오브젝트들이 물살에 휩쓸려 떠내려가는 것을 볼 수 있습니다. 그런데 여전히 문제가 보입니다. Teapot을 보면 심각할 정도로 빙빙 돌면서 휩쓸립니다. 해당 예제와 동일한 값을 설정해 보아도 시뮬레이션은 동일하지 않을 수 있으니 안심하고 진행하도록 합니다.

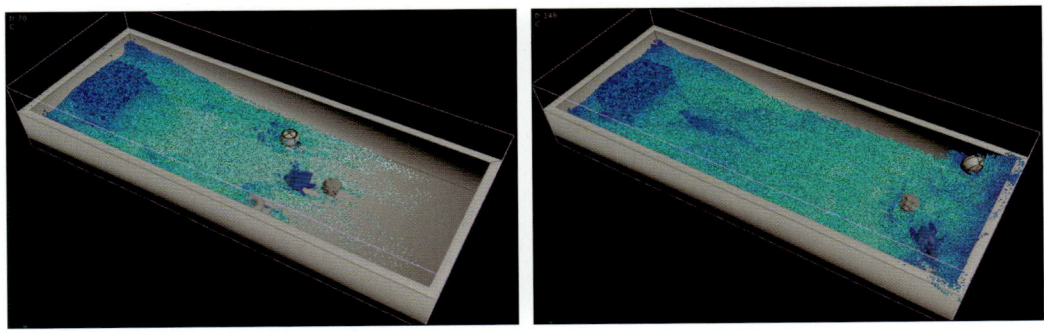

17 이처럼 오브젝트가 스핀을 하게 되는 증상을 완화시키기 위해 RBD Object 노드의 Physical 탭에 있는 Rotational Stiffness 값을 조절해 봅니다. 여기에서는 문제가 발생한 Teapot의 Rotational Stiffness에 3이란 값으로 설정해 봅니다.

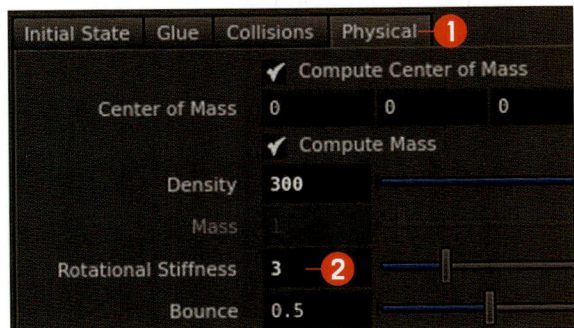

18 다시 시뮬레이션을 해 보니 Teapot의 스핀이 잡히기는 커녕 주변에 있던 Mountain이 적용된 Sphere까지 심각한 스핀이 일어나게 됩니다. 본 예제에서는 최종적으로 Teapot에 6.5로 설정하고, Rubber Toy와 Sphere에는 7로 설정하여 어느 정도 스핀을 잡아주었습니다. 여러분도 스핀이 어느정도 잡힐 때까지 시뮬레이션을 해 가며 수정을 해 봅니다. 이제 문제가 해결된 설정 값에 대한 시뮬레이션을 캐시 데이터로 만들어주어야 하는데, 캐시를 만들기 이전에 해야 할 작업이 남아 있습니다. FLIP Fluid는 그냥 캐시로 만들면 되는 상황이지만, FLIP Fluid에 흘러 떠내려가는 오브젝트들은 무너지는 기둥 만들기 예제 학습에서 배웠던 것처럼 Pack으로 변환한 후 기존의 오브젝트로 바꿔주아야 합니다.

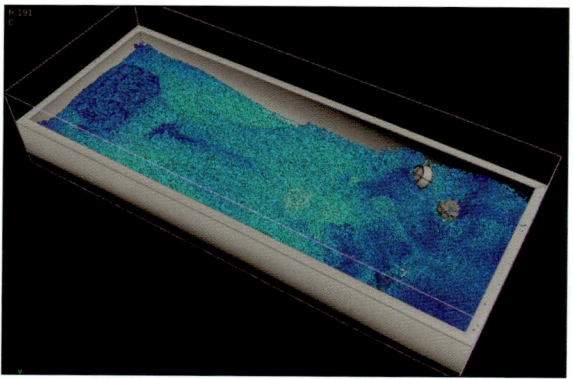

19 각 오브젝트마다 Pack 노드를 연결하고, name 노드를 생성하여 연결한 뒤 name 노드의 이름도 Dop의 RBD Object의 이름과 동일하게 해 줍니다. Pack으로 데이터를 만든 후 바꿔주기 위해서는 앞서 배운 것처럼 name 어트리뷰트가 필요하기 때문에 이와 같은 작업을 하는 것이며, 이 작업은 캐시를 만든 후 별도로 할 수 있겠지만 시뮬레이션을 하기전에 먼저 해 주는 것이 수고를 덜 수 있습니다.

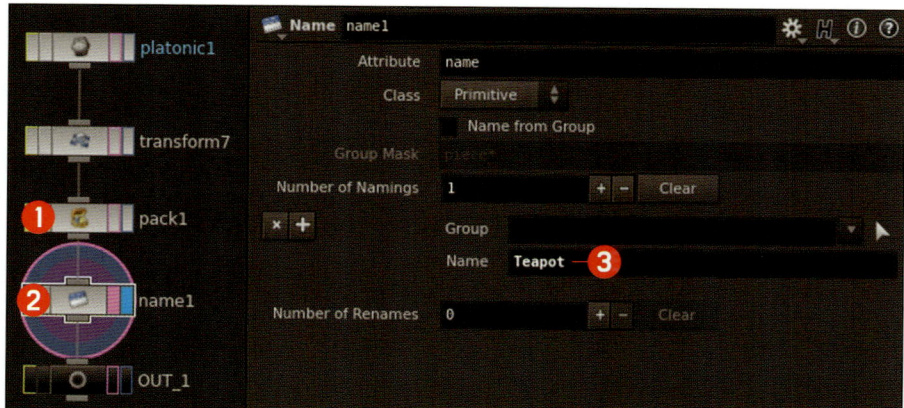

20 아래 그림은 각 오브젝트에 Pack과 Name 노드를 연결한 노드 트리입니다. 작업이 완료되면 최종적으로 Merge 노드를 통해 하나로 합쳐 놓습니다.

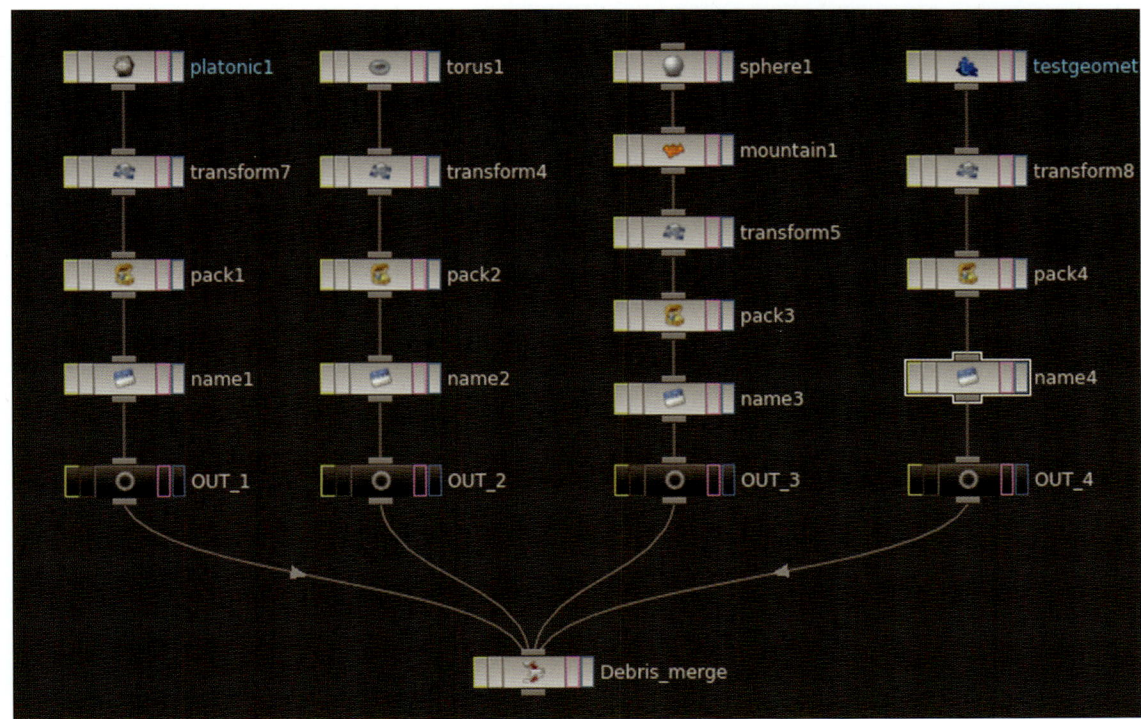

21 이제 캐시 데이터를 만들 차례입니다. FLIP Fluid를 먼저 캐시 데이터로 저장하기 위해 Dop Import Fields 노드를 생성해 줍니다.

22 생성된 노드의 파라미터의 DOP Network에는 Dop의 경로를 입력하고, Default Object에는 flipobject1을 입력한 후 Presets의 메뉴에서 FLIP Fluid를 선택합니다. 그러면 다음의 그림처럼 기존에는 없었던 Geometry, surface, vel이라는 세 가지의 필드가 적용되고, 씬 뷰에는 flipobject1에 대한 데이터만 나타나게 됩니다.

23 먼저 캐시 데이터가 저장될 경로(위치)에 폴더를 생성한 뒤 ROP Output Driver를 생성하여 Dop Import Fields와 연결하고, 그림처럼 Output File에 캐시 데이터가 저장될 경로(방금 생성한 폴더의 위치)를 입력하거나 우측의 아이콘을 클릭하여 직접 경로를 찾아갑니다. 계속해서 Valid Frame Range를 Render Frame Range로 변경하고 [Save to Disk] 버튼을 눌러 시뮬레이션을 캐시로 저장합니다. 예제 파일에서의 시뮬레이션 캐시 데이터는 용량의 문제로 함께 포함을 하지는 않았기 때문에 필요하다면 해당 예제 파일을 열어 캐시로 저장을 하면 됩니다.

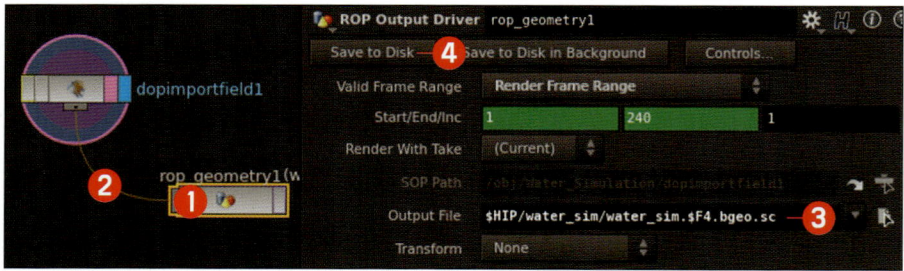

24 이번엔 떠내려가는 오브젝트를 캐시로 저장하기 위해 Dop Import 노드를 생성하고, DOP Network에는 Dop의 경로를 입력합니다. 그리고 Object Mask에는 *을 입력하고, Import Style을 Create Points to Represent Object로 변경합니다.

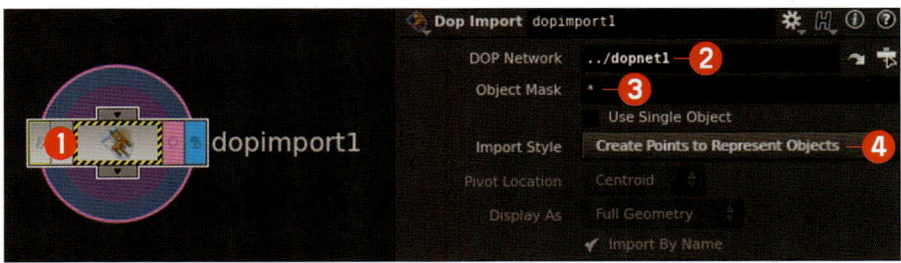

25 ROP Output Driver를 생성하여 연결하고, 데이터가 저장될 경로에 폴더를 생성한 후 이 경로를 Output File의 경로로 입력합니다. 그리고 [Save to Disk] 버튼을 누릅니다. 여기까지가 캐시를 저장하는 과정입니다. 이제 저장한 캐시를 불러와서 문제가 없는지 확인을 한 후 메쉬로 변환을 해 보겠습니다.

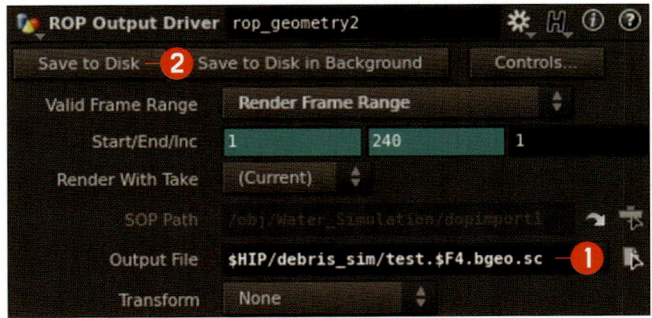

26 이제 File 노드를 이용하여 앞서 저장해 놓은 캐시 데이터를 불러옵니다.

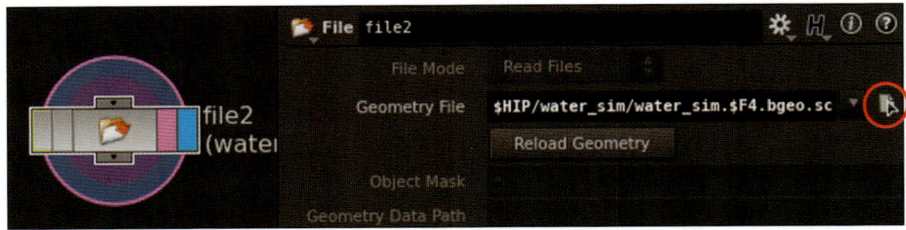

27 캐시 데이터를 불러온 후 씬 뷰를 통해 불러온 시뮬레이션 캐시를 보면 Dop에서 시뮬레이션했을 때와 동일하며, 오브젝트가 파티클, 즉 물살에 부딪혀서 쓸려나가는 모습까지 볼 수 있습니다. Dop을 통해 시뮬레이션을 할 때는 정상적인 속도의 시뮬레이션이 되기 위한 어느 정도의 시간이 소요됐지만 지금은 캐시 데이터를 사용했기 때문에 그러한 시간 없이 곧바로 확인을 할 수 있습니다.

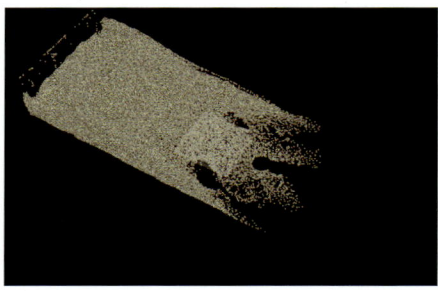 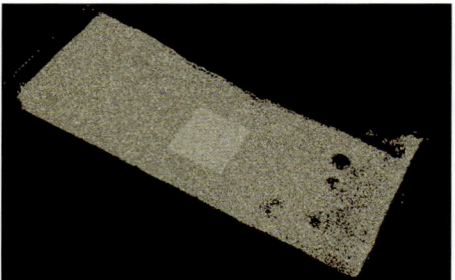

28 이제 메쉬로 변환을 하기 위한 VDB from Particle Fluid 노드를 생성합니다. VDB from Particle Fluid를 File 노드에 연결하면 씬 뷰에서처럼 Fluid가 VDB의 형태로 변환됩니다. 하지만 지금은 VDB로 변환된 상태이기 때문에 메쉬로 사용하기 위해서는 한 번 더 변환을 해야 합니다.

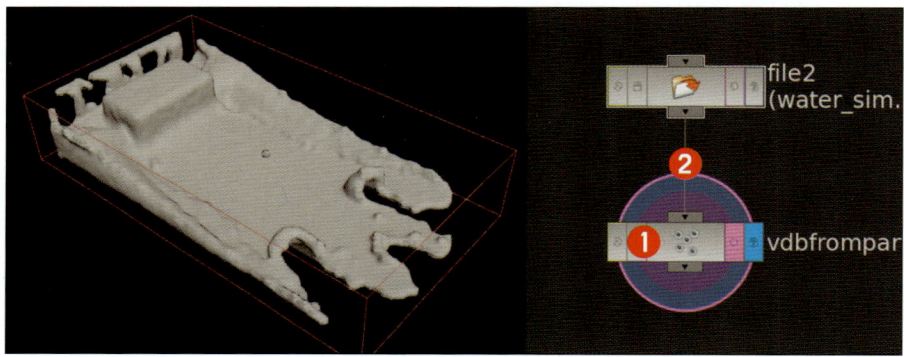

29 이번엔 VDB를 폴리곤으로 변환하기 위해 Convert VDB를 생성하여 연결한 뒤 파라미터에서 Convert To를 Polygon Soup로 설정합니다.

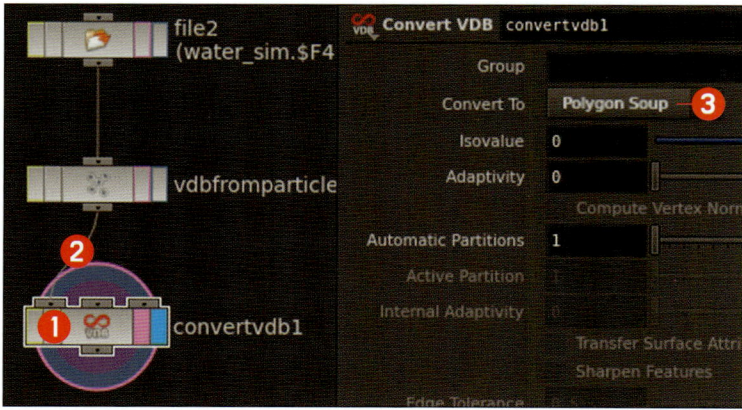

30 Convert VDB 노드를 통해 VDB를 Polygon Soup로 변경하면 그림의 우측과 같이 Polygon Soup로 변환이 됩니다.

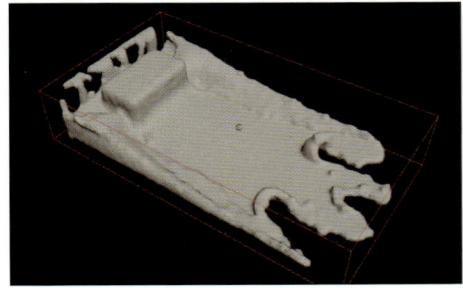 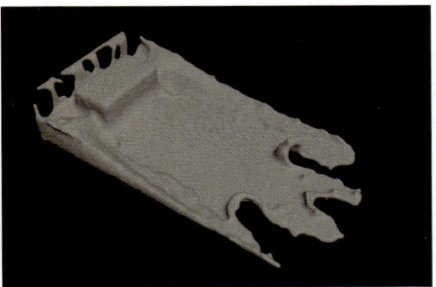

31 Polygon Soup는 Polygon을 Pack처럼 하나의 폴리곤으로 변환해 주는데, 아래 그림의 왼쪽이 Polygon Soup로 변환한 정보이며, 오른쪽이 Polygon으로 변환한 정보입니다. Polygon Soup의 데이터가 훨씬 가벼운 것을 볼 수 있으며, 상황에 따라서 적절한 것으로 변환을 하면 됩니다. 이와 같은 방법으로 Fluid를 메쉬로 변환할 수 있으며, 또 다른 방법으로는 Particle Fluid Surface가 있습니다. Fluid를 메쉬로 변환했으므로 이제 오브젝트들을 연결해 보겠습니다.

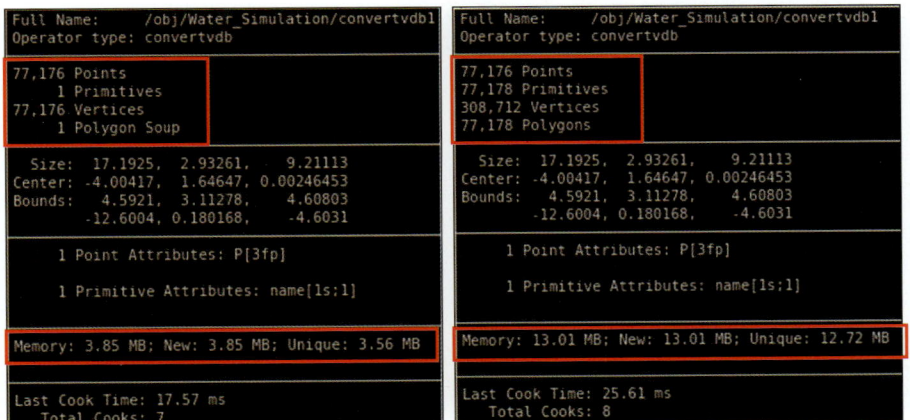

32 Object Merge 노드를 생성하여 오브젝트들을 하나로 합쳐 준 후 Merge 노드의 그림처럼 경로를 입력합니다.

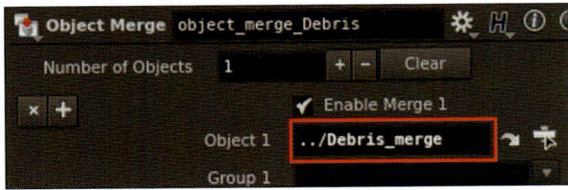

33 계속해서 File 노드를 생성해서 저장해 놓은 떠내려가는 오브젝트의 캐시 데이터를 불러온 뒤 Transform Pieces를 생성하여 그림처럼 연결합니다. 이 부분 역시 무너지는 기둥을 만들었을 때와 동일하기 때문 어렵게 생각할 필요는 없습니다.

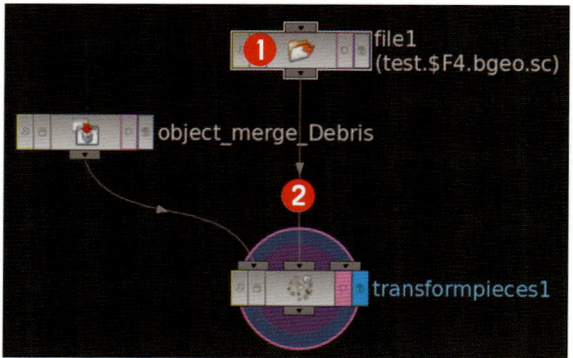

34 Transform Pieces 노드의 디스플레이를 켜주고, 메쉬를 하기 이전의 시뮬레이션 캐시가 적용된 File 노드의 템플릿을 켜주면 그림처럼 표현됩니다. 오브젝트들이 Dop에서와 동일하게 물살에 의해 밀려나게 됩니다.

35 이제 메쉬로 변환한 Fluid와 Transform Pieces를 Merge 노드를 생성하여 합쳐준 후 플레이하여 시뮬레이션 되는 결과를 확인합니다.

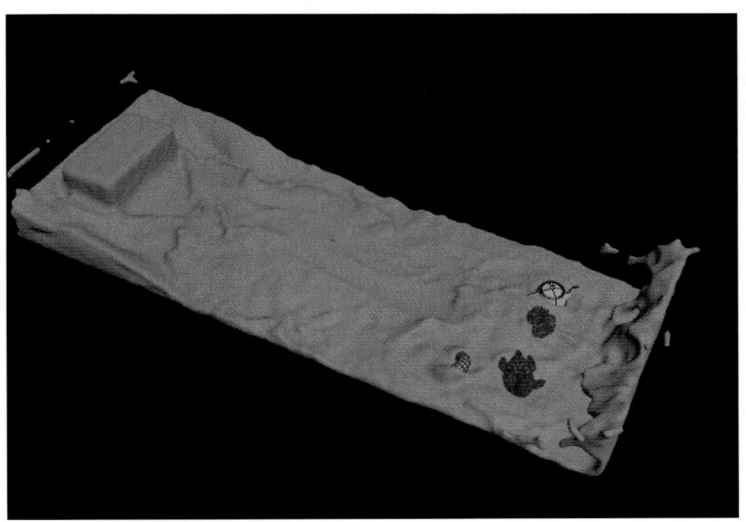

지금까지 Dop Network의 개념과 사용법에 대해 알아보았습니다. Dop은 시뮬레이션을 위한 네트워크인 만큼 본 도서에 모두 소개하기에는 한정적인 부분이 많습니다. 책에서 소개한 내용은 Dop을 이용하여 특정 이펙트를 만드는 방법보다는 Dop을 경험해 보기 위한 것이라고 이해하기 바랍니다. 책에서 소개한 내용에 비해 Dop으로 표현할 수 있는 것은 무궁무진하기 때문에 이 책을 시작으로 후디니의 Dop을 공부하는데 있어 필자가 가장 중요하게 생각하는 것은 바로 인내심이며, 수치를 수정하고 또 수정하여 자신이 원하는 시뮬레이션에 가까워지는 과정이 필요하다고 생각합니다.

07 라이트, 쉐이딩, 렌더링의 활용

이번 학습에서는 작업한 내용을 최종 결과물로 만들기 위한 쉐이딩(Shading), 라이팅(Lighting), 렌더링(Rendering)에 대해서 알아보도록 하겠습니다. 이번 학습을 통해 후디니의 카메라와 라이트 그리고 Shop 네트워크와 Rop 네트워크를 익히게 될 것입니다.

기본 사용법 익히기

이번 학습에서는 후디니의 셰이딩과 라이팅에 대해 알아보며, 동시에 CG 전반에 걸쳐 기본적으로 알고 넘어가야할 개념에 대해 알아보는 시간을 갖도록 하겠습니다.

렌더를 위한 기본 설정하기

이번에는 카메라와 라이트를 생성하고, 렌더링을 하고자 할 오브젝트에 셰이더를 적용하는 방법을 배워 보도록 하겠습니다.

01 예제 파일 [exam_file] - [Part_3] - [7_Rendering.hipnc]를 열면 그림처럼 셰이더 볼과 그리드가 있으며, 우측 네트워크 뷰에는 Particles이란 이름의 Sop과 Cam, Light가 있습니다.

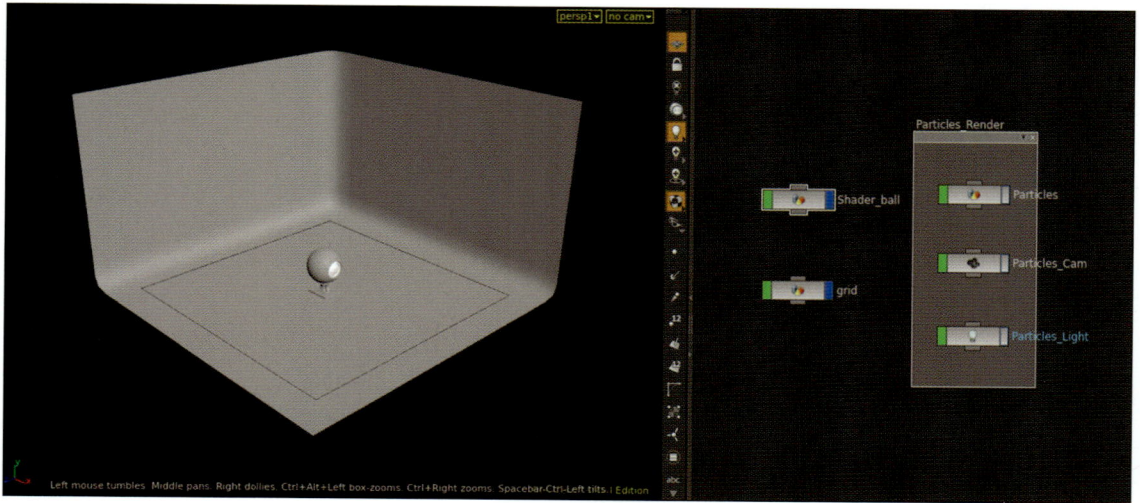

02 먼저 렌더링을 하기 위해 후디니 렌더러인 만트라(Mantra)를 생성해야 합니다. 상단 풀다운 메뉴의 [Render] - [Create Render Node]를 보면 후디니에서 제공되는 렌더러 목록이 나타나는데, 그 중 맨 위에 있는 Mantra를 선택합니다. Mantra를 선택하면 네트워크 뷰가 자동으로 out 레벨로 변경되며, 만트라 노드가 생성됩니다.

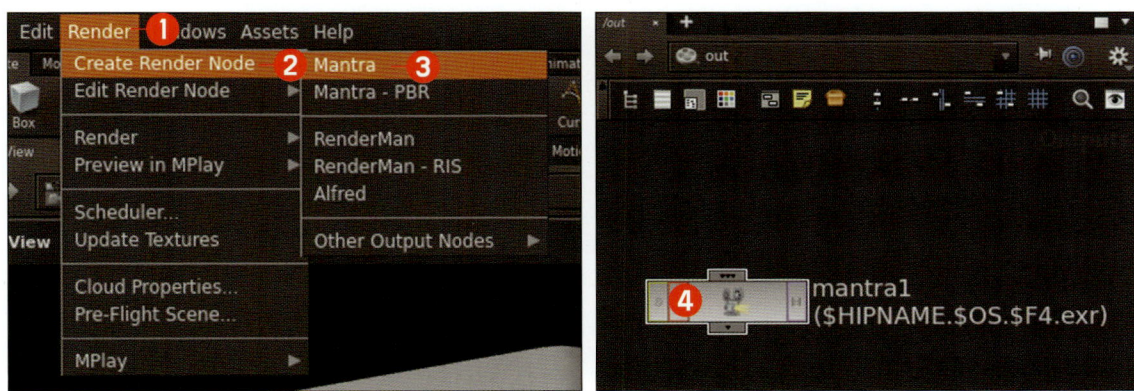

03 렌더러를 생성하는 또 다른 방법은 obj 레벨에서 Rop Network를 생성한 후 Rop 안으로 들어가서 만트라를 생성하는 것입니다. 본 학습에서는 이와 같은 방법으로 진행이 됩니다. 지금까지는 만트라를 생성하지 않고 렌더 뷰를 통해서 진행하였지만, 최종 결과물을 Output으로 출력하기 위해서는 반드시 만트라와 같은 렌더러를 생성해야 합니다.

04 방금 생성한 만트라의 파라미터를 보면 상단에 그림과 같은 옵션들이 있는데, 이 중에 Camera를 보면 경로에 /obj/cam1이라고 입력이 되어있습니다. 이 옵션은 만트라가 렌더를 하게 되는 카메라를 정해주는 옵션

입니다. 하지만 지금은 obj 레벨에 아무런 카메라가 없기 때문에 obj 레벨로 다시 돌아가서 카메라를 생성해야 합니다.

카메라 생성 및 컨트롤하기

이번에는 카메라를 생성하는 여러 가지 방법과 카메라를 제어하는 방법에 대해 알아보도록 하겠습니다.

01 후디니에서 카메라를 생성하는 방법은 세 가지가 있습니다. 가장 기본적인 방법은 탭 메뉴를 통해 카메라를 생성하는 방법입니다. 탭 메뉴로 생성하게 되면 그림처럼 씬 뷰의 중심에 카메라가 생성됩니다.

다른 방법으로는 Shelf Tool의 Light and Cameras 탭에 있는 Camera를 선택하여 생성하는 방법으로 선택한 후 씬 뷰에서 [Enter] 키를 누르면 탭 메뉴를 통해 생성했던 것과 동일하게 씬 뷰 중심에 생성됩니다. 물론 [Enter] 키를 누르지 않고, 직접 원하는 위치에서 [LMB]를 하여 생성할 수도 있습니다.

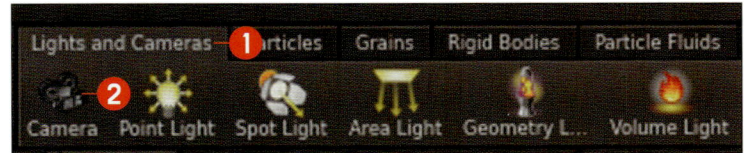

마지막 세 번째 방법으로는 씬 뷰의 우측 상단에 있는 노란색 박스로 표시된 no cam을 클릭하여 나타나는 메뉴에서 New Camera를 선택하는 방법입니다.

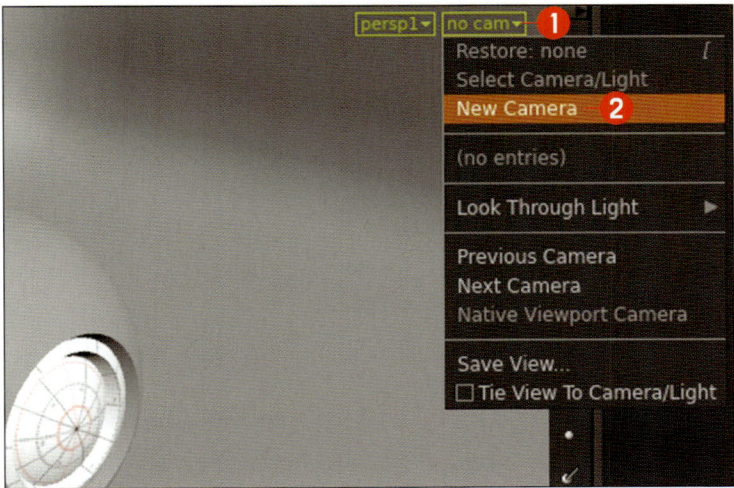

이 방법으로 카메라를 생성하면 그림처럼 현재 활성화된 뷰에 카메라가 생성이 되며, 앞서 클릭했던 no cam가 cam1(카메라 이름)로 표시됩니다. 현재 활성화된 뷰에 카메라를 생성하는 또 다른 방법은 Shelf Tool의 카메라에서 [Ctrl] + [LMB]를 누르는 것입니다.

02 카메라 뷰에서 벗어나는 방법은 그냥 씬 뷰에서 회전을 하거나 이동을 하면 되며, 카메라 뷰에서 벗어난 뒤 카메라의 위치를 핸들로 컨트롤하고자 한다면 해당 카메라 노드를 선택한 상태에서 씬 뷰에서 [Enter] 키를 누르면 그림처럼 카메라를 컨트롤할 수 있는 핸들이 나타납니다.

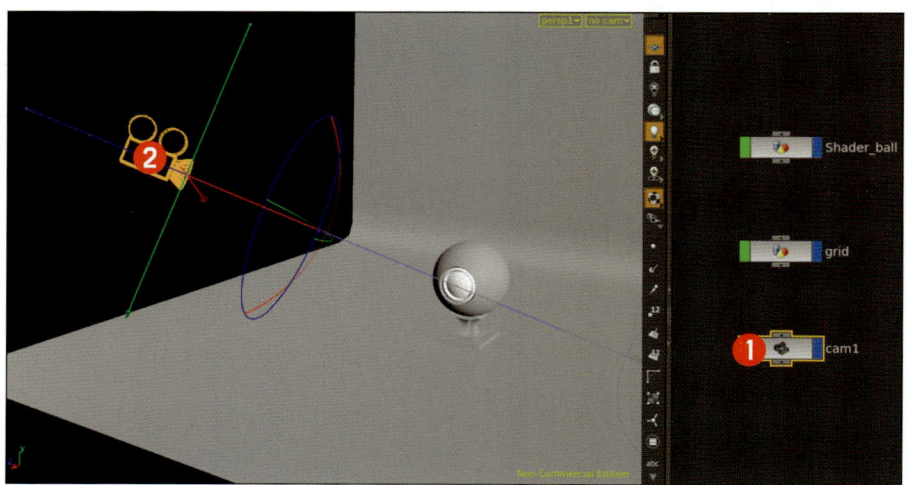

03 다시 카메라 뷰로 돌아가고자 한다면 씬 뷰의 우측 상단의 노란색 박스를 클릭하여 나타나는 카메라 (cam1)를 선택하면 됩니다. 그렇다면 카메라 뷰 상태로 카메라를 이동하려면 어떻게 해야 할까요? 그것은 카메라 뷰로 이동한 상태에서 씬 뷰 우측의 디스플레이 옵션 툴 바에 있는 두 번째에 있는 자물쇠 아이콘인 Lock camera/light to view을 선택하여 켜준 후 씬 뷰를 움직이면 카메라 뷰 상태를 유지하고 카메라를 움직일 수 있습니다.

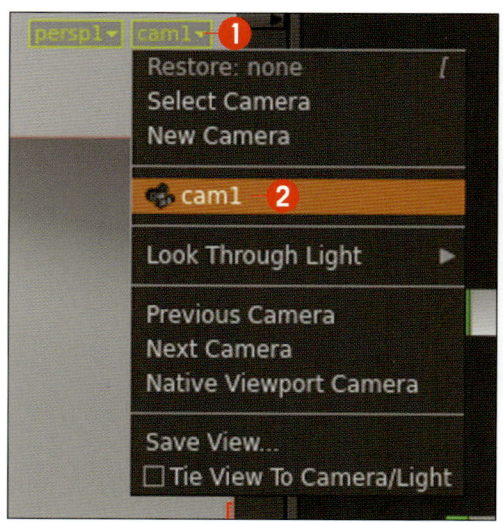

04 앞서 렌더에 필요한 카메라를 생성했으므로 이번엔 라이트를 생성해 보도록 하겠습니다. 씬 뷰의 위치를 라이트를 설치하고자 하는 위치로 이동한 후 Shelf Tool에서 사용하고자 하는 라이트에서 [Ctrl] + [LMB] 키를 눌러줍니다. 그러면 현재의 뷰 상태에서 라이트가 생성됩니다. 라이트도 카메라처럼 탭 메뉴를 통해 생성할 수도 있고 또한 Shelf Tool을 이용해서 생성할 수도 있습니다.

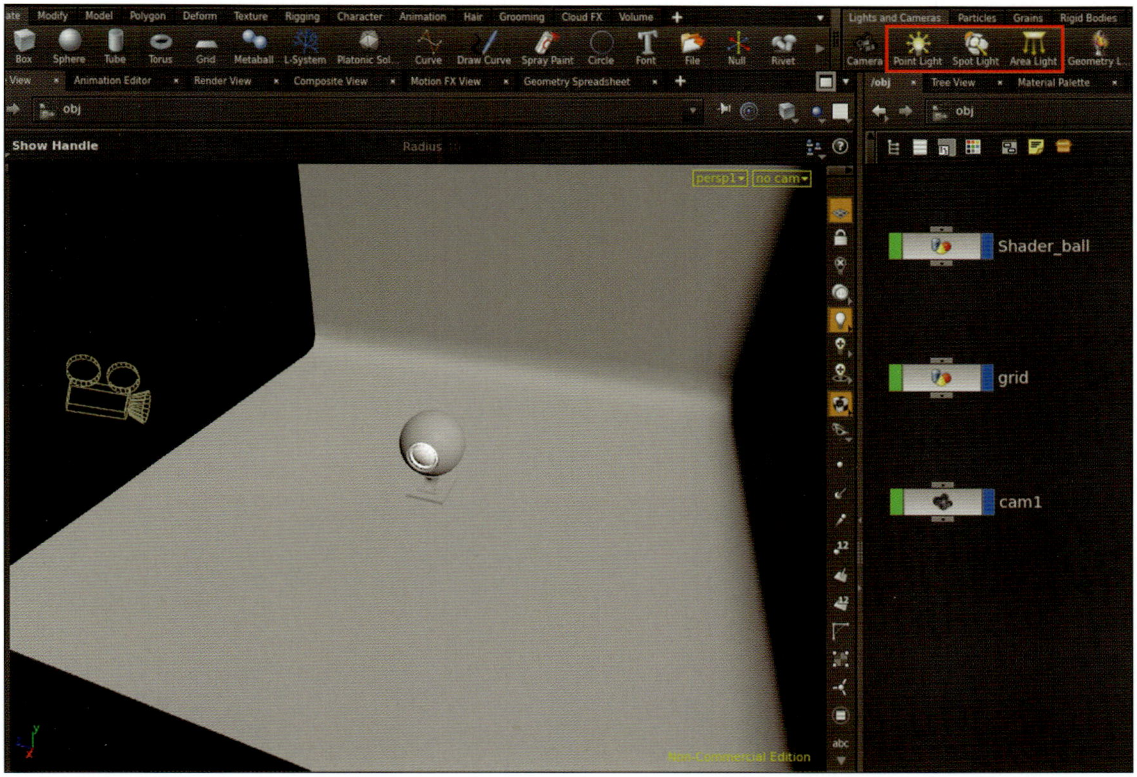

05 이번 학습에서는 Area Light를 생성했으며, 씬 뷰의 위치에 라이트가 생성되면 그림과 같이 나타납니다. 라이트는 이외에도 Point Light, Distant Light, Spot Light, Area Light, Geometry Light, Environment Light 등 매우 다양한 종류가 있습니다.

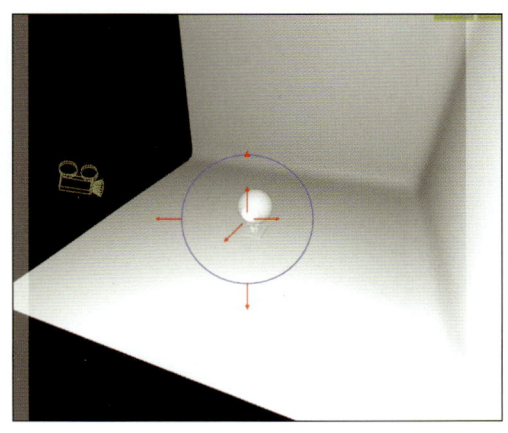

각 라이트는 다음과 같은 특징을 가지고 있습니다.

Point Light 특정한 부분에서 사방으로 비추는 라이트입니다.

Distant Light 특정한 방향으로 비추는 라이트로써 빛의 거리에 제한이 없이 빛이 전달됩니다.

Spot Light 연극이나 뮤지컬, 방송 무대 등에서 사용되는 라이트처럼 특정 부분에 집중적으로 비출 때 사용됩니다.

Area Light 광원의 면적에 따라 빛을 비추는 라이트로써 그리드 형태를 하고 있습니다.

Geometry Light 원하는 Geometry를 광원으로 하여 빛을 발산하는 라이트입니다.

Environment Light 씬 전체, 즉 환경에 사용하는 라이트로써 HDRI(High Dynamic Range Imaging)를 사용하여 손쉽게 자연스러운 빛을 표현할 수 있습니다.

06 다시 씬 뷰를 앞서 생성한 카메라(cam1)로 변경한 뒤 렌더 뷰 팬(Pane)으로 이동하여 [Render] 버튼을 누르면 그림처럼 라이트가 적용되었기 때문에 셰이더 볼이 빛을 받고, 바닥에 그림자가 생기는 것을 볼 수 있습니다. 이제 Shop Network를 생성하여 셰이더를 적용해 보겠습니다.

셰이더(Shader) 적용하기

앞서 카메라와 라이트를 설치 및 사용법에 대해 간략하게 배워보았으므로 이번 시간에는 셰이더를 적용하고, 설정하는 방법을 간략하게 살펴 보도록 하겠습니다.

01 obj 레벨에서 Shop Network를 생성하고, Material Palette에 들어가서 Mantra Surface 셰이더를 그림처럼 /obj/shopnet1에 끌어다 놓습니다. 물론 끌어다 놓은 위치는 여러분이 원하는 곳으로 해도 상관없습니다.

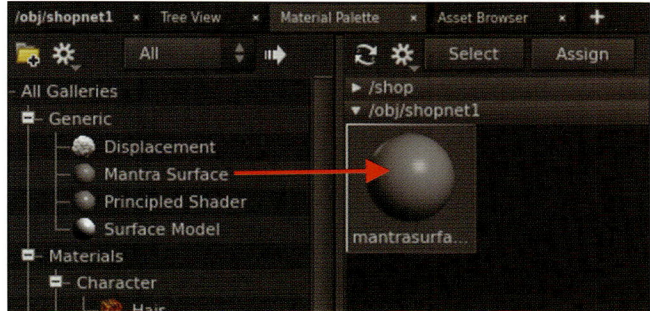

02 /obj/shopnet1을 보면 방금 적용한 Mantra Surface 셰이더가 생성된 것을 볼 수 있습니다. 이제 방금 적용된 셰이더를 오브젝트에 적용시키기 위해 셰이더 볼 위에 끌어다 놓습니다. 그러면 Drop Actions이라는 메뉴가 뜨는데, 해당 오브젝트 전체에 적용시킬 것인지 아니면 Drag & Drop을 한 특정한 부분의 그룹에만 적용시킬지에 대해 묻는 메시지가 나타납니다. 여기서 두 번째를 메뉴를 선택하여 해당 그룹에만 적용이 되도록 합니다. 같은 방법으로 Mantra Surface를 하나 더 생성한 후 바닥에 적용합니다.

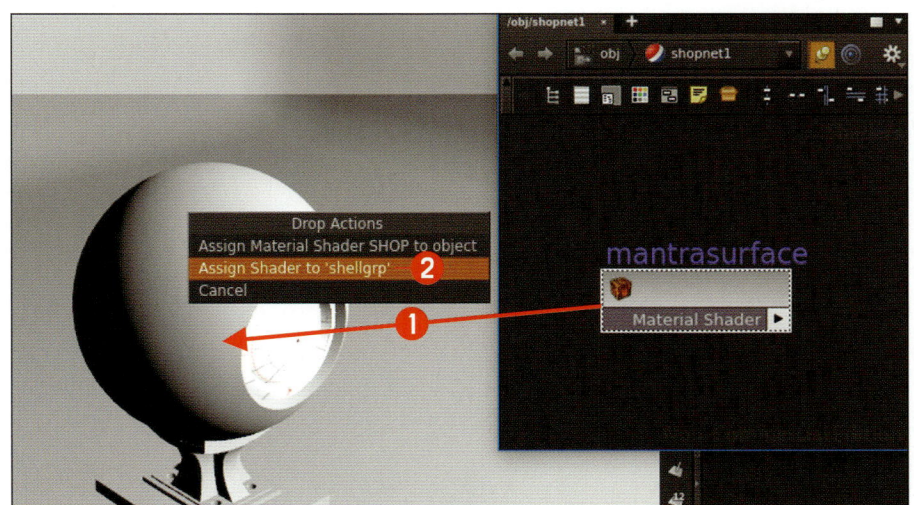

03 다시 렌더 뷰를 통해 렌더를 해 보면 그림처럼 셰이더 볼의 구와 바닥에 셰이더가 적용이 된 것을 볼 수 있습니다. 그러나 확인하기 어렵기 때문에 셰이더 설정을 바꿔보도록 하겠습니다.

04 설정을 변경하기 앞서 두 셰이더의 이름을 각각 shader_ball과 ground로 변경한 후 Mantra Surface의 파라미터 우측 상단에 있는 톱니바퀴 모양의 아이콘을 누르면 나타나는 메뉴를 보면 Mantra Surface에 저장되어있는 프리셋 목록이 나타납니다. 이중 Gold는 셰이더 볼의 구 부분에 적용하고, Clay는 바닥 부분에 적용합니다.

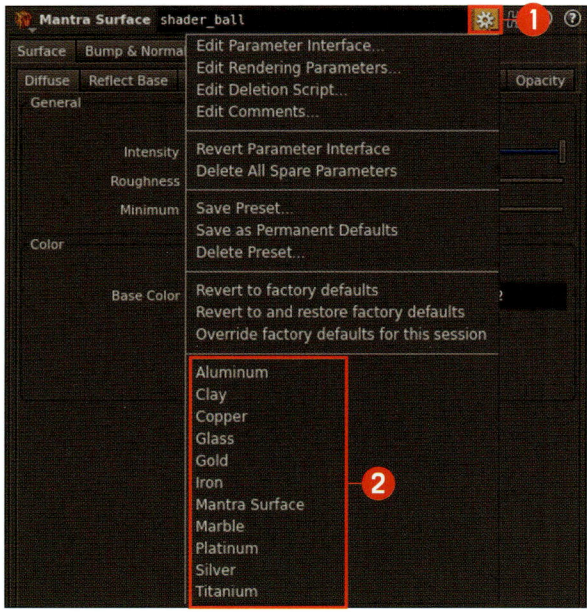

05 Clay를 적용한 바닥의 Diffuse 탭에 있는 Base Color를 0.1, 0.1, 0.1로 설정한 후 Reflect Base 탭에 가서 Enable Base Reflections을 체크합니다.

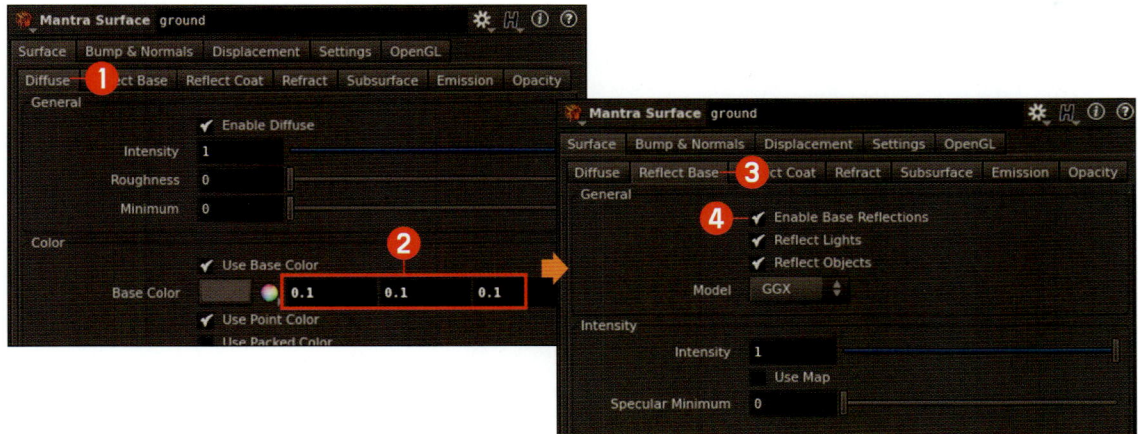

06 다시 렌더를 걸어보면 셰이더 볼의 구 부분은 황금 재질로 표현이 되며, 바닥은 어두운 회색으로 나타나게 됩니다.

07 이제 셰이더 볼에 적용한 Mantra Surface의 파라미터에서 Reflect Base 탭에 들어가 보면 다음의 그림처럼 Gold에 대한 프리셋이 설정된 것을 볼 수 있습니다. 그런데 여기서 말하는 리플렉트(Reflect)라는 것은 무엇일까요? 또한 바닥에서 설정한 디퓨즈(Diffuse)는 무엇일까요? 이것에 대해 알아보기 위해 셰이더 볼의 프리셋을 Clay로 변경하고, Diffuse의 Base Color를 0, 0.45, 0.9로 설정하여 밝은 파란색으로 만듭니다.

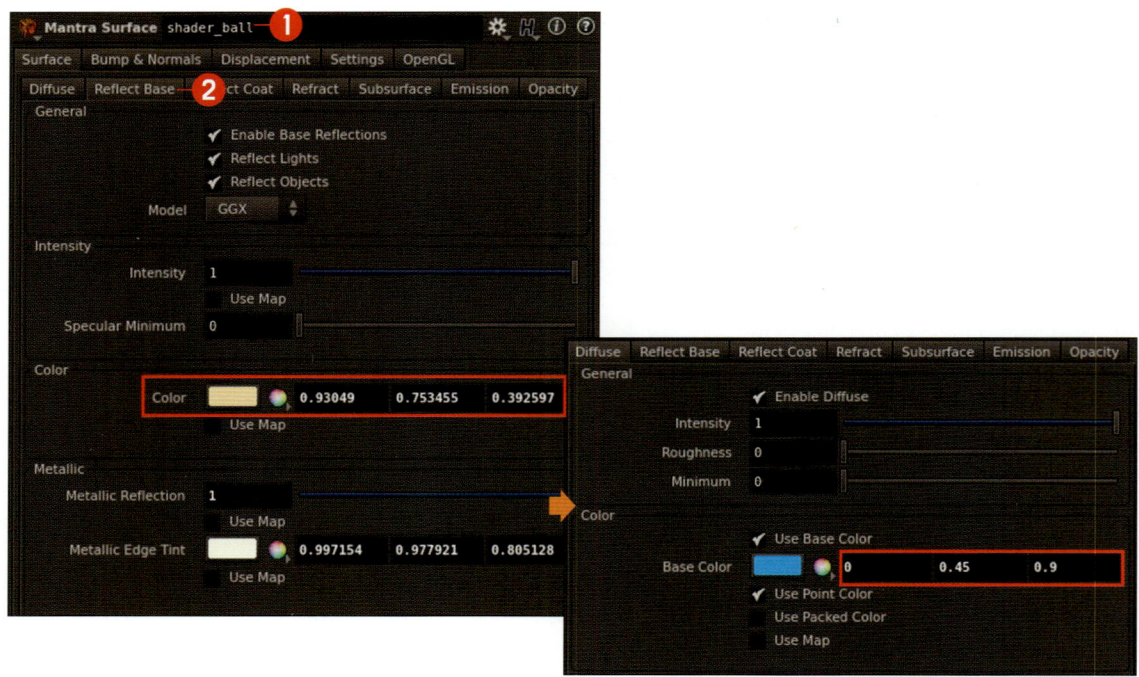

08 이어서 앞서 생성해 놓은 라이트의 파라미터에서 Intensity를 조절하거나 라이트의 거리를 조절하여 빛의 세기를 약하게 만듭니다.

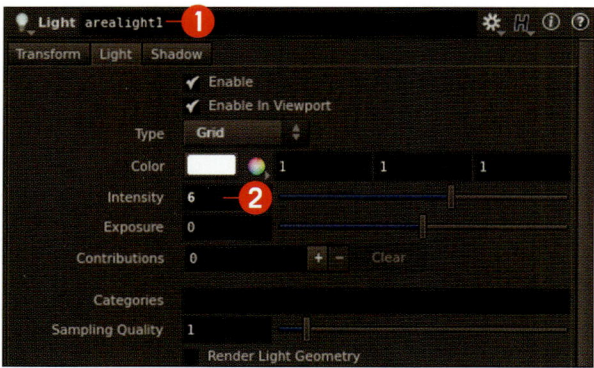

09 다시 렌더를 걸어보면 다음의 그림처럼 라이트가 어두워지고, 셰이더 볼의 구는 밝은 파란색으로 나타납니다. 현재 구에 적용된 Mantra Surface 셰이더는 Diffuse에 대한 설정만 활성화되어있고, 이외에 것은 전부 비활성화되어있습니다. 3D 작업에서 말하는 Diffuse라는 것은 오브젝트가 가지게 되는 고유 색상이라고

볼 수 있습니다. 그림은 0, 0.45, 0.9라는 색상이 Diffuse에 설정되었기 때문에 그에 따른 결과가 나타나게 된 것입니다. 만약 노을빛이 지는 야외에서 멋드러진 파란색 스포츠카를 봤는데 스포츠카가 실내로 들어가게 되면 빛, 즉 환경이 달라짐에 따라서 색의 변화가 생기게 됩니다. 하지만 주변 환경과는 상관없이 이 스포츠카의 고유 색은 파란색임은 변함이 없다는 것입니다.

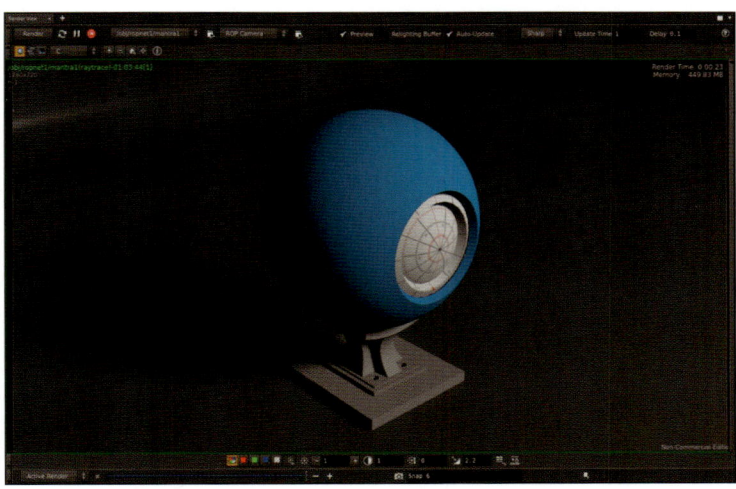

10 한 가지 예를 더 들어보겠습니다. Sop 안으로 들어가서 Material 노드 위에 Color 노드를 연결하고, 그림처럼 컬러 값을 설정하여 노란색으로 만든 후 다시 렌더를 해 봅니다.

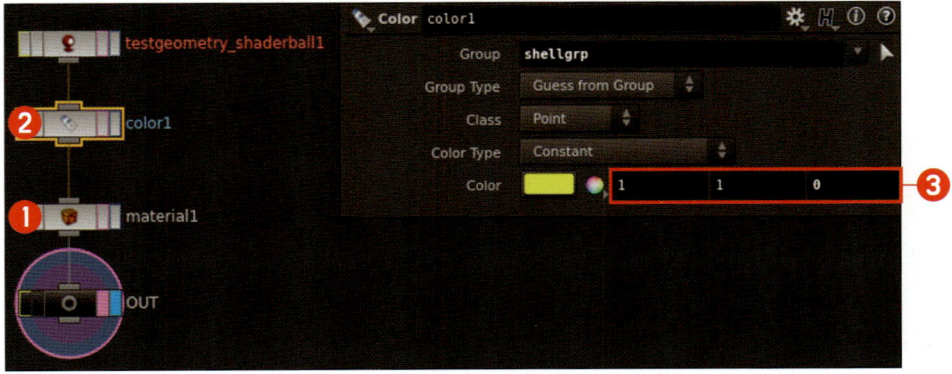

11 렌더를 해 보니 갑자기 쌩뚱맞게 초록색의 구가 나타나게 됩니다. Sop에서 분명 Color 노드를 이용하여 노란색으로 설정했기 때문에 렌더를 하면 노란색으로 나타나야 하는데, 초록색이 나온 것입니다. 이렇게 나타나는 이유는 Color 노드에는 1, 1, 0이라는 컬러 값을 가지고 있지만 셰이더 볼에 적용된 셰이더에는

0, 0.45, 0.9라는 값으로 되어있기 때문에 두 값이 Multiply(합산)되어 0, 0.45, 0이라는 값이 적용된 것입니다. Color 노드를 By Pass를 한 다음 셰이더의 컬러를 0, 0.45, 0으로 설정하면 이제 동일한 색상이 나오게 됩니다. 참고로 Color 노드에 1, 1, 1을 입력하고, 셰이더에 0, 0, 0을 입력하면 최종 결과는 0, 0, 0으로 검정색으로 처리됩니다.

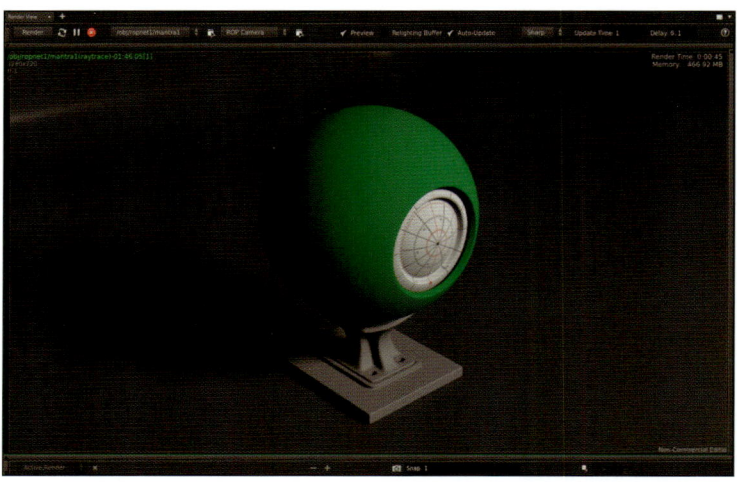

12 이제 Sop에 생성한 Color 노드를 제거한 후 이번엔 Reflect Base 탭에서 Enable Base Reflections을 체크한 뒤 다시 렌더를 해 보면 그림처럼 Diffuse만 사용했을 때와는 다르게 구의 표면에 하이라이트와 바닥 쪽의 사물이 비춰지는 것을 볼 수 있습니다. 이처럼 Reflect는 표면에 대한 반사되는 모습을 표현할 때 사용됩니다. 세상에 존재하는 대부분의 물체는 반사율을 가지게 되며, 일상생활 어디에서나 빛이 반사되는 것을 흔히 볼 수 있습니다.

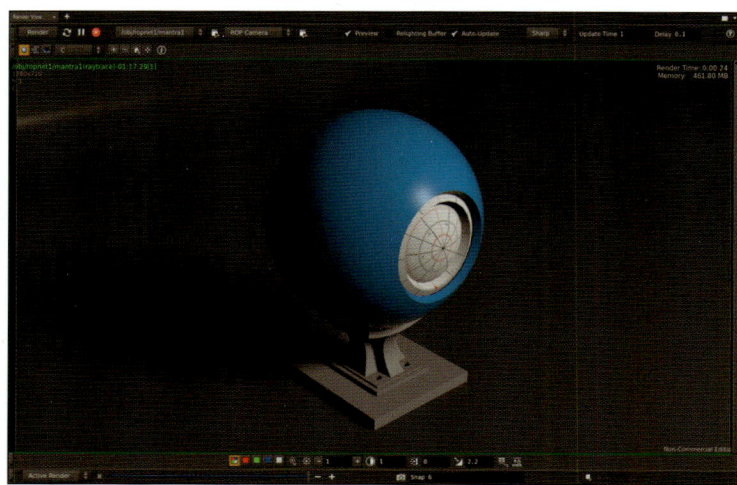

13 다음으로 Reflect Coat 탭으로 이동하여 Enable Coat Reflections을 체크한 후 다시 렌더를 해 봅니다. 그러면 Reflect만 사용했을 때와는 다르게 반사율이 더욱 높아져서 주변의 사물이 더욱 선명하게 나타납니다. 이처럼 Coat는 오브젝트에 코팅을 씌어주는 것이라고 볼 수 있습니다. 이렇듯 반사율을 높이고자 한다면 Coat Reflections을 사용하기 바랍니다.

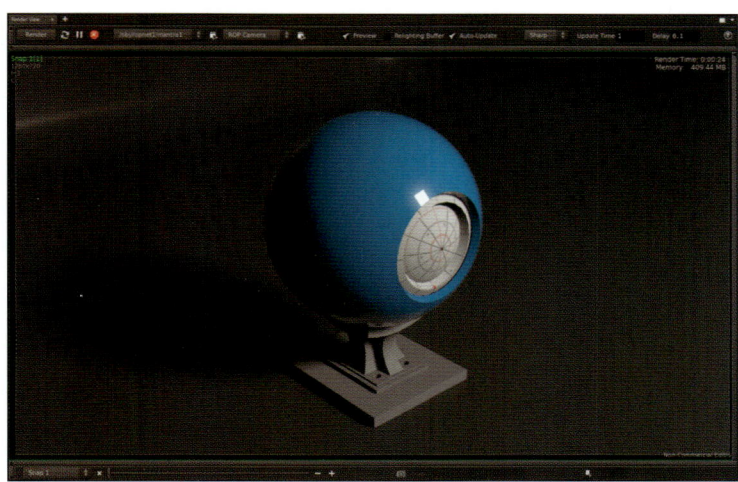

14 이제 Reflect Coat는 해제하고, Refract 탭으로 이동하여 Enable Refractions을 체크한 후 리프랙션의 결과를 좀 더 확실하게 확인하기 위해 Intensity 값을 3으로 설정합니다. 그리고 다시 렌더를 걸어봅니다. 그러면 그림처럼 구가 살짝 투명한 유리처럼 보이며, 비춰지는 사물이 왜곡되어 보입니다. 이렇게 보이는 이유는 Refract가 바로 굴절을 표현하기 위한 옵션이기 때문입니다. 이렇듯 Refractions 음료수이나 수조, 구슬 등과 같은 굴절이 필요한 오브젝트에 사용됩니다.

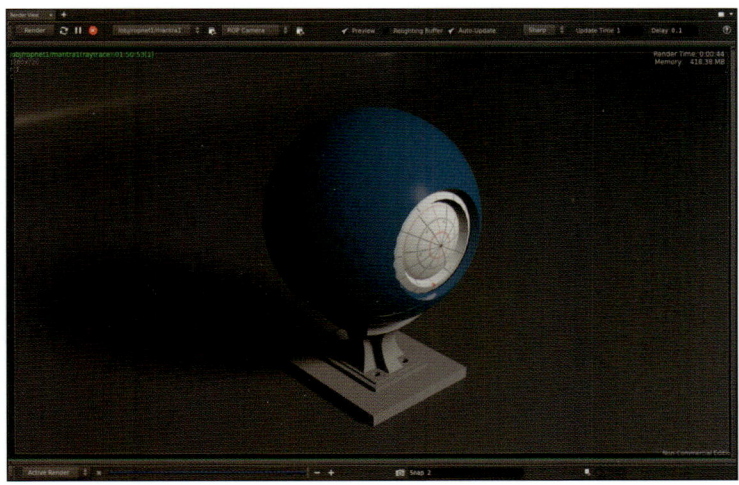

후디니뿐만 아니라 3D를 처음 접하는 유저들이 많이 헷갈려 하는 것이 Reflect(반사)와 Refract(굴절)입니다. 굴절에 대한 요소가 담긴 물질, 예를 들어 유리나 액체 같은 경우엔 빛이 물체 내부에 투과되어 왜곡되어 보이게 되는데, 이것이 바로 굴절이 있기 때문에 나타나는 현상입니다. 셰이더 볼의 구에 Refract(굴절)를 적용했기 때문에 빛의 굴절에 의해 구 안쪽이 보이게 되는 것이며, 동시에 Reflect(반사)에 대한 값 또한 적용이 되어있기 때문에 구의 표면에 빛이 반사되고, 주변 사물이 반사되는 것입니다. Diffuse, Reflect, Refract 이 세 가지 옵션의 값을 조절해 가며, 어떠한 변화가 일어나는지 살펴보도록 합니다.

15 이번엔 Emission 탭으로 이동하여 Enable Emission을 체크한 뒤 Intensity를 10으로 설정한 후 렌더를 걸어보면 그림처럼 자체 발광하는 흰색 구가 표현됩니다. 방금 활성화한 Emission이라는 옵션은 자체적으로 발광을 하도록 해 주는 옵션입니다. 기존에 Diffuse, Reflect, Refract 등에서는 볼 수 없는 물체에서 발산된 빛이 바닥에 반사되는 것을 볼 수 있습니다.

16 이번엔 Emission의 좌측에 있는 Subsurface Scattering 탭에 대해 알아보겠습니다. 이 탭은 줄여서 SSS라고도 부릅니다. 그렇다면 SSS란 것은 무엇일까요? SSS를 사용하기 전에 Mantra Surface를 하나더 생성한 후 라이트와 오브젝트를 새로 생성해 봅니다.

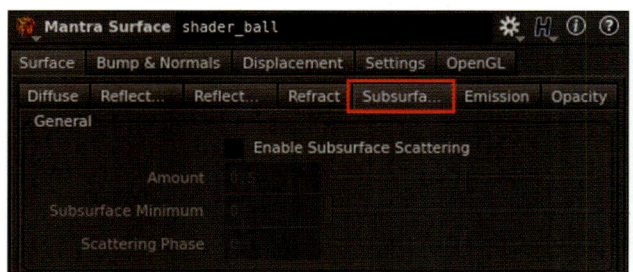

17 먼저 Mantra Surface를 추가한 다음 이름을 pig로 변경합니다. 이어서 새로운 Sop 네트워크를 생성한 후 Pig Head와 Material 노드를 생성하여 연결합니다. 그다음 Material 노드의 파라미터에 셰이더의 경로를 입력합니다.

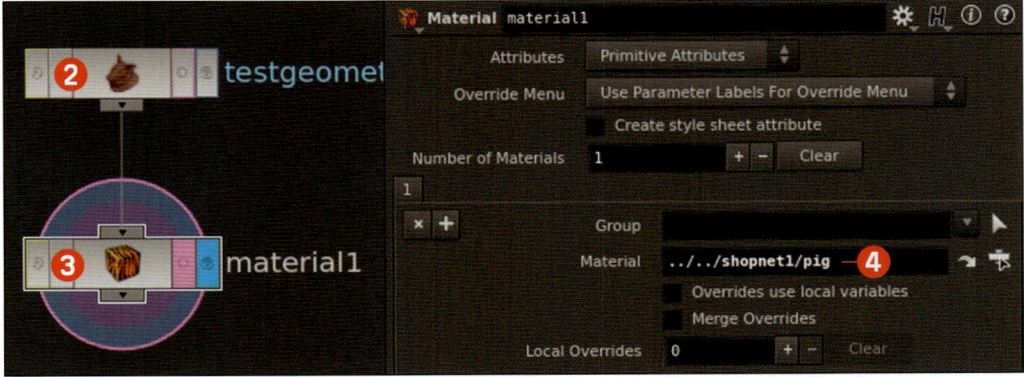

18 obj 레벨로 이동한 후 탭 메뉴를 통해 Environment Light를 생성하고, 파라미터의 Light Intensity를 0.2로 설정합니다.

19 Shelt Tool에서 Spot Light를 생성한 후 다음의 그림과 같이 Pig Head의 뒤쪽에 위치를 시키고, Intensity 와 Cone Angle을 10으로 설정합니다. 여기서 Cone Angle은 Spot Lgiht가 비추는 범위입니다. 여기서 원하는

라이트, 쉐이딩, 렌더링의 활용 **519**

위치에 라이트를 생성하는 방법은 앞서 살펴본적이 있듯이 원하는 뷰에서 [Ctrl] + [LMB] 키를 눌러 쉘프 툴(Shelf Tool)의 라이트를 생성하거나 라이트를 아무 위치에나 생성한 다음 씬 뷰의 우측 상단의 노란색 박스를 클릭하여 나타나는 메뉴에서 Look Through Light를 선택한 후 이동하여 원하는 라이트를 생성할 수도 있습니다. 이와 같은 방법으로 라이트를 생성하면 라이트가 바라보는 뷰로 이동되는데, 카메라를 컨트롤했던 것처럼 자물쇠 아이콘을 켜준 후 직접 움직여서 위치를 설정하면 됩니다.

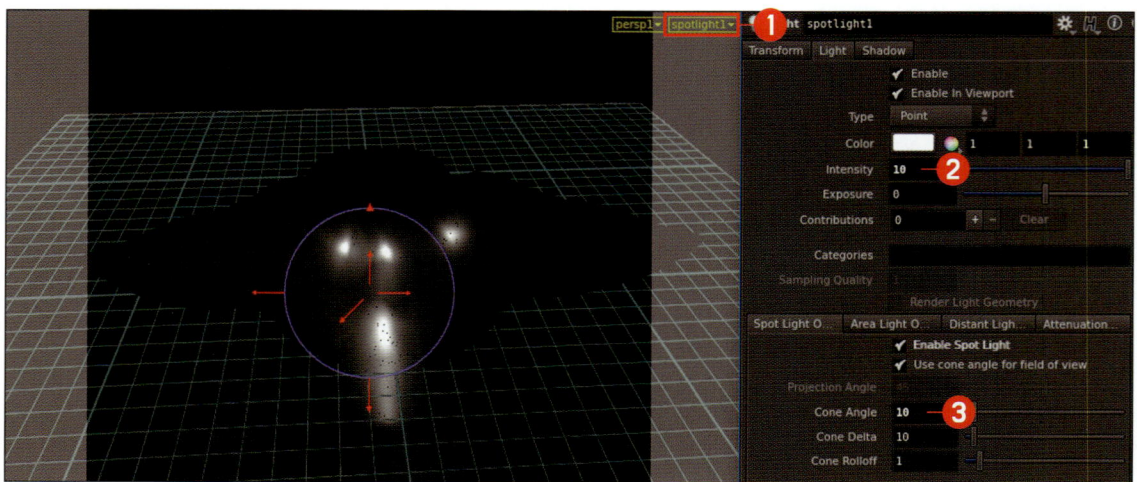

20 이제 다시 Shop 안으로 돌아가서 pig에 적용한 셰이더의 Subsurface Scattering 탭에서 Enable Subsurface Scattering을 체크하고, 그림처럼 설정합니다. 이어서 Diffuse나 Reflect 등의 다른 옵션들은 비활성화하여 렌더 뷰를 통해 결과를 확인해 봅니다.

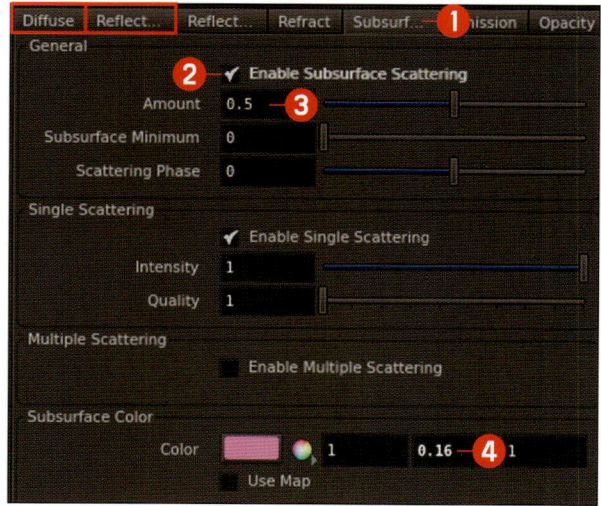

21 렌더를 하면 그림처럼 보라색의 돼지 머리가 나타나게 되는데, 뒤쪽에 위치시킨 Spot Light의 빛이 돼지 머리를 투과하여 내부가 비춰집니다. 이처럼 SSS는 빛이 물체를 투과하여 내부에서 산란되는 특성을 가지고 있습니다. 대표적으로 사람의 피부를 표현할 때 유용한 쉐이더입니다. 손전등이나 촛불을 켠 뒤 자신의 귀나 손가락에 비추면 빛이 투과되어 피부의 안쪽까지 빛이 들어가는 것을 볼 수 있을 것입니다.

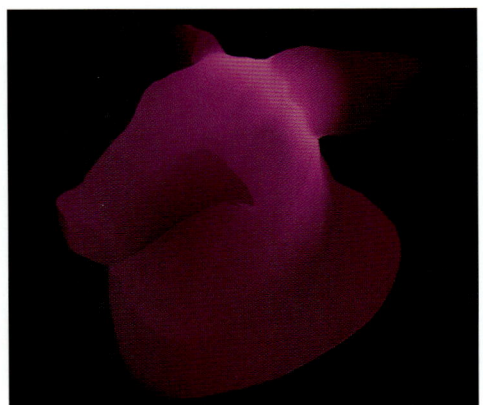

셰이더(Shader) 사용하기

이번 학습에서는 후디니의 쉐이더에 대해 알아보도록 하겠습니다.

만트라 서페이스와 프린시플 셰이더 사용하기

이번에는 후디니의 수많은 쉐이더 중에서 가장 간단하고 유용하게 사용할 수 있는 만트라 서페이스(Mantra Surface) 쉐이더와 프린시플(Principled) 쉐이더에 대해 알아보도록 하겠습니다.

01 앞선 학습에서 쉐이더를 생성했던 Material Palette를 들어가면 그림과 같이 수많은 쉐이더 프리셋이 존재합니다.

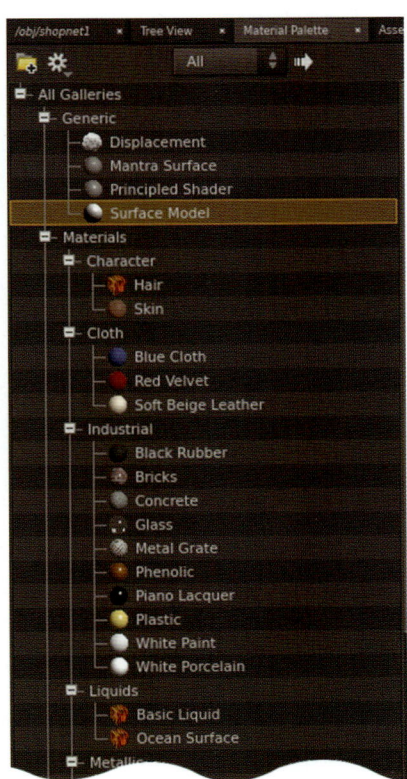

02 이 중 Industrial 안에 있는 Bricks 셰이더를 Shop으로 끌어다 놓습니다.

03 이제 생성된 Bricks 셰이더를 앞선 학습에서 살펴보았듯이 오브젝트(셰이더 볼)에 끌어다 놓습니다. 이때 나타나는 Drop Actions 선택 창에서 두 번째 메뉴인 구에 해당하는 그룹에만을 적용하면 그림처럼 텍스처가 셰이더의 볼 부분에 적용됩니다. 렌더 뷰에서 렌더를 걸어보면 Bricks 셰이더가 적용됐으며, 제법 사실적으로 표현된 것을 볼 수 있습니다. 이렇듯 후디니의 셰이더는 상당히 퀄리티가 높습니다.

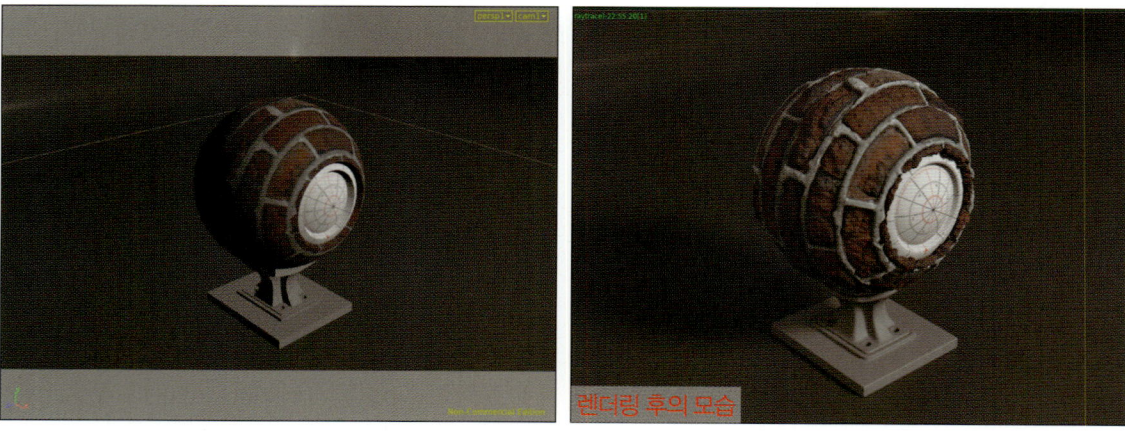

04 이번엔 Material Palette에서 Copper 셰이더를 불러온 뒤 셰이더 볼의 구 부분에 적용하도록 합니다. 그리고 렌더를 걸어보면 Copper 셰이더가 적용되는데, 앞서 적용한 두 셰이더와는 완전히 다른 재질로 표현되는 것을 알 수 있습니다.

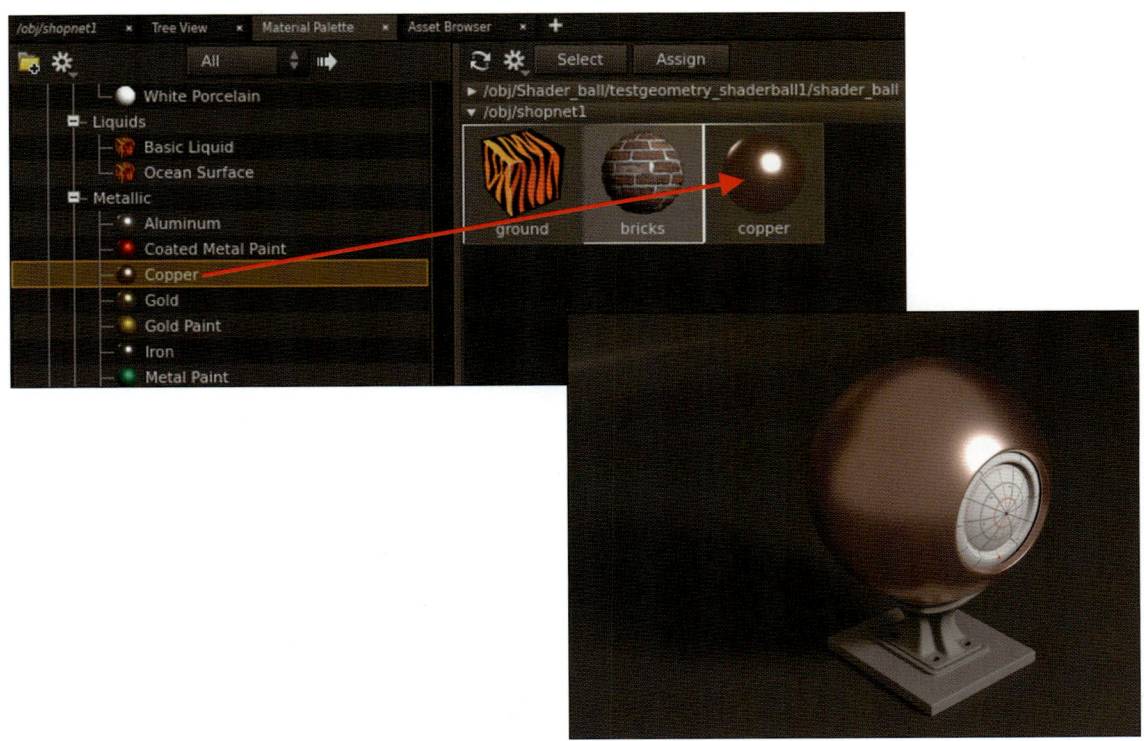

05 적용된 두 셰이더의 파라미터를 열어보면 하나는 Mantra Surface이며, 하나는 Principled Shader라는 것을 알 수 있습니다. 여기서 Mantra Surface는 후디니의 기본 셰이더로써 다양한 재질을 구현하는데 필요한 모든 변수를 컨트롤할 수 있게 해 주는 셰이더입니다. 살펴보았던 것처럼 파라미터에는 각 옵션에 대한 탭이 있으며, 탭에 들어가서 해당 옵션에 대한 설정을 하면 됩니다.

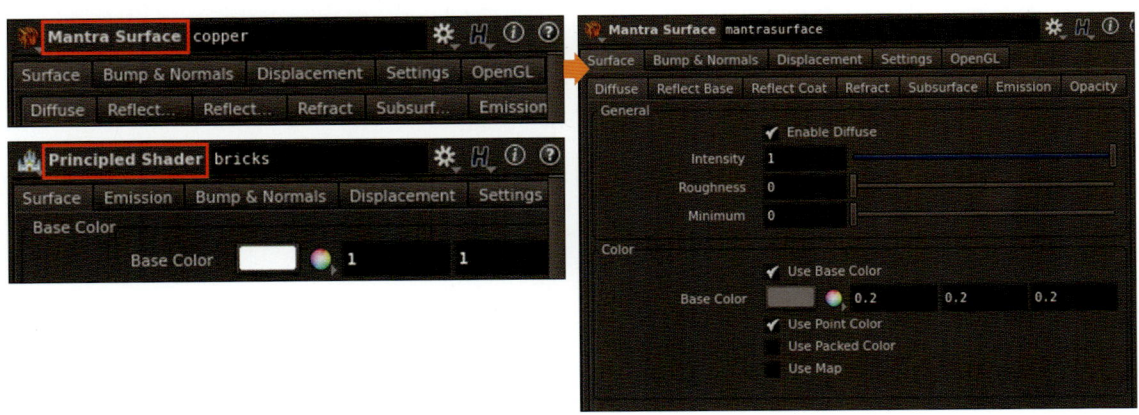

라이트, 쉐이딩, 렌더링의 활용 **523**

06 Principled Shader는 15버전부터 탑재된 셰이더로써 세계적인 애니메이션 스튜디오인 디즈니의 셰이더 입니다. Pincipled Shader는 물리적 기반(Physically-based)의 셰이더이며, Mantra Surface처럼 모든 변수를 컨트롤하여 결과물을 만들기보다는 훨씬 간단하면서 직관적인 설정들을 통해 보다 쉽게 컨트롤하여 물리적으로 좋은 결과물을 만들어주는 핵심인 셰이더입니다. 둘 중 어느 셰이더를 사용할 것인지에 대해서는 정답이 없기 때문에 자신에게 맞는 쉐이더를 사용하면 될 것입니다.

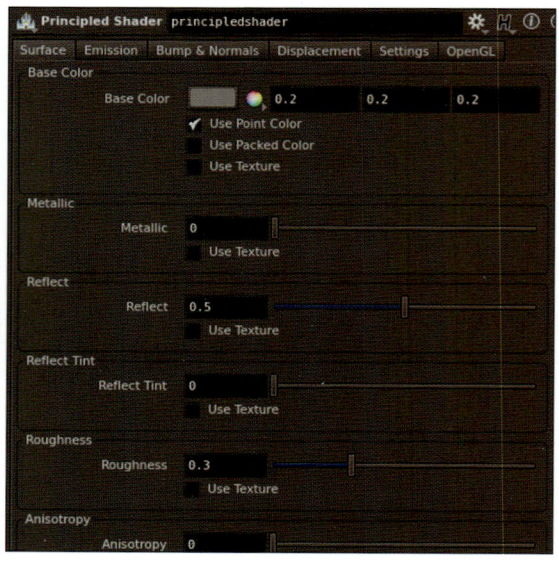

07 그런데 Mantra Surface나 Principled Shader에서 [LMB]를 누르면 나타나는 메뉴에서 Allow Editing of Contents를 선택한 후 셰이더 안으로 들어가 보면 그림처럼 셰이더를 구축하는 수많은 노드로 이루어져 있는 것을 알 수 있습니다. 앞서 hda(houdini digital assets)을 수정하거나 Sop Network의 노드 역시 수정을 할 수 있었는데, 셰이더 또한 이와 마찬가지입니다. 셰이더는 VOP으로 이루어져 있으며, 이미 제작되어있는 셰이더를 수정하여 새로운 프리셋으로 만들 수도 있습니다. 그렇다면 직접 셰이더를 만들기 위해서는 어떻게 해야 할까요?

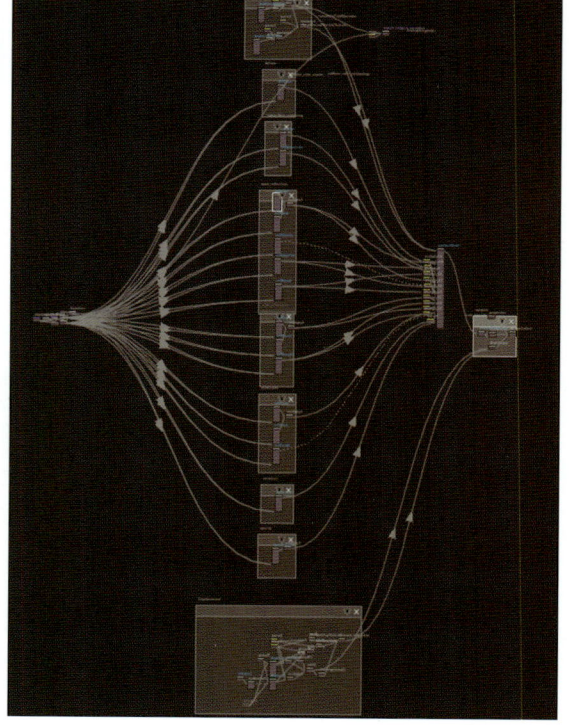

매터리얼 셰이더 빌더 사용하기

이번 학습에서는 직접 셰이더를 만들어 볼 수 있는 매터리얼 셰이더 빌더에 대해 알아보도록 하겠습니다.

01 Shop Network의 탭 메뉴에서 Material Shader Builder를 생성합니다. 그러면 그림처럼 vopmaterial이라는 이름의 노드가 생성됩니다.

02 이어서 노드의 안으로 들어가 보면 그림과 같이 총 5개의 노드가 기본적으로 존재하는데, 노드이 모양이 Sop에서 보았던 Vop Network와 매우 흡사합니다. Sop에서 사용했던 것과 동일하게 Material Shader Builder 역시 Vop이며, Add, Multiply, Subtract, Cross Product, Vector to Float 등의 노드들이 존재합니다. 하지만 셰이더를 위한 Vop인 만큼 Sop에서 다루었던 Vop과는 다르게 셰이더를 설정하기 위한 노드들이 존재하며, Input에 대한 어트리뷰트를 불러오는 Global 노드의 어트리뷰트 또한 Sop에서 사용하는 Vop과는 다릅니다.

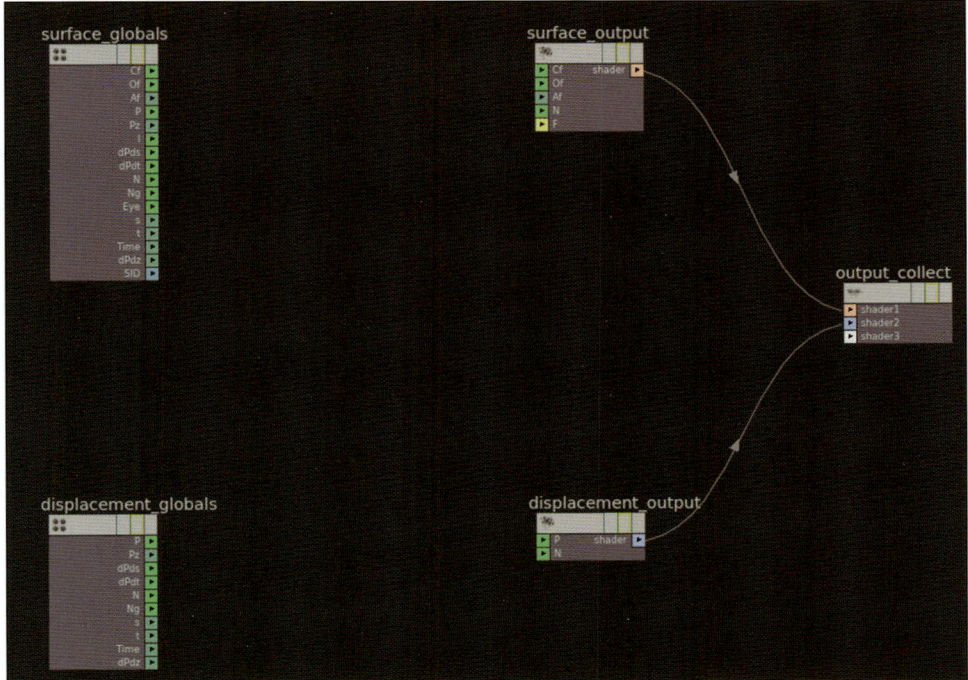

03 Material Shader Builder의 탭 메뉴에서 Surface를 검색하면 그림처럼 네 가지의 노드가 나타나지만, Sop의 Vop에서 Surface를 검색하면 OpenSubdiv Limit Surface밖에 검색되지 않습니다. 그렇다면 Material Shader Builder에서 Surface Model Shader를 생성해 봅니다.

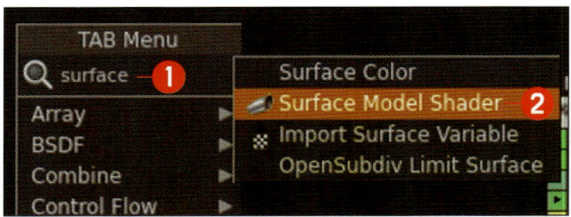

04 Surface Model Shader를 생성하면 자동으로 surfaace_output 노드에 연결이 되며, Compute Lighting이라는 노드도 함께 생성이 됩니다. Surface Model Shader의 파라미터를 보면 그림처럼 나타나게 되는데, Mantra Surface의 파라미터와 유사하며, 사용법 또한 비슷합니다.

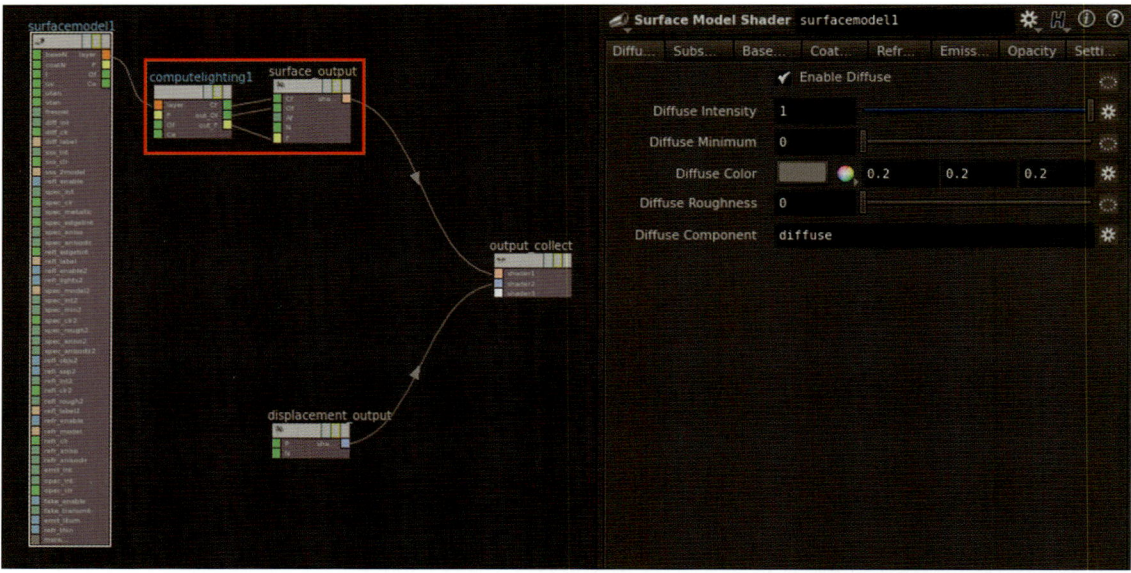

05 Surface Model Shader를 생성해 놓은 상태에서 Shop으로 돌아온 뒤 셰이더를 끌어다 구에 적용을 합니다. 그다음 Surface Model Shader에서 아무 설정을 하지 않은 상태에서 렌더를 하면 다음의 그림과 같이 나타납니다.

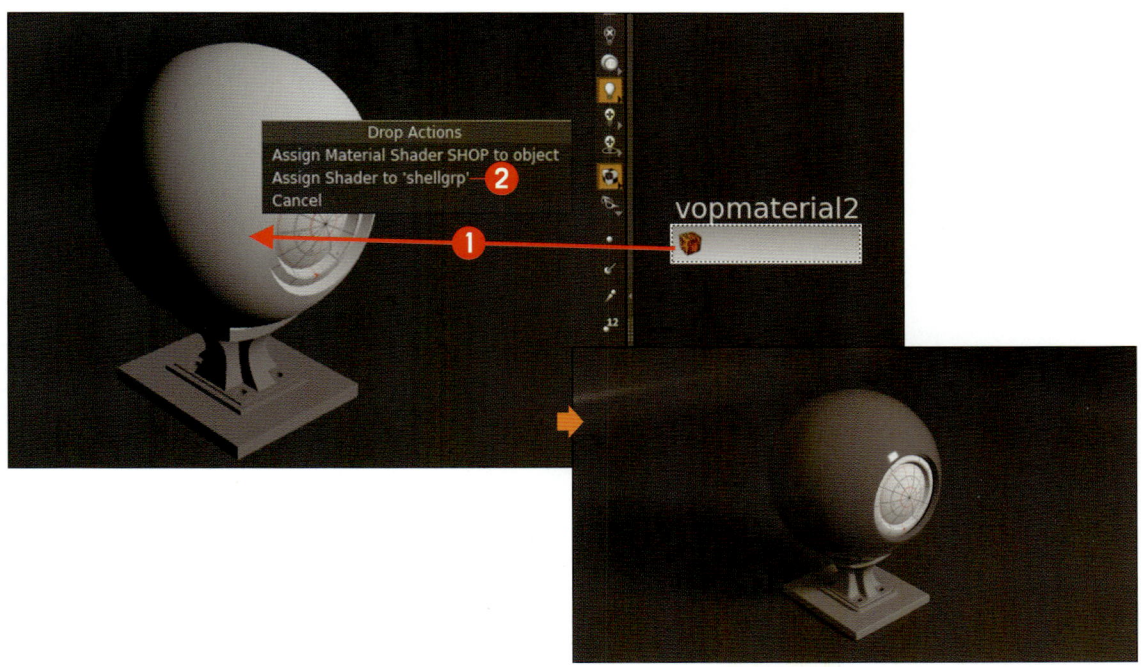

06 다시 Material Shader Builder 안으로 들어가서 Texture 노드를 생성한뒤 그림과 같이 Surface Model Shader의 Diffuse Color에 연결을 합니다.

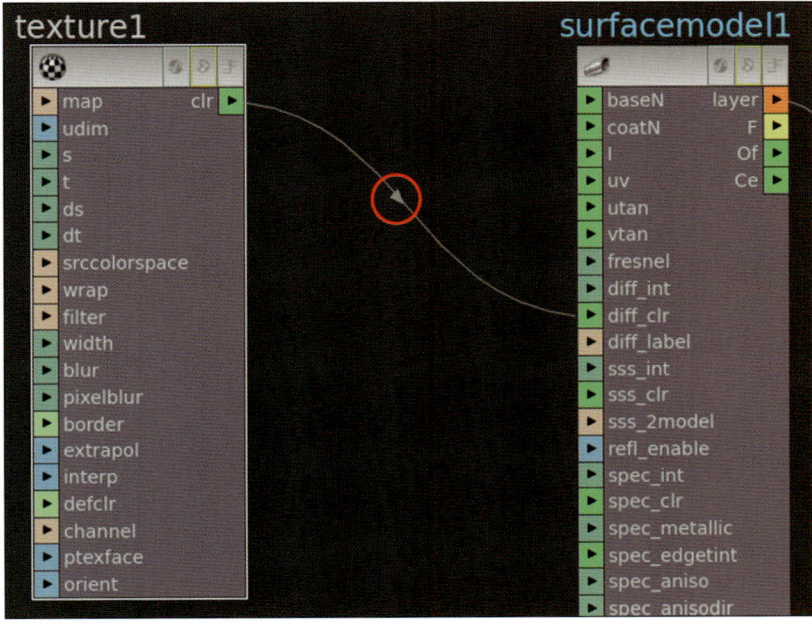

07 다시 렌더를 걸어보면 알 수 없는 이미지가 구에 씌어진 것을 볼 수 있습니다. 좀 더 확실하게 이미지를 보기 위해 Texture 노드에 입력된 이미지를 변경하고, UV 좌표를 변경해 보도록 하겠습니다.

> **Texture와 UV의 관계**
>
> 텍스처(Texture)는 CG에서 오브젝트나 셰이더를 적용할 대상에 입히는 이미지를 의미하며, 텍스처링은 대상에 텍스처를 입히는 행위를 의미하는데, 텍스처를 적용하기 위해서 좌표계를 사용하게 되는데 이러한 좌표계를 UV 좌표(혹은 ST 좌표)라고 합니다. UV 좌표는 0부터 1 사이의 범위를 가지고 있으며, 텍스처를 똑바로 적용하기 위해서는 UV 좌표의 범위와 텍스처의 크기가 일치해야 합니다.

08 Texture 노드의 파라미터에서 Texture Map에 **Mandril.pic**이라는 텍스처가 입력이 되어있습니다. 이제 텍스처를 변경하기 위해서 우측의 아이콘을 클릭합니다.

09 탐색 창이 열리면 먼저 좌측의 Locations 탭에 있는 **$HFS/houdini/pic/**을 선택하면 후디니를 설치할 때 함께 설치된 이미지들이 나타납니다. 기본적으로는 다음의 그림과 같은 모습으로 나타나지 않고, 간단하게 이름으로만 나타나게 됩니다. 여기서 목록을 [RMB]를 하여 나타나는 메뉴에서 Show Images를 선택하면 그림과 같이 모습으로 나타나게 됩니다. 이제 CherkerBoard.pic을 선택하고, [Accept] 버튼을 눌러 적용을

합니다.

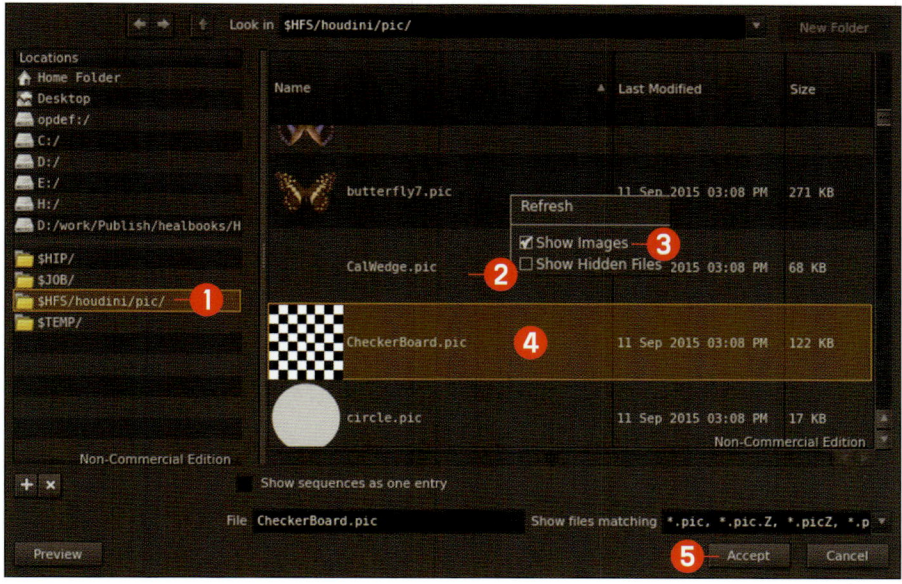

10 이어서 UV Coords 노드와 UV Position 노드를 생성한 후 그림과 같이 연결을 한 후 UV Position 노드의 파라미터에서 X Scale과 Y Scale을 모두 0.3으로 설정합니다. 여기서 사용한 UV Coords는 Vop 내에서 UV를 입력하기 위한 노드이며, UV Position은 Vop 내에서 UV의 위치나 크기를 변경할 수 있게 해 주는 노드입니다.

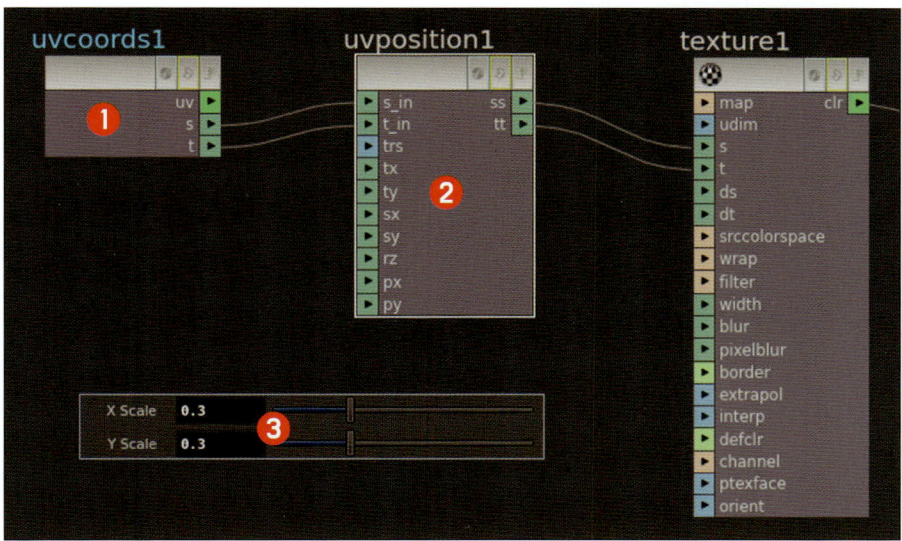

11 설정을 완료했다면 렌더 뷰를 통해 렌더링하여 결과물을 확인해 보면 그림과 같이 체크보드가 어느 정도의 크기로 보이게 됩니다. 이렇듯 Material Shader Builder를 사용해서 텍스처를 적용하면 자신이 원하는 셰이더를 직접 만들고, 컨트롤을 할 수 있습니다. 하지만 셰이더를 직접 만들어서 사용할 일이 없다면 Mantra Surface와 Principled Shader만 사용해도 무방합니다.

볼륨(Volume) 사용하기

후디니는 볼륨 또한 셰이딩과 라이팅을 할 수 있는데, 이번에는 볼륨 사용법에 대해 간단하게 살펴보도록 하겠습니다.

01 이번엔 Volume에 셰이더를 입히기 위해 셰이더 볼 아래쪽에 IsoOffset을 생성하여 연결한 뒤 Uniform Sampling Divisions을 30으로 설정합니다.

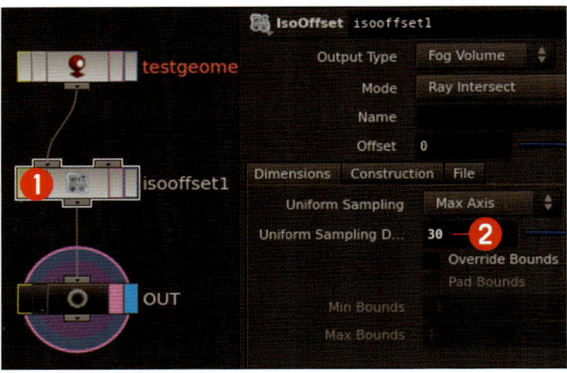

02 이어서 볼륨에 셰이더를 적용하기 위해 기존에 사용해 보았던 Mantra Surface와 Principled Shader가 아닌 Volume 안에 있는 Basic Smoke 셰이더를 Shop으로 갖다놓습니다. Volume은 Basic Smoke와 Billowy Smoke를 통해 간단한 렌더를 할 수 있습니다.

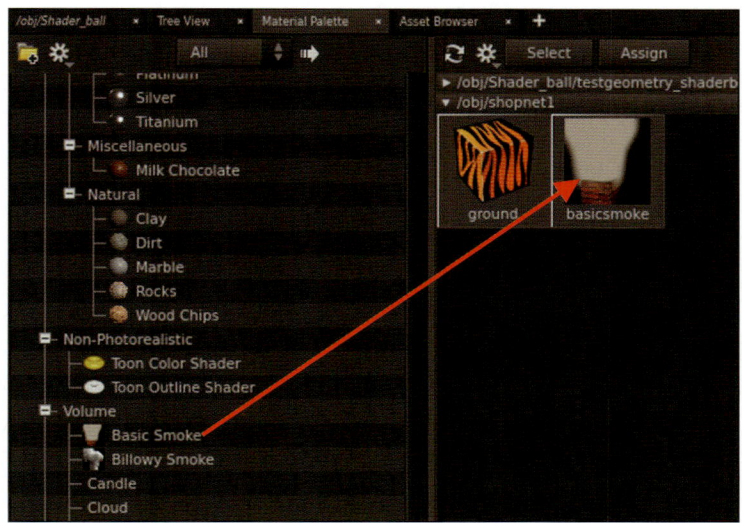

03 Sop의 파라미터에서 Material의 경로에 방금 생성한 Basic Smoke를 입력하고, 셰이더의 색상을 원하는 색으로 변경합니다. 그다음 렌더 뷰를 통해 렌더링을 해 보면 변경한 색상이 그대로 적용되며, 볼륨에 셰이더가 적용이 된 것을 볼 수 있습니다.

파티클(Particle) 사용하기

이번엔 파티클을 렌더를 하는 방법을 알아보기 위해 Pop Network에서 예제로 만들었던 포털을 렌더링해 보겠습니다.

01 먼저 새로운 Sop을 생성한 후 안으로 들어가서 File 노드를 통해 예제 폴더안에 있는 [exam_file] - [Part_3] - [Portal.bgeo]를 불러옵니다. 그러면 다음의 그림처럼 포털의 한 프레임이 불러와집니다.

02 이제 새로운 Area Light를 생성한 뒤 적당한 위치로 이동하고, Intensity에는 10, Exposure에는 3을 설정합니다. 그다음 역시 새로운 카메라를 생성하여 그림과 같은 뷰로 설정합니다. 방금 설정한 Exposure 값은 Area Light의 거리에 따라 조절을 하면 됩니다.

03 이번엔 기존에 사용했던 Area Light는 파라미터에서 Enable을 해제하여 작동이 되지 않도록 해 주고, 새로 만든 Sop 이외의 Sop은 디스플레이를 꺼서 렌더 뷰에 나타나지 않도록 합니다.

04 그림에서 표시된 Camera to render through를 통해 렌더를 하게 되는 카메라를 새로 생성한 카메라로 변경한 뒤 렌더링을 해 보면 그림과 같이 포털을 이루고 있는 파티클들이 렌더링되며, 라이트의 영향을 받아 입체적으로 표현되는 것을 볼 수 있습니다. 그런데 예제를 통해 만들었던 것은 분명 포털이었는데, 파티클들이 작은 알갱이처럼 나타나는 것을 볼 수 있습니다.

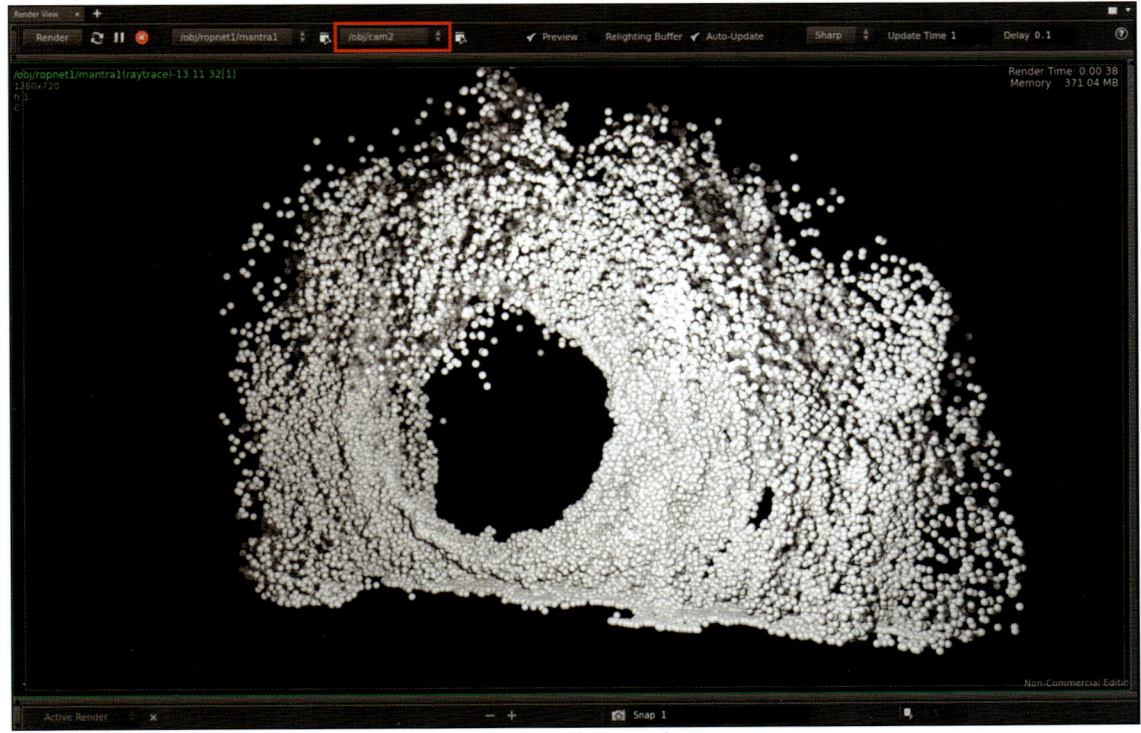

05 Sop 안으로 들어가서 File 노드 아래쪽에 Attribute Wrangle을 생성하여 연결하고, 다음과 같이 입력을 합니다.

f@pscale = 0.008;

라이트, 쉐이딩, 렌더링의 활용 **533**

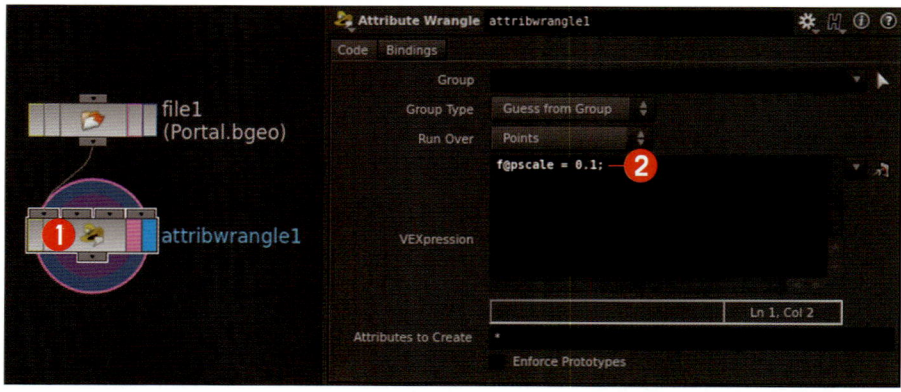

06 다시 렌더를 해 보면 파티클의 크기가 더욱 작아진 것을 볼 수 있습니다. 파티클을 렌더할 때 파티클 크기를 조절하기 위해서는 위와 같이 Sop에서 pscale 어트리뷰트의 값을 통해 컨트롤을 할 수 있으며 또한 width라는 어트리뷰트를 통해서도 크기를 조절할 수 있습니다.

07 확인해 보기 위해 Attribute Wrangle을 하나 더 생성하여 File 노드 아래쪽에 연결한 뒤 f@width = 0.001;를 입력합니다.

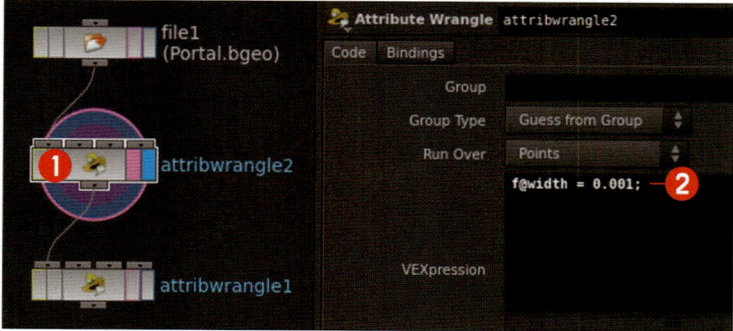

08 pscale이 적용된 Attribute Wrangle의 렌더 플래그를 켜준 후 렌더를 하면 그림처럼 0.001의 크기로 파티클이 표현됩니다. 그런데 무언가 이상한 점이 있습니다. 분명 이전과 동일한 0.008이 입력된 pscale이 적용된 노드가 맨 아래쪽에 있기 때문에 동일한 결과가 나와야 하는데, width 값인 0.001이 적용되어 렌더가 되었습니다. 이것은 후디니의 기본 렌더러인 만트라는 포인트를 렌더할 때 크기를 결정하기 위한 어트리뷰트의 우선 순위 중 width가 가장 우선으로 계산하기 때문입니다. 그러므로 pscale 노드가 가장 끝에 있어도 width의 값을 이용하여 렌더가 되는 것입니다.

09 이제 색상을 적용하기 위해 width를 적용했던 Attribute Wrangle 노드를 제거하고, 그 자리에 Attribute Vop을 생성하여 연결합니다.

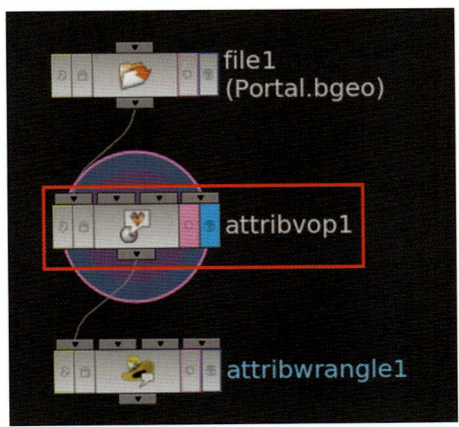

10 계속해서 Vop 안으로 들어가서 다음의 그림과 같이 노드를 구성하고, Fit Range의 파라미터에 값을 그림과 같이 설정합니다. 그리고 씬 뷰를 보면 그림처럼 포털이 생성되는 링 부분은 검은색으로 나타나고, 바깥쪽으로 갈수록 흰색의 파티클이 됩니다. Vop을 이용해서 age 어트리뷰트의 길이(Length)를 설정한 뒤 Fit

라이트, 쉐이딩, 렌더링의 활용 **535**

Range를 이용하여 범위를 조절합니다. 그다음 Ramp Parameter를 생성하여 연결한 후 Output의 Cd에 연결하여 age에 따라 색상이 표현되도록 하였습니다.

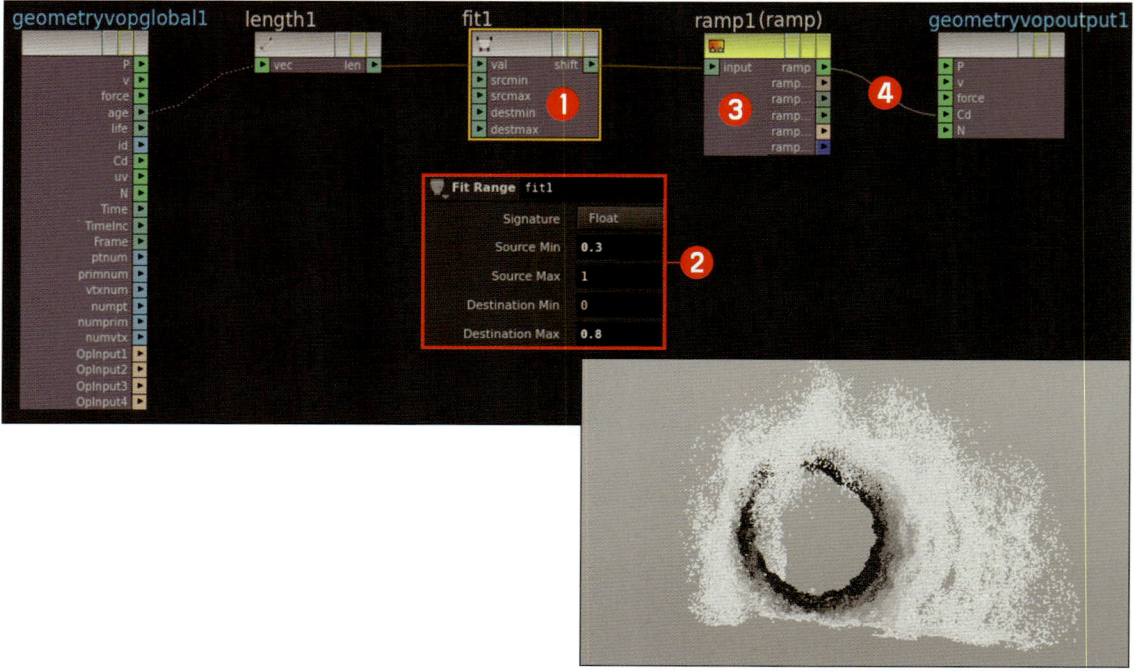

11 방금 age 어트리뷰트에 따라 색상이 나타나도록 했기 때문에 이제 Ramp의 색상을 검정과 흰색이 아닌 주황계열의 색상으로 변경하며, 흰색 부분은 어두운 주황색이 되도록 합니다. 그리고 다시 렌더를 걸어보면 Ramp에서 적용한 색상대로 포털이 생성되는 링 부분은 주황색, 바깥쪽으로 나갈수록 좀 더 탁한 주황색이 나타나는 것을 볼 수 있습니다. 현재의 결과가 나름 포털 느낌이 나기는 하지만 파티클의 크기가 동일하다 보니 포털의 링 부분에 집중되는 느낌이 약합니다.

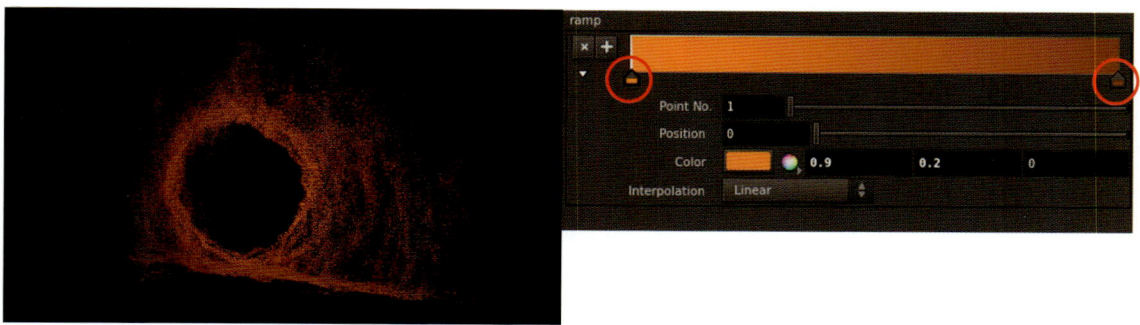

12 이번엔 age 어트리뷰트 값이 높아질수록 파티클이 작아지도록 하기 위해 다시 Vop 안으로 들어가서 그림처럼 Fit Range와 Bind Export 노드를 생성하여 연결하고, Bind Export 노드의 파라미터에 있는 Name에 **age**를 입력합니다. 그다음 Fit Range에 그림과 같이 값을 설정합니다.

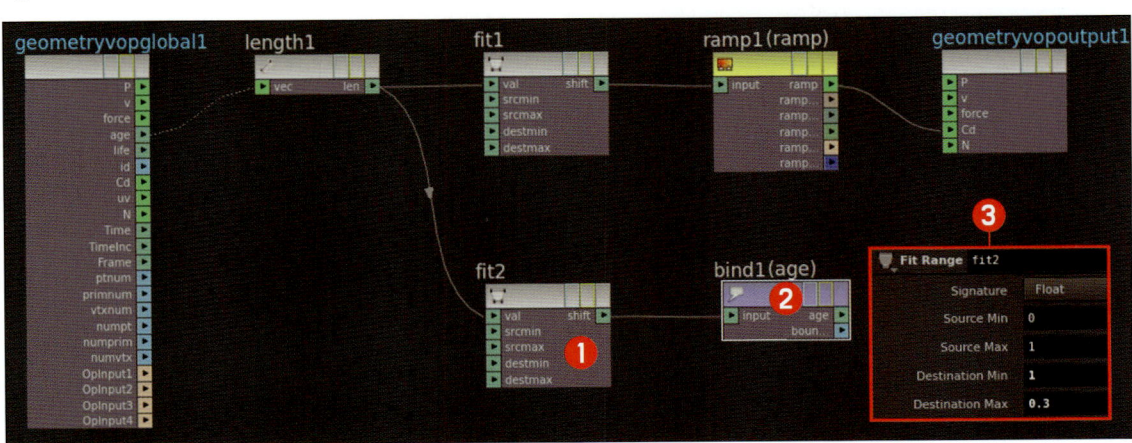

13 Fit Range의 Destination Min과 Destination Max의 값을 각각 1과 0.3으로 변경하여 범위가 반전이 된 age 어트리뷰트를 pscale에 적용하기 위해 pscale이 적용된 Attribute Wrangle 파라미터를 f@pscale = 0.008 * @age;으로 수정합니다.

14 이제 렌더를 걸어 결과물을 확인해 보면 파티클이 생성된 직후의 파티클은 pscale이 크고, 점차적으로 작아지는 파티클이 됩니다. age 어트리뷰트를 Fit Range로 범위를 변경한 뒤 다시 age로 값을 입력한 것은 파티클의 age를 Fit Range를 통해 반전시키기 위함입니다. 만약 기존의 age를 그대로 사용한다면 링 부분은 파티클의 스케일이 작아서 링이 없는 것처럼 보이고, 바깥쪽으로 나갈수록 스케일이 큰 파티클이 나타나게 됩니다. 다음으로 파티클에 모션 블러를 적용해 보도록 하겠습니다.

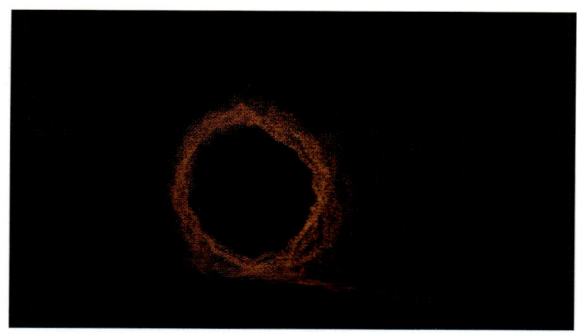

15 obj 레벨로 이동하여 Sop의 파라미터에서 Geometry Velocity Blur를 체크합니다. 이 옵션은 Sop을 렌더링할 때 블러의 적용 여부를 결정하며, Velocity(속도) 어트리뷰트로 계산을 하게 됩니다. 이어서 Rop 안으로 들어가 만트라의 파라미터에서 Rendering 탭에 있는 Allow Motion Blur를 체크합니다. 렌더링을 할 때 모션 블러를 사용하기 위해서는 이 두 가지 옵션을 체크해야 합니다. 이제 렌더를 걸어보면 모션 블러가 적용되는데, 현재는 별다른 차이가 나지 않습니다. 그 이유는 모션 블러는 Velocity를 통해 계산을 하기 때문인데, 현재는 포털 자체에 Velocity 어트리뷰트가 느리기 때문입니다. 포털에 적용된 Velocity를 보면 원형으로 되어있지 않고 바깥쪽으로 퍼져나가는 형태입니다.

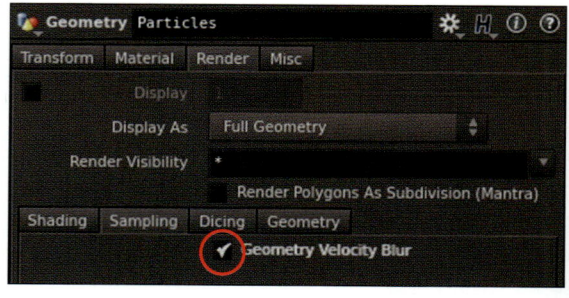
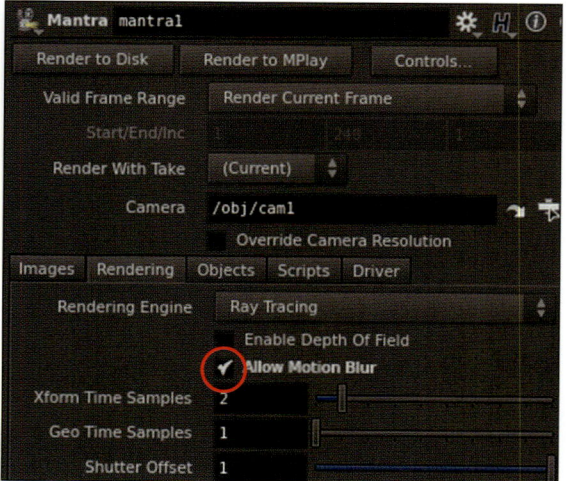

16 원형으로 회전하는 Velocity를 표현하기 위해 다음의 그림처럼 Multiply를 생성하여 노멀과 fit2를 통해 반전을 시킨 age를 곱해주고, Multiply의 Input 3를 Promote시킵니다. 이어서 Multiply 노드에서 Promote한 Input 3의 Label에 **Velocity Mult**라고 입력하고, 값은 15로 설정합니다. 앞서 포털을 만들 때 이전 포인트를

바라보는 노멀을 생성해 두었으며, 이 노멀과 시간이 지날수록 값이 낮아지는 age를 곱하여 Velocity로 연결을 시키면 링 부분은 값이 높은 Velocity가 적용되고, 바깥쪽으로 갈수록 Velocity가 약해지게 됩니다. 설정 후 다시 렌더를 걸어보면 그림처럼 모션 블러가 적용된 포털이 표현됩니다.

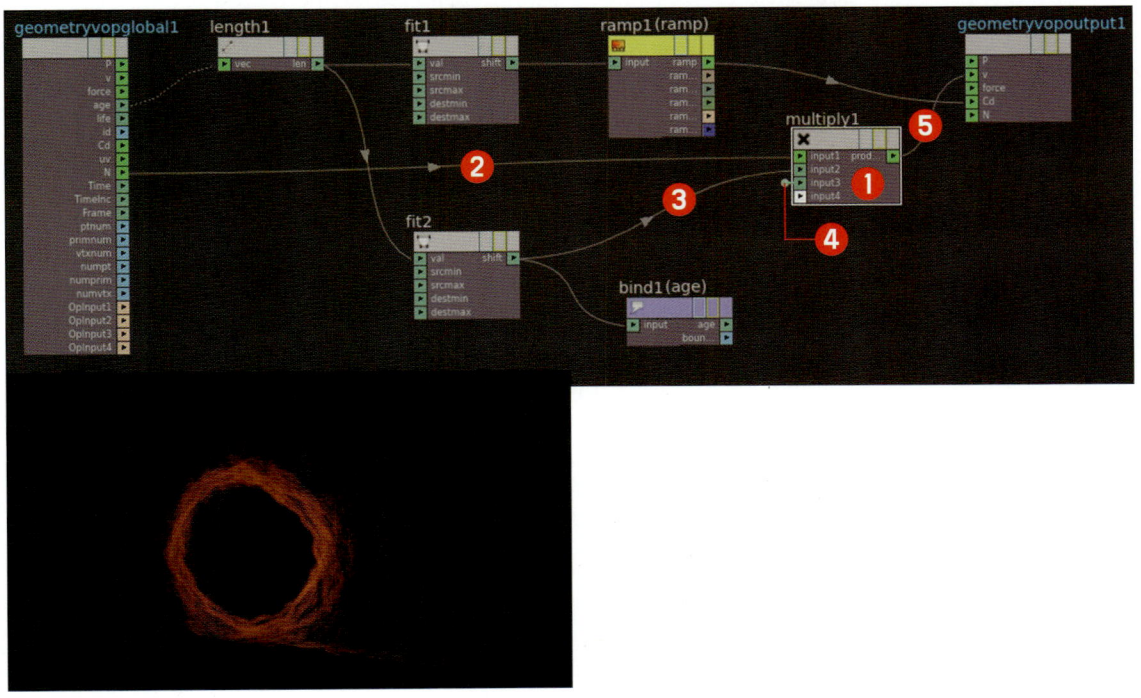

17 마지막으로 파티클에 Glow를 적용하기 위해 Material Palette에 있는 Glow를 Shop에 적용합니다.

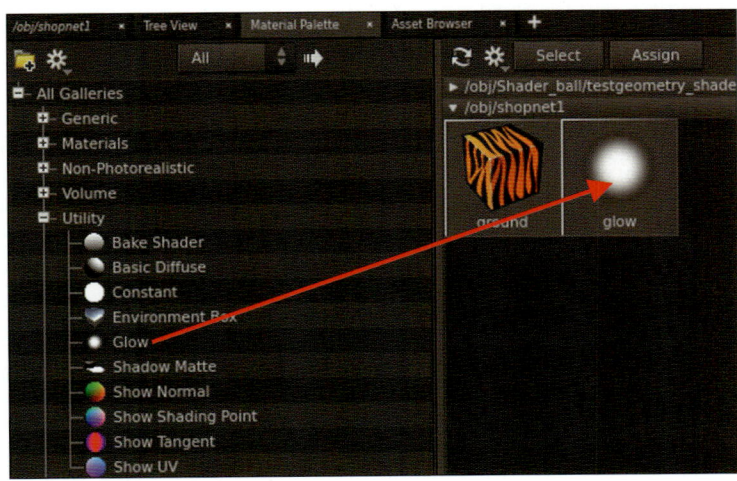

라이트, 쉐이딩, 렌더링의 활용 **539**

18 Glow 셰이더의 파라미터를 그림과 같이 설정하고, 셰이더를 적용하기 위해 Sop의 Material에 Glow 셰이더의 경로를 입력하여 적용합니다.

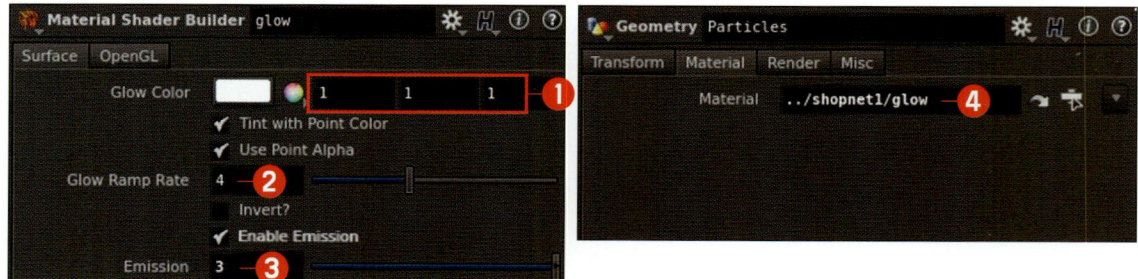

19 최종적으로 렌더링하여 결과물을 확인해 보면 모션 블러와 Glow가 적용된 파티클이 제대로 표현됐습니다. 이처럼 파티클은 pscale이나 width 어트리뷰트를 이용하여 크기를 컨트롤하고 어트리뷰트에 따라 색상을 적용하거나 오브젝트처럼 셰이더를 이용하여 Diffuse, Reflect, Refract 등 또한 제어를 할 수 있습니다.

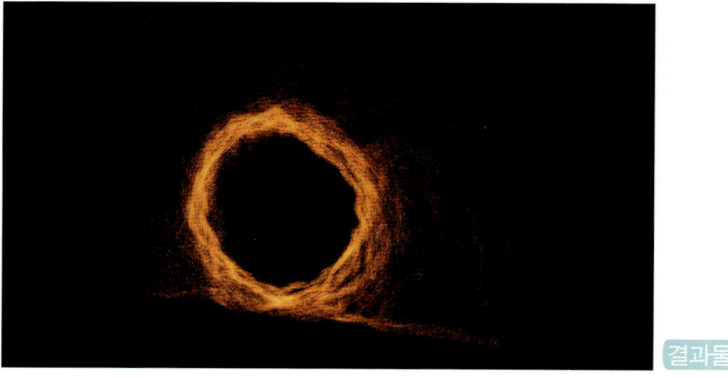

결과물

라이트와 카메라 사용하기

이번 학습에서는 Light와 Camera에 대해 알아보겠습니다. 여기서 라이트는 Spot Light와 Area Light, Environment Light에 대해 알아볼 것이며, 카메라는 앞서 살펴본 것과 동일합니다.

01 현재 Area Light가 생성된 위치를 다음의 그림과 동일하게 하고 싶다면 Area Light의 Transform 탭에서 Translate와 Rotate를 그림과 같은 값을 입력하고, 이어서 Light탭의 Intensity를 6, Exposure를 0으로 설정합니다. Light와 Camera를 보기 위해서는 렌더 타임을 줄여야 하기 때문에 셰이더는 모두 제거를 한 후 렌

더 뷰를 통해 렌더를 합니다.

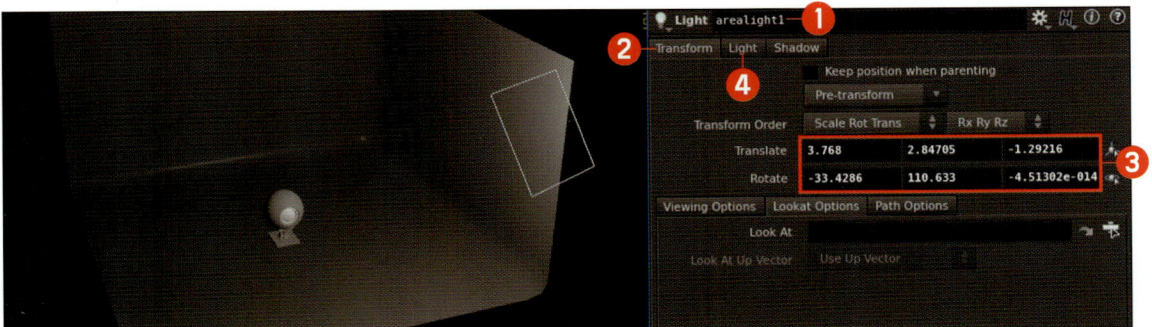

02 렌더를 하면 아래 그림처럼 나타납니다. 여기서 Intensity의 값을 증가하면 빛의 세기가 올라가게 되는데, Shelf Tool에서 라이트를 생성하면 Exposure에 값이 입력이 되어있는 것을 볼 수 있습니다.

03 Exposure 값은 빛의 강도에 곱이 되는 값입니다. 0인 상태에서는 Intensity 값이 그대로 적용되지만 1을 입력하면 Intensity에 2가 곱해져 12가 되며, 2를 입력하면 24가 됩니다. 그림은 Intensity에 12를 입력한 결과물로써 Intensity에 6을 입력하고, Exposure에 1을 입력해도 동일한 세기의 결과물이 나오게 됩니다.

라이트 옵션 사용하기

앞선 학습에서 만든 바닥에 비친 그림자를 보면 꽤나 부드럽게 표현되었습니다. 여기서 만약 그림자를 더 부드럽게 하고 싶다면 어떤 값을 컨트롤하면 될까요?

01 Light의 파라미터 하단을 보면 네 가지 탭이 있으며, 라이트의 종류에 따른 세팅을 할 수 있습니다. 지금 다루어볼 옵션은 Area Light Options 탭에 있는 Area Size입니다. 두 값을 2로 설정한 뒤 다시 렌더를 걸어봅니다.

02 Area Size를 2로 증가한 후 렌더를 걸어보면 쉐도우가 훨씬 부드럽게 퍼져나가는 것을 알 수 있습니다. 일반적인 3D 툴에서의 Area Light는 광원의 면적에 따라서 빛의 세기에 변화가 생기지만, 후디니에서의 Area Light는 광원의 면적에 따라서 쉐도우의 Softness(부드러움)가 제어됩니다.

03 만약 쉐도우의 경계가 선처럼 뚜렷하게 나타나도록 하고 싶다면 Area Size를 0에 가까운 값이 되도록 설정하면 다음의 그림처럼 나타납니다. 그렇다면 마야(Maya)와 같은 일반적인 3D 툴처럼 광원의 면적에 따라 빛의 세기가 결정되도록 하려면 어떻게 해야 할까요?

04 Area Size의 아래쪽에 있는 Normalize Light Intensity to Area를 해제하면 일반적인 3D 툴에서의 Area Light처럼 광원의 면적에 따라 빛의 세기가 결정되도록 할 수 있습니다. 이 옵션을 해제한 후 Area Size를 0에 가깝게 설정하면 빛이 그만큼 약하게 표현되기 때문에 원하는 만큼 값으로 증가한 후 렌더를 해 보면 Area Size에 따라 빛의 세기에 변화가 생기는 것을 볼 수 있습니다.

05 이어서 Area Light Options 탭에는 Enable Edge Falloff라는 옵션이 있습니다. 이 옵션은 가장자리와 관련된 빛의 감쇠를 위해 사용됩니다.

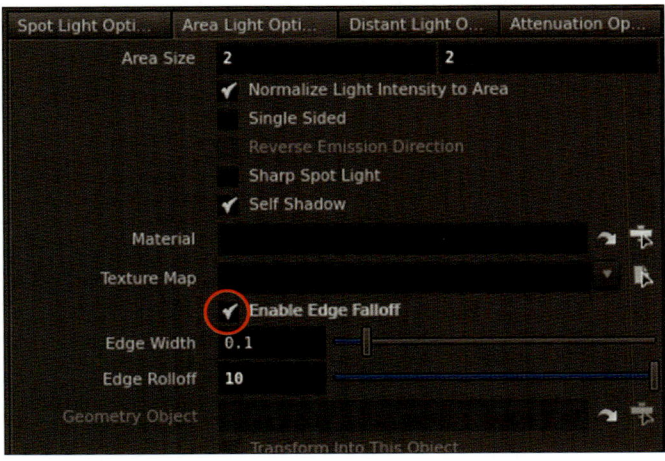

Edge Width 라이트의 중심부터 Edge(가장자리)로 갈수록 감쇠가 일어나는 백분율로써 0.1이란 값은 10%의 감쇠와 같습니다.

Edge Rolloff Edge(가장자리) 부분의 감쇠 값입니다.

06 이제 기존의 라이트를 비활성화하고, Shelf Tool에서 Spot Light를 생성합니다. Spot Light는 앞서 설명했듯이 특정 영역에 집중적으로 비추는 조명입니다. Spot Light의 옵션을 보면 Cone이라는 이름의 세 가지 옵션이 있습니다.

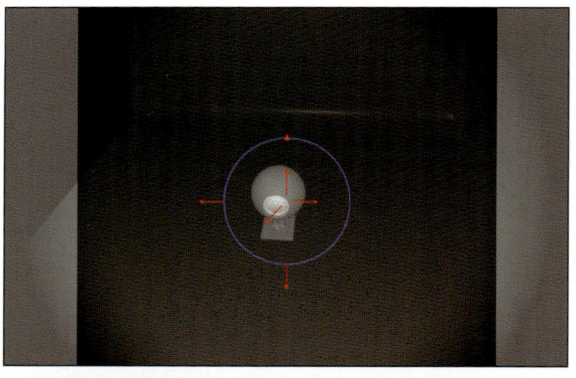

Cone Angle Spot Light의 범위를 설정합니다.

Cone Delta Spot Light의 Penumbra(반음영)에 대한 옵션으로 Cone의 바깥쪽에 퍼지는 정도를 설정합니다.

Cone Rolloff Spot Light에서 일어나는 감쇠의 정도를 설정합니다.

07 아래 그림의 왼쪽은 위의 세 옵션의 디폴트 상태의 모습입니다. Cone의 크기가 보이며, Cone으로부터 빛이 부드럽게 퍼져 있으며, 오른쪽 그림은 Cone Delta 값을 20으로 설정한 모습으로 Cone의 크기는 동일하지만 주변에 퍼지는 빛이 더 넓어진 것을 알 수 있습니다. 반대로 Cone Angle은 Spot의 크기 자체에 변화를 줄 때 사용됩니다.

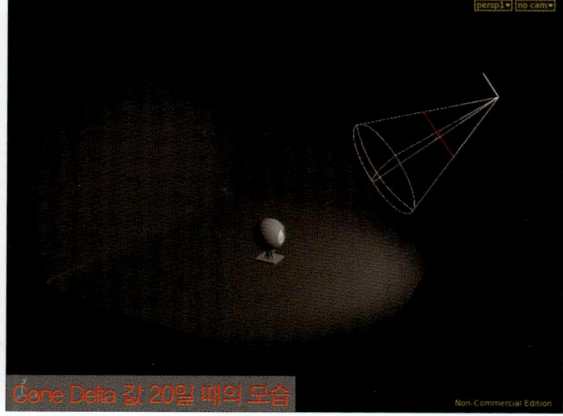

08 Cone Angle을 20으로 설정하고, Cone Delta를 10으로 설정한 다음 렌더를 걸어보면 그림과 같이 표현되는 것을 알 수 있습니다.

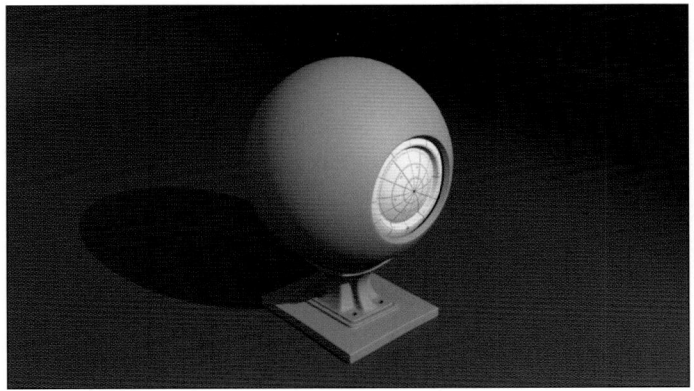

09 만약 Spot Light의 가장자리 부분을 선처럼 뚜렷하게 해 주고 싶다면 Cone Delta 값을 0으로 변경하면 됩니다. 아래 그림은 Cone Delta 값을 0으로 했을 때의 결과물입니다.

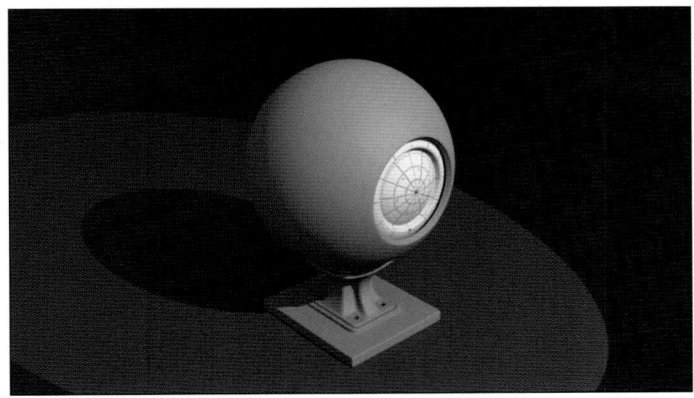

HDRI 사용하기

앞서 후디니의 Spot Light와 Area Light를 사용하는 방법에 대해 알았습니다. 이번에는 환경에 대한 표현을 해 주는 HDRI 사용법에 대해 알아보겠습니다.

01 이전 학습에서 사용된 라이트를 전부 비활성화한 후 Environment Light를 생성하여 사용합니다. 그러면 다음의 그림과 같이 표현되는데, 현재는 Env Light의 Intensity가 0.2로 설정되어 있습니다. HDRI(High Dynamic Range Imaging)는 말 그대로 고해상도의 데이터를 가지고 있는 이미지입니다.

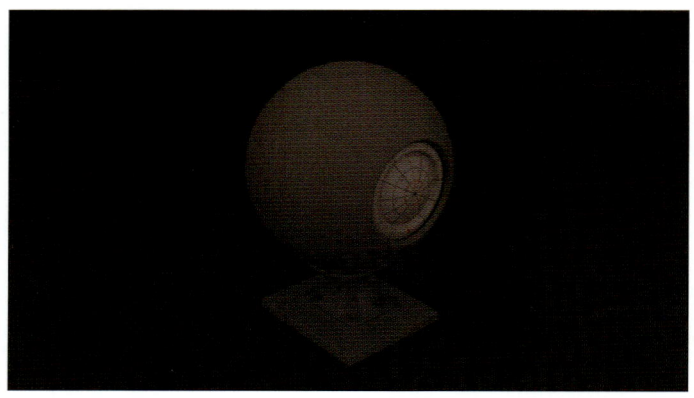

02 HDRI 이미지를 적용하기 위해 생성해 놓은 Environment Light의 파라미터의 Environment Map에 예제 폴더 [exam_file] - [Part_3] - [HDRI] - [11-13_Forest_A.hdr] 파일을 적용합니다. 이미지를 적용을 한 후 Grid의 디스플레이를 끄고, 씬 뷰를 보면 그림처럼 방금 적용한 HDRI 이미지가 나타납니다. 현재 Env Light의 Intensity가 0.2로 설정되었기 때문에 실제 HDRI에 비해 어둡게 나타납니다. 좀더 밝게 해 주기 위해 Intensity 값을 1로 증가합니다. 이어서 Mantra Surface 셰이더를 생성한 다음 Diffuse는 비활성화하고, Reflect Base 탭의 Roughness를 0으로 수정한 후 셰이더 볼의 구에 적용합니다.

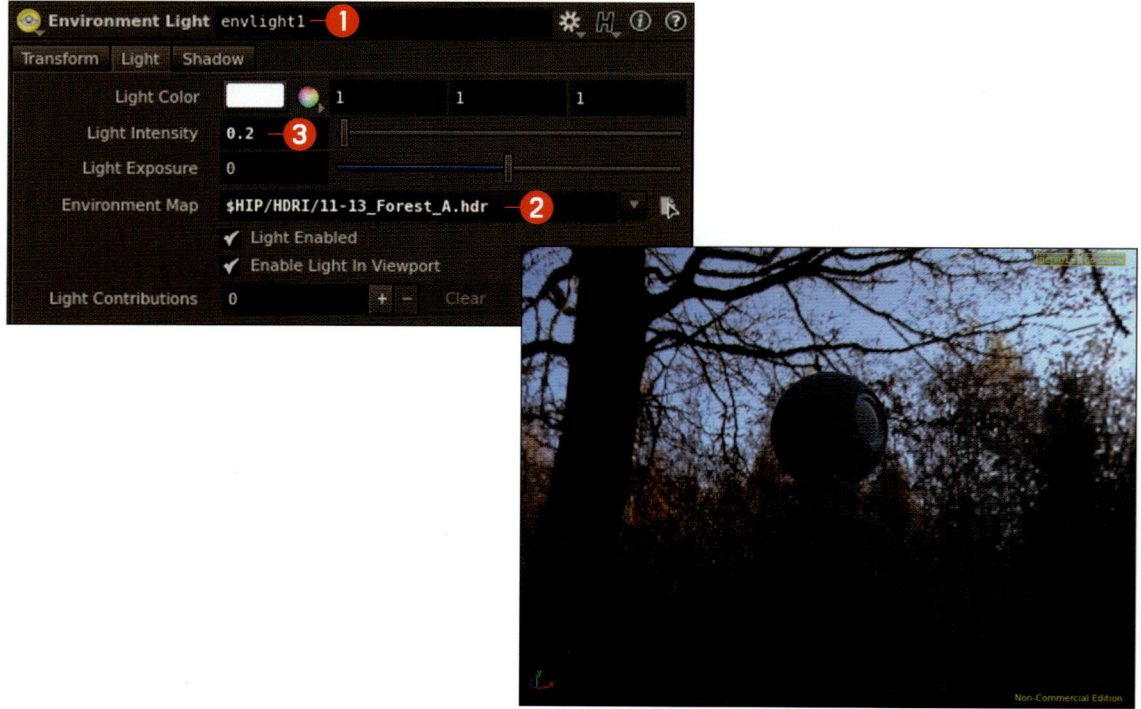

03 적용후 렌더를 걸어보면 그림처럼 HDRI가 셰이더 볼의 구에 반사되어 나타나는 것을 볼 수 있습니다. 이처럼 HDRI는 주변 환경에 대한 공간적인 느낌을 살리기 위해 사용되며, 기존의 라이트를 전부 비활성화했음에도 불구하고 자연스러운 라이팅이 표현됩니다.

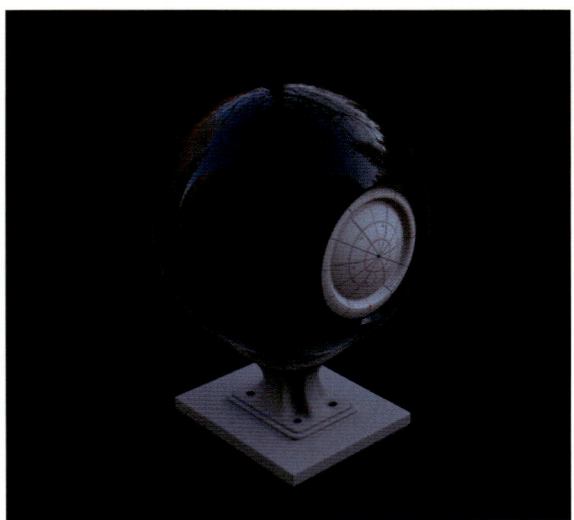

04 하지만 위의 그림의 결과물에는 HDRI가 보이지 않습니다. 렌더의 결과물에 HDRI가 표현되도록 하기 위해서는 파라미터의 Render Light Geometry를 체크해 주어야 합니다. 옵션을 체크한 후 다시 렌더를 해 보면 이제서야 비로소 HDRI 이미지가 함께 렌더링되는 것을 볼 수 있습니다.

05 그런데 만약 HDRI의 현재 빛(이미지)을 다른 방향으로 하고 싶다면 Env Light의 Transform 탭에 있는 Rotate 값을 원하는 앵글로 수정하면됩니다. 그림에서는 y 축으로 180도 회전한 상태이며, 렌더를 통해 확인해 보면 HDRI가 다른 방향으로 나타나게 됩니다.

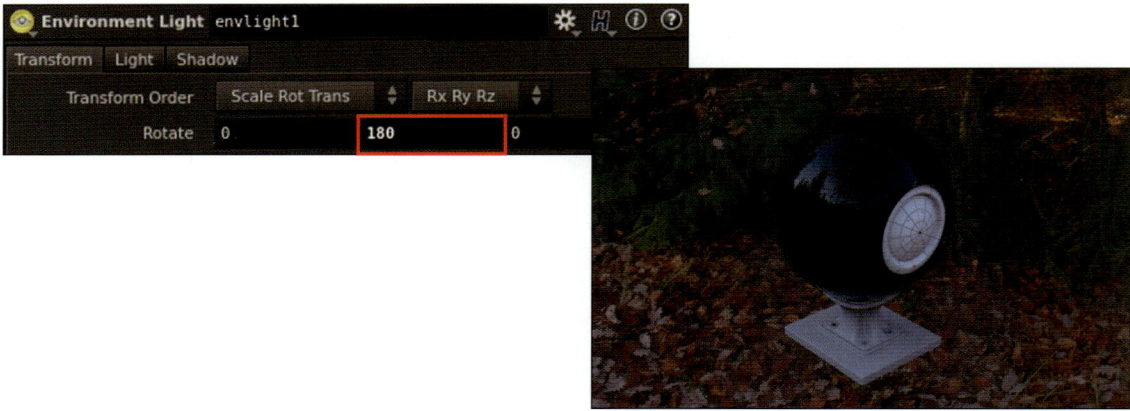

라이트 링커 사용하기

이번 학습에서는 Light Linker를 사용하는 방법에 대해 알아보겠습니다. Light Linker를 사용하기 앞서 HDRI가 적용된 Env Light를 제거합니다. 이어서 새로운 Env Light를 생성한 후 Intensity를 0.2로 설정하고, 앞서 사용했던 Spot Light를 사용합니다.

01 Light Linker를 하기 위해 그림처럼 팬을 추가할 수 있게 해 주는 플러스(+) 버튼을 클릭하여 나타나는 메뉴에서 [New Pane Tab Type] - [Light Linker]를 선택합니다.

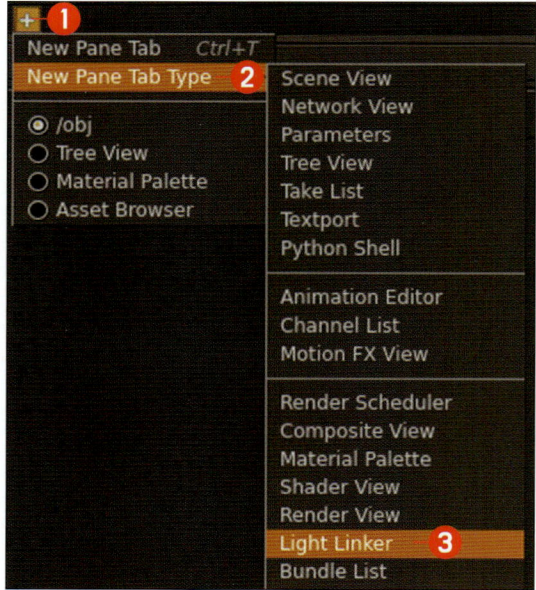

02 Light Linker 팬을 생성하면 그림과 같이 왼쪽 영역에는 Light Sources 목록이 있고, 오른쪽에는 Lit Objects가 나타나게 됩니다. 여기서 왼쪽 영역의 라이트를 선택하면 obj 레벨에 생성되어있는 오브젝트들이 전부 선택된 상태로 나타납니다. 이것은 현재 선택된 라이트가 적용된 전체 오브젝트를 보여줍니다.

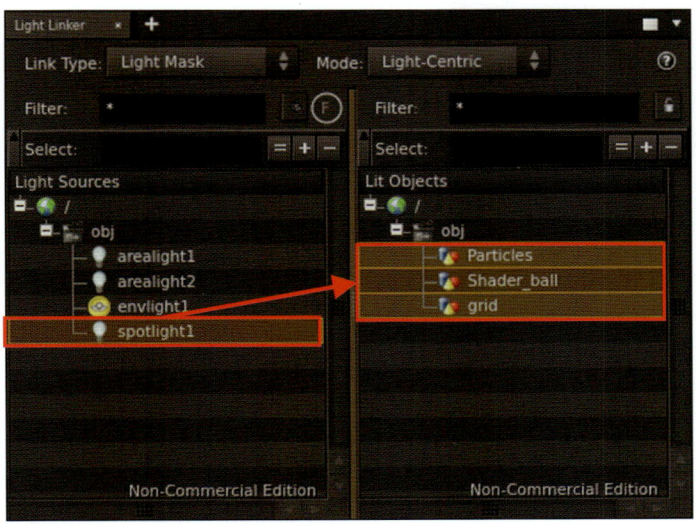

03 여기에서는 Spot Light의 Lit Objects에서 Grid만 선택하여 렌더를 걸었는데, 그 결과는 그림처럼 바닥에만 라이트가 적용되게 됩니다.

04 그렇다면 이번엔 쉐도우에 대한 Linker를 설정해 보겠습니다. 다음의 그림처럼 Light Linker 팬에서 Link Type을 선택한 후 상단의 Link Type을 Light Mask에서 Shadow Mask로 변경하고, 오른쪽 영역에서 Grid만 선택합니다. 그리고 렌더를 걸어보면 셰이더 볼에 대한 쉐도우가 꺼졌기 때문에 그림과 같이 결과물이 나오게 됩니다. 이와 같이 설정한 Light Linker는 팬에서 뿐만 아니라 obj 레벨의 각 노드에서 또한 컨

라이트, 쉐이딩, 렌더링의 활용 **549**

트롤을 할 수 있습니다.

05 Light Linker를 통해 선택한 Grid의 파라미터를 보면 Light Mask에 * **spotlight1**이라고 입력되어있습니다. 이것은 Light Linker에서 선택을 했기 때문이지만 *만 입력되어있어도 결과는 동일합니다. 현재 활성화된 라이트는 Environment Light와 Spot Light이지만, 만약 Light Mask에 *을 제거하고, spotlight1만 입력하게 되면 Grid는 Environment Light의 영향을 받지 않게 됩니다.

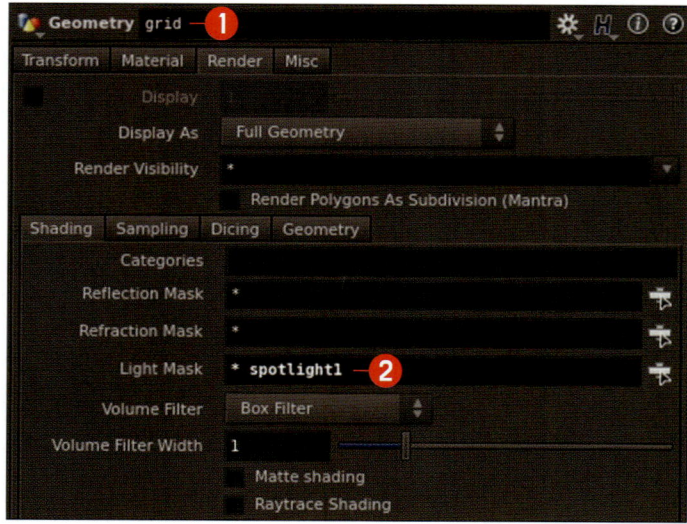

06 Shadow Mask의 경우에는 Sop이 아닌 Light의 파라미터에서 확인할 수 있으며, Spot Light의 쉐도우가 Grid에만 적용되도록 했기 때문에 그림과 같이 나타나게 되며, Shadow 탭에서 쉐도우의 Intensity 또한 컨트롤이 가능합니다.

카메라 옵션 사용하기

이번 학습에는 카메라 옵션에 대해 알아보도록 하겠습니다.

01 Camera의 파라미터 중 View 탭을 보면 그림과 같이 되어있습니다. 첫 번째 옵션인 Icon Scale은 씬 뷰에서 나타나는 Camera의 크기를 조절합니다. 카메라가 너무 작아서 어디에 있는지 찾기 힘들 경우 설정 값을 증가하면 됩니다. 그리고 바로 아래쪽에 있는 Resolution은 카메라의 해상도를 설정하는 옵션으로 기본 값은 1280 X 720으로 설정이 되어있습니다.

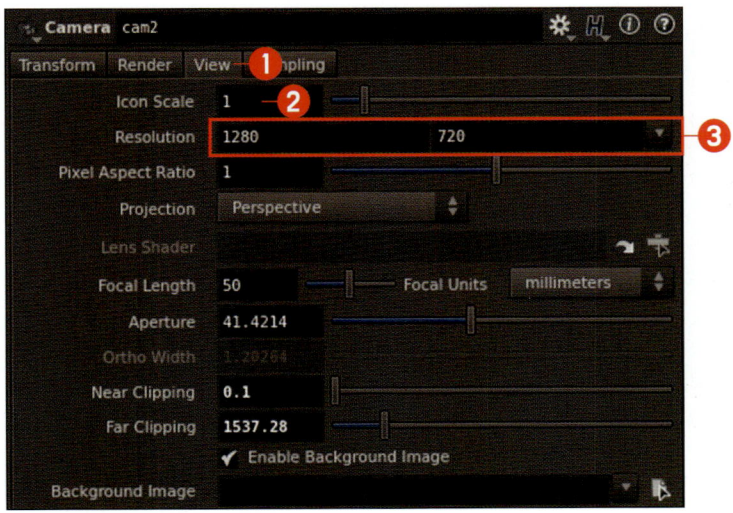

02 렌더 뷰를 통해 렌더를 걸어보면 해당 카메라의 해상도가 나타나게 됩니다. 해상도가 높아질수록 렌더 타

임 또한 그만큼 늘어나게 되며, 테스트를 할 때에는 굳이 해상도를 높일 필요는 없습니다.

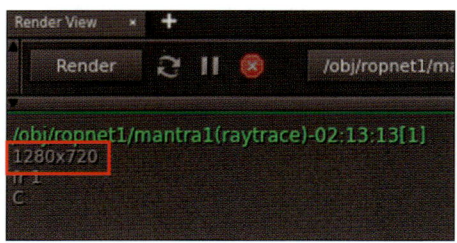

03 해상도를 바꾸기 위해서는 Resolution 탭 우측에 있는 드롭다운 메뉴를 통해 그림과 같이 해상도에 대한 기본 프리셋 목록이 나타나는데, 여기에서 원하는 해상도(규격)을 선택하면 됩니다. 비메오나 유튜브 등의 동영상 사이트에서 종종 볼 수 있는 HDTV 720과 HDTV 1080 역시 목록에 있습니다. 만약 원하는 해상도가 목록에 없다면 직접 설정하여 사용하면 됩니다.

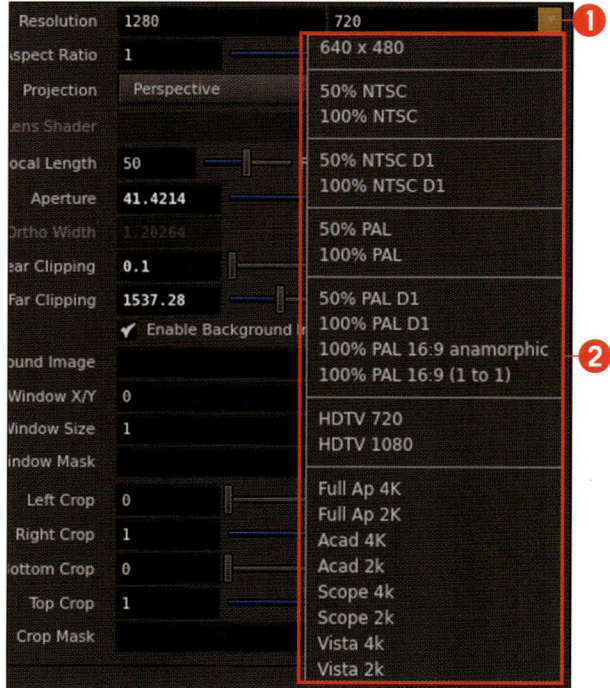

04 이번 학습은 테스트에 가깝지만 앞서 사용하던 해상도의 비율을 그대로 유지한 상태로 설정하는 방법에 대해 알아보겠습니다. 1280 X 720은 16:9의 비율을 가진 해상도로써 프리셋에 있는 640 X 480을 이용하면

비율이 다르기 때문에 각 값에 / 2를 입력하여 2씩 나눠진 절반의 해상도인 640 X 360이 되도록 합니다. 해상도를 변경한 후 다시 렌더를 걸어보면 좌측 상단에 나타나는 해상도가 640 X360으로 바뀐 것을 볼 수 있으며, 렌더 타임 또한 훨씬 단축이 된 것을 볼 수 있습니다.

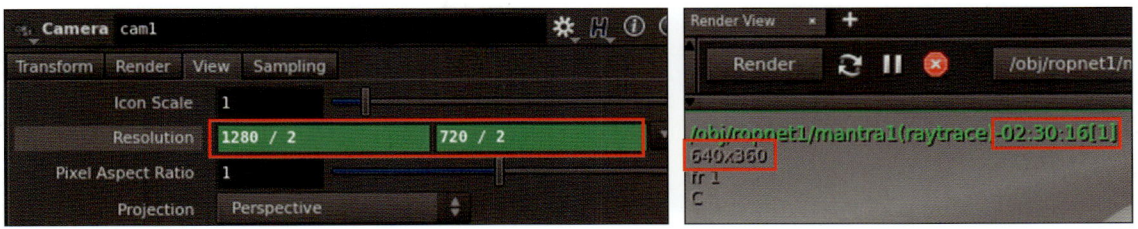

05 이번엔 Focal Length와 Aperture라는 옵션에 대해 살펴 보도록 하겠습니다.

Focal Length 카메라의 초점 거리를 설정합니다.

Aperture 카메라가 담는 범위의 가로에 대한 값을 설정합니다.

아래 그림은 후디니의 헬프 문서에 있는 그림으로써 Focal Length와 Aperture가 어떤 방식으로 작용이 되는지 알 수 있게 해 줍니다.

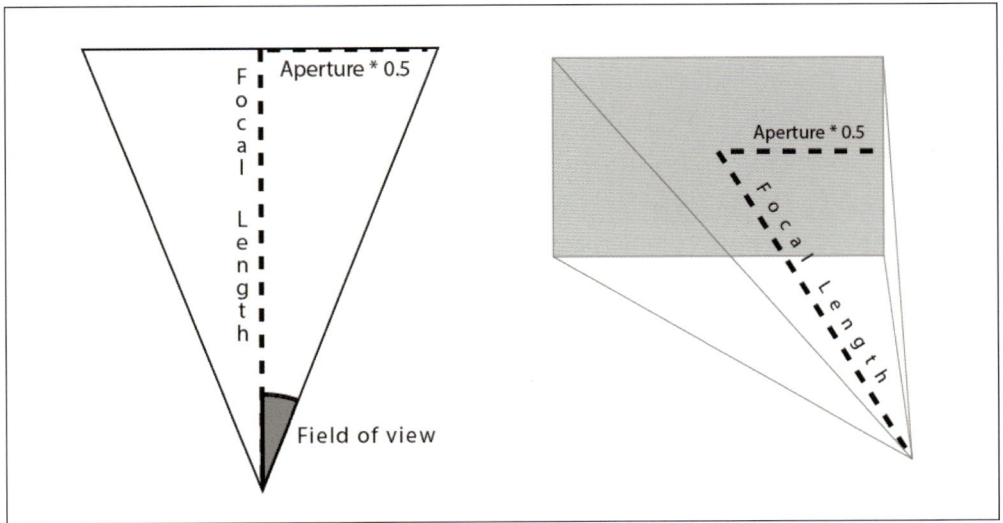

06 만약 카메라를 왼쪽 그림처럼 오브젝트에 가까이 위치시킨 뒤 Focal Length를 낮추면 우측 그림과 같이 나타나게 되는데, 실제 카메라 자체는 오브젝트의 앞쪽에 위치하고 있지만 초점 거리를 조절하여 화면 안에 피사체가 들어오도록 한 것입니다. 물론 초점 거리에 따라서 왜곡 현상도 생기게 됩니다. 반대로 카메라가 피사체로부터 멀리있고, 초점 거리를 늘려도 피사체가 가까이 있는 것처럼 표현을 할 수 있습니다.

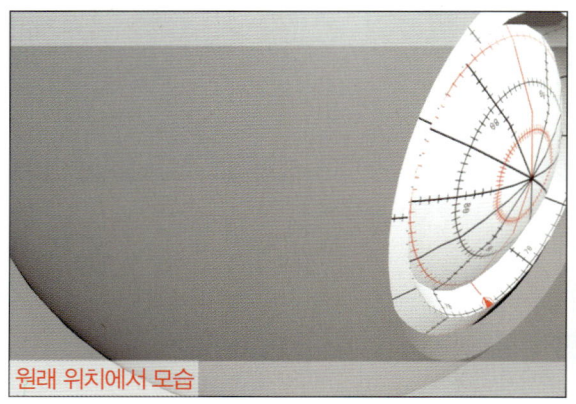
원래 위치에서 모습

Focal Length 값을 낮춘 모습

07 이번엔 카메라 뷰의 배경에 이미지를 적용하기 위해 파라미터의 중간에 위치한 Background Image 우측의 [Open floating file chooser] 버튼을 눌러 배경으로 사용할 이미지(자신이 원하는) 파일을 불러옵니다. 그다음 Gird의 디스플레이를 꺼줍니다. 이미지를 불러오면 그림처럼 카메라 뷰에 이미지가 적용됩니다. 이렇게 적용된 이미지는 렌더링 결과물에는 나타나지만 Env Light로 사용했던 HDRI처럼 빛을 비추는 효과는 나타나지 않습니다.

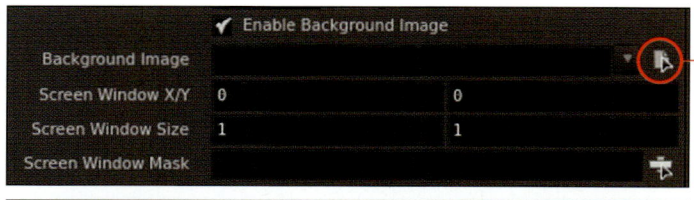
배경에 적용할 이미지 파일을 불러옴

DOF(Depth of Field) 사용하기

이번 학습에서는 피사계 심도라고 불리는 DOF(Depth of Field)에 대해 알아보도록 하겠습니다.

01 심도를 표현하기 위해 먼저 셰이더 볼을 위쪽 그림과 같이 구성을 합니다. 그다음 카메라를 아래쪽 그림과 같이 설정하여 오브젝트를 기준으로 깊이감이 느껴지는 구도의 뷰로 설정합니다.

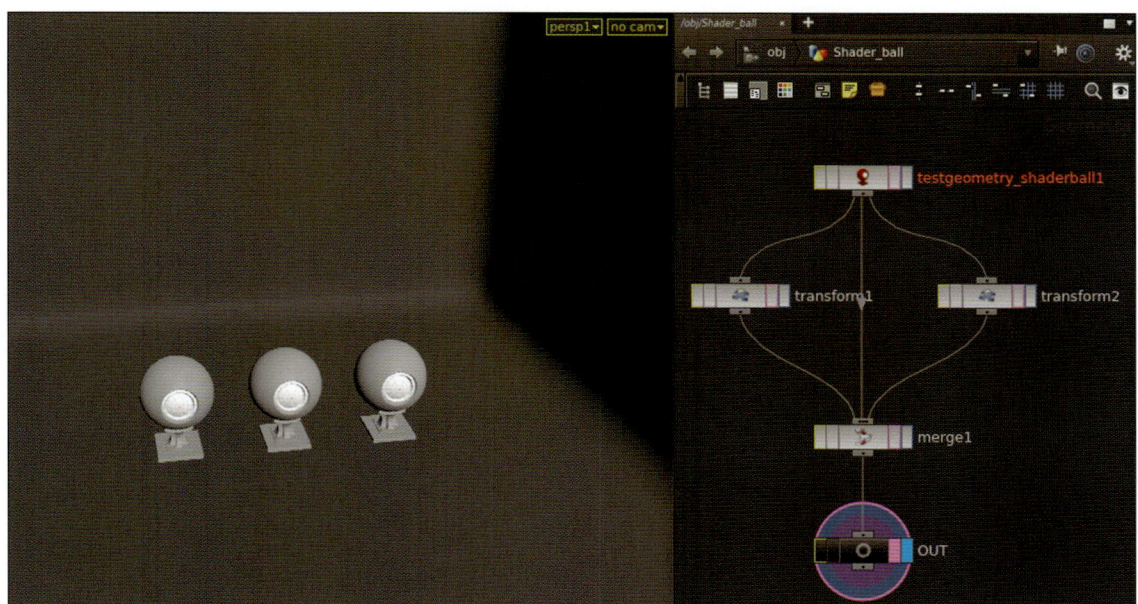

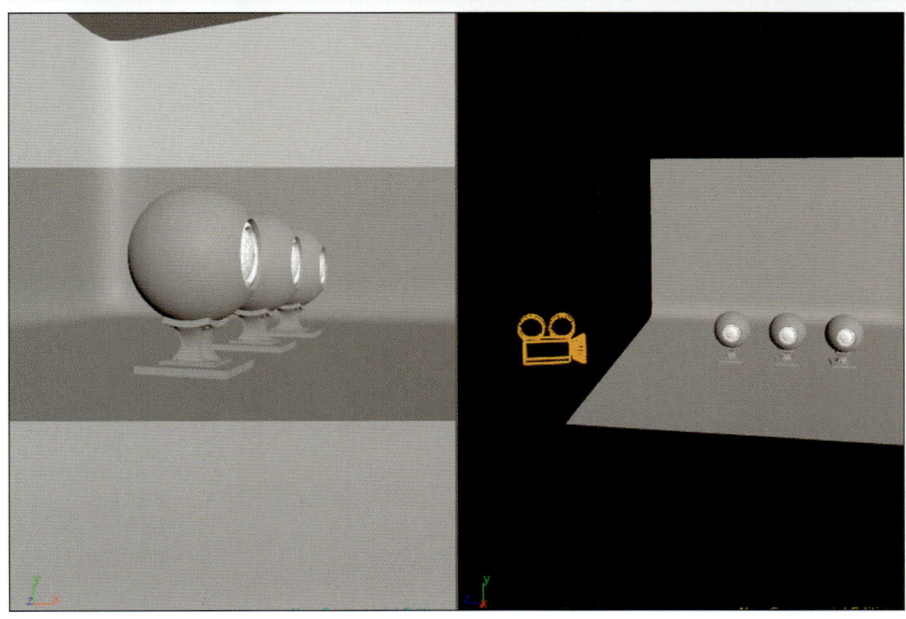

02 이제 심도를 적용할 차례입니다. Camera 파라미터의 Sampling 탭을 보면 Focus Distance와 F-Stop이라는 옵션이 있습니다. 이 두 옵션은 포커스를 맞출 거리 값과 범위 값으로써 해당 옵션들을 설정하여 Depth of Field를 맞춰줄 수도 있지만, 씬 뷰를 통하여 훨씬 직관적으로 컨트롤을 할 수 있습니다.

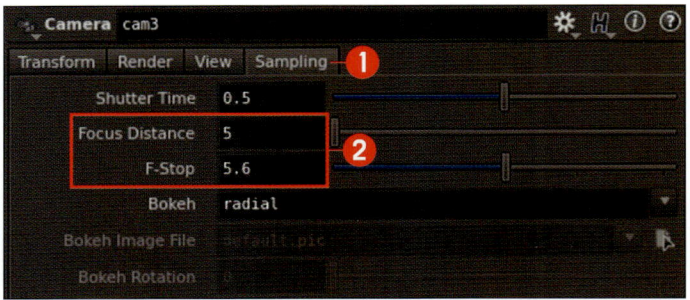

03 카메라를 선택한 다음 씬 뷰에서 [Enter] 키를 누르면 카메라를 컨트롤할 수 있는 핸들이 생성됩니다. 이어서 생성된 핸들에서 [RMB]를 하면 그림처럼 카메라 핸들에 대한 옵션들이 나타나게 됩니다. 옵션 중에서 Focus Handle을 선택합니다.

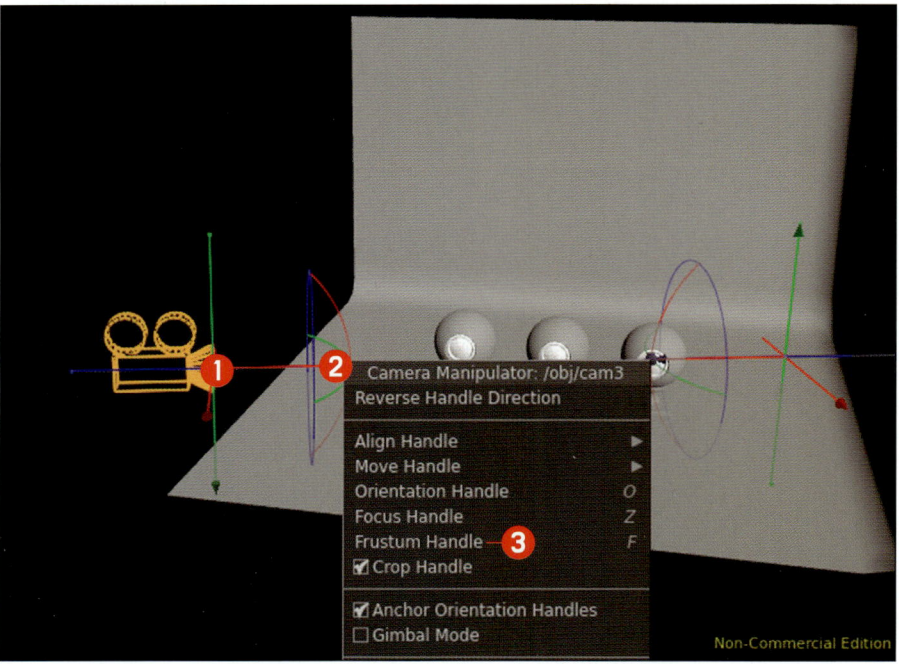

04 포커스 핸들을 선택하면 다음의 그림과 같이 포커스를 조절할 수 있는 핸들로 변경이 되는데, 빨간색 원으

로 표시해 놓은 것이 바로 Focus Distance에 해당됩니다. 이 곳을 드래그하면 포커스의 거리 값이 조절됩니다. 그리고 양쪽으로 뻗은 화살표는 F-Stop에 해당되며, 이것 역시 드래그하여 포커스의 범위를 조절할 수 있습니다. 여기에서는 그림과 같은 포커스 거리를 조절해 놓습니다.

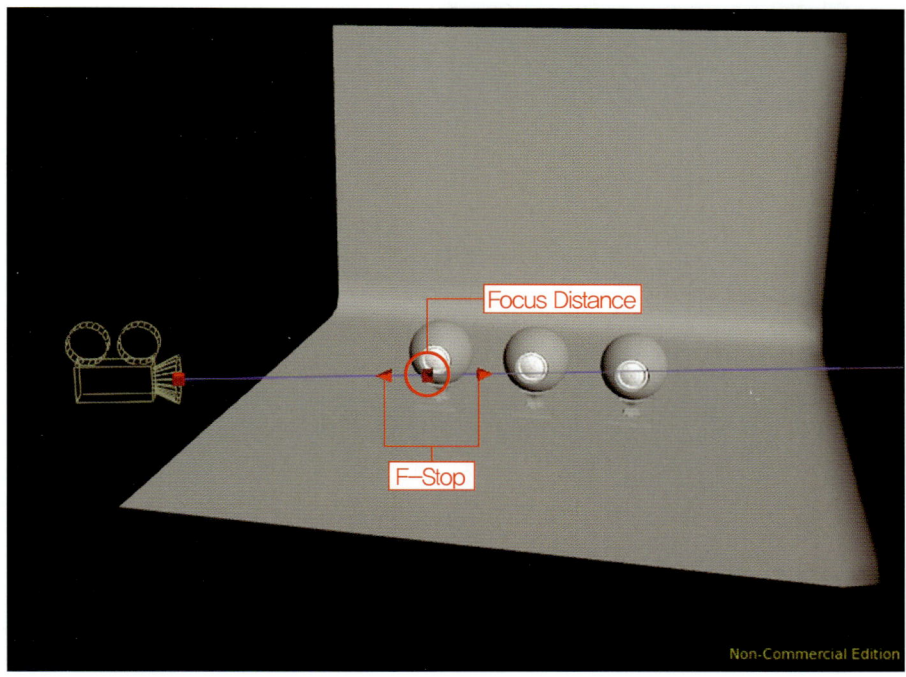

05 이제 렌더를 걸어 결과물을 확인해 보면 아직은 아무런 변화가 없습니다. 방금 카메라의 포커스에 대한 값을 조절을 했는데 왜 변화가 없는 걸까요? Depth of Field를 적용하기 위해서는 모션 블러를 적용했을 때와 마찬가지로 만트라에서 Depth of Field에 대한 옵션을 체크해야 합니다.

06 Rop에 생성되어있는 만트라의 파라미터에서 Rendering 탭에 있는 Enable Depth of Field를 체크하여 활성화합니다.

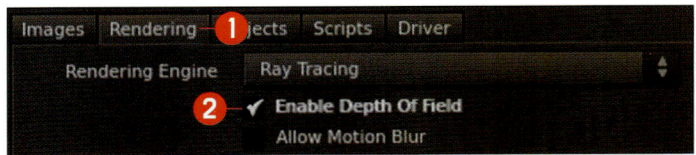

07 다시 렌더를 걸어보면 그림과 같이 Depth of Field가 적용된 결과물이 나타나게 되며 씬 뷰에서 설정한 것처럼 카메라로부터 가장 앞에 있는 셰이더 볼에 포커스가 맞춰졌으며, 뒤로 갈수록 아웃 포커싱이 일어나는 것을 볼 수 있습니다. 이렇듯 DOF는 피사계 심도를 표현할 수 있습니다.

렌더(Render)하기

이번 학습에서는 후디니에 내장된 기본 렌더러인 만트라(Mantra)에 대해 알아보도록 하겠습니다. 지금까지 학습하면서 만트라를 여러 번 사용했었지만, 만트라에 대해 제대로 살펴보지는 못했습니다. 이번 학습을 통해 강력한 렌더러인 만트라에 대해 확실한 개념을 잡게 될 것입니다.

만트라(Mantra) 사용하기

만트라에 대해 간단한 소개를 하자면, 만트라는 보험회사에서 일하던 직원이 사이드 이펙트(후디니의 개발사)에 취업을 하기 위해 왔다가 보여준 레이 트레이스(Ray Trace) 방식으로 렌더링된 스피어로 부터 시작되었으며, 픽사의 렌더맨(RenderMan)과 유사한 부분이 많습니다.

01 Rop Network에서 만트라를 생성합니다. 그러면 그림과 같이 노드의 이름 아래쪽에 경로와 유사한 이름이 나타나게 됩니다.

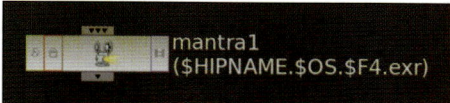

02 여기에 나타나는 경로는 만트라의 파라미터에서 Images 탭에 있는 Output Picture의 **$HIP/render/** 다음에 입력되는 경로로써 렌더를 통해 나타나는 Output 파일의 이름입니다.

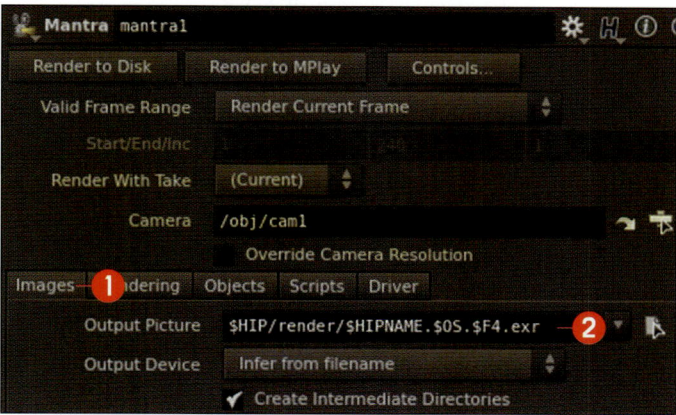

03 또한 바로 아래쪽에 있는 Output Device는 Output 파일에 대한 확장자를 지정할 수 있는데, 3D 툴에서 활발하게 사용되는 Open EXR를 선택합니다.

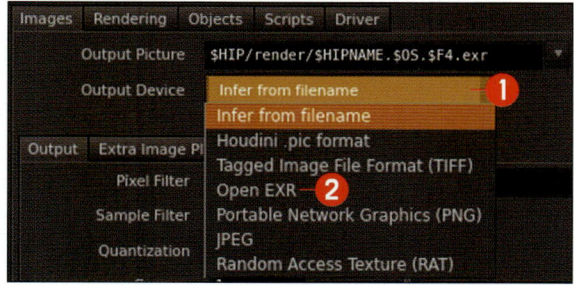

04 만트라 파라미터의 위쪽을 보면 다음의 그림과 같이 나타나 있으며, 이 곳에서 렌더를 위한 가장 기본적인 세팅을 하게 됩니다. 앞서 카메라에 대해 알아볼 때 카메라의 해상도를 변경하는 방법에 대해서도 알아보

앉었는데 만트라를 이용하면 더욱 간단하게 카메라의 해상도를 변경할 수 있습니다.

05 이제 Camera를 통해 렌더를 하고자 하는 카메라를 선택한 후 아래쪽에 있는 Override Camera Resolution을 체크합니다. 이 옵션은 카메라의 해상도를 만트라에서 새롭게 지정할 수 있도록 해 주는 옵션으로 비활성화가 될 경우 지정된 카메라의 해상도를 그대로 사용합니다. 현재는 활성화를 한 상태이므로 그림처럼 세 가지의 옵션이 나타나게 되며, 해상도의 크기를 변경할 수 있는 프리셋을 드롭다운 메뉴를 통해 다양한 크기를 적용할 수 있고, 직접 새로운 해상도를 설정하여 등록할 수도 있습니다.

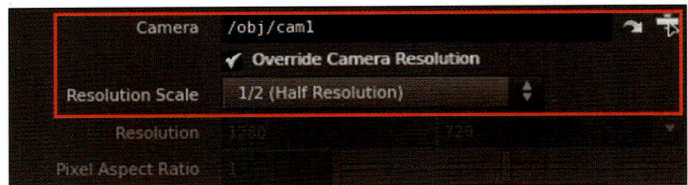

06 아래 두 개의 그림은 카메라의 해상도를 그대로 사용했을 때와 Override Camera Resolution을 켜서 1/2 (Half Resolution)로 사용했을 때에 대한 결과물입니다. 확인해 보면 카메라 자체에서 해상도를 변경한 것처럼 동일하게 나타나는 것을 볼 수 있는데, 해상도의 비율을 유지하면서 조절을 하고자 한다면 만트라를 통해 컨트롤을 하는 것이 훨씬 간단합니다. 참고로 현재 카메라의 해상도는 1280 X 720입니다.

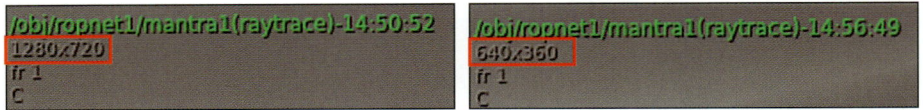

또한 ROP Output Driver 노드에서 살펴보았던 Valid Frame Range 옵션도 있기 때문에 현재 프레임만 렌더를 할지, 지정된 프레임 구간을 렌더할지에 대해 선택할 수 있습니다. 카메라에 대한 설정을 끝냈다면 이제 직접 렌더를 걸어봅니다. 예제에서는 Env Light를 사용하였고, 셰이더 볼에는 Material Palette의 Metal 탭에 있는 Coated Metal Paint를 적용하였습니다.

07 렌더를 걸기 위해 [Render to MPlay] 버튼을 누릅니다. 그러면 두 번째 그림처럼 Mplay 창을 통해 렌더 결과물을 볼 수 있습니다. Render to MPlay는 후디니의 렌더 결과물을 플레이어를 통해 곧바로 볼 수 있게 해줍니다. 하지만 결과물을 별도의 파일로 저장되지는 않습니다.

08 이번엔 [Render to Disk] 버튼을 누릅니다. 이 버튼은 렌더링 결과물을 디스크에 저장할 수 있게 해 줍니다. 하지만 Valid Frame Range가 Render Current Frame로 되어있으면 렌더가 진행되는 과정을 볼 수 있는 창이 제공되지 않습니다.

09 후디니 작업 화면 상단의 풀다운 메뉴 중 Render를 선택하면 나타나는 메뉴들 중 Scheduler를 선택합니다.

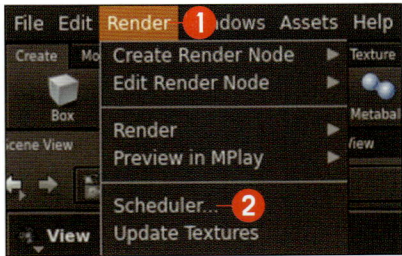

라이트, 쉐이딩, 렌더링의 활용 **561**

10 그러면 그림과 같은 Render Manager라는 창이 열리게 됩니다. 여기에서는 현재 렌더링되는 작업물이 나타나게 되는데, 진행 시간 또한 확인할 수 있습니다. 물론 한 프레임이 아닌 프레임 구간을 지정한 후 Render to Disk를 누르면 ROP Output Driver로 캐쉬를 저장할 때와 마찬가지로 렌더링 과정이 별도의 창으로 나타나게 됩니다.

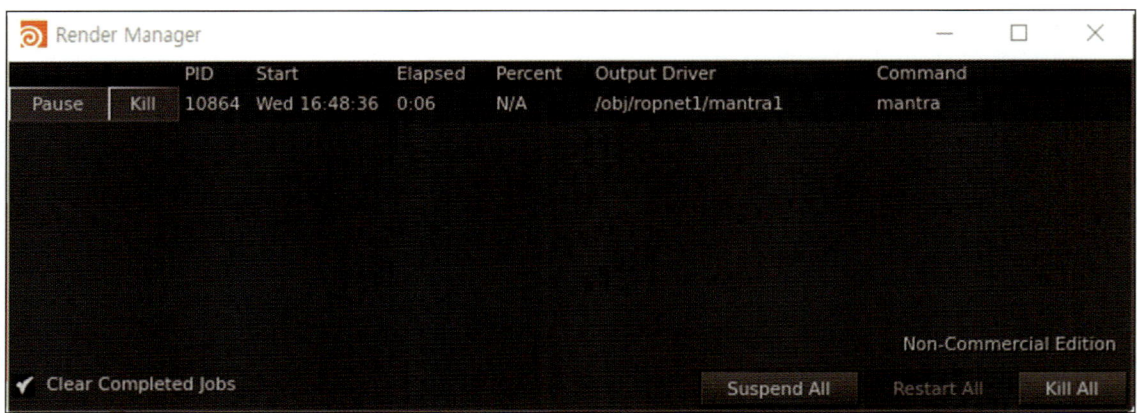

11 렌더링이 제대로 되었는지 확인하기 위해서 $HIP에 해당하는 폴더로 들어가 보면 render라는 폴더가 새롭게 생성되었으며, 이 폴더로 들어가면 렌더링한 *.exr 확장자의 파일이 생성이 되어있습니다.

12 렌더된 *.exr 파일을 포토샵 등의 이미지 편집 프로그램을 통해 불어오면 다음의 그림과 같은 결과물이 나타납니다. 그런데 결과물을 보면 만트라에서 별다른 설정을 하지 않았기 때문에 많은 양의 노이즈가 보이게 됩니다. 참고로 결과물 오른쪽 하단에는 후디니 Apprentice 버전에서 나타나는 워터마크가 박혀있습니다.

13 노이즈를 제거하기 위해 만트라 파라미터의 Rendering 탭으로 들어갑니다. 이 탭에서는 Rendering Engine을 선택할 수 있으며, 렌더링 퀄리티와 관련된 각종 옵션들을 설정할 수 있습니다. Rendering Engine을 Physically Based Rendering으로 설정하고, 나머지 옵션들을 그림와 같이 수정합니다. 여기서 Physically Based Rendering은 물리적 기반의 렌더링으로 줄여서 PBR이라고 부릅니다. Pixel Samples는 한 칸에 표현되는 픽셀의 개수입니다. 기본적으로 6, 6으로 설정면 한 칸에 6 X 6 = 36개의 픽셀이 표현됩니다. 그리고 아래쪽의 Noise Level은 값이 낮을수록 노이즈가 줄어들지만 그만큼 렌더링에 소요되는 시간이 늘어납니다.

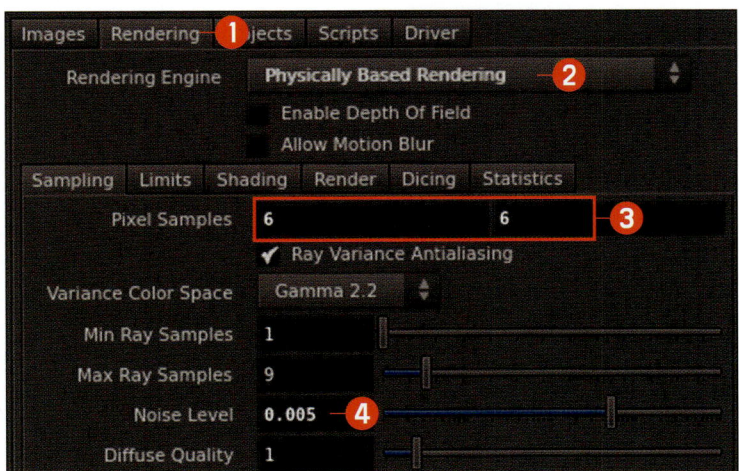

14 또한 씬(장면)에 사용되는 라이트의 파라미터에서 Sampling Quality를 조절하여 노이즈를 완화해줄 수도 있습니다.

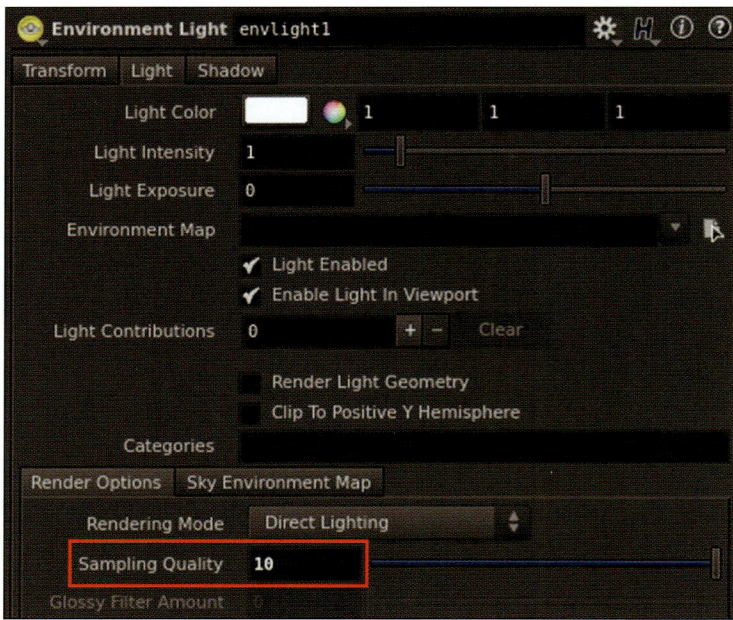

15 아래 그림은 위의 설정에 대한 최종 결과물입니다. 본 도서에 실린 이미지로는 노이즈가 정확하게 표현되지 않겠지만, 직접 렌더링을 걸어서 결과물을 살펴보면 노이즈가 상당히 완화된 것을 볼 수 있을 것입니다.

원하는 오브젝트와 라이트만 선택하여 렌더하기

이번 학습에서는 자신이 원하는 오브젝트와 라이트만을 선택하여 렌더를 진행하는 방법에 대해 알아보도록 하겠습니다.

01 Objects 탭으로 이동하면 그림과 같은 옵션들을 볼 수 있는데, 여기에서는 렌더를 하고자 하는 오브젝트와 라이트를 선택할 수 있습니다. Candidate Objects를 보면 전체 오브젝트가 렌더에 포함되도록 *가 입력되어 있습니다. 만약 Candidate Objects에 * ^grid를 입력한 후 렌더를 하면 어떻게 될까요?

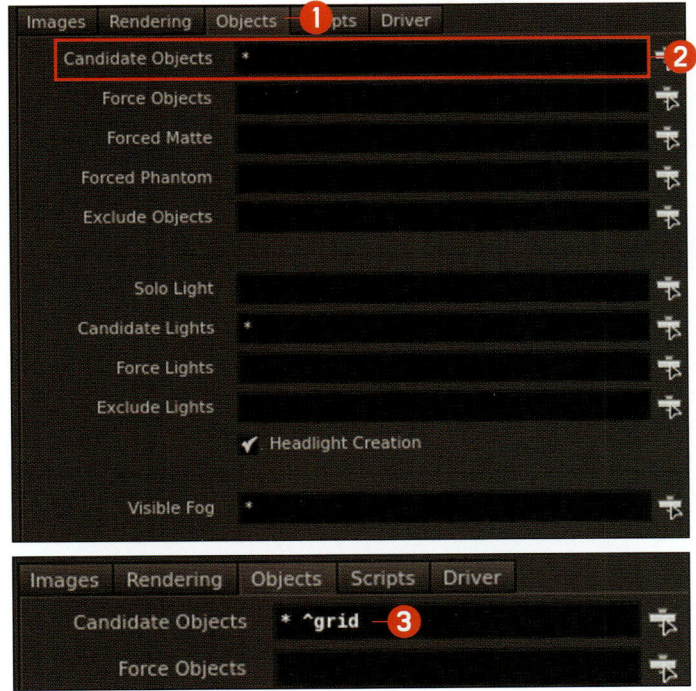

02 방금 입력된 상태로 렌더를 하게 되면 그림처럼 grid는 렌더링에서 연산이 일어나지 않게 됩니다.

03 이번엔 씬에 Area Light를 추가한 다음 Candidate Lights에 * ^envlight1을 입력하여 Env Light는 사용되지 않도록 하게 하고, 방금 생성한 Area Light만 사용하도록 해 줍니다. 그리고 다시 렌더를 걸어보면 Grid를 포함해서 전체적으로 빛을 비추던 Env Light 또한 포함되지 않고, Area Light만 적용이 된 것을 볼 수 있습니다.

패스(Pass)로 출력하기

이번 학습에서는 만트라 렌더러에서 패스(Pass)를 출력하는 방법에 대해 알아보도록 하겠습니다.

01 만트라에서 패스로 출력하기 위해서는 Images 탭 안에 있는 Extra Image Planes 탭으로 가서 그림과 같이 출력하고자 하는 각 패스를 선택할 수 있습니다. 여기에서는 그림과 같은 패스를 체크한 후 [Render to MPlay] 버튼을 눌러 렌더를 해 봅니다.

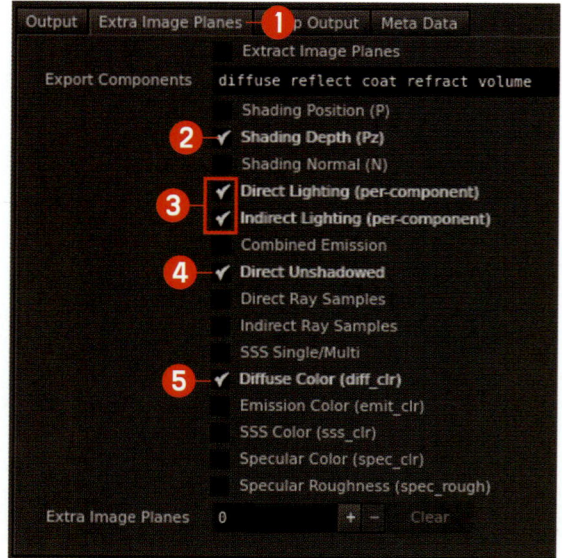

02 렌더가 끝나고 난 후 그림과 같이 MPlay의 좌측 상단을 보면 C라고 되어있는 드롭다운 메뉴를 보면 만트라에서 체크한 패스의 목록들이 나타나게 됩니다.

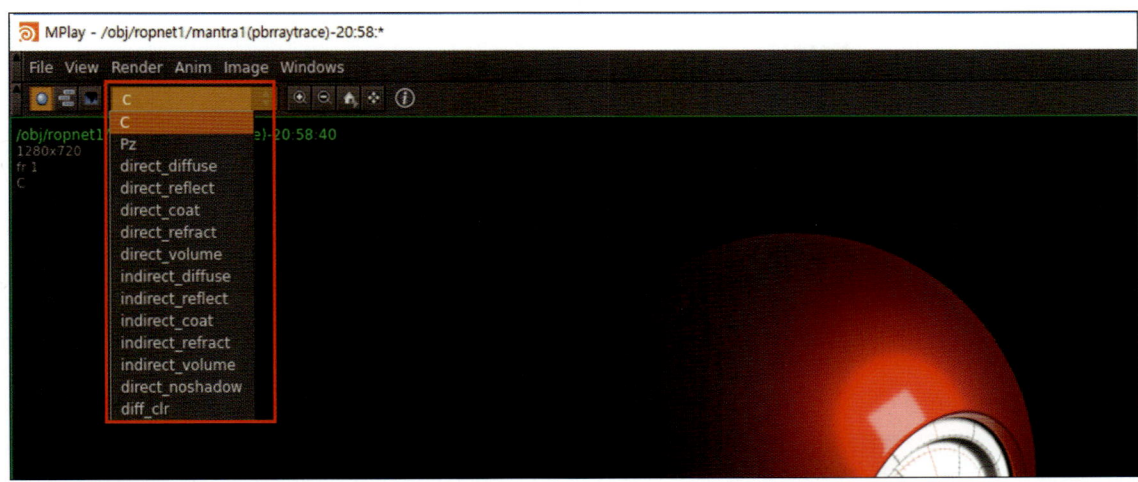

03 아래 그림들은 렌더된 패스 중 Pz(Depth), direct_reflect, indirect_reflect, dfii_clr에 대한 뷰입니다. 만약 패스를 하나씩 클릭해 보았다면 Refract와 Volume에는 아무런 정보가 없는 것을 알 수 있을 것입니다. 그것은 현재 씬에는 Refract와 Volume에 대한 값이 없기 때문입니다.

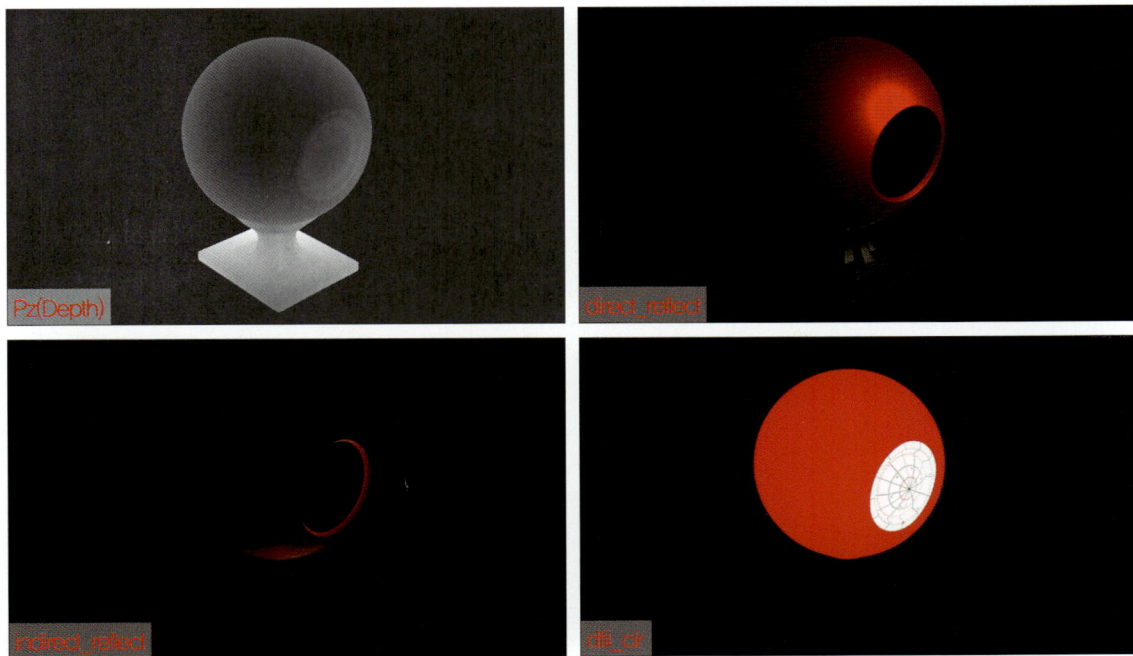

라이트, 쉐이딩, 렌더링의 활용 **567**

04 씬에 존재하지 않는 옵션 값을 패스로 출력할 필요는 없기 때문에 다시 만트라의 Extra Image Planes으로 돌아간 뒤 Export Components에서 refract와 volume을 제거합니다. 그리고 그림처럼 입력한 후 다시 렌더를 걸어봅니다.

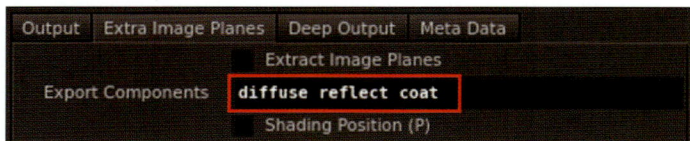

05 refract와 volume을 제거한 후 렌더를 걸어보면 MPlay의 패스 부분에서 refract와 volume이 관련된 패스가 제외된 상태로 렌더된 것을 알 수 있습니다. 그러면 쉐도우 매트(Shadow Matte)와 앰비언트 오클루전(Ambient Occlusion)은 어떻게 출력해야 할까요?

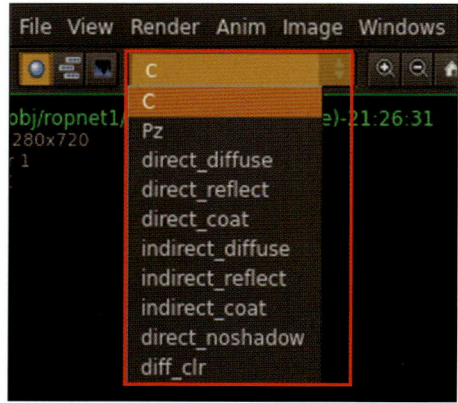

06 쉐도우 매트를 출력하기 위해 먼저 Material Palette의 Utility 목록 중 Shadow Matte 셰이더를 Shop으로 갖다놓습니다. 이어서 쉐도우 매트를 출력하고자 하는 오브젝트, 이번 학습에서는 바닥에 해당되므로 Grid의 Material 탭의 Material에 Shadow Matte 셰이더를 연결해 줍니다.

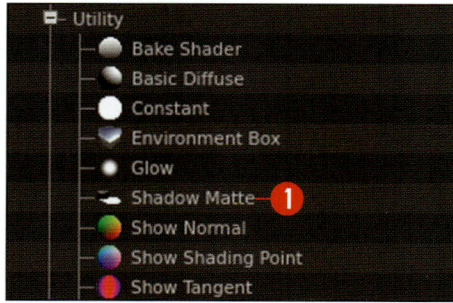
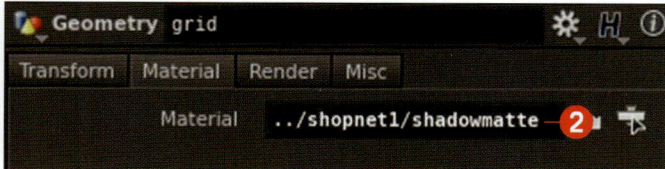

07 다시 만트라로 돌아가서 Objects 탭의 Forced Matte에 그림과 같이 입력을 합니다. Force Matte는 렌더할 때 해당 오브젝트를 매트에 포함시켜 렌더를 하게 됩니다.

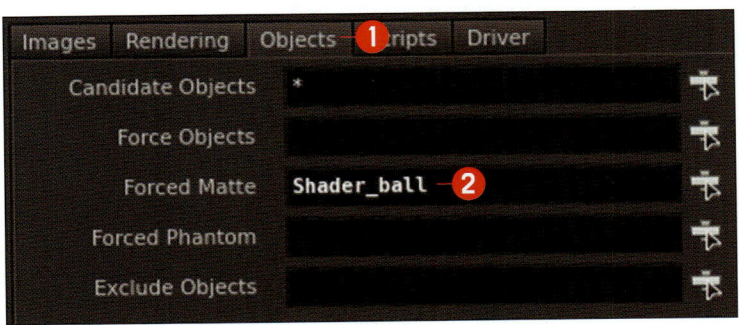

08 Render to MPlay를 통해 렌더링을 하면 온통 검정색으로 나타나게 되도 당황하지 말고, Mplay 하단에 있는 각 색상 채널 선택 아이콘 중 맨 오른쪽에 있는 알파 채널 아이콘을 선택하거나 단축키 [4]를 누르면 쉐도우 매트가 알파 채널로 렌더된 것을 볼 수 있습니다.

09 이번에는 엠비언트 오클루전을 출력하기 위해 Sop 네트워크로 이동하여서 쉐이더 볼에 Attribute Delete 노드를 연결합니다. 이어서 다음의 그림과 같이 입력하여 재질을 모두 지워줍니다. 그다음 Env Light의 Render Options 탭에 있는 Rendering Mode를 Ambient Occlusion으로 설정한 후 Sampling Quality를

256으로 설정합니다.

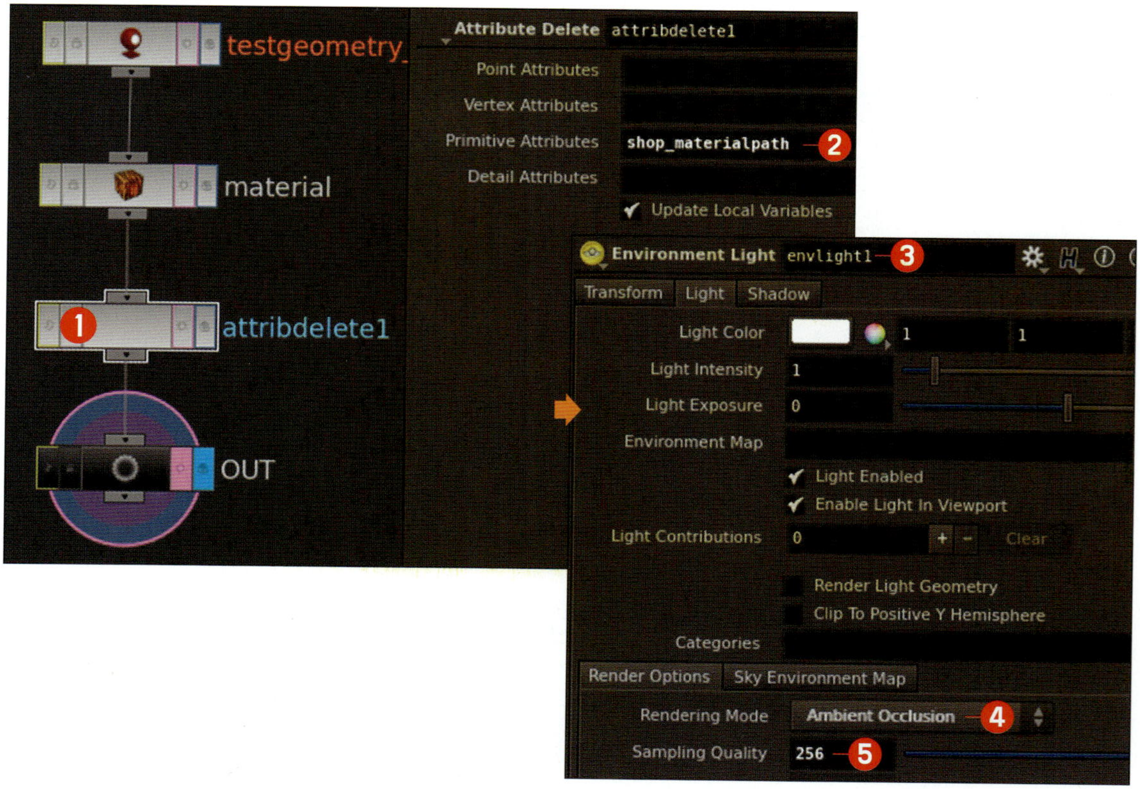

10 다시 만트라로 돌아가서 쉐도우 매트를 적용하기 위해 Force Matte에 입력했던 내용을 지우고, 그림처럼 설정합니다. 그다음 Grid에 적용했던 Shadow Matte 셰이더의 연결도 해제합니다.

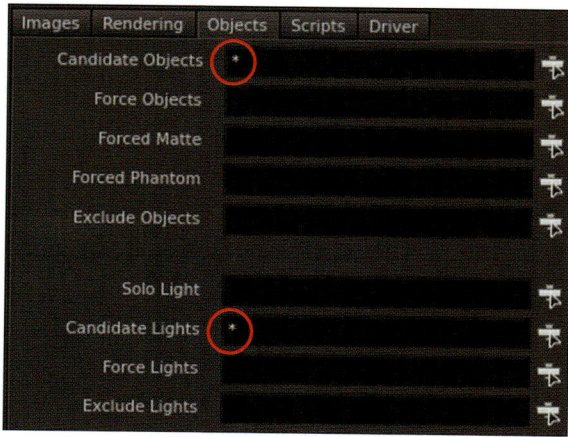

11 이제 렌더를 걸어보면 그림처럼 앰비언트 오클루전(Ambient Occlusion)이 렌더가 되는 것을 확인할 수 있습니다. 이처럼 앰비언트 오클루전은 오브젝트의 음역을 더욱 사실감있게 표현해 줍니다.

이미지 뷰어(Image Viewer) 사용하기

이번 학습은 본 도서의 마지막 학습으로 렌더링한 파일을 확인하는 방법에 대해 알아보겠습니다.

01 후디니로 렌더링을 한 파일을 확인하기 위해서는 후디니를 설치할 때 함께 설치되는 Image Viewer라는 프로그램을 통해 가능합니다.

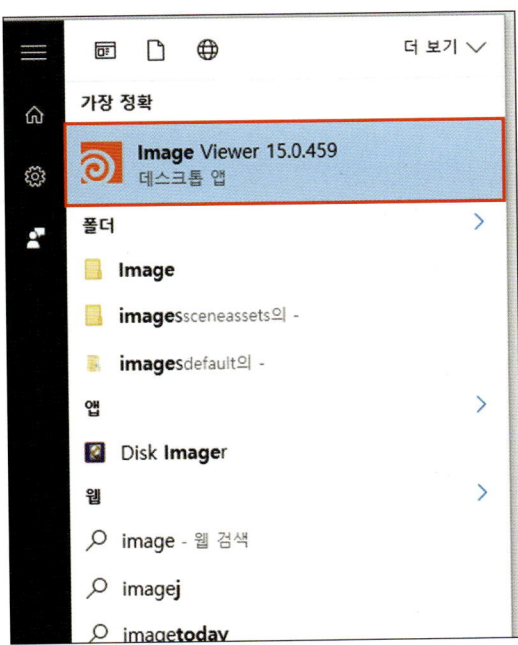

02 Image Viewer를 실행하면 MPlay가 실행이 되면서 그림처럼 파일 탐색기가 나타나게 되면 앞서 렌더링을 해 놓았던 *.exr 파일의 경로로 들어가서 열고자 하는 *.exr 파일을 선택하여 열어봅니다.

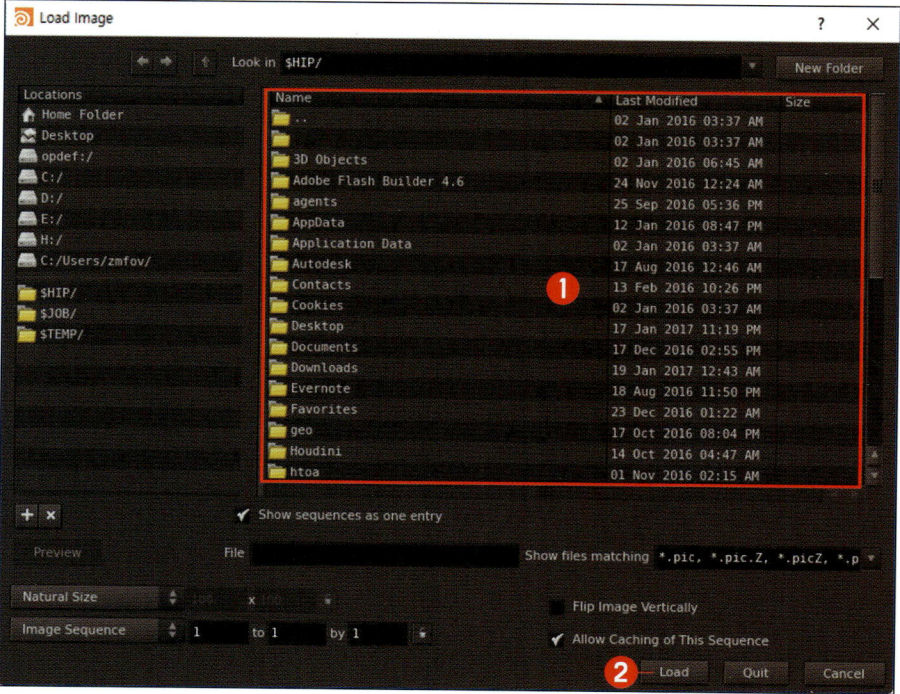

03 그러면 그림처럼 앞서 렌더링을 한 파일을 불러올 수 있으며, 낱장의 시퀀스 데이터 또한 Image Viewer를 통해 불러와서 확인을 할 수 있습니다. 그러나 디스크에 저장된 파일을 불러왔기 때문에 Render to MPlay와는 다르게 이미지 오른쪽 하단에 워터마크가 박혀있습니다.

이것으로 후디니를 통해 라이팅부터 렌더링까지의 작업 과정과 사용법에 대해 알아보았으며 또한 렌더링한 파일을 보는 방법에 대해서도 알아보았습니다. 후디니는 만트라라는 강력한 내장 렌더러를 통해서 다양한 작업물에 대한 아웃풋(결과물)을 얻을 수 있으며, 이외에 렌더맨(RenderMan), 아놀드(Arnold), 레드쉬프트(RedShift), 옥테인(Octane) 등을 지원하고, 너무나도 유명한 렌더러인 브이레이(V-ray)또한 지원할 예정입니다. 설명한 렌더러들은 고품질의 결과물을 신속하게 만들어낼 수 있지만, 후디니의 만트라 또한 결코 뒤지지 않는 매력적인 렌더러임을 기억하기 바랍니다.

지금까지 예제와 함께 후디니에 대한 사용법을 익혀보았습니다. 앞서 수없이 많이 언급했듯이 후디니는 노드 구조로 되어있기 때문에 타인이 만들어 놓은 노드를 복사해서 쉽게 사용할 수도 있을 것입니다. 하지만 이와 같은 방법은 후디니를 이해하는데 오히려 방해가 될 수 있으니 어렵더라도 직접 노드를 구성하여 원하는 결과를 얻을 수 있도록 해야 할 것입니다. 끝으로 본 도서를 참고하면서 작업에 사용되는 노드가 어떤 기능을 하고, 노드 트리에서 어떻게 작동을 하는지에 대해 생각을 하면서 작업을 하길 바랍니다.

학습에 도움이 되는 참고 사이트 및 자료

지금까지 학습한 내용을 토대로 보다 다양한 학습을 원한다면 다음에서 설명하는 후디니 학습 사이트를 참고하기 바랍니다.

참고 사이트

다음은 후디니를 공부하는데 있어 도움이 되는 사이트들입니다. 이 사이트들을 통해 후디니에 대한 다양한 정보를 얻기 바랍니다.

SideFX

SideFX는 후디니의 개발사로써 홈페이지의 Learn 카테고리에 들어가면 개발사에서 제공하는 소개 영상부터 마스터클래스까지의 폭넓은 범위의 튜토리얼을 무료로 제공하고 있으며, 그외에 후디니에 관련된 수많은 튜토리얼을 한눈에 볼 수 있습니다. 여기에서 자신에게 필요한 튜토리얼을 찾아 학습해 보길 바랍니다.

https://www.sidefx.com/

HICko

SifeFX 한국 총판으로써 후디니에 대한 각종 자료와 더불어 후디니 헬프에 대한 한글 번역 또한 볼 수 있습니다. 후디니와 관련된 다양한 자료들을 찾아볼 수 있으며, 그와 관련된 강좌도 진행됩니다.

http://www.sidefx.kr/

Houdinist

활발하게 운영되고 있는 국내 후디니 유저 커뮤니티로써 많은 후디니 사용자들이 활동하는 만큼 풍성한 자료와 Q&A 그리고 주기적으로 진행하는 세미나가 개최되어 실무자들의 노하우를 얻을 수 있습니다.

http://cafe.naver.com/sidefx

OD | Force

세계 최대의 후디니 유저 커뮤니티로써 가장 방대한 자료를 얻을 수 있으며, 세분화되어있는 포럼이 있어 각 포럼마다 수많은 Q&A와 세계 각지의 FX Artist 그리고 TD들이 올려놓은 다양한 hip 파일들을 볼 수 있습니다. 다만 모든 자료가 영어로 되어있다는 것이 아쉬운 부분입니다.

http://forums.odforce.net/

참고 자료

다음은 본 도서를 집필하는데 참조한 자료 및, 사용된 데이터에 대한 소개입니다.

[Part 1] 4. 후디니 헬프에 대하여

Side FX Houdini Help Document

http://www.sidefx.com/docs/houdini15.0/

[Part 2] 8. 볼륨(Volume)에 대하여

네이버 카페 후디니스트 (Houdinist) – [DOP] Volume의 이해(1) – Fog Volume의 생성

http://cafe.naver.com/sidefx/714

[Part 3] 6. DOP 네트워크의 활용

Adobe Mixamo Animation – Capoeira Animation

https://www.mixamo.com/store/#/search?page=1&type=Motion%252CMotionPack

[Part 3] 7. 라이트, 쉐이딩, 렌더링의 활용

NOEMOTION HDRs – Other HDR 11-13_Forest_A

http://noemotionhdrs.net/hdrother.html

찾아보기

A~B
Attribute 097, 148
Allow Editing of Contents 353
age 388
Add Hit Attributes 391
Assemble 434
active 441
Bullet 450

C~D
Chop 066
Class 079
Centroid 231
Compare 291
Create Digital Asset 350
Cusp Polygons 359
Cross Product 407
Curl Noise 431
Cluster 457
Constraint 458
Cache 467
Dop 059
Dependency 193
Display Normal 282
Distance 297
Display Point Normal 311
Diffuse 515
Depth of Field 555

E~H
Expression 091
Edit Parameter Interface 346
Emitter 371
Emission 518
Exposure 541
Flag 127
For 214
Fracture 420
Fluid 426
Feedback Scale 480
Houdini Digital Asset(had) 110

I~N
Input 118
Life 387
Look Through Light 520
Match Current Definition 360
Mutual 495
Mantra 505
Mantra surface 523
Node 029
Normal 076
name 434

O~R
OpenVDB 106
OpenEXR 559
Output 118
Pop 061

Procedural   074

Promote Parameter   264

pscale   300

Pack   420

Polygon Soup   501

Principled Shader   523

Pixel Samples   563

Rop   069

Rigid Body   413

Reflect   516

Reflect Coat   517

Refract   517

S~Z

Sop   057

Shop   063

Simulation   060

Show Local Dependency Links   322

Subsurface Scattering   518

Turbulent Noise   275

Two Way Switch   291

Type Properties   352

Vop   070

Vector   076

Variable   083

Volume   105

Visualization   392

ㄱ~ㅎ

상대 경로   141

절대 경로   141